河北省地质调查院
河北省矿产资源潜力评价成果系列丛书

河北省矿产资源潜力评价化探资料应用研究

HEBEISHENG KUANGCHAN ZIYUAN QIANLI PINGJIA HUATAN ZILIAO YINGYONG YANJIU

宫进忠　师淑娟　刘俊长　陈军威　等著

中国地质大学出版社
ZHONGGUO DIZHI DAXUE CHUBANSHE

内 容 简 介

作为河北省矿产资源潜力评价工作的重要组成部分,项目组广泛收集了区内几十年来地质矿产部门所取得的地球化学勘查资料,建立了不同比例尺的空间数据库。在此基础上,利用 MapGIS 和 GeoExpl 软件编制了 39 种元素地球化学图、异常图、组合异常图、综合异常图,分析了区域成矿地质地球化学条件,建立了典型金、银、铜、铅、锌、钼等矿床地球化学找矿模型。根据典型矿床异常元素组合规律,圈定了区内金、银、铅、锌、铜、钼、锰、铬、镍、钨、锡和稀土共 13 种矿产的找矿预测图。本书对河北省区域地球化学资料进行了全面系统的整理研究,必将极大地提升勘查地球化学在地质找矿中的地位与作用,为未来工作部署提供科学依据。本书可供广大勘查地球化学工作者参考。

图书在版编目(CIP)数据

河北省矿产资源潜力评价化探资料应用研究/宫进忠,师淑娟,刘俊长,陈军威等著.—武汉:中国地质大学出版社,2014.12
ISBN 978-7-5625-3578-2

Ⅰ.①河…
Ⅱ.①宫…②师…③刘…④陈…
Ⅲ.①矿产资源-资源潜力-资源评价-研究-河北省
Ⅳ.①F426.1

中国版本图书馆 CIP 数据核字(2014)第 275355 号

河北省矿产资源潜力评价化探资料应用研究	宫进忠 师淑娟 刘俊长 陈军威	等著
责任编辑:党梅梅 马 严		责任校对:戴 莹
出版发行:中国地质大学出版社(武汉市洪山区鲁磨路 388 号)		邮政编码:430074
电 话:(027)67883511 传真:67883580		E-mail:cbb@cug.edu.cn
经 销:全国新华书店		http://www.cugp.cug.edu.cn
开本:880 毫米×1 230 毫米 1/16	字数:741 千字	印张:22.375 图版:14
版次:2014 年 12 月第 1 版	印次:2014 年 12 月第 1 次印刷	
印刷:武汉中远印务有限公司	印数:1—1 000 册	
ISBN 978-7-5625-3578-2		定价:268.00 元

如有印装质量问题请与印刷厂联系调换

《河北省矿产资源潜力评价化探资料应用研究》

编 委 会

宫进忠　师淑娟　刘俊长　陈军威

王轶轲　杨　敏　刘福山　姚志强

总 序

按照全国统一部署和要求，2007—2013 年，河北省完成了 20 种矿产的资源潜力评价工作，提交了 30 份成果报告、1 003 张图件、2 615 个数据库。该项目河北省财政和中央财政分别投入资金 2 950 万元和 1 930 万元人民币，省内组织了 7 个地勘单位，先后 278 人参与调查研究工作。为了向社会展示这一重大调查项目的概貌，特从 30 份成果报告中选择"成矿地质背景、成矿规律、重力、磁法、化探、遥感、自然重砂、矿产预测、信息集成"9 个专题，以"河北省矿产资源潜力评价成果系列丛书"的形式公开出版，便于全社会资源共享。

该套丛书的编写经过了单矿种研究、多矿种综合研究、深化提高 3 个阶段。2007—2012 年 6 月为单矿种研究阶段：各专题同时对一个矿种的矿床展开多视角的编图与研究，提取成矿信息，建立成矿模式和综合信息预测模型，预测资源潜力，并从各专业优势出发研究区域成矿特征。该阶段各专题研究成果，以章、节的形式分散于煤炭、铁、铜、铝、铅锌、锰、镍、钨、金、银、铬、钼、磷、硫、萤石、菱镁矿、重晶石、石灰岩、碎云母 19 份单矿种（组）潜力评价成果报告中。2012 年 7 月—2013 年 6 月为多矿种综合研究阶段：各专题主要是将分散于单矿种成果报告中各自的研究成果进行汇总，并从专业的角度进一步研究全省区域成矿规律，形成了各有侧重的 9 个专题研究报告，构成了本套丛书的初稿。2013 年 7 月—2014 年 7 月为深化提高阶段：先是在 2013 年底之前为了编写总体成果报告，各专题均进行了不同程度的深化研究；然后是与出版社签订出版协议之后，各专题成员对原报告章、节及内容进行了较大幅度的修改与完善。

这套丛书属于"原生态"成果，其看点是一个"新"字。各专题对新中国成立以来形成的地质资料进行了收集整理，从新的角度，用新的方法，全方位地对成矿地质作用进行研究，得出了新认识。比如：地质背景专题以 1∶5 万地质资料为基础，系统编制全省 1∶25 万幅建造构造图，进而编制全省 1∶50 万沉积岩、火山岩、侵入岩、变质岩、大型构造 5 个专题底图，从单个地质体的属性分析，到岩石系列的归纳组合，再到地质建造与地质构造环境的综合判断，最后编制出带有地壳演化属性的全省大地构造相图，与传统的大地构造单元划分相比有明显的"创新"。

同样，成矿规律专题以新编制大地构造相图为基础，综合各学者关于地球发展演化的认识，确定了河北省的三大构造域、五种地质构造环境的构造格架，进而建立了河北省经历了三大成矿域、五种成矿构造环境下的区域成矿谱系，并将全省重要矿产的类型矿床准确地放进区域成矿谱系中，这在河北省的成矿规律研究历史中尚属首次。

再比如，化探资料应用研究专题，以1:20万化探资料为基础，编制了全省39个元素地球化学图，并用衬值法编制了全省39个元素的异常图，圈出了高背景、低背景中的相对高异常，细化了传统地球化学研究方法，提升了化探信息的灵敏度。同样，重力、磁法、遥感、自然重砂资料应用研究，也都有各自的创新点，矿产预测和信息集成更是首次进行。

该套丛书存在的主要问题是各专题使用的地质构造单元、成矿带名称未完全统一。由于各专题汇总研究是同时进行的，成矿地质背景和成矿规律专题研究的新进展是最后完成的，因此，没有硬性要求各专题统一使用新构造单元、新成矿区带划分方案，只要求各专题突出自己的专业特点和创新点，尽量向社会提交可读性强的内容。另外，编制这套丛书的人员均是在地质一线从事具体工作的技术人员，在理论水平、学术研究水平及表达能力方面均存在一定差距，尽管经过了多次修改与完善，可能仍存在不少错误与遗漏，欢迎各位读者提出修改意见和建议。

本套丛书的编写贯穿于全国矿产资源潜力评价项目实施的全过程，对参与项目推动及管理、组织和实施的各级行政领导，对指导项目进行的全国所有专家学者、省内监理评审专家，在此表示感谢！对参与本套丛书编写的所有人员，尤其是各专题负责人表示感谢！河北省地质调查院裴晓东等院领导一直关心和支持本套丛书的出版，在此一并表示感谢！

河北省地质调查院

2014 年 4 月 30 日

前 言

我国社会经济快速发展对矿产资源需求与日俱增,"积极开展矿产远景调查和综合研究,科学评估区域矿产资源潜力,为合理部署矿产资源勘查提供依据",是当前地质科学领域重要的研究课题。全国矿产资源评价是国土资源部于 2006 年 6 月启动的、在矿产资源系统部署的一项基本国情调查工作,总体目标任务是摸清我国矿产资源家底,实现成矿地质理论和方法技术创新,培养一批综合型地质矿产人才。在全国项目办领导下,该项工作在统一组织、统一思路、统一要求、统一标准和统一进度下全面开展和实施。本书是"全国重要矿产资源潜力预测评价"项目的子项目"河北省矿产资源潜力评价化探资料应用"的主要成果。

利用我国地质矿产勘查所获取的丰富资料,以现代信息技术及综合手段,实现重要矿产资源潜力的预测,为政府部门制定政策提供依据。地球化学信息是地学综合研究的重要基础之一,将为全国重要矿产资源的预测评价提供丰富的信息。

我国开展的以矿产勘查为主要目的的区域性地球化学调查工作获得了系统而规范的大面积、多参数的海量地球化学数据,为矿产勘查以及基础地质研究起到了巨大的推动作用。对不同地理景观条件下化探采样方法的选择、元素测试分析的现代化、对成百上千区域化探异常验证的实践,促使异常解释推断与地球化学基础理论研究提高到新的高度。区域化探扫面资料对我国地质找矿和资源勘查作出了巨大贡献,所取得的科学成就、经济效益和社会效益已为国内外所承认。地质矿产部门近年来新发现的矿床(特别是金矿)80%以上是根据化探扫描提供的线索定位的。目前各省已将区域地球化学资料作为找矿部署、大中比例尺地质勘查工作部署及资源潜力预测的重要依据。

矿产资源潜力的预测评价是地学多学科的综合研究,元素地球化学作为地球演化过程中物质成分变化在地球表层的总体表现,为矿床形成的物质来源和矿物的富集赋存环境的空间分布提供了丰富的信息资源。对区域性地球化学数据的处理、分析、综合研究,可以在找矿靶区圈定、基础地质研究、成矿构造研究、成矿规律研究以及矿产资源潜力的定性、定量预测中发挥重要的作用。

该项目以 1∶20 万区域地球化学调查数据为基础,结合 1∶5 万和 1∶1 万中大比例尺化探资料,应用现代计算机技术、GIS 技术和地球化学新理论新方法,以省区为单元,按照总体设计要求，对区域地球化学数据进行分析处理，编制地球化学解释推断地质构造图、综合异常图及矿产资源找矿预测图，为全国矿产资源预测评价的定性、定量预测提供地球化学综合信息资料。

河北省矿产资源潜力评价化探资料应用项目系统收集了区内地质矿产部门几十年来的地球化学资料，建立并维护了大中比例尺地球化学数据库；编制了全省工作程度图、39种元素地球化学图和异常图、组合异常图、综合异常图，圈定综合异常565处、找矿预测区108处、最小预测区27处及地球化学推断地质构造图。对金、银、铜、铅锌、钨钼等矿种不同类型典型矿床的地质地球化学异常特征进行了系统研究，建立了各类典型矿床地球化学找矿模型，为组合和综合异常图的编制提供了依据。在解决重大区域地质问题方面，根据构造地球化学原理，依据化探资料推断了区域断裂和岩浆岩体等地质构造，其中北西向张性断裂构造和巨型陨击环形构造控矿作用具有开创意义，弥补了前人研究的不足。对冀东和冀北地区的地球化学定量预测进行了方法技术的领先示范性研究，在微量元素耦合比值指示成矿靶区、矿产资源定量预测的体积要素——地球化学相关分析方法等方面进行了有益尝试。这些成果在1∶5万地球化学勘查选区立项及风险基金探矿权设置等方面均得到充分利用，起到不可替代的作用，必将极大地提升勘查地球化学在全省地质勘查部署中的话语权。

总之，该项成果为河北省矿产资源潜力评价提供了充分可靠的地球化学依据，对国家未来地质找矿战略及技术发展均具有重要的指导意义，同时在环境评估及生态保护等多目标方面也具有重要参考价值。

书中前言、第四章、第六章、第七章、第九章、第十章由宫进忠编写，第一章、第三章、第五章由师淑娟编写，第二章由刘俊长编写，第八章由陈军威编写，王轶轲、杨敏参与了图件绘制，全书最终统稿由宫进忠完成。

本书能够出版，得力于各单位的领导和同事的大力支持。编著者特别要感谢参与本项目的彭朝晖、任树祥、张德生、贾正海、宋立军等同志。同时，要感谢全国项目办汇总组向云川、年绪赞、任天祥、马振东等专家的大力支持和悉心指导。中国地质科学院地球物理地球化学勘查研究所王学求研究员对该书进行了审阅，并提出许多宝贵意见。

在此，向所有参与和关心此书出版的各位专家和同仁表示衷心的感谢。

著　者

2013 年 12 月

目 录

第一章 绪 论 …………………………………………………………………………… (1)
  第一节 目标任务 …………………………………………………………………… (1)
  第二节 取得的主要成果 …………………………………………………………… (2)

第二章 化探工作程度综述 …………………………………………………………… (6)
  第一节 以往工作概况 ……………………………………………………………… (6)
  第二节 资料收集及可利用程度 …………………………………………………… (10)
  第三节 存在的主要问题 …………………………………………………………… (11)

第三章 方法技术 ……………………………………………………………………… (12)
  第一节 编图原则及依据 …………………………………………………………… (12)
  第二节 数据处理与解释方法 ……………………………………………………… (15)
  第三节 编图要素与表达方式 ……………………………………………………… (16)
  第四节 质量评述 …………………………………………………………………… (22)

第四章 地质地球化学特征 …………………………………………………………… (24)
  第一节 地质矿产概况 ……………………………………………………………… (24)
  第二节 地球化学景观分区 ………………………………………………………… (32)
  第三节 区域地球化学特征 ………………………………………………………… (37)
  第四节 成矿控矿地质条件分析 …………………………………………………… (50)

第五章 典型矿床地球化学异常模型 ………………………………………………… (66)
  第一节 模型建立的原则方法 ……………………………………………………… (66)
  第二节 典型金矿床地球化学异常模型 …………………………………………… (67)
  第三节 典型铅锌矿床地球化学异常模型 ………………………………………… (87)
  第四节 典型铜矿床地球化学异常模型 …………………………………………… (104)
  第五节 典型银矿床地球化学异常模型 …………………………………………… (125)
  第六节 典型钼矿床地球化学异常模型 …………………………………………… (140)
  第七节 典型铬矿床地球化学异常模型 …………………………………………… (148)
  第八节 多金属矿床成矿地球化学异常模型 ……………………………………… (151)

第六章 地球化学异常综合研究 ……………………………………………………… (160)
  第一节 单元素地球化学异常特征 ………………………………………………… (160)

第二节　地球化学综合异常特征 ··· (172)
  第三节　成矿区带地球化学特征 ··· (176)
  第四节　地球化学推断地质构造 ··· (186)

第七章　地球化学预测区圈定与综合评价 ··· (199)
  第一节　预测区与最小预测区圈定 ·· (199)
  第二节　金矿找矿预测区综合评价 ·· (202)
  第三节　铅矿找矿预测区综合评价 ·· (211)
  第四节　锌矿找矿预测区综合评价 ·· (237)
  第五节　银矿找矿预测区综合评价 ·· (243)
  第六节　铜矿找矿预测区综合评价 ·· (265)
  第七节　钼矿找矿预测区综合评价 ·· (277)
  第八节　锰矿找矿预测区综合评价 ·· (295)
  第九节　铬矿找矿预测区综合评价 ·· (300)
  第十节　镍矿找矿预测区综合评价 ·· (302)
  第十一节　钨矿找矿预测区综合评价 ·· (303)
  第十二节　锡矿找矿预测区综合评价 ·· (304)
  第十三节　锑矿找矿预测区综合评价 ·· (306)
  第十四节　稀土矿找矿预测区综合评价 ·· (306)

第八章　预测工作区地球化学研究 ·· (308)
  第一节　预测工作区工作概况 ·· (308)
  第二节　主要预测工作区地球化学特征 ·· (312)
  第三节　预测工作区成果综述 ·· (318)

第九章　成果的转化应用 ·· (325)
  第一节　重点成矿带1∶5万水系沉积物测量成果 ·· (325)
  第二节　坝上高原区低缓异常找矿新突破 ·· (326)
  第三节　化探资料在寻找萤石矿中的应用 ·· (328)
  第四节　隆化、涿鹿地区隐伏金银钒钛磁铁矿的物化探勘查 ···································· (330)
  第五节　丰宁-滦平-隆化-平泉金银多金属成矿带找矿方向 ······································ (332)
  第六节　矿产资源潜力评价的方法探索 ·· (336)

第十章　结论与建议 ·· (344)

主要参考文献 ··· (346)

图版 ··· (439)

第一章 绪 论

项目组成员历时七年,本着科学严谨、精益求精和高度负责的敬业精神,以最新地质成矿地球化学理论为指导,利用现代地理信息系统为平台,按照中国地质调查局有关技术要求,对河北省地质矿产部门多年来积累的海量地球化学资料进行了系统全面总结,绘制了大量专题图件,同时编写了文字报告,实现了预期研究目标,被评审委员会评为优秀级,位列北方区(含华北、东北、西北区所辖各省市)第三位。

项目主要内容包括1:20万水系沉积物和1:5万~1:1万土壤测量地球化学数据库的建立与维护、区域地球化学特征研究、数据处理与成图方法、地球化学综合研究成果信息化表达、找矿预测区圈定与综合评价等。

第一节 目标任务

为了贯彻落实《国务院关于加强地质工作的决定》中提出的"积极开展矿产远景调查和综合研究,科学评估区域矿产资源潜力,为科学部署矿产资源勘查提供依据"的要求和精神,国土资源部部署了全国矿产资源潜力评价工作。该项目已纳入国土资源大调查项目,计划项目名称为"全国矿产资源潜力评价",实施单位为中国地质调查局,业务支撑单位为中国地质科学院矿产资源研究所、中国地质调查局发展研究中心,项目参加单位为有关科研所、院校、各省地质调查院。河北省地质调查院负责本省的重要矿产资源潜力评价,其工作内容是全国矿产资源潜力评价项目的一部分。工作起止年限为2007—2013年。参与该项目的单位还有河北省区域地质矿产调查研究所、河北省地球物理勘查院、河北省遥感中心、河北省地勘局石家庄综合地质大队、河北省煤田地质局。

化探资料应用专题研究工作由河北省地球物理勘查院承担。

2007—2012年上半年基本完成了该项目各预测矿种的资源潜力评价工作,从2012年下半年开始至2013年底为省级、大区及全国预测矿种各课题的汇总工作阶段。

按照项目的总体部署,该项目以专业为界别划分不同课题组,在现有地质工作程度基础上全面开展河北省重要矿产资源潜力预测评价,基本摸清本省重要矿产资源"家底",为矿产资源保障能力和勘查部署决策提供依据。即在现有地质工作基础上,全面收集、整理、集成和综合航磁、重力、化探、遥感、重砂工作成果和资料,以地球物理理论和地球化学理论为指导,充分应用现代矿产资源预测评价的理论方法和GIS评价技术,开展全省非油气重要矿产及煤炭、铁、锰、铜、铝、铅、锌、镍、钨、锡、金、银、铬、钼、磷、硫、萤石、菱镁矿、重晶石、石灰岩、碎云母21个矿种的资源潜力预测评价(1 000~2 000m以浅范围内)。以成矿区(带)为单元,编制单矿种预测图,进行单矿种资源量预测,建立并不断完善河北省重要矿产资源潜力预测相关数据库。通过本项目培养一批综合型地质矿产人才。

化探工作的目标任务如下。

(1)充分利用现代计算机技术和GIS技术,对省内收集到的区域地球化学勘查数据进行整理、集成和综合。

(2)以地质成矿理论和地球化学理论为指导,开展河北省重要区域地球化学找矿潜力预测。预测矿种为Au、Ag、Pb、Zn、Cu、Mo、Mn、Cr、Ni、W、Sb、REE、Sn和重晶石等。

(3)在研究分析元素和元素组合空间分布特征的基础上,利用计算机技术和GIS技术,结合区域地球化学解释推断方法技术,编制基础性图件(单元素地球化学图、异常图)及地球化学推断地质构造图。建立典型矿床地球化学模型,确定各矿种不同预测类型的元素组合,编制地球化学组合及综合异常图、地球化学找矿预测图,为矿产资源潜力预测提供地球化学依据。

(4)在基础图件、成果图件验收通过后,开展本省系列成果的整理和汇总工作。内容包括汇总省级各类成果图件、汇总典型矿床地球化学建模成果,汇总不同矿种预测工作区成果图件,完善全省各类成果图件的数据库建设,汇总铜矿地球化学定量预测工作成果。

(5)综合研究和评价预测矿种矿产资源潜力,编写省级化探资料应用成果汇总报告。

第二节 取得的主要成果

化探课题组充分研究河北省历年的化探资料,依据《化探资料应用技术要求》和潜力评价数据模型,经过几年的研究工作,取得了非常丰富的研究成果,为河北省矿产资源潜力评价提供了充分的地球化学依据。取得的主要成果有以下几个方面。

一、数据收集整理

(1)河北省的1∶20万区域化探数据中多数元素存在较明显的图幅间系统误差,对全省的地球化学研究工作影响较大,针对图幅间明显的系统分析误差进行了调平处理。调平元素有26个:Ag、Al_2O_3、Au、Ba、Bi、B、CaO、Cr、Cu、Fe_2O_3、Hg、K_2O、MgO、Mn、Mo、Na_2O、Nb、Ni、Pb、Sb、SiO_2、Sn、Th、W、Y、Zr。

(2)收集了河北省已完成工作的中大比例尺化探数据,建立了中大比例尺化探数据库,为今后布置化探工作和进行综合研究工作提供了最新信息。

二、全省地球化学综合分析

1. 地球化学分区

主要依据全省水系沉积物中元素的地球化学分布特征,结合因子分析结果对全省进行了地球化学分区。全省共划分了5个地球化学区,进一步划分15个亚区。统计了39种元素的地球化学参数,包括平均值、标准差和变异系数等。通过研究各个地球化学区发现,地球化学区与成矿及地质、构造的关系非常密切,可为地质找矿工作提供理论指导。

2. 地质单元成矿能力分析

地层划分到组、岩体划分到侵入单元。分别统计各地质单元的含矿元素含量平均值、标准差和变异系数。此变异系数是成矿能力的定量指标之一,通过此指标确定河北省主要成矿元素为金、银、铅、钼、锌及其伴生元素铋、锑、汞、砷、钨、镉等。就预测矿种而言,全区变异系数从大到小排列为:Au、Ag、Pb、Mo、W、Zn、Sn、Cu、Cr、Mn、Co、Ni,基本与成矿能力序列一致,W、Sn为金银多金属矿床伴生指示元素,尚未发现重要工业矿床。

根据以往的科研及生产性化探资料并结合地质资料对各地质单元的成矿能力进行了综合评价。太古宙—古元古代地层主要产出沉积变质铁矿、与变质岩有关的金矿、与红旗营子群有关的铅锌矿、基性火山岩系中的热液型铜矿等矿产。中—上元古界地层产出与碳酸盐岩有关的沉积型铁矿、铅锌、金、铜、银、硼、锰、硫、磷等矿产。侏罗—白垩纪地层主要为铅锌、银、金、钼等矿产。

侵入岩谱系超单元含矿性分析表明,中太古宙以金矿为主,元古宙以铁磷铬铂为主,显生宙侏罗纪—白垩纪出现成矿高峰或大爆发,铅锌、钼、铜、银、金均有分布。

3. 成矿控矿地质条件分析

华北地台北缘内蒙台背斜中,由西向东分布着一系列已知铅锌银矿床,沉积建造与成矿作用分析表明,它们大多产于太古宙红旗营群、单塔子群和侏罗系张家口组之中。

岩浆构造与成矿作用研究发现,河北省与铅锌银多金属矿化关系密切的岩体的分布,往往与大地构造单元的界线——深部构造的位置密切相关,并且绝大多数控矿岩体分布在隆起(背斜)的边缘及隆起与凹陷(向斜)的交界处,即深部构造带附近和边缘上。绝大多数为花岗岩、花岗斑岩类,个别为闪长岩类。岩体形成时间主要为燕山期(相当一部分为侏罗纪晚期),占63%;其次为海西期,占23%;而五台期占14%。

4. 地球化学异常特征

全省水系沉积物39种元素地球化学参数统计发现,变异系数大于1的元素有:Ag、As、Au、Bi、Cd、F、Hg、Mo、Nb、Pb、Sb、W、Y、Zn。这些元素主要是成矿及热液伴生元素,反映了河北省目前的主要产出矿种。

利用区域岩石和水系沉积物地球化学调查成果,讨论了金、银、铜、钼、铅锌、铁等主要成矿元素地球化学块体的空间分布及其与区内大中型矿床的相互关系。研究发现,金、银、铅锌地球化学块体或异常与矿的对应关系较好,即成矿与元素的区域性富集关系密切。而铜多产于块体或异常边缘,钼矿与块体的关系较复杂,受岩浆富集带控制作用更为明显。同时,分析了锰、铬、镍、钨、锡、镧、钇元素的异常分布特征及与地质、矿产的关系。

5. 燕山期内生多金属矿床成矿地球化学异常时空结构分析

对华北地台北缘中段太行-燕山地区中生代金、银、铜、钼、铅、锌等矿床地球化学异常时空结构进行了系统分析。典型矿床的地球化学异常元素组合有:金银类矿床为Pb、Au、Ag、Bi、Hg、Cu、Zn、Sn、As等,并且从早到晚有Au→Pb→Cu→Ag→Mn的演化趋势;铜钼类矿床为Mo、Au、Ag、Pb、Zn、Cu、Cd、Bi等,并且从早到晚有Au→Mo→Ag→U的演化趋势。金银矿床水系沉积物元素含量极值与其成矿深度相关分析表明,成矿深度与V、Co、Fe_2O_3、Ni、CaO、Sr、Ti、Au、Cr、MgO、P等正相关,与U、K_2O、Cd、Zn、Mn、Ag等负相关。与$\lg(Au/Ag)$相关系数为0.9235,与$\lg(Co \times V/U \times K_2O)$相关系数为0.9375。以Cu、Mo为主的大中型矿床水系沉积物元素极值含量与成矿深度的相关分析表明,成矿深度与Sr、V、Cr、Co、P、Ni、Au正相关,与B、Nb、La、Hg、K_2O、Li、U负相关。

6. 典型矿床地球化学模型研究

对金、铅锌、银、钼、铜、铬矿的15个典型矿床的地质、地球化学资料进行收集、整理,提取了矿床成矿要素,编制了典型矿床1:20万水系沉积物异常剖析图及所在位置中大比例尺地球化学研究图件,分矿种或成因类型建立了地质-地球化学找矿模型,为在全省寻找该类矿产提供了科学依据。

三、全省图件编制

1. 全省地球化学地理景观图

在全国二级景观分区图、河北省地貌分区略图及所有已完成1:20万区化扫面成果报告中的景观划分基础上,参考区域地球化学、地质、植被等特征进行划分,分为2个二级景观区——低山丘陵区和冲积平原区,并细化为8个三级景观区。

2. 全省地球化学工作程度图

收集本省已开展的各类地球化学工作,包括1:20万水系沉积物地球化学调查、1:25万多目标地球化学调查、中大比例尺的水系沉积物测量、岩石测量、土壤测量、汞气测量,编制了河北省 1∶50 万地球化学工作程度图。

3. 全省单元素地球化学图及异常图

以《化探资料应用技术要求》为依据,编制了全省 39 种元素的单元素地球化学图和地球化学异常图,两类图件各 39 张。

4. 全省组合异常图及综合异常图

根据河北省 Au、Pb、Zn、Ag、Cu、Mo、Mn、Cr、Ni、W、Sn、Sb、REE 13 个预测矿种的产出特征,结合成矿地质背景及典型矿床地球化学特征,总结各矿种不同成因类型的元素组合,分矿种及预测类型编制组合异常图和综合异常图,为今后圈定 13 个矿种的找矿预测区提供地球化学依据。共编制组合异常图 25 张,综合异常图 13 张,圈定综合异常 565 个,并对各矿种的重点异常进行综合评价。

5. 地球化学找矿预测图

根据全省 13 个矿种的综合异常分布规律,结合主要成矿区带的矿产分布特征,编制全省各矿种找矿预测图,以同类综合异常的数量和找矿意义为依据对找矿预测区进行分级,并对各找矿预测区的地球化学特征及找矿潜力进行了评价。

全省共圈定找矿预测区 108 个。金矿预测区 12 个,其中 A 级预测区 2 个,B 级预测区 5 个,C 级预测区 5 个;铅矿预测区 12 个,其中 A 级预测区 2 个,B 级预测区 6 个,C 级预测区 4 个;锌矿预测区 11 个,其中 A 级预测区 2 个,B 级预测区 6 个,C 级预测区 3 个;银矿预测区 15 个,其中 A 级预测区 1 个,B 级预测区 5 个,C 级预测区 9 个;铜矿预测区 10 个,其中 A 级预测区 3 个,B 级预测区 4 个,C 级预测区 3 个;钼矿预测区 17 个,其中 B 级预测区 4 个,C 级预测区 13 个;锰矿预测区 10 个,全部为 C 级;铬矿预测区 4 个,其中 2 个 B 级,2 个 C 级;镍矿预测区 3 个,均为 C 级;锡矿预测区 2 个,均为 C 级;钨矿预测区 5 个,其中 1 个 B 级,其余为 C 级;锑矿预测区 2 个,均为 C 级;稀土矿预测区 5 个,全部为 C 级。

6. 最小预测区图件

在找矿预测区内,挑选具有中大比例尺数据资料或异常查证资料的重点异常区圈定为最小预测区,共圈定 27 个最小预测区。金矿 3 个最小预测区,均位于冀东地区,分别为青龙七拨子、青龙庙岭、青龙采桑峪。铅矿 6 个最小预测区,分别为丰宁县和顺店、崇礼县狮子沟、康保县上白井勿素、丰宁县黄旗、丰宁县窄岭、涞源县大北庄-木吉村。锌矿 7 个最小预测区,分别为丰宁县和顺店、康保县上白井勿素、崇礼县狮子沟、丰宁县北头营、丰宁县黄旗、丰宁县窄岭、涞源县大北庄-木吉村。银矿 4 个最小预测区,分别为康保县上白井勿素、赤城县中碥礴湾、丰宁县和顺店、抚宁县马家峪。铜矿 5 个最小预测区,分别为青龙县双山子、内丘县桃园、永年县洪山、丰宁县窄岭、涞源县大北庄-木吉村。钼矿 2 个最小预测区,分别为崇礼县大石头洼、兴隆县潘家店。绘制了各最小预测区地球化学图及组合异常图共 68 张,分别对各最小预测区的地质概况、地球化学特征、找矿前景进行了分析评价。

7. 全省地球化学推断地质构造图

主要利用因子得分图,同时参考地球化学图和地球化学异常图推断地质构造、岩浆岩体等地质特征。断裂推断主要参考因子得分图中的串珠状异常、带状异常、高背景与低背景的分界线、串珠状正异常或正负异常相间排列区域等。岩体推断主要参考旋转因子 1(Fe_2O_3+Co+V+Ti+Cr+P+Ni+Cu)得分图及旋转因子 2(SiO_2+K_2O−CaO−MgO)得分图,同时参考相关元素的地球化学图及异常图。共推断线性构造 42 条、环形构造 6 条、基性-超基性岩体 15 个、中酸性岩体 47 个。

四、成矿带图件编制

对河北省的 8 个 Ⅳ 级成矿带进行了地球化学研究工作。选择与预测矿种有关的 6 个 Ⅳ 级成矿带,编制了16个元素的地球化学系列图件(地球化学图、异常图、组合异常图、综合异常图),并对各成矿带的地质、地球化学特征及找矿方向进行了总结归纳。

五、预测工作区图件编制

对金、铜、铅锌、钼、银、锰、镍、铬、钨、萤石、菱镁矿、重晶石12个矿种的40个工作区进行了地球化学研究工作,共编制图件569张。根据金属矿种和重晶石预测工作区选择与预测矿种有关的4~9个成矿及伴生元素编制了地球化学系列图件(地球化学图、异常图、组合异常图、综合异常图和找矿预测图)。编制了萤石矿和菱镁矿两个非金属矿种预测工作区单元素地球化学图和单元素异常图。对每个预测工作区进行了概略评价,并选择金、银、铜、铅锌、钼等优势矿种的重点预测工作区进行地球化学综合评价。

六、方法技术创新

1. 化探资料解决重大地质问题

本次地球化学研究工作推断了断裂、岩浆岩、成矿地质体等地质构造。

一直应用地球物理方法推断地质构造,由于地质构造边界的地球物理特征有比较明显的差别,所以该方法是传统的解译方法。地球化学推断地质构造虽然应用不十分广泛,但却有其科学依据:整个地球是由元素构成的,而地球化学正是通过对地壳(地球)中元素和同位素的分布分配、共生组合、集中分散规律的研究,探讨整个地球乃至宇宙的演化历史。

通过本次研究发现,化探推断地质构造有一定的可靠性。在已知的断裂构造附近一般有串珠状地球化学异常显示,或是正负异常的边界线。再如铁族元素的空间分布与基性-超基性岩的对应关系非常好,而碳酸盐岩分布区的CaO、MgO为高背景区或异常区。通过因子分析得出的图件推断地质构造可以强化某些元素组合的异常显示,经与已知地质构造的对比研究,效果值得肯定。

通过从已知到未知的相似类比方法,研究已知地质构造的元素组合、展布特征,推断了河北省几十条断裂和岩体,本次研究工作首次提出推断的环形断裂,值得进一步系统研究。

2. 推断异常的成因类型

本次研究使用的数据是1:20万区域化探数据,以往区域化探的成图方法一般针对某一矿种,很少涉及到具体的成矿预测类型。分矿种及矿产预测类型确定元素组合编制组合异常图、综合异常图和找矿预测图,推断异常及找矿预测区的成因类型,是本次工作的创新。

第二章　化探工作程度综述

20 世纪 50 年代,地质冶金等部门的许多科学家开始了勘查地球化学理论和方法的先驱性工作。20 世纪 70—80 年代是我国勘查地球化学大发展的时期,成矿区带地球化学调查和矿区化探均有新的进展。特别是 1978 年谢学锦先生提出"区域化探全国扫面计划"建议,将我国勘查地球化学推进到快速发展的崭新阶段,建立了引人注目的全国规模的地球化学数据库,使中国化探走在世界最前列。1990 年是我国勘查地球化学发展史上收获成果最多的时期,主要表现在金矿化探技术的发展和众多金矿的发现、分析仪器和分析方法的发展、多种化探方法技术的发展等。1993 年在北京举办的第 16 届国际化探会议,全面展示了我国勘查地球化学的成就。河北省区域化探与全国同步发展,是全国化探的重要组成部分。

第一节　以往工作概况

本省区域地球化学工作主要为 1∶20 万区域化探扫面,异常二、三级查证,层型剖面和代表性岩体岩石地球化学调查,平原区多目标生态地球化学调查,中大比例尺矿区化探,以及专题性综合研究等。

一、1∶20 万区域化探

河北省 1∶20 万区域化探采样工作 1976 年开始,1991 年全部结束。河北省地球物理勘查院(物探大队)承担了全部野外采样工作,采样面积 98 838 km²,覆盖了所有基岩出露地区。共采集水系沉积物样品 22 万件,按 4 km² 网格对样品进行组合,获得组合样品 26 000 件;样品分析由河北省地质矿产勘查开发局保定中心实验室完成,分析元素 41～43 项,获得分析数据 1 084 049 个;1∶20 万地球化学图说明书的编写从 1987 年开始,1997 年全部结束。由河北省地质局地球物理探矿大队、河北省地矿局区域地质调查大队等 6 家单位共同完成,共编写地球化学图说明书 25 份,绘制 1∶20 万单元素地球化学图 1 000 余幅,圈定单元素地球化学异常近万处,综合异常 1 228 处,地球化学找矿远景区 105 处。其中,24 份报告以良好、优秀级通过验收。

为消除风成砂的干扰,1999 年至 2004 年对围场、上黄旗、丰宁、龙关、宣化图幅进行了化探二次扫面。采样面积 27 944 km²,共采集水系沉积物样品 49 572 件,按 4 km² 网格对样品进行组合,获得组合样品 5 824 件。丰宁幅的采样粒级为 −20～+80 目,其余 4 幅采样粒级为 −10～+60 目。圈定单元素地球化学异常 1 949 处,综合异常 183 处,地球化学找矿远景区 20 处。

河北省区域化探工作程度见图 2-1-1。

二、异常查证工作

异常查证工作由河北省地勘单位共同完成,共完成 254 处查证工作。其中,三级查证的主要方法有路线地质踏查、水系沉积物加密采样、地质地球化学综合剖面、岩石测量、重砂测量、野外快速分析及金属气体测量等;二级查证的主要方法有面积性土壤测量、磁法测量、电法测量和槽探等。

至 1998 年底,通过异常查证,先后找到了 3 处大型矿床(隆化县北岔沟门铅锌银矿、易县柴厂金矿、丰宁县撒岱沟门钼矿),2 处中型矿床(丰宁营房银金矿、赤城黄土梁金矿)和 4 处小型矿床,多处金及多金属矿产地,近百处矿化。化探二次扫面进行三级异常查证 18 处。

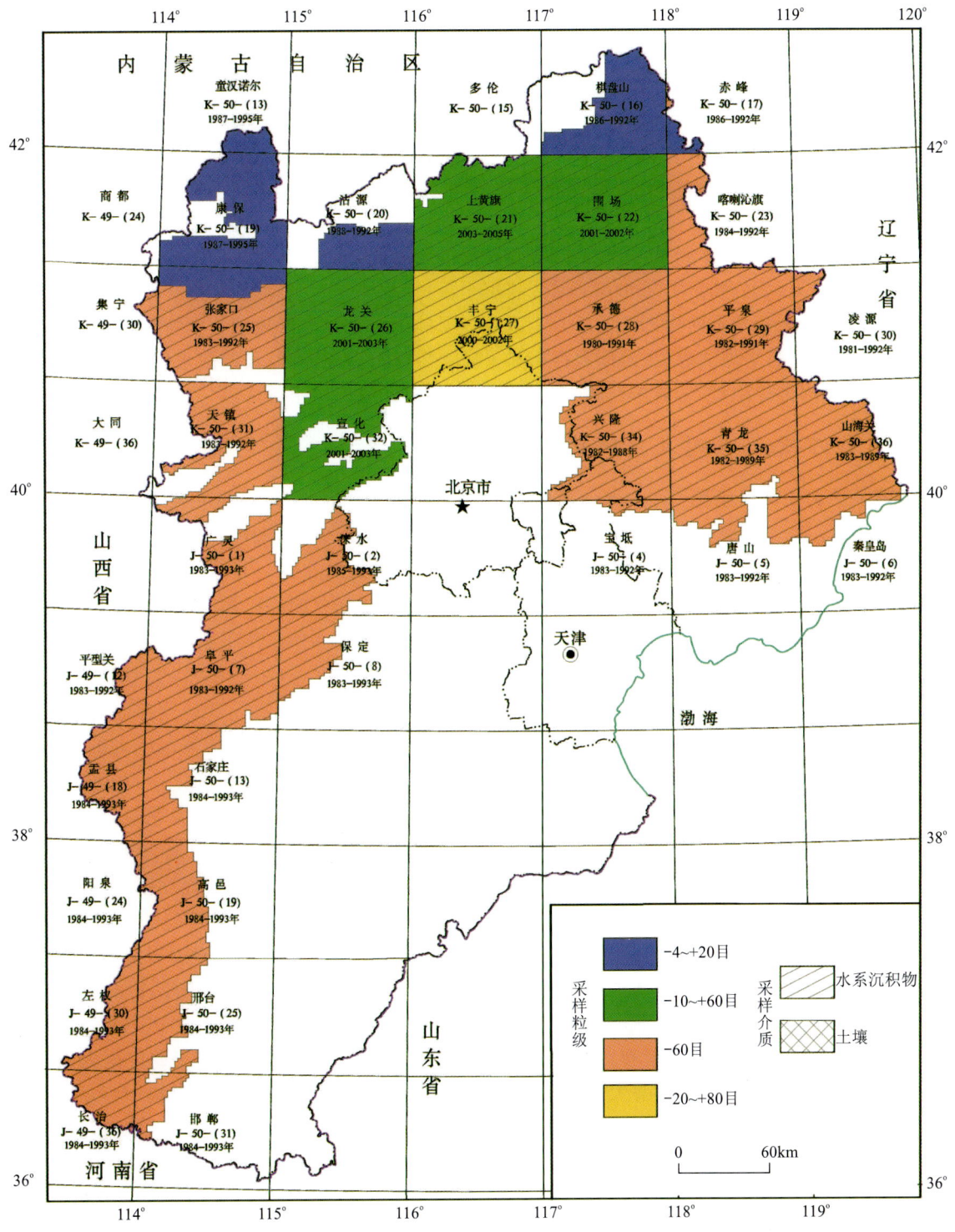

图 2-1-1 河北省 1∶20 万区域地球化学工作程度图

三、岩石测量工作

河北省岩石测量工作于 1990—1991 年完成野外采样,采样方法为地层剖面法,共采集岩样 2 600 件,其中地层样品 1 800 件、岩浆岩 600 件、变质岩 200 件。1997 年编写了《河北省区域岩石地球化学调查报告》。该项工作系统地分析了不同地层和侵入岩、变质岩中元素的含量,求得区域地球化学元素背景和地球化学特征值的系统资料,为本省区域化探水系沉积物测量成果的解释推断、地球化学勘查和基础地质研究提供了可靠的地球化学基本数据。

四、多目标生态地球化学调查

1∶25万多目标地球化学调查起止时间是2004年1月—2009年6月，调查面积84 728 km²，其中平原区土壤采样81 000 km²，近岸海域沉积物采样3 728 km²。共采集土壤及沉积物样品102 300件，组合分析样品25 614件；采集和分析水样品2 610件。完成化学分析数据1 456 236个，其中包括土壤及沉积物样品54项指标的1 383 156个数据和水样品29项指标的73 080个数据。完成平原区土壤异常查证24处，浅层地下水异常查证10处。

通过多目标区域地球化学调查，查明了河北省平原区土壤54项指标、浅层地下水27项指标的含量水平、分布、分配及富集状况，确定了河北省平原区表层土壤、深层土壤及近岸海域沉积物54项指标的背景值和基准值，获得了全区及不同生态环境单元土壤及浅层地下水系列元素地球化学特征参数值。

河北省北部燕山与平原交界处、西部太行山与平原交界处的白洋淀区、黄壁庄水库区、岳城水库区、衡水湖湖区，由于水深采样困难，未能采到库（湖）区表层土壤样品或深层土壤样品。

五、1∶5万及大比例尺区域化探

1∶5万及更大比例尺化探工作大部分为异常查证工作，采样以土壤、水系沉积物、岩石为主。分析元素多为与矿化有关的十几种元素。工作面积从数平方千米到上百平方千米不等，根据矿致异常面积而定。中大比例尺化探工作分散于本省的各个地勘单位，且完成工作范围较小。

1∶5万～1∶1万化探工作，圈出大批单元素异常、综合异常，划分的成矿预测区对各地勘单位地质找矿起到举足轻重的作用。

六、综合研究概况

许多专家学者都对本区的地球化学资源量预测进行了研究探讨，下面选择覆盖范围大的近期研究成果进行简要综述。

1991年河北省地质矿产勘查开发局综合研究大队完成了《河北省铅、锌、银资源总量预测报告》。该报告运用综合信息矿产预测的原理和方法，在详细研究省内有关地质、物探、化探及遥感等资料的基础上，总结了全省铅、锌、银矿产的分布规律、控矿因素和找矿方向，划分出6个成矿带，建立了铅、锌、银的矿床模型，圈定最小预测区并进行了资源总量预测。

1995年，地质矿产部地球物理地球化学勘查研究所和河北省地质矿产勘查开发局地球物理探矿大队应用河北省区域化探资料开展了地质矿产部"八五"科技攻关项目"河北省北部半干旱区1∶20万区域化探异常筛选和查证方法技术研究"（张华等，1995），该项研究在河北省北部圈定了以Pb为主的多金属地球化学省，该区呈宽条带状北东向展布，面积20 000余 km²。Pb地球化学省内集中了研究区内Ag、Pb、Zn矿床的大部分，如营房、牛圈子银铅锌大型矿床，蔡家营铅锌银大型矿床，青羊沟铅锌银中型矿床及兰阆、小扣花营、满汉土、相广等一批银铅锌小型矿床。同时，还圈定了以Au为主的多元素地球化学省，位于研究区南部，断续长近400km，宽30～50km，面积约10 000km²。分布有大、中型金矿床十余处，代表性的矿床有小营盘、金厂峪、峪耳崖和马兰峪矿田等。

2001年完成的"我国东部地区地球化学块体内矿产资源潜力预测"项目涵盖了本省范围，河北省对主要成矿元素区域化探扫面数据进行系统整理，涉及的元素有Au、Ag、Cu、Pb、Zn、W、Sn、Hg、Sb、Mo、Ni、Cr、Co、U 14种，圈定了成矿元素地球化学块体，计算了主要地球化学块体的金属供应量，分析了块体的资源潜力。

2011年，师淑娟的博士学位论文《地球化学异常与矿床规模的关系——以河北省为例》主要以成矿物质量为基础，研究金、铅、锌3个矿种大规模地球化学异常与大型矿床或矿集区的关系，探讨了地球化学异常源问题，并对河北省的金异常进行了资源量定量预测。研究发现地球化学省与矿集区、区域异常与大型矿床存在非常密切的关系，预测冀东的金矿成矿潜力巨大。该书从全省或区域的角度深入挖掘地球化学所蕴含的更多找矿信息，可以为地球化学方法评价大型矿床提供理论指导和找矿方向。

第二章 化探工作程度综述

另有许多专家学者发表了大量文献,从不同角度对河北省内的地质地球化学现象或典型矿床的地球化学特征进行了研究探讨。如对金厂峪、峪耳崖、东坪大型金矿,蔡家营、北岔沟门大型铅锌矿,小寺沟、木吉村铜钼矿等大中型矿床的地球化学研究资料较丰富。

根据相关资料整理河北省勘查地球化学大事件如下。

1959—1964年,河北省地球物理勘查院谢学锦、邵跃对河北怀安右所堡沉积变质型磷矿开展系统的岩石测量工作,总结不同成因类型矿床原生晕特征,研究制定根据原生晕寻找盲矿床工作规范和解释推断方法。

1962年,冶金部北京矿山研究院化探研究室利用地表原生晕和钻孔原生晕资料,在河北寿王坟发现了中型矽卡岩型铁铜矿床。

1969年,冶金部北京地质研究所与武警黄金八支队协作,对河北承德高寺台铬铁矿进行研究,采用次生晕沿沟谷、坡脊采样,对6km²岩体进行评价,圈定了岩体中铬铁矿赋存部位。后经勘探,在岩体中发现了20万t铬铁矿(侯景儒,李惠等)。

1980年,地质部授予河北省地质局物探大队"地质找矿功勋单位",表彰该单位三十年来在地质找矿方面的突出成绩。

1980年1月,冶金(有色)地质系统正式启动华北地台北缘成矿带1∶5万~1∶10万地球化学普查扫面计划,为找矿部署和制定找矿规划提供了重要依据。

1982年周庆来等、1986年杨凤池等开展冀北地区第一代区域化探资料的系统整理,查明了2条东西向环形分布的Cr、Ni、Cu、Pb高含量带,14条北东向和10条北西向交叉分布的Cu、Pb高含量带,结合地质研究,揭示出冀北地区客观存在的环形构造,以及具有近等距性和对称性的网格状断裂构造。

1984年,武警黄金八支队在河北区调队1∶20万龙关幅Au-3重砂异常基础上,布置1∶5万水系沉积物和重砂测量40km²,圈定了甲、乙两类异常18处。1985年检查异常时发现东坪Ⅰ号金矿脉,进一步开展土壤和综合物探测量和勘探的结果,矿床规模不断扩大。1991年6月"中国岩金矿床新类型研讨会"上将其命名为"东坪式金矿",属国内首次在碱性杂岩体中发现的新类型岩金矿床。这一发现填补了我国金矿类型的空白,并丰富了金矿成矿理论。至1992年,查明该金矿为特大型、中高温热液充填交代石英脉蚀变岩型金矿床。由宋国瑞等主编的《东坪式金矿成矿规律及成矿预测》获冶金部科技进步一等奖和国家科技进步二等奖。

1985年,河北省地球物理勘查院郑康乐等人在张家口小营盘金矿和遵化马兰峪砂金矿开展地电化学方法找金实验。

1986年,河北省地质矿产勘查开发局物探大队开展了1∶20万涞水幅水系沉积物测量,圈定了易县柴厂Au、Ag异常带。1992年,河北地质六队在矿区外围进行了1∶5万水系沉积物测量,将异常分解为柴厂和孔各庄异常区,随后对孔各庄异常查证,发现了金矿体。1994年河北物探队配合金矿普查,进行了1∶1万地面磁法和电法测量,至1997年底,查明柴厂-孔各庄为大型金矿田。

1988—1989年,河北省地球物理勘查院徐外生、刘崇民等通过河北蔡家营铅锌银矿区原生晕的深入研究,预测Ⅱ号矿带深部有盲矿体,经钻探验证,发现铅锌矿14层,厚度92.56m。

1989年,河北等9省区物探队参与编制华北地台北缘1∶50万地球化学图,为找矿勘查和解决基础地质问题提供了重要的地球化学资料依据。

1991年5月,地矿部科技司针对生产实际设立了"1∶20万区域化探异常筛选与查证方法技术研究"科技攻关项目,由河北省地球物理勘查院牵头(任天祥等负责)、中国地质大学、中国地质矿产信息研究院及河北等7省地质矿产勘查开发局参加实施,研究区涉及河北北部等地。这一年,开始于1976年的河北省山区水系沉积物测量野外采样工作结束,此后陆续进入室内资料整理阶段。

1995年7月3日,河北省地球物理勘查院向云川等开发的"区域化探异常筛选和找矿靶区预测的地理信息系统"通过鉴定,用于冀东地区1∶20万区域化探金异常的优选和绿岩型金矿找矿靶区的预测,取得了良好效果。同年10月30日—11月3日,河北省地球物理勘查院张华、任天祥等与河北物探队姚志强等完成的"河北北部干旱—半干旱区1∶20万区域化探异常筛选与查证方法技术研究"通过评审。项目报告首次提出了使用 GIS 技术"逐步分级综合信息异常筛选法及异常查证的方法组合",该成果于 1998 年 12 月获地矿部科技成果二等奖。同年 12 月,中国地质调查局叶天竺副局长主持召开了华北地台北缘矿产勘查成果探讨会。张华、任天祥汇报了河北北部 1∶20 万围场、上黄旗、丰宁、龙关 4 幅化探扫面工作,因普遍存在的风成砂干扰而导致含量普遍偏低,从而推动了重新认识有关省区区域化探和相关图幅的粗粒级(−4∼+20 目)再次扫面工作。

1995—1996 年,河北省地球物理勘查院张华等与河南省地矿局实验室合作,在河北东坪金矿等地进行"金的价态分布在寻找隐伏金矿和评价金异常中的应用研究"。利用金的不同价态 Au^{3+}、Au^+、Au^0 可对金异常,特别是隐伏金矿所引起的异常作出初步评价和判断。同年,河北省地球物理勘查院伍宗华、金仰芬在河北张全庄金矿进行了"金属气体"和壤中气汞含量的试验,发现了成矿元素的清晰异常和壤中气汞含量异常。

2001 年,河北省地质调查院完成了《中国东部地区地球化学块体内矿产资源潜力预测(河北部分)》。

2004—2009 年,河北省地质调查院完成了河北平原区 1∶25 万多目标地球化学测量工作

第二节　资料收集及可利用程度

已对河北省山区 1∶20 万区域化探和协作单位所拥有的中大比例尺矿区化探数据进行了广泛收集建库,已提交中国地质调查局发展研究中心,可供社会各界查询使用。平原区多目标地球化学数据在本项目中未收集。

一、数据收集及利用

地球化学数据的收集内容包括区域、中大比例尺、异常查证、科研等化探工作所获取的数据。下面简述其中对本次研究比较重要的数据的收集和利用情况。

1. 1∶20 万区域化探数据

河北省 1∶20 万区域化探数据共计 35 个 1∶20 万标准图幅,每个图幅 39 个元素,数据为 1∶20 万化探组合样分析数据,总量约为 100 万个,是全省地球化学研究工作主要使用的数据。

2. 中大比例尺数据

中大比例尺、异常查证、科研等化探工作所获取的数据比较零散,且分散于各地勘单位,在本项目的实施过程中对河北省地质矿产勘查开发局异常查证数据进行了录入整理工作。涉及异常检查工区 40 个,水系沉积物工区 16 个,分析元素为 Au、Bi、Co、Cr、Cu、Hg、Mn、Mo、Ni、Pb、W、Zn、Ag、As、B、Ba、Be、Sb、Sn、Ti、V,分析数据共 4 290 条。面积性岩石测量工区 12 个,分析元素为 Ag、As、Au、Ba、Be、Bi、Co、Cr、Cu、Hg、Mn、Mo、Ni、Pb、Sb、Sn、Ti、V、W、Zn,分析数据共 1 296 条。面积性土壤及土壤剖面工区 12 个,分析元素有 Ag、As、Au、Ba、Be、Bi、Co、Cr、Cu、Hg、Mo、Ni、Pb、Sb、Sn、Ti、V、W、Zn,分析数据共 2 316 条。

2010—2011 年间,本项目签订资料共享协议,收集到从 20 世纪 80 年代以来三个单位(河北省地质调查院、物勘院、区调所)所作 1∶1 万∼1∶5 万比例尺大部分(约 90%以上)化探数据,并录入计算机进行数字化,数据量为 20 多万条,主要元素为 Au、Ag、Cu、Pb、Zn、Cr、Co、V、Ti、Mn、P、Ba、Sr、Mo、Hg、As、Sb、Bi 等。

异常查证及中大比例尺的数据是进行典型矿床建模及预测靶区圈定所使用的数据。

二、研究资料收集和利用

河北省内的地球化学研究方面的资料非常丰富,本次研究主要收集和利用了典型矿床及地球化学预测等方面的资料。

(1) 区域上的研究资料有《河北省铅、锌、银资源总量预测报告》《河北省北部半干旱区 1∶20 万区域化探异常筛选和查证方法技术研究》《我国东部地区地球化学块体内矿产资源潜力预测》《地球化学异常与矿床规模的关系——以河北省为例》等。这些研究成果为本项目的工作方法及异常评价提供了宝贵的参考资料。

(2) 局部地区的研究资料主要以河北省典型矿床资料为主,用于典型矿床地球化学建模及异常评价。

第三节　存在的主要问题

河北省在地质构造上跨越兴蒙板块和华北板块,区内从太古宙到新生代地层出露较齐全,构造活动频繁而又十分复杂,阶段性构造演化活动明显,并伴随着各时代多期次岩浆活动,尤以中生代岩浆活动最为强烈。区域地球化学信息完全体现出该区域地质演化过程中元素迁移、富集活动历史。如果深入研究地球化学信息,掌握区域地质演化过程元素迁移、富集、赋存状态以及成矿规律,对于地球化学异常解释推断会有很大帮助。然而回顾以往地球化学综合研究工作,有以下不足之处。

(1) 以往只是研究化探异常的规模、浓度分带、元素分带、衬度等特征,没有很好地与区域构造特征、岩浆活动特征、地层含矿组分等地质背景结合分析研究来评价区域地质成矿条件和异常成矿远景。野外化探异常检查,也只是用加密采样、剖面采样手段方法,没有开创新的有效的查证方法。

(2) 没有深入研究地理景观环境对元素空间分布的影响。不同地理景观区气候、地形、地貌、疏松层性质、生物等诸因素,决定元素在地表的迁移、分散、富集规律不同,因此,解释地球化学异常要考虑地理景观条件的影响。

(3) 汞等少量元素样品分析数据报出率低于 80%,个别元素的数据报出率低于 50%,这些元素数据在应用时仅供参考。La、Sn 等少量元素在部分图幅中三层套合方差分析结果表明,采样误差及分析误差掩盖了地球化学变化趋势。

(4) 资料不完整,综合研究欠缺。目前河北省 1∶5 万化探资料和 1∶1 万化探资料多为异常检查或详查资料,不是连片的系统资料,而且缺少冶金、黄金部队和核工业系统在河北省取得的资料以及辽宁、内蒙古相毗邻地段的化探资料,并且对化探资料均没有进行系统地、深入地区域性综合研究工作。

(5) 由于种种因素(军事禁区、图幅行政归属),大河南岩体、康保—沽源一带未进行化探扫面,应尽快补齐。

第三章　方法技术

全国矿产资源潜力评价项目办公室在项目启动之初立即组织编写和制定了技术要求,后经典型示范区的实际应用后不断补充、修改和完善。化探技术要求针对区域地球化学特点,依据总体目标任务,提出了数据处理分析、编图技术、地球化学找矿模型建立、异常解释推断、编制地球化学系列图件的技术要求,供各省区、大区中心和全国汇总的地球化学信息研究工作中参照执行。

第一节　编图原则及依据

本项目的区域地球化学图件由基础图和解释成果图组成,主要通过地球化学的基础图件(单元素、组合元素及数据处理图)推断解释地质构造图、综合异常图和找矿预测图等成果图。其中每一种图件的编制方法均有相应的具体规定,以实现大区及全国的整体统一性。

一、数据源的选取

1. 全省图件

1)地球化学工作程度图

主要是在以往的物化探工作程度图上进行修编的。1:20万的水系沉积物地球化学及异常查证资料来自河北省地球物理勘查院,1:25万多目标地球化学调查资料来自河北省地质调查院,中大比例尺的化探信息从河北省的各个地质勘查单位收集。

2)地球化学景观图

河北省地球化学景观的划分是在全国地球化学景观区域的基础上,采用1:25万地理地形图,参考区域地球化学特征进一步详细划分的。参考资料有河北省测绘局出版的《河北省地图集》中1:180万的河北省地形、河北省土壤、河北省植被图件及1:550万、1:380万、1:760万的河北省气候图件,此外还参照了地震出版社出版的《河北省地下水》中的1:410万的河北省地貌区划图。

3)单元素地球化学图

成图数据为河北省1:20万区域化探扫面$4km^2$组合样数据。

4)单元素地球化学异常图

成图数据为河北省1:20万区域化探扫面$4km^2$组合样数据。在单元素地球化学图的基础上,根据《化探资料应用技术要求》,采用异常下限值以上的数据勾绘而成。

5)地球化学组合异常图

成图数据为河北省1:20万区域化探扫面$4km^2$组合样数据。图件的编制方法是根据圈定的单元素异常,将空间上密切相关的一组元素组合,编制组合异常图。

6)地球化学综合异常图

成图数据为河北省1:20万区域化探扫面$4km^2$组合样数据。图件的编制方法是根据已圈定的单元素异常和组合异常,依据综合解释的需要进行单矿种预测,按多个元素的空间逻辑叠加结果划分、圈定异常,确定主成矿元素及伴生元素,编制成综合异常图。

7）地球化学找矿预测图

成图数据为河北省 1∶20 万区域化探扫面 4km² 组合样数据。图件的编制方法是根据单矿种已圈定的综合异常,在综合异常研究、筛选的基础上,结合地质矿产、矿床模型等资料,圈定找矿预测区。在找矿预测区内,利用大比例尺地球化学资料或异常查证资料,在对地质矿产资料综合研究的基础上圈定最小预测区。

8）地球化学推断地质构造图

成图资料参考单元素地球化学图、单元素地球化学异常图、地球化学组合异常图及数据处理图件(因子分析)。通过对图件的研究,结合全省地质图,编制地球化学推断地质构造图。

2. 成矿带图件

Ⅳ级成矿带地球化学系列图件(地球化学图、地球化学异常图、地球化学组合异常图、地球化学综合异常图)为全省图件按成矿区带范围裁切而成。

3. 预测工作区图件

预测工作区的地球化学系列图件(地球化学图、地球化学异常图、地球化学组合异常图、地球化学综合异常图、地球化学找矿预测图)成图数据均为河北省 1∶20 万区域化探扫面 4km² 组合样数据,经调平后,再根据预测区范围裁切而成。

4. 最小预测区图件

在各矿种找矿预测图中进一步圈定最小预测区,利用最小预测区内的 1∶5 万～1∶1 万化探数据资料进行化探图件的编绘,或直接扫描矢量化以往的大比例尺化探图件。

5. 典型矿床图件

典型矿床的单元素地球化学异常图、异常特征剖析图主要来自 1∶20 万水系沉积物测量资料、1∶5 万～1∶1 万中大比例尺化探及矿区资料。

二、编图比例尺及坐标投影

1. 全省图件

编图比例尺为 1∶50 万,河北省选择投影平面直角高斯-克里格(6 度带)投影坐标系进行投影,中央经线 117°。各投影模型椭球参数采用北京 54 坐标系。

2. 成矿带图件

编图参数与全省图件相同。

3. 预测工作区图件

编图比例尺为 1∶5 万。河北省选择投影平面直角高斯-克里格(6 度带)投影坐标系进行投影,东经 114°以西的区域中央经线为 111°,东经 114°以东的区域中央经线为 117°。各投影模型椭球参数采用北京 54 坐标系。

4. 最小预测区图件

编图比例尺根据搜集的数据确定,1∶5 万～1∶1 万不等,选择投影平面直角高斯-克里格(6 度带)投影坐标系进行投影,中央经线 117°。各投影模型椭球参数采用北京 54 坐标系。若是收集的以往图件,则遵照原图编图参数。

5. 典型矿床图件

典型矿床图件的比例尺与收集的数据和图件的编图参数一致。

三、数据分级及异常划分原则

1. 单元素地球化学图

数据分级方法按照《化探资料应用技术要求》,采用累频分级,全省(含预测工作区)共分19级,频率间隔为0.5、1.2、2、3、4.5、8、15、25、40、60、75、85、92、95.5、97、98、99.5、100(%),色阶颜色采用统一图例,各级色阶的选取原则是低背景区为蓝色,背景区为黄色,高背景区为浅红色,异常区为深红色。各色区之间的色调呈过渡逐渐变化,即由蓝—绿—黄—红—深红的渐变规律,反映元素含量逐渐增高的趋势。

2. 单元素地球化学异常图

异常均分为内、中、外3带,其中内带下限为98%的累频值,中带下限为95.5%的累频值,外带下限为85%的累频值;分别用红色、橙红色、黄色表示异常的内、中、外带。

3. 地球化学组合异常图

主成矿元素分内、中、外带,用主成矿元素异常范围区表示,色阶设置同单元素异常图;伴生元素只提取外带,用单元素异常范围线表示,分别设色,如红色、蓝色、绿色、粉色、黄色等。

4. 地球化学综合异常图

根据已圈定的单元素异常、组合异常及单矿种预测的成矿元素,确定主成矿元素和伴生元素,按多个元素的空间逻辑叠加结果划分、圈定综合异常,编制成综合异常图。按异常成矿级别划分异常类别。

四、编图依据

化探资料应用参照的技术依据如下。

(1)《全国矿产资源潜力评价项目化探资料应用技术要求》,向运川,任天祥,牟绪赞等,地质出版社,2010年8月。

(2)《全国矿产资源潜力评价数据模型——化探分册》(V3.10),全国矿产资源潜力评价综合信息组。

(3)《全国矿产资源潜力评价数据模型——编图说明书提纲分册》(V3.10),全国矿产资源潜力评价综合信息组。

(4)《全国矿产资源潜力评价数据模型——地理信息分册》(V3.10),全国矿产资源潜力评价综合信息组。

(5)《全国矿产资源潜力评价数据模型——空间坐标系统及其参数规定分册》(V3.10),全国矿产资源潜力评价综合信息组。

(6)《全国矿产资源潜力评价数据模型——数据项下属词规定分册》(V3.10),全国矿产资源潜力评价综合信息组。

(7)《全国矿产资源潜力评价数据模型——通用代码规定分册》(V3.10),全国矿产资源潜力评价综合信息组。

(8)《全国矿产资源潜力评价数据模型——统一图例规定分册》(V3.10),全国矿产资源潜力评价综合信息组。

(9)《全国矿产资源潜力评价数据模型——统一图式规定分册》(V3.10),全国矿产资源潜力评价综合信息组。

(10)《全国矿产资源潜力评价数据模型——元数据规定分册》(V3.10),全国矿产资源潜力评价综合信息组。

(11)《区域地质图图例》(GB958-99),中华人民共和国国家标准。

(12)《GEOMAG》(V3.10)数据模型软件。

(13)《中华人民共和国地质矿产行业标准——地球化学普查规范(1∶5万)》(DZ/T 0011-1991),中华人民共和国地质矿产部,1992年1月。

(14)《中华人民共和国地质矿产行业标准——区域地球化学勘查规范》(DZ/T 0167-2006),中华人民共和国国土资源部,2006年。

(15)《中华人民共和国地质矿产行业标准——岩石地球化学测量技术规程》(DZ/T 0248-2006),中华人民共和国国土资源部,2006年。

(16)《中华人民共和国地质矿产行业标准——土壤地球化学测量规范》(DZ/T 0145-1994),中华人民共和国地质矿产部,1994年12月。

(17)《中华人民共和国国家标准——地球化学勘查技术符号》(GB/T14839-1993),国家技术监督局,1993年12月。

(18)《中华人民共和国国家标准——地球化学勘查术语》(GB/T14496-1993),国家技术监督局,1993年6月。

(19)《中华人民共和国国家标准——地理信息技术基本术语》(GB/T17694-1999),国家技术监督局,1999年9月。

第二节 数据处理与解释方法

通过近十多年来的开拓发展,我国化探数据处理与成图技术已取得长足进步,尤其是区域性数据的管理、处理与成图,已接近国际同类水平。化探数据具有多元性特点,不同元素的特征和多元素组合特征,反映着不同的地质现象。应用多元素数据集,建立多元地球化学数据模型,研究相关元素的集合与个体之间的相互关系,是化探数据处理的多元性特点。通常采用的多元回归分析、聚类分析、因子分析、对应分析等,就是多元地球化学数据处理的代表,以此绘制的图件在信息提取中直观明了,在反映地质现象和相关特征方面起到重要的作用。

一、数据整理

收集到的地球化学原始数据资料在应用成图前,进行了以下检查。

(1)坐标检查。数据有无采样坐标,坐标是否符合规定要求。

(2)数据格式检查。数据是否存在文字形式的描述,如"<检出限"等,若有则进行"数字化",以检出限的半值替代"<检出限"。数据以 Excel 或 Access 格式存储。

(3)统一含量单位。不同的测试方法形成的数据含量不同,均按《化探资料应用技术要求》统一更改。

(4)误差校正。河北省区域化探工作在不同时间内完成,且分析数据受地球化学景观、采样介质、采样粒级、分析方法的影响,会产生明显的系统误差,因此对这部分数据进行了校正处理。

二、数据统计分析

数据统计分析主要是地球化学参数统计计算,包括样品数、算术平均值、标准差、变异系数、最大值、最小值等。如需统计剔除后的地球化学参数,则按照平均值加减3倍标准差的方法反复剔除。

三、因子分析

因子分析对认识不同指标间的相互组合关系和样品的差异性有很大帮助。以相关矩阵用主成分分析法,因子提取原则为总方差解释量大于或等于85%,按方差最大的方法进行旋转,输出旋转后的因子载荷表(按系数大小排序)及因子得分表,编制因子得分图。

四、聚类分析

聚类分析主要用于辨认具有相似性的事物,并根据彼此不同的特性加以"聚类",使同一类的事物具有高度的相同性。应用聚类分析的元素分组可确定矿床类型和元素的组合特征,也可通过已知成矿单元的类比,预测评价相关研究区内相关单元可能发现的矿床类型等。选择研究区分析单元,确定分析元素(不少于10个),选择R型聚类对元素分组进行相关性分析,确定分组相关系数下限(>0.5),对元素分组结果进行地质作用与成矿因素的分析解释。

五、异常处理与分析

地球化学异常根据网格化数据经累频取得异常分带值及各级异常下限。网格化方法采用以距离为幂指数的指数加权法,在GeoExpl软件中搜索范围以计算点为中心,圆域搜索,搜索半径为5km。各级异常下限确定后一般不再做人工处理。

六、地球化学推断地质构造的理论基础

水系沉积物是汇水域内各种岩石风化产物的天然组合,对已出露的基底和盖层的地球化学特征及各种地质作用留下的印迹有良好的继承性。地球化学场的分布特征及组合规律是区域地质构造演化过程中元素集散、迁移的形迹所在;地球化学场的变化规律及元素组合在空间分布特征方面表现为一定的方向性(呈串珠状、等轴状、等间距性),均是地质构造活动引起元素地球化学场的变化结果。

由于断裂构造与成岩、成晕作用有密切关系,断裂构造按照广义热力学的定义属于开放体系,与外界产生能量和物质交换。断裂体系中存在压力差、温度差、浓度差等,导致部分元素贫化或富集。因此,断裂构造的分布特征也直接决定着地球化学场和异常的分布特征。反之,地球化学场的变化规律及空间分布规律也可以推断地表或隐伏地质构造。

第三节 编图要素与表达方式

编图主要使用MapGIS67和GeoExpl2009。应用MapGIS67软件绘制的图件有:地球化学工作程度图、地球化学景观图、单元素地球化学图、组合和综合异常图、找矿预测图。应用GeoExpl2009软件绘制的图件有:地球化学图中的直方图、地球化学异常图、旋转因子得分图。下面对每类图件的编制方法和流程做具体介绍。

一、全省性图件

(一)地球化学工作程度图

全省地球化学勘查工作程度图的编图比例尺为1∶50万。尽可能地收集本省已开展的各类地球化学工作,包括1∶20万及中大比例尺的水系沉积物测量、岩石测量、土壤测量等。

1. 编图要素

(1)1∶20万水系沉积物地球化学测量范围区,标注。
(2)1∶25万多目标地球化学调查范围区,标注。
(3)中大比例尺水系沉积物、岩石、土壤、汞气测量范围区,标注。
(4)简化地理图,包括省界、政区界、居民地、河流、山脉、铁路、公路等。

2. 编图方法

河北省工作程度图主要是在以往的物化探工作程度图上进行修编的。以往的物化探工程图中有物探工作信息但缺少1：25万多目标地球化学调查及异常查证信息，所以，本次编图的主要工作是删除物探工作信息再添加化探缺少的信息。将1：25万多目标地球化学调查图件的边界矢量化后再拼接到1：50万地球化学工作程度图中。异常查证根据其角点坐标进行投影，然后再将角点连接成封闭的线来圈定工区范围。同时，对图面上已有的地球化学调查信息进行了核实。

3. 表达方式

(1)1：20万水系沉积物地球化学工作程度用区表示，一个图幅为一个单元，用浅红色填充区，1：25万多目标地球化学测量用橘黄色填充区。

(2)中大比例尺地球化学工作(包括水系沉积物、岩石测量、土壤测量等)用区表示，不同比例尺和不同方法的工作范围通过不同颜色和花纹加以区分。1：10万水系沉积物测量，用天蓝色表示；1：5万土壤、水系沉积物、岩石测量用蓝紫色表示；1：2万～1：2.5万的水系沉积物及土壤测量用绿色表示；1：1万的土壤和水系沉积物测量用粉色表示；1：1 000～1：5 000的土壤及水系沉积物测量用红色表示。

(3)面积大于5km^{2}的异常按实际分布范围用区表示，面积小于5km^{2}的异常，以其中心点的坐标投点，以小圆圈表示。每个工区内标注编号和工作方法不同，工区较小时，标注在外侧，用短线指向工区。

4. 图面整饰

包括图名、图框、图例、比例尺、责任表、制图说明等。

(二)地球化学景观图

1. 编图要素

(1)地理地球化学景观区、景观区标注、景观区分界线。
(2)简化地理图，包括省界、政区界、居民地、河流、山脉、铁路、公路等。

2. 编图方法

河北省地球化学景观的划分是在全国地球化学景观区域的基础上，采用1：25万地理地形图，参考区域地球化学特征进一步详细划分的。参考了河北省测绘局出版的《河北省地图集》中1：180万的河北省地形、河北省土壤、河北省植被图件及1：550万、1：380万、1：760万的河北省气候图件，此外还参照了地震出版社出版的《河北省地下水》中1：410万的河北省地貌区划图。对这些资料进行筛选，选择真实、可靠的图件及资料加以利用。在MapGIS67中对所需图件进行矢量化，转换图件的比例尺到编图的比例尺，然后进行信息提取。图面的整饰按化探技术要求进行。

3. 表达方式

景观区共分3级，不同的景观区用不同颜色的区表示。高海拔的半干旱中低山丘陵区以褐色为主，低海拔的半干旱半湿润洪冲积-海积平原区以绿色为主。在每一景观区内标注景观区级别和类型。成图比例尺为1：50万。

4. 图面整饰

包括图名、图框、景观区图例、比例尺、责任表及编图说明等。

(三)单元素地球化学图

1. 编图要素

(1)地球化学区、等值线、含量标注。编图元素共39个,分别是Ag、As、Au、B、Ba、Be、Bi、Cd、Co、Cr、Cu、F、Hg、La、Li、Mn、Mo、Nb、Ni、P、Pb、Sb、Sn、Sr、Th、Ti、U、V、W、Y、Zn、Zr、Fe、K_2O、Na_2O、CaO、MgO、Al_2O_3、SiO_2。编图所用数据为二十世纪八九十年代河北省区域化探扫面数据,对其中存在较大问题的1:20万图幅,在2000年以后又进行重新扫面。这次编图中使用了重新扫面数据。

(2)简化地理图,包括省界、政区界、居民地、河流、山脉、铁路、公路等。

2. 数据处理方法

1)空间坐标转换

河北省选择平面直角高斯-克里格(6°带)投影方法,中央经线为117°。各投影模型椭球参数采用北京54坐标系。

2)数据校正处理

由于区域地球化学数据受地理景观、采样介质、分析手段的影响,不可避免地产生明显的系统误差,尤其是涉及到区域性的化探数据,这种误差更为突出。所以要分别对各元素进行系统误差的处理,以便更好地反映地质现象和地球化学信息。误差处理主要针对图幅间(包括分析批次)明显的系统分析误差。校正软件为GeoExpl2009。本次编图对Ag、Al_2O_3、Au、B、Ba、Bi、CaO、Cr、Cu、Fe_2O_3、Hg、K_2O、MgO、Mn、Mo、Ni、Na_2O、Nb、Pb、Sb、SiO_2、Sn、Th、W、Y、Zr 26个元素进行了校正处理,具体的校正单元及校正系数见各元素地球化学图。

处理步骤如下。

(1)按原始点位采用符号分级的方式生成元素的符号图,分级方法采用累计频率方式。

(2)通过校正图示窗浏览原始数据全图,确定具有明显的数据台阶区域,采用图形编辑工具,在图上直接圈定要处理的区域(用面的方式表示)。各校正单元的ID设定为唯一。

(3)确定各单元的校正值或校正系数,主要方法是与单元周边数据进行对比分析,部分规律性较复杂的单元可以通过统计规律确定,同时还需考虑元素的整体空间分布趋势和地质背景,所用公式为:$y=ax+b$(y-校正后的数据,x-校正前的数据,a、b-校正参数)。

(4)观察全图,对部分校正结果不理想的单元,通过上述步骤,对单元和校正值进行调整,并重新计算,直到校正数据和成图效果符合全局规律为止。

3)数据网格化

为了编图的统一性,河北省在编图中采用处理后的网格化数据。网格距为2km×2km。数据处理搜索范围以计算点为中心,八方向搜索,搜索半径为5km。数据网格化计算方法为距离幂函数反比加权。

3. 地球化学图的绘制

1)单元素地球化学图

用1:20万化探扫面$4km^2$网格化数据,通过MapGIS67软件绘制,元素的空间分布及变化用等值线表示。等值线间喷绘相应的颜色。等值线上标注元素含量值,并标出正、负极值。

本次编图用累积频率划分元素等值线,累频分级间隔为:0.5、1.2、2、3、4.5、8、15、40、60、75、85、92、95.5、97、98、98.8、99.5、100(%)。

各级色阶的选取原则是低背景为蓝色,背景区为黄色,高背景区为浅红色,异常区为深红色。各色区之间的色调呈逐渐过渡变化,即蓝—绿—黄—红—深红的渐变规律,反映元素含量逐渐增高的趋势。

2)直方图的绘制

对全省数据分地质单元进行对数分布分析,以反映各元素在全省及不同地质单元的元素含量分布特征。全省共划分135个地质单元，地层以组为统计单位，岩浆岩以侵入单元为统计单位。

数据分布直方图最大分组数20个，数据量下限30个。直方图组距为 $0.1 lg\mu g/g$（或 ng/g、%）。组端值小数点后第二位数字为7。直方图内容为地层名称、统计样品数（N）、平均值（X）、标准离差（S）、变异系数等（Cv）。直方图置于图的左边。

4. 图面整饰

包括图名、图框、分级标尺、图例、直方图、制图方法、责任表等。

（四）单元素地球化学异常图

1. 编图要素

(1) 单元素异常等值线、异常区、异常标注。
(2) 简化地理图，包括省界、政区界、居民地、河流、山脉、铁路、公路等。
(3) 地质矿产图，包括地质界线、断裂、地质符号标注、矿点等。

2. 编图方法

1) 空间坐标转换

河北省选择平面直角高斯-克里格（6°带）投影方法，中央经线为117°。各投影模型椭球参数依据北京54坐标系。

2) 数据网格化

本图件通过GeoExpl2009软件绘制。网格距为 $2km \times 2km$，数据处理搜索范围以计算点为中心，圆域搜索，搜索半径为5km。数据网格化计算方法为以距离为幂的指数加权法。

3) 异常图绘制

全省统一异常下限。累频85%确定为异常下限，按浓集程度划分三级，第一级（85%）为外带，第二级（95.5%）为中带，第三级（98%）为内带，分级色阶分别用橙红色、红色、深红色表示。异常编号由左向右、从上到下统一顺序编号。

3. 图面整饰

包括图名、图框、地质、矿产图例、异常分级标尺图例、责任表、比例尺、技术说明等。

（五）地球化学组合异常图

1. 编图要素

(1) 主成矿元素异常区、伴生元素异常线。
(2) 三级成矿区带范围（面）及界线、成矿区带标注。
(3) 简化地理图，包括省界、政区界、居民地、河流、山脉、铁路、公路等。
(4) 地质矿产图，包括地质界线、断裂、地质符号标注、矿点等。

2. 编图方法

根据河北省13个预测矿种元素组合特征，分矿种及预测类型编制组合异常图。通过研究本省典型矿床的地球化学特征，选择能代表该矿种成矿类型的元素组合编制组合异常图。全省共编制13套多元素组合异常图。编图软件为MapGIS67。

(1) 金矿组合异常图：Au-Ag-Hg-Mo-Pb组合异常图（变质热液型），Au-Sn-Sb-F组合异常图（浸染型），Au-Bi-Cu-W组合异常图（岩浆热液型）。

(2)银矿组合异常图：Ag-Cd-Mn-Ba组合异常图(火山岩型)，Ag-Pb-Zn-Au组合异常图(次火山岩型)，Ag-W-Bi-Mo组合异常图(与岩浆有关)，Ag-Pb-Zn-Sb组合异常图(沉积-热液改造型)。

(3)铅矿组合异常图：Pb-Zn-Ag-Bi-Cd组合异常图(内生型)，Pb-Zn-B-F-Mn组合异常图(外生型)。

(4)锌矿组合异常图：Zn-Pb-Ag-Bi-Cd组合异常图(内生型)，Zn-Pb-B-F-Mn组合异常图(外生型)。

(5)铜矿组合异常图：Cu-Mo-Cd-Pb-Au组合异常图(斑岩型)，Cu-Ag-F-W组合异常图(矽卡岩型)。

(6)钼矿组合异常图：Mo-Cu-W组合异常图(斑岩型)，Mo-Pb-Cd组合异常图(矽卡岩型)，Mo-Be-Bi组合异常图(热液型)，Mo-Hg-U组合异常图(火山岩型)。

(7)锰矿组合异常图：Mn-Ag-Mo组合异常图(内生型)，Mn-As-B组合异常图(外生型)。

(8)铬矿组合异常图：Cr-Ni-Co组合异常图(岩浆型)。

(9)镍矿组合异常图：Ni-Cr-Co组合异常图(沉积变质型)。

(10)钨矿组合异常图：W-Mo-Ag-Cd组合异常图(热液型)，W-Mo-Cu-Zn组合异常图(矽卡岩型)。

(11)锑矿组合异常图：Sb-Hg-As-Ag组合异常图(未分类型)。

(12)锡矿组合异常图：Sn-W-Mo组合异常图(岩浆热液型)。

(13)稀土矿组合异常图：La-Y-Nb-Zr组合异常图(未分类型)。

3. 表达方式

主成矿元素异常应用已绘制完成的单元素异常图，异常范围用区表示，外带为橙红色(累频85%)，中带为红色(累频95.5%)，内带为深红色(累频98%)。伴生元素异常范围为相应元素异常图的异常范围，异常范围边界用粗实线表示，各元素采用不同颜色标识。

4. 图面整饰

包括图名、图框、异常分级标尺图例、地质、矿产图例、比例尺、责任表等。

(六)地球化学综合异常图

1. 编图要素

(1)主成矿元素异常区、综合异常边界线、元素组合标注、异常编号。
(2)三级成矿区带范围(面)及界线、成矿区带标注。
(3)简化地理图，包括省界、政区界、居民地、河流、山脉、铁路、公路等。
(4)地质矿产图，包括地质界线、断裂、地质符号标注、矿点等。

2. 编图方法

综合异常图分矿种编制，按照预测矿种的组合异常编制相应的综合异常图。全省共编制13张综合异常图，分别是金矿综合异常图、银矿综合异常图、铅矿综合异常图、锌矿综合异常图、铜矿综合异常图、钼矿综合异常图、锰矿综合异常图、铬矿综合异常图、镍矿综合异常图、钨矿综合异常图、锑矿综合异常图、锡矿综合异常图、稀土矿综合异常图。编图软件为MapGIS67。

将空间上密切相伴(空间逻辑叠加)的元素异常归并为一个综合异常。主成矿元素以面色表示，根据所圈定的单元素异常叠合程度及边界界定异常范围，综合异常边界用粗实线圈定。异常类别分为甲、乙、丙3种，划分原则是：甲类为化探工作中圈定的具有扩大找矿远景的矿致异常；乙类为推断有找矿前景的化探异常；丙类为性质不明的化探异常。不同矿床预测类型的异常用不同颜色的综合异常边界线加以区分。异常编号按其中心的地理位置由北到南、从西到东统一顺序编号，异常编号方式为：河北省行政区划代码前两位＋Z-综合异常序号＋异常类别,如13Z-1甲。异常编号下方标注元素组合。

3. 图面整饰

包括图名、图框、图例、制图说明、比例尺、责任表等。

(七)地球化学找矿预测图

1. 编图要素

(1)主成矿元素异常区、综合异常边界线、元素组合标注、异常编号。
(2)预测区范围(面)及边界线、预测区编号,最小预测区范围(面)及边界线、最小预测区编号。
(3)三级成矿区带范围(面)及界线、成矿区带标注。
(4)大地构造相单元(面)及界线。
(5)简化地理图,包括省界、政区界、居民地、河流、山脉、铁路、公路等。
(6)地质矿产图,包括地质界线、断裂、地质符号标注、矿点等。

2. 编图方法

共编制 Au、Ag、Pb、Zn、Cu、Mo、Mn、Cr、Ni、W、Sb、Sn、REE 13个矿种的找矿预测图。编图软件为MapGIS67。

在综合异常研究、筛选的基础上,结合地质矿产、矿床模型、物探、遥感等资料,圈定找矿预测区。每一个预测区具有相同成因类型的综合异常、相同地质背景、相同的成矿区带。预测区按 A、B、C 三级划分。

A 级:预测区存在一个以上的甲、乙类异常,有希望找到大型规模以上的矿床或矿田。

B 级:预测区有一个以上的乙类异常存在,有希望找到中型或大型规模以上的矿床。

C 级:预测区有多处丙类异常存在,已知地质条件有利或一般,未进行异常查证或查证后未获得重要突破,但推测有希望找到工业矿体或小型以上矿床;有甲、乙类异常存在,但工作或工程控制程度已经很高(包括深部控制),深、边部找矿有一定潜力,但重大找矿突破的可能性较小。

最小预测区是在预测区中划分出来的,与同成矿区(带)内的典型矿床十分相似的,或通过三级查证发现有利找矿线索的,或与其他预测方法高度吻合的,具有明确找矿方向和目标的甲、乙类异常分布区。最小预测区范围在对大比例尺地球化学资料或异常查证资料,以及地质矿产资料综合研究的基础上进行界定。

3. 表达方法

找矿预测区边界用红色线表示,内部为透明区,标注预测区编号,预测区编号方式为:河北省行政区划代码前两位＋矿种＋Y-找矿预测区序号,如 13AuY-1,13CuY-2 等。综合异常范围用面色表示,不同矿产类型采用不同颜色的边界线加以区分,标注组合元素及异常编号。各矿种最小预测区(最小预测区)圈定面积超过 $1km^2$ 的,在图面上原样表达;圈定面积小于 $1km^2$ 的,用 $2mm×2mm$ 的浅红色方形区表示,在其旁侧标注最小预测区编号,最小预测区编号方式为:河北省行政区划代码前两位－X-最小预测区级别-最小预测区序号,如 13-X-Ⅳ-1,13-X-Ⅴ-2 等。主成矿元素异常区内标注单元素异常编号。

4. 图面整饰

包括图名、图框、预测区列表、地质矿产图例、化探图例、比例尺、责任表、编图说明等。

(八)地球化学推断地质构造图

在对全省地球化学图分析研究的基础上,根据地球化学信息推断的地质体和构造线,编制地球化学推断地质构造图。

1. 编图要素

(1) 解释、推断断层构造线、基性-超基性岩体、中-酸性岩体。

(2) 简化地理图,包括省界、政区界、居民地、河流、山脉、铁路、公路等。

(3) 地质图,包括地质界线、断裂、地质符号标注等。

2. 编图方法

(1) 运用 GeoExpl 软件对全省的地球化学数据进行聚类分析、因子分析,揭示地质与地球化学元素组合特征及分布规律之间的成因关系,合理地进行地质解释,推断断层、岩浆岩体。

利用地球化学推断岩性、构造的主要元素组合,应用 SiO_2、K_2O、CaO、MgO 等造岩元素的组合富集规律,推断中-酸性岩体。应用 Fe_2O_3、Co、V、Ti、Cr、P、Ni、Cu 等元素组合,推断基性-超基性岩体。应用元素的组合特征、异常的含量特征及展布方向、范围等,推断断裂构造。

(2) 按主要特征元素或元素组推断地质体,按特征元素边界圈定岩浆岩范围,用区表示。按主要特征元素或元素组异常轴线或高低背景界限来推断地质构造。推断与已知地质构造吻合或基本吻合的"特征线"用实线表示,不吻合或根据地球化学特征新推断的构造用虚线表示。粗红线表示构造线,深红色区表示中-酸性岩体,深绿色区表示基性-超基性岩体。对推断的地质体及断层进行编号,顺序由左到右、由上到下。

3. 图面整饰

包括图名、图框、图例、比例尺、责任表等。

二、成矿区带图件

成矿带图件包括单元素地球化学图、异常图、组合异常图、综合异常图,各类图件编制方法与全省同类图件类似。

三、预测工作区图件

预测工作区图件包括:单元素地球化学图、异常图、组合异常图、综合异常图、找矿预测图。根据预测矿种的成矿预测类型,研究该区典型矿床的地球化学特征,并依据元素间相关分析和聚类分析结果,选择 4~9 种密切共伴生元素进行编制。各类图件编制方法与全省同类图件类似。

四、最小预测区图件

最小预测区图件主要为地球化学图、地球化学异常图、组合异常图等。参与编图的元素为与预测矿种有关的几个主要成矿及伴生元素,编图方法同全省图件。另有搜集的矢量化的图件,按原图件绘制。

五、典型矿床异常剖析图

利用已完成的 1:20 万水系沉积物单元素地球化学异常图,若典型矿床所在位置在单元素地球化学异常图中有异常显示,则对该异常进行裁切。异常裁切范围以能反映异常的区域分布特征及尽量保持异常的完整性为原则。将典型矿床的多个异常及地理地质图拼接在一张图上组成异常剖析图。

对有中大比例尺化探资料的典型矿床,编制中大比例尺的单元素地球化学异常图、异常剖析图。

第四节 质量评述

地球化学工作成果质量主要包括野外采样、样品测试分析以及室内计算机编图等几个方面,本节对其分别进行讨论。

一、数据质量

1∶20万区域化探数据：样品分析质量由插入Ⅰ级监控样、Ⅱ级监控样、内检等分析手段对质量进行监控，但是许多元素图幅间仍出现系统偏差，1∶20万图幅接图部位存在明显台阶，尤其是河北北部由于受风成砂的干扰，使得康保及张家口幅的部分地区数据中大部分元素含量较其他图幅偏低。报出率统计发现，个别元素（如Hg、Sb、Cs、La）报出率较低，个别图幅（如Au）的报出率没有达到优秀级。三层套合方差分析结果显示，La、Cd、Ag、Be、Sn等元素在某些图幅中F_1小于临界值，表明该元素在该地区内地球化学变化被采样误差和分析误差所掩盖，在今后应用中应加以注意。但是总体上，河北省1∶20万水系沉积物数据分析质量较好，多数元素各项分析指标达到优秀级。

中大比例尺数据主要为水系沉积物和土壤数据，工作时间从20世纪70年代到本世纪初均有，时间跨度较大。由于分析方法及分析仪器方面存在较大差异，旧数据分析方法主要为光谱半定量分析，使得某些元素的报出率低、分析检出限较高，新数据则不存在这些问题。所以在利用这些数据时应注意这方面的问题，但中大比例尺数据整体上来说翔实可靠，对于局部及矿区研究工作是不可或缺的。

二、编图质量

由于1∶20万水系沉积物数据图幅间存在系统误差，所以在编图前对其进行了调平处理，调平是按照《化探资料应用技术要求》中推荐的方法进行的，即参考相邻图幅或统计规律进行线性校正，同时也考虑区域地质及景观背景情况。校正后的数据编图效果整体上的异常展布及形态比较符合地质、矿产及地球化学元素分布规律。

河北省图件的编制按《化探资料应用技术要求》中的数据处理方法和成图方法进行。图件完成后，均由GeoMAG软件生成要求的属性库。化探课题组图件编制经三级质量检查控制，一是制图人员的自检，二是课题组人员的相互检查，三是院级项目组的专检，检查后及时修改，确保图件编制质量。

第四章 地质地球化学特征

作为华北陆块核心部分的河北省,地质历史悠久,各种地质现象及产物非常丰富,而地球化学特征是地质过程的精确示踪,通过不同地质构造单元元素地球化学参数统计特征的综合分析,讨论区域地球化学景观特征、地球化学分区特征、地质单元成矿能力评价,为进一步成矿预测提供科学依据。

第一节 地质矿产概况

河北省在区域大地构造上位于华北地台(中朝准地台)的核心部位,发育有一套非常典型的晋冀豫地层区的地层(约占总面积98%)。仅北端一小部分(康保-围场深断裂为界)属内蒙古草原(内蒙-松花江)地层区。

根据历史发展的主要构造特点,作为中朝准地台(I_2)核心部分的基岩出露区,可进一步划分为3个二级构造单元:冀北地区的内蒙地轴(II_2^1)、燕山地区的燕山台褶带(II_2^2)以及太行山区的山西断隆(II_2^3)。

一、区域地层

本区地层发育较齐全,厚度巨大。其中,太古宇厚约22 277m、元古宇厚约14 375m、显生宇厚约15 868m,总厚约52 521m。太古宇—下元古界片麻杂岩或花岗-绿岩地体为主的变质岩系出露广泛(约占基岩面积的1/4),地层序列完整,变质变形现象丰富,出露有中国最古老(3 850Ma)的岩石或陆壳(刘敦一等,1991)。在褶皱基底之上不整合地覆盖着轻微变质或未变质的地台型海相、潟湖相中—上元古界富镁碳酸岩和少量碎屑岩、黏土岩系。经震旦系的缺失以后,沉积了稳定型浅海的寒武—奥陶系碳酸岩及少量泥砂质岩系。石炭—二叠—三叠纪地层由海陆交替相到湖沼相-河流相的碎屑岩及少量灰岩夹煤层组成。侏罗—白垩纪处于活动大陆边缘,广泛发育陆相盆地火山-沉积岩系。新生代地层出现平原区大型拗陷盆地或裂谷盆地的含油泥砂质堆积,间夹有玄武岩层。详见表4-1-1。

太古宇:由下到上分为曹庄群、迁西(岩)群、遵化(岩)群、阜平(岩)群和五台群以及燕山分区的卢龙群、单塔子群、双山子群。

中—上元古界:自下而上分为长城系(赵家庄组、常州沟组、串岭沟组)、南口系(大红峪组、高于庄组)、蓟县系(杨庄组、雾迷山组、洪水庄组、铁岭组)和青白口系(下马岭组、长龙山组、井儿峪组)。广泛出露于尚义-赤城-隆化以南的燕山和太行山区。

寒武—奥陶系:共分13个组,缺失上奥陶统。分布于燕山、太行山的大部分地区。

石炭—二叠系:地台型石炭—二叠纪地层是重要的含煤地层,零星出露于燕山和太行山的山前地带。共分6个组,缺失下石炭统。

三叠系:主要分布在北部的承德、平泉一带,南部武安、临城、内邱等地亦有零星出露。共分4个组。

侏罗—白垩系:主要分布内蒙地轴区,其次为燕山台褶带和山西断隆区。共分14个组,为陆相火山-沉积岩系。

新生界:新生代地层及松散沉积物分布极为广泛,在山区从下到上划分为第三系灵山组(西坡里组-灵山组)、汉诺坝组、赤城组、马兰组等。汉诺坝组以灰—深灰色玄武岩为主体,间夹灰绿、灰白、棕红色砂砾岩、粉砂岩、黏土岩、炭质页岩及褐煤。其他各组均为疏散的砾岩、砂岩、页岩及黏土岩,偶见泥灰岩等。第四系由砂、砾、黏土、黄土等松散—半松散堆积而成。

表 4-1-1　河北省岩石地层表

系	组	符 号	典型剖面所在地
第四系 Q	马兰组	Qpm	北京斋堂
	赤城组	Qpc	赤城县南
	泥河湾组	Qpn	阳原红崖
第三系 R	石匣组	N_2s	阳原红崖
	汉诺坝组	ENh	张北县油篓沟乡汉诺坝村
	开地坊组	$E_{2-3}k$	张北县黄石崖乡开地坊
白垩系 K	南天门组	$K_{1-2}n$	万全县黄家堡
	青石砬组	K_1q	丰宁县青石砬
	下店组	K_1x	丰宁县青石砬下店
	义县组	K_1y	丰宁县外沟门乡三岔口村
	九佛堂组	K_1jf	滦平县拉海沟乡井上村
	大北沟组	K_1d	滦平县拉海沟乡大北沟村
侏罗系 J	张家口组	J_3zh 或 K_1z	张家口市红泥湾-元宝山
	土城子组	J_2tch	赤城县羊倌村
	髫髻组	J_2t	承德县小郭杖子村
	九龙山组	J_2j	张家口市下花园区定方水乡贾家庄村南
	下花园组	J_1x	张家口市下花园
	南大岭组	J_1n	承德县武家厂
三叠系 T	杏石口组	T_3x	滦平县涝洼、承德县武家厂
	二马营组	T_2e	承德县下板城龙王沟
	和尚沟组	T_1h	平泉县营子-松树台
	刘家沟组	T_1l	
二叠系 P	孙家沟组	P_2s	武安市紫山
	石盒子组	$P_{1-2}sh$	
	山西组	P_1s	
石炭系 C	太原组	C_3t	武安市紫山
	本溪组	C_2b	唐山市狼尾沟
寒武—奥陶系 ∈—O	马家沟组	O_2m	唐山市长山 磁县虎皮脑
	亮甲山组	O_1l	
	冶里组	O_1y	
	三山子组	$∈Os$	井陉良都三山子
	炒米店组	$∈Oc$	唐山赵各庄东域山

续表 4-1-1

系	组	符号	典型剖面所在地
寒武—奥陶系 ϵ—O	崮山组	$\epsilon_3 g$	唐山赵各庄东域山
	张夏组	$\epsilon_2 z$	
	馒头组	$\epsilon_{1-2} m$	
	昌平组	$\epsilon_1 c$	昌平城北、唐山赵各庄长山沟
青白口系 Qn	景儿峪组	Qnj	蓟县景儿峪
	龙山组	Qnl	昌平龙山
	下马岭组	Qnx	怀来县赵家山
蓟县系 Jx	铁岭组	Jxt	天津蓟县老虎顶
	洪水庄组	Jxh	蓟县城北洪水庄
	雾迷山组	Jxw	蓟县城北五名山
	杨庄组	Jxy	蓟县城北罗庄乡杨庄村一带
南口系 Nk	高于庄组	Nkg	蓟县城北高各庄和于各庄
	大红峪组	Nkd	蓟县大红峪沟
长城系 Ch	团山子组	Cht	蓟县下营镇团山子村
	串岭沟组	Chch	蓟县城北串岭沟
	常州沟组	Chc	蓟县下营镇常州沟
	赵家庄组	Chz	赞皇县院头乡赵家庄西南
甘陶河组 Pt$_1$gt	牛山组	Pt$_1 n$	鹿泉牛山
	蒿亭组	Pt$_1 h$	
	南寺组	Pt$_1 ns$	井陉测鱼
	南寺掌组	Pt$_1 n$	
五台超群石嘴岩群	金刚库组	Ar$_3 j$	阜平、涞源
	板峪口组	Ar$_3 Wt.$	
阜平超群湾子岩群			阜平西部
阜平超群陈庄岩群	麻可清岩组	Ar$_3 m$	阜平、灵寿
	城子沟岩组	Ar$_3 ch$	
	元坊岩组	Ar$_3 yf$	
遵化岩群		Ar$_3 Z.$	遵化龙湾、石人沟、马兰峪
迁西岩群		Ar$_2 Q.$	迁西三屯营-太平寨
曹庄岩组		Ar$_1 c.$	迁安曹庄黄白峪

二、区域侵入岩

河北省岩浆岩相当发育,从太古宙到第四纪共 5 个岩浆活动期或旋回,均有出露。空间分布亦十分广泛,各期侵入岩面积近 18 000 km²,占全区(含北京、天津两市)基岩总面积的 14.29%。侵入岩以中-酸性岩为主,面积 17 028.8 km²,占 97%;基性岩 302.4 km²,占 1.7%;超基性岩 202.2 km²,占 1.15%;碱性岩 7 km²,占 0.03%。

太古宙侵入岩从超基性岩(蛇纹岩、二辉岩)、中性岩(变质辉石正长岩、闪长岩)到酸性岩(花岗岩)均有发育。分布于燕山和太行山区,是地球早期陆核增生、克拉通化、壳幔分异和重熔的产物。

早元古代吕梁或中条旋回侵入岩为一套基性-超基性为主的组合,晚期或有酸性岩发育。玄武岩见于朱仗子群和甘陶河群。侵入岩分布于青龙河、阜平和赞皇岩区。

中元古代侵入岩为非造山裂谷拉张环境(双峰式斜长岩-正长岩-富钾环斑花岗岩套)。火山岩为大红峪、团山子组中的超钾质玄武岩、粗面岩。岩浆侵入岩仅有大庙、头沟、光头山等岩体,为斜长岩、苏长岩。

早古生代加里东旋回侵入岩仅见于内蒙地层区的康保一带,岩性为石英闪长岩、片麻状花岗岩。

晚古生代华力西旋回侵入岩从超基性(辉石岩、蛇纹石化纯橄岩)、基性(角闪石岩、辉长岩)到中性(闪长岩、石英正长岩)、酸性岩(二长花岗岩、花岗岩)均有发育,主要分布于内蒙地轴及燕山台褶带北缘,近东西向延伸,与内蒙古索伦山一带向南俯冲的板块消减带的高温低压作用有关。

中生代燕山旋回侵入活动最为强烈。从早到晚可分为四期:早侏罗世、中侏罗世、晚侏罗世及早白垩世,以第三期尤为壮观。岩石组合以中-酸性为主,偶见基性岩。主要分布于燕山台褶带区,次为内蒙地轴区。乃库拉-太平洋板块为向北快速俯冲活动大陆边缘强烈造山运动的产物。

新生代第三纪太平洋板块再次向北西西方向运动,造成坝上地区玄武岩强烈喷发,并伴随次玄武岩浅成侵入。

三、深大断裂

河北省内断裂构造极为发育,构造活动频繁,遍及全省。早期断裂以近东西向为主,分布于北纬 40°~42°之间,具长期多次复活变动的性质。燕山运动以来,受太平洋板块的俯冲挤压影响,断裂以北北东、北东向为主,北西及近南北向次之。河北省深大断裂分布见图 4-1-1。

四、构造单元划分

根据构造发展中的质变旋回时代,河北省含两个迥然不同的Ⅰ级构造单元。大致沿北纬 42°线的康保-围场深断裂以北,为具活动带性质的内蒙-大兴安岭褶皱系(I_1),以南属相对稳定的华北地台(I_2)。

内蒙-大兴安岭褶皱系(I_1)的Ⅱ级构造单元称为内蒙华力西晚期褶皱带(II_1^1),并同属一个Ⅲ级构造单元。华北地台(I_2)核心部分的基岩出露区,可进一步划分为 3 个二级构造单元:冀北地区的内蒙地轴(II_2^1)、燕山地区的燕山台褶带(II_2^2)以及太行山区的山西断隆(II_2^3),又可分为 11 个Ⅲ级构造单元。构造单元界线及地质特征描述见图 4-1-2。

五、区域矿产分布

河北省成矿地质条件较好,形成了相对丰富的矿产资源,主要金属矿种有铁、金、银、铜、钼、铅锌等,其中铁、金在全国占有重要地位。铁矿主要分布于唐山、邯郸、邢台、张家口、承德、秦皇岛;贵金属分布于冀东、冀西北和太行山北段;有色金属分布于冀北、涞易和坝上地区。下面对主要矿种进行分述。

1. 金矿

河北省位于华北地台北缘中段,省内金矿是我国东部金矿成矿带的重要组成部分,有着得天独厚的成矿地质条件和可观的资源优势。占全省面积约 3/5 的燕山、太行山中,金矿产地星罗棋布。全省可划分为冀东金矿集中区、冀东北(承德地区)金矿集中区、冀西北(张家口地区)金矿集中区和冀西(太行山)金矿集

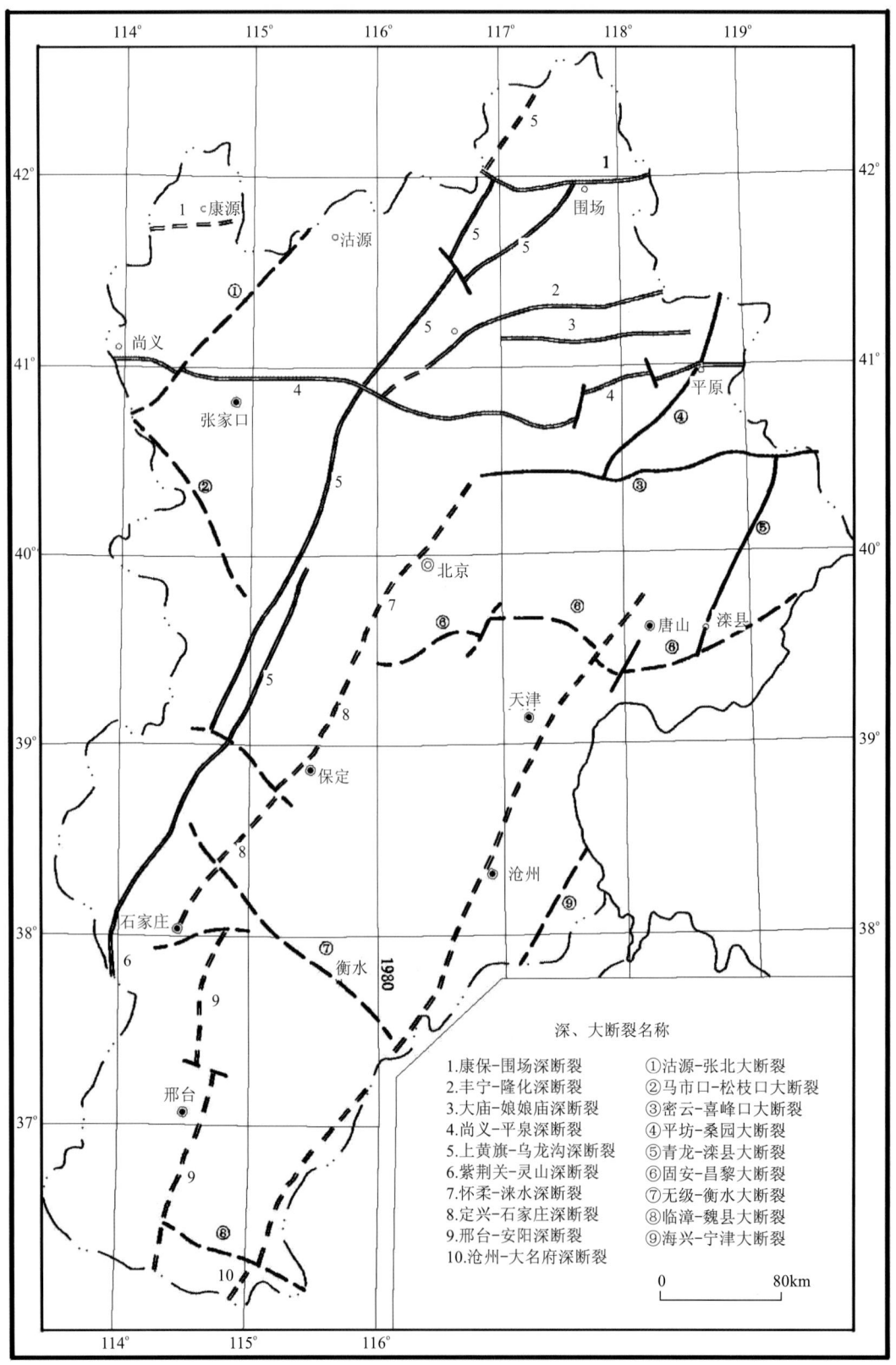

图 4-1-1　冀京津深、大断裂分布略图

第四章 地质地球化学特征

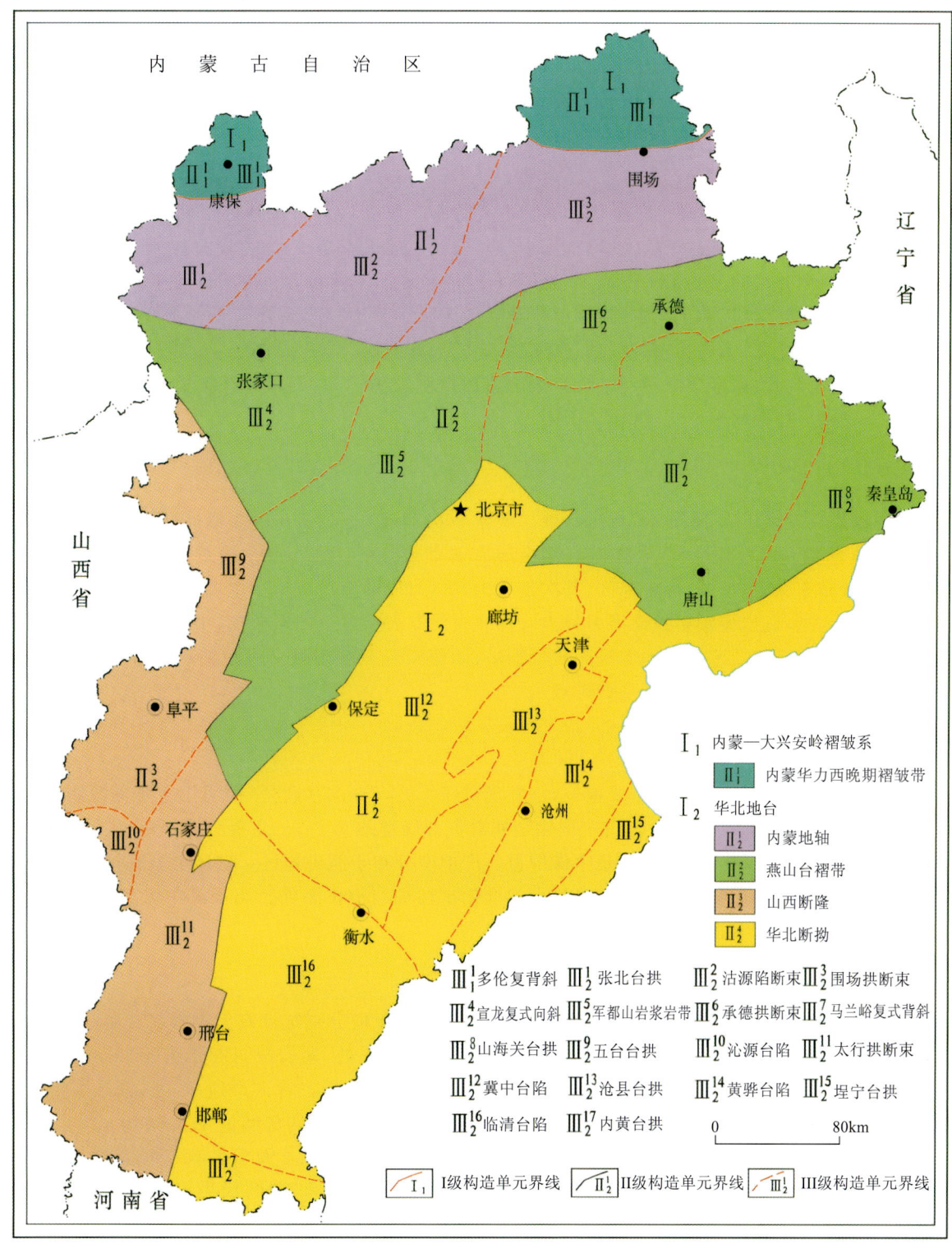

图 4-1-2 河北省构造单元分区图

中区。其中,尤以冀东和冀西北金矿集中区成矿地质条件优越、资源丰富、产金量大而闻名全国。太行山金矿集中区找矿起步较晚,但从近十年来的找矿成果来看,资源潜力巨大。

据初步统计,全省目前已知金矿产地 70 处,其中特大型金矿 1 处(迁西县金厂峪)、大型金矿床 3 处(宣化县小营盘、崇礼县东坪、宽城县峪耳崖)、中型金矿床 11 处、小型金矿 55 处、伴生金矿 4 处。

据矿产储量表统计,截至 2002 年底,全省金矿累计探明储量 362.694t,保有储量 148.76t,而且潜在资源丰富,发展前景广阔。按探明储量比较,占全国金矿储量的 5.49%,居全国第七位。保有储量占全国金矿储量的 3.487%,居全国第 15 位。金矿类型齐全,大多具有工业价值。

河北省内生金矿主要成矿时间为中生代,其次为晚太古代及晚古生代;成矿类型主要为石英脉型、破碎带蚀变岩型、热液充填交代型及细脉浸染型。另外,尚有爆破角砾岩型、冲积砂矿及伴生金矿等。

2. 银矿

河北省银矿具有较好的成矿地质条件。银矿主要分布于张家口及承德地区。其他地区主要以伴生、共生银矿为主,本省银矿找矿起步较晚,但从近十几年的找矿成果看,资源潜力较大。

据初步统计,全省目前已知银矿产地 13 处(不含伴生产地),其中中型银矿床 5 处(张北县蔡家营、围场县小扣花营、丰宁县营房、丰宁县牛圈子、承德县姑子沟)、小型银矿床 8 处。全省主要银矿床集中分布在承德的丰宁县、承德县、围场县、冀西北的张北县、赤城县等地。

据矿产储量表统计,截至 2002 年底,全省银矿累计探明资源量 3 861t,保有储量 3 360t,潜在资源丰富,发展前景广阔。按探明储量比较,居全国第 12 位。

3. 铜矿

河北省铜矿共发现矿床 18 处,矿点 175 处。截止 2003 年底,已列入矿产资源储量表的矿产地 15 处,累积探明铜资源储量 60.8 万 t。全省保有铜金属资源储量 37.4 万 t,占全国铜金属资源储量总量的 0.6%。主要分布于保定、承德、邢台地区,其次是唐山、张家口、秦皇岛等地。主要的成矿类型以接触交代型、斑岩型铜矿为主,斑岩型铜矿找矿潜力最大。河北省没有大型以上的铜矿床,中型矿床 4 处,分别是平泉县小寺沟斑岩型铜钼矿、涞源县木吉村斑岩型铜矿、承德市寿王坟接触交代型铜矿、沙河县三王村接触交代型铜矿,十几处小型矿床和 100 多处矿点。

4. 钼矿

钼矿在河北省矿产资源中占有重要地位,已发现矿床 9 处,矿点 20 余处,探明钼金属资源储量 69.32 万 t,保有钼金属资源储量 68.09 万 t,占全国钼金属总资源储量的 6.8%。主要分布于保定、承德、邢台等地。形成时间为燕山旋回中晚期,特别是中侏罗世。产地多分布于燕山地区。矿床类型有接触交代型、热液型、斑岩型 3 类,其中以斑岩型为主,而接触交代型钼矿往往与铜矿相伴产出。其中大型矿床有涞源县大湾斑岩型锌钼矿、丰宁县撒岱沟门斑岩型钼矿。

5. 铅锌矿

全省共发现铅锌矿床 27 处,铅锌矿点 80 余处。按铅锌矿规模分别统计有大型锌矿 2 处、中型锌矿 6 处、小型锌矿 19 处;中型铅矿 2 处、小型铅矿 19 处。铅矿产地 21 处,累积探明资源储量 50.43 万 t,探明资源储量占全国总量的 1.2%。截至 2003 年,保有资源储量 45.7 万 t。锌矿产地 27 处,累计探明资源储量 424.35 万 t,探明资源储量占全国总量的 4.4%。截至 2003 年,保有资源储量 410.68 万 t。

根据已知矿床的分布特征,形成的区域地质背景、成矿地质条件、成矿物质来源等可将省内铅锌矿划分为 5 个成因类型。铅矿以热液型为主,其次是斑岩型、火山-次火山热液型,均为小型矿床,三者所占铅矿储量比例分别为 65.57% 和 17.56%、14.58%;锌矿以火山-次火山热液型居首位,其次为矽卡岩型,构成省内大型矿床,二者所占储量比例分别为 38.32% 以上和 34.43%。从找矿远景来看,火山-次火山热液型、热液型潜力较大。

6. 铁矿

河北省铁矿资源丰富、成因类型齐全、成矿期次多、分布十分广泛,其中以沉积变质型(鞍山式)最重要,其次为接触交代型(邯邢式和涞源式)和沉积型(宣龙式)。从太古宙至显生宙均有重要铁矿形成,其中太古宙—早元古代以沉积变质型为主,中元古代以滨海沉积型为主,中生代燕山期以接触交代型最为发育,其赋矿围岩具一定的选择性。

沉积变质铁矿，截至 2003 年累计探明资源储量 61 亿 t，约占全省铁矿的近 79.1%。冀东地区（唐山市、秦皇岛市及承德市的宽城、兴隆县）是河北省沉积变质铁矿的最集中产区，累计探明资源量占全省该类型的 97% 以上，占全省铁矿的 76.8% 左右。区内共有 300 余处铁矿点，其中大、中、小型矿床 98 处。

接触交代型铁矿在承德、张家口、涞源、易县、邯郸、邢台等地均有分布，主要分布于邯邢地区。目前全省共发现接触交代型铁矿产地 176 处，其中大型矿床 7 处、中型 33 处、小型 63 处，累积探明储量 10 亿 t，是主要富铁矿类型之一。

沉积型铁矿即宣龙式沉积铁矿，是赋存于长城系串岭沟组地层中的滨海-浅海相沉积型铁矿，产于张家口市宣化—龙关一带。已发现中型矿产地 7 处，小型矿产地 7 处，矿点 10 余处。

六、区域成矿作用地球化学特征

按区域矿床成矿作用演化特征，本区属华北陆块成矿省-陆块区域成矿作用演化轨迹型。在整个地质历史演化过程中，以陆核及陆核的拼接、增生形成的陆块为基础，区域成矿作用被限定在陆块范围内。地壳表层物质成分偏基性，元素组合为 CaO、MgO、Na_2O、K_2O，矿化剂 F、B 浓度较高，Fe、Cu、V、Cr、Co、Cu、Pb、Zn、Cd、Au、As、Hg、Sb、W、Mo、Bi 等元素组合具有明显的新老关系和丰富的成矿物质来源。成矿强度高，为 6.07 个矿床/km^2。成矿演化过程中，新的成矿高峰叠加在老的成矿高峰之上。矿化呈面型展布。区域成矿作用由老到新按次序递进。矿床成矿系列具明显的消亡和新生的衔接关系，新生矿床成矿系列对老的有明显的叠加、强烈改造作用；在空间分布上，主要矿区（带）新老成矿系列具有明显的集中分布特点；老的成矿系列以变质成矿系列组合为主，新的以岩浆作用有关的矿床系列组合为主；陆块在经受沉积成矿作用旋回过程中，形成一批与沉积作用有关的矿床成矿系列组合；每一组合区域成矿作用的强度较大、矿化集中，形成几个巨型矿集区。岩浆岩发育强度 18.86%，发育 46 个成矿系列和亚系列，出现迁西、阜平-五台、中条、华力西和燕山-喜马拉雅成矿旋回共 5 次成矿高峰期。

本区是一个多时代、多期次、多矿种成矿作用发育区，成矿作用既有明显的旋回性和继承性，如 Fe、Au、V、Ti 等，又有明显的新生性，如 Cu、Pb、Zn、U、Mo、石棉、萤石等。不同大地构造发展阶段的区域成矿作用特征总结如下。

1. 基底形成阶段（$Ar - Pt_1$）

迁西期：主要是与海相火山活动有关的鞍山（或水厂）式沉积变质铁矿和金厂峪型变质热液金矿，其次是与基性-超基性岩浆活动有关的铬、铂和铜、镍矿及伟晶岩型磷矿。

阜平期：变质铁矿、变质热液金、铜及石墨、大理石、云母、高铝矿物。

五台期：变质铁矿、黄铁矿、大理石及菱镁矿等。

甘陶河期：青龙地区发现产于火山-沉积岩系中的变质铁矿，其次为与基性岩浆侵入活动有关的钒钛磁铁矿及火山、潜火山活动有关的铜硫矿化。

2. 盖层发展阶段（$Pt_2 - P$）

中新元古代：外生矿产主要是宣龙式沉积型鲕状赤铁矿、高板河式硫铁铅锌矿及锰硼矿，内生矿产以大庙式岩浆型钒钛磁铁矿、铁磷矿为主，与该期海相富钾火山和潜火山活动有关的一些铜矿点。

寒武—奥陶纪：主要是沉积成因的石灰石、白云石及石膏等。

石炭—二叠纪：外生矿产有煤、铝土矿、耐火黏土及山西式铁矿等。内生成矿作用有三种：一是与基性-超基性岩浆活动有关的铁磷矿和钒钛磁铁矿；二是与超基性岩有关的铬、铂矿；三是与花岗岩类有关的铀、钨和萤石矿。

3. 强烈活动阶段（T - Q）

三叠纪：局部见有薄煤及薄层石膏。

侏罗纪：燕山旋回第三幕（J_3）和第二幕（J_2）形成本区最重要的接触交代型、斑岩型、侵入岩浆热液型和火山热液型铁、铜、钼、铅、锌、金、银、硫、铀和石棉矿,与火山喷溢活动有关的沸石、膨润土、珍珠岩等非金属矿产。外生矿床有煤、耐火黏土等。

白垩纪:煤、油页岩、石膏薄层及铜、钼、铅、锌、银等。

第三纪、第四纪:石油、天然气、油页岩、石膏、褐煤、地热、砂金及高岭土等。

本区成矿作用演化序列概况如下:Fe、Au、Cr、Ni、Pt($Ar-Pt_1$)-Fe、V、Ti、Cu、Pt_1、Fe、Pb、Zn、Mn、B、V、Ti、P、Cu(Pt_{2-3})-Ca、Mg($\in$、O)-Al、Fe、V、Ti、Cr、Ni、Cu、W、Be、U、(C、P)-Fe、Cu、Mo、Pb、Zn、Au、Ag、W、Mo、U(J、K)。

第二节 地球化学景观分区

以表生介质为主要取样对象的区域地球化学测量所获得的地球化学异常特征指标,受到地质构造、矿化类型、表生景观等因素的影响,如果不考虑各类异常形成机制的差异,不注意地球化学标志的对比性,就难以适应区域异常评价任务的需要。

气温和降雨量是影响岩石化学风化程度的重要因素,从残积土壤的常量元素及比值结果,因景观分区而明显不同,残坡积土壤层结构特征与地形地貌、母岩类型、气候植被等因素有关。在较平缓地形条件下,残积层厚度一般较大,土壤分层结构比较完整,而地形切割较大的山区A、B层均不甚发育。即使在平缓条件下,因景观或母质岩性不同,土壤剖面的发育特征亦有差异。半干旱、半荒漠区发育钙积层;碳酸盐岩上方土壤B层发育,C层不发育;铝硅酸盐上方土壤B、C均发育。这些对表生异常的评价有重要指导意义。

河北省地球化学景观的划分是在全国二级景观分区图、河北省地貌分区略图及所有已完成1:20万区化扫面成果报告中的景观划分基础上,参考区域地球化学、地质、植被等特征进一步详细划分的。可分为两个二级景观区:低山丘陵区和冲积平原区,并可进一步细分为8个三级景观区(图4-2-1)。下面对这8个景观区的地形、地貌、气候、植被等特征分述如下。

1. 坝上高原区

分布在张家口、承德地区北部,是内蒙古高原的一部分,面积15 976km²,占全省面积的8.5%。地形大致呈南高北低,平均海拔1 200~1 500m,最高2 292m。内部地貌特征为区域差异显著,北部和南部皆以丘陵为主,但北部丘陵多由变质岩、花岗岩构成,舒缓低矮,谷地宽阔;南部西段为汉诺坝玄武岩台地,东段广泛分布火山岩切割而成的垄状低山;中部岗洼起伏,残丘星布,湖泊滩地点缀其间,构成典型波状高原。

该区年均气温1.2~3.0℃,年均降水量300~400mm,土壤类型以粟钙土、灰色森林土为主,少量草甸土,植被类型以羊草、草地早熟禾蒿类群落、线叶菊草甸草原为主,森林为人工防护林。作物有莜麦、土豆、胡麻、甘蓝等,是克山病的主要分布区。土壤荒漠化严重,风成砂对化探干扰强烈,需采取-10~+60目粗粒级或岩屑测量,方能取得良好效果。

2. 冀西北盆山相间地区

位于张家口、宣化、阳原一带,山地、丘陵、河谷和盆地北北东向相间分布,排列有序,可分为2个亚区。年均气温6~9℃,年均降水量350~400mm,土壤类型以淡粟钙土、碳酸盐岩褐土为主,山地植被为荆条、酸枣、黄背草、白羊草灌草丛,盆地植被为干旱灌草丛草原一年一熟杂粮马铃薯栽培植被,盛产葡萄、杏仁、海棠等土特产。区内水土流失严重,盆地区为水系沉积物测量空白区。

3. 太行山山地区

位于西部,走向南北到北东,由变质岩、沉积岩和少量岩浆岩构成。年均气温从北部的8℃到南部的13℃,年均降水量400~600mm,土壤类型以褐土为主,植被类型为荆条、酸枣、黄背草、白羊草灌草丛,野皂荚、小叶锦鸡、红柳灌丛、胡枝子群落。粮食单产2 000~4 000kg/ha,农民人均纯收入1 500~2 500元/年,人口密度90~290人/km²。泥石流、滑坡、崩塌等斜坡位移型地质灾害发育,中部有碘缺乏症检出。

第四章 地质地球化学特征

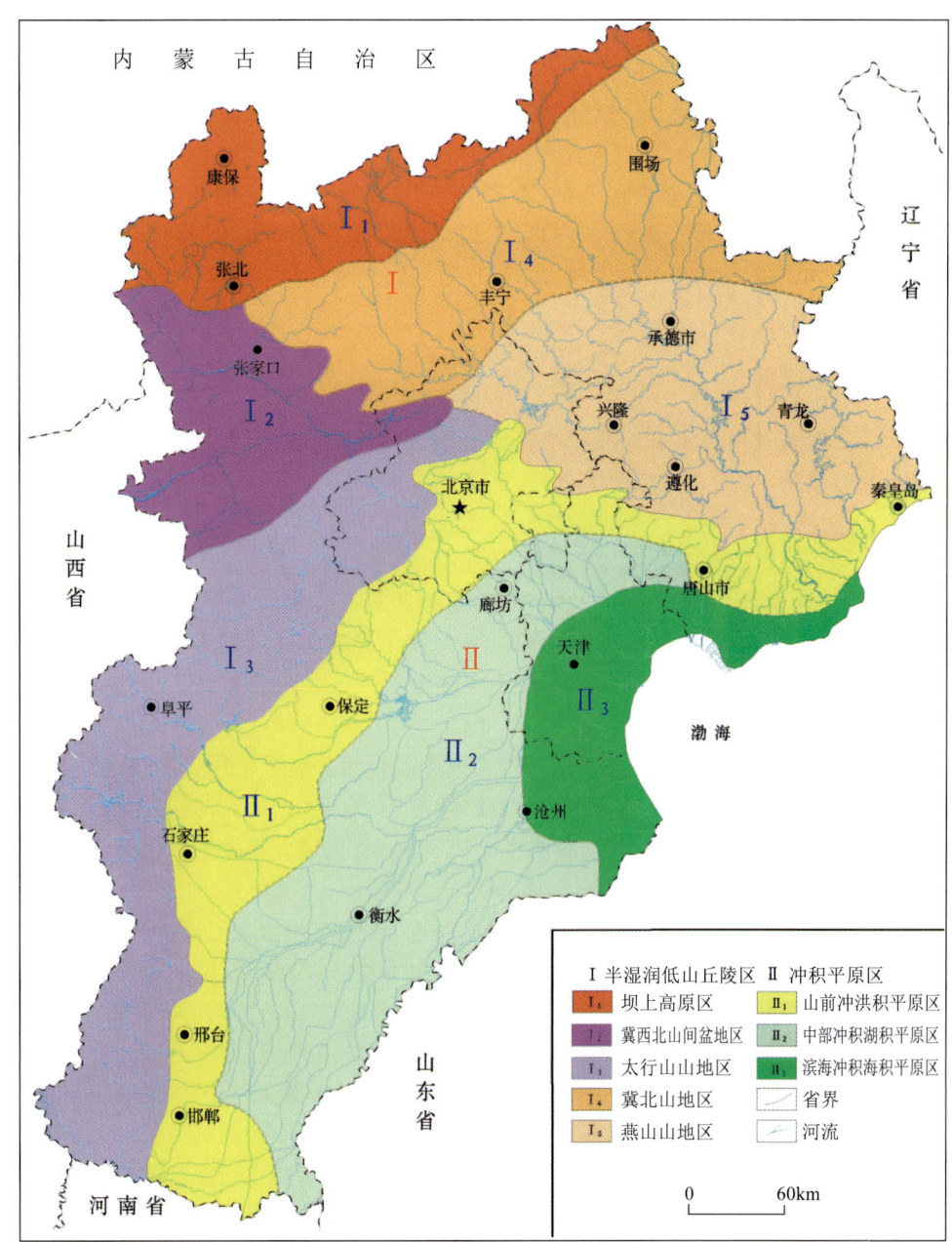

图 4-2-1 河北省地理景观图

4. 冀北山地区

位于张家口东部和承德北部,主要由变质岩和岩浆岩构成。年均气温 3~7℃,年均降水量 400~550mm,土壤类型以褐土与棕壤为主,植被为桦木、山杨林及以蒙古栎为主的栎林和榛子灌丛,少量荆条、酸枣灌丛和黄背草、草沙蚕群落,粮食单产 1 000~3 800kg/ha,农民人均纯收入 1 282~1 720 元/年,人口密度 43~100 人/km²,克山病、大骨节病、氟骨病、碘缺乏症均有分布。该区风成砂亦很严重,以 -10~+60 目粗粒级测量效果较好。

5. 燕山山地区

位于承德南部、唐山与秦皇岛北部,由变质岩基底、沉积盖层及中生代岩浆岩构成,年均气温 8~11℃,年均降水量 550~817mm,土壤类型以褐土为主,少量棕壤,植被以荆条、酸枣灌丛和黄背草、草沙蚕群落及榛子、照山白灌丛和苔草、大油芒群落,少量油松林、桦木山杨林。粮食单产 4 000~5 000kg/ha,农民纯收入 1 500~3 500 元/年,人口密度 102~300 人/km²,崩塌、滑坡、泥石流等地质灾害频发,碘缺乏症较普遍。常规水系沉积物测量效果较好。

6. 山前冲洪积平原区

沿太行山和燕山山麓地带大致呈带状分布,海拔 15~100m,由各河流的冲洪积扇组合而成。自北东向西南,可划分为 6 个亚区。年均气温 10~15℃,年均降水量 500~750mm,粮食单产 5 000~7 730kg/ha,农民纯收入 3 000~4 632 元/年,人口密度 400~1 000 人/km²,工农业都十分发达,人类污染严重,为多目标地球化学工作范围。

7. 中部冲积湖积平原区

主要由海河、滦河及古黄河等水系的冲积物组成。地势较低,海拔多低于 50m,北部自西北向东南倾斜,南部自西南向北东倾斜,至天津附近地势最低,标高仅 3m 左右。

8. 滨海冲积海积平原区

大体分布在渤海湾西岸和北岸呈半环形分布的沧州地区东部和唐山地区南部。地势低平,海拔多在 4m 以下,为冲积海积平原。第四纪海水曾多次入侵,是全新世晚期形成的陆地。

元素表生作用对气候变化的响应

土壤和水系沉积物是地壳表层岩石经风化、剥蚀、搬运及生物等表生作用后的最终产物,是岩石圈、水圈、大气圈及生物圈交互作用的重要场所,也是勘查地球化学和农业生态学研究的重要对象。

化学元素在第四纪气候条件下表示的迁移集散是多种因素的函数,其中至少包括元素本身性质、岩石类型、气温、降雨量以及成岩后期矿化作用等方面。

河北省地处中纬度欧亚大陆的东岸,太平洋渤海湾西岸,属于温带大陆性季风气候,具有冬日寒冷少雪,春日干燥,风沙盛行,夏日炎热多雨,秋日晴朗,寒暖适中等特点。年均气温由北向南逐渐升高,北部坝上低于 4℃,中南部地区在 12℃以上,纬度减少 1°,年均气温升高 2.1℃。年均降水量在 300~800mm 之间,地区分布极不均匀。燕山南麓最高,向西北坝上逐步降低。

区内不同岩石类型对应的土壤元素含量算术平均值及其富集系数 Kc(土壤含量/岩石含量)表明,岩石在成壤过程中许多元素含量发生了重大变化,且不同岩石类型变化程度也不尽相同。

沉积岩中,石英砂岩、石英岩和硅质岩是成壤后变化最大的岩类,除 Si 和 Ca 贫化(Kc<1)外,其余均为富集和显著富集,尤以 Fe_2O_3、Mg、Na、Ti、Mn、V、Ni、Cr、Zn、Rb、Sr、As、Sb、Bi、Hg 等元素为甚。碳酸盐岩除 Ca、Hg、Ni、Sr 等少数元素贫化或弱富集外,其余元素均为富集或显著富集。因形成环境的相近,碎屑岩和泥质岩成壤后元素含量变化最小,富集系数多在 0.8~1.2 之间。

火山岩中,玄武岩成壤后被贫化的元素占 42%,以 Ca、Fe、Ti、P、V、Co、Ni、Cu、Sr、Sc 等亲基性元素为主;流纹岩成壤后被贫化的元素占 40%,以 Si、K、Rb、Y、Nb、U、Th、Pb、Li、Be、Sn、Mo 等亲酸性元素为主,其余岩类介于两者之间。从玄武岩到流纹岩,Si、K、Rb、Y、Nb、U、Th、Pb、As、Bi、Hg、W、Mo、Ag、Cd、Li、Be、Sn 等亲酸性元素的富集系数逐步递减,而 Mg、Ca、Fe、Mn、Ti、P、V、Cr、Co、Ni、Sr 等亲基性元素富集系数逐步递增,与元素含量趋势互为反镜。

变质岩中,斜长角闪岩成壤后,Ca、Mg、FeO、Mn、V、Cr、Co、Ni、Sc、Se 等亲基性元素显著贫化,K、Rb、Nb、Zr、U、Th、Pb、Li、Be、Cs、W、Mo、Sr 等亲酸性元素和 As、Sb、Bi、Hg 等挥发性元素及 Fe_2O_3、Au 显著富集(Kc>1.2)。浅粒岩成壤后 K、Na、Ba、Nb 等亲石元素显著贫化,而显著富集的元素超过半数。从斜长角闪岩到浅粒岩,Ca、Mg、Fe、Mn、Ti、P、V、Cr、Co、M、Cu 等元素富集系数趋于增高,Rb、Y、Zr、Nb、U、Th、Sn 等元素富集系数趋于降低,与火山岩类相似。

侵入岩从超基性岩类→基性岩类→中性岩类→酸性岩类,亲基性元素富集系数愈来愈高,而亲酸性元素富集系数愈来愈低,与火山岩类十分相似。如 Ni 0.46~1.92~1.69~5.15,Cr 0.40~3.57~2.00~

5.07，V 0.91～1.45～1.53～2.91，Fe_2O_3 0.95～0.97～1.63～2.35，Co 0.31～1.35～1.70～2.21，MgO 0.41～1.11～1.38～2.27，Zr 3.46～1.34～0.91～1.43，As 24.58～4.21～3.85～6.34，Pb 2.23～1.74～0.84～1.36，Na_2O 2.08～0.51～0.54～0.64。

从上不难发现，表生作用过程最重要的特征是均一化，即原岩含量愈低的元素成壤后愈富集，原岩含量愈高的元素成壤后愈贫化，元素含量不同的岩类成壤后趋于接近；而另一方面，土壤对原岩的继承性也是存在的，元素含量较高的原岩成壤后含量仍然较高。此外，元素本身在表生作用中的地球化学性质和行为也决定着其被贫化还是被富集。如 Na、K、Ca、Mg、Sr 等易溶解元素多被贫化，而 Ti、Mn、P、V、Cr、Au 等难溶解元素及 As、Sb、Bi、Hg 易挥发元素多被富集。

与本区砂泥岩（1 份砂岩＋2 份泥质岩）相比，土壤元素含量接近（比值 0.8～1.2 之间）的元素占 50%，显著富集的元素有 Au、Hg、Sb、Mn、Cr、Co、As、Na、Fe^{2+}、Pb、Se 等难溶解和易挥发元素，反映第四纪形成的土壤总体上较其他时代的砂泥岩风化和分选程度较低。与水系沉积物相比，土壤元素含量接近的元素占 86%，仅有 Au、Li、F、Mn 等少数元素呈现明显富集趋势，表明两者具有密切的成因联系。与全区表壳岩石元素丰度相比，土壤表现出一些重大变化：土壤中 Hg、Se、Sb、As、W、Cs、Au、B、Li 等显著富集，Ca、Mg、Na 等显著贫化，含量相近的元素仅占 25%。

将河北省 54 个花岗岩类（SiO_2 65%～78%）岩体同一区域内水系沉积物（4～12 km^2，1～3 件样品平均）元素含量与岩石元素含量（3～10 件平均）进行对比，结果表明（表 4-2-1），K_2O（0.657 6）、Na_2O（0.724 2）显著贫化，SiO_2（0.926 1）、Al_2O_3（0.993 7）和 BaO（0.999 4）略有富集，其余元素均为富集。显著富集元素为 Ni（7.097 9）、As（4.793 6）、Cr（4.675 7）、Sb（4.378 6）、B（4.225 4）、V（4.128 3）、Hg（3.002 7）、W（2.300 0）、MgO（2.435 2）、Ti（2.28）、P（2.272 6）、Co（2.255 2）、Mn（2.169 4）、Bi（2.102 9）、Cu（2.037 8）、Cd（1.766 1）、CaO（1.740 2）、Zr（1.676 8）、Li（1.695 1）、Sr（1.644 1）。

表 4-2-1　河北省花岗岩类水系沉积物与岩石元素对比特征

元素	比值范围	均值	γ 气温	γ 降水量	γ 气温＋降水量	相关方程
SiO_2	0.800 0～1.087 3	0.926 1	－0.325 0	－0.483 5	－0.405 2	$Y=1.013\ 1-0.035\ 6x_1-0.052\ 92x_2$
Al_2O_3	0.731 5～1.217 0	0.993 7	0.221 9	0.315 5	0.221 5	$Y=0.893\ 4+0.042\ 2x_1+0.060x_2$
CaO	0.280 8～5.521 7	1.740 2	0.111 8	0.292 9	0.204 6	$Y=0.602\ 1+0.314\ 5x_1+0.823\ 6x_2$
MgO	0.371 8～6.551 7	2.435 2	0.127 9	0.264 4		$Y=0.966\ 9+0.478\ 7x_1+0.989\ 6x_2$
Na_2O	0.382 2～1.126 7	0.724 2	0.014 2	－0.154 3		
K_2O	0.441 5～1.282 7	0.657 6	0.001 4	－0.057 8		
Fe_2O_3	0.358 9～5.050 1	1.984 8	0.338 1	0.389 0	0.373 3	$Y=0.411\ 3+0.731\ 7x_1+0.841\ 8x_2$
Mn	0.608 3～5.321 5	2.169 4	0.183 4	0.201 3		
Ti	0.292 9～8.688 0	2.280 0	0.313 6	0.435 0	0.379 4	$Y=0.064\ 2+0.928\ 2x_1+1.287\ 6x_2$
P	0.478 6～9.132 8	2.272 6	0.162 9	0.275 8	0.223 0	$Y=0.611\ 3+0.616\ 9x_1+1.044\ 5x_2$
V	0.177 9～17.182	4.128 5	0.375 7	0.354 6	0.386 7	$Y=2.253\ 8x_1+2.140\ 1x_2-0.265\ 5$
Cr	0.714 3～10.522	4.675 7	0.085 6	－0.067 0		
Co	0.493 2～5.600 0	2.255 2	0.491 1	0.425 2	0.493 9	$Y=1.226\ 0x_1+1.061\ 8x_2-0.032\ 6$
Ni	0.655 8～19.149	7.097 9	0.073 8	0.245 0	0.185 8	$Y=1.646\ 2+1.262\ 1x_2+4.189\ 6x_2$
Cu	0.377 1～7.267 4	2.037 8	0.335 4	0.342 2	0.353 8	$Y=0.429\ 6+0.796\ 1x_1+0.812\ 1x_2$
Zn	0.460 1～6.439 8	1.542 6	0.415 7	0.256 8	0.395 5	$Y=0.361\ 9+0.729\ 6x_1+0.450\ 8x_2$
Sr	0.192 5～12.266	1.644 1	0.083 8	0.206 8		

续表 4-2-1

元素	比值范围	均值	γ 气温	γ 降水量	γ 气温+降水量	相关方程
F	0.254 9~6.165 8	1.384 4	0.414 7	0.331 6	0.469 7	$Y=0.796\,3x_1+0.636\,7x_2-0.048\,6$
Y	0.608 4~2.121 8	1.114 4	0.439 2	0.360 7	0.436 4	$Y=0.667\,9+0.245\,2x_1+0.201\,4x_2$
La	0.235 0~2.621 2	1.016 9	0.409 1	0.494 3	0.461 6	$Y=0.260\,3+0.342\,6x_1+0.414\,0x_2$
Zr	0.491 6~9.067 4	1.676 8	0.304 5	0.197 3	0.291 1	$Y=0.377\,5+0.078\,8x_1+0.051\,1x_2$
Nb	0.193 7~2.881 8	1.183 3	0.422 5	0.332 8	0.416 1	$Y=0.439\,2+0.416\,2x_1+0.327\,9x_2$
Ba	0.193 5~5.000 0	0.999 4	-0.183 7	-0.046 5		
B	0.820 1~11.32	4.225 4	0.000 5	-0.025 4		
Pb	0.165 7~3.516 3	1.206 3	0.483 8	0.149 7	0.453 3	$Y=0.463\,9+0.566\,9x_1+0.175\,4x_2$
Th	0.270 5~3.482 6	1.119 9	0.520 4	0.527 4	0.547 7	$Y=0.669\,0x_1+0.677\,9x_2-0.226\,9$
U	0.250 9~6.140 4	1.470 4	0.260 3	0.176 3	0.298 3	
As	0.656 8~11.589	4.793 6	0.440 9	0.280 6	0.420 7	$Y=1.591\,7+1.956\,6x_1+1.245\,2x_2$
Sb	0.707 3~9.555 6	4.378 6	0.350 0	0.241 1	0.337 2	$Y=1.490\,8+1.090\,4x_1+0.751\,1x_2$
Bi	0.500 0~17.600	2.102 9	0.310 4	0.152 9	0.291 0	$Y=0.089\,9+1.348\,7x_1+0.664\,3x_2$
Hg	0.638 9~12.22 0	3.002 7	0.184 4	0.183 3		
W	0.384 6~12.24 4	2.300 0	0.302 0	0.291 3	0.312 8	$Y=0.318\,7+1.008\,4x_1+0.972\,8x_2$
Mo	0.368 6~4.615 4	1.360 8	0.349 8	0.249 9	0.338 8	$Y=0.420\,2+0.548\,7x_1+0.391\,9x_2$
Ag	0.255 9~7.179 5	1.455 9	0.131 1	0.008 6		
Cd	0.329 7~7.407 4	1.766 1	0.247 8	0.123 7		
Li	0.425 5~4.137 9	1.695 1	0.208 5	0.134 4		
Be	0.553 0~2.449 0	1.165 1	0.275 1	0.302 6	0.298 3	$Y=0.724\,9+0.209\,6x_1+0.230\,6x_2$
Sn	0.191 2~2.670 4	1.306 3	0.227 4	0.182 2		
Au	0.101 0~4.909 1	1.139 4	0.362 5	0.398 2	0.392 9	$Y=0.633\,2x_1+0.695\,6x_2-0.189\,4$

注:Y-元素含量比值;x_1-标准化年均气温(气温℃/6.555 6);x_2-标准化年均降水量(降水量 mm/512.22);γ-相关系数

水系沉积物/岩石元素含量比值与年均气温相关分析表明,SiO_2(-0.325 0)为负相关,Ti(0.520 4)、Co(0.491 1)、Pb(0.483 8)、As(0.440 9)、Y(0.439 2)、Nb(0.422 5)、Zn(0.415 7)、La(0.409 1)、V(0.375 7)、Au(0.362 5)、Mo(0.349 8)、Fe_2O_3(0.338 1)、Zr(0.304 5)、W(0.302 0)等元素为显著正相关。该比值与年均降水量相关分析表明,SiO_2(-0.325 0)为负相关,Th(0.527 4)、La(0.494 3)、Ti(0.435 0)、Co(0.425 2)、Au(0.398 2)、Fe_2O_3(0.389 0)、Y(0.360 7)、V(0.354 6)、Cu(0.342 2)、Nb(0.332 8)、F(0.331 6)、Al_2O_3(0.315 5)、Be(0.302 6)、CaO(0.292 9)、W(0.291 3)、MgO(0.264 4)、P(0.275 8)、Zn(0.256 8)、Mo(0.249 9)、Ni(0.245 0)等元素为显著正相关,与年均气温作用相似。

水系沉积物/岩石元素含量比值与年均气温和年均降水量复合相关分析表明,SiO_2(-0.405 2)为负相关,Th(0.547 7)、Co(0.493 9)、F(0.469 7)、Pb(0.453 3)、Y(0.436 4)、As(0.420 7)、Nb(0.416 1)、Zn(0.395 5)、Au(0.392 9)、V(0.383 6)、Ti(0.379 4)、Fe_2O_3(0.373 3)、Cu(0.353 8)、Mo(0.338 8)、Sb(0.337 2)、W(0.312 8)、Be(0.298 3)、U(0.298 3)、Bi(0.291 0)、Zr(0.291 1)、Al_2O_3(0.272 2)等元素

显著正相关,二者之间可建立二元线性回归方程 $y=ax_1+bx_2+c$。

在中国地球化学图上,东南沿海的海南、广东、福建、浙江一带,Th、La、Y、Nb、Pb、Zn、Zr、W、Mo、U、Bi、Zr、Al_2O_3 等元素呈现大面积高含量分布,除了与该区地质背景直接有关外,还与该区温暖湿润的气候特点具有一定关联。相反,在内蒙古中西部地区 SiO_2 的大面积高含量分布,则与该区干旱-半干旱的气候特点不无关系。在应用水系沉积物地球化学资料解决地质问题过程中,气候景观条件是一个不容忽视的因素。

第三节 区域地球化学特征

区域地球化学信息特征是进行成矿规律和成矿预测研究的重要基础,通过化学元素的分布分配研究,系统地研究地球化学特征的变化规律,发现和评价地球化学异常,从而实现地质、矿产勘查的目标。区域地球化学特征研究的内容包括元素及其组合地质意义的确定、地质体中元素含量与异常的确定、地球化学分区、地质单元含矿性评价以及元素供应、运移、存储环境的研究等。

一、地球化学分区特征

地球化学分区以地球化学特征区内变化最小而区与区之间变化最大为原则,对研究区进行空间的最优分割。在具体实施中,以旋转因子 F_1(Fe_2O_3+Co+V+Ti+Cr+P+Ni+Cu)得分图上勾画的近东西向线性构造作为一级分区界线,同时参照因子 F_2(SiO_2+K_2O−CaO−MgO)得分图进行亚区边界划分(图 4-3-1)。全省基岩区共划分 4 个一级分区。

1. 康保-棋盘山区(Ⅰ)

相当于天山-内蒙造山系,位于康保-围场深大断裂以北,在红旗营群、化德群变质基底上,有二叠纪、侏罗纪、白垩纪花岗岩侵入,白垩系大北沟组、九佛堂组及第三系汉诺坝组基性火山沉积岩覆盖。在地球化学图上,以元素含量高低迅速过渡为特征,有围场小扣花营、满汉土锰银矿产出。

2. 张北-丰宁-围场区(Ⅱ)

相当于冀北陆缘岩浆岩带或内蒙地轴,北以康保-围场断裂为界,南以尚义-崇礼-赤城-丰宁-隆化断裂为界,出露岩石以侏罗—白垩纪中酸性火山-沉积岩及同期侵入岩为主,除汉诺坝玄武岩分布区外,SiO_2、K_2O、Na_2O、U、Th、Pb、Mo、La、Y、Nb、Be、As、Sb、Bi 含量较高,CaO、MgO、Fe、V、Ti、Cr、Co、Ni 含量较低。该区进一步划分为Ⅱ-1 张北亚区(土城子台拱穹)、Ⅱ-2 沽源亚区(沽源陷断束)和Ⅱ-3 围场亚区(围场拱断束)。区内以铅、锌、银、铀、钼矿产为主要集中区。

3. 怀安-兴隆-秦皇岛区(Ⅲ)

相当于迁西-阜平岩浆弧北部(燕山台褶带),北以尚义-丰宁-隆化断裂为界,南以燕山南麓为界。以桑干杂岩、崇礼群、迁西群、遵化群、滦县群、双山子群和朱杖子群中深变质岩为核心,向四周发育中—上元古界沉积盖层,并有燕山期花岗岩侵入。总体上以富集 Ca、Mg、Fe、V、Ti、Cr、Ni、Co、Mn、Ba、Cu、Au、Ag、Cd 为特征,可进一步划分为Ⅲ-1 怀安亚区(怀安陆核+宣龙复式向斜)、Ⅲ-2 延庆亚区(军都山岩浆岩带)、Ⅲ-3 承德亚区(承德拱断束)、Ⅲ-4 遵化亚区(马兰峪复式背斜)和Ⅲ-5 山海关亚区(安子岭岩浆岩带)。该区以铁、金、铜、钒钛、磷、石灰岩、白云岩为已知优势矿种。

4. 易县-阜平-武安区(Ⅳ)

相当于阜平-赞皇岩浆弧+晋东南台地(山西台隆),由阜平群、五台群、滹沱群变质岩、中—上元古界和古生代沉积盖层及少量燕山期花岗岩组成,以富集 Ca、Mg、P、B,铁组元素含量中等为特征,有大中型

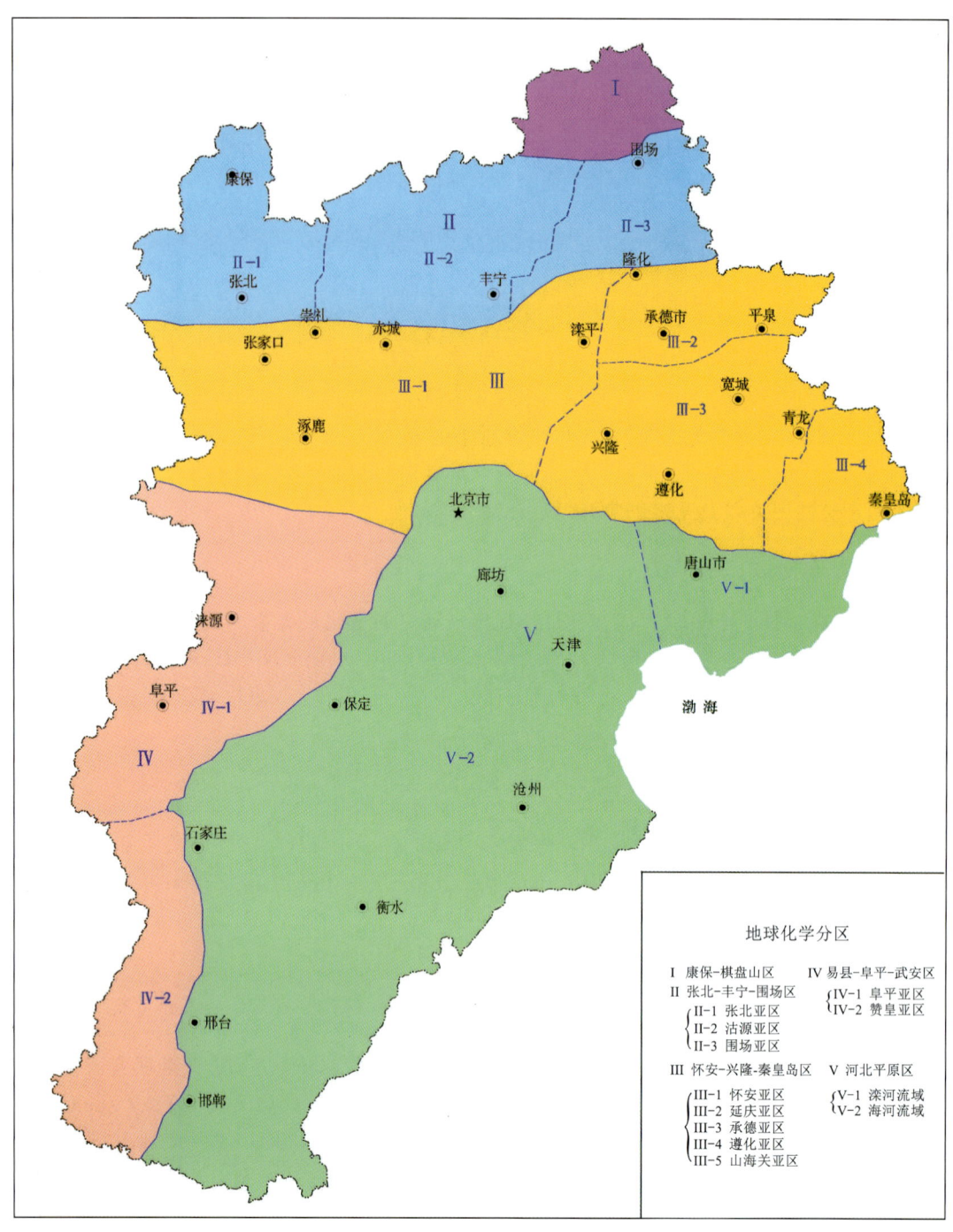

图 4-3-1 河北省地球化学分区图

金、铜、铁等矿床产出。可进一步划分为Ⅳ-1阜平亚区(军都山岩浆岩带南部＋阜平-赞皇岩浆弧北部)和Ⅳ-2赞皇亚区(阜平-赞皇岩浆弧南部＋井陉-武安碳酸盐岩台地)。

二、成矿地球化学背景分析

1. 地层地球化学特征

地层是地球表层地质建造和地质改造的综合集成,是地质历史中地壳演化的相对连续的记录。地层的沉积过程,既为某些元素的富集成矿提供直接场所,也促使某些元素预富集,从而为晚期的成矿作用提供物质储备。

1) 地层地球化学演化

从本区区域地层岩石地球化学综合柱状图和演化曲线可看出地层中元素含量随着时代的演化趋势：SiO_2、Al_2O_3、K_2O、Na_2O、P、Cr、Co、Sr、Ga、La、Be、Au 等元素从太古宙到中元古代呈降低趋势，从中元古代到显生宙复又增加，反映地槽→地台→地洼的区域地壳演化进程中陆源物质增减的总趋势。Fe_2O_3、FeO、Ti、Mn、V、Ni、Cu 等铁族元素呈高（Ar_{1-2}）→低（Ar_3）→高（Pt_1）→低（Pt_2）→高（Ph）变化趋势，反映基性火山岩发育程度的改变。Rb、Th、U、Y、Zr、Nb、W、Sn、Cs、Se、Pb、Zn 等大离子亲石元素呈低（Ar_{1-2}）→高（Ar_3 或 Pt_1）→低（Pt_2）→高（显生宙 Ph）变化趋势，反映酸性火山岩建造的发育程度及变化情况。CaO、MgO、Li、F 等元素呈低（Ar_1）→高（Pt_2）→低（Ph）变化趋势，反映海相碳酸盐岩建造发育状况。As、Sb、Bi、Hg、Mo 等火山热液元素从太古宙到元古宙再到显生宙基本呈递增趋势，反映区域地壳逐渐增生，地热梯度和温压条件递减的变化趋势。B 元素从太古宙到早元古代逐步增高，而后又趋降低，表明裂谷活动在早元古时期达到鼎盛阶段。

区域地层地球化学演化趋势是该区地壳演化历史中各种内外生地质作用的化学示踪，它一方面表现出地壳演化的阶段性、不可逆性和旋回性等特征，另一方面又严格地控制和决定着区域矿产的时空分布，如太古宙的 Fe、Au，早元古代的 B（辽东），中元古代的白云石，晚古生代和中生代的 Au、Ag、Cu、Pb、Zn、Mo 等在本区均为具有重要经济价值的矿产。

2) 地层地球化学块体的成矿能力评价

地球化学块体是指地壳上规模巨大的元素的高含量三维区段，是由大型和巨型矿床或一系列大小不等的矿床密集分布而形成的异常区，在地球表面呈现为一系列套合的从局部异常、区域异常到地球化学省的地球化学模式谱系。它是区域地壳演化的特定产物，是地壳上地幔不均匀性的地球化学表现。

不难看出，以系或岩群为单位的地质系统基本可以套用上述地球化学块体的概念模式。计算特定地层内所产出的工业矿床总储量与相应地层 500m 厚度岩石地球化学块体金属总量之比——成矿系数，便成为区域地层成矿能力的定量评价（表 4-3-1）。

计算结果表明，不同地层不同元素的成矿能力相差悬殊，从中可以归纳出若干超量聚集的元素，如遵化群的 Au、Fe、Pb，崇礼群的 Au，阜平下亚群的 Mo，卢龙（滦县）群的 Fe，红旗营子群的 Ag、Pb、Zn、Mo，双山子群的 Au，朱杖子群的 Au、Fe，长城系的 Pb、Zn，南口系的 Cu、Zn，蓟县系的 Cu、Mo 以及侏罗系的 Mo，其成因机制有待进一步深入研究。

2. 地质单元统计参数特征

区域成矿作用具有空间偏在（不均匀）性，区内以铁、金、银、钼、铅、锌、铜等为优势矿种，具有大中型以上矿床多处，这与成矿作用的介质系统、温压轨迹有关，区域地壳演化历史恰好提供了这些元素迁移成矿的条件。这些元素的含量分布呈现出显著的变异形态。

统计全区 124 个地层单元（组、并组与系群）、99 个侵入岩单位和 10 个次火山岩单位的 39 种元素含量算术平均值及变异系数，为成矿作用地球化学分析提供基础资料。

1) 主要成矿元素的确定

全区 39 种元素变异系数从大到小排列为：22.491（Au），7.584（Bi），5.477（Ag），3.084（Sb），2.943（Hg），2.650（Pb），2.623（Nb），1.928（Mo），1.914（As），1.762（W），1.678（Cd），1.630（Zn），1.505（F），1.394（Y），0.966（Sn），0.866（MgO），0.818（B），0.807（CaO），0.778（Ni），0.775（Cu），0.725（Cr），0.699（Sr），0.696（U），0.648（P），0.585（Mn），0.548（Co），0.485（V），0.475（Li），0.466（Ti），0.447（Zr），0.440（Fe_2O_3），0.436（Be），0.426（Ba），0.417（Th），0.391（La），0.333（Na_2O），0.252（K_2O），0.164（Al_2O_3），0.105（SiO_2）。可确定出区内主要成矿元素为金、银、铅、钼、锌及其伴生元素铋、锑、汞、砷、钨、镉等。同时考虑到区域岩石磁性参数也具有较大的变异系数，故可认为磁性铁亦为区内重要成矿矿种。

就所预测矿种而言，全区变异系数从大到小排列为：Au、Ag、Pb、Mo、W、Zn、Sn、Cu、Cr、Mn、Co、Ni，基本与成矿能力序列一致，只是 W、Sn 表现为金银多金属矿床伴生指示元素，尚未发现重要工业矿床。

表 4-3-1 河北省区域地层 500m 厚地球化学块体含矿系数（×10⁻⁴）计算表

地 层	S	V	δ	m	Fe	Au	Ag	Cu	Pb	Zn	Mo	超量聚集矿种
白垩系	5 852	2 926	2.473	14 466	—	—	—	—	—	—	—	—
侏罗系	19 704	9 852	2.474	24 374	—	3	6	5	8	—	23	Mo
寒武—二叠系	6 872	3 436	2.644	9 085	24	—	—	1	—	—	—	—
青白口系	629	315	2.622	825	1	—	—	—	—	—	—	—
蓟县系	10 457	5 229	2.714	14 190	9	6	3	26	8	22	256	Cu Mo
南口系	3 952	1 976	2.644	5 225	3	48	8	65	—	70	6	Cu Zn
长城系	1 946	973	2.615	2 544	31	25	11	—	25	20	—	Pb Zn
朱杖子群	216	108	2.664	288	3 385	109	—	—	—	—	—	Au Fe
双山子群	408	204	2.621	535	—	121	—	—	—	—	—	Au
卢龙群	888	444	2.558	1 136	1 999	—	—	—	—	—	—	Fe
遵化群	3 636	1 818	2.706	4 920	177	151	0.1	4	39	5	—	Au Fe Pb
迁西群	1 992	996	2.717	2 706	4	—	—	—	—	—	—	—
红旗营子群	4 404	2 202	2.649	5 833	—	54	69	—	51	38	1 147	Ag Pb Zn Mo
单塔子群	3 440	1 720	2.704	4 651	3	—	—	—	—	—	—	—
崇礼群	1 248	624	2.747	1 714	3	769	0.1	—	—	—	—	Au
桑干群	844	422	2.700	1 139	0.4	—	—	—	—	14	—	—
甘陶河群	792	396	2.752	1 090	—	—	—	—	—	—	—	—
五台群	1 652	826	2.737	2 261	0.7	—	—	0.2	—	—	—	—
阜平上亚群	244	122	2.645	323	—	—	—	—	—	—	—	—
阜平中亚群	1 940	970	2.645	2 565	1	74	—	—	—	—	—	—
阜平下亚群	7 048	3 524	2.758	9 719	0.7	30	7	0.07	1	10	443	Mo

注：含矿系数＝矿床工业储量/地球化学块体金属总量；S-面积(km^2)；V-体积(×$10^9 m^3$)；δ-密度(×$10^3 kg/m^3$)；m-质量(×10^{12}kg)。

（2）地质单元中元素含量及变异系数

主要计算了地层和侵入岩中主要成矿元素的算术平均值及变异系数，地层统计到系、群，侵入岩统计到超单元。详见表 4-3-2～表 4-3-5。

Au：地层 Au 含量均值以崇礼群最高，其次为遵化群、迁西群、朱杖子群、官都群和长城系；变异系数以第四系最高，其次为蓟县系、长城系、崇礼群、迁西群等；侵入岩单元-超单元 Au 含量均值以丰来峪变质花岗闪长岩、韩麻营超单元最高，其次为肖营子超单元、铁马超单元、牛心山奥长花岗片麻岩、洪山组合等，变异系数以肖营子超单元、韩家窝铺石英二长岩最高，其次为铁马超单元、大营子片麻岩等。

Ag：地层 Ag 含量均值以红旗营子群最高，其次为崇礼群、蓟县系等；变异系数以红旗营子群、蓟县系、白垩系最高，其次为第四系、长城系、遵化群、崇礼群等；侵入岩 Ag 含量均值以大兴庄斑状花岗片麻岩最高，其次为彭店子钾长花岗片麻岩、岗南二长花岗片麻岩，大营子、铁马、肖营子、南城子、寿王坟超单元及洪山组合等，变异系数以大营子古元古代石英闪长岩 $Pt_1^2\delta o$ 最高，其次为大兴庄斑状花岗片麻岩 $Ar_3^2\pi\gamma gn$、彭店子 $Ar_3^2\kappa\gamma gn$、郭家屯 P_1GJ、安子岭 $Ar_3^1\delta gn$、丰来峪 $Ar_3^2\gamma\delta$、逃军山 $Ar_3^1\gamma\delta gn$ 等。

表 4-3-2 河北省岩石地层(系、群)水系沉积物主要成矿元素算术平均值

地 层	符号	n（样品数）	Au	Ag	Cu	Pb	Zn	Mo	W	Mn	Cr	Ni	Co	Sn
第四系	Q	4 147	2.83	0.086	19.3	22.1	60.1	0.727	1.25	654	47.9	20.1	11.3	1.68
第三系	R	952	0.56	0.060	22.3	17.7	60.2	0.772	0.82	605	69.9	45.2	16.8	1.42
白垩系	K	1 162	0.67	0.094	19.6	22.3	72.4	0.899	1.26	723	45.6	21.9	12.5	2.06
侏罗系	J	4 176	0.78	0.093	16.1	24.8	74.7	0.943	1.39	696	39.1	16.5	10.3	1.98
三叠系	T	44	0.70	0.061	20.9	21.1	65.5	0.723	1.35	721	49.5	19.8	14.2	2.04
二叠系	P	46	0.71	0.069	19.3	21.8	59.3	0.811	1.45	524	59.7	19.2	10.0	1.47
石炭系	C	18	0.83	0.066	24.9	22.9	65.5	0.776	1.49	664	45.6	19.6	13.1	1.64
奥陶系	O	509	1.04	0.072	24.1	22.0	65.1	0.686	1.63	614	48.3	20.3	13.3	1.95
寒武系	∈	925	1.04	0.074	25.7	22.4	65.6	0.825	1.68	655	48.4	20.8	13.8	1.64
青白口系	Qb	128	0.89	0.091	28.4	23.4	75.6	0.959	1.61	660	55.1	23.7	15.9	2.13
蓟县系	Jx	1 478	1.93	0.113	22.2	23.2	65.5	0.711	1.52	616	46.4	18.7	12.3	1.77
长城系	Ch	1 853	2.38	0.095	23.7	22.6	70.9	0.767	1.67	853	53.7	21.5	13.7	1.68
甘陶河群	Pt_1Gt	98	0.73	0.063	35.6	23.4	96.1	0.494	1.06	685	53.5	29.8	21.8	1.84
官都岩群	Pt_1Gd	37	2.60	0.058	34.0	20.1	77.5	0.365	1.14	700	59.8	32.8	19.6	1.82
化德岩群	Pt_1Hd	28	0.71	0.077	11.5	22.8	31.3	0.664	1.41	202	53.8	13.2	56.0	2.35
湾子岩群	Ar_3Wz	166	0.92	0.061	33.2	20.8	85.0	0.533	1.11	747	63.9	30.1	18.3	1.90
石咀岩群	Ar_3Sh	38	0.88	0.067	31.8	18.8	72.5	0.720	1.85	587	84.1	37.9	19.4	1.33
陈庄岩群	Ar_2Ch	336	0.98	0.067	34.8	22.1	87.8	0.623	1.32	716	65.2	29.7	18.8	1.94
红旗营群	Ar_3H	433	1.28	0.208	20.9	23.8	62.6	0.589	0.93	606	80.2	24.4	13.9	1.32
朱杖子群	Ar_3Zz	51	3.14	0.067	33.7	18.4	73.5	0.455	3.30	567	84.5	31.0	18.8	1.88
崇礼群	Ar_2Cl	111	22.65	0.119	30.4	23.1	71.9	1.093	1.34	774	120	34.0	19.7	1.41
遵化群	Ar_3Zh	181	4.84	0.095	38.9	20.1	81.4	0.807	1.25	791	129	40.7	22.3	1.61
滦县群	Ar_3L	126	1.52	0.074	27.8	22.3	62.1	0.523	1.52	512	64.8	25.8	14.9	1.77
赞皇群	Ar_2ZH	80	0.65	0.054	37.8	19.6	87.8	0.454	0.95	699	58.2	28.1	18.9	1.53
迁西群	Ar_2Q	121	4.13	0.078	44.2	18.2	87.4	0.428	0.94	716	142	46.8	23.8	1.64
全 区		25 579	2.055	0.095	22.8	23.3	72.2	0.783	1.35	666	53.1	22.3	13.4	1.81

注：n 为样品数；含量单位：Au 为 ng/g，其余为 μg/g

表 4-3-3　河北省岩石地层(系、群)水系沉积物主要成矿元素变异系数

地层	符号	n（样品数）	Au	Ag	Cu	Pb	Zn	Mo	W	Mn	Cr	Ni	Co	Sn
第四系	Q	4 147	37.77	5.24	0.64	3.38	1.72	2.61	1.03	0.58	0.74	0.77	0.62	0.84
第三系	R	952	1.15	1.14	0.91	0.59	0.73	0.71	2.59	0.81	0.80	1.25	0.90	1.80
白垩系	K	1 162	1.65	6.41	0.52	0.85	0.33	0.74	0.52	0.39	0.44	0.50	0.45	2.22
侏罗系	J	4 176	2.82	2.85	1.00	0.68	1.25	0.80	1.80	0.49	0.60	0.46	0.49	0.57
三叠系	T	44	0.44	0.27	0.22	0.13	0.18	0.39	0.39	0.15	0.33	0.35	0.24	0.59
二叠系	P	46	0.70	0.34	0.53	0.20	0.37	0.93	0.27	0.41	0.86	0.63	0.38	0.45
石炭系	C	18	0.43	0.16	0.21	0.09	0.16	0.28	0.15	0.14	0.29	0.22	0.17	0.25
奥陶系	O	509	0.66	0.55	0.43	0.18	0.38	0.47	0.19	0.13	0.17	0.18	0.25	2.84
寒武系	∈	925	0.61	0.63	0.32	0.25	0.19	6.09	0.20	0.16	0.14	0.19	0.19	0.46
青白口系	Qb	128	0.56	0.99	0.44	0.42	0.33	0.85	0.30	0.23	0.47	0.40	0.34	0.56
蓟县系	Jx	1 478	11.14	6.56	0.84	1.69	0.61	1.18	0.40	1.09	0.35	0.34	0.32	0.54
长城系	Ch	1 853	5.25	2.32	0.78	0.79	0.94	2.73	3.90	0.96	0.47	0.49	0.37	0.37
甘陶河群	Pt_1Gt	98	0.66	0.30	0.39	0.20	0.32	0.27	0.34	0.18	0.16	0.27	0.37	0.37
官都岩群	Pt_1Gd	37	0.95	1.27	0.95	0.88	0.39	0.87	1.19	0.48	0.26	0.85	1.31	1.04
化德岩群	Pt_1Hd	28	0.93	0.75	1.05	0.45	0.68	0.67	0.81	0.85	0.70	0.97	0.87	1.71
湾子岩群	Ar_3Wz	166	0.63	0.85	0.20	0.13	0.16	0.25	0.30	0.11	0.33	0.39	0.23	0.79
石咀岩群	Ar_3Sh	38	0.71	0.63	0.17	0.23	0.14	0.96	0.78	0.09	0.31	0.36	0.15	0.26
陈庄岩群	Ar_2Ch	336	1.21	0.59	0.24	0.14	0.17	0.44	0.50	0.12	0.31	0.30	0.25	1.15
红旗营群	Ar_3H	433	3.04	6.72	0.48	1.62	0.56	0.74	1.28	0.50	0.69	0.67	0.54	0.53
朱杖子群	Ar_3Zz	51	1.67	0.75	0.16	0.20	0.41	0.34	3.94	0.20	0.28	0.21	0.19	1.08
崇礼群	Ar_2Cl	111	3.73	1.83	0.30	1.10	0.19	1.11	1.76	0.22	0.47	0.32	0.25	0.30
遵化群	Ar_3Zh	181	2.46	1.94	0.38	0.75	0.38	1.96	0.90	0.42	0.56	0.40	0.28	0.47
滦县群	Ar_3L	126	1.18	0.34	0.39	0.16	0.21	0.43	0.43	0.23	0.43	0.42	0.35	0.42
赞皇群	Ar_2ZH	80	0.58	0.52	0.29	0.12	0.14	0.36	0.33	0.13	0.27	0.23	0.17	0.50
迁西群	Ar_2Q	121	3.09	0.71	0.28	0.51	0.26	0.62	0.76	0.23	0.49	0.46	0.25	0.32
全　区		25 579	22.49	5.48	0.78	2.65	1.63	1.93	1.76	0.59	0.73	0.44	0.55	0.97

第四章 地质地球化学特征

表4-3-4 河北省侵入岩单元-超单元水系沉积物主要成矿元素算术平均值

超单元	符号	n（样品数）	Au	Ag	Cu	Pb	Zn	Mo	W	Mn	Cr	Ni	Co	Sn
洪山	K_1HS	4	4.30	0.105	45.9	22.4	64.1	1.085	1.76	625	47.0	18.0	11.6	1.43
矿山村	J_3K	18	0.89	0.060	27.6	21.4	66.2	0.585	1.88	706	51.5	21.5	15.4	1.45
符山	J_2F	12	0.60	0.054	33.5	18.1	74.0	0.448	1.11	859	72.3	28.5	22.3	1.24
叩天井	J_1K	1	0.70	0.075	25.9	24.4	68.1	0.660	1.58	646	61.4	30.2	13.5	1.83
千层背	J_3QC	263	0.64	0.085	15.9	28.2	76.0	0.993	1.73	595	30.7	13.4	8.10	3.08
雾灵山	J_3WL	320	0.65	0.084	14.8	25.4	90.7	1.403	1.59	891	32.8	17.8	10.7	2.07
寿王坟	K_1SW	237	0.99	0.105	26.7	25.7	82.4	1.020	2.00	735	44.2	19.4	12.9	1.89
南城子	J_3NC	309	0.91	0.120	30.6	27.7	85.1	1.078	2.75	619	43.9	16.8	13.9	1.66
棋盘山	J_3QP	188	0.77	0.078	14.0	24.1	67.7	1.065	1.42	693	37.3	16.3	8.80	1.95
燕子窝	J_2YZ	535	0.85	0.099	16.7	24.4	63.6	0.783	1.27	567	35.0	15.2	8.80	1.80
肖营子	J_1XY	158	13.8	0.114	20.9	30.2	75.2	0.756	1.20	717	55.4	19.5	13.1	1.78
都山	T_3DS	370	0.91	0.078	19.0	22.1	71.4	0.803	1.49	670	51.9	20.0	13.4	2.07
樱桃沟门	P_2YT	149	0.54	0.074	8.30	20.2	33.8	0.543	1.14	304	26.6	8.40	5.60	1.51
郭家屯	P_1GJ	368	0.64	0.092	11.6	25.8	51.4	0.678	0.98	441	25.3	11.7	6.00	1.64
沙厂	Pt_2SC	122	0.78	0.058	15.2	21.3	52.1	0.612	0.83	463	44.0	14.8	9.50	1.51
铁马	Pt_2TM	50	9.55	0.148	41.6	19.2	78.5	0.575	1.05	840	112	38.2	28.7	1.66
韩麻营	Pt_2HM	129	20.2	0.096	23.3	27.8	64.2	0.794	1.16	670	51.1	17.5	12.1	1.52
大庙	Pt_2DM	33	0.85	0.055	21.9	17.3	71.0	0.900	1.21	648	51.9	21.4	16.1	1.94
大旗梁顶	Pt_2DQ	3	0.73	0.037	30.3	17.3	84.7	1.000	1.03	810	39.0	15.8	17.7	2.04
楼底	$Pt_1^2\beta\mu$	13	0.42	0.056	47.3	22.2	117	0.511	0.80	788	51.6	35.8	31.8	1.76
板凳沟	$Pt_1^2\gamma$	58	0.70	0.088	22.7	19.9	69.0	0.643	1.09	719	44.7	15.5	15.9	1.44
板凳沟	$Pt_1^2G\gamma$	38	2.21	0.062	15.3	23.3	66.0	0.853	1.24	520	38.2	13.5	7.80	1.73
牛圈子	$Pt_1^2\eta\gamma$	155	1.33	0.064	20.8	20.8	81.9	0.655	0.93	765	51.2	19.5	14.3	1.78
韩家窝铺	$Pt_1^2\pi\eta\gamma$	237	3.10	0.077	20.0	23.9	82.4	0.864	1.49	714	41.1	16.6	12.0	1.99
窝铺沟	$Pt_1^2\gamma\delta$	90	0.64	0.061	19.2	21.6	72.5	0.564	1.13	689	50.0	18.6	13.2	2.22
窝铺沟	$Pt_1^2\pi\gamma\delta$	61	0.62	0.054	12.7	19.8	61.4	0.513	0.73	588	31.0	11.5	8.50	1.60
五道窝铺	$Pt_1^2\eta o$	19	0.59	0.073	15.9	24.0	68.0	0.365	0.78	534	37.3	21.2	9.90	1.44
大营子	$Pt_1^2\delta o$	260	3.25	0.152	20.3	20.8	65.8	0.603	1.17	609	46.7	15.5	14.4	1.49
喇嘛栅子	$Pt_1^2\delta$	168	1.64	0.095	25.1	17.9	77.6	0.678	0.98	737	56.7	20.8	16.9	1.71
花果山	$Pt_1^2\psi$	2	2.40	0.072	41.8	17.7	89.8	0.608	1.44	1013	168	51.5	37.3	1.48
上庄	$Pt_1^2\kappa\gamma$	18	1.38	0.084	26.9	18.8	65.5	0.756	0.61	646	107	30.2	19.8	1.54
许亭	$Pt_1^2\pi\gamma$	84	0.83	0.061	24.5	20.9	82.2	0.609	1.28	590	44.4	22.5	17.1	2.27

续表 4-3-4

超单元	符号	n（样品数）	Au	Ag	Cu	Pb	Zn	Mo	W	Mn	Cr	Ni	Co	Sn
隔河头	$Ar_3^3 dN$	1	1.20	0.040	61.0	15.0	106	0.20	1.00	940	63.7	30.8	33.0	2.28
姜女庙	$Ar_3^3 \kappa\gamma$	20	1.07	0.124	31.0	27.1	85.0	1.204	1.57	645	57.9	26.5	18.2	2.30
彭店子	$Ar_3^3 \kappa\gamma gn$	83	5.13	0.223	35.3	50.8	78.2	0.782	1.14	761	73.2	28.7	19.5	1.77
孔家庄	$Ar_3^3 \gamma$	149	0.73	0.062	28.6	22.3	73.7	0.569	1.53	606	47.7	20.3	13.7	1.91
菅 等	$Ar_3^3 \pi\gamma$	61	0.82	0.053	24.0	20.3	69.5	0.488	1.31	595	48.6	20.6	13.2	1.82
大兴庄	$Ar_3^2 \pi\gamma gn$	31	10.5	1.500	17.9	29.0	57.6	0.701	0.82	502	39.5	13.3	10.0	2.50
山海关	$Ar_3^2 \eta\gamma$	42	1.49	0.062	28.3	20.9	70.8	0.609	1.46	570	65.5	27.3	16.9	2.33
岗 南	$Ar_3^2 \eta\gamma gn$	36	2.48	0.221	45.2	40.6	91.7	2.029	1.41	806	85.5	29.1	22.3	1.60
丰来峪	$Ar_3^2 \gamma\delta$	42	24.2	0.173	42.6	27.9	85.3	0.569	1.20	622	54.6	24.3	18.2	1.92
李官营	$Ar_3^2 \gamma o$	1	0.70	0.120	36.0	20.0	72.0	0.900	2.00	610	43.4	16.5	17.0	2.08
平 阳	$Ar_3^2 T\gamma gn$	67	0.62	0.072	12.7	21.2	39.3	0.538	0.69	370	39.4	9.20	7.90	1.11
石大峪	$Ar_3^2 \delta o$	98	1.35	0.076	36.3	19.6	85.6	0.463	1.74	665	56.6	23.9	21.2	2.13
王家崇	$Ar_3^2 \delta gn$	51	0.79	0.062	19.0	17.2	67.0	0.507	0.91	735	59.8	19.1	16.8	1.39
盘道岭	$Ar_3^1 dN$	1	1.60	0.072	50.0	16.0	102	0.52	0.96	739	119	57.8	22.0	1.48
潘 庄	$Ar_3^1 \kappa\gamma gn$	117	0.89	0.059	30.0	22.2	89.2	0.738	1.34	691	52.7	23.9	15.8	2.13
柳河峪	$Ar_3^1 \eta\gamma gn$	104	0.82	0.087	32.1	23.7	93.5	0.774	1.18	718	53.1	25.6	17.6	1.92
逃军山	$Ar_3^1 \gamma\delta gn$	77	7.00	0.193	39.2	28.6	80.9	1.084	1.41	785	113	32.4	21.7	1.75
牛心山	$Ar_3^1 T\gamma gn$	273	9.68	0.108	38.8	23.8	93.5	0.695	1.62	689	97.9	33.7	19.9	1.99
鸡冠山	$Ar_3^1 T ogn$	17	5.47	0.106	34.2	18.3	70.0	0.404	1.31	496	84.0	26.3	14.5	1.57
安子岭	$Ar_3^1 \delta gn$	370	7.23	0.108	44.3	22.9	92.9	0.639	1.23	757	101	38.0	23.2	1.81
石门岩墙	$Ar_2 dN$	1	1.00	0.096	37.0	16.0	82.0	0.300	7.00	960	171	54.8	21.0	1.46
太平寨	$Ar_2 T ch$	24	7.08	0.117	43.6	14.0	94.4	0.513	0.87	862	168	51.6	26.0	2.06
蟒 山	$Ar_2 \pi\gamma\delta gn$	110	0.53	0.053	37.2	19.1	91.4	0.505	0.77	694	62.1	29.5	18.5	1.50
桑 干	$Ar_2 \gamma\delta gn$	42	0.91	0.060	29.8	21.4	79.8	0.440	1.13	608	49.4	21.1	13.7	1.43
龙新庄	$Ar_2 T\gamma gn$	53	3.46	0.084	40.7	20.7	88.7	0.506	1.26	718	109	40.0	22.5	2.08
三屯营	$Ar_2 T ogn$	1035	1.79	0.084	37.0	21.0	93.0	0.560	1.08	725	80.4	33.9	20.6	1.83
三屯营	$Ar_2 \delta gn$	30	0.80	0.065	36.0	23.3	89.4	0.570	1.28	697	87.2	35.6	19.7	1.74
阜平杂岩	$Ar_2 Fp^c$	191	1.04	0.105	33.4	21.2	88.8	0.524	1.25	691	78.4	33.1	19.5	1.66
桑干杂岩	$Ar_2 Sg^c$	240	1.84	0.080	43.4	19.0	88.2	0.648	0.89	725	98.0	41.4	20.4	2.12
全 区	—	—	2.055	0.095	22.8	23.3	72.2	0.783	1.35	666	53.1	22.3	13.4	1.81

注：n 为样品数；含量单位：Au 为 ng/g，其余为 μg/g

表 4-3-5 河北省侵入岩单元-超单元水系沉积物主要成矿元素变异系数

超单元	符号	n（样品数）	Au	Ag	Cu	Pb	Zn	Mo	W	Mn	Cr	Ni	Co	Sn
洪山	K_1HS	4	0.70	0.29	0.43	0.08	0.11	0.40	0.09	0.04	0.04	0.02	0.03	0.06
矿山村	J_3K	18	0.35	0.11	0.20	0.09	0.14	0.55	0.95	0.11	0.14	0.16	0.22	0.28
符山	J_2F	12	0.53	0.14	0.27	0.18	0.18	0.33	0.52	0.16	0.23	0.19	0.23	0.52
千层背	J_3QC	263	0.73	0.49	0.73	0.46	0.43	0.62	0.45	0.40	0.41	0.45	0.50	0.87
雾灵山	J_3WL	320	0.53	0.49	0.37	0.54	0.30	0.63	0.52	0.30	0.45	0.38	0.61	0.26
寿王坟	K_1SW	237	1.05	1.41	1.26	1.26	0.47	0.70	0.85	0.40	0.42	0.44	0.45	0.41
南城子	J_3NC	309	1.07	0.95	2.02	2.02	0.55	1.04	1.45	0.29	0.38	0.46	0.44	0.32
棋盘山	J_3QP	188	1.63	1.11	0.72	0.72	0.49	0.74	0.62	0.38	0.94	0.86	0.73	0.63
燕子窝	J_2YZ	535	1.13	2.76	1.00	1.00	1.06	0.90	0.91	0.45	0.63	0.56	0.64	0.51
肖营子	J_1XY	158	8.98	2.26	0.64	0.64	0.45	0.57	0.63	0.37	0.82	0.71	0.60	0.34
都山	T_3DS	370	1.26	1.98	0.48	0.48	0.28	0.72	0.84	0.39	1.50	0.60	0.55	0.67
樱桃沟门	P_2YT	149	0.53	1.21	1.00	1.00	0.78	0.77	1.96	1.02	0.91	1.04	0.80	1.26
郭家屯	P_1GJ	368	0.78	3.17	0.71	0.71	0.99	1.88	1.26	0.60	0.67	0.60	0.72	0.57
沙厂	Pt_2SC	122	1.24	0.43	0.71	0.71	0.49	1.10	0.63	0.50	1.24	1.14	0.71	0.66
铁马	Pt_2TM	50	4.65	2.88	0.61	0.61	0.22	0.51	0.78	0.25	0.94	0.77	0.59	0.33
韩麻营	Pt_2HM	129	3.62	2.00	0.48	0.48	0.40	1.02	0.45	0.35	1.02	0.88	0.44	0.41
大庙	Pt_2DM	33	0.90	0.26	0.19	0.19	0.14	0.57	0.17	0.19	0.21	0.20	0.22	0.16
大旗梁顶	Pt_2DQ	3	0.13	0.13	0.30	0.30	0.02	0.00	0.09	0.05	0.08	0.10	0.16	0.04
楼底	$Pt_1^2\beta\mu$	13	0.57	0.29	0.30	0.26	0.26	0.27	0.35	0.13	0.10	0.26	0.36	0.18
板凳沟	$Pt_1^2\gamma$	58	0.65	1.26	0.52	0.49	0.31	0.71	0.64	0.28	0.68	0.67	0.52	0.34
板凳沟	$Pt_1^2G\gamma$	38	3.13	0.26	0.45	0.15	0.22	0.70	0.54	0.39	0.48	0.47	0.44	0.32
牛圈子	$Pt_1^2\eta\gamma$	155	2.97	0.56	0.42	0.46	0.39	0.49	0.50	0.45	0.74	0.56	0.45	0.30
韩家窝铺	$Pt_1^2\pi\eta\gamma$	237	8.64	0.60	0.53	0.38	0.29	0.77	0.69	0.32	0.39	0.52	0.40	0.47
窝铺沟	$Pt_1^2\gamma\delta$	90	0.79	0.40	0.37	0.48	0.33	0.57	1.01	0.31	0.55	0.47	0.52	1.08
窝铺沟	$Pt_1^2\pi\gamma\delta$	61	0.28	0.36	0.35	0.34	0.32	1.21	0.41	0.36	0.61	0.43	0.41	0.29
五道窝铺	$Pt_1^2\eta o$	19	0.35	0.54	0.24	0.68	0.45	0.45	0.22	0.28	0.33	0.47	0.42	0.17
大营子	$Pt_1^2\delta o$	260	3.82	5.85	0.52	0.33	0.32	0.83	2.48	0.40	0.50	0.46	0.59	0.32
喇嘛栅子	$Pt_1^2\delta$	168	3.34	2.79	0.98	0.78	0.26	0.83	0.53	0.23	0.46	0.44	0.44	0.25
花果山	$Pt_1^2\psi$	2	0.88	0.24	0.16	0.09	0.16	0.34	0.11	0.02	0.27	0.39	0.22	0.05

续表 4-3-5

超单元	符号	n（样品数）	Au	Ag	Cu	Pb	Zn	Mo	W	Mn	Cr	Ni	Co	Sn
上 庄	$Pt_1^1\kappa\gamma$	18	1.32	1.07	0.19	0.82	0.15	1.11	1.02	0.16	0.43	0.30	0.17	0.10
许 亭	$Pt_1^1\pi\gamma$	84	0.41	0.23	0.19	0.10	0.16	0.21	0.17	0.12	0.25	0.19	0.15	0.70
姜女庙	$Ar_3^2\kappa\gamma$	20	0.86	1.00	0.21	0.29	0.16	1.77	0.59	0.10	0.18	0.22	0.17	0.76
彭店子	$Ar_3^2\kappa\gamma gn$	83	5.75	4.62	0.99	3.52	0.25	0.74	0.53	0.17	0.46	0.32	0.28	0.31
孔家庄	$Ar_3^2\gamma$	149	0.64	0.32	0.24	0.15	0.20	0.34	1.08	0.17	0.43	0.34	0.22	0.48
菅 等	$Ar_3^2\pi\gamma$	61	0.58	0.17	0.21	0.10	0.14	0.30	0.22	0.16	0.54	0.43	0.23	0.30
大兴庄	$Ar_3^2\pi\gamma gn$	31	5.08	4.96	2.06	4.54	4.81	0.46	0.71	0.36	0.81	0.56	0.33	2.42
山海关	$Ar_3^2\eta\gamma$	42	0.82	0.29	0.40	0.19	0.33	0.59	0.47	0.25	0.42	0.49	0.41	0.98
岗 南	$Ar_3^2\eta\gamma gn$	36	2.20	2.28	0.70	1.90	0.62	2.59	1.49	0.15	0.42	0.27	0.29	0.22
丰来峪	$Ar_3^2\gamma\delta$	42	5.94	3.02	0.29	1.35	0.18	0.38	0.63	0.13	0.19	0.22	0.16	0.23
平 阳	$Ar_3^2 T\gamma gn$	67	0.37	1.58	0.33	1.13	0.85	1.11	0.81	0.43	0.60	0.61	0.52	0.24
石大峪	$Ar_3^2\delta o$	98	1.71	1.14	0.33	0.34	0.44	0.71	0.68	0.17	0.34	0.33	0.22	0.79
王家崇	$Ar_3^2\delta gn$	51	0.83	0.43	0.29	0.24	0.17	0.64	0.48	0.17	0.73	0.61	0.31	0.31
潘 庄	$Ar_3^{\,1}\kappa\gamma gn$	117	0.75	0.35	0.23	0.11	0.14	1.04	0.27	0.17	0.23	0.20	0.17	0.32
柳河峪	$Ar_3^{\,1}\eta\gamma gn$	104	1.63	1.59	0.19	0.21	0.15	0.55	0.31	0.12	0.17	0.22	0.17	0.27
逃军山	$Ar_3^{\,1}\gamma\delta gn$	77	1.67	2.51	1.16	1.04	0.24	2.28	1.28	0.23	0.55	0.41	0.29	1.19
牛心山	$Ar_3^{\,1}T\gamma gn$	273	3.22	1.59	0.41	1.15	0.46	1.55	1.19	0.26	0.60	0.50	0.31	0.66
鸡冠山	$Ar_3^{\,1}Togn$	17	1.83	0.40	0.55	0.32	0.39	0.29	0.89	0.16	0.22	0.38	0.44	0.24
安子岭	$Ar_3^{\,1}\delta gn$	370	5.17	2.66	0.34	2.26	0.31	1.16	0.85	0.19	0.47	0.40	0.25	0.41
太平寨	$Ar_2 Tch$	24	2.11	0.67	0.19	0.23	0.40	0.75	0.43	0.18	0.31	0.25	0.20	0.21
蟒 山	$Ar_2\pi\gamma\delta gn$	110	0.67	0.27	0.17	0.16	0.12	0.42	0.48	0.10	0.28	0.27	0.15	0.35
桑 干	$Ar_2\gamma\delta gn$	42	0.37	0.53	0.25	0.23	0.29	0.68	0.24	0.10	0.10	0.23	0.15	0.25
龙新庄	$Ar_2 T\gamma gn$	53	3.06	0.94	0.32	0.39	0.35	0.39	0.65	0.23	0.53	0.41	0.26	1.13
三屯营	$Ar_2 Togn$	1 035	5.11	1.68	0.26	0.86	0.25	0.56	0.61	0.17	0.60	0.38	0.25	0.43
三屯营	$Ar_2\delta gn$	30	0.63	0.34	0.29	0.13	0.13	0.27	0.30	0.13	1.02	0.61	0.28	0.37
阜平杂岩	$Ar_2 Fp^c$	191	0.53	0.76	0.22	0.25	0.13	0.39	0.59	0.13	0.40	0.36	0.20	0.64
桑干杂岩	$Ar_2 Sg^c$	240	6.75	0.80	0.33	0.59	0.29	0.71	0.86	0.25	0.47	0.42	0.31	0.89
全 区	—	—	22.49	5.48	0.78	2.65	1.63	1.93	1.76	0.59	0.73	0.44	0.55	0.97

Cu：地层 Cu 含量表现为由老到新逐渐降低趋势，其中以迁西群最高，其次为遵化群、赞皇群、甘陶河群、陈庄群、官都群等，变异系数以化德群、侏罗系较高；侵入岩 Cu 均值以隔河头 $Ar_3^{\,2}dN$ 最高，其次为盘道峪 $Ar_3^{\,1}dN$、洪山组合、楼底 $Pt_1^{\,2}\beta\mu$、铁马超单元等。

Pb：地层 Pb 含量均值以侏罗系最高，其次为红旗营子群、甘陶河群、青白口系、蓟县系、崇礼群等，变异系数以第四系最高，其次为蓟县系和红旗营子群、崇礼群等；侵入岩 Pb 含量均值以新太古代钾长花岗质片麻岩最高，其次为二长花岗质片麻岩、肖营子超单元、千层背超单元、南城子超单元等，变异系数以 $Ar_3^2\pi\gamma gn$ 最高，其次为 $Ar_3^2\kappa\gamma gn$、$Ar_3^1\delta gn$ 及南城子超单元等。

Zn：地层 Zn 含量均值以甘陶河群最高，其次为陈庄群、赞皇群、迁西群、湾子群、遵化群、官都群，以变质岩为主，变异系数以第四系最高，其次为侏罗系、长城系等；侵入岩 Zn 均值以 $Pt_1^2\beta\mu$、$Ar_3^2 dN$ 最高，其次为 $Ar_2 Tch$、$Ar_3^1\eta\gamma gn$、$Ar_3^1 T\gamma gn$、$Ar_2 Togn$、$Ar_2\pi\gamma\delta gn$、$Ar_3^2\eta\gamma gn$、$J_3 WL$、$Ar_2 Fp^c$、$Ar_2 T\gamma gn$ 等，变异系数以 $Ar_3^2\pi\gamma gn$ 最高，其次为燕子窝超单元、郭家屯超单元。

Mo：地层 Mo 均值以崇礼群最高，其次为青白口系、侏罗系、白垩系等，变异系数以寒武系最高，其次为长城系、第四系、遵化群、蓟县系等；侵入岩 Mo 均值以 $Ar_3^2\eta\gamma gn$、$Ar_3^1\gamma\delta gn$ 最高，其次为 $P_1 GJ$、$Pt_1^2\pi\gamma\delta$ 等。

W：地层 W 含量均值以朱杖子群最高，其次为石咀群、寒武系、青白口系、长城系、奥陶系等，变异系数以朱杖子群、长城系最高，其次为第三系、侏罗系等；侵入岩 W 含量以石门岩墙最高，其次为 $J_3 NC$、$K_1 SW$、$Ar_3^2\gamma\delta$，变异系数以 $Pt_1^2\delta o$ 最高，其次为 $P_2 YT$。

Mn：地层 Mn 含量以长城系最高，其次为遵化群、崇礼群、白垩系等，变异系数以蓟县系、长城系较高；侵入岩 Mn 含量以 $Pt_1^2\psi$ 最高，变异系数以 $P_2 YT$ 最高。

Cr：地层 Cr 含量均值以迁西群最高，其次为遵化群、崇礼群，以古老变质岩为主，随时代由老到新呈逐步降低趋势，变异系数以二叠系、第三系、第四系较高；侵入岩 Cr 含量均值以 $Ar_2 dN$、$Pt_1^2\psi$、$Ar_2 Tch$ 最高，其次为铁马超单元等基性-超基性单元，变异系数以 $T_3 DS$、$Pt_2 SC$、$Ar_2\delta gn$ 等较高。

Ni：地层 Ni 含量均值在迁西群、第三系（汉诺坝玄武岩）、遵化群较高，与矿产关系不密切，表现为高背景分布；变异系数以第三系较高，由玄武岩与沉积岩共存引起；侵入岩 Ni 均值以 $Ar_3^1 dN$、$Ar_2 dN$、$Pt_1^2\psi$、$Ar_2 Tch$ 等基性-超基性单元较高，变异系数以 $Pt_2 SC$ 较高。

Co：地层 Co 含量均值以化德群最高，其次为迁西群和遵化群，反映高背景含量，变异系数以官都群较高；侵入岩 Co 均值以 $Pt_1^2\psi$ 最高，其次为 $Pt_1^2\beta\mu$、$Ar_3^2 dN$、$Pt_2 TM$ 等，变异系数普遍较低。

Sn：地层 Sn 含量均值变化不大，以化德群、青白口系稍高，变异系数以奥陶系、白垩系较高；侵入岩 Sn 含量均值变化于 $1.11\sim3.08\mu g/g$ 之间，以千层背超单元稍高，次为 $Ar_3^2\eta\gamma$，变异系数以 $Ar_3^2\pi\gamma gn$ 稍高。

3. 地质单元含矿性分析

1）太古宙—古元古代地层含矿性分析

由于大量变质深成岩（片麻岩套）从地层系统中解体出去，除沉积变质铁矿外，太古宙地层中直接产出的多金属矿床显得较少，但仍不乏重要矿床分布。

迁西金厂峪大型金矿区出露迁西岩群（$Ar_2 Q.$）斜长角闪岩和辉石麻粒岩。承德五道河小型金矿西北出露遵化岩群（$Ar_3 Z.$）。灵寿石湖中型金矿成矿围岩为陈庄岩群（$Ar_2 C.$）变质基性-中性火山岩-碎屑岩-镁质碳酸盐岩。小营盘、韩家沟、张全庄等大中型金矿区出露地层主要为崇礼群化家营组和涧沟河组。该类型金矿是变质岩中初步富集金的成矿物质，被海西期构造岩浆活动提供的热液和部分矿质萃取并迁移，沿构造充填在变质岩的层间滑脱面中形成，同时燕山期岩浆活动对矿床的富集也稍有影响。

古元古界（（或新太古代）浅变质岩中的金矿分布于青龙河断裂带的古元古代朱杖子群（$Ar_3 Zh$）中，构成北东向延伸 15km 的金矿带，自北而南有翟杖子、苗杖子、茨榆沟、半壁山、张杖子、王杖子、大汇河、沙金沟、河落堡等金矿点。据河北地质二队于润林研究，在朱杖子群第三组砾岩中采样 8 件，平均含金 $13.99ng/g$，推测为矿源层。

红旗营子群（$Ar_3 H$）分布广泛、厚度巨大。分布区有金、银多金属矿床、矿点 48 处，最著名的有蔡家营大型铅锌银矿、闫巨米小型铅锌矿、温家沟金银矿、烟筒山铅锌银多金属矿等，它们多呈脉状，主要赋存于下部岩石中，严格受先存构造控制，矿体延伸方向以近东西为主，少量呈北东或北西，矿石矿物有方铅矿、闪锌矿、黄铜矿、黄铁矿、自然金、辉银矿等，脉石矿物有石英、方解石、长石等，成矿温度 $171\sim362℃$，属中低温岩浆热液矿床。

太行山东麓井陉测鱼至内丘白鹿角一带基性火山岩系中的热液型铜矿已知产地 36 处，除桃园为小型矿床外，其他均为矿点、矿化点。含矿岩系为古元古代甘陶河群中下部南寺掌组及南寺组海相浅变质中基性火山-沉积岩系,近矿围岩主要为变质玄武岩、变质砾岩,其次为变质长石石英砂岩、砂岩、白云岩及变玄武质火山碎屑岩。内丘桃园铜矿出露地层为南寺掌组变玄武岩夹砂板岩,矿石为 Cu(0.7%)、Zn(3.09%)、Ag(6.7g/t)、Au(0.18g/t)。

2)中—上元古界地层含矿性分析

宣龙式滨海相沉积型赤铁矿、菱铁矿以庞家堡铁矿为代表,产于长城系串岭沟组黑色、灰绿色、绿色含砂岩条带的粉砂质页岩、含铁砂岩和铁矿层,厚度62m,分为两段。

矽卡岩型(接触交代型)铅锌矿主要分布于涞源、涿鹿、涞水、平泉、兴隆、青龙等地,探明铅锌资源量分别占总资源量的7.5%和34.43%。矿体产于中酸性侵入岩与碳酸盐岩的接触带及其附近,成矿围岩主要为长城系高于庄组和蓟县系雾迷山组燧石条带白云岩,少数为杨庄组泥质白云岩,个别为寒武—奥陶系灰岩。承德县轿顶山斑岩型铅锌矿矿区出露长城系常州沟组、串岭沟组和团山子组,其中团山子组主要为蛇纹石化、矽卡岩化大理岩、透辉石矽卡岩和薄层细晶白云岩。

涞源县浮图峪-木吉村铜矿(中型,伴生银、钴、镍等)产于王安镇杂岩体与高于庄组(Chg^4)及雾迷山组(Jxw^1)接触带。中元古代长城系海相火山热液型铜矿,即燕山中段平谷孔城峪至蓟县黄崖关一带海相火山岩系中的铜矿,已发现产地33处,均为矿点、矿化点。含矿火山岩系为大红峪组超钾质火山喷发岩系,由粗面玄武岩、粗面岩、火山碎屑岩及其潜火山岩组成,间夹沉积岩。铜品位0.1%~0.5%,最高3.31%。

青龙县清河沿金矿床矿体赋存于中上元古界长城系高于庄组三至四段白云岩内。碳酸岩型金矿床(长城式)——宽城县唐杖子金银矿,产于北东东向断裂带北侧的含锰构造角砾岩中,围岩为长城系常州沟组石英岩和砂页岩。细脉浸染型金矿——宽城峪耳崖金矿矿区出露长城系高于庄组硅质白云岩、燧石条带白云岩和泥灰岩等。花岗质杂岩中的金矿——易县柴厂大型金矿矿区出露阜平群角闪斜长片麻岩夹黑云斜长片麻岩、长城系高于庄组白云岩。

密云县银冶岭大型银矿出露地层为长城系高于庄组白云岩。承德县姑子沟火山-次火山热液型银铅锌矿矿区出露长城系常州沟组、串岭沟组、团山子组、大红峪组和高于庄组。

从已知锰硼矿点的分布来看,从平谷县附近向东经蓟县、迁西、卢龙到青龙柳树曼灰石沟一带,断续延长约200km,层位稳定。含矿岩系属于湖坪(潮下)潟湖相,潟湖中心部位锰硼矿较为富集,其边缘区菱锰矿环绕周围分布。承德县烟筒东山锰铅锌银多金属矿沉积时岩性序列由下而上为:粉砂质页岩夹砂质页岩→含燧石条带白云岩→含锰白云岩夹含锰钙质砂岩。

兴隆高板河黄铁(铅锌)矿沉积时的岩性序列由下而上为:灰黑色含藻球粒泥晶白云岩(有柱状叠层石、条纹状、块状黄铁矿层)→深灰色中厚层状含铅锌白云岩→灰色厚层状含锰白云岩。

阳原起凤坡磷矿沉积时的岩性序列由下而上为:深灰色中厚层状含锰白云岩,底部局部含透镜状磷块岩→灰褐色中厚层状含锰白云岩,富含叠层石→黑色磷块岩→灰黑色片状页岩夹板状白云岩。

3)侏罗—白垩系含矿性分析

涞源大湾锌钼矿区有侏罗系九龙山组和土城子组火山沉积岩出露。

涞源县南赵庄接触交代型铅锌矿区地层为蓟县系白云岩和侏罗系髫髻山组火山岩。青龙县周杖子热液型铅锌矿围岩为太古宙变质岩和侏罗系髫髻山组安山岩、凝灰岩、粗面岩和安山集块岩。赤城县青羊沟热液型铅锌矿出露地层为红旗营群变质岩和张家口组酸性火山岩。张北县蔡家营大型铅锌银矿矿区南部大面积出露张家口组流纹质晶屑凝灰岩、流纹岩和粗面岩。承德县轿顶山铅锌矿区南部出露侏罗系下部砂岩、砾岩、页岩及含角砾英安凝灰岩。

围场小扣花营火山热液型银矿位于棋盘山火山构造中,矿区出露地层主要为侏罗系张家口组球粒状凝灰岩、晶屑岩屑凝灰岩及熔结凝灰岩等,白垩系大北沟组安山质-粗安质火山-沉积岩,燕山期花岗斑岩、石英正长斑岩呈岩株状侵入其中。赤城县彭家沟银矿体赋存于J_3Z^{2-4}熔结凝灰质角砾岩层内及J_3Z^{2-5}含砾晶屑凝灰岩与J_3Z^{2-6}斑流岩之间为浅成低温热液薄脉型银矿床,呈层状、似层状及透镜状产出,与地层产状基本一致。承德县姑子沟银铅锌矿区南部出露白垩系大北沟组火山碎屑岩。

承德温家沟金银矿床赋存于白垩系中酸性陆相火山岩中,受北西向韧性剪切带控制,为热液充填-蚀变岩型金银多金属矿床。1988年,冶金部第一地质勘查局物探队以土壤和岩石测量进行查证,在安山质凝灰角砾岩和安山质凝灰岩破碎带中发现长300m、宽1.5m、品位为7.1g/t的金矿脉。

此外,北岔沟门、烟筒山等铅锌矿区范围内均有白垩系大北沟组、九佛堂组火山-沉积岩出露。

4. 侵入岩谱系超单元含矿性分析

河北省不同时代侵入单元均有重要矿床产出,不同时代矿种组合各具特点,其中太古宙以金矿最重要,元古宙以铁磷铬铂最具特色,而显生宙侏罗—白垩纪出现成矿高峰或大爆发,铅、锌、钼、铜、银、金均有分布。河北省侵入岩超单元产出矿床见表4-3-6。

表4-3-6 河北省侵入岩超单元产出矿床一览表

侵入岩超单元	产出矿床
洪山组合 K_1HS	娄里小型Cu
寿王坟超单元 K_1SW	寿王坟中型CuMo、蘑菇峪CuZnMo、六柱坪小型Au、苗杖子小型Au、周杖子小型PbZn、烟筒山中型Ag、小寺沟小型CuMo、洼子店小型Au、大庄科大型Mo、杨树底Mo、姑子沟小型AgPbZn、轿顶山中型PbZn、木吉村中型Cu、南赵庄PbZn、大湾小型ZnMo、铁岭小型Cu
矿山村超单元 J_3KS	三王村中型CuCo
棋盘山超单元 J_3QP	蔡家营大型PbZnAg、牛圈大型AgAu、北岔沟门大型PbAnAg、石湖峪小型Mo
南城子超单元 J_3NC	浮图峪小型Cu、铁岭小型Cu、小立沟小型Cu、木吉村小型Cu、南赵庄中型PbZn、镰巴岭中型PbZn、大庄小型Cu、大石峪AuAg、大湾小型ZnMo、于城小型Cu、石湖中型Au
燕子窝超单元 J_2YZ	牛圈大型AgAu、撒岱沟门大型Mo、北岔沟门大型PbZnAg、韩杖子小型PbZn、贾家营中型Mo、东三岔中型ZnMo、石槽小型CuMo、石窑中型Zn、银冶岭大型PbZnAg、峪耳崖中型Au、三家中型Au、卧龙岗小型Cu、柴厂中型Au
肖营子超单元 J_1XY	花市小型Mo、高家店小型Au、澈河桥小型Cu、金厂峪大型Au、三家中型Au
都山超单元 T_3DS	撒岱沟门大型Mo、洼子店小型Au、沿河小型W、撒岱沟门大型Mo
郭家屯超单元 P_1GJ	牛圈大型AgAu
沙厂超单元 Pt_2SC	黄土梁中型Au、黑山小型P
铁马超单元 Pt_2TM	高寺台小型CrPt、矾山中型FeP
韩麻营超单元 Pt_2HN	后沟中型Au、三义庄中型ZnMo、东坪大型Au、中山沟中型Au、姚家庄大型P
大庙超单元 Pt_2DM	头沟中型P、马营小型P、大庙大型FeP
变质二长花岗岩 $Pt_1^2\pi\gamma$	蔡家营大型PbZnAg
变质斑状花岗闪长岩 $Pt_1^2\pi\gamma\delta$	撒岱沟门大型Mo
变质石英闪长岩 $Pt_1^2\delta o$	马架子中型Au、姑子沟小型AgPbZn、温家沟AuAg
变质辉石岩 $Pt_1^2\psi$	招兵沟中型FeP
变质斜长花岗岩 $Ar_3^3\gamma o$	苗杖子小型Au
张家口片麻岩套 Ar_3^3Zgn	五道河小型AuPbZn
杨树沟片麻岩套 Ar_3^3Ygn	洼子店小型Au
涞源片麻岩套 Ar_3^3Lgn	石湖中型Au
汉儿庄片麻岩套 Ar_3^1Hgn	花市小型Mo、水泉沟小型Au、马兰小型Au、大茂峪小型Be、三义小型Au、东荒峪小型Cu、牛心山中型Au、北铧尖中型Au、铜洞子小型Cu、三家中型Au、大韦塘小型W、五道河小型AuPbZn
迁西片麻岩套 Ar_2Qgn	八岔沟小型Au、澈河桥小型Cu、金厂峪大型Au
阜平片麻岩套 Ar_2Fgn	石湖中型Au

第四节 成矿控矿地质条件分析

成矿系统是指在一定地质时空域中,控制矿床形成和保存的全部地质要素和成矿作用过程,以及所形成的矿床系列和异常系列构成的整体,是具有成矿功能的一个自然系统,是在一般矿床成因研究基础上,着重从宏观上,从成矿时空、物质运动的有机结合上,探讨区域尺度的成矿规律。其研究意义是深入认识成矿动力学机制,掌握矿床的形成和分布规律,全面指导矿产勘查和有利于将成矿学信息应用到地学其他学科中去。

一、区域构造、岩石建造与成矿作用

矿床形成的基本条件是矿源场、中介场和储矿场三者的有机结合。从矿源场的角度,大致可分为3种类型,大型构造在各类型的成矿作用中起着不同的作用。

幔源成矿型:成矿元素在上地幔局部富集,通过深切地壳而达地幔的大型断裂或影响到地幔热柱状态的其他大型构造,使成矿元素与幔源岩浆或流体物质一起到达地壳表层直接成矿或作为其后改造成矿的物质来源。大型构造以其规模大、贯通性好而直接作为成矿通道和储矿场所。如大庙式、邯邢式矿床。

壳源内生成矿型:具有较高背景值的壳内成矿元素,经构造、岩浆、变质及流体等内生作用而迁移富集成矿。大型构造在使成矿元素从母岩中萃取、迁移、沉淀和富集中起着中介场和储矿场的重要作用。典型的有迁西金厂峪、宣化小营盘等与太古宙绿岩带有关的韧性剪切带型金矿。

外生成矿型:地壳中分散的成矿元素,经长期的地表风化、剥蚀、搬运和沉积,在特定的大气圈、生物圈造就的地球化学场中重新富集成矿,大型构造为这种特定的地球化学场提供了储矿空间。中元古代长城系高板河式矿床反映了这种地球化学作用。

多源复合成矿型:大型构造活动的长期性、脉动性和继承性,有利于维持一个足够长的古地热异常场、稳定的热液对流系统、地球化学场和成矿环境。有利于成矿物质的反复富集,汇聚在同一有限空间而形成大型、超大型矿床。如乌龙沟-上黄旗构造岩浆岩带上分布着许多不同类型的大中型矿床。

河北省已知多金属矿床大多(70%)产于大地构造单元的隆起与凹陷交界处附近隆起一侧。从资源分布图看,大多数靶区位置为隆起与凹陷交界处附近隆起的一侧,或在界线上,只有少数分布于凹陷之中。反映在1:50万航磁平剖图上,矿床基本都产于正负磁场交界部位。

从铅锌银矿与大地构造关系图中可以看出,绝大多数大地构造单元的展布和界线与深部构造关系密切。如受东西向深部构造控制的张北台凹、大庙复背斜、山海关复背斜等;受北东向深部构造控制的下银房台凹、白云山台凸、宽城-滦平复背斜、军都山复背斜、西山复背斜、涞易复背斜、阜平复背斜、灵山复背斜等;受南北向深部构造控制的沽源台凹、丰宁台凸、密云复背斜等;受北西向深部构造控制的兰阁台凸、怀安复背斜等。同时,深部构造也控制着岩浆岩带的展布,如受东西向尚义-崇礼-隆化深部构造控制的东西向岩浆岩带。带内水泉沟碱性正长岩、红花梁花岗岩、温泉花岗岩、红砂梁花岗斑岩等长轴方向呈东西向展布,长轴一般为短轴的2倍以上。受北东向深部构造控制的紫荆关-围场岩浆岩带,发育大河南花岗岩、花岗闪长岩,大海坨花岗岩,平顶山花岗岩,韩家店、碱房、白音沟-干沟门、白云山等花岗岩体(图4-4-1)。受北西向青羊沟-蔡家营深部构造控制的岩浆岩带内有蔡家营、油坊窑、马营、冰山梁、青羊沟等岩体。

铅锌银矿化距离深部构造一般不超过1~5km。蔡家营、青羊沟、兰阁产于东西向、南北向深部构造旁侧(图4-4-2);营房-牛圈和北岔沟门位于北东向、东西向深部构造的旁侧(图4-4-3);姑子沟、东山、洼子店、五道河、韩杖子多金属矿产于北东向及北西向与南北向深部构造交汇处旁侧(图4-4-4);三义庄、黑山寺、大湾等矿床与北东向深部构造关系密切(图4-4-5)。

采用航磁资料上延1km、3km、5km处理结果,进行解译,建立构造格架图。

在控岩导矿构造中运移的矿液,一般在规模较小、序次较高的派生封闭裂隙中沉淀而形成矿体。蔡家营矿床位于多组深部构造交汇处的旁侧,而蔡家营岩体基本位于东西向和南北向深部构造的交汇处。这些深部构造的级次,一般为2~3级。该区航磁上延1km、3km、5km构造也较发育,而且多组构造交汇。

第四章 地质地球化学特征

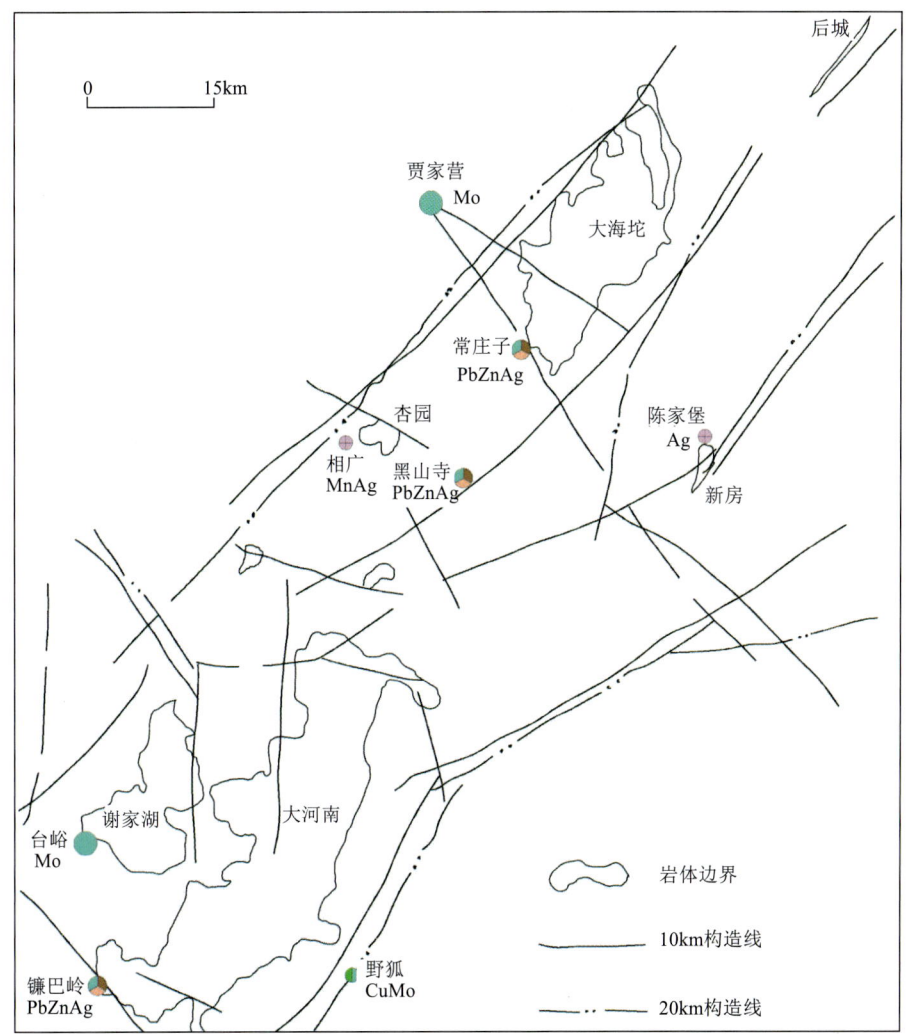

图 4-4-1 涿鹿大河南-大海坨航磁解译构造与矿产关系图（据魏远泰等,1991）

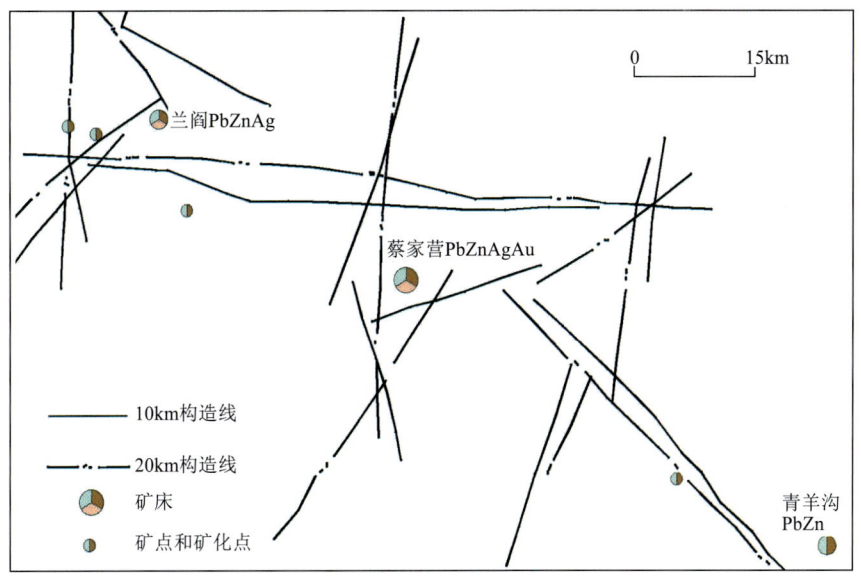

图 4-4-2 张北蔡家营-赤城青羊沟一带深部构造遥感解译图（据魏远泰等,1991）

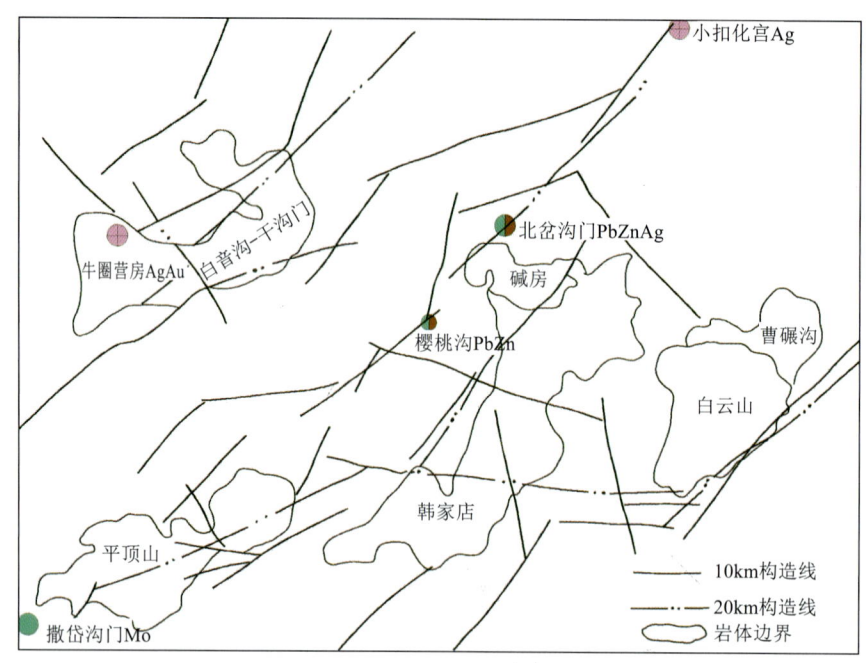

图 4-4-3　丰宁-隆化北东向构造岩浆岩带与矿产关系图（据魏远泰等，1991）

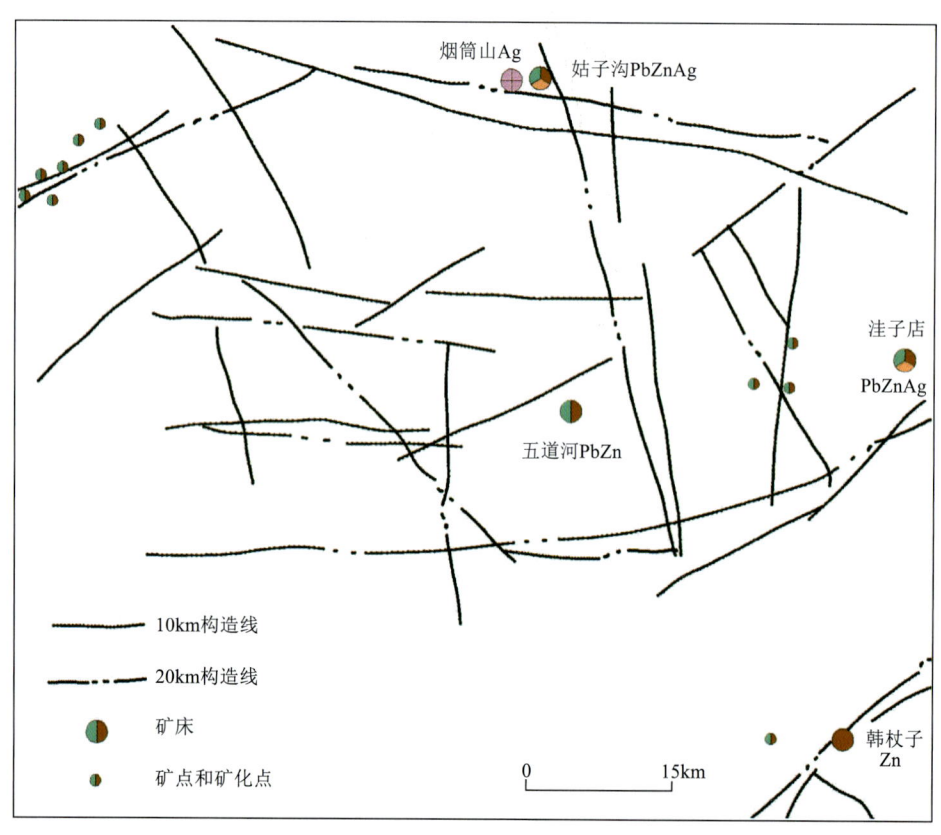

图 4-4-4　承德姑子沟地区矿化与深部构造关系图（据魏远泰等，1991）

这些构造一般为由深部构造派生出来的 4～5 级导矿构造。同时，矿区北东东向、南北向断裂均可看作导矿构造在地表的显示，而矿体则赋存在导矿构造派生出的 6～7 级甚至更高级次的规模较小的储矿构造之中。由于导矿、储矿构造的复杂性，使得矿区内矿体形态十分复杂。勘探时，需要加密网度。

又如丰宁营房-牛圈矿区，距北东向深部构造不到 1km，距东西向深部构造不到 5km，而白音沟-干沟

第四章 地质地球化学特征

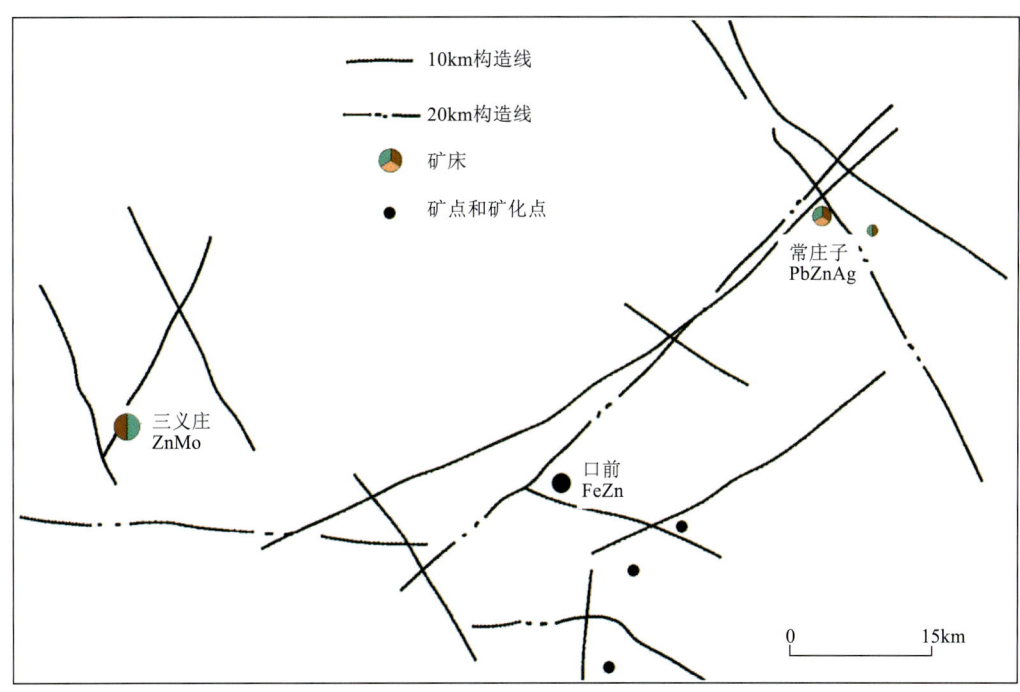

图 4-4-5 阳原三义庄地区矿化与深部构造关系图(据魏远泰等,1991)

门岩体受北东、北西、东西向多组深部构造的控制,使其形态很复杂。导岩控矿构造应为3级。航磁上延1、3、5km构造也较发育,方向为北西、北东、南北向,一般为4~5级导矿构造,而北北东向储矿构造为6~7级。

二、沉积建造与成矿作用

沉积建造是一套具有一定沉积特征和纵向序列特点的岩类组合,它代表着地球动力演化过程中一定阶段的沉积作用的总体特征,其顶底界面常被假整合、不整合或沉积间断面隔开。它应包括共生岩石的物源、沉积环境和能量平衡三方面含义。据板块构造环境,稳定陆壳区稳定型建造主要有铁、磷、铝、煤及盐类;被动陆缘区次稳定型建造主要矿产有铜、铅、锌、煤、石油;活动陆缘区非稳定型建造主要矿产为铅、锌、铀、钼、金等;洋壳区主要矿产为多金属结核。

华北地台北缘内蒙台背斜中,由西向东分布着一系列已知铅、锌、银矿床,如张北蔡家营大型铅、锌、银矿、康保前阿明代铅锌矿、康保兰阎小型铅锌矿、赤城青羊沟中型铅锌银矿、丰宁营房-牛圈大型铅锌银矿、隆化北岔沟门大型铅锌银矿等。它们大多产于太古宙红旗营群、单塔子群和侏罗系张家口组之中(图4-4-6、图4-4-7)。

红旗营群广泛分布于内蒙台背斜中,厚度5000m左右,主要由浅粒岩、变粒岩、片麻岩和大理岩组成。西部崇礼、康保一带,原岩以碎屑岩和碳酸盐岩为主,东部丰宁-隆化以北,原岩中火山物质增多,变质程度为角闪岩相。混合岩化不均匀,西部较弱,东部较强,具明显分带。

侏罗(白垩)系张家口组分布于张家口、沽源、赤城、丰宁、承德、滦平、围场及下板城等地。该组以酸性—亚碱性火山熔岩及火山碎屑岩为主,厚度巨大,岩性及岩相横向变化较快,火山岩喷发韵律结构显著。下部以火山碎屑岩为主,中部为火山熔岩夹火山碎屑岩,上部主要为火山碎屑岩夹少量火山熔岩。火山堆积区构成北东-北北东向火山带。张家口、赤城、沽源一带堆积厚度较大;丰宁、承德、滦平、围场、隆化及下板城等地,本组出露广泛,但厚度逐渐变薄。

分布于内蒙台背斜中的已知矿床大多位于张家口组火山岩堆积而成的中生代盆地边缘。晚侏罗纪是多金属成矿的主要矿化阶段,强烈的火山活动是华北地台北缘多金属成矿的重要事件,

分布于尚义-赤城-丰宁-隆化断裂带两侧的已知矿床有赤城梁家沟中型铅锌银矿、承德五道河小型铅

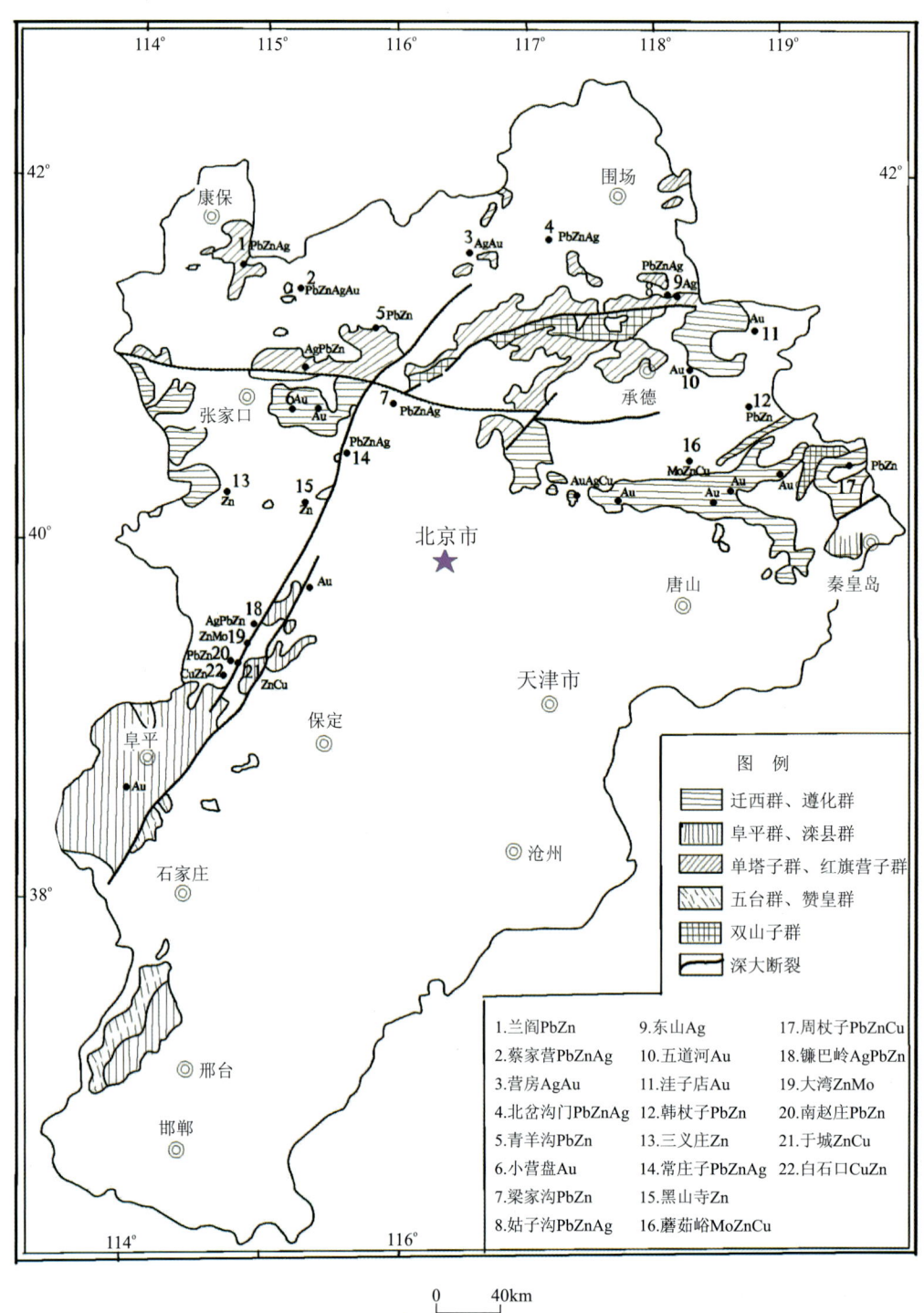

图 4-4-6 河北省太古宙地层与矿产关系示意图（据魏远泰等，1991）

锌矿、承德姑子沟中型银（铅锌）矿、承德东山中型银矿，产出的主要地层为太古宙单塔子群、中元古界长城系与蓟县系。

分布于承德地区的太古宙单塔子群，因强烈的混合岩化破坏，零星出现于斑状混合岩或均质混合岩中，主要岩性为黑云斜长片麻岩、蚀变斜长角闪岩、浅粒岩及石英片岩、大理岩、磁铁石英岩等，承德市狮子岭金矿带产于该套岩系之中。

长城系、蓟县系主要为地台型海相富镁碳酸盐岩及碎屑岩、黏土岩，厚度巨大，分布广泛。

已知矿床都分布于侏罗纪火山岩堆积而成的中生代盆地边缘，表明晚侏罗纪火山活动仍是主要的多

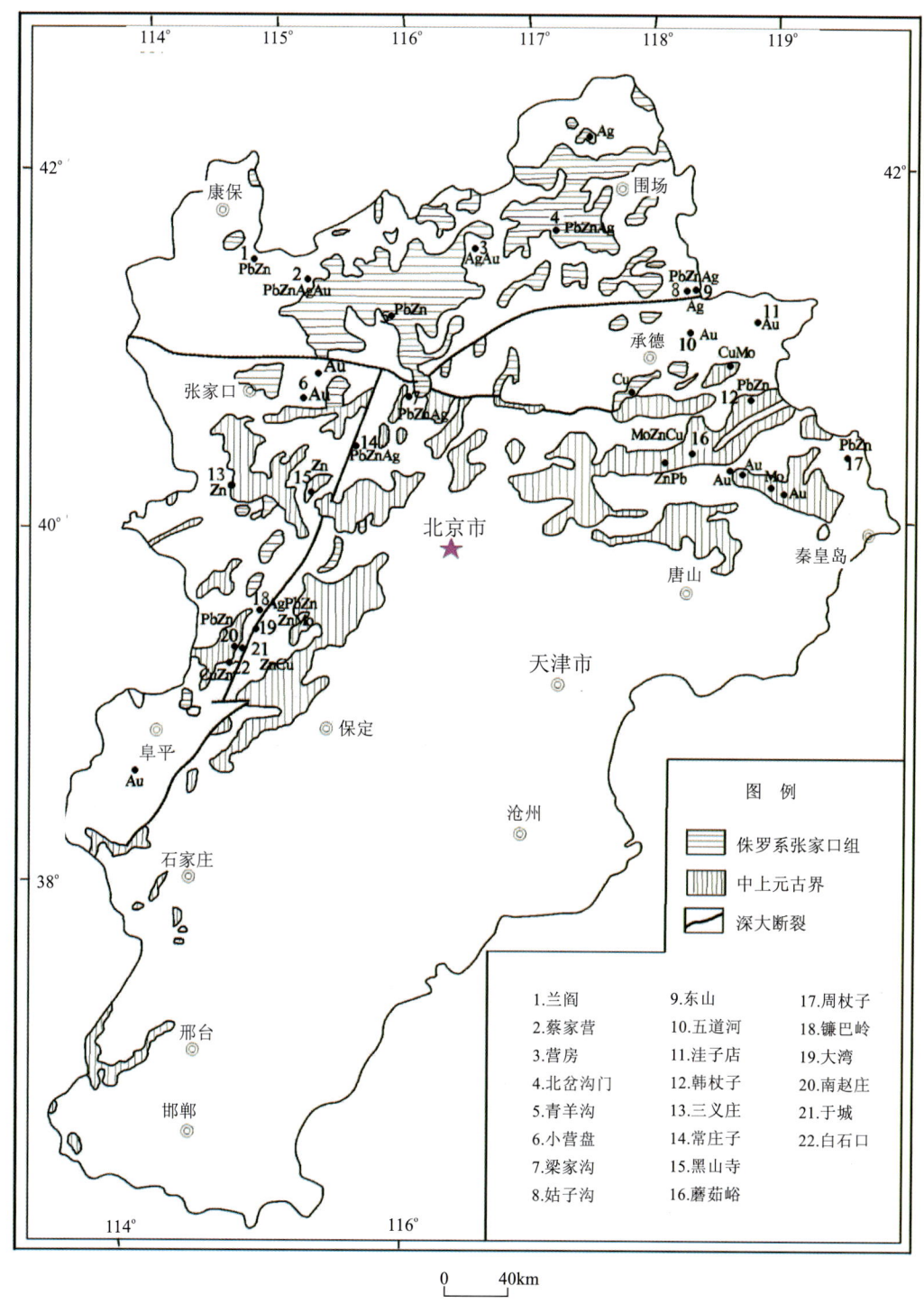

图 4-4-7 河北省中—上元古界、侏罗系张家口组与矿产关系示意图（据魏远泰等,1991）

金属成矿热事件。

在燕山台褶带中，分布着阳原三义庄铁锌矿、涿鹿相广锰银矿、黑山寺铁锌矿、怀来常庄子铅锌银矿、宽城韩杖子锌矿、平泉毛家沟银铅锌矿、兴隆蘑菇峪锌铜矿、青龙周杖子铅锌铜矿、涞源镶巴岭银铅锌矿、南赵庄铅锌矿、大湾锌银矿、于城铁铜锌矿、白石口铜锌矿等，除周杖子铅锌矿产于变质岩中、涿鹿相广锰银矿产于张家口组外，其余均产于长城系和蓟县系中。

长城系高于庄组在涿鹿、宣化一带最大厚度约1 018m，以滨海-浅海沉积为主，砂泥质有所增高，下部夹含铁砂岩，中部白云岩中有黑色斑点，有机质高，局部发现盐类矿物假晶和磷质结核；易县、曲阳一带为平缓的水平浅滩,厚度约 8 000m,底部由长石石英砂岩、黄绿色页岩和含砂白云岩组成,中下部为含锰页岩,常见菱铁矿结核,中部为灰白色斑状、块层泥质白云岩,中上部以泥质、钙质、白云质灰岩为主,顶部为浅灰色巨厚层白云质灰岩。

该区蓟县系杨庄组为紫红色、灰白色泥质泥晶白云岩,夹鲕状硅质白云岩及含沥青白云质灰岩和硅质层。波痕、泥裂发育。厚 192～413m。该层具有较好隔挡性能,受热后能够阻挡矿液运移。兴隆蘑菇峪钼锌矿产于该组形成的角岩下盘。雾迷山组分布广,厚度大,为含粉砂泥状白云岩、含燧石条带白云岩、巨厚层叠层石白云岩夹沥青质白云岩和硅质岩。岩性和层序稳定,富含叠层石和有机质。沉积相为滨海-浅海-滨海相多韵律沉积,厚度 719～3 340m。在兴隆一带,底部角砾岩发育,中部夹多层紫红色白云质砂岩,顶部含沥青块体、黄铁矿晶体,属浅海陆棚相。在宣化一带,厚度变小,底部泥质、有机质较高,密纹层理,斑杂状藻团泥晶白云岩发育。在易县地区,底部有 2～5 层碎屑岩或角砾岩,大型叠层石发育,有机质高。边部属岸边砂泥相,中心为浅海陆棚盐泥相。

张家口组在宣化、涿鹿一带分布零星,下部主要为灰色粗面岩、角砾岩及凝灰质砂岩和少量流纹岩;上部为灰白、粉红色凝灰质粗砂岩、角砾岩及少量松脂岩,厚 237～487m。涞源、阜平等地主要为紫红、灰绿色流纹质含砾晶屑凝灰岩、安山-流纹质晶屑凝灰岩及粗面-流纹质含砾晶屑凝灰岩夹灰质砾岩,厚度大于 330m。

区内几乎所有已知矿床附近均有侏罗系张家口组和髫髻山组火山岩存在,可见中晚侏罗纪火山热事件同样为该区多金属成矿作出了重要贡献。

含矿地层的展布与深部构造的关系非常密切,不仅展布方向受其控制,而且出露位置也受其影响。迁西群、遵化群、迁西片麻岩套和汉儿庄片麻岩套大体受东西向深部构造的控制,基本分布在尚义-赤城-丰宁-隆化深部构造以南地区,尤其在燕山台褶带中的马兰峪复背斜和山海关古陆上,出露比较完整和连续,在马兰峪背斜中,呈东西向展布,而在山海关古陆上,由于深部构造产生了北西和南西扭转,变质岩亦随之发生转向趋势。张家口地区深部构造以东西向为主,但北东、北西向也较发育,区内崇礼群的展布变得较为复杂。分布于承德、平泉一带的变质岩层,主要受东西向深部构造控制,仅在平泉东部转向北东。阜平群主要分布在保定和邢台地区,主要展布方向为北东向,与深部构造的基本格局一致。单塔子群、红旗营群基本分布在尚义-赤城-丰宁-隆化深部构造以北的内蒙台背斜中,受东西向深部构造控制,呈东西向展布。在丰宁上黄旗一带,因受北东向深部构造影响,使其展布出现北东向趋势。中上元古界和侏罗系张家口组的展布形态与太古宙的展布具有明显的继承性。在主要构造带中,地层展布与构造带非常一致。

总之,深部构造格局不仅控制了岩浆岩带的展布,同时影响了地层的展布形态,对大地构造单元的划分、内生矿床的产出位置,均起着重要作用。

三、岩浆构造与成矿作用

按照形成环境和物质来源,可将花岗岩划分为 S、I、A、M 型。S 型(重熔改造型)花岗岩中 W、Sn、Nb、Ta、Bi、Be、U、REE 等元素丰度较高,常浓集成矿,以印支—海西期花岗岩为代表;I 型(地壳火成岩熔融型)花岗岩有关矿产有铁、铜、钼及金银、铅锌、硫等,以乌龙沟-上黄旗构造岩浆岩带为代表;A 型(非造山碱性)花岗岩有关矿产有铁、铌、稀土、金、铍、铀、锆、锡、萤石、磷灰石等,如东坪金矿;M 型(幔源玄武岩浆分异而成)花岗岩,以邯邢超单元组合为代表,产出矽卡岩-矿浆复合型磁铁矿。

河北省与铅锌银多金属矿化关系密切的岩体的分布,往往与大地构造单元的界线深部构造(航磁上延10km、20km 解译)的位置密切相关(表 4-4-3)。

绝大多数控矿岩体分布在隆起(背斜)的边缘及隆起与凹陷(向斜)的交界处,即深部构造带附近和边缘上。多为花岗岩、花岗斑岩类,个别为闪长岩类。SiO_2 为 70%(67.67%～80.91%)、Al_2O_3 为 13%(8.81%～14.83%)、Na_2O 为 3%～4%、K_2O 为 6.56%。与铅、锌、银矿化关系密切的岩体,绝大多数为燕山期,占 63%;其次为海西期,占 23%;五台期占 14%,分布于尚义-赤城-丰宁-隆化断裂带两侧,多为变质闪长岩和花岗岩。

表 4-4-3 河北省与铅锌银有关岩体分布

名 称	岩 性	大地构造位置	深部构造位置	控矿情况
蔡家营	$\gamma\pi_5^{3(1)}$	兰阁台凸边缘	相距1km	Pb、Zn、Ag
青羊沟	$\xi o\pi_5^{3(1)}$	沽源台凹边缘	相距5km	Pb、Ag
任志祥	γ_4^3	兰阁台凸边缘	相距1km	Pb、Ag
干沟门	γ_4^3	丰宁台凸边缘	在断裂带上	Pb、Zn、Ag
碱 房	$\gamma_5^{2(1)}$	白云山台凸边缘	在断裂带上	Pb、Zn、Ag
谷嘴子	γ_4^3	崇礼复背斜边缘	在断裂带上	Pb
红砂梁	$\pi\gamma_5^{2(3)}$	军都山复背斜边缘	在断裂带上	Pb、Zn、Ag
滕家店	$\gamma\pi_5^{3(1)}$	大庙复背斜边缘	相距0.5km	Pb、Zn、Ag
王土房	$\gamma_4^3\gamma_5^{2(1)}$	大庙复背斜中部	在断裂带上	Pb、Zn
洼子店	$\eta\gamma_5^{2(3)}$	宽城-滦平复向斜边部	相距1km	Pb、Zn
下营房	$\eta o\pi_5^{2(2)}$	宽城-滦平复向斜边部	相距3km	Pb、Zn、Ag
三义庄	$\xi\lambda\pi_5^2$	蔚县复向斜边缘	在断裂带上	Zn
大海陀	$\gamma_5^{2(3)}$	军都山复背斜边缘	相距1km	Pb、Zn
口 前	$\delta_5^{2(3)}\gamma_5^{2(3)}$	军都山复背斜边缘	相距2.5km	Pb、Zn
蘑菇峪	$\lambda\pi_5^2$	宽城-滦平复向斜边部	相距5km	Pb、Zn、Ag
王安镇	$\pi\eta\gamma_5^{2(3)}$	军都山复背斜边缘	在断裂带上	Pb、Zn、Ag

总之,区内铅锌银矿主要为中低温热液型,导岩控矿构造及容矿构造、火山喷发作用和岩浆岩侵入、矿源层的存在对矿床形成起到决定性作用。

在大地构造单元隆起与凹陷的界线附近的隆起一侧,距深部10km、20km构造带不超过5km范围内,深度为1km、3km、5km构造具有一定的发育程度,以及由这些构造派生出的更高序次、规模较小的裂隙较发育地区,是矿床产出较理想的构造环境(图4-4-5、图4-4-6)。

矿化与中酸性岩浆岩的分布关系有3种情况。一是岩体内部或不同期次岩浆侵入接触带,沿裂隙发生热液活动,往往形成硅化、褐铁矿化、黄铁矿化蚀变,如丰宁营房-牛圈银金矿;二是岩体侵入到碳酸盐岩地层中,发生矽卡岩化,形成接触交代型矿化,如大湾;三是在岩体周围5km范围内,变质地层、中上元古界及火山岩地层中的蚀变带和裂隙中,如蔡家营铅锌银矿。

与矿化关系密切的岩体岩性基本为花岗岩、花岗斑岩、斑状花岗岩及二长岩类,时代多为燕山期(尤其燕山晚期),其次为海西期。已知铅锌银矿产于中生代火山盆地边缘,尤其张家口组火山岩盆地边缘。且大多存在次火山岩、岩脉或浅成、超浅成岩。因而,火山机构、次火山岩体和岩脉也可作为找矿标志。首先利用直接找矿标志(已知矿床外围、矿点、矿化点、化探异常区、重砂异常区)确定靶区;之后,利用间接找矿标志对确定的靶区进行评价和筛选;对筛选出的靶区按找矿有利度进行排序,从而将靶区划分出等级,安排普查工作。

四、埃达克质岩石的空间分布及其成矿作用

埃达克岩(adakite)是 Defant 等(1990)在研究阿留申群岛火山岩时提出来的,指的是发育于岛弧地区的具有特定地球化学性质的一套中酸性火山岩和侵入岩的术语。其地球化学标志是:$SiO_2 \geq 56\%$,$Al_2O_3 \geq 15\%$,$MgO < 3\%$,$Y \leq 18\mu g/g$,$Yb \leq 1.9\mu g/g$,Sr 含量高($>400\mu g/g$),LREE 富集,无 Eu 异常。其最重要的地球动力学意义在于,它是深部地壳熔融形成的。如果与板块俯冲有关,大约来自 70~90km 的深度;如果与板块消减俯冲无关,则来自加厚的下地壳(深度至少大于 40km)。

中国东部高原是目前发现埃达克岩最多的地区,主要分布在中生代的东部高原,其范围北至辽宁—内蒙古南缘、河北—山西—北京(八达岭、矾山、房山、大河南、大海坨、涞源、麻棚、云蒙山、口前、寿王坟、东坪等)、胶东,南到北淮阳、大别、长江中下游,西抵山西—河南—陕西东端,东至朝鲜半岛。包括髫髻山组、九龙山组、花吉营组、蓝旗组、部分义县组和张家口组的中酸性火山岩以及 160~100Ma 时代的大部分花岗闪长岩、石英闪长岩、二长花岗岩。在华北地块北缘有部分埃达克岩时代为三叠纪—早侏罗世,如谷咀子、温泉、红花梁、响水沟、金厂沟梁-二道沟花岗岩等。此外,沿郯庐断裂带和徐淮地区也有零星早侏罗世的埃达克岩分布。

中国埃达克岩主要反映了板块俯冲和地壳加厚两个不同的地球动力学背景,华北地台北缘及北秦岭造山带的埃达克岩可能分别与北方造山带和扬子地块碰撞导致的地壳加厚事件有关。

熊小林与澳大利亚 Macquarie 大学 Green 教授合作,开展了为期半年的埃达克质岩石成因高温高压实验工作。结果表明,微量元素特征能够清楚地区分埃达克质岩石和非埃达克质岩石的成因,即正常下地壳镁铁质岩石不能熔出埃达克质岩浆,埃达克质岩浆是俯冲的洋壳或厚地壳底部铁镁质岩石熔融的产物。

中国东部埃达克岩的地球化学特征与典型的埃达克岩大体一致。河北省境内的埃达克质岩石元素含量列于表 4-4-4 中。从中可见,区内大部分地区均有埃达克岩分布,时代主要为燕山期,少数为华力西期。区内重要的 Au、Cu、Pb、Zn、Ag 矿床多与埃达克岩有关(图 4-4-8)。

表 4-4-4 河北省埃达克质岩石元素含量

地质单元	N	SiO_2	Al_2O_3	MgO	Y	Sr	Yb	δEu	相关矿产
隆化三道营石英正长斑岩	1	66.30	16.97	1.45	23.4	425	—	—	北岔沟门铅锌银矿
易县大兴安石英正长岩	2	64.00	15.66	1.00	26.35	462	—	—	野狐钼矿
沽源同生永二长斑岩	10	70.44	14.80	0.18	35.78	529			牛圈银金矿
永年洪山正长岩	10	64.48	17.45	0.39	23.00	491	1.65	0.91	洪山铜金矿
怀来大海坨花岗岩	10	71.09	14.42	0.68	16.00	419	1.60	0.78	东三岔锌钼矿、常庄子铅锌银矿
涿鹿大河南花岗岩	7	68.42	15.33	0.97	14.00	475	1.40	0.76	三义庄铁锌钼矿
涿鹿大河南二长花岗岩	4	61.13	15.98	2.07	20.35	798	—	—	相广锰银矿
涿鹿大河南花岗闪长岩	2	60.50	16.20	2.20	19.00	826			口前铁锌矿
涞源王安镇斑状二长花岗岩	8	66.01	15.57	1.15	19.00	662	1.20	0.83	镰巴岭铅锌矿
涞源王安镇花岗闪长岩	4	62.33	16.20	2.22	20.58	664		0.84	浮图峪-木吉村铜钼矿、于城铁锌矿
阜平麻棚花岗闪长岩	5	65.76	15.28	1.19	14.98	828			石湖金矿
阜平麻棚石英闪长岩	5	54.68	15.96	3.17	15.86	1167			石湖金矿
承德寿王坟石英二长岩	5	67.71	14.81	1.24	17.00	794	0.73	1.41	寿王坟铜金矿

续表 4-4-4

地质单元	N	SiO$_2$	Al$_2$O$_3$	MgO	Y	Sr	Yb	δEu	相关矿产
武安固镇闪长岩	9	60.75	16.84	2.15	14.0	747	1.56	1.28	邯邢铁钴矿
迁西贾家山花岗闪长岩	4	72.00	14.48	0.24	13.85	453	—	—	金厂峪金矿
蓟县盘山石英二长岩	5	66.52	15.58	1.59	16.0	643	1.32	1.21	沟河北钼矿
北京房山花岗闪长岩	5	59.68	16.56	2.81	16.0	1198	1.56	0.95	—
密云四干顶石英闪长岩	7	67.30	14.66	1.28	22.00	439	1.49	0.97	冶仙山金矿
宽城汤道河花岗闪长岩	10	68.98	14.80	1.00	13.00	909	0.83	1.06	—
崇礼水泉沟正长岩	10	61.01	18.09	0.66	17.00	1772	1.38	1.08	东坪、中山沟金矿
青龙都山花岗岩	10	71.49	14.63	0.65	11.00	678	0.43	1.07	峪耳崖、三家金矿
承德大梁顶花岗岩	7	68.51	16.43	0.28	10.84	698	—	—	狮子岭金矿
隆化大光顶闪长岩	10	63.61	17.19	1.48	11.0	1062	1.35	1.92	马架子金矿
丰宁上方营花岗岩	10	72.90	14.29	0.40	10.00	661	0.64	1.09	—
尚义小赛花岗岩	3	68.20	13.54	0.39	18.47	841	—	—	银沙背多金属矿
尚义东营盘石英正长岩	5	57.90	14.50	2.38	18.94	3707	—	—	银沙背多金属矿
阜平上堡闪长岩	3	64.37	14.64	1.52	16.10	539	—	—	大川磁黄铁矿
义县组安山岩	22	56.00	15.14	2.64	25.00	867	2.61	1.32	张麻井铀钼矿、北岔沟门铅锌银矿
髻髻山组安山岩	8	67.28	13.16	1.06	18.00	689	0.75	0.72	相广钼银矿、大庄科钼矿
南大岭组安山岩	13	57.72	15.67	2.13	16.00	920	6.20	0.87	
埃达克岩		≥56	≥15	<3	≤18	>400	≤1.9	—	

注：N 为样品数；含量单位为氧化物%，其余为 μg/g；测试单位为河北地矿实验室，河北省地球物理勘查院

与区域地壳元素丰度相比，本区埃达克质岩石中 Cu、Zn、Hg 含量普遍较低，Pb、W、Mo 含量普遍较高，而 F、As、Sb、Bi、Se、Ag、Au 等元素含量有高有低，且高低之间相差几倍到十几倍。在岩浆活动过程中，与围岩发生充分的接触交代，成矿元素被分散集中、萃取释放，在构造环境提供的有利的物理化学条件下，沉淀形成工业矿体。

五、内生型铜矿成因的三级岩浆泵模式

岩石地球化学资料表明，铜元素从区域地壳背景含量富集到工业品位需经历三次地球化学富集作用过程：第一次通过斜长角闪岩、玄武岩、辉长岩、正长岩及闪长岩岩浆活动实现；第二次通过蚀变黑云辉石正长岩、闪长玢岩来实现；第三次经矿脉富集后才成为可供开采的工业矿体。见图 4-4-9。

六、地幔柱成矿作用的地球化学指示

岩脉常沿断裂系统产出，且多具方向性，成为矿液的良好通道和沉淀场所，与接触交代型铁矿和金银多金属热液成矿具有时空的地球化学成生关系。刘连登等（1984）认为，研究脉岩与金矿的时间和成生关系是判别不同类型金矿的重要标志。曾庆栋等（1999）认为，海沟金矿区岩脉发育，其地球化学特征表现为它们具有良好的同源演化关系，不仅与成矿具有密切的时空关系，而且为金矿成矿带来成矿流体和部分成矿物质。罗天伟等（2004）从区域地质背景、成矿地质条件出发，总结出异常＋构造＋岩脉＋蚀变四位一

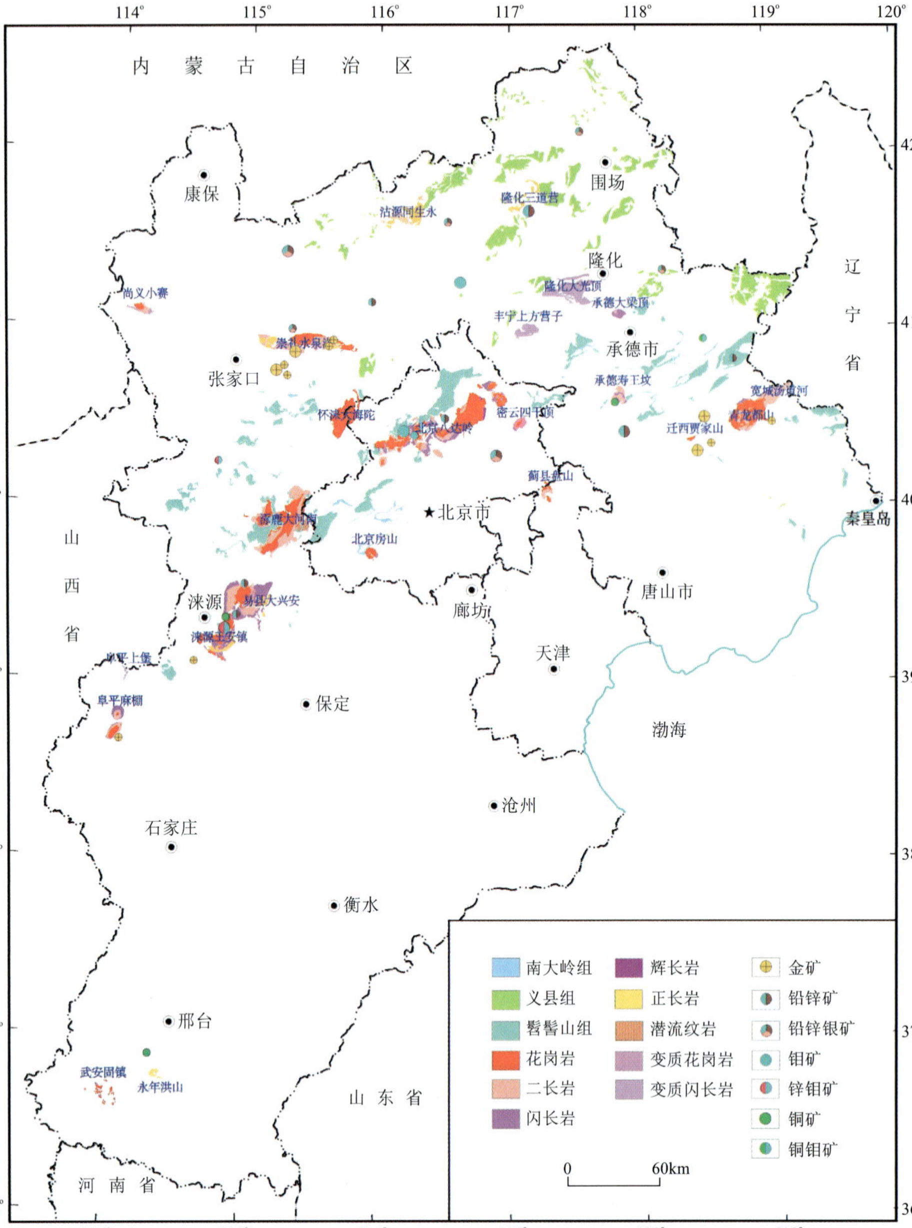

图 4-4-8 河北省埃达克质岩石与金银多金属矿产分布关系图

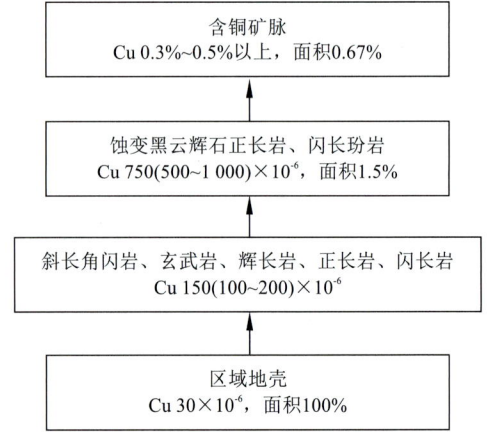

图 4-4-9 内生型铜矿成因的三级岩浆泵模式

体的综合找矿标志,矿区内岩体、岩脉的出露与成矿关系较为密切。以岩石地球化学调查资料为依据,讨论河北省内岩脉地球化学特征与区域成矿作用的关系。

1. 脉岩的时空分布与成矿作用

在冀东太古宙长英质片麻岩中经常可以见到不同期次、成分、产状和类型的脉岩,它们是太古宙岩浆不同演化阶段或变质变形作用的产物。紫苏花岗伟晶岩(2 647Ma)由紫苏辉石、斜长石、石英组成,呈大小不等、形态复杂的脉状体,以数厘米至数十厘米为常见,个别可达数百米。矿物粒度3~5mm,可能是在麻粒岩相条件下岩石局部熔融重结晶形成,也称同麻粒岩相伟晶岩(C. R. L. 弗兰德)。花岗质岩席(2 400Ma)由近等量斜长石、钾长石和石英及少量黑云母组成,是太古宙晚期岩浆演化的产物。石门岩墙(2 400Ma)为构造近于直交、产状近直立的石榴斜长角闪岩岩墙群。在迁西县石门一带较发育,为300~400m间距。走向主要为南东东,宽几米到几十米,长几百米到2 500m,具有冷凝边,侵入于三屯营片麻岩、秋花峪片麻岩和小关庄片麻岩之中。是在低温条件下,沿着斜交强变形带的剪切裂隙快速侵位的,是从麻粒岩相向角闪岩相转变的里程碑。太平寨基性岩脉(变质辉绿岩脉)以含有变晶紫苏辉石或斜长石变余斑晶为特征。张疙瘩峪基性岩脉(变质辉绿岩脉)以不含紫苏辉石,而含石榴石、单斜辉石、角闪石和斜长石为特征,数量最多,分布最广。石英脉、石英钠长岩和钠长岩(2 270Ma)主要见于金厂峪矿区,分布不均匀,常与金矿成矿作用有关。另外,未变质的岩脉(墙)非常发育,有辉绿岩、闪长玢岩、煌斑岩、细晶岩等,是侏罗纪不同期次中酸性侵入岩活动的派生产物。

在太行山区五台期韧性剪切变形带的南段,活川口—闫家庄一带,伟晶岩化、混合岩化作用强烈,对韧性剪切变形带有较明显的改造作用,谭应佳等(1987)称韧性剪切-断裂混合岩化带。由于韧性剪切变形带本身就构成构造薄弱带,成为气液活动的主要场所,发育大量的伟晶岩化带和各种脉岩,原始韧性剪切变形带形成的糜棱岩被强烈改造或吞蚀。龙泉关-闫家庄五台期韧性剪切变形带中也叠加了吕梁期的韧性剪切作用。阜平、赞皇变质核杂岩由不同时代、不同构造背景下形成的表壳岩,经多期次变形变质作用固结的褶皱结晶基底岩石组成,并有不同时代的深成岩体和脉岩穿插其间,显示出多期次构造运动所遗留下的复杂构造变形特征。在退变质作用、混合岩化和动力变质作用过程中,有明显的矿质活化、迁移迹象。进入中元古代后,地壳刚性增强,脆性裂隙发育,太行山地区广泛发育的北西向岩墙群侵位于太古至古元古代基底岩层中,被古生界不整合覆盖,已获得K-Ar法年龄1 664~1 229Ma。岩墙群的空间展布平直稳定,大体垂直造山带展布,岩浆成分属于大陆拉斑玄武岩类,来源于上地幔的熔融体,证实了华北板块质的转变。

中生代以来,华北板块进入强烈活动时期,在强烈隆升与断陷的同时,沿北东断裂发生中酸性火山喷发与岩浆侵入。岩浆活动以火山喷发为先导,其次是大规模的深成岩浆侵入,同时或稍晚则以岩浆分异形成的浅成脉岩系列贯入为特征。太行山地区燕山期岩浆作用划分为三个期次五个阶段。第一期为170~145Ma之间,以中基性—中性岩浆活动为主,伴生浅成脉岩有辉绿岩、细晶闪长岩、闪长玢岩等;第三期第五阶段为脉岩期,是岩浆活动的晚期产物,主要为细粒斑状闪长岩、细晶闪长岩脉,其次为煌斑岩、辉绿岩、闪长玢岩和伟晶岩脉,一般宽10cm~10m,长数十米至几千米,其延伸方向以北西为主。阜平变质核杂岩区麻棚岩体周围形成了热液型金多金属矿床;涞源地区形成了以岩浆作用为主体的斑岩型铜钼矿床、矽卡岩型铜铁矿床及热液型铜铅锌矿床。

2. 脉岩地球化学特征

在全省岩石地球化学调查工作中,采集了30件脉岩样品,其元素含量变异系数从大到小排列为4.39(Au)、2.61(Bi),2.26(Se)、2.17(W)、2.09(Sb)、1.93(U)、1.78(Th)、1.71(Be)、1.69(Mo)、1.31(Co)、1.29(Nb)、1.28(Cr)、1.27(Ti)、1.26(Ni)、1.22(FeO)、1.13(Zr)、1.10(Pb)、1.09(B)、1.08(Sc),与变质岩中热液型金矿异常组合十分相似,表明岩脉是热液成矿作用的重要载体。

利用极其有限的脉岩元素含量分析资料,编制全省脉岩地球化学示意图件,以一定的阈值为下限,可以圈出若干地球化学正异常区域,我们称之为脉岩地球化学异常。

1）铜地球化学异常

以 20μg/g 为下限，可圈出 3 处地球化学异常区（图 4-4-10）。

迁西喜峰口-上营-三屯营-金厂峪异常区：范围 48km×64km，平均 41μg/g，最高 98.6μg/g，具三级浓度分带，外围有小寺沟、寿王坟铜矿。

宣化小营盘-怀来八宝山异常区：平均 105μg/g，最高 110μg/g，具三级浓度分带，有两处小型铜矿。

涞源独山城-阜平龙泉关-灵寿团泊口异常区：范围 48km×32km，平均 25.6μg/g，最高 35.4μg/g，具一级浓度分带，外围有浮图峪、木吉村等铜矿。

永年洪山沟异常区：面积 100km²，平均 189μg/g，最高 369μg/g，具三级以上浓度分带，附近有杏树台、三王村等铜矿。

2）铅地球化学异常

以 15μg/g 为下限，可圈出 3 处异常（图 4-4-11）。

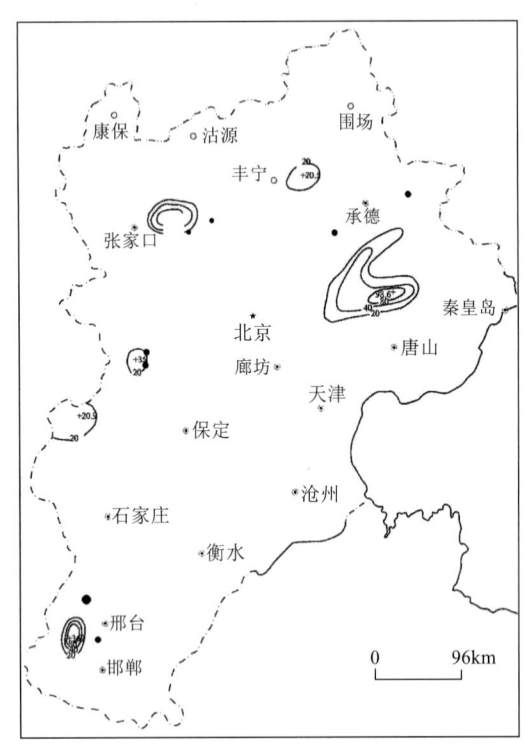

图 4-4-10　河北省脉岩铜地球化学异常与铜矿床

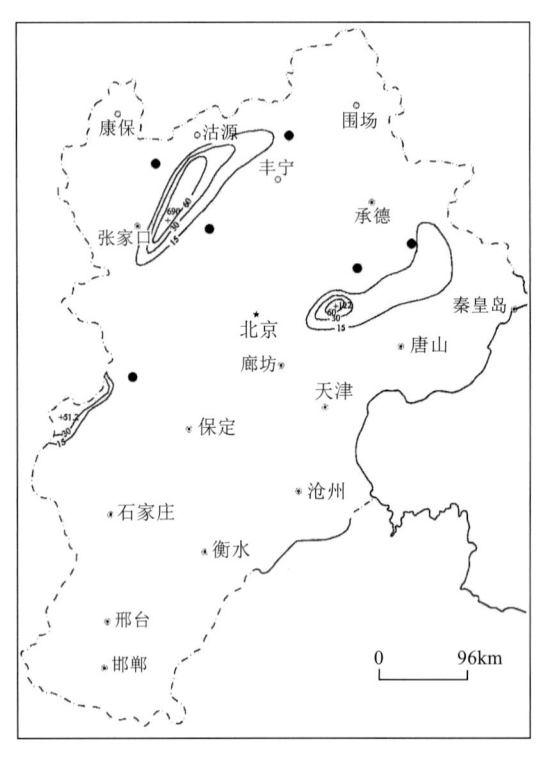

图 4-4-11　河北省脉岩铅地球化学异常与铅锌矿床

迁西上营-三屯营-金厂峪-蓟县青山岭异常区：范围 160km×32km，平均 43.6μg/g，最高 122μg/g，具三级浓度分带，外围有轿顶山、高板河等铅锌矿。

宣化小营盘-沽源羊囫囵-丰宁窟窿山异常区：范围 176km×32km，平均 229μg/g，最高 690μg/g，具三级浓度分带，外围有北岔沟门、蔡家营、青羊沟等铅锌矿。

涞源独山城-阜平龙泉关异常区：范围 26km×48km，平均 38.4μg/g，最高 51.8μg/g，具二级浓度分带，外围有南赵庄铅锌矿。

3）锌地球化学异常

以 50μg/g 为下限，可圈出 3 处异常（图 4-4-12）。

迁西上营-三屯营-金厂峪-蓟县青山岭异常区：范围 160km×48km，平均 90.9μg/g，最高 118μg/g，具二级浓度分带，外围有轿顶山、高板河等铅锌矿。

宣化-丰宁-隆化异常区：范围 250km×64km，平均 107μg/g，最高 168μg/g，具二级浓度分带，外围有北岔沟门、蔡家营、青羊沟等铅锌矿。

涞源独山城-阜平龙泉关异常区：范围 40km×90km，平均 107μg/g，最高 144μg/g，具二级浓度分带，外围有南赵庄铅锌矿、于城铁锌矿及大湾锌钼矿。

从重要矿产与地球化学脉体异常关系来看，大中型金矿床基本产于金的脉体地球化学异常之内，铅、锌、银、钼大中型矿床则位于相应元素地球化学异常的北西（远离华北亚热柱中心方向），呈放射状分布。从不同元素脉体地球化学异常的空间组合上看，Au元素位于中心，面积最小，Ag、Cu、Mo、Pb、Zn等元素依次向外围展布，呈现明显的组合分异现象，反映了元素迁移能力的差异，也是"金三角银铅锌镶边"分布的内在机理。

4）金地球化学异常

以1.0ng/g为下限，可圈出5处地球化学正异常区（图4-4-13）。

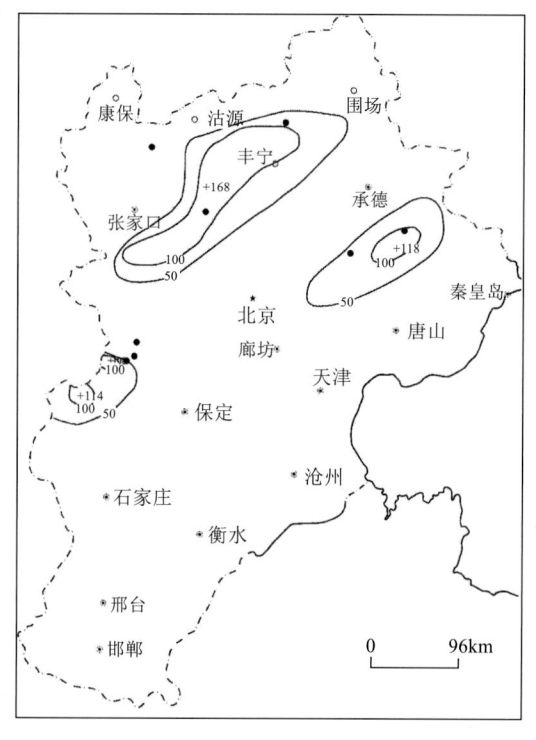

图4-4-12 河北省脉岩锌地球化学异常与铅锌矿床

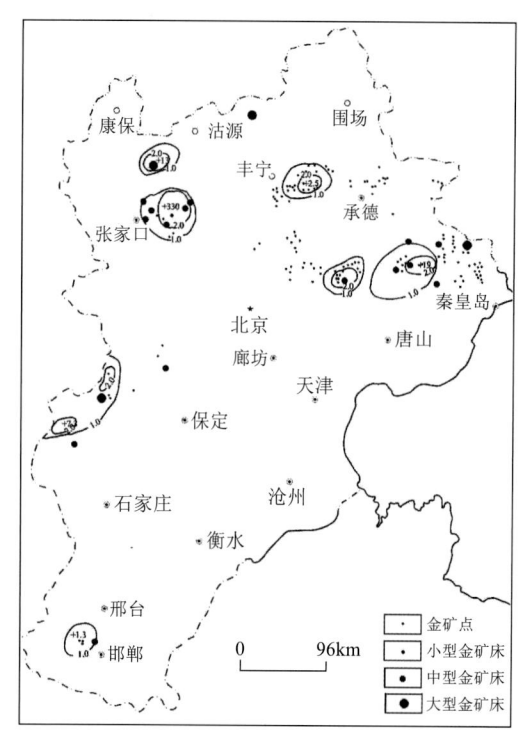

图4-4-13 河北省脉岩金地球化学异常与金矿床

迁西上营-三屯营-金厂峪异常区：面积约4 000km²，平均28.2ng/g，最高190ng/g，具三级以上浓度分带，附近有金厂峪、峪耳崖、三家、马兰峪、牛心山、星干河、长城等大中型金矿。

丰宁团榆树异常：面积900km²，平均2.5ng/g，最高2.5ng/g。

宣化小营盘-怀来八宝山异常区：面积2 500km²，平均172ng/g，最高330ng/g，有蔡家营、下双台、东坪、小营盘、黄土梁、后沟等金矿。

涞源独山城-阜平龙泉关异常区：范围32km×80km，平均3.24ng/g，最高7.3ng/g，有柴厂、石湖等金矿。

永年洪山沟异常区：面积100 km²，平均1.3ng/g，最高7.22ng/g，有洪山沟金矿。

5）钼地球化学异常

以0.5μg/g为下限，可圈出3处异常（图4-4-14）。

迁西金厂峪-喜峰口-蓟县青山岭异常区：范围112km×32km及64km×32km，平均2.34μg/g，最高6.0μg/g，具四级浓度分带，外围有小寺沟、寿王坟、蘑菇峪等钼矿。

宣化小营盘-沽源羊囫囵异常区：范围112km×48km，平均4.95μg/g，最高9.0μg/g，具四级浓度分带，外围有张麻井、撒岱沟门、贾家营、三义庄、大庄科等钼矿。

涞源独山城-阜平龙泉关异常区：范围80km×32km，平均1.4μg/g，最高2.18μg/g，具三级浓度分带，外围有大湾锌钼矿。

6）银地球化学异常

以 0.05μg/g 为下限，可圈出 3 处地球化学异常区（图 4-4-15）。

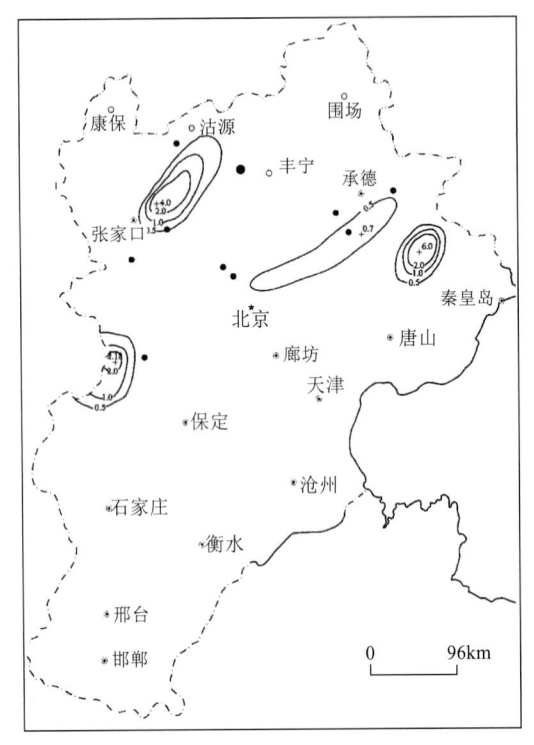

图 4-4-14　河北省脉岩钼地球化学异常与钼矿床

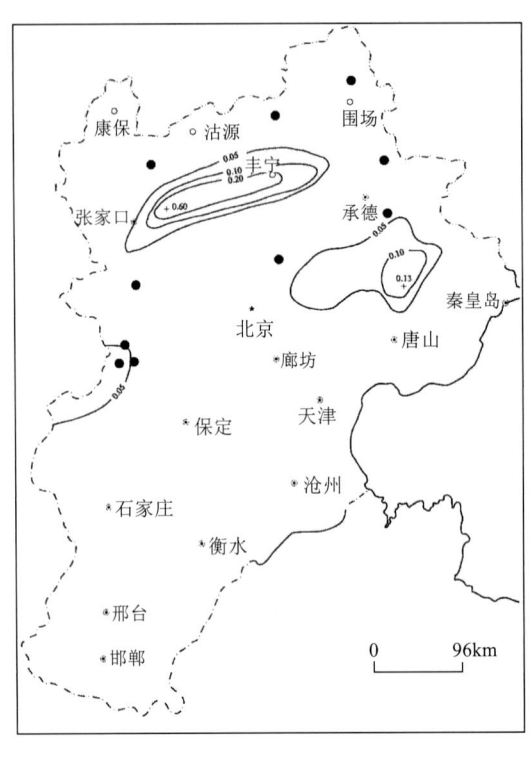

图 4-4-15　河北省脉岩银地球化学异常与银矿床

迁西上营-三屯营-金厂峪-蓟县青山岭异常区：范围 60km×160km，平均 0.103μg/g，最高 0.2μg/g，具二级浓度分带，有轿顶山、银冶岭等银矿。

张家口-丰宁异常区：范围 50km×200km，平均 0.385μg/g，最高 0.60μg/g，周边有相广、蔡家营、牛圈等伴生银矿。

涞源独山城-阜平龙泉关异常区：范围 25km×90km，平均 0.06μg/g，最高 0.064μg/g，具一级浓度分带，周边有浮图峪、南赵庄、大湾等伴生银矿。

3. 成因分析

华北地区岩石圈巨变是由于软流圈物质上涌，侵入到岩石圈地幔，造成上涌新生地幔及被其破坏残剩地幔块体并存这样一种特殊的岩石地幔结构——蘑菇云构造，在这一过程中，导致玄武岩的喷发和花岗岩的侵位。

在北京—冲绳之间壳幔结构剖面图上，明显地显示出两个地幔隆起，相当于两个地幔亚热柱——冲绳海槽亚热柱和华北地幔亚热柱（以渤海湾为中心）。华北地幔亚热柱形成的早期，主要表现为区域性上隆。随着地幔亚热柱的继续上隆，导致热侵蚀作用，使下地壳局部熔融，形成薄弱部位，为地幔岩的继续上侵创造了条件。地幔物质向外拆离过程中产生的液压致裂作用，使新生断裂与上部活动断裂连通，导致地幔物质减压释荷，使原本具有一定熔融性质的低速软化物质转变成为深熔岩浆源。如果韧性剪切带直达地表且通畅性较好，则岩浆直接喷发地表形成火山爆发；如果连通性不佳，岩浆活动以侵入形式为主。大规模的岩浆活动，逐渐形成一系列幔枝构造。

从河北省 Au、Ag、Cu、Pb、Zn 等成矿元素的脉体地球化学异常分布可见，它们基本上与冀东、张宣和太行山幔枝构造区相对应，表明幔枝构造形成过程中，伴随火山喷发、岩浆侵入活动而产生的脉岩的地球化学特征对区域岩浆热液成矿作用具有重要的指示意义（图 4-4-16、图 4-4-17）。

幔枝构造是地幔热柱多级演化的第三级单元，它不仅形成典型的陆内造山、岩浆活动，而且控制内生

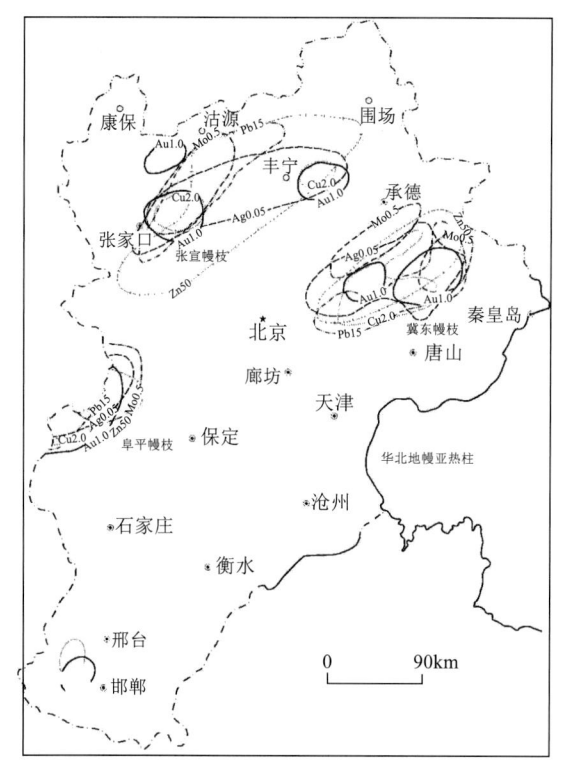 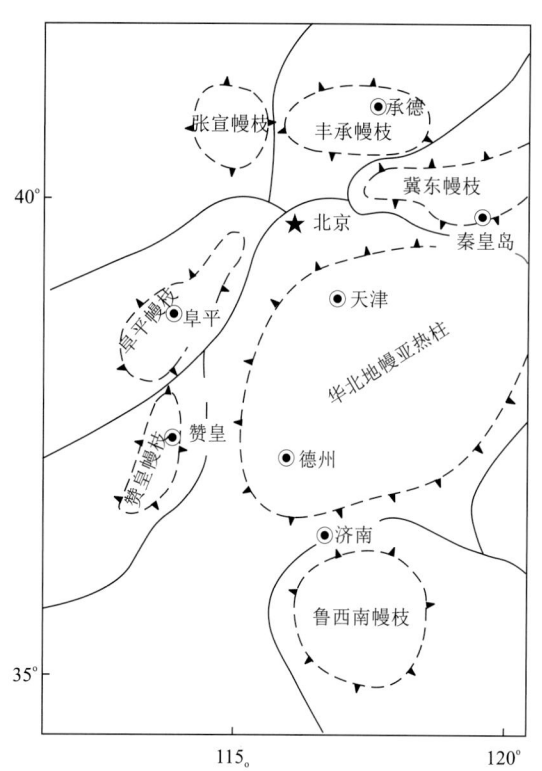

图 4-4-16　河北省脉岩综合地球化学异常与幔枝构造　　　图 4-4-17　华北地区幔枝构造分布示意图
（据牛树银等，2007 年）

成矿作用。在地幔热柱上涌进入幔枝构造时，含矿流体向有利构造部位迁移，由于温压条件的改变，使流体中金、银、铜、钼、铅、锌等元素沉淀、析出，聚集成矿。

通过河北省脉岩地球化学特征与区域成矿关系的研究可以看出，脉岩地球化学特征可以作为深源成矿作用的探针，这对于当今的深部找矿勘探无疑具有重要的指导意义。因此，应深入开展系统的脉岩地球化学调查工作。

第五章 典型矿床地球化学异常模型

一般来说,矿床模型是针对某类型矿床系统整理出的一套描述或反映其基本特征的信息集合。建模的原则一是能作为该类矿床对比的一个样本,以指导寻找同类型的矿床;二是能使勘查人员把注意力集中到最有希望的靶区内以及与找矿关系最密切的特征上;三是能帮助制定合理的勘查战略和选择最佳的勘查技术方法及组合;四是可作为对所代表的那类矿床进行成因解释的基础;五是可评价资源潜力。

第一节 模型建立的原则方法

本次地球化学模型的建立涉及1:20万～1:1万的地球化学数据,所以包含区域、局部和矿床三个层次的模型建立。

一、矿床模型建立方法

(1)全面搜集河北省主要矿产金、银、铅锌、铜、钼、铬已知矿床的地质、地球化学资料。包括1:20万水系沉积物数据和资料、中大比例尺地球化学数据和资料、区域和矿区地质矿产资料、以往的研究报告和论文。

(2)研究已知矿床的成因类型,选择每个矿种主要成因类型的大中型矿床建立模型。不同成因类型的矿床,其地质和地球化学特征有着显著的差异,因此需根据不同的成因类型建立模型。选择区内研究程度较高、成矿地质条件较好、找矿潜力大的成因类型进行建模。

(3)系统研究典型矿床的地质特征、地球化学特征,总结典型矿床成矿地质条件、特征元素组合,形成该类矿床的找矿模式。编制各类地球化学图件,主要地球化学资料为1:20万水系沉积物资料,通过该数据绘制异常剖析图;有中大比例尺化探资料的典型矿床,编制中大比例尺的单元素地球化学异常图、异常剖析图。

总结典型矿床的区域和矿区地质特征。统计典型矿床所在区域的39种元素的地球化学参数特征。研究成矿元素和相关指示元素的空间分布规律及异常参数特征,通过NAP值推断典型矿床的特征元素组合。搜集矿床成因及成矿模式资料。综合上述地质成矿背景、矿床地质特征、地球化学特征,最终形成典型矿床的地质-地球化学找矿模式。

二、典型矿床选择

本次研究对河北省的15个典型金属矿床开展了地球化学建模工作。典型金矿床有:迁西县金厂峪变质岩改造型金矿、崇礼县东坪碱性岩型金矿、宽城县峪耳崖花岗岩型金矿。典型铅锌矿床有:张北县蔡家营火山-次火山热液型铅锌矿、涞源县镰巴岭热液型铅锌矿、兴隆县高板河海相沉积型铅锌矿。典型铜矿床有:平泉县小寺沟斑岩型铜矿、涞源县木吉村斑岩型-矽卡岩型铜矿、承德县寿王坟矽卡岩型铜矿。典型银矿床有:围场县小扣花营陆相火山岩型银矿、丰宁县牛圈-营房次火山岩型银矿、承德县姑子沟沉积-热液改造型银矿。典型钼矿床有:丰宁县-撒岱沟门斑岩型钼矿、兴隆县蘑菇峪矽卡岩型钼矿。典型铬矿有:承德高寺台岩浆型铬铁矿。典型矿床分布见图5-1-1。

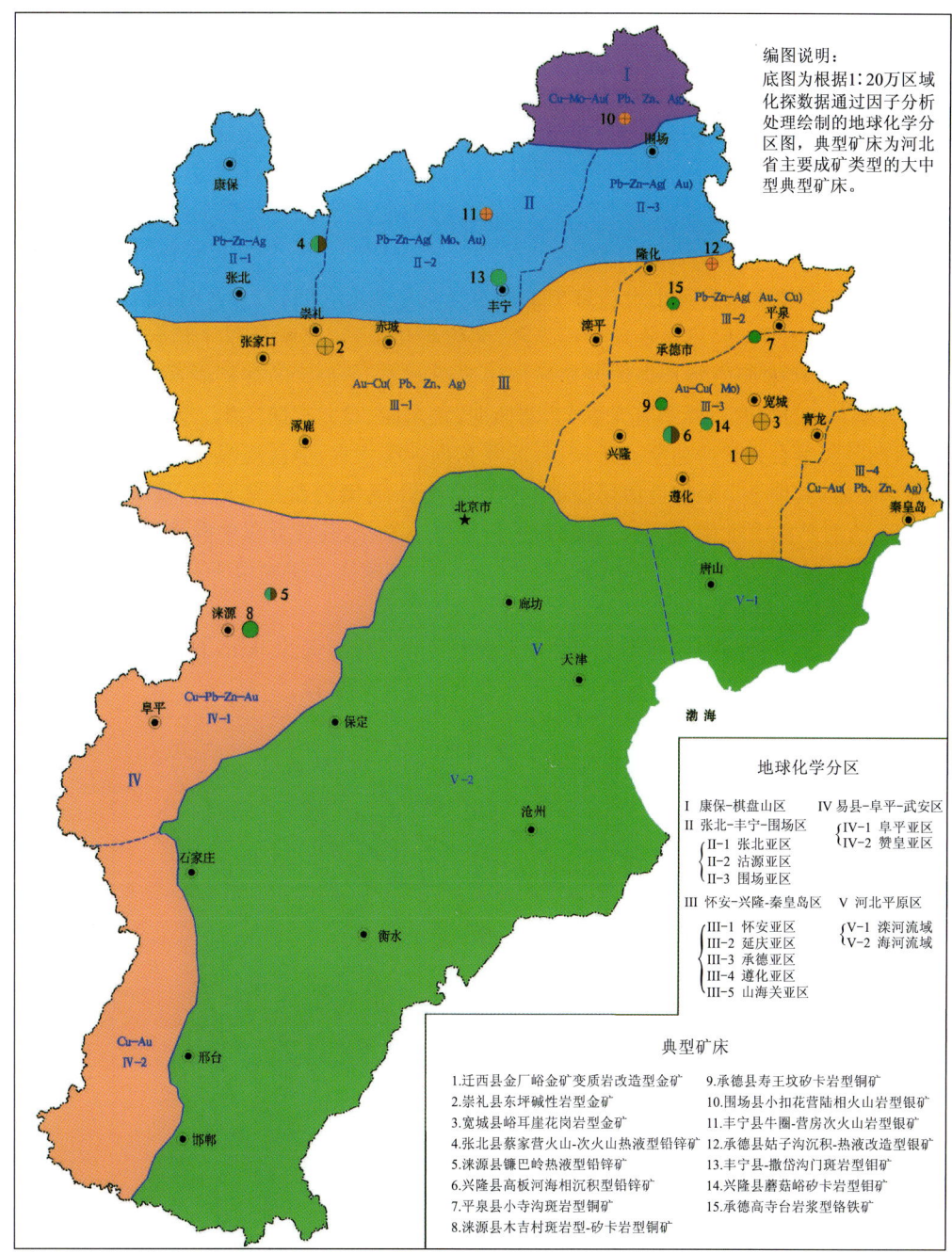

图 5-1-1 河北省典型矿床分布图

第二节 典型金矿床地球化学异常模型

河北省金矿是我国东部金矿成矿带的重要组成部分，有着得天独厚的金矿成矿地质条件和可观的金矿资源优势。据初步统计，全省目前已知金矿产地66处，其中，特大型金矿床1处、大型金矿床4处、中型金矿床9处、小型金矿52处、伴生金矿4处。主要集中分布在冀东的迁西县、青龙县、宽城县、遵化县，冀东北的平泉县、丰宁县，冀西北的宣化县、崇礼县、赤城县，以及冀西的灵寿县、易县等地。主要成因类型有变质岩改造型、碱性杂岩型、花岗岩型、长城式岩浆热液改造型、绿岩型等，以前3种类型为主，产出多处大、中型矿床。本次研究工作选择的3个典型金矿床具代表性，现将其地质、地球化学特征进行简要总结。

一、变质岩改造型金矿——迁西县金厂峪金矿

金厂峪金矿区位于河北省迁西县金厂峪镇境内,矿区中心地理坐标为东经118.434 17°,北纬40.306 67°,矿区面积201km²。截至2008年底,累计探明资源量74.97t,矿床规模为大型。

1. 矿床地质特征

1) 区域地质概况

金厂峪金矿处于中朝准地台燕山台褶带中部的遵化穹褶束内,受区域东西向、北东向深断裂控制。区内出露地层为太古代变质岩,因韧性变形作用强烈,糜棱岩化强烈,糜棱岩和片糜岩发育,变辉长岩(即角闪斜长片麻岩)由太古代晚期的辉长岩体经变质作用改造而成,是金矿的容矿岩石。

矿区断裂和褶皱十分发育。断裂有东西向、北西向、北东向、北北东向4组。东西向断裂是区内规模最大的断裂;北西向断裂呈叠瓦状逆冲断裂带产出;北北东向断裂发育,但其规模较小,受韧性剪切作用影响,构成许多韧性剪切带,其中金厂峪韧性剪切带中主要为糜棱岩、片糜岩和变辉长岩,是矿区主要容矿构造。

区内岩浆活动主要在中生代,沿隆起轴部形成一连串小岩株,其成分以中酸性为主。这些岩体与金矿关系密切,如金厂峪金矿就位于青山口岩体以东约3km处,高家店金矿则位于高家店花岗岩体之中。

2) 矿床地质特征

金厂峪金矿床赋存于金厂峪韧性剪切带中,南北长6km,东西宽约1km,自南至北分为桑家峪、金厂峪、黑石峪3个矿段(图5-2-1),主要工业矿体都集中在金厂峪矿段。

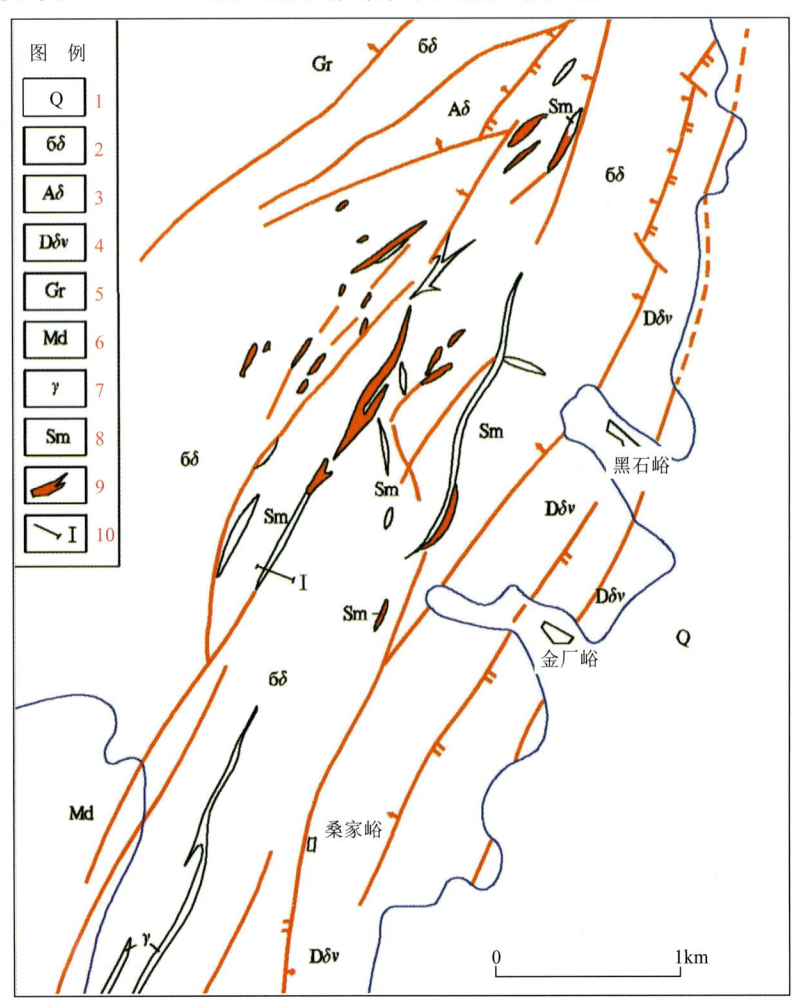

图5-2-1 金厂峪金矿床地质图(据彭朝晖等,2007年)

1.第四系;2.斜长角闪岩;3.斜长片麻岩;4.麻粒岩;5.变粒岩;6.混合岩;7.花岗岩;8.绢云母片岩;9.含金石英脉;10.剖面及编号

金厂峪矿段自西向东划分为0、Ⅰ、Ⅱ、Ⅲ、Ⅳ、Ⅴ 6个矿带,以Ⅱ、Ⅲ、Ⅳ号矿带矿化较好,6个矿带共有矿体17个。

各矿带的总体展布方向为北东25°～30°,倾向以南东为主,倾角40°～70°。

矿带由复脉带组成,呈束状、扁豆状、雁行状、帚状、入字状和"N"字状等形式展布,彼此联结。总体为菱形网格状,垂深方向呈扇形分布。含矿复脉带由压碎岩类、片糜岩类和压熔分异岩类组成。

矿体的产出形态受复脉带控制,矿体多呈脉状、不规则状、扁豆状、雁行状、入字状、"N"字状等分布于复脉带中,主要位于脉带的中心部位(图5-2-2)。品位一般为2～15μg/g。

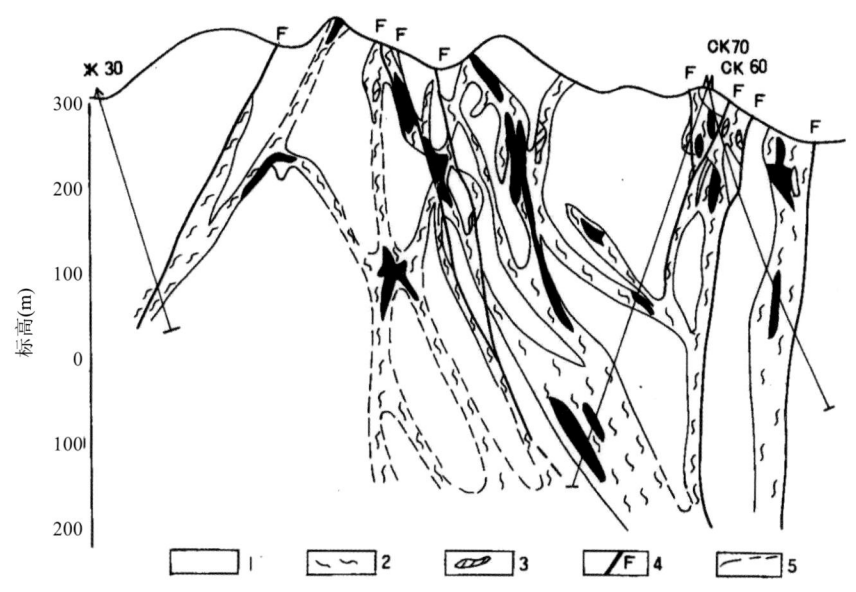

图5-2-2 金厂峪金矿区第20号勘探线剖面图(据章百明等,1996年)
1.变辉长岩;2.片岩;3.矿体;4.断层;5.实测及推测地质界线

按矿化形成顺序及其自身特征,将金厂峪金矿床划分出两种矿化类型,即细脉浸染型和石英脉型。矿石结构有中粗粒结构、细粒粉末状结构、碎裂结构、交代结构、固溶体分解结构和包含结构。矿石构造有块状构造、脉状构造、网脉状构造、浸染状构造、角砾状构造、团块状构造及蜂窝状构造。

矿石的主要矿物组合有黄铁矿、自然金、含银自然金、黄铜矿、方铅矿、闪锌矿、辉钼矿。

金厂峪金矿床的围岩蚀变强烈,成矿早期阶段形成广泛而强烈的蚀变,主要类型有钾化、钠化、碳酸盐化和硅化,并有微弱的黄铁矿化。中期阶段蚀变类型有硅化、绢云母化、钠长石化、碳酸盐化和黄铁矿化。晚期阶段蚀变主要为碳酸盐化、钠长石化和硅化,矿化作用已非常微弱。

2. 地球化学特征

1)1∶20万区域化探

本次收集金厂峪金矿区近390km²范围内1∶20万水系沉积物中的39种元素含量数据,计算水系沉积物中元素中位值、算术均值、相对全省水系沉积物中的富集系数等参数。与全省1∶20万水系沉积物均值相比,金厂峪矿区水系沉积物中明显富集Ag、Au、Bi、Cd、Cu、F、Hg、Mn、Mo、Ni、P、Ti、V、W、Zn、CaO、Fe_2O_3、MgO,其富集系数均大于1.2,尤其是Au,富集系数达9.95,具极强成矿信息。多数元素在矿体上方有异常显示。

由地球化学异常剖析图(图5-2-3)可知,异常主要由Au、Zn、Hg、Ag、Mn、Bi、Cd、W、Mo、Pb、Sn、P、Co、V、Ni、Cr、Cu、Ti组成。除P、Ti外,其余元素均具三级浓度分带。该区为铁族元素高背景区,Mn、Bi、Cd、W、Mo、Pb等元素浓集中心套合好,与牛心山等金矿床相对应;Au、Ag、Hg、Mo、Sn、P等元素浓集中心套合较好,与金厂峪等金矿床相对应。根据表5-2-1中的NAP值排序可以得到迁西金厂峪金矿异常表达式Ag-Au-Sn-Hg-P-Mo。

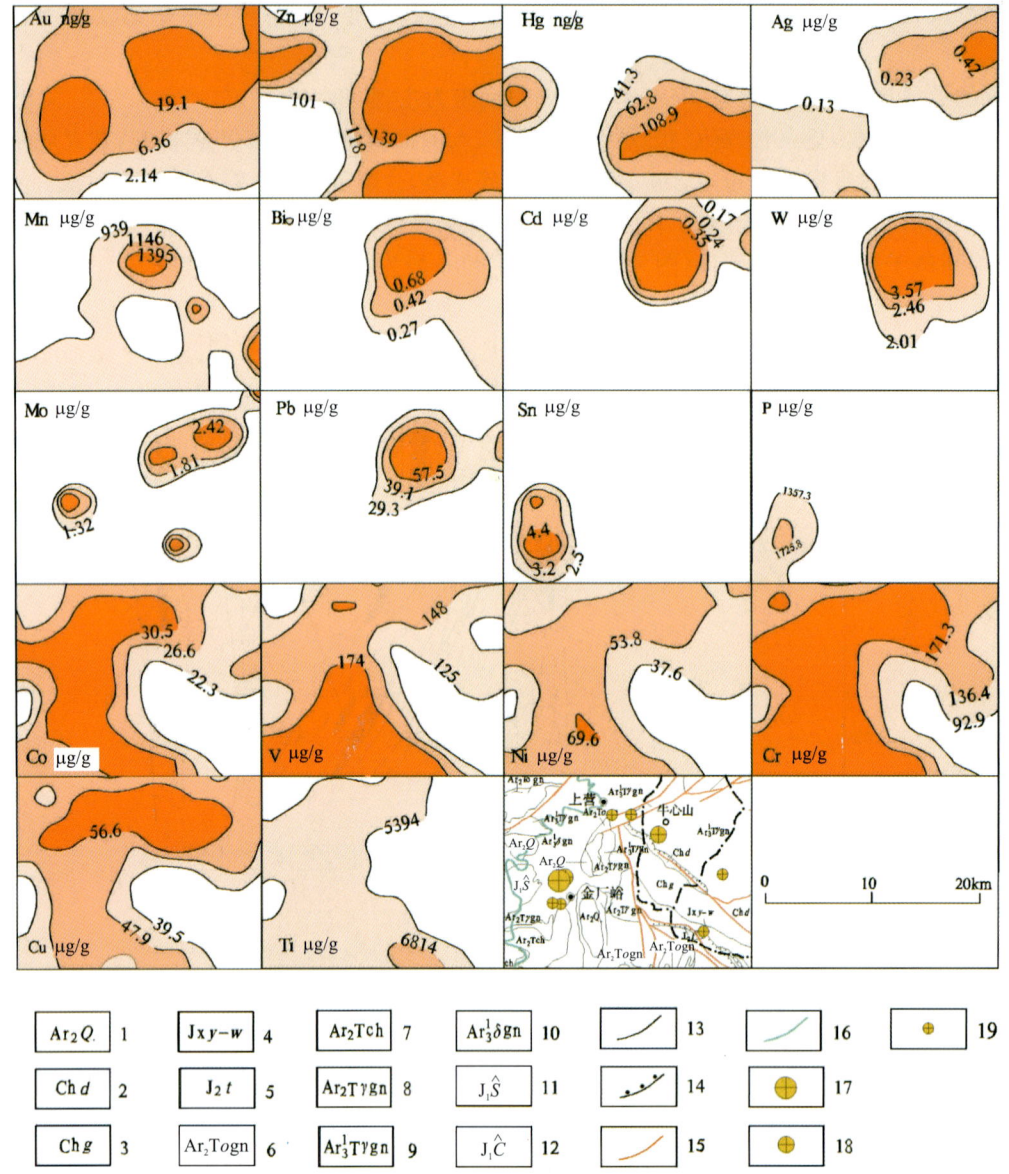

图 5-2-3 金厂峪金矿床水系沉积物地球化学异常剖析图

1.迁西岩群;2.长城纪大红峪组;3.长城纪高于庄组;4.蓟县纪杨庄组、雾迷山组并层;5.侏罗纪髫髻山组;6.中太古代英云闪长质片麻岩;7.中太古代紫苏花岗岩;8.中太古代奥长花岗质片麻岩;9.新太古代早期奥长花岗质片麻岩;10.新太古代早期闪长质片麻岩;11.二长花岗岩;12.中细粒二长花岗岩;13.地质界线;14.角度不整合地质界线;15.断裂;16.河流;17.大型金矿;18.中型金矿;19.小型金矿

表 5-2-1 金厂峪金矿水系沉积物地球化学异常参数表

元素	Ag	Au	Sn	Hg	P	Mo
极值	1.26	631	18.9	292.9	2 612	8.3
下限	0.133	19.1	2.50	41.3	1 357	1.32
面积	169.6	39.6	43.1	31.6	47.6	13.4
点数	40	10	12	8	12	3
均值	0.205	75.12	4.06	90.1	1 671	3.7
衬值	1.54	3.93	1.62	2.18	1.23	2.8
NAP	261.4	155.8	70.0	68.9	58.6	37.6

注:Au、Hg含量单位为ng/g,其余为μg/g;面积单位为km²;NAP=衬值×面积

2) 1∶5万化探

由表5-2-2可知,各脉带矿石中微量元素含量差别很大,其中,Au在0脉带矿石中平均含量为1 625ng/g,而在Ⅱ脉带中为8 126ng/g,全矿区平均含量为6 656ng/g,是围岩的333倍;Ag在0脉中平均含量为15μg/g,Ⅱ带中则为13.9μg/g,全矿含量为9.13μg/g,是围岩的46倍;Mo在0脉带中平均含量为15μg/g,在Ⅳ脉带中则为584μg/g,全矿区平均含量为403×10^{-6},是围岩的202倍,Pb在Ⅰ脉带中平均含量为27μg/g,Ⅱ带则为242μg/g,全矿区平均含量为174μg/g,是围岩的5倍;另外Bi、Sb、As、Hg、Ba、Sr等元素在全矿区矿石中平均含量也都高于围岩,而Cu、Zn、Co、Ni、V、Ti、Mn、Cr等元素在矿石中平均含量则都低于围岩。

表5-2-2 金厂峪金矿区各脉带中矿石微量元素含量特征表

脉带	N	Au	Bi	Ag	Pb	Mo	Sb	As	Ba	Cu
金矿区	52	6 650	111	9.18	174	403	1.8	6.8	312	49.8
0脉带	1	1 625	10	0.20	40	15	1.2	4.5	150	14
Ⅰ脉带	1	2 088	10	0.40	27	20	0.50	5.8	200	40
Ⅱ脉带	31	8 128	165	13.9	242	440	1.86	7.54	159	45.1
Ⅲ脉带	6	5 792	33.3	2.70	52.5	421	4.22	1 277	613	61.5
Ⅳ脉带	9	4 592	45.6	2.09	111	584	0.74	2.59	732	52.8
Ⅴ脉带	4	3 655	11.3	1.48	40.3	114	0.55	2.25	165	88.3
斜长角闪岩	88	20	10	0.20	34	2.0	0.81	1.50	106	51

脉带	Hg	Sr	Co	Ni	Zn	V	Ti	Mn	Cr
金矿区	34	258	25.8	44.8	78.5	98.8	1 069	716	52.4
0脉带	20	50	17	21.0	93.0	42	669	515	28
Ⅰ脉带	20	300	18	25.0	73.0	18	149	479	13
Ⅱ脉带	39	250	24.8	40.1	70.1	104	1 049	677	46.9
Ⅲ脉带	20	377	30.5	53.5	133	130	1 245	1109	58.5
Ⅳ脉带	35	337	26.1	52.2	72.9	77.4	1 135	579	69.6
Ⅴ脉带	20	42.5	29.5	62.3	72.8	102	1 139	846	63.0
斜长角闪岩	30	95	34.0	56.0	102	130	2695	917	107

注:单位Au为10^{-9},其他为10^{-6};资料来源:冶金物化探研究所

从表5-2-3可知,区内蚀变岩和蚀变岩带微量元素中Au、Ag、Mo、As等元素含量高于围岩,且由外蚀变带向内蚀变带逐渐增高,向蚀变带中心富集;Ba、Sr元素在蚀变带内普遍低于围岩。从外蚀变带向内蚀变带呈降低趋势,Co、Ni、V、Cr、Zn、Mn等元素外蚀变带含量与围岩相近,而在内蚀变带则明显降低,呈向蚀变带中心贫化的特点。

该区的1∶5万水系沉积物测量显示,矿田异常的指示元素组合为Au、Ag、As、Sb、Bi、Pb、Mo、Cu、W、Sn等(图5-2-4)。Au、Ag主要成矿元素异常面积大,与矿床对应好;As、Sb、Hg异常面积大,浓集特征不明显,与矿床有一定位移;Mo、Bi、W、Sn异常面积小,浓集特征明显,与矿床对应好。根据矿体中微量元素含量进行统计(衬度和浓集克拉克值两项指标都大于1),矿床元素组合为Au、Bi、Ag、Pb、Mo、Sb、As,也为该矿床的主要指示元素。

由Ⅰ号矿带0—7线不同标高指示元素异常对比图(图5-2-5)及各类金矿脉不同标高微量元素含量

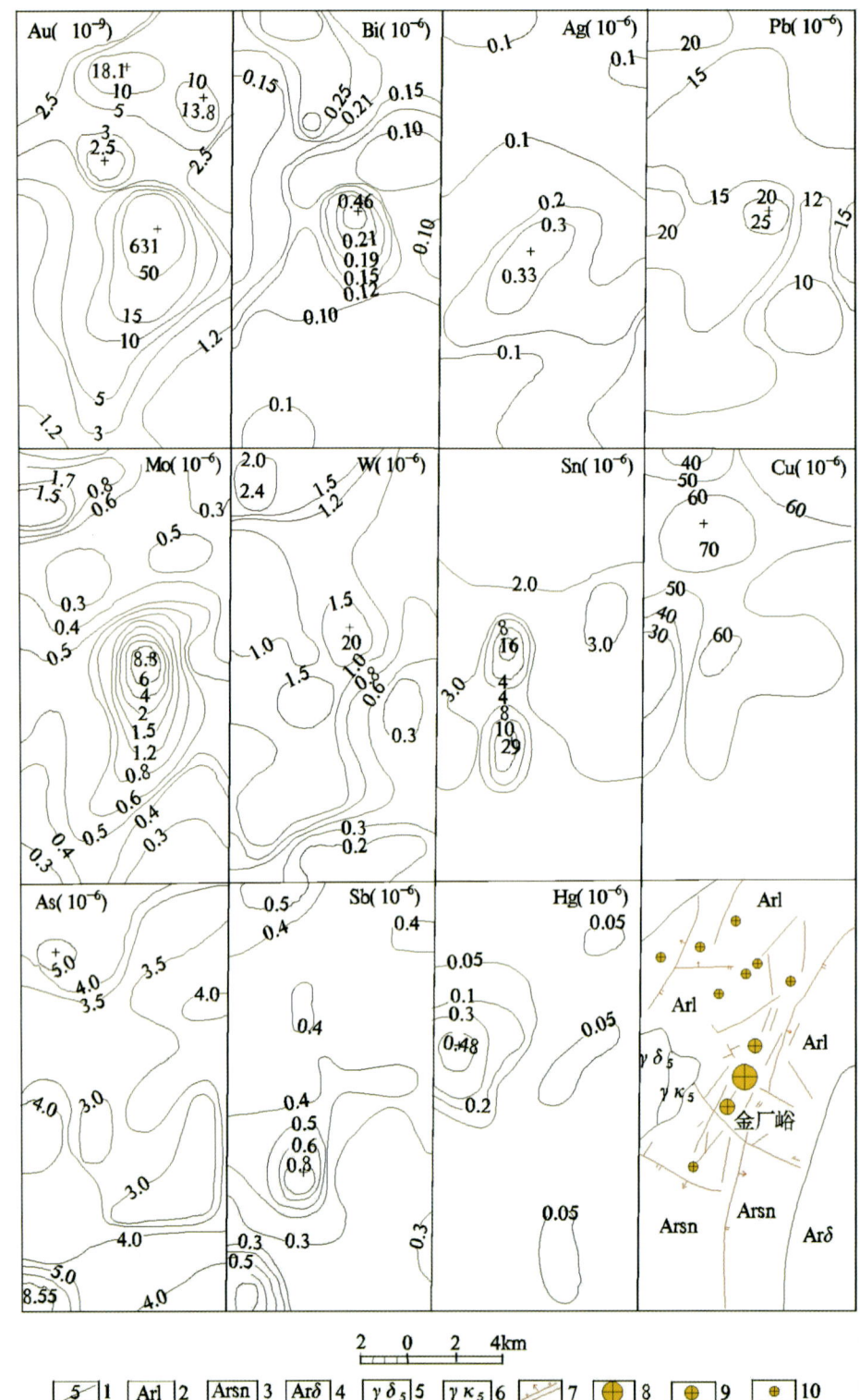

图 5-2-4 金厂峪金矿田水系沉积物地球化学异常剖析图

1.元素含量等值线及含量值;2.太古宙遵化群斜长角闪岩;3.太古宙迁西群三屯营组;4.太古宙迁群上川组;5.燕山旋回钾长花岗岩;6.燕山旋回花岗闪长岩;7.各类断层;8.大型金矿床;9.小型金矿床;10.金矿点

及比值垂向变化规律表(表 5-2-4)可见,As、Sb 元素在矿体上部(即地表)为中内带异常,其异常规模较之为最大;矿体中部(183 中段及 143 段)以零散外带异常为主,矿体下部(103 中段)异常略有增强,为中外带异常。

表 5-2-3 金厂峪金矿区各类蚀变岩微量元素含量

岩石类型	n（样品数）	Au	Bi	Ag	Pb	Mo	Sb	As	Ba	Cu
片理化斜长角闪岩	4	11	10	0.25	26.3	5.7	0.88	1.86	117	75.1
硅化斜长角闪岩	8	26	10	0.16	32.0	1.9	0.72	2.20	79.7	69.2
绿泥石化斜长角闪岩	21	15	10	0.16	32.5	1.5	0.90	2.81	70.1	46.2
绢云母化斜长角闪岩	8	20	10	0.15	27.5	1.4	0.65	3.48	77.5	34.3
绿泥石岩	6	21	10	0.18	31.7	2.2	0.94	30.3	64.5	64.4
绢云母化绿泥片岩	7	31	10	0.15	36.0	2.0	0.58	4.12	56.5	45.0
绿泥绢云母片岩	6	58	10	0.18	29.5	3.4	0.72	2.39	62.1	58.1
绢云母片岩	23	59	10	0.15	21.1	4.4	0.71	3.72	83.4	27.8
石英脉	28	233	15.4	0.34	22.6	8.0	0.86	5.16	26.9	33.4
斜长角闪岩	88	19	10	0.16	34.1	1.9	0.80	1.50	106.2	51.0
岩石类型	n	Hg	Sr	Co	Ni	Zn	V	Ti	Mn	Cr
片理化斜长角闪岩	4	22	42.2	43.5	71.5	137.6	121.2	2 997	981	157
硅化斜长角闪岩	8	20	40.3	41.6	78.2	133.4	166.2	1 310	1 032	148
绿泥石化斜长角闪岩	21	36	39.1	33.1	58.8	108.2	112.8	2 459	741	99
绢云母化斜长角闪岩	8	24	31.7	18.6	44.2	56.9	70.2	1 827	512	77.1
绿泥石岩	6	39	22.2	35.9	64.9	246.3	170.7	2 409	1 353	253
绢云母化绿泥片岩	7	35	39.3	43.6	103.8	125.9	145.2	2 740	1 356	356
绿泥绢云母片岩	6	20	34.2	39.2	82	108.0	119.6	1 623	1 035	98.2
绢云母片岩	23	29	33.6	22.1	38.8	70.6	90.4	1 779	683	76.6
石英脉	28	25	22.4	10.6	19.1	52.3	22.2	2 975	308	21.3
斜长角闪岩	88	30	94.1	34.3	55.8	102.5	130.2	2 695	917	107

注：单位 Au、Hg 为 10^{-9}，其余为 10^{-6}

Hg、Pb 元素在矿体上部和中部异常规模较大，其中 Hg 元素在上部为中内带异常，中部为中外带异常，下部仅有小范围的外带异常；Pb 元素在上部和中部为中外带异常，下部为零散外带异常。

Mn、Co 元素在矿体的上、中、下部均为外带异常，只是上部和中部的异常范围大。下部范围小而零散。Au、Ag、Mo 元素在矿体上部的异常规模相对较小，为中外带异常，中部异常规模大，为中内带异常，在矿体下部规模略小不甚连续，为中内带异常。

根据格里戈良方法计算的矿床微量元素垂向分带指数得出金厂峪金矿床元素垂（轴）向分带序列为（自上至下排列）：As、Sb、Cr、Zn、Hg、Ti、Ni-Sr、Mo、Cu、Mn-V、Co、Pb-Ba、Ag、Bi、Au。

综上所述，矿床元素垂（轴）向分带特征如下。

矿体前缘晕：As、Sb、Hg 为中内带异常；Au、Pb、Mo、Ag、Ti、Co、Ni、V、Cr 为外带异常。

矿体上部晕：As、Sb、Hg、Au 为中内带异常；Pb、Mo 为中外带异常；Mn、Co 为外带异常；Zn、Ti、Ni、Cr、V 为低缓负异常。

矿体中部晕：Au、Ag、Mo 为中内带异常；As、Sb、Hg、Pb 为中外带异常；Mn、Co 为外带异常；Zn、Ti、Ni、Cr、V 为低缓负异常。

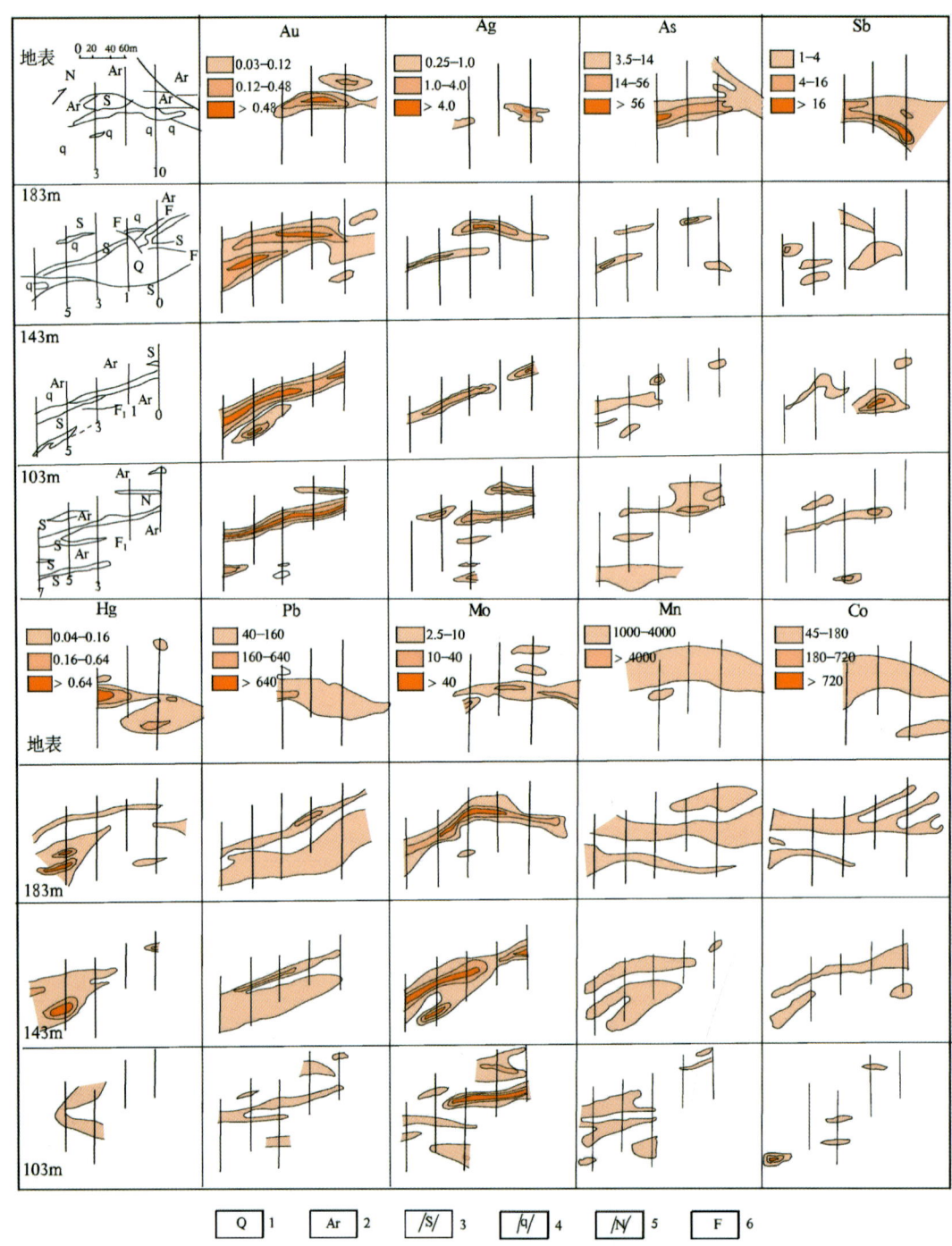

图 5-2-5 金厂峪金矿床Ⅰ号矿带 0—7 线不同标高指示元素异常对比图（据王昌华,1996 年）
1.第四系;2.变质岩;3.复脉带;4.石英脉;5.钠长石脉;6.断层

矿体下部晕:Au、Ag、Mo 为中内带异常;As、Sb 为中外带异常;Hg、Pb、Mn、Co 为外带异常。
矿尾晕:As、Cu、Sr、Zn、Ti、Mn 弱异常。

3.矿床成因及成矿模式

对金厂峪金矿床的成因研究认为,太古宙的斜长角闪岩是金矿体的主体围岩,其含金量平均值远远高于地壳金的背景值;青山口花岗岩的侵入不仅提供了强大的热源,而且也提供了部分成矿组分;燕山期岩浆活动为金的运移、沉淀提供了通道和场所。成矿模式见图 5-2-6。

表 5-2-4　金厂峪金矿床各类金矿脉不同标高微量元素含量及比值垂向变化规律

类型	标高	n（样品数）	Au	Bi	Ag	Pb	Mo	Sb	As	Co	Ni
石英脉	183	3	7 657	258	16.97	390	656	1.01	5.57	26	44
石英脉	143	9	5 648	84	5.49	176	252	0.82	3.03	12	21
石英脉	103	11	3 632	142	14.86	122	169	2.24	6.22	14	19
复脉	183	9	3 370	10	0.60	61	349	0.54	4.28	39	79
复脉	143	4	279	10	0.18	59	28.5	0.63	3.88	37	58
复脉	103	7	1 595	16	0.39	41	24.3	0.57	1.89	48	49
石英脉+复脉	183	15	5 006	109	7.15	192	472	0.73	4.79	34	65
石英脉+复脉	143	13	996	62	3.85	140	183	0.70	3.14	19	33
石英脉+复脉	103	18	2 839	39	9.23	98	113	1.59	4.54	28	31

类型	标高	n	Zn	V	Ti	Mn	Cr	Ag/Au	Sb/Bi	Mo×Bi/Sb
石英脉	183	3	103	95	1541	679	26	2.216	0.004	16 752
石英脉	143	9	15	29	270	185	12	0.972	0.01	25 815
石英脉	103	11	59	43	1 142	596	14	4.091	0.016	10 713
复脉	183	9	127	137	2 034	1 401	39	0.178	0.054	6 463
复脉	143	4	117	136	1 665	1 237	37	0.645	0.063	682
复脉	103	7	80	120	1 720	922	48	0.245	0.036	70 477
石英脉+复脉	183	15	117	120	1 837	111	34	1.428	0.007	70 477
石英脉+复脉	143	13	46	36	699	509	19	3.865	0.011	16 208
石英脉+复脉	103	18	67	73	1 367	723	28	3.251	0.017	6 609

注：Au 单位为 10^{-9}，其余为 10^{-6}；资料来源：冶金部地球物理勘查院物化探研究所

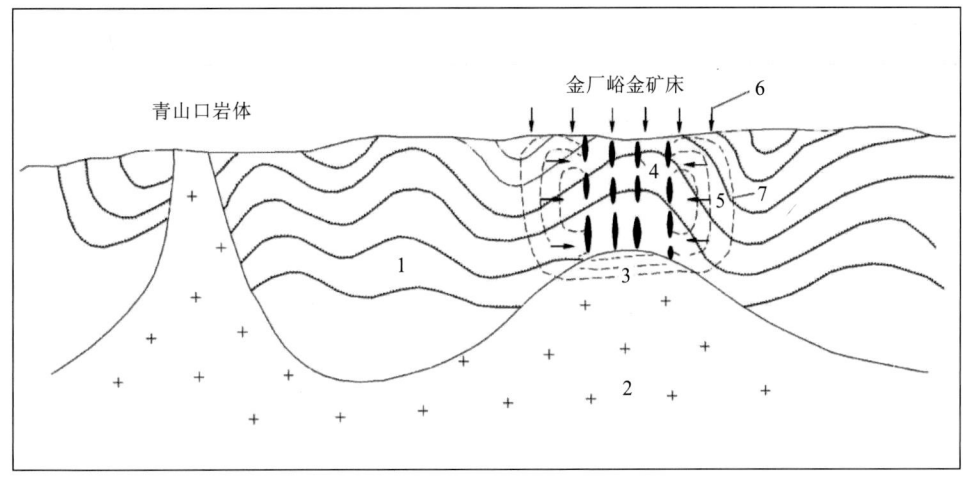

图 5-2-6　金厂峪金矿床成矿模式图（据章百明等，1996 年）
1.太古界变质岩；2.燕山早期二长花岗岩；3.含矿汽液；4.含金硫化物石英脉；
5.变质岩中金元素活化迁移；6.天水；7.热液循环

4. 找矿模式

综合上述矿床地质特征和地球化学特征，金厂峪金矿找矿模式概括为表 5-2-5。

表 5-2-5 金厂峪金矿地质-地球化学找矿模式

成矿要素		描 述 内 容
特征描述		变质改造型金矿床
地质环境	成矿地层	太古宙变质岩系
	成矿岩体	中生代燕山旋回青山口岩体
	控矿构造	金厂峪韧性剪切带
	成矿时代	中生代燕山晚期
	成矿环境	陆壳深断裂岩浆活动带
矿床地质特征	矿体形态	矿体的产出形态受复脉带控制，矿体多呈脉状、不规则状、扁豆状、雁行状、入字状、"N"字状等分布于复脉带中，主要位于脉带的中心部位
	共伴生组分	金、银
	蚀变特征	早期阶段主要类型有钾化、钠化、碳酸盐化和硅化，并有微弱的黄铁矿化。中期阶段蚀变类型有硅化、绢云母化、钠长石化、碳酸盐化和黄铁矿化。晚期阶段蚀变主要为碳酸盐化、钠长石化和硅化，矿化作用已非常微弱
	控矿条件	受区域东西向、北东向深断裂控制
地球化学特征	1:20万水系沉积物	该区具 Au、Sn、Mo、Bi、Ag、Pb、W、Cu、Ba、P 等元素异常。除 Ti 外，其余元素均具三级浓度分带。其中 Mn、Bi、Cd、W、Mo、Pb 等元素浓集中心套合好，与牛心山等金矿床相对应；Au、Ag、Hg、Mo、Sn、P 等元素浓集中心套合较好，与金厂峪等金矿床相对应
	1:5万水系沉积物	矿田异常的指示元素组合为 Au、Ag、As、Sb、Bi、Pb、Mo、Cu、W、Sn 等。Au、Ag 主要成矿元素异常面积大，与矿床对应好；As、Sb、Hg 异常面积大，浓集特征不明显，与矿床有一定位移；Mo、Bi、W、Sn 异常面积小，浓集特征明显，与矿床对应好

二、碱性杂岩型金矿——崇礼县东坪金矿

东坪金矿位于崇礼县马杖子乡境内，距县城 5km。矿区中心地理坐标为东经 115.350 83°，北纬 40.867 5°。累计探明金资源储量 67.934t，矿床规模为大型。

1. 矿床地质特征

1）区域地质概况

矿床位于华北地台北缘燕山台褶带龙关隆起区，东西向尚义-赤城深断裂带的南侧，水泉沟碱性二长杂岩体南部边缘内接触带上（图 5-2-7）。岩体南侧为桑干群涧沟河组变质岩，两者之间多呈渐变关系，构成一宽数百米的边缘混合岩化带，个别地段达千余米。区内脉岩比较发育，主要有石英正长斑岩、闪长玢岩和钾长石英脉。

矿区断裂有中山沟-水泉沟北西向隐伏断裂，它控制着矿床的分布，其次级断裂为容矿断裂。东西向断裂带不发育，含矿性差。成矿后断裂也较发育，均不同程度地对矿体有破坏作用。

2）矿床地质特征

矿区共发现矿脉 70 多条，具工业价值的主要有 5 条，即 1、2、7、22、29 号脉。矿体赋存于侧幕状排列的张扭性断裂构造中，其中 1 号矿脉规模最大，长 1 000 多米，最大延伸达 300m。单个扁豆矿体长几十至百余米，厚 0.24~5.1m，延伸几十至数百米。主要矿脉带产状走向北东 0°~35°，倾向北西，倾角 30°~35°

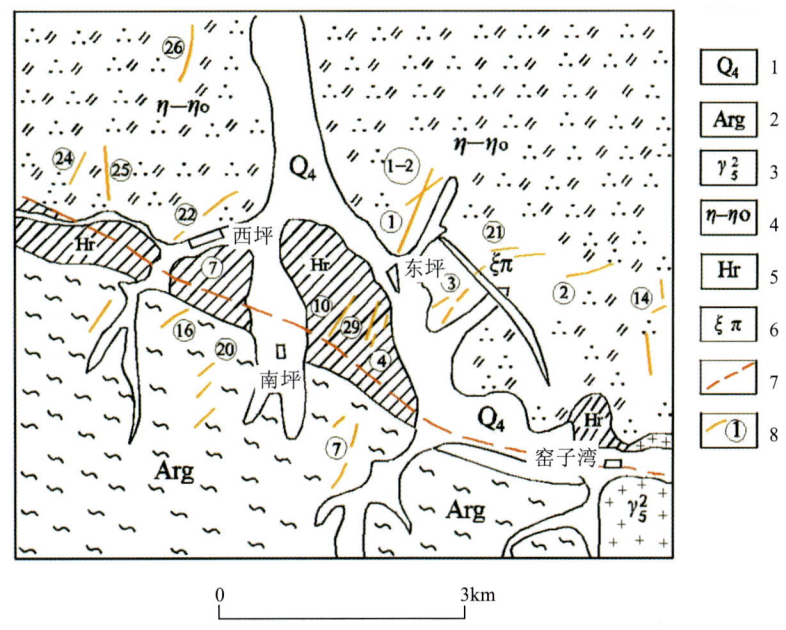

图 5-2-7 东坪金矿区地质图(据宋瑞先,1994,略有改动)

1.第四系;2.桑干群涧沟河组;3.燕山期花岗岩;4.海西期二长岩-石英二长岩;5.边缘混合岩化带;6.正长斑岩;7.断层;8.矿脉及编号

(图 5-2-8)。

矿体由含金硫化物石英脉、钾长石化带、绢英岩化带及钾化二长岩等组成。矿体呈似层状,局部有分支现象,矿体形态浅部多为单脉矿体。深部多为羽状矿体。矿体中金品位 5~20μg/g,且以石英脉为中

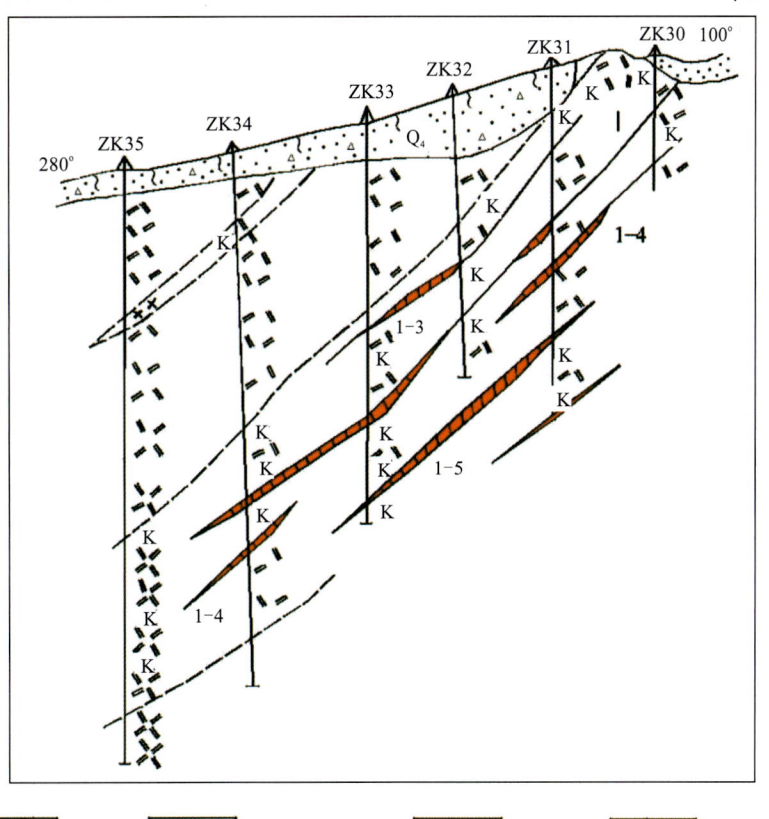

图 5-2-8 东坪金矿区 3 勘探线地质剖面图(据章百明等,1996 年)

心,金的品位由高向两侧变低,由浅部向深部变贫。

矿石属贫硫化物类型,主要有黄铁矿石英脉型、钾化蚀变岩型。矿床浅部金属矿物组合复杂、种类较多,主要有金属硫化物、碲化物、铁的氧化物、自然金、碲金矿;深部金属矿物组成简单,以黄铁矿为主,次为自然金和铁的氧化物。脉石矿物主要有石英、钾长石、斜长石、绢云母、绿帘石、方解石等。载金矿物有石英、黄铁矿、方铅矿、黄铜矿、褐铁矿等。

矿石结构主要有自形-半自形粒状结构、交代结构、包含结构、乳滴结构、骸晶结构等。矿石构造有脉状、网脉状、浸染状、条带状、角砾状等。金矿物以自然金为主,其次为碲金矿。

围岩蚀变种类有钾长石化、硅化、绢云母化、碳酸盐化、重晶石化、高岭土化及绿帘石化、褐铁矿化等。矿床的形成与前三者关系密切。

2. 地球化学特征

1)区域岩石

对 26 件二长岩样品分析,分布规律为:Cu、Pb 高值区(Cu>10μg/g、Pb>17μg/g)和 Sr、Ba、V 低值区(Sr<518μg/g、Ba<10μg/g、V<20μg/g)与已知金矿化对应;As 的高含量(>1.3μg/g)与成矿断裂相对应;Au、Cu、Pb、Bi 分布趋势很相似,均为岩体中西部高、东南部低。

对区内 24 件矿石进行分析,Au 与 Ag、Sr 等元素明显正相关,在 R 型聚类分析图谱中,Au 与 Ag、As、Bi、Se、Sb、Ni、Co、V、Mn、Hg 等元素关系密切。

2)1∶20 万区域化探

本次收集东坪金矿区近 $320km^2$ 范围内 1∶20 万水系沉积物中的 39 种元素含量数据,计算水系沉积物中元素中位值、算术均值、相对全省水系沉积物中的富集系数等参数,与全省 1∶20 万水系沉积物均值相比,东坪金矿区水系沉积物中明显富集 Au、Ba、Cr、Pb、Sr、Na_2O,其富集系数均大于 1.2。其中除 Cr 外,其他元素在矿体上方均有异常显示。

1∶20 万水系沉积物地球化学图中,Au 是主要的成矿元素又是直接指示元素,伴生元素以 Pb、Sr、Ba、Bi 为主,Au 与伴生元素异常构成同心式分布。该类异常处于 Cr、Ni、V、Ti、Fe、P 等元素的低背景,K、Na 及 Sr 的高背景或异常带上(图 5-2-9)。根据表 5-2-6 中 NAP 值排序可以得到崇礼东坪金矿异常表达式 Au-Mo-Pb-Sn-Bi-Sr-Ag-Hg。

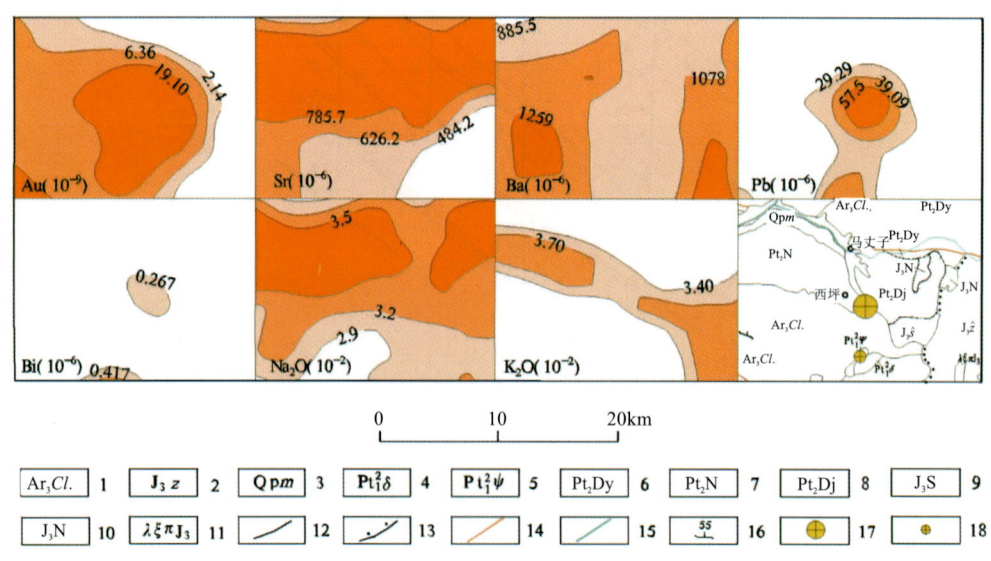

图 5-2-9 东坪金矿水系沉积物地球化学异常剖析图

1.崇礼岩群;2.侏罗纪张家口组;3.第四纪马兰组;4.元古代晚期变质闪长岩;5.元古代晚期变质辉石岩;6.斑状花岗岩;7.石英二长岩;8.石英二长岩;9.细粒正长花岗岩;10.石英闪长玢岩;11.潜石英岩、潜石英正长斑岩;12.地质界线;13.角度不整合地质界线;14.断裂;15.水系;16.地层产状;17.大型金矿;18.金矿点

表 5-2-6 东坪金矿水系沉积物地球化学异常参数表

元素	Au	Mo	Pb	Sn	Bi	Sr	Ag	Hg
极值	572.3	7.23	840	2.5	0.267	886	0.33	100.5
下限	19.1	1.32	39.1	6.4	0.68	484	0.133	41.3
面积	74.4	8.36	23.6	8.93	8.99	4	1.48	0.919
点数	18	1	7	2	3	1	1	1
均值	75.9	7.23	70.7	4.75	0.493	886	0.33	100.5
衬值	3.97	5.48	1.81	1.90	0.725	1.0	2.48	2.43
NAP	295.7	45.8	42.7	16.9	6.53	4.0	3.67	2.24

注：Au、Hg 含量单位 ng/g，其余 μg/g；面积单位 km²；NAP＝衬值×面积

3）中大比例尺化探

由图 5-2-10 可见，东坪金矿区水系沉积物 Au 异常以 4ng/g 等值线计算，异常面积约 3km²，强度最高达 66ng/g。东坪金矿土壤异常较发育，Au 异常范围大、强度高，最高达 340ng/g。

4）矿区岩石特征

对矿区 1、2、3、22、70 号脉 123 件样品 10 个元素含量进行统计，列于表 5-2-7 和表 5-2-8。

由两表可见，1、3、70 号脉的 Au、Mo、Ag、Sb 平均含量和标准差相近。1 号脉矿化稳定，连续性好，规模大；70 号脉均值和标准差最小，其厚度稳定性好于 1 号；2 号脉的 Cu、Mo、Pb、Zn、Bi 平均含量高、标准差大，说明矿化不稳定，Au 最高，说明有局部富矿体；Au/Ag 值随 2、3、1、70 号（29.17→11.58）有逐步降低的趋势，可能反映成矿温度由东向西逐步降低的趋势。

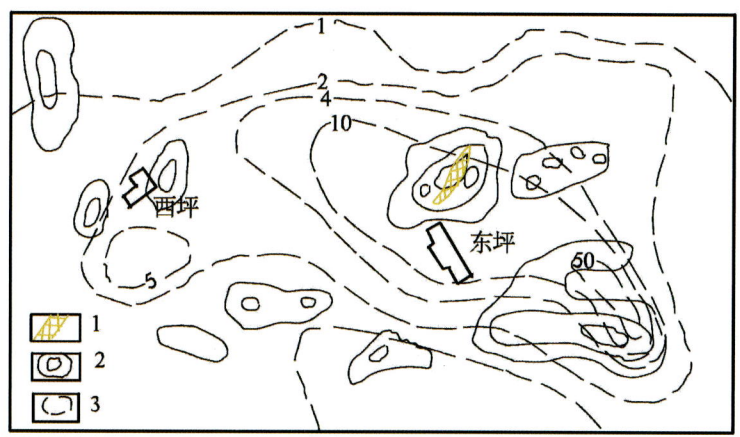

图 5-2-10 东坪金矿区 Au 地球化学异常图（据常志民等，1996 年）

1. 金矿体；2. 土壤 Au 异常；3. 水系沉积物 Au 异常

表 5-2-7 东坪金矿矿脉元素含量均值

矿脉	n(样品数)	Cu	Mo	Pb	Zn	Ag	Bi	As	Sb	Hg	Au	Au/Ag
1	21	57.1	1.52	378	35.2	0.61	0.95	1.86	0.25	0.039	11.5	18.92
2	29	73.2	2.11	508	75.2	1.01	6.48	2.00	0.64	0.039	29.4	29.17
3	24	45.9	1.08	65.2	35.4	0.45	1.15	2.03	0.27	0.034	11.3	25.84
22	27	170	8.58	1187	63.3	1.58	4.28	4.01	0.45	0.037	18.0	11.44
70	22	24.9	1.17	97.5	43.6	0.33	1.03	1.17	0.36	0.042	3.82	11.58

注：含量单位：Au 为 10^{-9}，其余元素为 10^{-6}

表 5-2-8 东坪金矿矿脉元素含量标准离差

矿脉	n（样品数）	Cu	Mo	Pb	Zn	Ag	Bi	As	Sb	Hg	Au
1	21	29.78	1.94	666.54	19.43	0.42	1.18	0.98	0.55	0.97	22.56
2	29	181.42	3.85	1 809.62	184.03	2.09	18.89	2.77	1.02	0.64	86.28
3	24	31.93	0.17	33.02	23.06	0.58	1.42	1.44	0.101	0.008	35.89
22	27	140.42	23.68	1 285.32	30.27	2.16	4.69	1.92	0.176	0.012	35.20
70	22	22.07	0.47	99.04	27.35	0.43	0.23	0.89	0.66	0.058	12.14

对前述样品 10 种元素含量进行了 R 型因子分析，可说明矿床元素的组合特征，一般可分为四组，第一组主因子多以 As、Cu、Sb、Au 为主，是主成矿因子。其中也有差别，如 2 号脉第一因子出现 Bi、Mo，反映其埋藏较浅；3 号、22 号脉有两个成矿因子，说明成矿过程复杂；70 号脉第二因子为主成矿因子，组合简单，矿化稳定。

由 1 号脉 7 号线岩石地球化学异常图（图 5-2-11）可见，东坪金矿异常的元素组合有：Au、Mn、Cu、Zn、Pb、Ag、As、Sb、Hg、Bi 等。其中 Au、Mo 异常套合最好，紧密包裹着矿体，呈窄条状异常；其次是 Cu、Zn、Pb、Ag，与 Au、Mo 异常较为吻合，其中 Cu、Pb 异常上下较宽，包围了 Au、Mo 异常。而 Ag 异常则为矿体中段呈窄条状；As、Sb、Hg 异常更为宽广。Bi 异常主要在下矿体的下端出现。有明显的横向分带特征，即内带为 Au、Mo、Ag；中带为 Cu、Zn、Bi、Sb；外带为 Hg、As、Pb。

1 号脉以不同标高的平均含量为依据，按 1 464m 标高为界，分为上下两层，用格氏法和克氏法统计，分别得出下列自上而下的垂（轴）向分带序列

上层：Cu—Zn—Au—Ba—Pb—Hg—As—Te—Sb—Ag—Si—Co—V—Sr—K—Mo—Ni；

下层：Au—Cu—Pb—Zn—As—Sb—Ag—Bi—Hg—Mo。

两者大同小异，从上述分带序列可见：矿体上部及前缘 As 不发育。

矿体中部：Cu、Au、Pb、Zn、Sb、Ag，矿体中部晕与头晕叠加。

矿体下部：Bi、Hg、Mo，头晕与尾晕叠加，即 Hg、As、Sb、Ag 排在下部序列，则反映 1 464m 标高以下，侧向有盲矿体存在。

下层（1 503m 标高以下）用克氏法统计得出自上而下的分带序列：As—Hg—Cu—Pb—Au—Zn—Ag—Sb—Mo—Bi。

由此可见，在 1 300m 标高左右，金最为富集，矿体头晕为 As、Hg；中部为 Cu、Pb、Zn、Ag、Sb，接近尾晕，反映 1 000m 标高以下还有一层弱矿化。

综合上述，东坪金矿床异常的垂（轴）向分带序列，从上而下为：上部：As—Cu—Pb—Au—Zn—Sb—Ag—Bi—Hg—Mo；下部：As—Hg—Cu—Pb—Au—Zn—Ag—Sb—Mo—Bi。

3. 矿床成因

矿床形成大致经历了两个重要过程，即发生于太古宙区域变质、超变质作用下的早期金的初步富集及元古宙局部重熔交代作用下的大规模活化富集成矿过程。其成因类型为重熔交代岩浆热液型，形成时代为海西晚期。

在二长杂岩体成岩过程中，早期碱质交代以钠质为主，中期钠质、钾质并重，后期则硅质充填增强。这种多种交代作用带入的是 K、Na、Si，带出的是 Fe、Mg、Ca，使沿断裂上升的"岩汁""岩浆"和围岩中的水溶液及天然水组成的混合富碱质及卤素热水溶液，在高温强碱的环境下，通过熔融、扩散、渗透等交代方式，不断地从围岩中萃取金和其他矿物组分，形成金的络阴离子和碱金属络合物，这些金的络阴离子和络合物在富碱的溶液中比较稳定，不易发生沉淀，当迁移到岩体的构造裂隙中时，由于物理化学条件的改变，和周围岩石发生强烈交代，形成一些薄石英脉和一些宽阔的钾化、硅化带。随着碱质大量析出，温度的降低，含

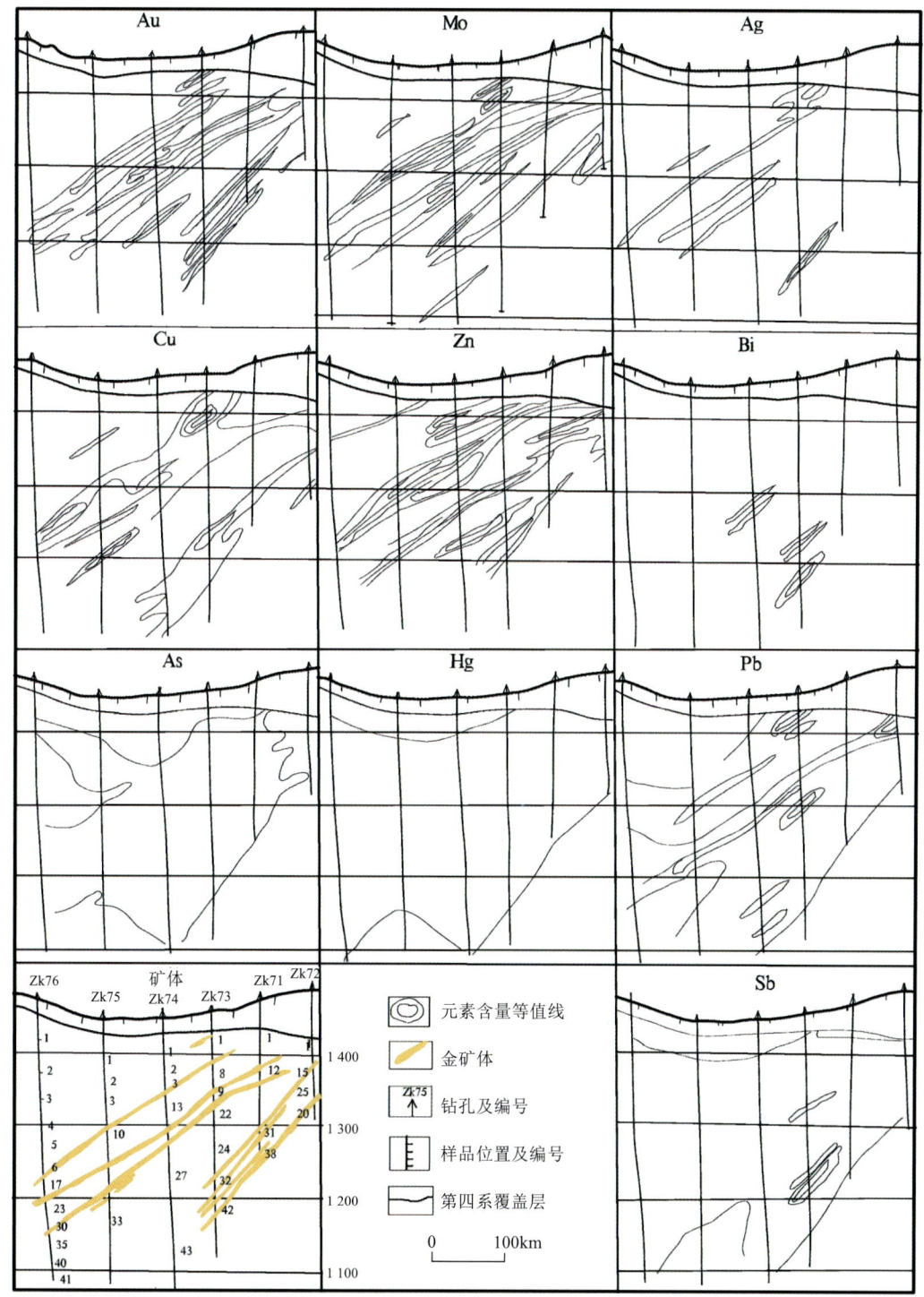

图 5-2-11　东坪金矿 1 号脉 7 号线岩石地球化学异常图（据王学方等，1996 年）

矿溶液中硅质相对增多，成矿组分更加富集。当温度降至 380～150℃ 时，先后形成含金硫化物石英-钾化蚀变二长岩和含金灰黑色石英细脉、网脉状和钾化蚀变二长岩，并伴有许多金属矿物，此时成矿过程结束，矿床形成。成矿模型见图 5-2-12。

4. 矿床找矿模式

综合上述矿床地质特征和地球化学特征，东坪金矿的找矿模式概括为表 5-2-9。

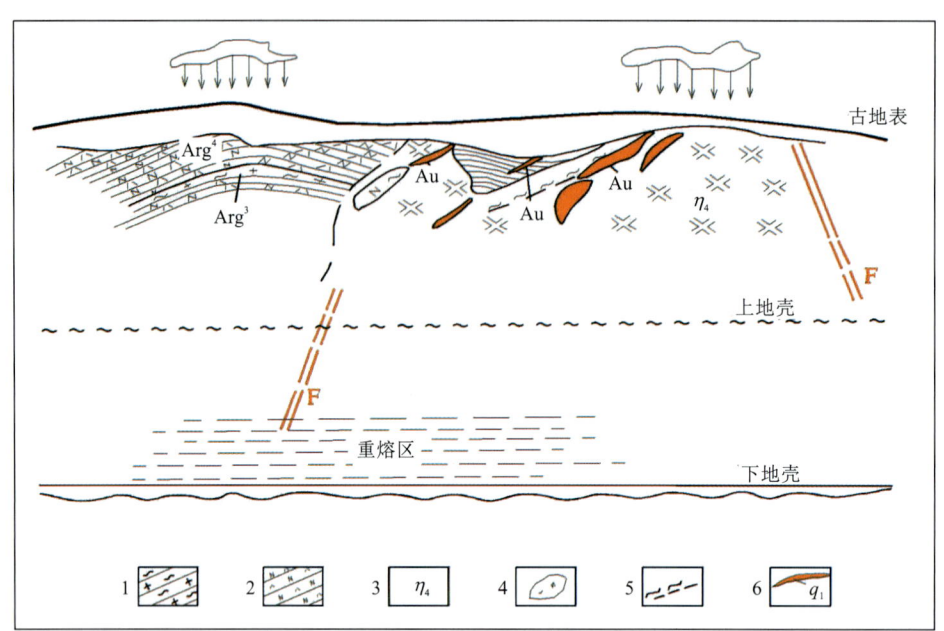

图 5-2-12 东坪金矿成矿模式图(据章百明等,1996 年)
1.混合岩;2.变质岩;3.海西期二长杂岩体;4.变质岩残留体;5.边缘混合岩化带;6.金矿脉(体)

表 5-2-9 东坪金矿地质-地球化学找矿模式

成矿要素		描 述 内 容
特征描述		重熔交代岩浆热液型
地质环境	成矿地层	桑干群涧沟河组变质岩
	成矿岩体	水泉沟二长杂岩体内接触带
	控矿构造	中山沟-水泉沟北西向隐伏断裂,它控制着矿床的分布,其次级断裂为容矿断裂
	成矿时代	海西晚期
	成矿环境	陆壳深断裂岩浆活动带
矿床地质特征	矿体形态	矿体呈似层状,局部有分支现象,矿体形态浅部多为单脉矿体。深部多为羽状矿体
	矿床有益组分	金
	蚀变特征	钾长石化、硅化、绢云母化、碳酸盐化、重晶石化、高岭土化及绿帘石化、褐铁矿化等。矿床的形成与前三者关系密切
	控矿条件	深断裂带两侧的张扭构造裂隙
地球化学特征	区域岩石	二长岩中 Cu、Pb 高值区和 Sr、Ba、V 低值区与已知金矿化对应;As 的高含量与成矿断裂相对应;Au、Cu、Pb、Bi 分布趋势很相似,均为岩体中西部高,东南部低。矿石中 Au 与 Ag、Sr 等元素明显正相关,与 As、Bi、Se、Sb、Ni、Co、V、Mn、Hg 等元素关系密切
	1:20 万水系沉积物	Au 是主要的成矿元素又是直接指示元素,伴生元素以 Pb、Sr、Ba、Bi 为主,Au 与伴生元素异常构成同心式分布,其 NAP 值排序为:Au-Mo-Pb-Sn-Bi-Sr-Ag-Hg。该类异常处于 Cr、Ni、V、Ti、Fe、P 等元素的低背景,K、Na 及 Sr 的高背景或异常带上
	1:1 万土壤	东坪金矿土壤异常较发育,Au 异常范围大、强度高

三、花岗岩型金矿——宽城县峪耳崖金矿

峪耳崖金矿位于宽城满族自治县峪耳崖镇西1km,矿区中心地理坐标为东经118.541 94°,北纬40.487 78°。累计探明资源量54.713t,矿床规模为大型。

1. 矿床地质特征

1) 区域地质概况

峪耳崖金矿位于中朝准地台燕山台褶带东段马兰峪-山海关隆起北部,宽城凹褶束与遵化穹褶束的交接部位,喜峰口-下板城构造岩浆活动带中。矿区出露的地层主要为迁西岩群拉马沟组和跑马场组变质岩和中元古界长城系、蓟县系陆海相沉积岩。沉积岩以灰岩、白云岩和石英岩为主体(图5-2-13)。矿区内以断裂构造为主,以北东、北北东、北东东向最为发育,为矿床的控矿构造;其次是成矿后的北西向断裂构造。

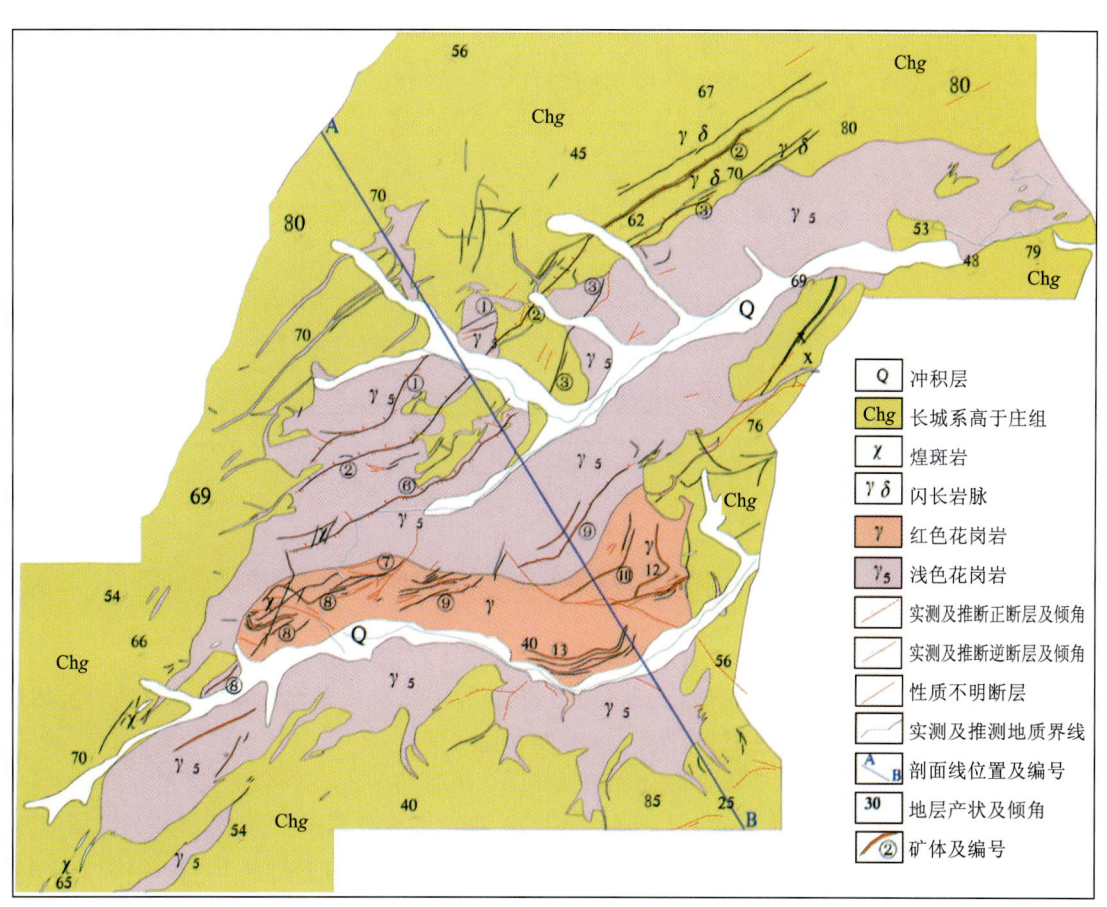

图5-2-13 峪耳崖金矿区地质图(据河北地质五队,1993年)

3种断裂各组均表现为彼此平行排列、协调弯曲等距分布的特征。矿床中的金矿脉(体)的规模、形态、产状则受其控制。

区内岩浆岩主要形成于中生代燕山期。主要有峪耳崖、亮甲台等岩体。这些花岗质岩体都有不同程度的金矿化,组成一个以金矿化为主的构造岩浆杂岩带。

峪耳崖金矿产在峪耳崖花岗岩体内。峪耳崖岩体为一出露面积仅0.59km²的小岩株,平面上为中间膨大向两端变小的纺锤状,剖面上则呈上小下大的宝塔状。岩体侵入于高于庄组白云岩中,与围岩呈犬牙交错接触,接触界线清楚。

2) 矿床地质特征

金矿脉主要分布在峪耳崖花岗岩体内及内接触带中(约占矿区总储量的98%),仅有少数矿脉延伸到距离不超过200m的外接触带白云岩中。矿体在空间分布上显示出具有一定的规律性,每个主矿体一般有1~10个平行矿体组成,平面上彼此平行排列,剖面上平行斜列,具有成群、成带、等距分布的特征(图5-2-14)。矿脉产状与断裂带产状基本一致,并随其延长或延深。矿体形态为脉状、扁豆状、长透镜状。按矿脉的空间位置可划分为南、中、北部3个矿带。南部矿带分布于岩体西南部的接触带附近,矿脉主要产在岩体内,部分延伸到白云岩中。北部矿带分布于岩体的北接触带附近。中部矿带分布于岩体内部。

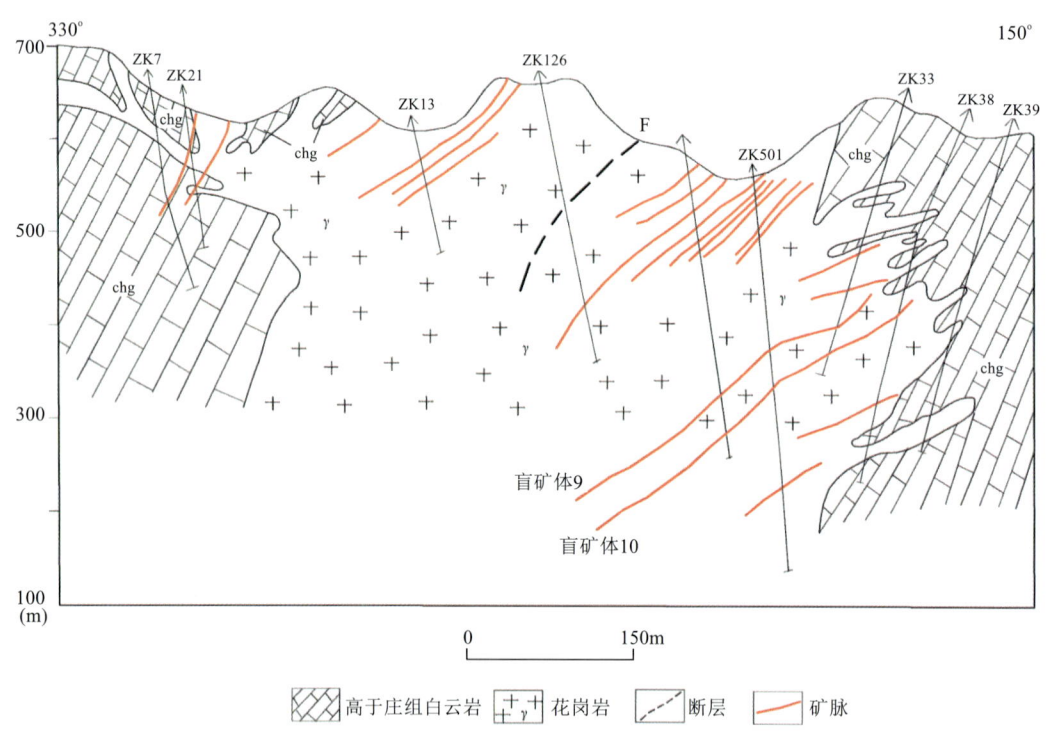

图5-2-14　峪耳崖金矿5号勘探线地质剖面图(据章百明等,1996年)

矿床的矿化类型主要有含金黄铁矿石英脉型和含金黄铁矿石英细脉浸染型。

矿石的结构构造:矿石结构以晶粒结构、碎裂-压碎结构为主,其次是包含结构、交代结构、填隙结构等。矿石构造主要有细脉状、致密块状、斑杂状、条带状构造等。

矿石中金矿物主要有自然金、含银自然金及银金矿。含银自然金占90%以上,其他各占5%。

矿区内近矿围岩常见明显蚀变现象,但其规模都很小,仅沿断裂或裂隙发育,未形成大范围的蚀变带。不同的矿体围岩形成不同的围岩蚀变,矿体围岩为花岗岩,其蚀变类型有黄铁矿化、硅化、绢云母化,与成矿关系密切,其次是高岭土化、碳酸盐化、绿泥石化等。沉积岩蚀变类型有大理石化、矽卡岩化、硅化,偶尔有黄铁矿化。

2. 地球化学特征

本次收集峪耳崖金矿区近500km²范围内1:20万水系沉积物中的39项元素含量数据,计算水系沉积物中元素中位值、算术均值、相对全省水系沉积物中的富集系数等参数,与全省1:20万水系沉积物均值相比,峪耳崖矿区水系沉积物中明显富集Au、B、Co、Cu、Mn、V、Fe_2O_3、MgO,其富集系数均大于1.2。其中Au的富集系数为3.17,位于全区之首,反映其极强的成矿信息,其他多数元素在矿体上方有异常显示。

在1:20万水系沉积物异常图中,Au异常面积最大,具明显的3级浓度分带,伴生有V、Cu、Cr、Mn、Co、Ni、Bi、Ag、Cd、F、Hg、P、W、Mo异常。异常北东向展布,与断裂构造的展布方向一致,反映其受断裂构造控制的特征。铁族元素的异常主要反映了太古宙的变质岩,其余元素主要为热液元素,与金异常吻合较好,异常范围较小,强度不高(图 5-2-15)。根据表 5-2-10 中 NAP 值排序可以得到宽城峪耳崖金矿异常表达式为 Bi-Au-Pb-Ag-W-Cu-Hg。

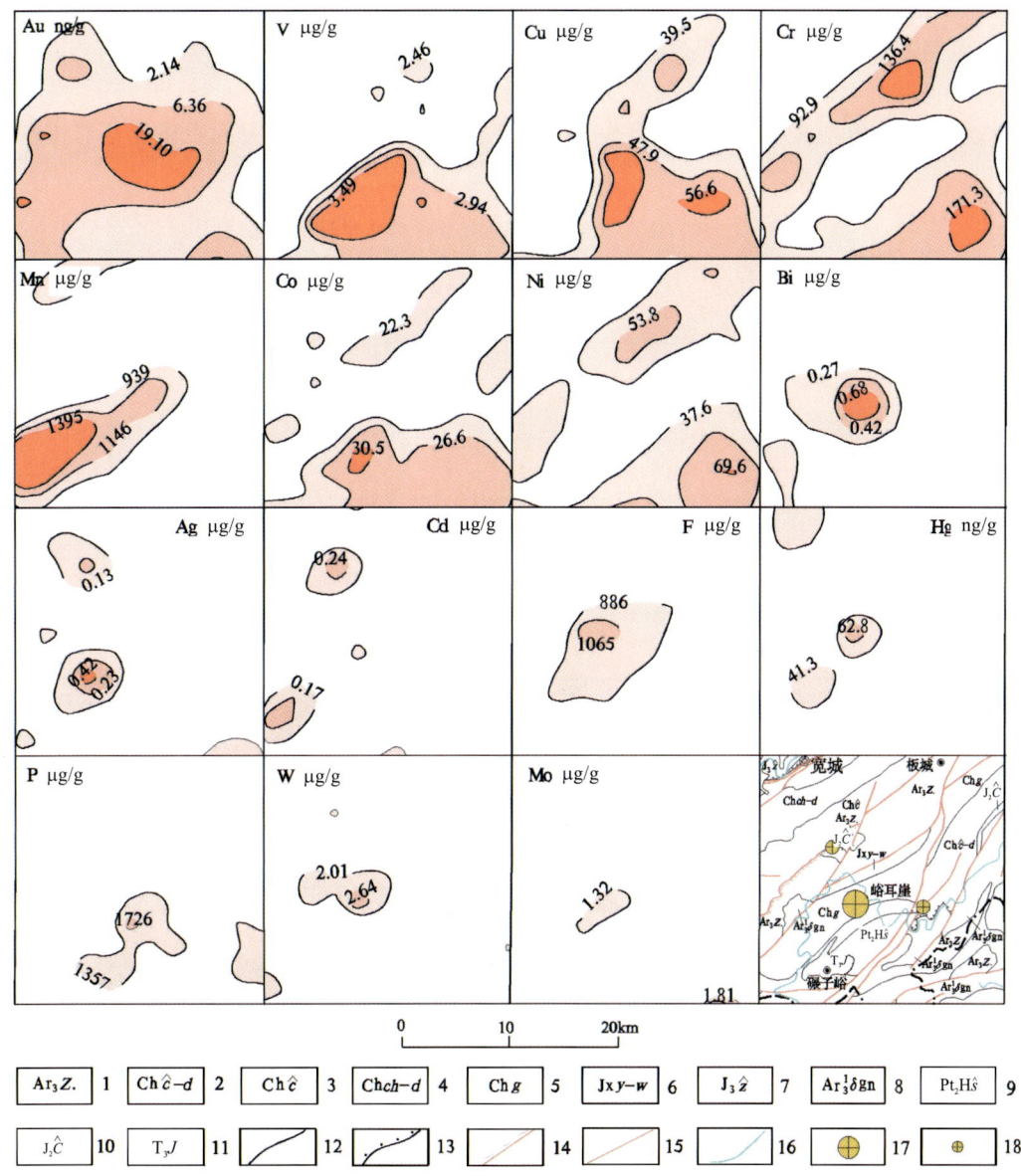

图 5-2-15 峪耳崖金矿水系沉积物地球化学异常剖析图

1.遵化岩群;2.长城纪常州沟组、串岭沟组、团山子组、大红峪组并层;3.长城纪常州沟组;4.长城纪串岭沟组、团山子组、大红峪组并层;5.长城纪高于庄组;6.蓟县纪杨庄组、雾迷山组并层;7.侏罗纪张家口组;8.新太古代早期闪长质片麻岩;9.红石砬单元透辉岩、角闪石岩;10.程子沟单元中细粒二长花岗岩;11.尖山村单元细粒闪长岩;12.地质界线;13.角度不整合地质界线;14.被改造的不整合界线;15.断裂;16.河流;17.大型金矿;18.小型金矿

3.矿床成因及成矿模式

矿床受花岗岩体和断裂构造控制,矿体与花岗岩体的展布方向基本一致,这种相关的空间分布特征,显示出两者受同一构造体系的控制。

矿床的不同成矿阶段形成不同的矿物组合,主要是黄铁矿、黄铜矿、方铅矿、闪锌矿等中温热液矿物组合,围岩蚀变主要是黄铁矿化、硅化、绢云母化等中温热液蚀变矿物。

矿床稳定同位素组合特征,说明矿液与花岗岩浆同源,源岩来源深度大。金矿石与花岗岩稀土曲线模式相似,说明源岩物质相同。

根据金矿体基本上赋存于岩体内部,围岩高于庄组白云岩中金的丰度值不高及综合测试数据分析认为,峪耳崖金矿床的成矿物质应是来自于峪耳崖花岗岩体内部。即当岩体侵位后在岩浆冷凝结晶过程中,由于结晶压滤作用,岩浆中 SiO_2 及 H_2O、CO_2、Cl、S 等挥发分和 Au、Ag、Cu、Pb、Zn、Mo 等金属元素逐渐集聚,形成岩浆期后热液,这种热液为超临界状态下的高温酸性流体,在向上运移过程中,当充填于岩体边部断层和裂隙中时,由于物理化学条件的改变,沉淀富集而形成金矿体。

综上所述,推断峪耳崖金矿的成因类型为与中生代燕山旋回花岗岩有关的中温岩浆热液型矿床。其成矿模式如图 5-2-16 所示。

表 5-2-10 峪耳崖金矿水系沉积物地球化学异常参数表

元素	Bi	Au	Pb	Ag	W	Cu	Hg
极值	3.0	63.5	86	1.36	6.0	287	201
下限	0.267	19.1	29.3	0.133	2.01	56.6	41.3
面积	56.7	35.0	36.4	28	24.4	17.7	12.2
点数	14	9	9	8	6	7	4
均值	0.542	34.7	45.4	0.258	3.03	96.7	74.6
衬值	2.03	1.82	1.55	1.94	1.51	1.71	1.81
NAP	115.1	63.5	56.4	54.3	36.8	30.2	22.04

注:Au、Hg 含量单位 ng/g,其余 μg/g;面积单位 km²;NAP=衬值×面积

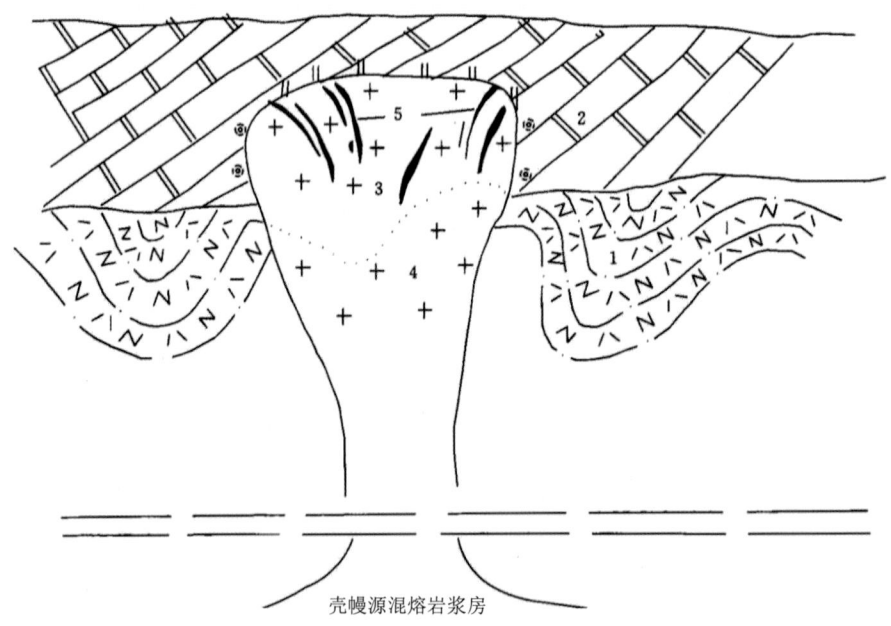

图 5-2-16 峪耳崖金矿床成矿模式图(据章百明等,1996 年)
1.太古界变质岩;2.长城系白云岩;3.燕山早期白色斑状花岗岩;4.燕山早期红色黑云母花岗岩;5.金矿体

4. 矿床找矿模式

综合上述矿床地质特征和地球化学特征,峪耳崖金矿的找矿模式概括为表 5-2-11。

表 5-2-11 峪耳崖金矿地质-地球化学找矿模式表

成矿要素		描 述 内 容
特征描述		中温岩浆热液型金矿
地质环境	成矿地层	长城系高于庄组
	成矿岩体	中生代燕山期峪耳崖花岗岩体
	控矿构造	喜峰口-下板城构造岩浆活动带
	成矿时代	燕山期
	成矿环境	陆壳深断裂岩浆活动带
矿床特征	矿体形态	脉状、扁豆状、长透镜状
	共伴生组分	金、银
	蚀变特征	规模很小,仅沿断裂或裂隙发育,未形成大范围的蚀变带。花岗岩蚀变类型有黄铁矿化、硅化、绢云母化,与成矿关系密切,其次是高岭土化、碳酸盐化、绿泥石化等。沉积岩蚀变类型有大理石化、矽卡岩化、硅化,偶尔有黄铁矿化
	控矿条件	数条北东东—北东向区域性大断裂
地球化学特征	1:20万水系沉积物	异常剖析图显示 Au 异常面积最大,具明显的 3 级浓度分带,伴生有 V、Cu、Cr、Mn、Co、Ni、Bi、Ag、Cd、F、Hg、P、W、Mo 异常。异常北东向展布,与断裂构造的展布方向一致,反映其受断裂构造控制的特征。铁族元素的异常主要反映了太古宙的变质岩,其余元素主要为热液元素,与金异常吻合较好,异常范围较小,强度不高

第三节 典型铅锌矿床地球化学异常模型

河北省铅锌矿多为共生矿,在自然界常常相伴产出。全省目前已发现铅锌矿床约 27 处,其中大型 2 处(锌矿)、中型 8 处(锌矿 6 处、铅矿 2 处)、小型 17 处;发现的铅锌银矿点 80 余处。主要集中分布在冀东的青龙县、兴隆县、宽城县,冀东北的围场县、隆化县、承德县、张北县、平泉县、丰宁县,冀西北的赤城县、怀来县-涿鹿县,以及冀西的涞源县、阜平县、易县等地。根据已知矿床的分布特征,形成的区域地质背景、成矿物质来源等可将省内铅锌矿划分为矽卡岩型、斑岩型、火山-次火山热液型及沉积型。其中,铅以热液型为主,斑岩型、火山-次火山热液型次之,均为小型矿床;锌矿以火山-次火山热液型居首位,其次为矽卡岩型,构成大型矿床。从找矿远景来看,火山-次火山热液型和热液型潜力较大。下面简要介绍主要类型铅锌矿床的地质、地球化学特征。

一、火山-次火山热液型铅锌矿——张北县蔡家营铅锌矿

蔡家营铅锌银矿位于河北省张北县蔡家营乡境内,中心地理坐标为东经 115.358 33°,北纬 41.425°。累计探明锌资源储量 174.84 万 t,铅 0.665 万 t,伴生银 831.50t,伴生金 17.40t,矿床规模为大型。

1. 矿床地质特征

1)区域地质概况

蔡家营铅锌银矿床位于内蒙台背斜沽源陷褶断束中(图 5-3-1)。

区内出露地层简单,仅有红旗营子群大同营子组,侏罗系白旗组、张家口组,新生界第四系松散堆积物覆盖。

矿区岩浆岩仅有燕山期花岗斑岩及其派生的岩枝-石英斑岩。花岗斑岩主要位于红旗营子群及张家口组地层中,呈岩株状产出。在石英斑岩脉密集分布区矿化作用强烈,其周围老地层中铅、锌、金、银含量

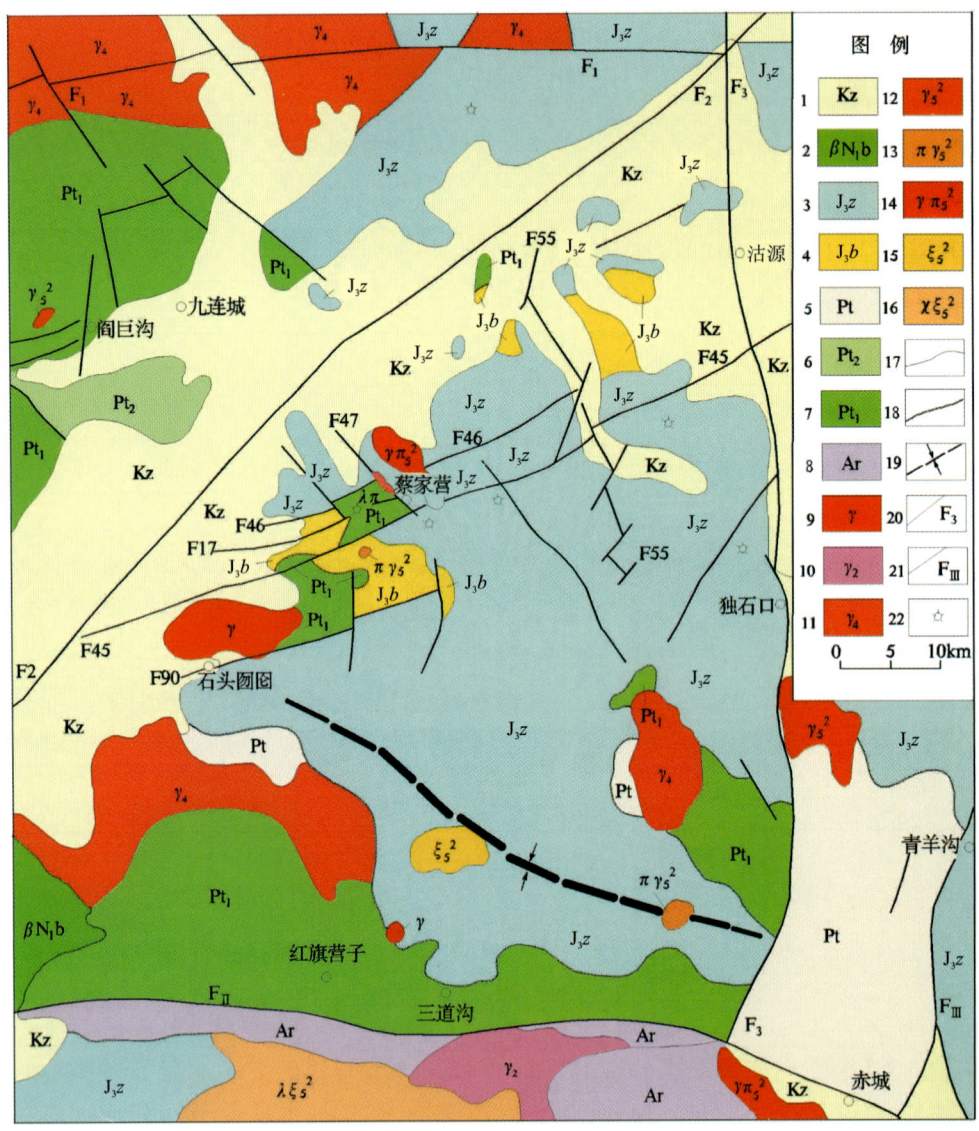

图 5-3-1 蔡家营铅锌银矿区域地质略图（据张长江等,1994 年）

1.新生界；2.汉诺坝玄武岩；3.上侏罗统张家口组；4.上侏罗统白旗组；5.下元古界红旗营子群；6.红旗营子群庙子沟组；7.红旗营子群大同营子组；8.太古界谷咀子群；9.花岗岩（时代不明）；10.元古代花岗岩；11.海西期花岗岩；12.燕山期花岗岩；13.燕山期斑状花岗岩；14.燕山期花岗岩；15.燕山期正长岩；16.燕山期二长岩；17.地质界线；18.不整合线；19.向斜构造；20.断裂及编号；21.深断裂及编号；22.火山机构；FⅠ.康保-围场深断裂；FⅡ.尚义-平泉深断裂；FⅢ.上黄旗-乌龙沟深断裂

比稀疏分布区老地层中高数倍（表 5-3-1）。在 F_{45}、F_{17} 断裂两侧密集分布着石英斑岩，铅、锌、金、银含量比其他处高；在两断裂挟持地带即矿床赋存部位，石英斑岩脉分布最密集。

表 5-3-1 石英斑岩脉密集区与稀疏区各种岩石造矿元素对比

岩石名称	密集区造矿元素丰度（$\times 10^{-6}$）				稀疏区造矿元素丰度（$\times 10^{-6}$）		比值（密/疏）	
	Pb	Zn	Ag	Au	Pb	Zn	Pb	Zn
矽线石斜长变粒岩	47.56	169.50	0.245	0.002 45	18.88	87.20	2.52	1.94
石榴石斜长变粒岩	55.88	439.41	0.318	0.002 59	12.14	61.14	4.60	7.19
黑云斜长变粒岩	36.06	316.93	0.245	0.006 61	34.10	141.24	1.06	2.42
角闪斜长变粒岩	426.44	523.51	0.851	0.004 39	59.12	345.21	7.21	1.55

矿区构造较复杂。断裂构造主要有 F_{17} 和 F_{45}，两断裂在其挟持地带派生的旁侧羽状裂隙常成群成带出现，是矿体赋存空间。此外还有一些近南北向断裂如 F_{47} 等对矿体起一定的破坏作用（图 5-3-2）。

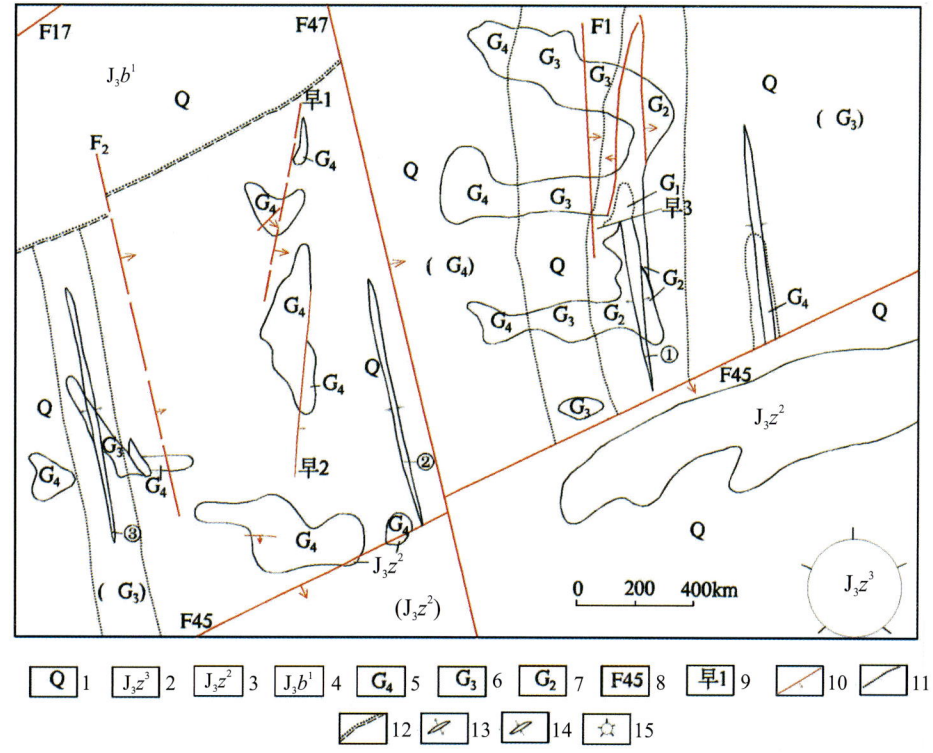

图 5-3-2 蔡家营铅锌银矿区构造纲要图（据张长江等，1994 年）

1.第四系；2.张家口组三段；3.张家口组二段；4.白旗组一段；5.角闪斜长变粒岩；6.黑云斜长变粒岩；7.柘榴石斜长变粒岩；8.断层编号；9.早期断层编号；10.断层位置及倾向；11.岩性过渡线；12.不整合线；13.背斜轴；14.向斜轴；15.火山口

2）矿床特征

矿床共有 6 个矿带，矿体（脉）呈中—陡倾斜，产于红旗营子群角闪岩相变质岩和中生代侏罗系火山岩容矿裂隙中，隐伏或半隐伏，多为规则和不规则脉状、透镜状，也有呈囊状。

Ⅰ号矿带位于矿区北部，由 3 条倾向南西的陡倾矿脉组成，近矿围岩蚀变强烈，主要为绢云母化。

Ⅱ号矿带位于南部，由 3 条矿脉体组成，走向北北东，矿体近直立。矿带长 1 200m，南端被 F45 断裂错断，北东被 F47 断裂错断，围岩蚀变强烈。矿体形态较复杂，以脉状为主，常出现分支复合、膨胀收缩尖灭再现等现象。

Ⅲ号矿带位于东北部。该矿带工作程度最高、规模最大。矿体主要赋存在角闪斜长变粒岩中，部分延至白旗组杂色页岩及砂砾岩内，以锌矿为主，矿石类型为绿泥石-闪锌矿型矿石。

Ⅳ号矿带位于东南部，由 6 条矿脉组成。围岩蚀变强烈，以绢云母化为主。

Ⅴ号矿带位于西部，由 20 多个盲矿体组成。矿体形态以脉状为主，围岩蚀变强烈（图 5-3-3）。

Ⅵ矿带位于南部，矿带长 1 600m，厚 9.48m，地表矿化较好。

矿床锌的平均品位大于 4%，共伴生铅、银、金等有用组分。

矿床的矿石类型有两种，即绿泥石-闪锌矿型矿石和绢云母-多金属型矿石。前者多分布在矿区东部，后者多分布在矿区西部。

矿石结构构造比较复杂。常见的结构有自形结构、填隙结构、乳滴状结构、骸晶结构、交代残余或溶蚀结构、树枝状结构和压碎结构。构造以脉状、块状和稠密-稀疏浸染状为主。

矿床的近矿交代蚀变岩有绿泥石青盘岩建造、碳酸盐蚀变岩建造和绢云母-石英蚀变岩建造。围岩蚀变种类主要有绿泥石化、阳起石化、绿帘石化、绢云母化、碳酸盐化、硅化。

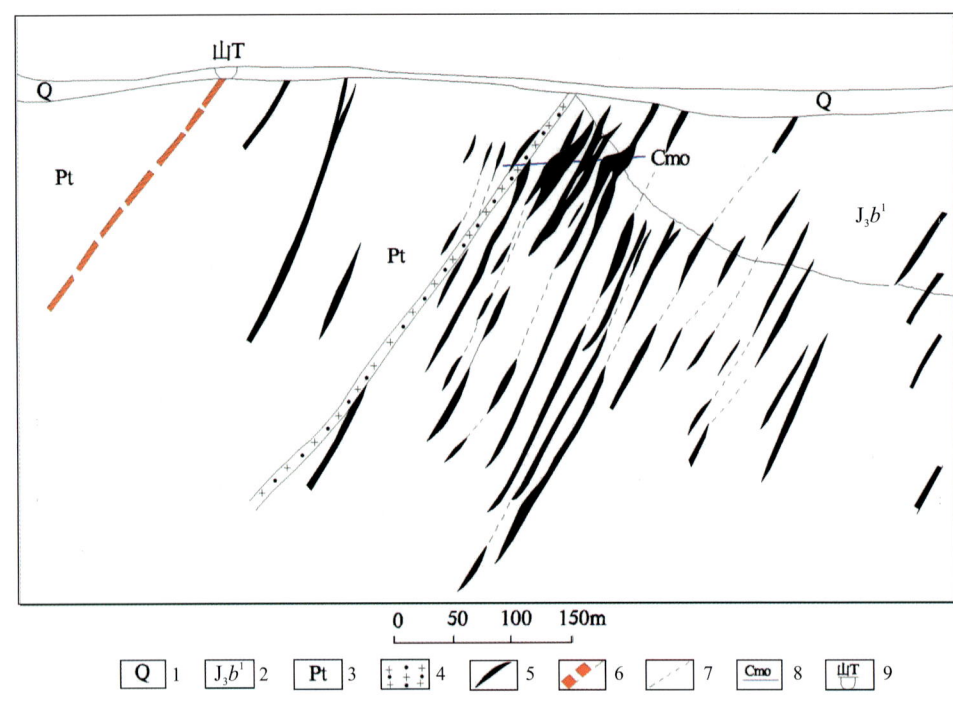

图 5-3-3 蔡家营铅锌银矿区 V 矿带剖面图（据张长江等，1994年）
1.第四系浮土层；2.白旗组杂色页岩；3.角闪斜长变粒岩；4.石英斑岩脉；5.矿脉；6.断层；7.构造线；8.穿脉硐探；9.线井

2. 地球化学特征

1）1∶20 万区域化探

本次收集蔡家营铅锌银矿区近 60km² 范围内 1∶20 万水系沉积物中的 39 种元素含量数据，计算水系沉积物中元素中位值、算术均值、相对全省水系沉积物中的富集系数等参数，与全省 1∶20 万水系沉积物均值相比，蔡家营矿区水系沉积物中明显富集 Ag、As、B、Cd、Pb、Sb、W、Zn，其富集系数均大于 1.2。其中除 Cr 外，其他元素在矿体上方均有异常显示。

1∶20 万水系沉积物异常元素组合为 Ag、As、Bi、Cd、Pb、Sb、W、Zn 等。Pb 异常面积 43.8km²，异常平均值为 181.1μg/g；Zn 异常面积 33.4km²，异常平均值为 353.7μg/g；Ag 异常面积 26.1km²，异常平均值为 0.462μg/g。除 Bi、W 外，其余元素具较好的三级浓度分带（图 5-3-4）。除 W 外，其余元素异常形态呈半个椭圆形，元素套合非常好，异常向西未封闭，蔡家营矿区位于异常内带边缘。由表 5-3-2 中 NAP 值排序可以得到张北蔡家营铅锌银金矿异常表达式为 As-Pb-Sb-Ag-Zn-Cd-B-Bi-W。

表 5-3-2 蔡家营铅锌银矿水系沉积物地球化学异常参数表

元素	As	Pb	Sb	Ag	Zn	Cd	B	Bi	W
极值	186	400.8	5.04	0.81	384	0.63	202.3	0.65	3.30
下限	11.1	29.3	0.70	0.133	100.6	0.172	69.2	0.267	2.01
面积	63.4	49.6	55.5	40.8	32.3	24.8	38.7	13.2	16.4
点数	11	8	11	7	4	4	5	2	4
均值	45.7	100.3	1.50	0.348	286.3	0.438	102.7	0.60	3.08
衬值	4.12	3.42	2.14	2.62	2.85	2.55	1.48	2.25	1.53
NAP	261.0	169.8	118.9	106.8	91.9	63.2	57.4	29.7	25.1

注：含量单位 μg/g；面积单位 km²；NAP＝衬值×面积

第五章 典型矿床地球化学异常模型

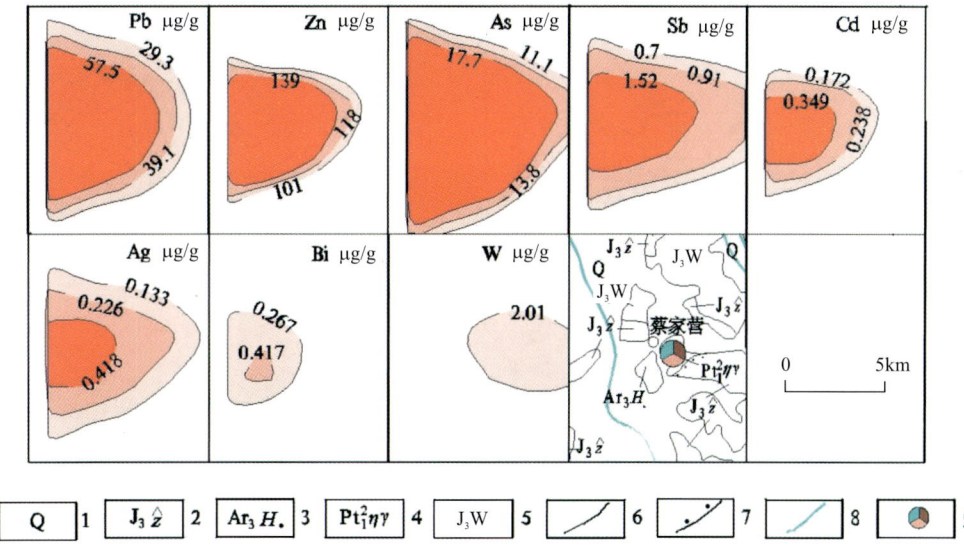

图 5-3-4 蔡家营铅锌银矿水系沉积物地球化学异常剖析图

1.第四系;2.侏罗纪张家口组;3.红旗营子岩群;4.古元古代晚期变质二长花岗岩;5.五道川单元花岗斑岩;
6.地质界线;7.角度不整合地质界线;8.水系;9.蔡家营铅锌银矿

2)岩石地球化学特征

通过矿区范围的地表岩屑地球化学测量[图5-3-5(a)、图5-3-5(b)]发现,Pb、Zn、Ag异常均具有一定的范围和强度,浓集中心明显。其中,以Zn的范围和强度最大,外带窄小,中带宽阔,内带基本反映了矿化地段(略有位移);Pb、Ag异常范围较小,内带浓集在矿化有利部位,即使隐伏部位依然有内带存在。矿床范围内出现Cu、Cd、Mn、In、Bi、Co、Mo的小范围异常,其面积和浓集中心不同程度地展示了矿化部位,Cd、In、Mn高浓度带近似对应于Zn的内带浓度。活动性强的I、Hg、As、Sb、B等异常范围大于或近于Zn的异常范围,主矿化部位有明显浓集中心,浓度带呈北东向分布。

于矿区各种时代地层(岩层)中采集部分微量元素样品,其分析结果平均值列于表5-3-3中,并根据表中数据计算了各种岩性成矿元素的富集特征(表5-3-4)。从表5-3-3中可明显看出,Ag、Pb、Zn、Cr、As 5种成矿元素在含石墨及蚀变角闪斜长变粒岩中含量最高,其次为角闪斜长变粒岩。由此可见,矿区中角闪斜长变粒岩类含矿性最好,成为潜在的矿源层。

从表5-3-4中可见,区内各种岩矿石主要成矿元素含量大多数都高于背景值,其中主成矿元素Ag、Pb、Zn及伴生元素Cd富集系数在含石墨角闪斜长变粒岩及蚀变角闪斜长变粒岩中最高,可达26以上,具明显的富集成矿特征。

3. 矿床成因

矿床赋存于红旗营子变质岩中,红旗营子变质岩的铅锌比值直方图形式与蔡家营矿床矿石的铅锌比值直方图十分相似,反映了矿床中的铅锌与老变质岩有亲缘关系。矿石和围岩的铅与产于古老变质岩中矿脉的矿石铅、产于晚侏罗纪火山碎屑岩中矿脉的矿石铅同位素组成基本相同,说明它们是由同一成矿热液系统形成的。矿石铅与燕山期花岗(石英)斑岩中黄铁矿的铅同位素组成基本一致,说明矿床与这些斑岩有成因联系。矿床锶同位素及稀土元素配分模式研究也表明矿床的成因与燕山期次火山岩有成因联系,成矿物质主要来自次火山热液和红旗营子群变质岩(图5-3-6)。

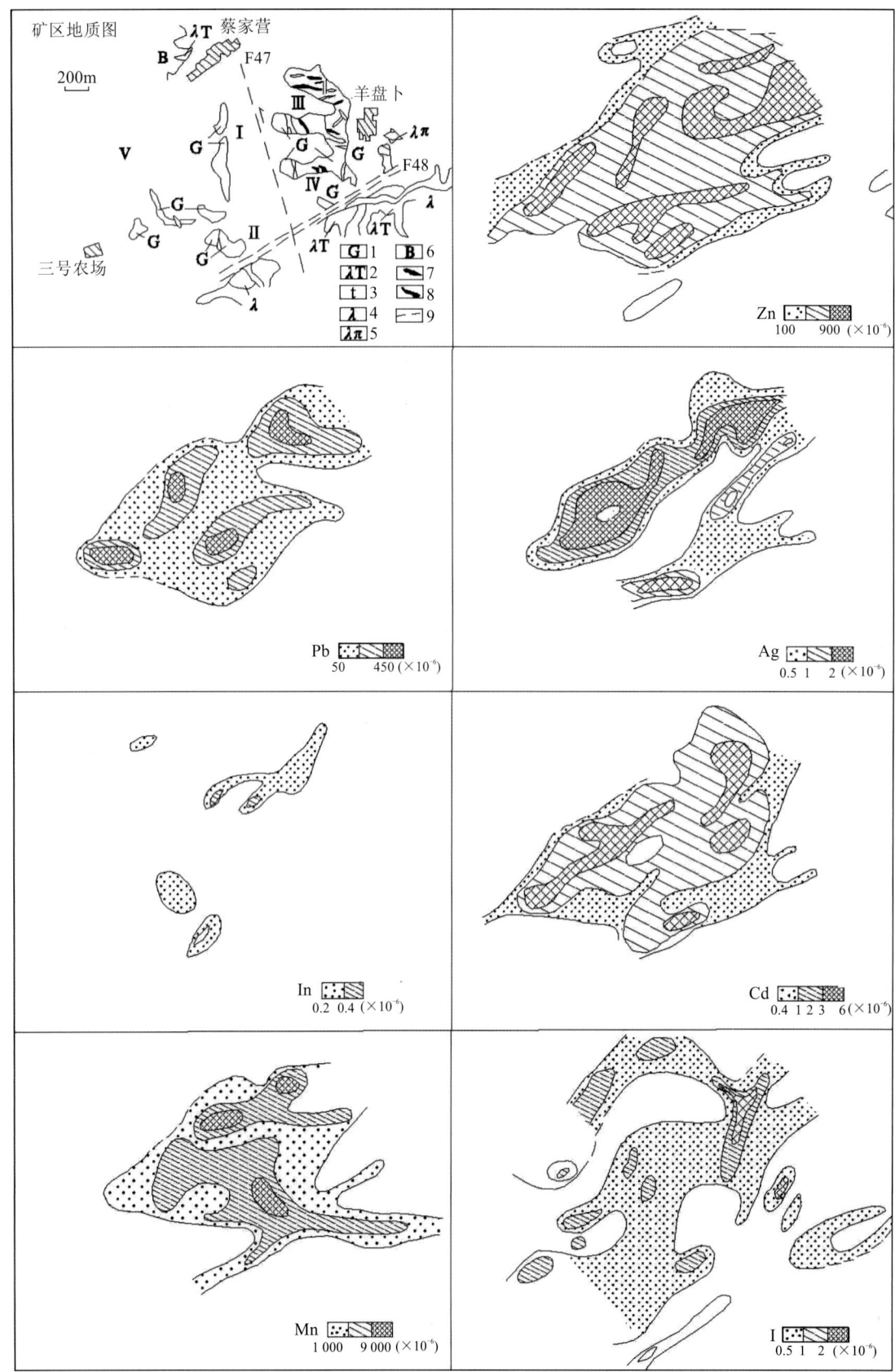

图 5-3-5(a) 蔡家营铅锌银矿区地表岩石(屑)地球化学异常图(据张长江等,1994年)

1.斜长变粒岩;2.流纹质晶屑、凝灰岩;3.粗面岩;4.流纹岩;5.石英斑岩;6.玄武岩;7.矿体;8.氧化铁帽;9.实测及推测断层

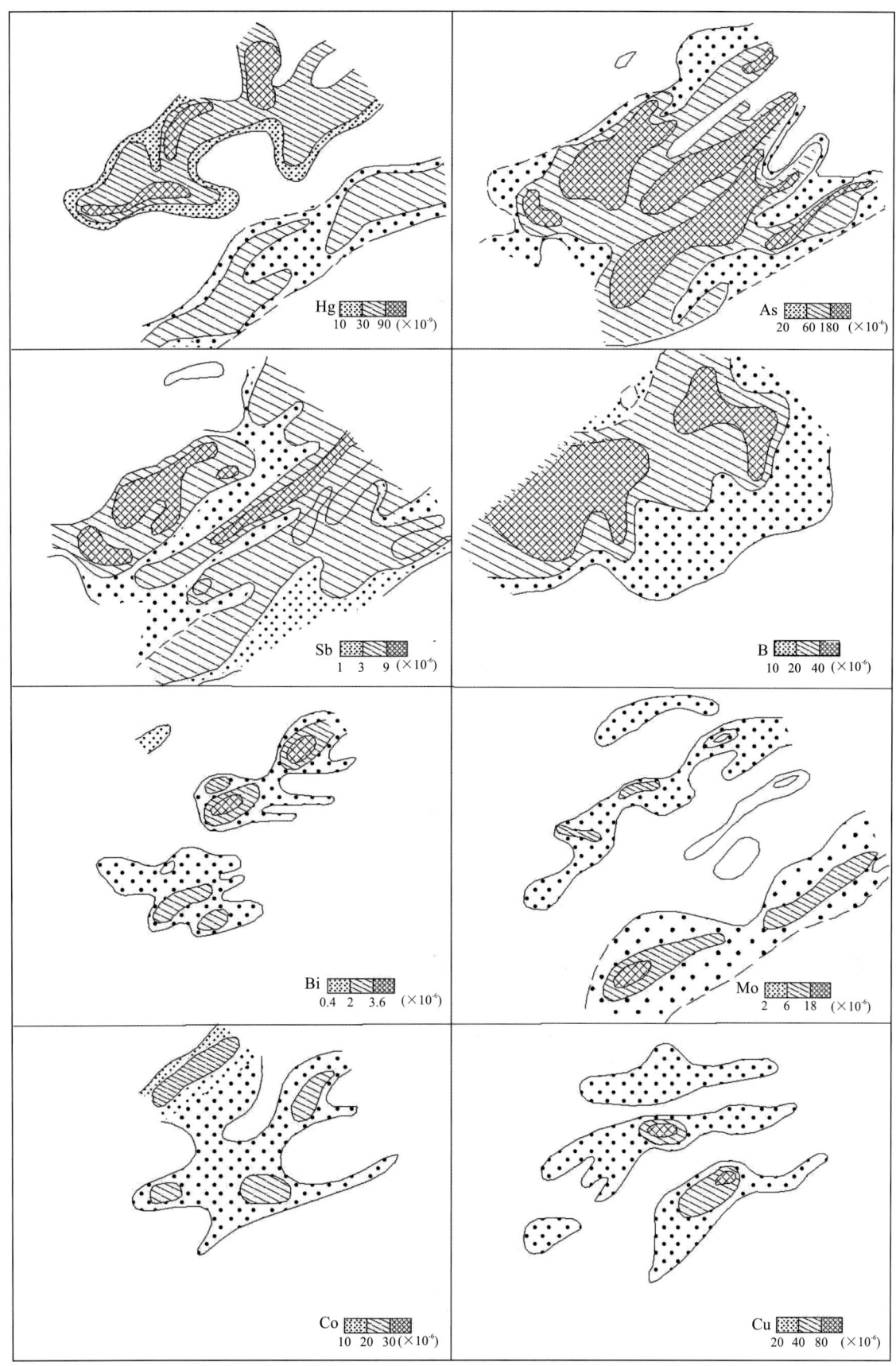

图 5-3-5(b) 蔡家营铅锌银矿区地表岩石(屑)地球化学异常图(据张长江等,1994 年)

表 5-3-3 蔡家营铅锌矿主要成矿元素含量统计表($\times 10^{-6}$)

地层及岩石名称		样数	Au		Ag		Pb	
			区间	平均	区间	平均	区间	平均
太古宇红旗营子群	角闪斜长变粒岩	3	0.000 3~0.005 8	0.003	0.25~1.1	0.71	29.6~220	118.87
	含石墨角闪斜长变粒岩	2	0.000 2~0.003 2	0.002 2	4.2~5.9	5.05	406~425	415.5
	蚀变角闪斜长变粒岩	7	0.001~0.17	0.033 4	0.46~17.1	5.48	30~5 725	1 803
	斜长变粒岩及变粒岩	7	0.000 3~0.015	0.003 9	0.08~0.65	0.35	13.2~67.2	33.5
	含石榴斜长变粒岩	1	0.007 6	0.007 6	0.13	0.13	18.9	18.9
	混合岩	1	0.001 0	0.001 0	0.09	0.09	27.6	27.6
中生界上统白旗组	火山碎屑岩	2	0.002~0.007 7	0.004 9	0.18~0.29	0.24	11.2~16.2	13.7
	安山岩	2	0.000 9~0.005	0.004 7	0.09~1.2	0.65	14.0~110	62
中生界上统张家口组	流纹质火山碎屑岩	3	0.012~0.018	0.014 3	0.06~0.5	0.27	14.6~21.2	17.4
	粗面岩	1	0.000 9	0.000 9	0.07	0.07	25.5	25.5
	流纹岩	2	0.001 2~0.003	0.002 1	0.11~0.18	0.15	17.7~18.6	18.2

地层及岩石名称		样数	Zn		Cd		As	
			区间	平均	区间	平均	区间	平均
太古宇红旗营子群	角闪斜长变粒岩	3	250~948	483.7	0.44~2.9	1.44	11~56.2	33.4
	含石墨角闪斜长变粒岩	2	2 297~4 120	3 209	6.7~21	13.05	17.8~19.8	18.8
	蚀变角闪斜长变粒岩	7	623~2 225	1 271.4	0.5~95.8	18.6	14.5~11 185	2 387
	斜长变粒岩及变粒岩	7	35~188	117.6	0.14~0.40	0.23	3.9~38.0	18.3
	含石榴斜长变粒岩	1	20.2	20.2	0.41	0.41	—	—
	混合岩	1	25.5	25.5	0.2	0.2	—	—
中生界上统白旗组	火山碎屑岩	2	125~200	162.5	0.02~0.04	0.03	3.9~13.1	8.5
	安山岩	2	164~222	193	0.2~1.02	0.61	0.2~10.8	5.5
中生界上统张家口组	流纹质火山碎屑岩	3	36~65	33.1	0.07~0.13	0.10	3.2~29.4	12.0
	粗面岩	1	79.0	79.0	0.24	0.24	2.7	2.7
	流纹岩	2	2.03~51.0	26.5	0.08~0.17	0.13	5.7~12.4	9.1

表 5-3-4 蔡家营铅锌矿主要成矿元素富集系数

地层及岩石名称		样数	Au	Ag	Pb	Zn	Cd	As
太古宇红旗营子群	角闪斜长变粒岩	3	3.37	12.68	8.37	9.91	19.46	15.98
	含石墨角闪斜长变粒岩	2	2.47	90.18	29.26	65.75	176.35	9.0
	蚀变角闪斜长变粒岩	7	37.53	97.86	127.0	26.05	251.4	1142
	斜长变粒岩及变粒岩	7	4.38	6.25	2.36	2.41	3.11	8.76
	含石榴斜长变粒岩	1	8.54	2.32	1.33	0.41	5.54	—
	混合岩	1	1.12	1.61	1.94	0.52	2.70	—
中生界上统白旗组	火山碎屑岩	2	5.51	4.29	0.96	3.33	0.41	4.07
	安山岩	2	5.28	11.61	4.37	3.95	8.24	2.63
中生界上统张家口组	流纹质火山碎屑岩	3	16.07	4.82	1.23	0.68	1.35	5.74
	粗面岩	1	1.01	1.25	1.80	1.62	3.24	1.29
	流纹岩	2	2.36	2.68	1.28	0.54	1.76	4.35

注:富集系数=样品均值/河北省燕山台褶带区域岩石均值

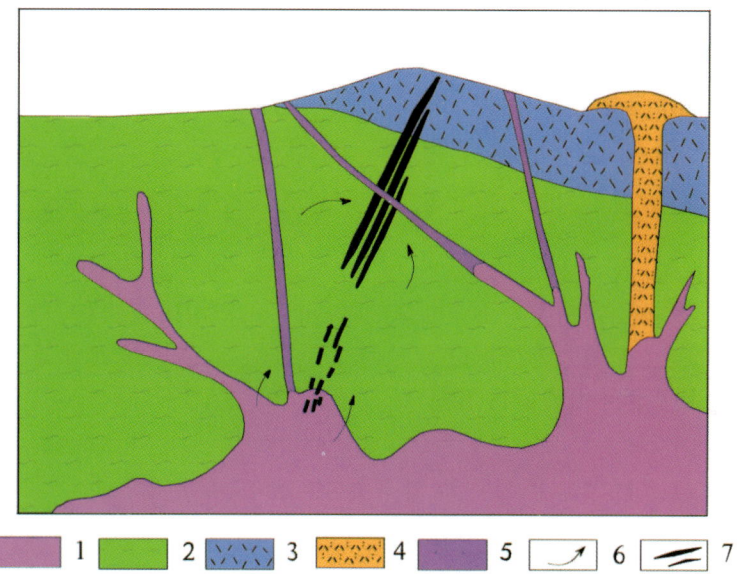

图 5-3-6 蔡家营铅锌矿床成矿模式图(据刘崇民等,1994年,略有改动)

1.花岗斑岩、石英斑岩;2.红旗营子群变质岩;3.侏罗系张家口组流纹岩;4.凝灰岩;5.导矿断裂;6.成矿热液流体;7.矿脉

4. 矿床找矿模式

综合上述矿床地质特征和地球化学特征,蔡家营铅锌矿找矿模式概况见表5-3-5。

表 5-3-5 蔡家营铅锌银矿地质-地球化学找矿模式

成矿要素		描 述 内 容
特征描述		热液脉型铅锌银矿
地质环境	成矿地层	太古代红旗营子群
	成矿岩体	燕山期酸性-超酸性次火山岩
	控矿构造	康保-围场、尚义-平泉两条东西向深断裂间的一个系列北东东、北西和近南北向断裂
	成矿时代	燕山期
	成矿环境	陆壳深断裂岩浆活动带
矿床地质特征	矿体形态	以脉状为主,但形态非常复杂,常出现分支、复合、膨胀、收缩、尖灭、再现的现象
	共伴生组分	铅、锌、金、银
	蚀变特征	矿床的近矿交代蚀变岩有绿泥石青盘岩建造、碳酸盐蚀变岩建造和绢云母-石英蚀变岩建造。围岩蚀变种类主要有绿泥石化、阳起石化、绿帘石化、绢云母化、碳酸盐化、硅化
	控矿条件	绿泥石化最发育,绢云母化与矿化关系密切
地球化学特征	1:20万水系沉积物	异常元素组合为 Ag、As、Bi、Cd、Pb、Sb、W、Zn 等。Pb、Zn、Ag 异常面积大,衬值高。多数异常具较好的三级浓度分带。除 W 外,其余元素异常形态呈半个椭圆形,元素套合非常好,异常向西未封闭,蔡家营矿区位于异常内带边缘
	大比例尺岩石测量	地表岩屑地球化学测量图可见,Pb、Zn、Ag 异常均具有一定范围和强度,浓集中心明显。其中以 Zn 的范围和强度最大,Pb、Ag 异常范围较小。矿床范围内出现 Cu、Cd、Mn、In、Bi、Co、Mo 的小范围异常,Cd、In、Mn 高浓度带近似对应于 Zn 的内带浓度。活动性强的 I、Hg、As、Sb、B 等异常范围大于或近于 Zn 的异常范围,主矿化部位有明显浓集中心,浓度带呈北东向分布
	矿区岩石特征	Ag、Pb、Zn、Cr、As 五种成矿元素在含石墨及蚀变角闪斜长变粒岩中含量最高,其次为角闪斜长变粒岩。与背景值相比,区内各种岩矿石主要成矿元素含量大多数都高于背景值,其中主成矿元素 Ag、Pb、Zn 及伴生元素 Cd 富集系数在含石墨角闪斜长变粒岩及蚀变角闪斜长变粒岩中最高,可达 26 以上,具明显的富集成矿特征

二、热液型铅锌矿——涞源县镰巴岭铅锌矿

镰巴岭铅锌矿位于涞源县镰巴岭—黄土岗一带,中心地理坐标为东经 114.990 56°,北纬 39.541 67°。探明铅资源量 57 644t,锌资源量 114 946t,矿床规模为中型。

1. 矿床地质特征

1) 区域地质背景

矿区位于中朝准地台,燕山台褶带与山西断隆的结合部,军都山岩浆岩带与蔚县凹褶束的复合部位,乌龙沟-上黄旗深断裂带与王安镇杂岩体的北接触带交切部位,成矿区带划分属于王安镇铜多金属成矿带。矿区出露地层为蓟县系雾迷山组燧石条带白云岩(图 5-3-7)。

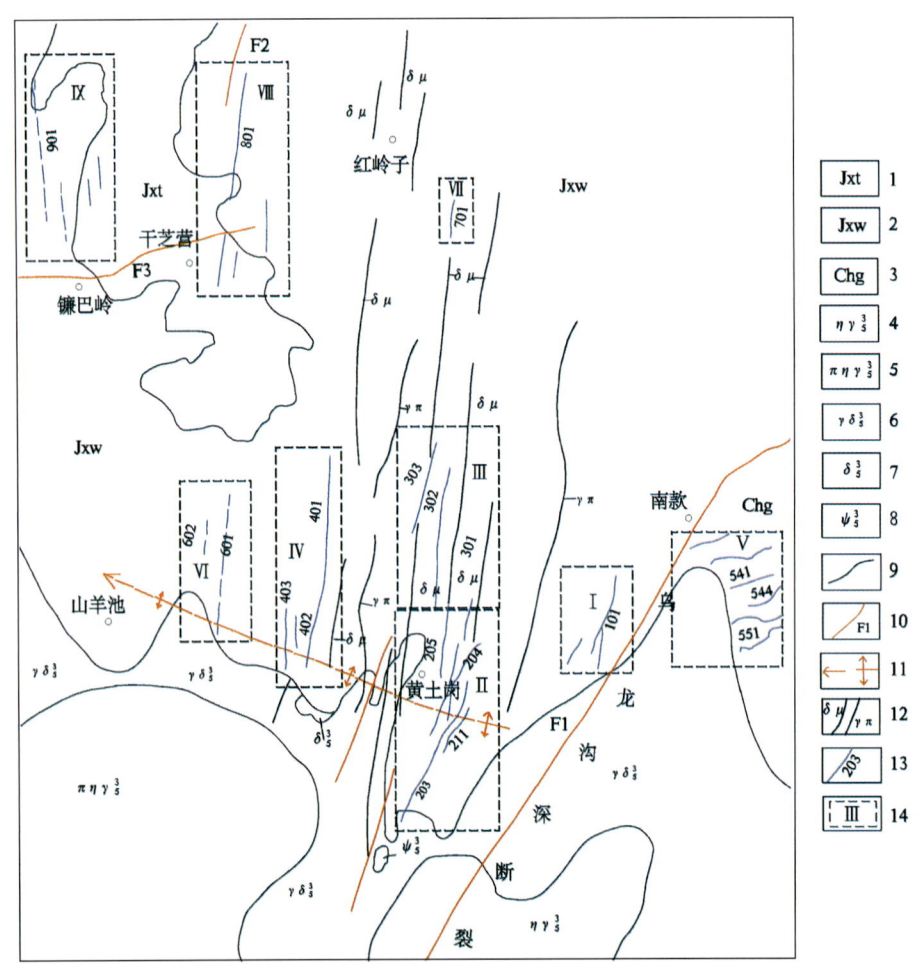

图 5-3-7　镰巴岭铅锌矿地质略图(据河北地质简况,1975 年)

1.蓟县系铁岭组;2.蓟县系雾迷山组;3.长城系高于庄组;4.燕山期二长花岗岩;5.燕山期斑状二长花岗岩;6.燕山期花岗闪长岩;7.燕山期闪长岩;8.燕山期辉石角闪岩;9.地质界线;10.断裂及编号;11.背斜轴;12.闪长玢岩、花岗斑岩脉;13.多金属矿脉及编号;14.矿段分区

与乌龙沟-上黄旗深断裂平行的北北东-北东向次级张扭性断裂发育,断面平直,倾角较陡,大部分为矿脉和岩脉充填。

矿区位于王安镇杂岩体的北部边缘,岩体主要岩性为中生代燕山岩浆旋回第三期中酸性侵入岩,此外,区内由酸性至基性的各种脉岩十分发育,主要形成于燕山晚期。

早期的岩浆活动,主要形成矽卡岩型含铜磁铁矿床或矿点,矿区的热液脉型铅锌铜金银矿化主要与晚期岩浆活动有关。

2)矿床特征

矿区位于相邻的王安镇与大河南岩体之间的王安镇岩体外接触带白云岩中,矿床受乌龙沟-上黄旗深断裂的次级张扭性断裂裂隙控制,矿脉成群成带产出,在约80km²范围内共发现矿脉120余条,主要密集于南部接触带附近,自南往北由密而疏,成群成带分布。

根据矿脉的相对集中程度,划分为9个矿段,即黄安Ⅰ矿段、黄土岗Ⅱ矿段、裂巴沟Ⅲ矿段、库状石Ⅳ矿段、南款Ⅴ矿段、铜硐子Ⅵ矿段、青石沟Ⅶ矿段、红岭子Ⅷ矿段、镰巴岭Ⅸ矿段。各矿段由无矿(或很少)地段相隔。在近岩体的Ⅱ矿段及Ⅲ、Ⅳ矿段,矿脉产状走向北东10°~20°,倾向南东,倾角65°~70°,向深部变缓,倾角55°~65°。矿脉形态为板状、透镜状。远离岩体的矿脉其形态逐渐变为树枝状、细脉状或网脉状。

以黄土岗、裂巴沟、库状石、南款矿段的矿脉最为集中,以黄土岗矿段203、204、205,裂巴沟矿段301、302,库状石段401、402、403,南款501矿脉最大,矿体长900~1 800m,厚0.43~1.31m,延伸一般在180~400m,最大延伸达800m(图5-3-8)。

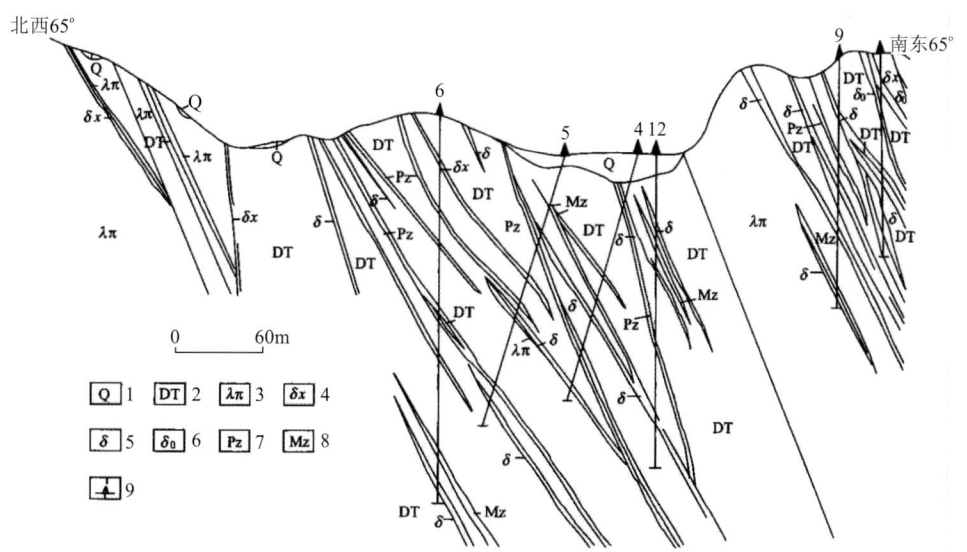

图5-3-8 镰巴岭铅锌矿Ⅱ(黄土岗)矿段16线剖面图(据河北矿区简况,1975年,略有改动)
1.第四系;2.白云岩;3.石英斑岩;4.闪斜煌斑岩;5.细晶闪长岩;6.石英闪长岩;7.铅锌矿脉;8.矿化带;9.钻孔及编号

矿石结构:自形粒状结构、半自形他形粒状结构、固溶液分解结构、环状结构,分布较少的有残余结构、交叉结构、骸晶结构。

矿石构造:致密块状构造、浸染状构造、条带状构造、晶簇状构造、花斑状构造及交错构造。

矿物成分:组成矿石的原生金属矿物主要为黄铁矿、闪锌矿、方铅矿、黄铜矿、磁黄铁矿、毒砂、辉银矿和自然金等,近地表氧化带次生金属矿物为褐铁矿、孔雀石、铜兰、铅矾、白铅矿、菱锌矿、赤铁矿和辉铜矿等,脉石矿物主要为石英、方解石、白云石、重晶石、绿泥石和滑石等。

主要有用组分:矿石中的主要有用组分为铅、锌、铜、硫。

2. 地球化学特征

1)1∶20万区域化探

收集镰巴岭铅锌矿区近210km²范围内1∶20万水系沉积物中的39种元素含量数据,计算水系沉积物中元素中位值、算术均值、相对全省水系沉积物中的富集系数等参数,与全省1∶20万水系沉积物均值相比,镰巴岭矿区水系沉积物中明显富集Ag、Bi、Cd、Cu、Mo、Pb、U、W、Zn,其富集系数均大于1.2。主成矿元素Pb富集系数2.02、Zn富集系数1.35,具很强的成矿信息。其中除U外,其他元素在矿体上方均有异常显示。

在1:20万水系沉积物地球化学异常剖析图上(图5-3-9),Pb、Zn、Cd、Bi、Mo异常具三级浓度分带,Ag、Au异常具二级浓度分带,Hg异常具一级浓度分带,各元素浓集中心基本一致。异常北东向展布,反映其受北东向断裂构造控制,铅锌矿位于异常浓集中心区。该区东北部没有采样,所以异常不完整。由表5-3-6中NAP值排序可以得到涞源镰巴岭铅锌银矿异常表达式为W-Cd-Pb-Ag-Bi-Zn-Mo-Au-Hg-Cu。

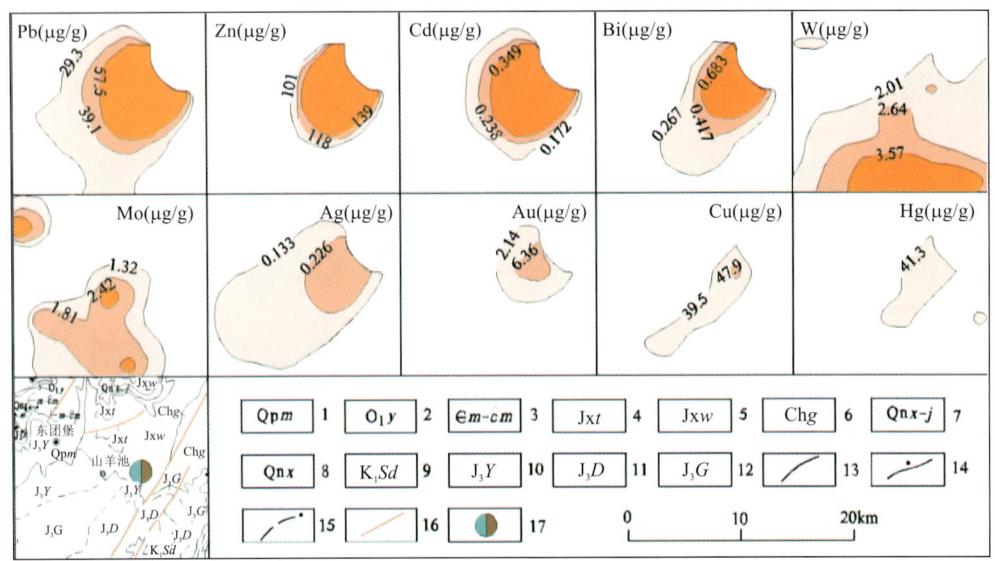

图5-3-9 镰巴岭铅锌矿水系沉积物地球化学异常剖析图

1.第四系马兰组;2.奥陶系冶里组;3.寒武系馒头组、张夏组、崮山组、炒米店组并层;4.蓟县系鬄鬄山组;5.蓟县系雾迷山组;6.长城系高于庄组;7.青白口系下马岭组、龙山组、井儿峪组并层;8.青白口系下马岭组;9.细粒正长花岗岩、花岗斑岩;10.中细粒石英二长闪长岩;11.斑状二长花岗岩;12.花岗闪长岩、中细粒石英二长岩;13.地质界线;14.角度不整合地质界线;15.花岗岩类深成岩脉动界线;16.断裂;17.镰巴岭铅锌矿

表5-3-6 镰巴岭铅锌银矿水系沉积物地球化学异常参数表

元素	W	Cd	Pb	Ag	Bi	Zn	Mo	Au	Hg	Cu
极值	8.40	2.70	400.8	0.640	3.15	764	6.20	13.9	101	72.0
下限	2.64	0.172	29.3	0.133	0.267	100.6	1.81	2.14	41.3	39.5
面积	190.2	73.1	49.6	116.9	68.1	50.1	50.3	27.9	23.1	27.0
点数	49	12	8	24	13	8	12	4	3	5
均值	3.66	0.584	100.3	0.203	0.568	230.2	2.84	4.93	76.3	57.3
衬值	1.39	3.39	3.42	1.53	2.13	2.29	1.57	2.30	1.85	1.45
NAP	263.7	248.2	169.8	178.4	144.9	114.6	78.9	64.3	42.7	39.2

注:Au、Hg含量单位为ng/g,其余为μg/g;面积单位为km²;NAP=衬值×面积

2)1:5万化探

从表5-3-7可见,水系沉积物中的Pb、Zn最高含量已经达到边界品位。两元素的离散程度非常高,反映出异常的跳跃性。相对1:20万水系沉积物数据,5元素均有不同程度的富集。

在1:5万水系沉积物地球化学异常剖析图5-3-10上,Pb、Zn异常面积大,Ag、Cu、Au异常面积较小。5元素异常套合非常好,均具三级浓度分带,与铅锌矿的空间对应也非常好。相比1:20万地球化学异常图,本图件中Pb、Zn、Ag、Cu等元素异常信息更加细节化,对矿床的定位效果更好些。

第五章 典型矿床地球化学异常模型

表 5-3-7 镰巴岭铅锌矿区 1∶5 万水系沉积物地球化学特征参数表

元素	样品数	最大值	最小值	中位数	算术均值	标准离差	本区 1∶20 万水系沉积物均值	富集系数
Cu	798	1 470	10	21.2	35.36	88.48	28.33	1.25
Pb	798	26 750	5	28.1	176.7	1 262	47.12	3.75
Zn	798	32 000	20	81.6	240.6	1437	97.23	2.47
Au	680	2 571	0.48	1.5	13.29	128.8	1.21	10.98
Ag	680	14	0.06	0.13	0.39	1.37	0.14	2.78

注：富集系数＝算术均值/本区 1∶20 万水系沉积物均值

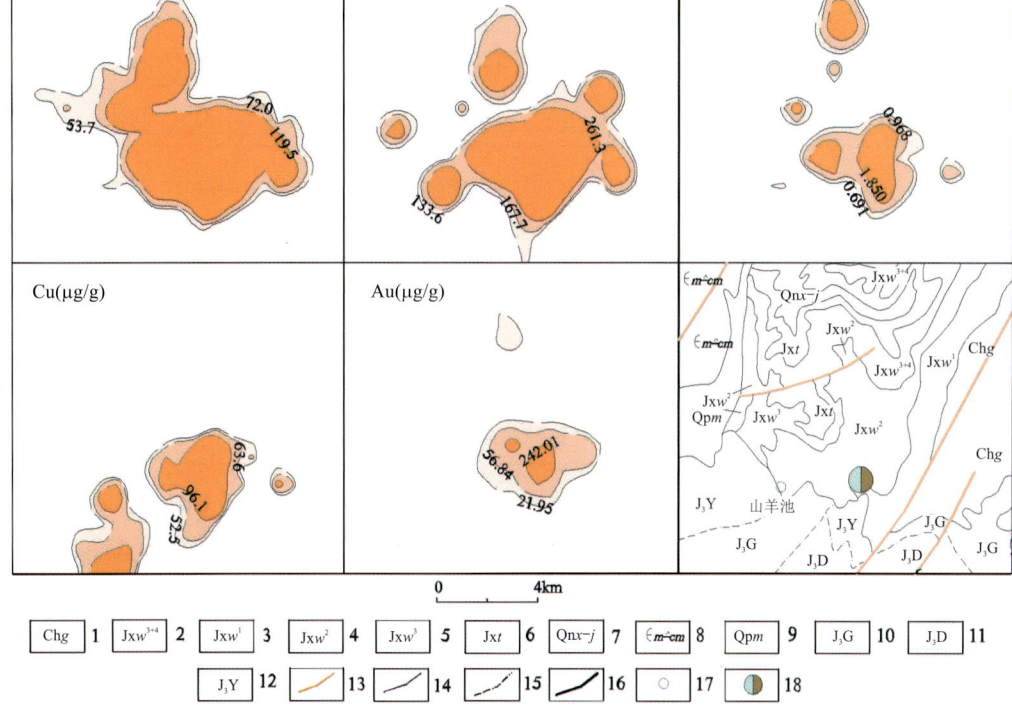

图 5-3-10 镰巴岭铅锌矿 1∶5 万水系沉积物地球化学异常剖析图

1.长城系高于庄组；2.蓟县系雾迷山组三段、四段并层；3.蓟县系雾迷山组一段；4.蓟县系雾迷山组二段；5.蓟县系雾迷山组三段；6.蓟县系铁岭组；7.青白口系井儿峪组；8.寒武系馒头组、张夏组、崮山组、炒米店组并层；9.第四系马兰组；10.中粒石英二长岩、花岗闪长岩；11.斑状二长花岗岩；12.中细粒石英二长闪长岩；13.断裂；14.地质界线；15.花岗岩类深成脉动界线；16.公路；17.乡镇；18.连八岭铅锌矿

3.矿床成因及成矿模式

矿床受深断裂旁侧次级裂隙系统控制，成矿与中酸性脉岩及隐伏小岩体有关，成矿流体为岩浆热液与地下水的混合体系，介质条件为中高温，成矿物质来源于上地幔—下地壳，成矿作用以硅化为主，成矿方式以贯入式充填作用为主，交代作用次之。整个过程当属某一大的成矿体系的石英硫化物阶段。

成矿过程：随深断裂的构造活动，地壳深部硅酸盐岩浆侵入形成王安镇杂岩体，而由其携带和分异产生的含矿热液聚集于边缘构造薄弱部位，经过多期次的成矿作用，形成了多成因类型的矿床组合。早期在岩体的接触带形成了高温矽卡岩型含铜磁铁矿矿床；中期在离接触带稍远的部位形成了中温热液脉型矿床，其矿物组合以磁铁矿为主，其次为闪锌矿和黄铜矿，并伴生较多含量的金和银；晚期在碳酸盐岩地层构造裂隙中，形成了中低温热液脉型铅锌矿床。成矿后又经历了表生氧化阶段。矿床的形成过程如图 5-3-11 所示。

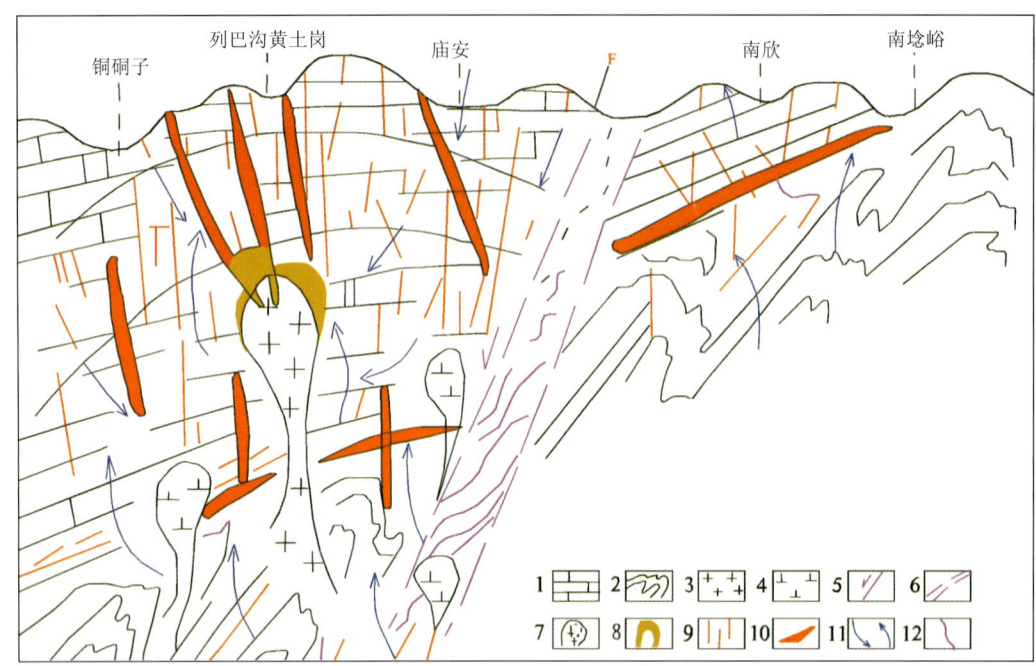

图 5-3-11 涞源县镰巴岭铅锌矿成矿模式图（据河北省地质调查院，2012年）

1.白云岩；2.变质岩系；3.酸性岩系；4.中基性岩；5.断层；6.韧性剪切带；7.斑岩型矿化岩体；8.矽卡岩型矿体；9.脉岩型矿体；10.拆离带型矿体；11.流体运移方向；12.产状断层

4. 矿床找矿模式

综合上述矿床地质特征和地球化学特征，将镰巴岭铅锌矿的找矿模式概括为表 5-3-8。

表 5-3-8　镰巴岭铅锌矿地质-地球化学找矿模式

成矿要素		描 述 内 容
特征描述		中低温热液脉型铅锌矿床
地质环境	成矿地层	蓟县系雾迷山组燧石条带白云岩
	成矿岩体	中生代燕山岩浆旋回第三期中酸性侵入岩
	控矿构造	乌龙沟-上黄旗深断裂带两侧的近南北向次级断裂
	成矿时代	中生代，J_3，燕山晚期
	成矿环境	陆壳深断裂岩浆活动带
矿床地质特征	矿体形态	脉状、透镜体状
	有益组分	铅、锌、银、硫
	蚀变特征	在断裂带内，围岩热液蚀变普遍发育。产生石英—绿泥石化、石英—黄铁矿化、石英绢云母化及碳酸盐化和叶腊石化。热液蚀变与金属硫化物密切共生
	控矿条件	深断裂带两侧的NNE向的张性和张扭构造裂隙
地球化学特征	1∶20万水系沉积物	明显富集 Ag、Bi、Cd、Cu、Mo、Pb、U、W、Zn，其富集系数均大于1.2。主成矿元素 Pb 富集系数 2.02、Zn 富集系数 1.35，具很强的成矿信息。异常剖析图中 Pb、Zn、Cd、Bi、Mo 异常具三级浓度分带，Ag、Au 异常具二级浓度分带，Hg 异常具一级浓度分带，各元素浓集中心基本一致。异常北东向展布，反映其受北东向断裂构造控制，铅锌矿位于异常浓集中心区
	1∶5万水系沉积物	相对1∶20万水系沉积物数据，Pb、Zn、Ag、Au、Cu 5元素均有不同程度的富集。Pb、Zn 最高含量已经达到边界品位。两元素的离散程度非常高，反映异常的跳跃性。异常剖析图中 Pb、Zn、异常面积大，Ag、Cu、Au 异常面积较小。5元素异常套合非常好，均具三级浓度分带，与铅锌矿的空间位置相对应

三、海相沉积型铅锌矿——兴隆县高板河硫铁铅锌矿

高板河铅锌矿位于兴隆县高板河一带,中心地理坐标为东经117.96667°,北纬40.4°。累计探明锌资源量77 194t,铅资源量23 500t,矿床规模为大型硫铅锌矿。

1. 矿床地质特征

1) 区域地质概况

该矿区域上处于中朝准地台(Ⅰ)、燕山台褶带(Ⅱ)、马兰峪复式背斜(Ⅲ)、宽城凹褶束(Ⅳ)西南部。矿区出露地层主要为中元古界长城系高于庄组,是一套以碳酸盐岩占绝对优势(95%以上)的地层(图5-3-12)。另外,在山间沟谷及缓坡地段分布有第四系冲积物及残坡积层。

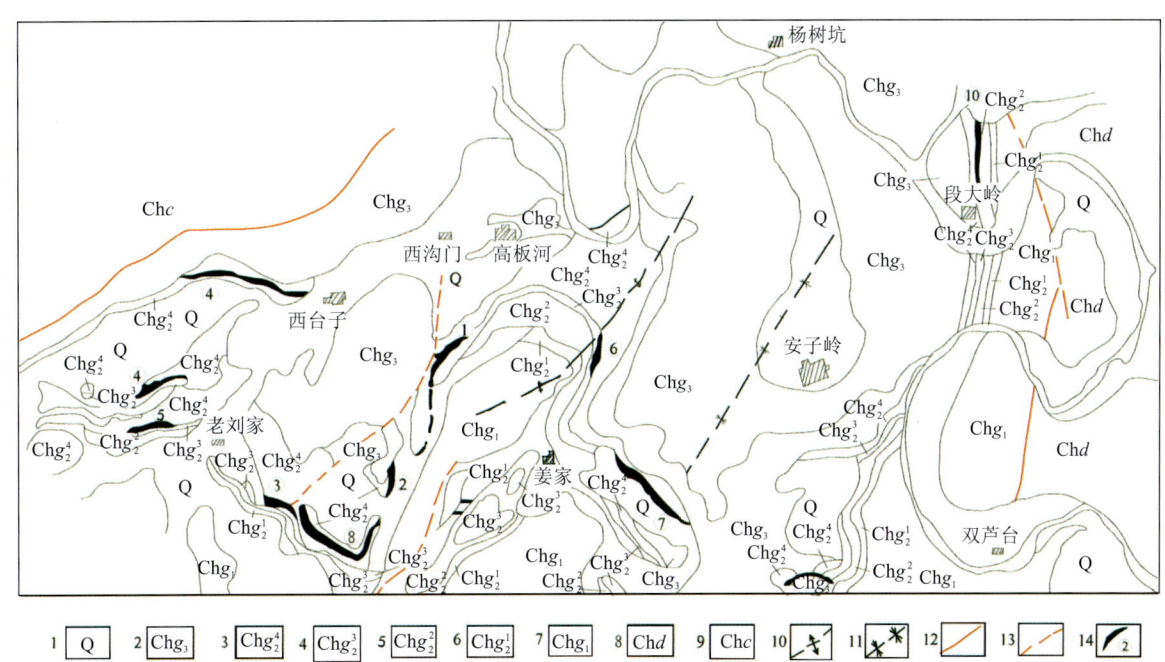

图5-3-12 高板河铅锌矿区域地质略图
(据河北省地质局第五地质大队和长春地质学院高板河组资料,1985年,略有改动)
1. 第四系沉积、坡积物;2. 高于庄组三段;3. 高于庄组二段四亚段;4. 高于庄组二段三亚段;5. 高于庄组二段二亚段;6. 高于庄组二段一亚段;7. 高于庄组一段;8. 大红峪组;9. 常州沟组;10. 背斜轴;11. 向斜轴;12. 断层;13. 推断断层;14. 矿体及编号

区内未出现大规模的侵入岩体,只出现一些闪长岩类的脉岩,岩性单一,大致分为细晶闪长岩、闪长玢岩,分布有规律,以北东向为主。

矿区内褶皱、断裂构造均较发育。褶皱构造呈北东或北北东向,其生成期间均晚于成矿期,主要有安子岭箱状向斜和石门沟倒转背斜。断裂构造以北东向为主。

2) 矿床特征

该矿床成因类型为海相沉积成因矿床。矿床赋存于高于庄组中厚层含锰上白云岩段(Chg_2^5)。呈东西向分布,东起椴木岭,西止姜家庄,长达6km。矿体露头断续延长4.2km。由于断层和褶皱构造的破坏与影响,共分为10个矿体、两个矿段。其中,①、②、③、④、⑤、⑧六个矿体统称高板河矿段;⑥、⑦、⑩三个矿体是受安子岭箱状倾伏向斜控制的连续矿体统称安子岭矿段,规模最大,全长2 500m,呈似层状及层状;⑨号矿体位于梯子沟,相距较远,矿体小。图5-3-13为矿区第71勘探线剖面图。

矿石矿物以黄铁矿、闪锌矿为主,其次为方铅矿;次生硫化物有白铁矿、菱锌矿、白铅矿和铅铁矾等;脉石矿物主要有白云石、方解石、少量石英及微量的重晶石、金红石、角闪石、锆石、萤石、磷灰石等。

矿石主要有用组分平均品位:S 20.50%,Pb 0.59%,Zn 2.01%。

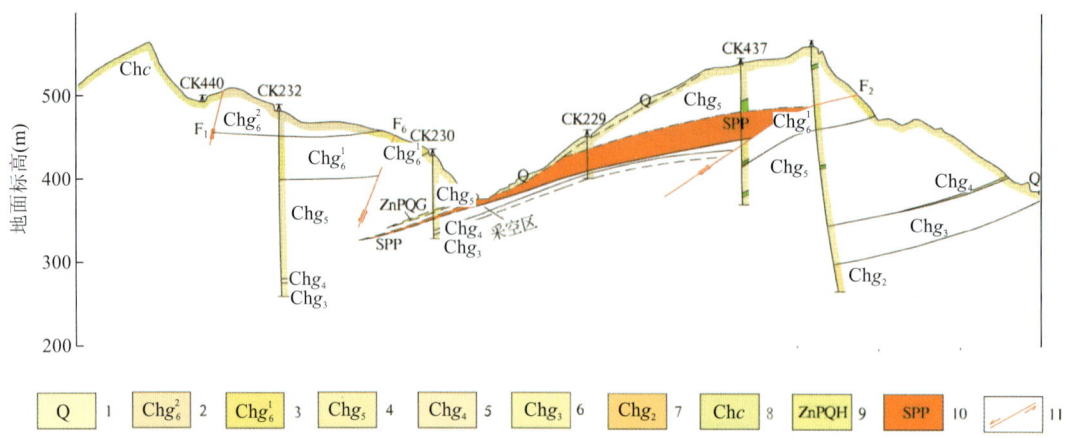

图 5-3-13 高板河铅锌矿第 71 勘探线剖面图（据河北省地质调查院，2012 年）

1.第四系坡残积、冲洪积；2.含结核白云岩；3.板状白云岩；4.中厚层含锰上白云岩；5.黑色上页岩；6.厚层含锰下白云岩；7.含锰下页岩；8.常州沟组石英砂岩；9.锌表外氧化矿；10.铅锌矿体；11.平移、走滑断层

矿石结构：胶状结构、隐晶状结构、自形—他形晶粒状结构、微莓球状结构、放射状结构、球粒状结构、花岗状变晶结构及变胶状结构、交代结构等。

矿石构造：层纹状、条带状、致密块状、肾状、角砾状、斑状、团斑状、浸染状、脉状、网脉状等。

矿体均呈层状、似层状及透镜状整合产于地层中，未见围岩蚀变。

2. 地球化学特征

本次收集高板河铅锌矿区近 250km² 范围内 1∶20 万水系沉积物中的 39 项元素含量数据，计算水系沉积物中元素中位值、算术均值、相对全省水系沉积物中的富集系数等参数，与全省 1∶20 万水系沉积物均值相比，高板河矿区水系沉积物中明显富集 As、B、Cd、F、Li、Mn、Mo、Pb、Sb、Zn，其富集系数均大于 1.2。其中除 Sb 外，其他元素在矿体上方均有异常显示。

在地球化学异常图上（图 5-3-14），Mn、B、Pb、Zn、Cd、As、F 异常具三级浓度分带，K_2O、Mo 异常具二级浓度分带，Hg 为单点异常。主要成矿及伴生元素 Pb、Zn、Cd、B、As 异常浓集中心套合非常好，与高板河铅锌矿空间位置相对应。根据表 5-3-9 中 NAP 值排序可以得到兴隆高板河硫铁锌铅矿异常表达式为 Pb-Cd-Zn-As-B-Mo-Mn-Sb-Hg。

表 5-3-9 高板河铅锌黄铁矿地球化学异常参数表

元素	Pb	Cd	Zn	As	B	Mo	Mn	Sb	Hg
极值	375	2.10	510.5	25.9	277	2.80	4374	1.18	62.8
下限	29.3	0.23	100.6	13.8	115.2	1.32	1395	0.91	41.3
面积	62.5	46.2	39.7	29.9	26.8	23.1	4	9.10	5.14
点数	16	10	9	8	8	6	1	2	1
均值	71.4	0.608	198.2	17.6	154.5	1.97	43.74	1.08	52.1
衬值	2.44	2.64	1.97	1.28	1.34	1.49	3.14	1.19	1.26
NAP	152.3	122.1	78.2	38.1	35.9	34.5	12.5	10.9	6.48

注：Hg 含量单位为 ng/g，其余为 μg/g；面积单位为 km²；NAP=衬值×面积

3. 矿床成因及成矿模式

高板河硫铁铅锌矿床的基本特征有：矿体层位稳定；矿物成分简单；矿石结构、构造类型简单，主要为

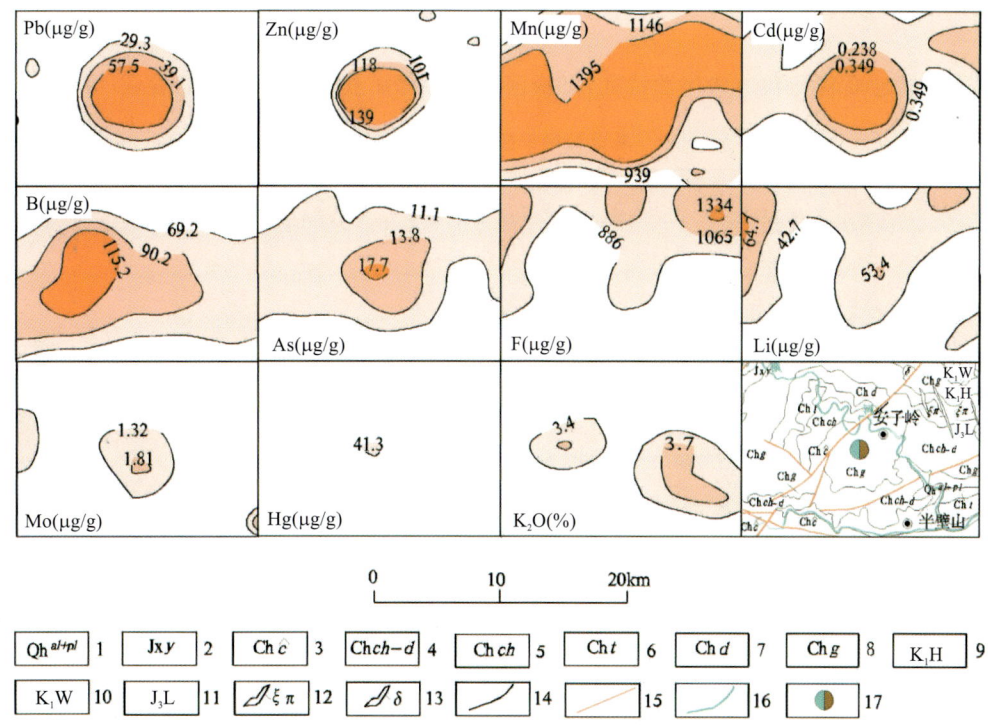

图5-3-14 高板河铅锌黄铁矿地球化学异常剖析图

1.第四纪冲积、洪积;2.蓟县纪杨庄组;3.长城纪常州沟组;4.长城纪串岭沟组、团山子组、大红峪组并层;5.长城纪串岭沟组;6.长城纪团山子组;7.长城纪大红峪组;8.长城纪高于庄组;9.石英二长闪长岩、闪长玢岩;10.石英二长岩;11.中粗粒石英碱长正长岩;12.正长斑岩脉;13.闪长岩脉、闪长玢岩脉;14.地质界线;15.断裂;16.水系;17.高板河硫铁铅锌矿

细脉、薄层、条带状;矿化规模较大,铅锌品位较低。矿体形态较规则,形状较简单;成矿与大的断裂、褶皱构造关系不密切;矿床附近无岩浆活动,与岩浆成矿作用无明显的成因联系;含矿围岩无明显的蚀变现象。

根据上述成矿特征,可以认为高板河硫铁铅锌矿属层控型多金属硫化物矿床,可与密西西比河谷型铅锌矿类比。成矿模式如图5-3-15所示。

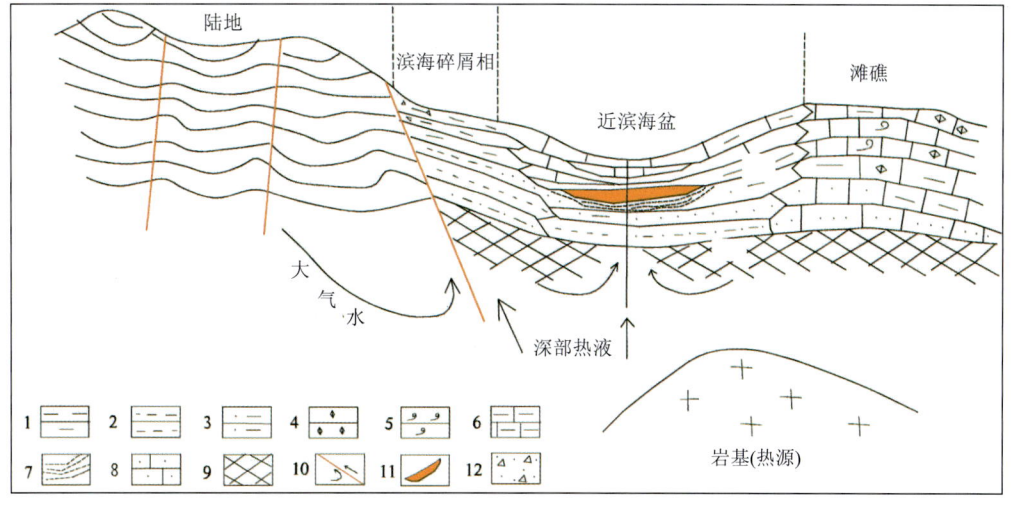

图5-3-15 高板河硫铁铅锌矿成矿模式图(据河北省地质调查院,2012年)

1.粉砂岩;2.砂岩、细砂岩;3.含砾砂岩;4.礁灰岩;5.生物灰岩;6.泥质灰岩;7.黑色页岩;8.灰岩;9.大红峪组白云岩;10.同生断层及热液流动方向;11.铅锌矿体;12.同生角砾岩

4. 矿床找矿模式

综合上述矿床地质特征和地球化学特征,高板河硫铁铅锌矿找矿模式概况为表 5-3-10。

表 5-3-10 高板河铅锌矿床地质-地球化学找矿模式

成矿要素		描 述 内 容
特征描述		海相沉积的黄铁矿、闪锌矿矿床
地质环境	成矿地层	长城系高于庄组含锰白云岩
	成矿时代	长城系高于庄组含锰白云岩
	成矿环境	燕山台褶带北部马兰峪大背斜的北翼
矿床特征	矿体形态	矿体呈层状似层状产出
	矿床有益组分	硫、锌、铅
	控矿条件	封闭的海底凹陷盆地
地球化学特征	1∶20万水系沉积物	明显富集 As、B、Cd、F、Li、Mn、Mo、Pb、Sb、Zn,富集系数均大于 1.2。异常剖析图中,Mn、B、Pb、Zn、Cd、As、F 异常具三级浓度分带,K_2O、Mo 异常具二级浓度分带,Hg 为单点异常。主要成矿及伴生元素 Pb、Zn、Cd、B、As 异常浓集中心套合非常好,与高板河铅锌矿空间位置相对应

第四节 典型铜矿床地球化学异常模型

全省目前已发现铜矿床约 18 处,其中中型 3 处,小型 15 处,矿点 175 处。主要集中分布在保定、承德、邢台地区,其次是唐山、张家口、秦皇岛等地。矿床类型主要有矽卡岩型、斑岩型、热液型、沉积型、沉积变质型等,以前两种成矿潜力最大,下面简要介绍这两种类型典型矿床的地质、地球化学特征。

一、斑岩型铜矿——平泉县小寺沟铜矿

小寺沟铜钼矿位于河北省平泉县小寺沟一带,中心地理坐标为东经 118.486 94°,北纬 40.946 67°。探明资源量:铜 21.338 万 t,钼 6.575 万 t,矿床规模为中型矿。

1. 矿床地质特征

1) 区域地质概况

小寺沟铜钼矿床位于燕山台褶带宽城凹褶束的东北部。矿区内出露的地层简单,在矿区北部东西向断层以北分布有太古界迁西岩群,以南为中元古界雾迷山组和上侏罗统(图 5-4-1)。

矿区构造以断裂发育为特点,褶皱构造不明显。断裂主要分为东西向、北西向及北东向三组。东西向断层横穿矿区北部,为区域性深断裂的一段。北北东向断裂主要为平移正断层,北西向是区内最发育的一组断裂,它控制着小寺沟岩体的边界、蚀变带、矿体分布、岩脉及火山岩的分布。

矿区岩浆岩发育。多以斑岩、脉岩形式出现,其次为火山熔岩及火山碎屑岩。小寺沟花岗闪长斑岩是矿区的主要含矿岩体,以富含铜、钼为特征。

区内脉岩分布广泛,是岩浆晚期阶段的最后产物。岩石类型以中酸性为主。

2) 矿床地质特征

小寺沟矿床是以铜钼为主的有色金属矿床,除此以外有铅锌矿、铁矿,还伴生有金、银、硫、铼、硒等元素。

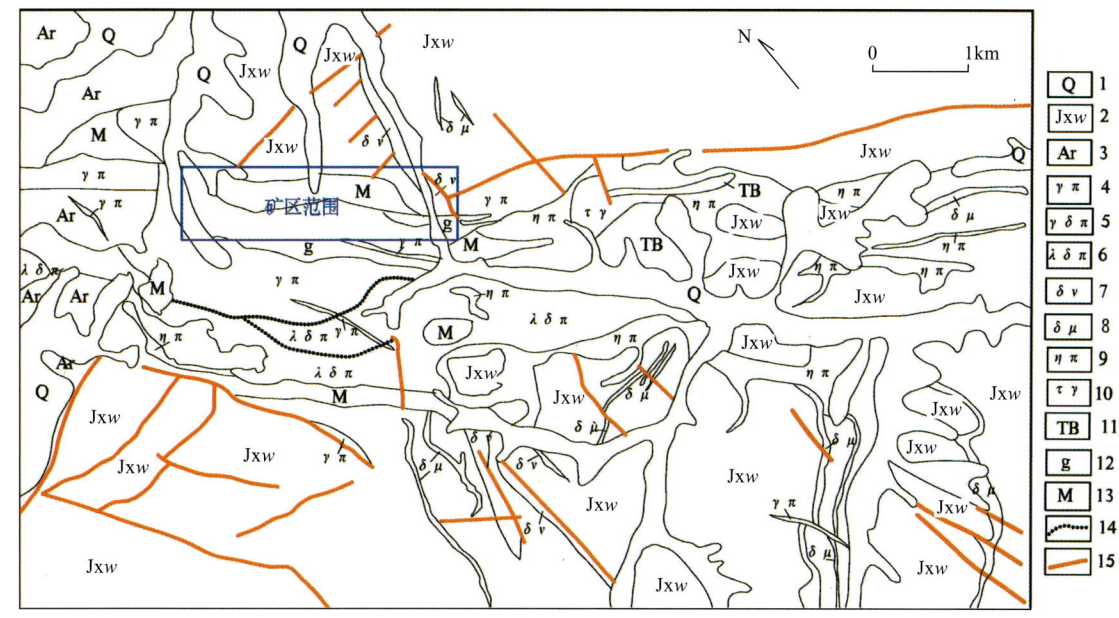

图 5-4-1 小寺沟铜钼矿区域地质图(据李孝红,2007)

1.第四系;2.蓟县系雾迷山组白云岩;3.太古宇变质岩;4.花岗斑岩;5.花岗闪长斑岩;6.石英闪长斑岩;7.闪长辉长岩;8.闪长玢岩;9.二长斑岩脉;10.细晶斑岩脉;11.流纹质凝灰角砾岩;12.钾化硅化绢云母化带;13.大理岩化带;14.推测地质界线;15.断层

铜矿化主要分布于小寺沟岩体外接触带上变镁矽卡岩的蛇纹石蚀变岩和蛇纹石化白云岩中,其次是钙矽卡岩的石榴石矽卡岩中。前者矿化强,范围大,构成主要铜矿体;后者分布局限,铜多以伴生元素形式存在。

铜矿体主要分布于下杖子至铜硐子沟一带。矿体形态比较规则,通常呈似层状、狭长带状,与接触带产状一致(图5-4-2)。

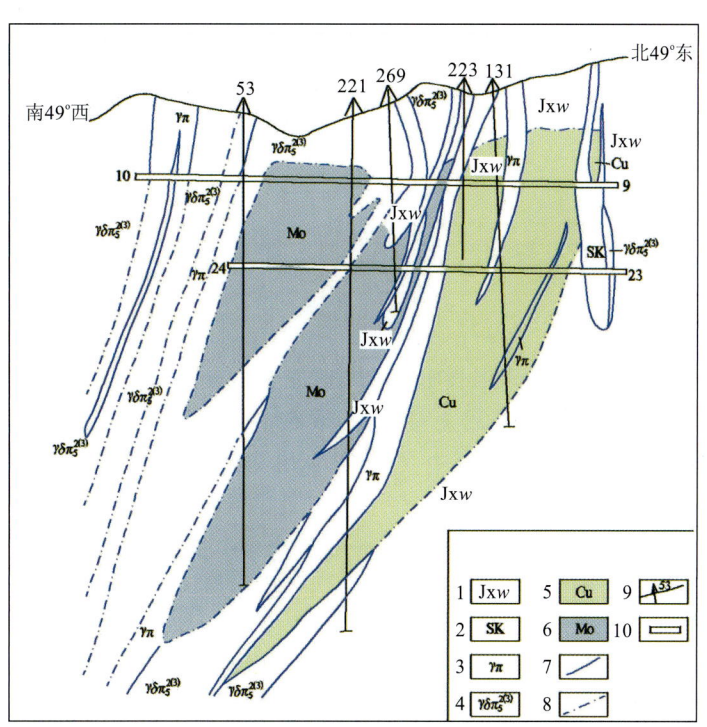

图 5-4-2 小寺沟铜钼矿区6号勘探线剖面图(据彭朝晖等,2007年)

1.蓟县系雾迷山组燧石条带白云岩;2.矽卡岩;3.花岗斑岩;4.燕山期花岗闪长斑岩;5.铜矿体;6.钼矿体;7.地质界线;8.渐变地质界线;9.钻孔及编号;10.坑道

钼矿化主要分布于岩体内蚀变带黄铁绢英岩中,次为钙矽卡岩的石榴石矽卡岩中。钼的矿化强,范围广,有的钼矿化发生在内接触带边缘,与铜矿体相接,形成铜钼矿。钼矿体分布于上杖子于南沟脑地段。另有小钼矿体,形态、规模变化较大,多呈脉状、扁豆状产出。

铅锌矿化或铅矿化主要分布在距小寺沟岩体较远的弱蚀变(青盘岩化)的结晶白云岩中,明显受岩石裂隙控制,形成脉状矿体。品位高,规模很小。

铁矿主要分布在变镁矽卡岩中。形成的矽卡岩磁(赤)铁矿规模小,矿体不连续,局部矿化地段受后期铜矿化叠加,形成含磁铁矿的铜矿体。

以上矿化和矿体的分布都受岩体接触带和蚀变带的控制,围绕小寺沟岩体形成环带状矿化晕。自岩体内接触带向外,依次是钼矿化—钼铜矿化—铁铜矿化—铜矿化—铅锌矿化—铅矿化。这种有规律的分布反映出在一个小范围内,一个矿床的成矿作用过程中也具有它本身的时空演化和分布规律,形成了不同矿体(化)在空间上有规律的组合。

铜矿石类型有3种,即铜矿石、铁铜矿石和钼铜矿石。矿石主要由黄铁矿、黄铜矿、辉钼矿组成,并有磁黄铁矿、闪锌矿、方铅矿、磁铁矿等伴生矿物。脉石矿物有蛇纹石、白云石、方解石、透辉石、金云母、硅镁石、钾长石、斜长石、石英、绢云母、钙铝榴石、透辉石、方柱石、硅镁石等。

矿石结构主要为他形粒状结构、交代结构,偶见熔离结构及压碎结构。矿石构造有浸染状构造、脉状构造和块状构造。铜矿石常呈细脉浸染状构造。

矿区的围岩蚀变发育,主要蚀变有钾化(钾长石化、黑云母化)、黄铁绢英岩化、黏土岩化及矽卡岩化(含蛇纹石化)。其中主要含矿蚀变岩石是含钼黄铁绢英岩、石榴石钙矽卡岩、含铜变镁矽卡岩和蛇纹石化白云岩。

2. 地球化学特征

1)1∶20万区域化探

本次收集小寺沟铜矿区近280km²范围内1∶20万水系沉积物中的39项元素含量数据,计算水系沉积物中元素中位值、算术均值、相对全省水系沉积物中的富集系数等参数,与全省1∶20万水系沉积物均值相比,小寺沟矿区水系沉积物中明显富集Ag、Bi、Cd、Co、Cu、Mo、P、Pb、Sb、Ti、V、W、CaO、MgO,其富集系数均大于1.2。其中Ag、Bi、Cd、Cu、Mo、Pb、Sb、W在矿体上方有异常显示。

1∶20万水系沉积物地球化学异常图上在矿区及其周围地区有9个元素的组合异常,异常形态呈近

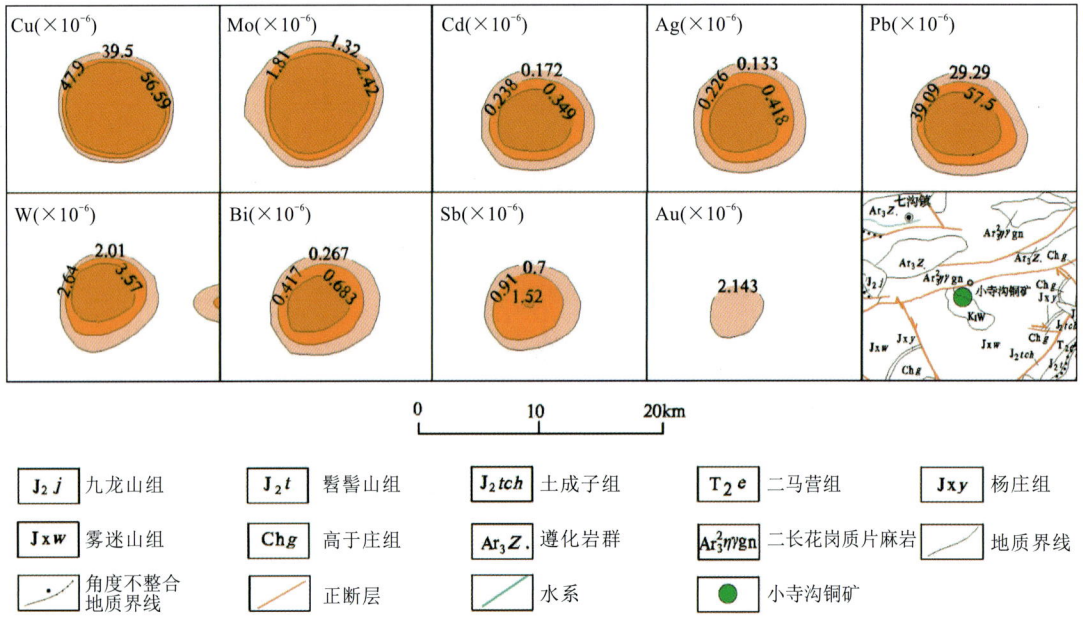

图5-4-3 小寺沟铜钼矿水系沉积物地球化学异常剖析图

圆形。Cu、Mo为主要成矿元素,其次为Ag、Pb,伴生元素有Cd、Bi、W、Sb、Au等。成矿元素面积大、程度高、浓度分带明显,成矿元素与伴生元素异常浓集中心在空间上吻合,围绕中酸性岩体呈环状分布,异常与已知矿床有关(图5-4-3)。根据表5-4-1中NAP值排序可以得到平泉小寺沟铜钼矿异常表达式为Mo-Ag-Bi-Cd-W-Cu-Sb-Au-As-Zn。

表5-4-1 小寺沟铜钼矿水系沉积物地球化学异常参数表

元素	Mo	Ag	Bi	Cd	W	Cu	Sb	Au	As	Zn
极值	28.2	1.65	2.12	1.32	9.95	73.5	2.29	7.00	17.8	144
下限	1.32	0.133	0.267	0.172	2.01	39.5	0.70	2.14	11.1	100.6
面积	85.7	64.8	58.1	58.7	48.9	66.8	42.0	14.2	7.60	2.00
点数	22	17	14	16	11	17	11	3	4	1
均值	4.92	0.437	0.676	0.378	4.50	47.5	1.14	6.93	15.1	144
衬值	3.73	3.29	2.53	2.20	2.24	1.20	1.63	3.24	1.36	1.43
NAP	319.4	212.9	147.1	129.0	109.5	80.3	68.4	46.0	10.3	2.92

注:Au含量单位为ng/g,其余为μg/g;面积单位为km²;NAP=衬值×面积

2)1∶5万化探

统计了小寺沟铜钼矿区1∶5万水系沉积物中Au、Ag、Cu、Pb、Zn的最大值、最小值、均值等参数特征(表5-4-2)。与本区1∶20万水系沉积物均值相比,这5种元素最大值高出较多,均有不同程度的富集。其中Cu的富集系数最高,达3.81,反映以铜为主的成矿特征。

表5-4-2 小寺沟铜矿区1∶5万水系沉积物地球化学特征参数表

元素	样品数	最大值	最小值	中位数	算术均值	标准离差	本区1∶20万水系沉积物均值	富集系数
Au	149	32.1	0.4	1.6	3.07	4.92	0.81	3.79
Ag	149	2.75	0.038	0.084	0.24	0.39	0.15	1.61
Cu	149	11 953	13.4	27.7	168.9	987.5	44.39	3.81
Zn	149	820	39.9	65.6	83.99	73.87	72.1	1.16
Pb	149	1 188	14.4	24.6	58.38	137.04	29.67	1.97

1∶5万水系沉积物地球化学异常图上,所有元素具三级浓度分带。Cu异常面积最大,浓集中心与已知铜矿空间对应好,Au、Pb、Zn、Ag元素套合好,浓集中心较Cu向南略有偏移,与岩体相对应(图5-4-4)。

3)1∶1万土壤

在小寺沟矿区进行了42km²的1∶1万土壤地球化学测量,圈定出的各元素异常整体形成一个呈"手形"成带成行展布的地球化学组合异常(图5-4-5),包括Cu、Mo、Bi、Pb、Zn、Ag、Au、Sb、Mn、Co等元素。几个手指为沿北西、南北、北东向构造破碎带、岩脉带展布的异常带,为Ag、sb、Au、Pb、Zn、Bi(Mo)组合;手掌部位由北西、南北、北东向异常带交汇而成,受岩体中心及环状接触带控制,围绕杂岩体中心呈半环状分布,主要包括两个北西向异常带围绕小寺沟杂岩体及其接触带呈环状展布的多元素异常,为Cu、Mo、Bi、Sb、Ag组合。异常分布特征表明,异常与小寺沟杂岩体及其接触带构造、周边的断裂构造破碎带、岩脉带及铜钼、金银矿化密不可分。

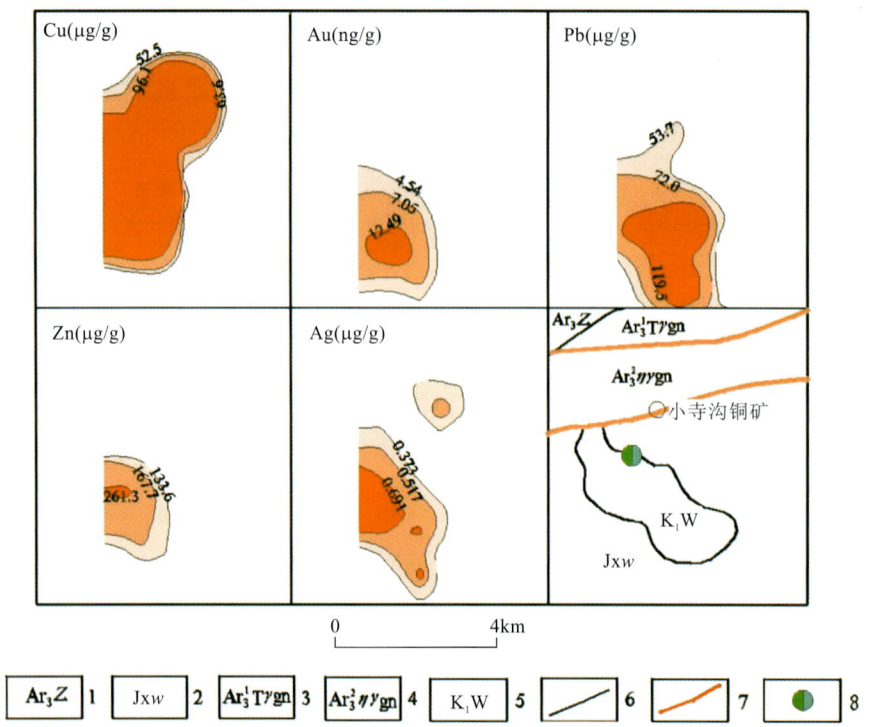

图 5-4-4 小寺沟铜钼矿 1∶5 万水系沉积物地球化学异常剖析图
1.遵化岩群；2.蓟县系雾迷山组；3.新太古代早期奥长花岗质片麻岩；4.新太古代晚期二长花岗质片麻岩；5.石英二长岩；6.地质界线；7.断裂；8.小寺沟铜钼矿

3. 矿床成因及成矿模式

本区岩浆来自下地壳，其岩性相当于辉长岩成分。铜、钼在辉长岩中含量较高，完全可提供矿质来源。金属硫化物的硫同位素数据 $δ^{34}S$ 值变化范围在 $+1.8‰\sim+3.3‰$。由硫同位素特征与小寺沟岩体矿化的宏观特征都表明成矿物质与岩浆具同一来源。

小寺沟花岗闪长斑岩体的良好分异使得流体碱质、二氧化硅、矿质也相应得到较好分异，在岩浆结晶过程中伴随有饱和水的沸腾作用，使挥发组分、成矿物质发生聚集。同时，钾质交代使分散在造岩矿物中的矿质迁出，当围岩经过强烈的酸性淋滤后，由于岩浆混入天水，使溶液酸度发生变化，随着岩石孔隙度增加，导致成矿元素聚集沉淀，形成了铜、钼矿床。小寺沟矿床的成因可归结为斑岩-接触交代复合成因类型。

综上所述，小寺沟铜矿床的成矿过程可概括为图 5-4-6。

4. 矿床找矿模式

综合上述矿床地质特征和地球化学特征，小寺沟铜矿找矿模型概括为表 5-4-3。

二、斑岩型-矽卡岩型铜矿——涞源县木吉村铜矿

木吉村铜矿位于涞源县浮图峪-木吉村一带，中心地理坐标为东经 114.847 78°，北纬 39.354 44°。累计查明铜资源量 77.98 万 t，钼资源量 3.13 万 t，伴生金远景资源量 20t，伴生硫远景资源量 1 164 万 t，伴生银远景资源量 447.91 万 t。矿床规模为大型矿。

1. 矿床地质特征

1）区域地质概况

矿区位于太行山北段，山西断隆与燕山台褶带的结合部位。矿区出露地层主要为太古界阜平群黑云

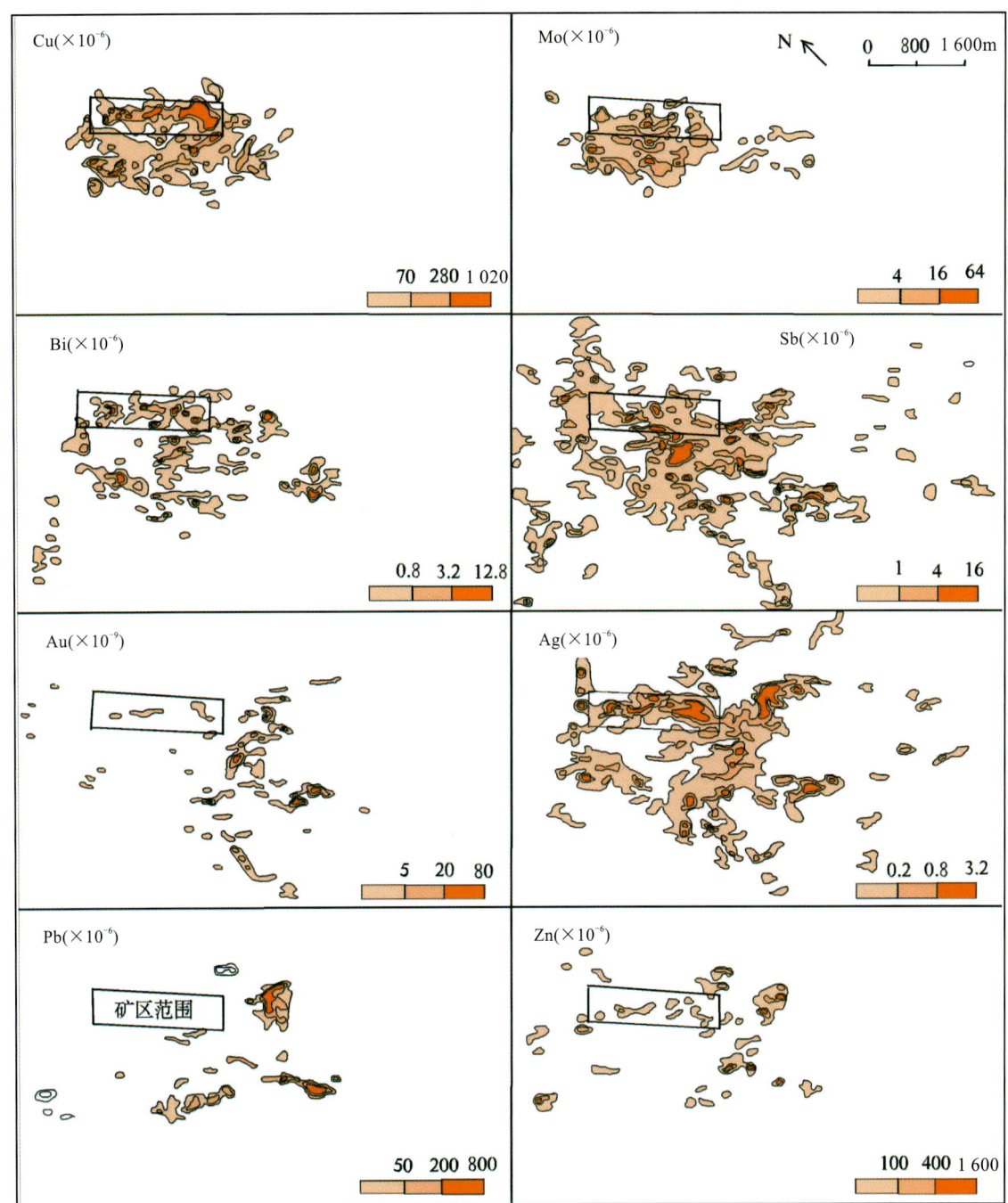

图 5-4-5 小寺沟矿区土壤地球化学异常剖析图(据李孝红,2007 年)

斜长片麻岩和中元古界长城系高于庄组及蓟县系雾迷山组燧石条带白云岩。矿区构造以褶皱和断裂为主,包体、顶垂体等侵入接触构造也较发育。矿区岩浆岩是王安镇花岗杂岩体的一部分(图 5-4-7)。

区内岩浆岩是涞源杂岩体的一部分,形成于燕山早期第二、三阶段。主要岩石类型为花岗闪长岩、斑状花岗闪长岩、二长斑岩、闪长玢岩及粗砾斑状花岗岩、钾长花岗岩。区内矿产主要与闪长玢岩有关。

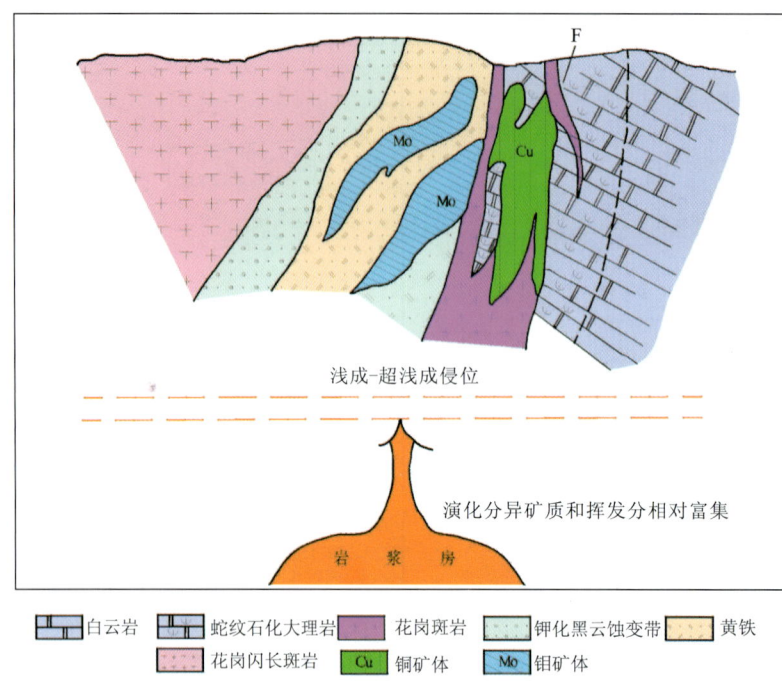

图 5-4-6　小寺沟铜钼矿成矿模式图（据章百明等,1996年,略有改动）

表 5-4-3　小寺沟铜钼矿床地质-地球化学找矿模式

成矿要素		描 述 内 容
特征描述		斑岩-接触交代复合成因铜钼矿
地质环境	成矿岩体	小寺沟花岗闪长斑岩
	控矿构造	尚义-赤城-平泉深断裂及其次级北西向断裂
	成矿时代	燕山晚期
	成矿环境	陆壳深断裂岩浆活动带
矿床特征	矿体形态	铜矿体形态比较规则，通常呈似层状、狭长带状，与接触带产状一致。钼矿体呈厚大的透镜状，两端急剧收缩变薄并有分支。另有小钼矿体，形态、规模变化较大，多呈脉状、扁豆状产出
	共伴生组分	主要为铜、钼，伴生铅、锌、铁、金、银、硫、铼、硒
	蚀变特征	矿区的围岩蚀变发育，主要蚀变有钾化（钾长石化、黑云母化）、黄铁绢英岩化、黏土岩化及矽卡岩化（含蛇纹石化）。其中主要含矿蚀变岩石是含钼黄铁绢英岩、石榴石钙矽卡岩、含铜变镁矽卡岩和蛇纹石化白云岩
	控矿条件	矿化和矿体的分布都受岩体接触带和蚀变带的控制
地球化学特征	水系沉积物	1∶20万水系沉积物以Cu、Mo为主要成矿元素，次为Ag、Pb，伴生元素有Cd、Bi、W、Sb、Au等元素。成矿元素面积大、程度高、浓度分带明显，成矿元素与伴生元素异常浓集中心在空间上吻合，围绕中酸性岩体呈环状分布。1∶5万水系沉积物 Cu、Au、Pb、Zn、Ag 具三级浓度分带。Cu 异常面积最大，浓集中心与已知铜矿空间对应好，Au、Pb、Zn、Ag 元素套合好，浓集中心较Cu向南略有偏移，与岩体相对应
	土　壤	Cu、Mo、Bi、Zn、Ag、Au、Sb、Mn、Co 各元素异常成带成行展布，整体形成一个"手形"，几个手指为沿北西、南北、北东向构造破碎带、岩脉带展布的异常带，为 Ag、Sb、Au、Pb、Zn、Bi（Mo）组合；手掌部位受岩体中心及环状接触带控制，围绕杂岩体中心呈半环状分布，主要包括两个北西向异常带围绕小寺沟杂岩体及其接触带呈环状展布的多元素异常，为 Cu、Mo、Bi、Sb、Ag 组合

断裂构造有 NNE、NE、NEE 近 SN、NW 向等多组,以 NEE-NE 向乌龙沟断裂系为主。主要控矿(岩)断裂为 F_4,主要成矿后断裂为 F_3。

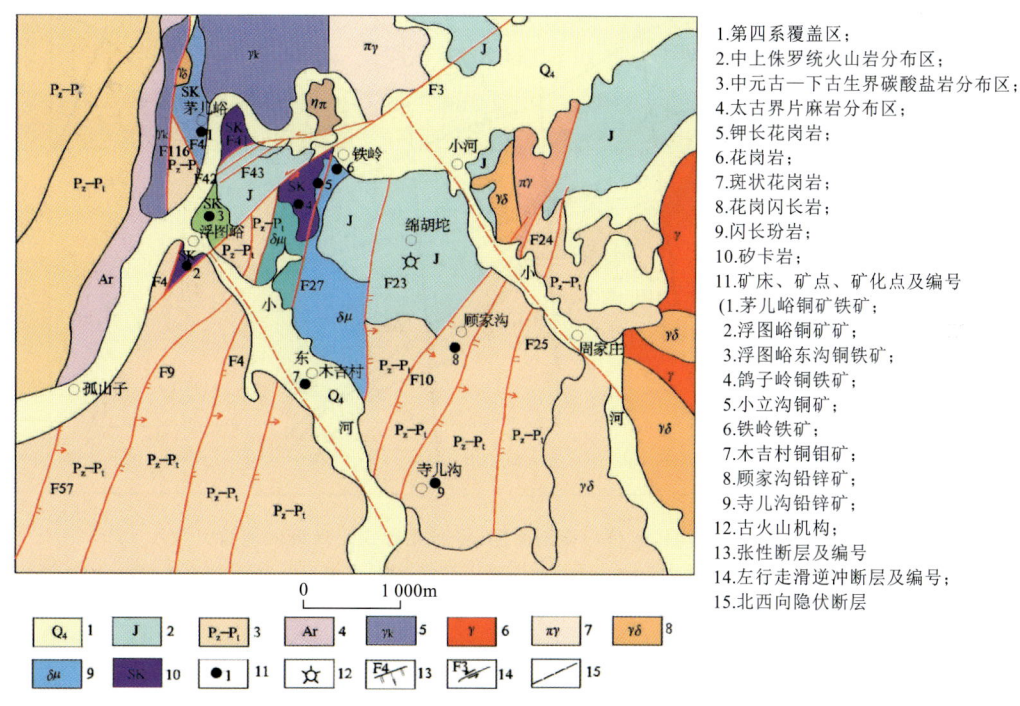

图 5-4-7　木吉村铜钼矿田地质构造略图(据郝太平,2006 年)

2)矿床地质特征

受矿田成矿地质条件控制,矿田内木吉村斑岩型铜(钼)矿,铁岭、东沟等矽卡岩型铁铜矿,浮图峪、小立沟等热液叠加矽卡岩型铜(铁)矿等 7 处中小型矿床集中产出,共有矿体 180 余个,分布于闪长玢岩体及其内、外蚀变带中,总体沿 F4 断裂绕古火山机构作带状展布。

3)斑岩型铜钼矿

矿床位于木吉村一带,受闪长玢岩控制产于主体岩颈及其接触带砂卡岩中,以铜为主,有钼、硫、铁等矿共(伴)生,有矿体 62 个,为一体的斑岩系矿床。大体分为斑岩型和矽卡岩型两大类。主矿体为 I 号斑岩铜(钼)矿体,矿体资源量占矿床的 95% 以上。共生钼矿体在 I 号矿体的中下部,呈透镜状、枝脉状与铜矿层枝体迭层相间共生一体,多单工程控制,互不相连。

4)矽卡岩型铁铜和热液叠加矽卡岩型铜(铁)矿

矿体受闪长玢岩"岩盖"外带钙镁矽卡岩带控制,沿 F_4 断裂展布于鸽子岭-铁岭、浮图峪-茅儿峪一带(图 5-4-8)。矽卡岩铁铜矿体产于透辉透闪石矽卡岩中,覆于热液叠加矽卡岩铜铁矿体之上。产状受原岩层里、层间破碎构造带控制,呈似层状、透镜状、瘤状,部分受断裂带控制呈脉状产出。矿石有磁铁矿石、磁铁-黄铜矿石及铜矿石三种类型,具条带状、团块状、浸染状等构造。主要金属矿物为磁铁矿、黄铜矿、黄铁矿、自然铜、斑铜矿、闪锌矿、少量方铅矿。主要矿石矿物为透闪石、透辉石、石榴子石、蛇纹石等。热液叠加矽卡岩型铜(铁)矿体产于绿化矽卡岩带,伏于矽卡岩型铁铜矿体之下。矿体呈脉状、囊状、不规则状,多为膨胀收缩分支复合型。鸽子岭矿段矿体受层理及层间构造控制,呈似层状、透镜状产出,倾角 0°~20°。矿石有镜铁-黄铜矿石、黄铜矿石、镜铁矿石三种矿石类型,具晶粒状、乳滴状、束状、交代等结构,条带状、块状细脉浸染状构造。主要金属矿物为黄铜矿、镜铁矿、黄铁矿、磁铁矿及少量硫钴矿、辉钼矿、白钨矿等。主要非金属矿物为绿泥石、透辉石、绿帘石、石榴子石、透闪石、石英、方解石等。

5)热液型铅锌矿

受线型铁锰碳酸岩化带控制,分布于古火山构造外围,目前发现有顾家沟、合儿沟等铅锌矿点,目前正在评价中。

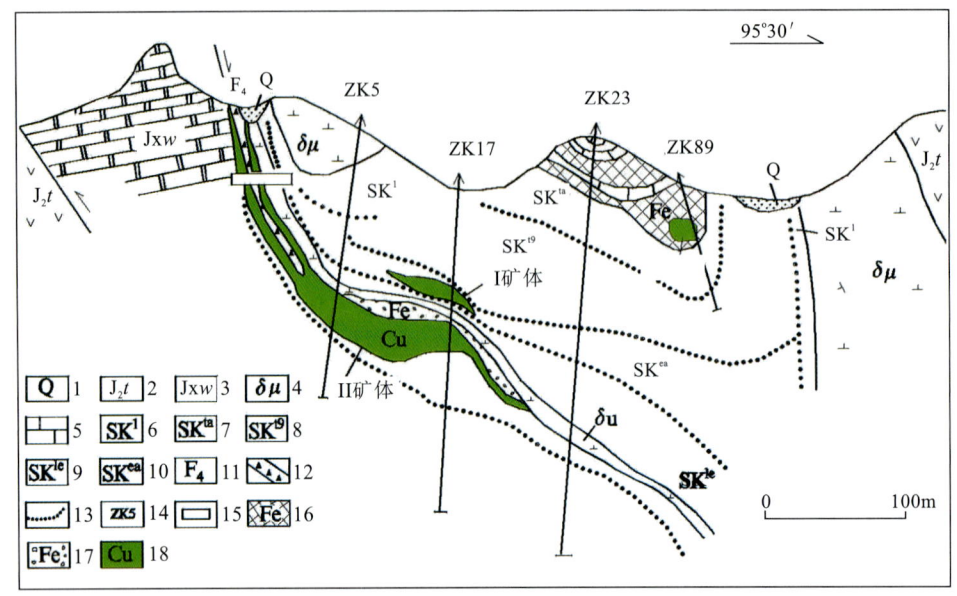

图 5-4-8 小立沟矿床(段)横剖面图(据河北省地质局第六地质大队)

1.第四系；2.侏罗系髫髻山组安山岩、安山角砾岩；3.蓟县系雾迷山组白云岩；4.闪长玢岩；5.寒武系灰岩；6.绿帘石矽卡岩；7.透闪石、透辉石矽卡岩；8.透闪石、石榴石矽卡岩；9.绿泥石、绿帘石化矽卡岩；10.绿泥石、绿帘石透辉石矽卡岩；11.断层；12.断层破碎带；13.蚀变岩界线；14.钻孔；15.炕道；16.磁铁矿体；17.镜铁矿体；18.铜矿体

2. 地球化学特征

1) 1∶20 万区域化探

本次收集木吉村铜钼矿区近 190km² 范围内 1∶20 万水系沉积物中的 39 项元素含量数据,计算水系沉积物中元素中位值、算术均值、相对全省水系沉积物中的富集系数等参数,与全省 1∶20 万水系沉积物均值相比,木吉村矿区水系沉积物中明显富集 Ag、Bi、Cd、Cu、Hg、Mn、Pb、W、Zn、MgO 等元素,其富集系数均大于 1.2。其中除了 MgO 外,其他元素在矿体上方有较强的异常显示。

浮图峪-木吉村矿区 1∶20 万水系沉积物地球化学异常面积约 70km²,包括 Cu、Zn、Cd、Bi、Ag、Mn、Sn、W、Pb、Hg、Au 11 种元素,多数元素具有三级浓度分带(图 5-4-9)。异常形态受北东向断裂构造控制,具北东向展布特征。Cu、Zn、Cd、Bi、Ag 浓集中心与木吉村铜钼矿床空间对应好。根据表 5-4-4 中 NAP 值排序可以得到涞源木吉村(浮图峪)铜矿异常表达式为 Zn-Cd-Pb-Bi-Cu-Mn-Ag-Hg-W-Sn-Au。

表 5-4-4 木吉村铜矿水系沉积物地球化学异常参数表

元素	Zn	Cd	Pb	Bi	Cu	Mn	Ag	Hg	W	Sn	Au	Mo
极值	5 518	19.3	126	8.12	153	10 326	5.74	120	6.90	24.4	9.00	2.60
下限	100.6	0.349	39.1	0.417	47.9	939.1	0.418	41.3	2.64	2.50	2.14	1.32
面积	164.8	62.0	118.0	57.5	66.6	43.9	31.9	47.3	51.4	29.4	6.10	0.57
点数	44	15	30	14	8	10	8	13	14	7	1	1
均值	260.9	1.63	52.6	1.125	68.7	1 823	1.06	58.4	3.43	5.09	9.00	2.60
衬值	2.59	4.67	1.35	2.70	1.43	1.94	2.54	1.41	1.30	2.04	4.21	1.97
NAP	427.4	289.6	158.7	155.1	95.5	85.2	80.9	66.9	66.8	59.8	25.5	1.12

注：Au、Hg 含量单位为 ng/g,其余为 μg/g;面积单位为 km²;NAP=衬值×面积;其中,Zn 异常含大湾锌钼矿

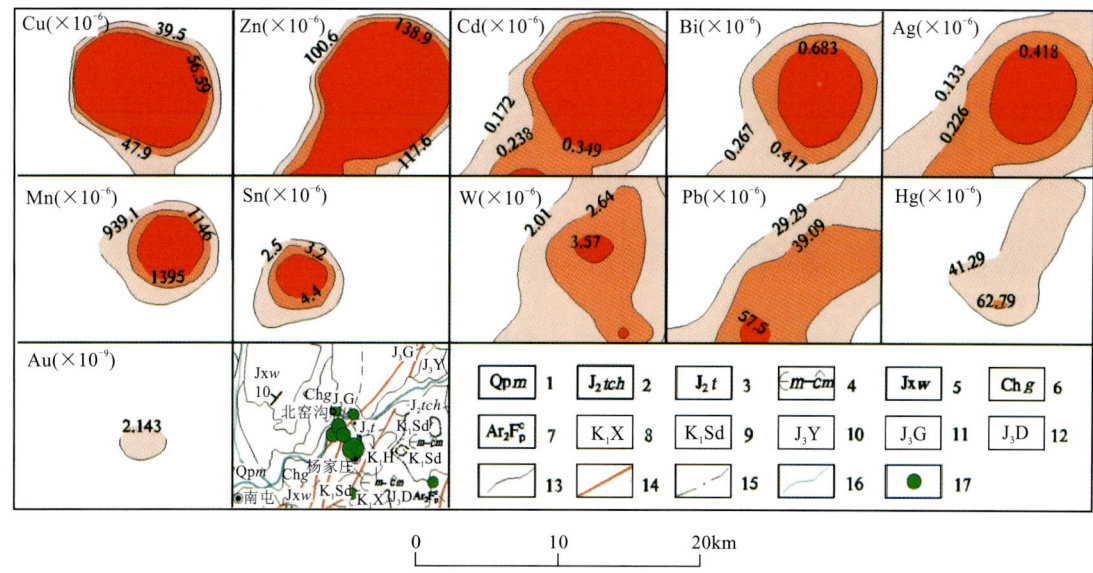

图 5-4-9 木吉村铜矿水系沉积物地球化学剖析图

1.第四系马兰组;2.侏罗系土城子组;3.侏罗系髫髻山组;4.寒武系馒头组、张夏组、崮山组、炒米店组并层;5.蓟县系雾迷山组;6.长城系高于庄组;7.阜平变质杂岩;8.石英正长岩;9.细粒正长花岗、花岗斑岩;10.中细粒石英二长闪长岩;11.中粒石英二长岩、花岗闪长岩;12.斑状二长花岗岩;13.地质界线;14.断裂;15.花岗岩类深成岩脉动线;16.水系;17.铜矿点

2）大比例尺化探

1972—1973 年，河北物探大队在该矿田进行了 1∶10 000 土壤测量，样品用半定量光谱分析 Cu、Pb、Zn、Ag。全部样品用三倍离差筛选法统计均值 X、均方差 S、变化系数 Cv、异常下限（表 5-4-5）。与本区域水系沉积物相比，4 个元素含量高，尤其最高含量高出较多，Cu、Pb、Ag 变化系数较大，形成明显的贫化富集趋势。

土壤 Cu、Pb、Zn、Ag 异常较凌乱，基本分布于浮图峪、顾家沟和大黑川 3 个区，以浮图峪一带异常面积最大。4 个元素异常套合较好，浓集中心与矿区的范围相一致[图 5-4-10(a)、图 5-4-10(b)]。

表 5-4-5 木吉村铜钼矿田土壤元素含量(μg/g)

元素	样数	最小值	最大值	算术均值	标准离差	变化系数	异常下限（累频 90%）
Cu	9 891	15	8 000	23.93	55.45	2.32	31
Pb	9 906	13	7 000	40.90	45.88	1.12	73
Zn	9 907	15	20 000	85.79	35.20	0.41	96
Ag	9 868	0.1	38	0.2	0.3	1.50	0.3

注：变化系数＝标准离差/算术均值

3）岩石地球化学异常

（1）矽卡岩型含铜磁铁矿

小立沟含铜磁铁矿区 Cu、Ag、Co、As 异常强度高，具三级浓度分带，外带呈不规则状，内带呈近椭圆形，范围较大，浓集中心清晰，异常套合较好，与蚀变矿化带基本吻合。Pb、Zn、Au、Mo 异常强度较低，多具中、外带浓度，个别达内带，规模小，零星分布在 Cu、Ag、Co、As 异常范围内。

在第 4 勘探线剖面上地表岩石异常中 Fe、Cu、Co、W、Zn、As 含量较高，Ni、Au、Ag 强度较低，各元素异常强度高低对应，均与浅部矿带吻合。Mo、Pb 在矿带上含量很低，无异常反映，但在 F3 断层带上 Mo、Pb 含量最高，同时 Cu、Zn 含量也有所升高。

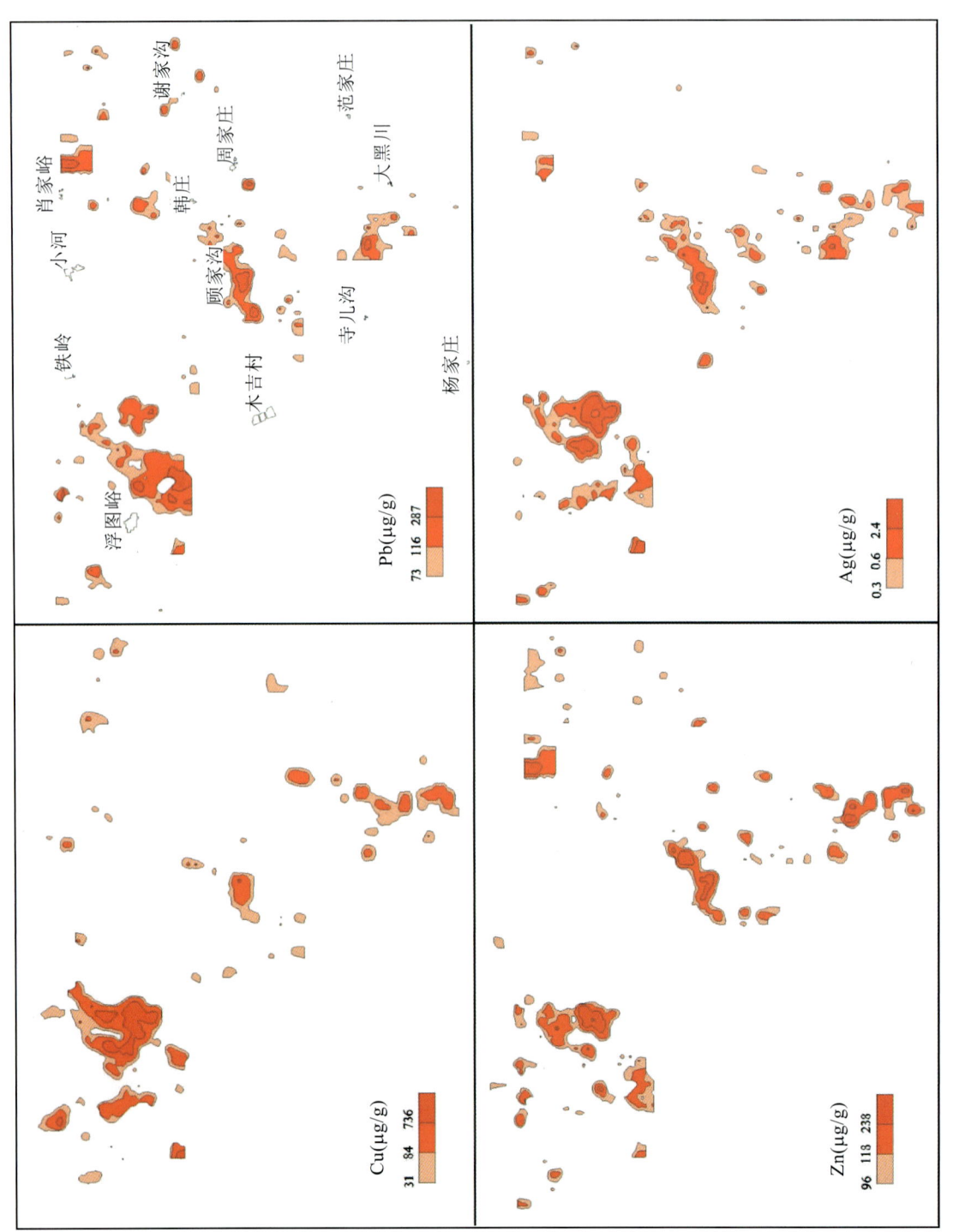

图5-4-10(a) 浮图峪-木吉村1∶10 000土壤地球化学异常剖析图

第五章 典型矿床地球化学异常模型

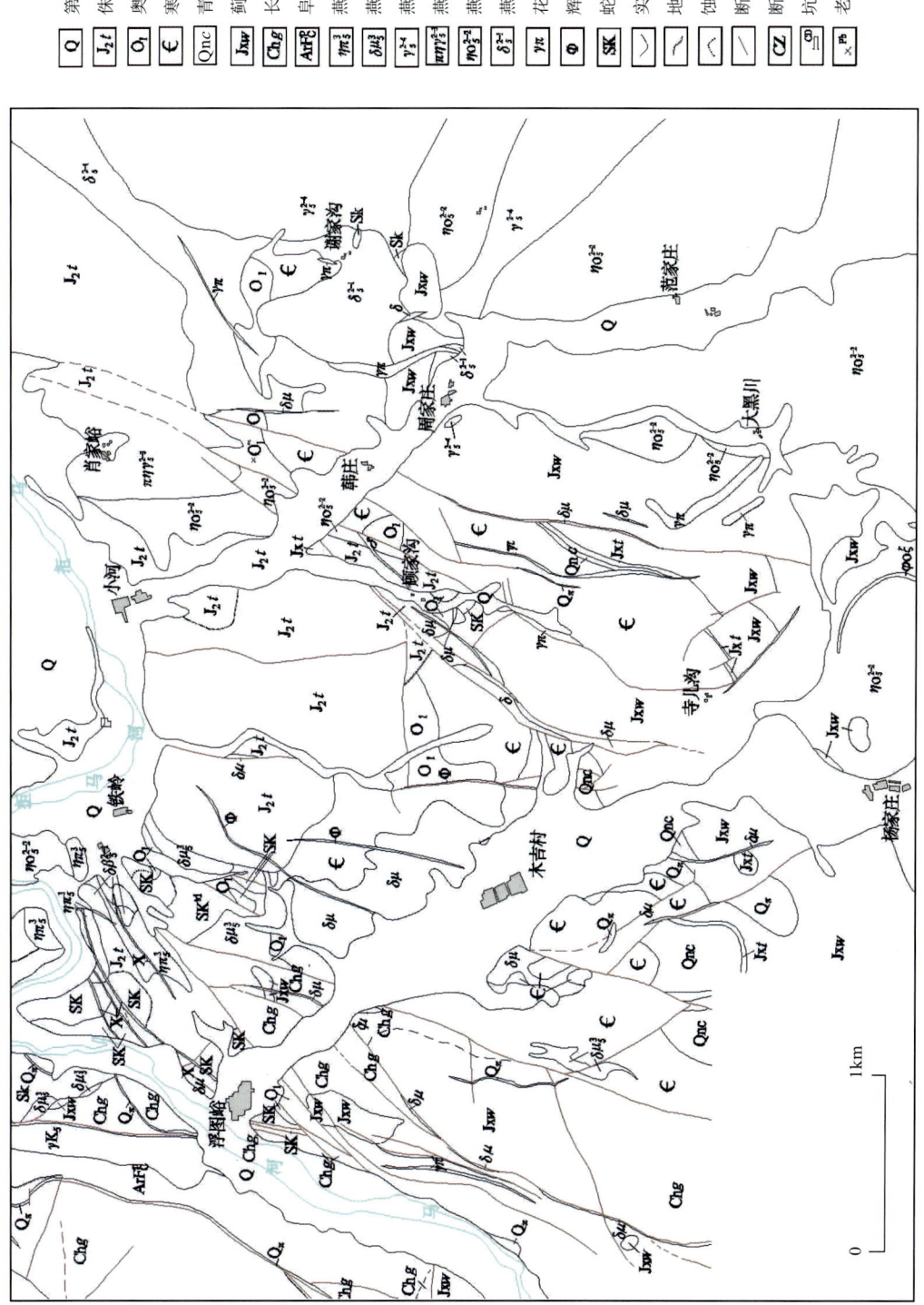

图5-4-10(b) 浮图峪—木吉村1:10 000土壤测量地质图

在第 4 勘探线右段深部矿体采集两个钻孔岩芯样,在断面图上 Cu、Fe、Co 异常呈宽带状,带宽为矿带总轮廓的 1～2 倍,三者套合较好,具三级浓度分带,Fe、Co 异常由近地表往下延伸至矿体以下。Ag、Au、Zn、Pb 异常呈半纺锤状或椭圆状分布在矿带位置上,异常多具中、外带浓度,与 Cu、Fe、Co 异常的内、中带吻合,但异常规模较小。W、Mo、Ni、As 异常呈半纺锤状、椭圆状或带状分布在矿带上部和下部,具中、外带浓度,其中 W、Mo 具内带,且异常向下有延伸趋势。Bi 异常呈半纺锤状分布在矿体上部及近地表部位,具有二级浓度分带(图 5-4-11)。

选择第 4 勘探线 ZK14 和 ZK27 资料进行原生晕分带研究,根据 A·别乌斯及 C·H 格里戈良分带指数计算方法,统计了分带指数和变化指数,确定元素垂向分带序列为 Bi-Pb-As-Zn-Ag-Fe-Cu-Au-Ni-W-Co-Mo,其中 Bi、Pb、As、Zn 属前缘元素,Ag、Fe、Cu、Au 为主成矿元素,Ni、W、Co、Mo 属尾缘元素。根据小立沟岩石地球化学分布,确定元素水平分带序列为 Ba-Hg-As-Pb-Au-Zn-Cu-Co-Mo。

利用元素对比值判断矿床剥蚀程度,元素对比值从矿上段至矿下段有规律地逐渐降低,据此推断其剥蚀深度(表 5-4-6)。

表 5-4-6　小立沟矽卡岩型含铜磁铁矿床元素对比值

元素比值	矿上部	矿　带	矿下部
Bi/Mo	>5	1～5	<1
Bi×10/Ni	>2.5	0.5～2.5	<0.5
Pb/W	>5	1.5～5	<1.5
Pb/Mo·Ni	>3	1～3	<1
Pb·Au/Mo·Ni	>5	1.5～5	<1.5

(2)矽卡岩热液叠加型含铜镜铁矿

异常处于浮图峪-风沟异常带北端,Cu、Ag、Co、Pb、Zn 含量高,形态规整,连续性好,具三级浓度分带,浓集中心清晰,套合较好,与含铜镜铁矿床吻合,范围远大于矿体。Au、Mo、As 异常多具二级浓度分带,个别点含量达内带,异常分布范围远小于矿体。

在 17 勘探线上地表各元素原生异常中 Cu、Ag、Co、W、Bi、Fe、As 含量较高,Pb、Zn、Ni、Au、Mo 含量较低,套合好,具两个高峰,分别与 F2 和 F21 断层吻合,后者为该矿床的控矿构造。在鸽子岭第 1 勘探线断面上,矿化程度高的 Fe、Cu、Ag、Co 等元素异常范围大,具三级分带,沿倾斜方向虽有膨胀、收缩、尖灭再现现象,W、Au 具内带浓度,其余为中、外带浓度,异常呈带状、不规则状。Mo、As 异常范围最小,呈椭圆状或半椭圆状,范围远小于铜矿体。

小立沟矿床第 11 勘探线剖面在 F29 断层以上为钙矽卡岩化带和矽卡岩型含铜磁铁矿,以下为绿化矽卡岩带和热液叠加型含铜镜铁矿。根据 ZK1102 和 ZK174 孔资料计算分带序列。这一序列中,该矽卡岩、含铜磁铁矿化作用形成的尾缘元素 W、Mo、Ni、Co 交替分布在序列前半部,致使气化-高温元素与中低温元素混合出现在矿床同一中段内,两期成矿作用叠加构成一个多建造晕,其矿床原生晕垂直分带为 W-As-Bi-Au-Mo-Ni-Pb-Co-Zn-Ag-Cu。若剔除矽卡岩型矿床尾缘元素 W、Mo、Ni、Co,则热液叠加型矿床原生晕垂直分带前、中部为 As-Bi-Au-Pb-Zn-Ag-Cu。利用 200m 深度的 ZK101 孔计算结果为 Zn-Ag-Cu-Fe-Mo。综上所述,矽卡岩热液叠加型含铜镜铁矿原生晕垂直分带为 As-Bi-Au-Pb-Zn-Ag-Cu-Fe-(Mo)。

(3)木吉村斑岩型铜钼矿

78 勘探线垂直断面原生地球化学,主要成矿元素 Cu、Mo、Au、Ag 异常具三级浓度分带,与铜钼矿带吻合,异常范围大,强度高,内带宽阔,其中 Cu 异常内带包含着所有铜矿体、铜钼矿体和钼矿体;Mo 异常内带相对 Cu 异常内带位置偏下,包含着铜钼矿体和钼矿体;Cu、Mo 中、外带异常范围较窄,分别围绕各自

第五章 典型矿床地球化学异常模型

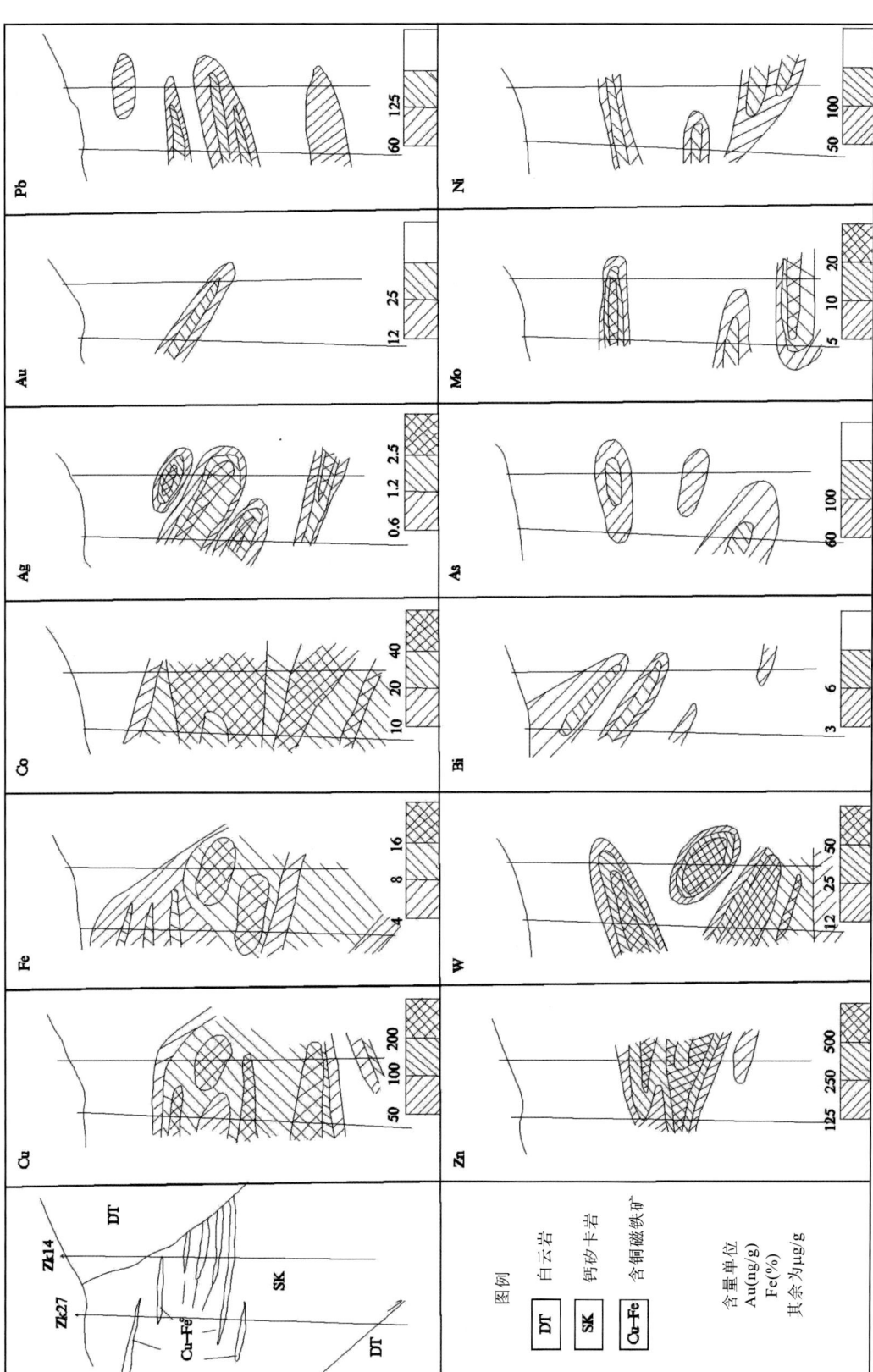

图5-4-11 浮图峪含铜磁铁矿"第4勘探线剖面岩石地球化学异常剖析图(据潘佩璋等,1994年)

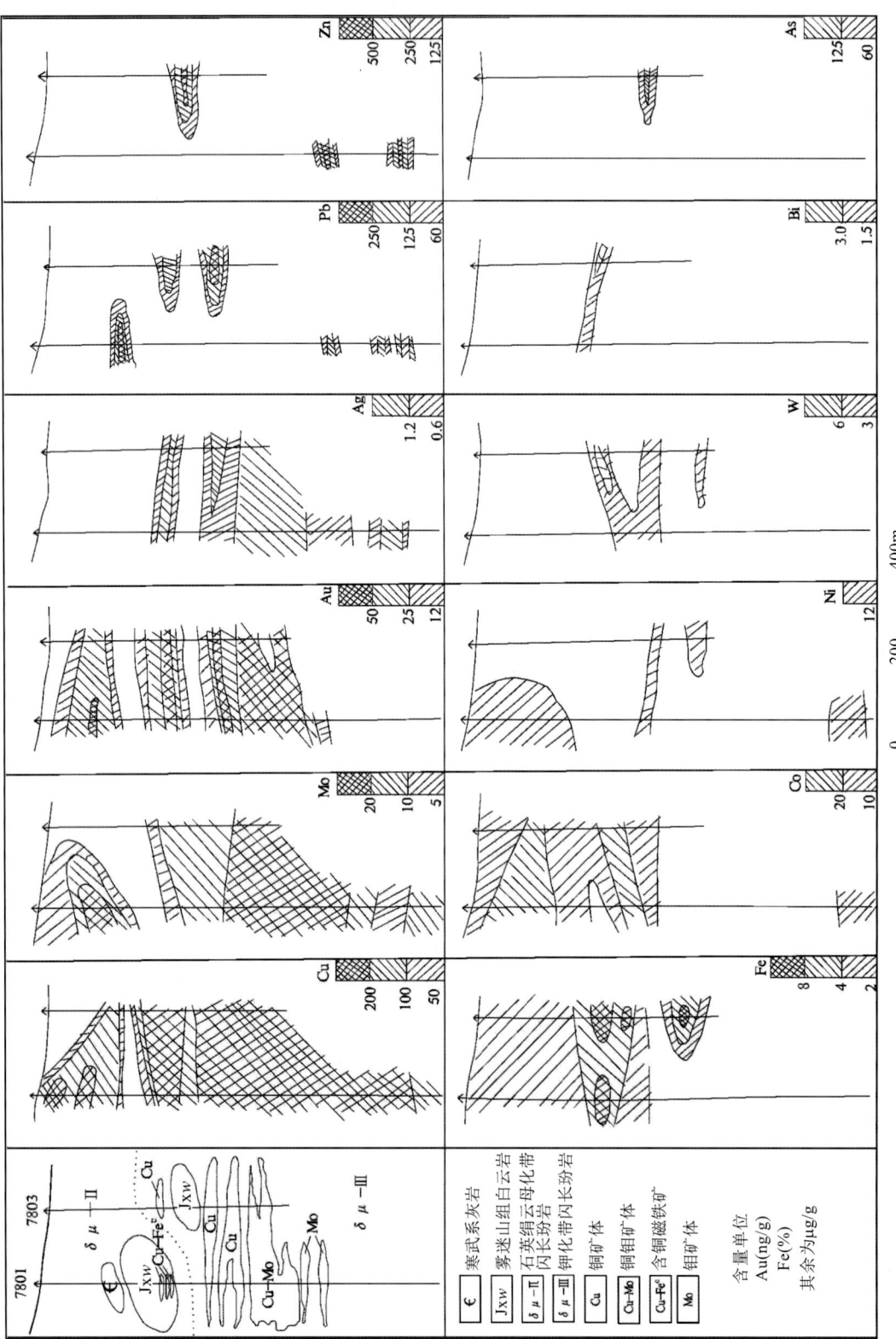

图5-4-12 木吉村铜钼矿78勘探线岩石地球化学异常剖析图(据潘佩璋等，1994年)

内带异常分布；Au 内带异常与铜钼矿体和钼矿体吻合，中外带异常围绕内带异常分布；Ag 只有中、外带异常，但中带异常较宽，与 Au 内带十分吻合。其原生晕元素垂直分带序列为 Pb - Zn - Ag - Au - Cu - Mo（图 5 - 4 - 12）。

依据元素对比值可以判断剥蚀深度（表 5 - 4 - 7）。

表 5 - 4 - 7 木吉村斑岩型铜钼矿床原生晕元素比值

元素比值	矿上部	矿　　带	矿下部
Au·Pb/Cu	>3	1～3	<1
Au100/Cu	>5	1.5～5	<1.5
Au10/Mo	>25	3～25	<3
Cu/Mo	>40	20～40	<20
Au·Ag10/Mo·W	>5	2.5～5	<2.5

3. 矿床成因及成矿模式

晚侏罗纪世开始的频繁中酸性岩浆活动，在内外接触带产生程度不同的蚀变带和第一期成矿作用，形成矽卡岩型含铜磁铁矿床。早白垩世随着断裂活动又有一次较强的岩浆活动，形成中酸性小岩体——闪长玢岩侵入体，岩浆期后热液大量产生和集中，矿液在小岩体内适当位置沉淀交代富集，形成斑岩型矿床。在小岩体与碳酸盐岩围岩接触带产生矽卡岩化蚀变，形成零星的矽卡岩型矿体，部分热液向外运移，在破碎带和岩层层间裂隙部位沉淀或叠加在第一期矽卡岩矿体上，形成绿泥石化、绿帘石化、次透辉石、透闪石化为特征的蚀变带，并发生第二期热液叠加成矿作用，形成含铜镜铁矿床。在远离岩体的部位，矿液沉淀于碳酸盐细脉内，形成裂隙充填型铅锌矿床。

图 5 - 4 - 13 为木吉村铜钼矿综合概念模型。

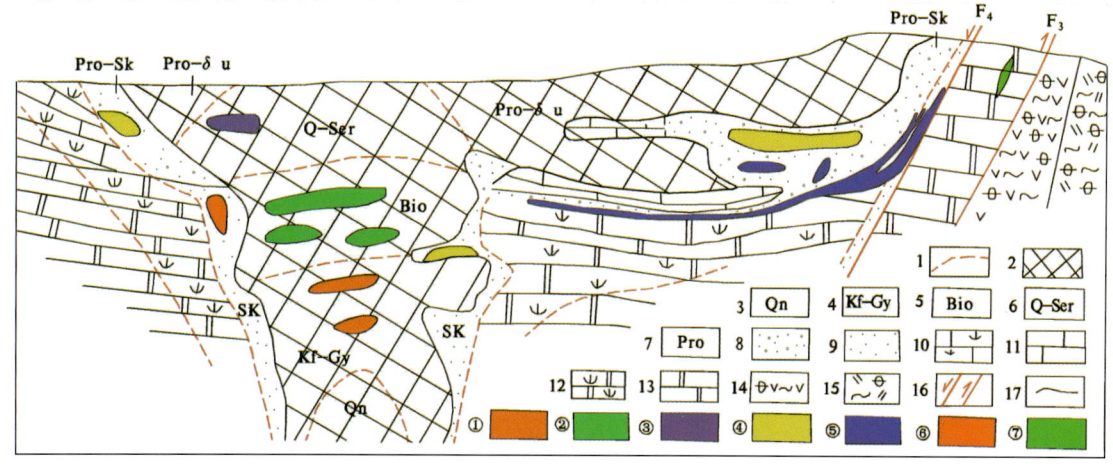

图 5 - 4 - 13 木吉村铜钼矿综合概念模型（据马国玺，1997 年）

1.蚀变带界线；2.蚀变闪长玢岩；3.石英核；4.钾长石-石膏亚带；5.黑云母化带；6.石英绢云母化带；7.青盘石化带；8.钙矽卡岩带；9.镁矽卡岩带；10.蛇纹石化灰岩(∈)；11.石灰岩(∈)；12.蛇纹石化白云岩(Jx - Ch)；13.白云岩；14.绿帘绿泥石化安山岩；15.绿帘绿泥石化二长斑岩；16.正、逆断层；17.构造不整合面；①斑岩钼（铜）矿；②斑岩铜（钼）矿；③斑岩硫铁矿；④矽卡岩含铜磁铁矿；⑤热液叠加矽卡岩型镜铁、黄铜矿；⑥矽卡岩锌矿；⑦热液铅锌矿

4. 矿床找矿模式

综合上述矿床地质特征和地球化学特征，木吉村铜钼矿找矿模式概括为表 5 - 4 - 8。

表 5-4-8　木吉村铜钼矿床地质-地球化学找矿模式

成矿要素		描　述　内　容
矿床类型		矽卡岩型-斑岩型铜钼矿床
地质环境	成矿地层	长城系高于庄组白云岩、蓟县系雾迷山组燧石条带白云岩
	成矿岩体	王安镇中酸性杂岩体的一部分
	控矿构造	乌龙沟-上黄旗深断裂带
	成矿时代	中侏罗世,燕山早期
	成矿环境	陆壳深断裂岩浆活动带
矿床特征	矿体形态	透镜体状、脉状、似层状、瘤状、囊状、不规则状
	共伴生组分	斑岩型:铜、钼、硫、铁、锌;矽卡岩型:铜、铁、金银、钴、硫
	蚀变特征	闪长玢岩蚀变体系可区别为斑岩型热液蚀变与接触交代变质两个子体系,自岩体到围岩,由深而浅,其蚀变分带为:内蚀变带-典型斑岩型热液蚀变带;外蚀变带-闪长玢岩与寒武—奥陶系灰质白云岩接触交代
	控矿条件	深断裂带和中生代火山断陷盆地控制
地球化学特征	1∶20万水系沉积物	发育 Cu、Zn、Cd、Bi、Ag、Mn、Sn、W、Pb、Hg、Au 11 种元素异常,多数元素具有三级浓度分带。异常形态受北东向断裂构造控制,具北东向展布特征。Cu、Zn、Cd、Bi、Ag 浓集中心与木吉村铜钼矿床空间对应好
	1∶1万土壤	土壤 Cu、Pb、Zn、Ag 异常较凌乱,基本分布于浮图峪、顾家沟和大黑川 3 个区,以浮图峪一带异常面积最大。4 元素异常套合较好,浓集中心与矿区的范围相一致
	岩石原生晕	小立沟含铜磁铁矿区 Cu、Ag、Co、As 异常强度高,内带呈近椭圆形,异常套合较好,与蚀变矿化带基本吻合。Pb、Zn、Au、Mo 异常强度较低,零星分布在 Cu、Ag、Co、As 异常范围内。元素垂向分带序列为 Bi - Pb - As - Zn - Ag - Fe - Cu - Au - Ni - W - Co - Mo;元素水平分带序列为 Ba - Hg - As - Pb - Au - Zn - Cu - Co - Mo。 浮图峪-风沟异常带北端,Cu、Ag、Co、Pb、Zn 含量高,套合较好,与含铜镜铁矿床吻合,范围远大于矿体。Au、Mo、As 异常多具二级浓度分带,异常分布范围远小于矿体。矽卡岩热液叠加型含铜镜铁矿原生晕垂直分带为 As - Bi - Au - Pb - Zn - Ag - Cu - Fe -(Mo);木吉村斑岩型铜钼矿区原生晕元素垂直分带序列为 Pb - Zn - Ag - Au -- Cu - Mo

三、矽卡岩型铜矿——承德县寿王坟铜矿

寿王坟铜矿位于河北省承德县寿王坟乡东北部,中心地理坐标为东经 117.811 67°,北纬 40.591 39°。累计探明资源储量铜 19.45 万 t,钼 0.22 万 t,矿床规模为中型铜钼矿。

1. 矿床地质特征

1) 区域地质概况

寿王坟铜矿位于燕山台褶带马兰峪复背斜与承德拱断束的交接部位,受区域性东西向断裂及寿王坟破火山口构造控制。矿区出露地层为蓟县系雾迷山组和侏罗系(图 5-4-14)。

矿区位于寿王坟破火山口构造中部的环状断裂带中,环状断裂由数条断裂及一系列褶皱组成,它们呈弧形围绕岩体展布。成矿岩体为沿寿王坟破火山口中部侵位的杂岩体,由石英二长岩和石英闪长岩组成,石英二长岩的中心相为二长花岗岩。另外,矿区内次英安岩侵入体和岩脉较发育,前者分布于矿区南部火山岩系中,与围岩接触部位有少量矿化;后者分布于岩体内部及接触带中。

2) 矿床特征

矿体赋存于寿王坟岩体南西部位的石英二长岩与中元古界雾迷山组燧石条带白云岩接触带及距接触

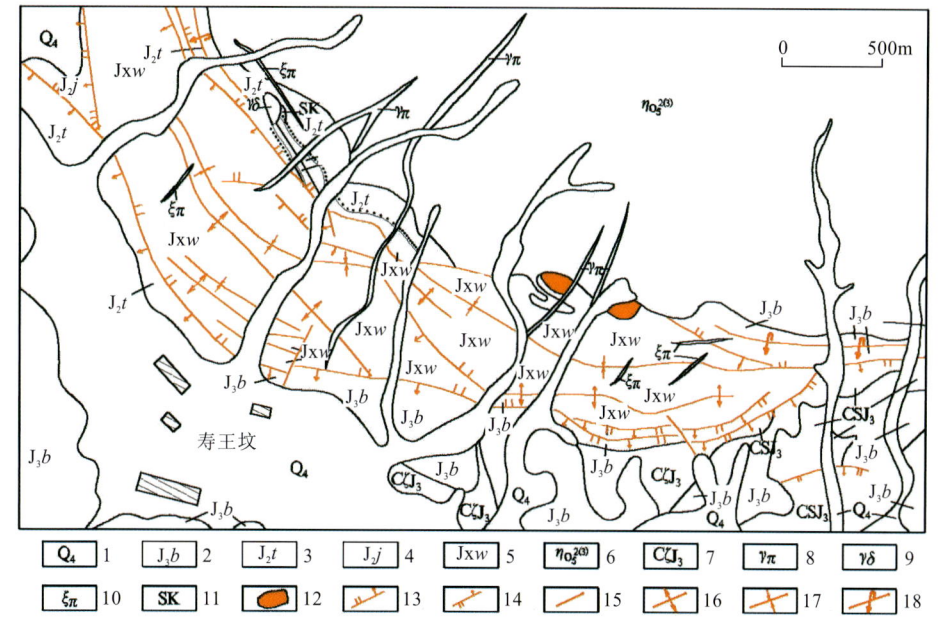

图 5-4-14 寿王坟铜矿床地质图(据河北省冶金局地质勘探公司 514 队,1964 年,略有删改)

1.第四系冲积层;2.侏罗系白旗组一段;3.髫髻山组;4.九龙山组;5.蓟县系雾迷山组;6.燕山旋回第三期石英二长岩;7.晚侏罗世次英安岩;8.花岗斑岩脉;9.花岗闪长岩脉;10.正长斑岩脉;11.矽卡岩;12.矿体;13.正断层;14.逆断层;15.性质不明断层;16.背斜轴;17.向斜轴;18.倒转背斜轴

带 200m 以内的白云岩中。含矿带走向由西向东为北北西—北西—北西西向变化,呈弧形向南西凸出。总体倾向为南西,倾角 60°~80°,长约 3.5km,宽 20~200m。

矿床由 40 多个大小不一、形态各异的铜、钼、铁矿体组成。矿体的形态、产状受接触带的形态产状制约,有透镜状、扁豆状、囊状等(图 5-4-15)。

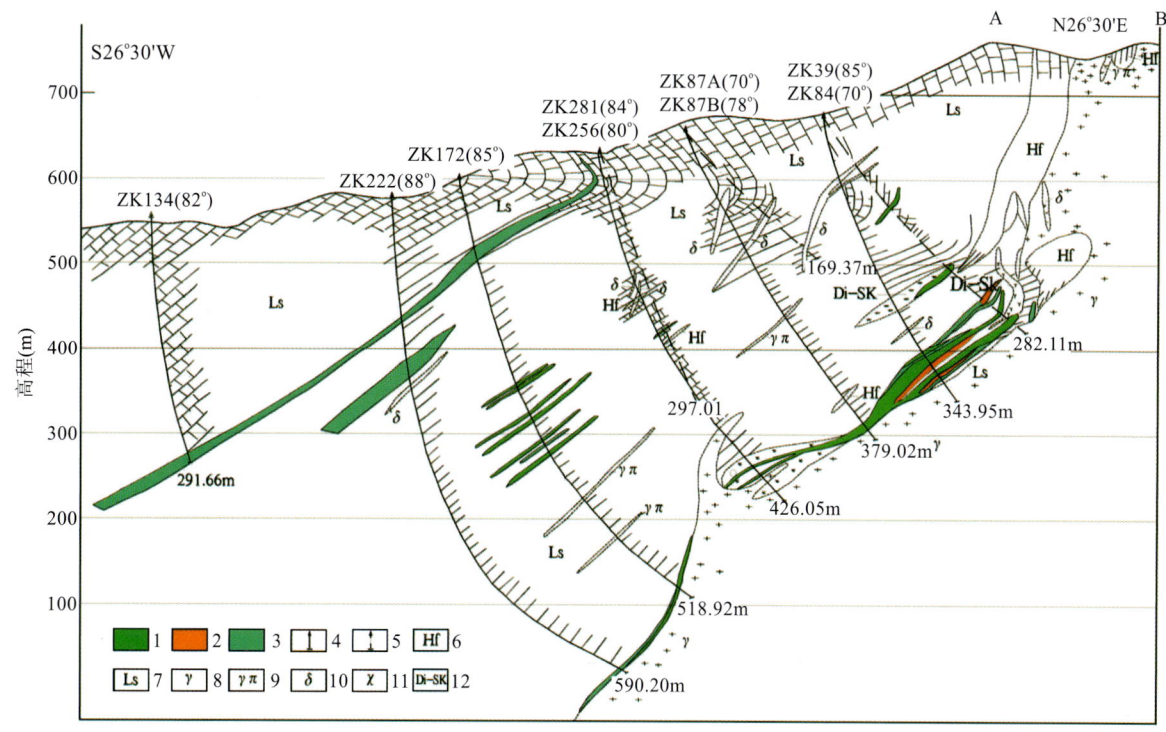

图 5-4-15 寿王坟铜钼矿区半截沟第 6 勘探剖面图(据河北省地质调查院,2012 年)

1.铜矿体;2.铁矿体;3.钼矿体;4.实际工程;5.投影工程;6.角页岩;7.灰岩;8.花岗岩;9.酸性岩脉;10.中性岩脉;11.基性岩脉;12.矽卡岩

铁、铜矿体主要赋存在矽卡岩带内,钼矿体主要赋存在接触带的岩体一侧,铅锌矿体则呈脉状赋存在接触带外侧的燧石白云岩中,构成"三位一体"的矿床特征。

矿石中主要金属矿物有黄铜矿、黄铁矿、磁黄铁矿及辉铜矿、方铅矿、闪锌矿、磁铁矿、赤铁矿、孔雀石、蓝铜矿、褐铁矿等。脉石矿物有硅灰石、透辉石、方柱石、绿帘石、绿泥石、橄榄石、方解石、云母等。

矿床的主要有用组分为铜、铁,伴生组分有钼、钴、金、银、硒、碲等。

矿床的矿石结构主要有他形-半自形粒状、细-中粒结构,矿石构造主要有致密块状、条带状、块状、浸染状、细脉状、网脉状构造。

矿区围岩蚀变包括接触交代和热液蚀变两种。接触交代主要发育在接触带中,以镁矽卡岩为主,亦有单一的钙矽卡岩。钙矽卡岩在接触带的岩体一侧,不连续,钼矿体多赋存在此带。热液蚀变有硅化、绢云母化、蛇纹石化、绿泥石化、碳酸盐化及青盘岩化等。

2. 地球化学特征

1) 1∶20万水系沉积物

收集寿王坟铜钼矿区近480km^{2}范围内1∶20万水系沉积物中的39项元素含量数据,计算水系沉积物中元素中位值、算术均值、相对全省水系沉积物中的富集系数等参数,与全省1∶20万水系沉积物均值相比,寿王坟矿区水系沉积物中明显富集Ag、Bi、Cu、F、Li、Mo、P、W、CaO、MgO等元素,其富集系数均大于1.2。其中Ag、Cu、F、Mo、W元素在矿体上方有较强的异常显示。

1∶20万水系沉积物异常组合为Cu、W、Mo、Bi、Li、P、F、Ag、Au、Be、Nb等元素。Cu、Mo、W、Bi、Li、P具三级浓度分带,其余元素具中外带。主要成矿及伴生元素Cu、W、Mo、F、Ag、Au、Be异常面积大,浓集中心与寿王坟铜矿的空间分布较一致,Bi、Li、P位于矿区的西北部(图5-4-16)。根据表5-4-9中NAP值排序可以得到承德寿王坟铜矿异常表达式为Cu-W-Bi-F-Au-Ag-Mo-Li-P-Nb-Be。

2) 1∶5万水系沉积物

从1∶5万寿王坟地区元素地球化学分布图(图5-4-17)可以看出,Cu异常主要分布在寿王坟岩体内或岩体外围的侏罗系地层及接触带附近,在寿王坟岩体南侧的Cu异常的分布趋势与岩体外围的旋扭断裂带的走向变化趋势相接近,寿王坟岩体北侧Cu异常多与Ag异常相伴生。

表5-4-9 寿王坟铜矿水系沉积物地球化学异常参数表

元素	Cu	W	Bi	F	Au	Ag	Mo	Li	P	Nb	Be
极值	287	16.0	2.12	1 927	25.2	0.864	8.60	439	2 816	41.0	4.10
下限	39.5	2.01	0.267	886	2.14	0.133	1.81	42.7	1 357	22.5	3.00
面积	181.0	169.8	130.9	137.3	80.2	86.8	48.4	41.6	55.7	45.9	35.9
点数	47	44	45	34	21	21	12	10	15	12	10
均值	84.2	3.68	0.487	1 144	4.38	0.249	3.03	78.8	1 807	28.4	3.39
衬值	2.13	1.83	1.82	1.29	2.05	1.87	1.67	1.85	1.33	1.26	1.13
NAP	385.8	310.9	238.8	177.3	164.2	162.5	81.0	76.8	74.2	57.9	40.6

注:Au含量单位为ng/g,其余为μg/g;面积单位为km^2;NAP=衬值×面积

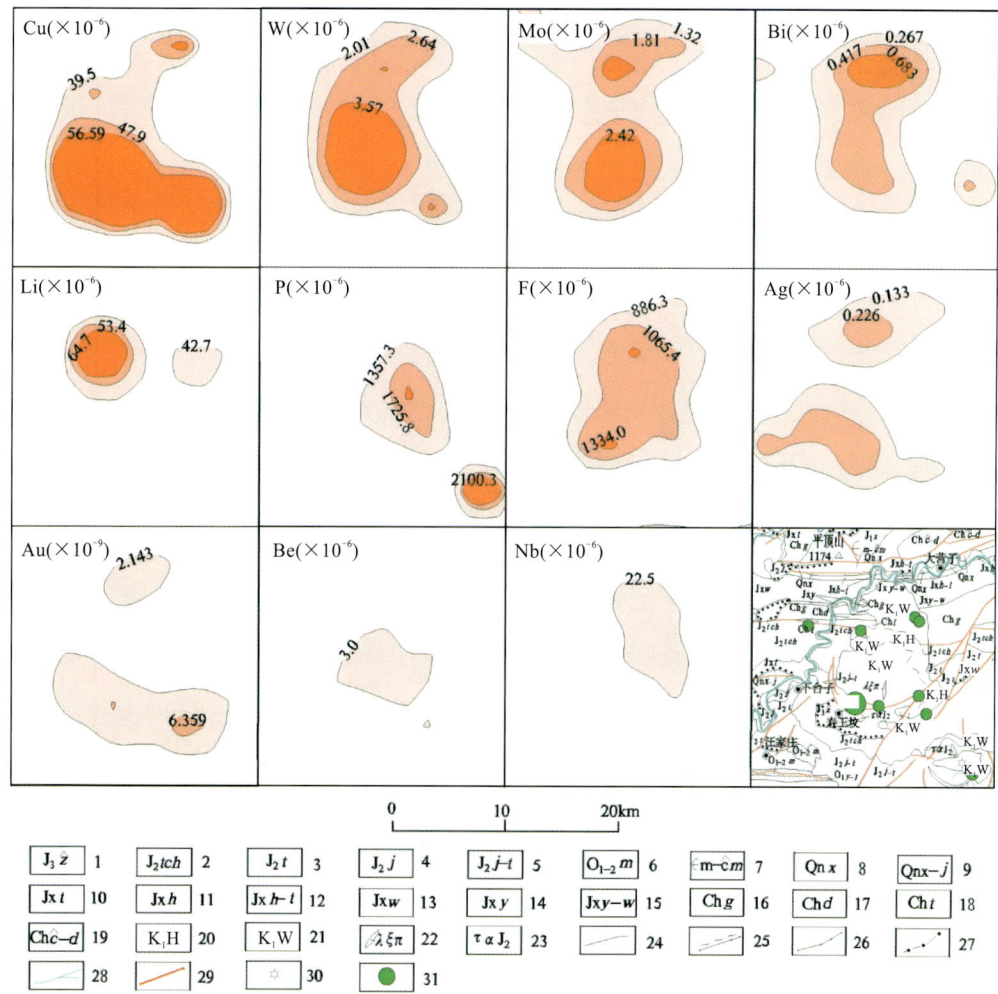

图 5-4-16　寿王坟铜矿水系沉积物地球化学异常剖析图

1.侏罗系张家口组;2.侏罗系土城子组;3.侏罗系髫髻山组;4.侏罗系九龙山组;5.侏罗系九龙山组、髫髻山组并层;6.奥陶系马家沟组;7.寒武系馒头组、张夏组崮山组、炒米店组并层;8.青白口系下马岭组;9.青白口系下马岭组、龙山组井儿峪组并层;10.蓟县系铁岭组;11.蓟县系洪水庄组;12.蓟县系洪水庄组、铁岭组并层;13.蓟县系雾迷山组;14.蓟县系杨庄组;15.蓟县系杨庄组、雾迷山组并层;16.长城系高于庄组;17.长城系大红峪组;18.长城系团山子组;19.长城系常州沟组、串岭沟组、团山子组、大红峪组并层;20.石英二长闪长岩、闪长玢岩;21.石英二长岩;22.石英正长斑岩脉;23.潜粗安岩、潜安山岩;24.地质界线;25.被改造的不整合地质界线;26.角度不整合地质界线;27.花岗岩类深成岩脉动界线;28.水系;29.断层;30.古火山口;31.铜矿点

3.矿床成因及成矿模式

寿王坟铜矿成矿母岩为寿王坟杂岩体中的石英二长岩,是晚侏罗世张家口火山旋回晚期岩浆侵入所形成。其成因类型为与燕山晚期侵入岩有关的接触交代型矿床,其成矿模式如图 5-4-18。

4.矿床找矿模式

综合上述矿床地质特征和地球化学特征,寿王坟铜钼矿找矿模型概括为表 5-4-10。

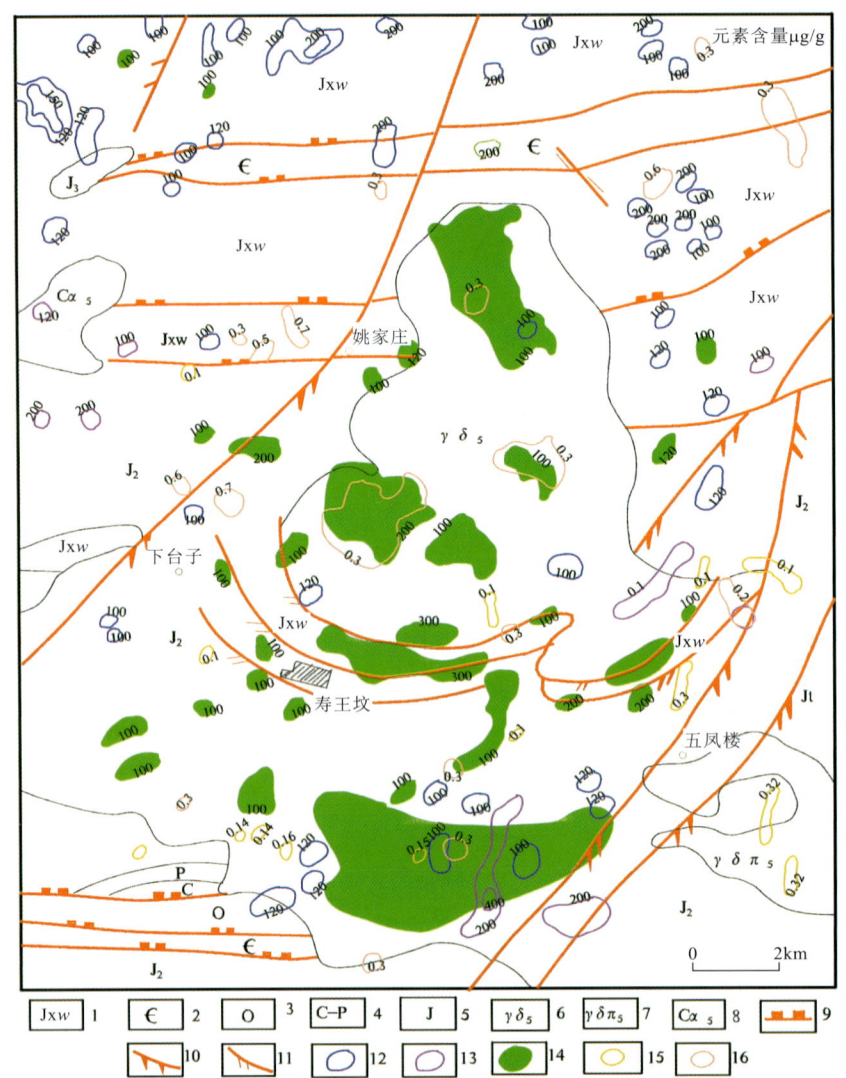

图 5-4-17 寿王坟地区 1∶5 万水系沉积物异常分布图（据乔德武，1988 年）

1.蓟县系雾迷山组；2.寒武系；3.奥陶系；4.石炭二叠系；5.侏罗系；6.花岗闪长岩；7.花岗闪长斑岩；8.次英安岩；9.压性断裂带；10.压扭性断裂带；11.扭性断裂；12.铅异常；13.锌异常；14.铜异常；15.金异常；16.银异常

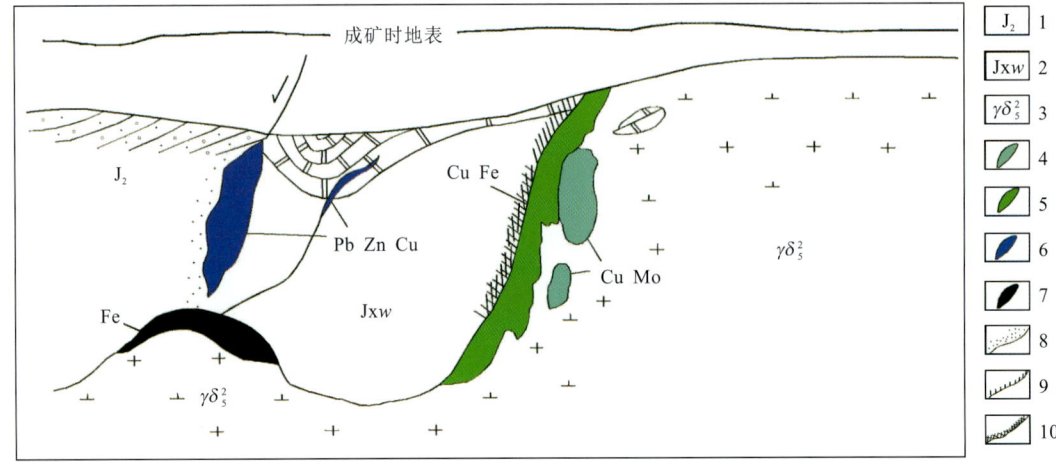

图 5-4-18 寿王坟铜钼矿成矿模式图（据章百明等，1996 年）

1.中侏罗统砂页岩；2.蓟县系雾迷山组；3.燕山早期花岗闪长岩；4.含铜辉钼矿体；5.含铜磁铁矿体；6.铅锌多金属矿体；7.磁铁矿体；8.角岩化；9.大理岩化；10.矽卡岩化

表 5-4-10 寿王坟铜钼矿床地质-地球化学预测模型

成矿要素		描述内容
特征描述		矽卡岩铜钼矿
地质环境	成矿地层	中元古界雾迷山组
	成矿岩体	晚侏罗世张家口火山旋回晚期侵入岩浆
	控矿构造	区域性东西向断裂及寿王坟破火山口构造共同控制
	成矿时代	晚侏罗世白旗火山旋回晚期产物,燕山晚期
	成矿环境	陆壳深断裂岩浆活动带
矿床特征	矿体形态	矿体的形态、产状受接触带的形态产状制约,有透镜状、扁豆状、囊状等
	共伴生组分	铜、铁、钼、钴、金、银、硒、碲
	蚀变特征	矿床的围岩蚀变包括接触交代和热液两种,前者主要发育在接触带中,以镁矽卡岩化为主,也有钙矽卡岩化;热液蚀变有硅化、绢云母化、蛇纹石化、绿泥石化、碳酸盐化及青盘岩化等
	控矿条件	区域性东西向断裂与北东向断裂交汇部位,寿王坟杂岩体与中元古界雾迷山组燧石条带白云岩接触带及接触带附近
地球化学特征	1∶20万水系沉积物	具 Cu、W、Mo、Bi、Li、P、F、Ag、Au、Be、Nb 等元素异常。Cu、Mo、W、Bi、Li、P 具三级浓度分带,其余元素具中外带。主要成矿及伴生元素 Cu、W、Mo、F、Ag、Au、Be 异常面积大,浓集中心与寿王坟铜矿的空间分布较一致,Bi、Li、P 位于矿区的西北部
	1∶5万水系沉积物	Cu 异常主要分布在寿王坟岩体内或岩体外围的侏罗系地层及接触带附近,在寿王坟岩体南侧的 Cu 异常的分布趋势与岩体外围的旋扭断裂带的走向变化趋势相接近,寿王坟岩体北侧 Cu 异常多与 Ag 异常相伴生

第五节 典型银矿床地球化学异常模型

河北省银矿具有较好的成矿地质条件。据初步统计,全省目前已知银矿产地 13 处(不含伴生产地),其中中型银矿床 5 处、小型银矿 8 处。全省主要银矿床集中分布在承德的丰宁县、承德县、围场县、冀西北的张北县、赤城县、涿鹿县等地,其他地区主要以伴生、共生银矿为主。主要成矿类型有陆相火山岩型、次火山岩型、沉积-热液改造型、变质岩型、岩浆岩型等。下面简要介绍前三种类型银矿典型矿床的地质、地球化学特征。

一、陆相火山岩型银矿——围场县小扣花营银矿

小扣花营银矿位于河北省围场县哈里哈乡小扣花营-满汉土一带,中心地理坐标为东经 117.553 33°,北纬 42.125°。累计探明资源量银 227.47t,铅 1.44 万 t、锌 1.01 万 t,矿床规模为中型银矿。

1. 矿床地质特征

1)区域地质概况

小扣花营银矿床位于内蒙—华力西晚期褶皱带棋盘山凹陷中。区内出露地层主要为上侏罗统张家口组流纹质火山-火山碎屑岩和下白垩统大北沟组安山质-粗安质火山-火山碎屑岩。其上覆有第三系中新统基性熔岩及火山碎屑岩。区内构造以火山构造为主,发育有 4 个火山口、1 个火山穹丘、1 个火山坳陷和环状、辐射状断裂,它是棋盘山破火山构造的一部分,此外还有一些北东、北北东和北西向区域性断裂。

小扣花营矿区位于火山穹丘、中央火山塌陷与北西向区域性断裂三者的交汇部位。它们控制着矿床分布,是主要导岩、导矿及贮矿构造。

区内岩浆岩以亚碱性—酸性岩为主,为燕山期旋回产物,这些浅-超浅成侵入体主要分布在火山洼地边缘隆起区或洼地内部断裂带上。

2) 矿床特征

小扣花营银矿位于棋盘山破火山环状断裂构造南西地段。赋矿地层为晚侏罗世张家口组和早白垩世大北沟组中酸性火山碎屑岩。矿体受走向320°～340°倾向北东、倾角55°～85°、有次火山岩分布的断裂构造控制(图5-5-1)。

该矿床共有14个矿体组成,主要矿体有3个。矿体形态呈脉状、透镜状。Ⅰ号矿体分布在矿区东南端,呈"S"状延伸(图5-5-2)。Ⅱ号矿体分布在矿区中部,呈上陡下缓"S"状延伸。Ⅲ号矿体分布在矿区西北部,呈"S"状延伸。矿区内次要矿体分布于主矿体上、下盘,与主矿体在空间上呈平行斜列式分布。全区银平均品位为209.3μg/g。

矿石矿物主要为硬锰矿、软锰矿、辉银矿、方铅矿、闪锌矿,其次为菱锰矿、自然银、金银矿、白铅矿、黄铁矿,少量自然金、褐锰矿、黄铜矿、褐铁矿等。脉石矿物主要有石英、重晶石、高岭土、方解石、白云石等。

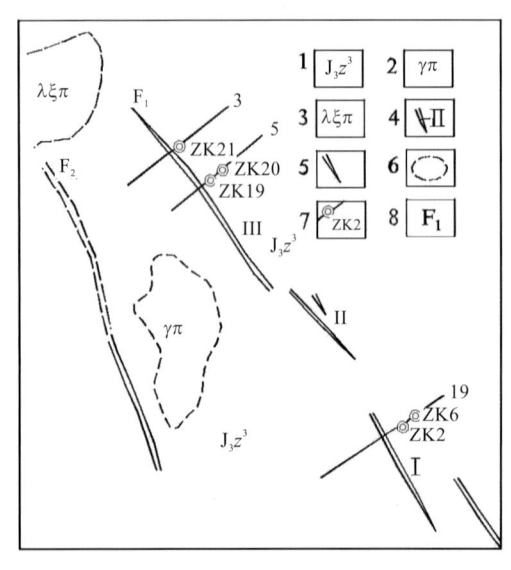

图5-5-1 小扣花营银矿区地质略图
(据区域矿产总结,2001)
1.侏罗系张家口组上段火山碎屑岩;2.花岗斑岩;3.石英正长斑岩;
4.矿脉及编号;5.硅化构造带;6.推测地质界线;
7.勘探线及钻孔编号;8.构造带及编号

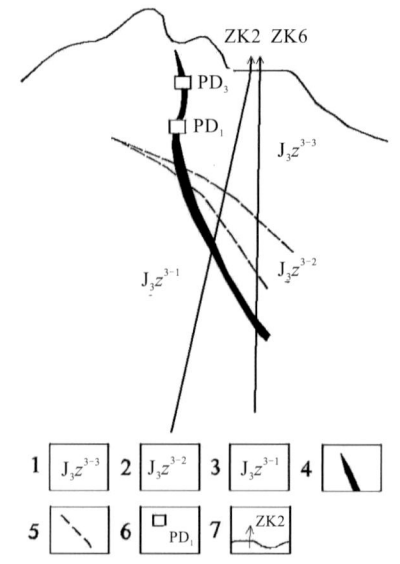

图5-5-2 小扣花营银矿区第19勘探线剖面
1.凝灰岩;2.球状凝灰岩;3.熔结凝灰岩;4.矿脉;
5.岩性界线;6.平硐及编号;7.钻孔及编号

矿石含锰一般10%～20%,最高33.61%;铅一般0.5%～2%,最高18.47%;锌一般0.3%～1.5%,最高2.51%;银一般50～250g/t,最高686g/t。根据矿物组合及金属含量,可将矿石分为四种类型:铅锌银锰型、锰锌铅型、锰铅锌银型、铅锌银型。

主要围岩蚀变有硅化、重晶石化、高岭土化、碳酸盐化,次为叶腊石化、绿泥石化、绢云母化和黄铁矿化。

2. 地球化学特征

1) 1:20万区域化探

收集小扣花营银矿区近224km² 范围内1:20万水系沉积物中的39项元素含量数据,计算水系沉积物中元素中位值、算术均值、相对全省水系沉积物中的富集系数等参数,与全省1:20万水系沉积物均值相比,小扣花营矿区水系沉积物中明显富集Ag、Ba、Cd、F、Li、Mn、Mo、P、Sr、Th、U、Ti、Zn、Na₂O,其富集系数均大于1.2。其中多数元素在矿体上方有异常显示。

该区域1:20万水系沉积物中Ag、Zn、Pb、Cd、Mn、Ba、Mo、Sb、Li元素具异常显示,主要为成矿及伴生元素。多数元素具三级分带,异常形态以近圆形为主,浓集中心与矿床套合较好(图5-5-3)。从表5-5-1中可见主成矿元素Ag、Mn异常面积大,Pb、Zn面积较小,Ag的衬值最大为5.84。根据表5-5-1中NAP值排序可以得到围场满汉土(小扣花营)银矿异常表达式为Ag-Cd-Li-Mo-Mn-Zn-Sb-Pb-Ba。

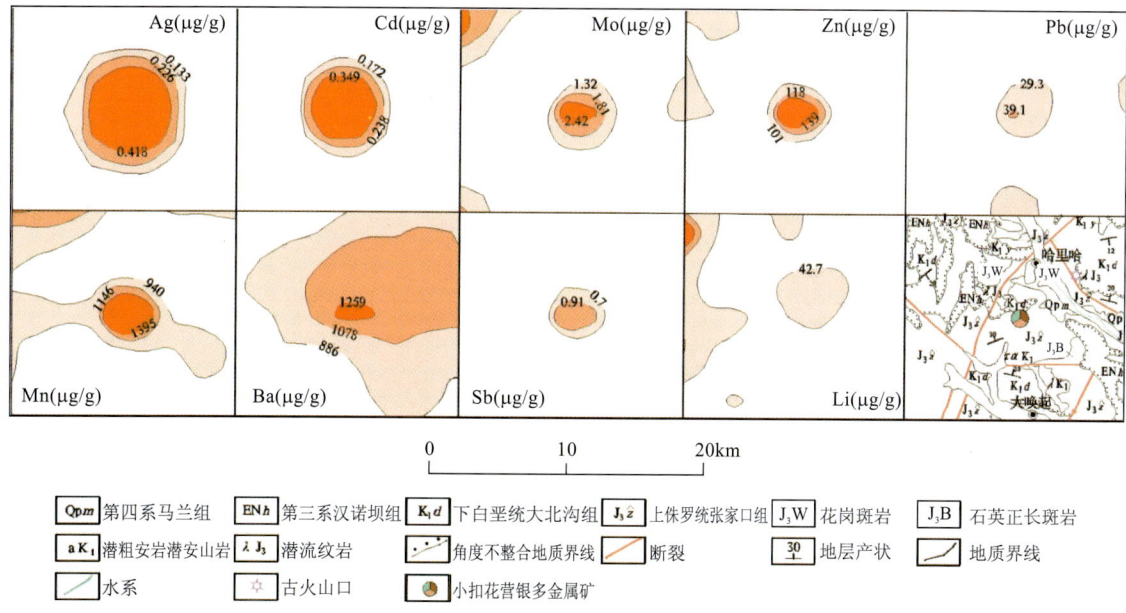

图5-5-3 小扣花营银矿水系沉积物地球化学异常剖析图

表5-5-1 小扣花营银多金属矿区域化探异常参数

元素	Ag	Cd	Li	Mo	Mn	Zn	Sb	Pb	Ba
极值	12.5	4.58	60.5	7.38	7 069	484	2.85	70.2	1 706
下限	0.133	0.172	42.5	1.32	1 146	100.6	0.70	29.3	1 259
面积	63.4	37.3	17.5	18.9	13.1	15.2	11.3	12.9	2.92
点数	18	9	4	6	4	5	3	4	1
均值	0.776	0.588	53.98	2.31	2 268	151.7	1.37	40.3	1 706
衬值	5.83	3.42	1.27	1.75	1.98	1.51	1.96	1.38	1.36
NAP	369.9	127.5	54.0	33.1	25.9	22.9	22.1	17.7	3.96

注:元素含量单位为μg/g;异常面积单位为km²;NAP=衬值×面积

2)1∶1万土壤测量

河北省地质局地球物理探矿大队第二分队于1984年6月至8月进行了16km²的1∶1万土壤测量。

由表5-5-2可见,Pb、Zn、Ag、Mn、Ba、Cu、Mo、Sn等主要成矿元素及伴生元素的最大值均很高,主成矿元素Pb、Zn、Ag的变化系数超过1,是成矿信息的反映。

地球化学异常剖析图显示,异常由Ag、Pb、Zn、Mn元素的单点或点群异常所组成。大部分Ag、Pb、Zn、Mn元素异常分布于已知矿带上,走向与主矿带相同,为已知矿带的反映。其次分布于已知矿带之间或延伸方向上,地表可见细小裂隙构造。其余异常则与地表岩石及土壤中元素含量不均匀有关(图5-5-4)。

表 5-5-2 小扣花营银矿区土壤元素地球化学参数(μg/g)

元　素	Cu	Pb	Zn	Mo	Mn	Ag	Ba	Sn
样　数	13 716	13 716	13 716	13 716	13 716	13 716	13 716	13 716
最小值	5	5	15	0.05	30	0.05	100	0.2
最大值	500	850	6 050	180	3 000	8	5 500	14.5
中位数	15	10	50	0.5	450	0.05	220	1.5
算术均值	16.59	10.15	49.42	0.58	518.01	0.07	253.02	1.48
标准离差	5.14	10.79	53.93	1.56	280.43	0.14	125.33	0.29
变化系数	0.31	1.06	1.09	2.71	0.54	2.08	0.50	0.20

注:变化系数＝标准离差/算术均值

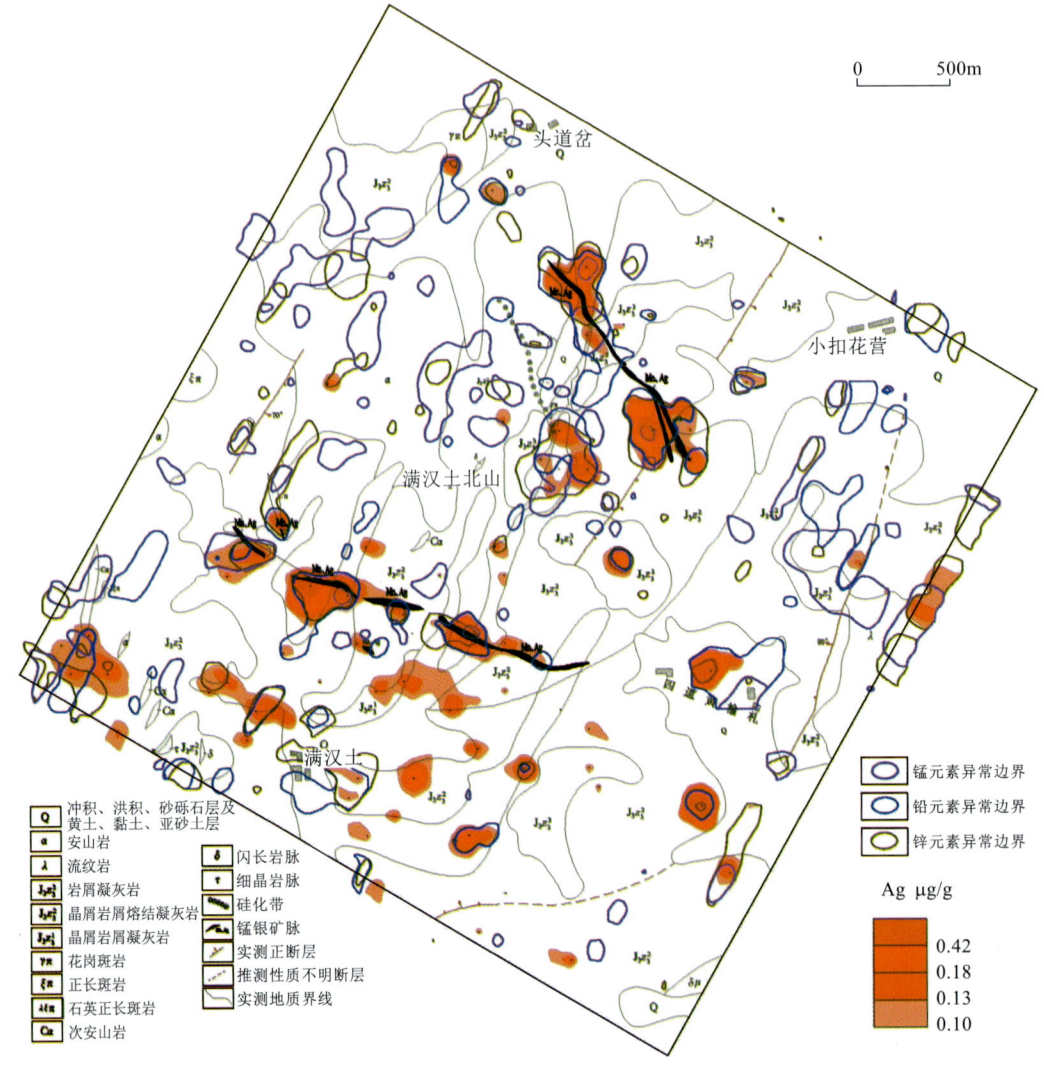

图 5-5-4 小扣花营-满汉土土壤银-锰-铅-锌地球化学组合异常图

3. 矿床成因和成矿模式

小扣花营银矿赋矿地层为晚侏罗世张家口组,导岩构造为上黄旗-乌龙沟深断裂的北延部分;导矿构造为棋盘山破火山的内、外环与区域性北西向断裂及其与火山穹丘、火山塌陷构造的交汇部位;贮矿构造为北西-北西西向次级断裂带,成矿侵入体为燕山旋回第四期花斑岩和闪长玢岩;成矿物质硫为火山喷溢携带而来;成矿热液来自地表雨水和火山气液水,以大气降水为主;成矿温度为中一低温;压力为低压环境;围岩蚀变上部为紫萤石-玉髓蚀变,中部为水云母-硅化带、叶蜡石、硅化带,下部为绢英岩化带。其成矿模式如图5-5-5。

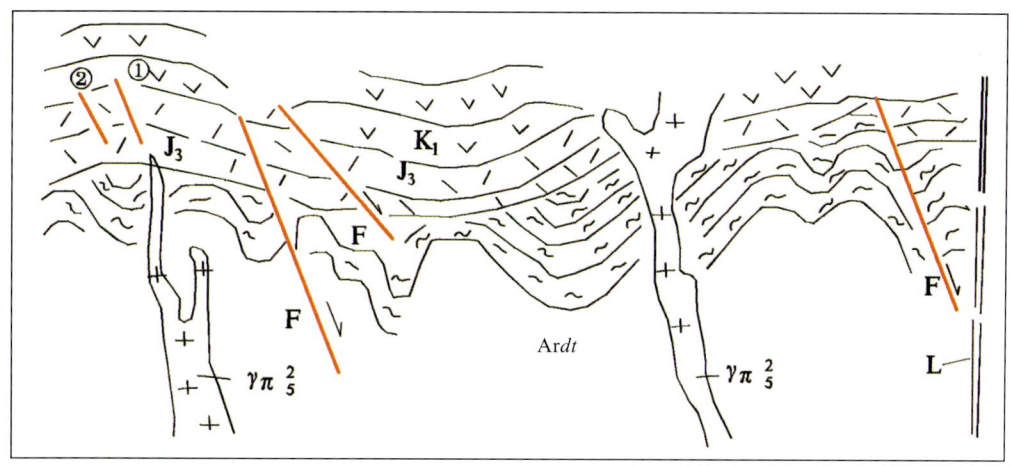

图5-5-5 小扣花营银矿床成矿模式(据章百明等,1996年)

K_1.下白垩统;J_3.上侏罗统;Ardt.上太古界单塔子群;$\gamma\pi_5^2$.早白垩世花岗斑岩;L.深断裂;F.正断层;①矿体及编号

4. 矿床找矿模式

综合上述矿床地质特征和地球化学特征,小扣花营银矿找矿模式概括为表5-5-3。

表5-5-3 小扣花营银矿地质-地球化学找矿模式表

成矿要素		描 述 内 容
特征描述		陆相火山岩型银矿床
地质环境	赋矿地层	晚侏罗世张家口组和早白垩世大北沟组中酸性火山碎屑岩
	成矿岩体	燕山旋回第四期花斑岩和闪长玢岩
	控矿构造	上黄旗-乌龙沟深断裂的北延部分
	成矿时代	燕山期
	成矿环境	内蒙—华力西晚期褶皱带棋盘山凹陷
矿床特征	矿体形态	呈脉状、透镜状
	矿床共生组分	Ag,伴生Pb、Zn、Cu、Au、Mn、Mo
	蚀变特征	主要为硅化、菱锰矿化、次为水云母化、重晶石化、萤石化、绿泥石化、绿帘石化及高岭土化
	控矿条件	导矿构造为棋盘山破火山的内、外环与区域性北西向断裂及其与火山穹丘、火山塌陷构造的交汇部位;贮矿构造为北西-北西西向次级断裂带
地球化学特征	1:20万水系沉积物	具Ag、Pb、Zn、Cd、Mn、Ba、Mo、Sb、Li元素异常,多数元素具三级分带,异常形态以近圆形为主,浓集中心与矿床套合较好
	1:1万土壤	Pb、Zn、Ag、Mn、Ba、Cu、Mo、Sn等主要成矿元素及伴生元素的最大值均很高,主成矿元素Pb、Zn、Ag的变化系数超过1,是成矿信息的反映。地球化学异常剖析图显示,异常由Ag、Pb、Zn、Mn元素的单点或点群异常所组成。大部分Ag、Pb、Zn、Mn元素异常分布于已知矿带上,走向与主矿带相同,为已知矿带的反映

二、次火山岩型银矿——丰宁县牛圈-营房银矿

牛圈-营房银矿位于河北省丰宁满族自治县四岔口乡牛圈—营房一带。中心地理坐标牛圈为东经116.527 22°,北纬41.627 78°;营房东经为116.520 83°,北纬41.608 33°。累计探明资源量:牛圈银652.7t,金3.56t;营房银411.2t,铅11.88万t,锌15.26万t。矿床规模为中型银矿。

1. 矿床地质特征

1) 区域地质概况

牛圈-营房矿区位于内蒙古台背斜沽源断陷束与围场拱断束的交接处。矿区内出露的地层主要为太古界单塔子群变质岩系和中生界上侏罗统—下白垩统火山岩系。

区内主要断裂为上黄旗-乌龙沟深断裂及其次一级断裂,如北东向四岔口-青石砬断裂,北北东向老虎坝-牛圈断裂,北西向四道河子-连桂断裂等。其中老虎坝-牛圈断裂对本矿床的形成最为重要,是导岩、导矿和储矿构造。

区内火山-侵入活动十分剧烈,具有明显的多旋回性。可分为海西、燕山两个旋回,有侵入体和次火山岩体60余个,以燕山旋回亚碱性岩最为发育。

矿区出露的海西期侵入岩体有石英闪长岩和白音沟粗粒花岗岩。

2) 矿床地质特征

以营房村为界,将该矿床分为两个矿区,北部为牛圈矿区,以银金矿为主;南部为营房矿区,以银铅锌多金属矿为主。

牛圈-营房银金、银铅锌矿体赋存于沿F1断裂破碎带贯入的隐爆角砾岩体及其上或下盘的蚀变碎裂花岗岩中(图5-5-6)。断裂构造直接控制隐爆角砾岩体产状、形态和空间分布,角砾岩体又进一步控制着矿体的产出形态。矿体呈脉状或透镜状,沿走向或倾向有尖灭侧现或尖灭再现等现象。工业矿体与围岩界限不清,为渐变关系。

牛圈银金矿区共圈出26个矿体。Ⅰ号银金矿体为主矿体,银金储量占全区银金储量的92%及90%,主矿体平面形态呈"S"型,总体走向北东10°,局部变化在356°~28°间。剖面上呈脉状,一般上部或中部宽,往下部则变窄,长750m,厚8m。沿倾斜最大延深410m,一般为300m左右,垂深80~370m,平均250m。

除Ⅰ号银金矿矿体外,其他均为盲矿体,矿床侵蚀深度不大,氧化程度甚低,未见次生富集。

营房银铅锌矿区共圈出4个银铅锌共生矿体,其中Ⅰ号矿体为主矿体,其余为主矿体上下盘平行的小盲矿体。矿体主要分布在41~49线之间,总体走向北东5°~10°,倾向南东,倾角40°~60°。

贫铅锌矿体赋存于银铅锌矿体周边部。规模中等,形态呈不规则脉状。矿体深部厚大,浅部分支。矿体走向北5°~10°东,倾向南东40°~50°。矿石量386万t,铅+锌金属量102 055t,伴生银76t,平均品位:铅0.79×10^{-2},锌1.86×10^{-2},银19.59μg/g。

矿石矿物成分比较复杂,已发现原生矿物48种。金属矿物以黄铁矿、白铁矿、方铅矿、闪锌矿、黄铜矿为主,脉石矿物以石英、微斜长石为主。矿石中主要有益组分是银、铅、锌、金。

矿石结构有交代结构、包含结构、固溶体分离结构、粒状结构及碎裂结构。矿石构造主要有角砾状、角砾网脉状、浸染状、细脉状及环带状、蜂窝状、团块状等。银的富矿体与角砾构造关系密切。

围岩蚀变沿老虎坝-牛圈断裂破碎带发育,范围较大,长千余米,宽100~300m。蚀变类型有硅化、高岭土化、绿泥石化、碳酸盐化、蒙脱石化、铁白云岩化及重晶石化等。各种蚀变类型有明显分带性,但在时间和空间上相互叠加或穿切,反映热液活动的多期性。蚀变带元素含量见表5-5-4。

2. 地球化学特征

1) 1:20万区域化探

收集牛圈-营房银矿区近290km²范围内1:20万水系沉积物中的39项元素含量数据,计算水系沉

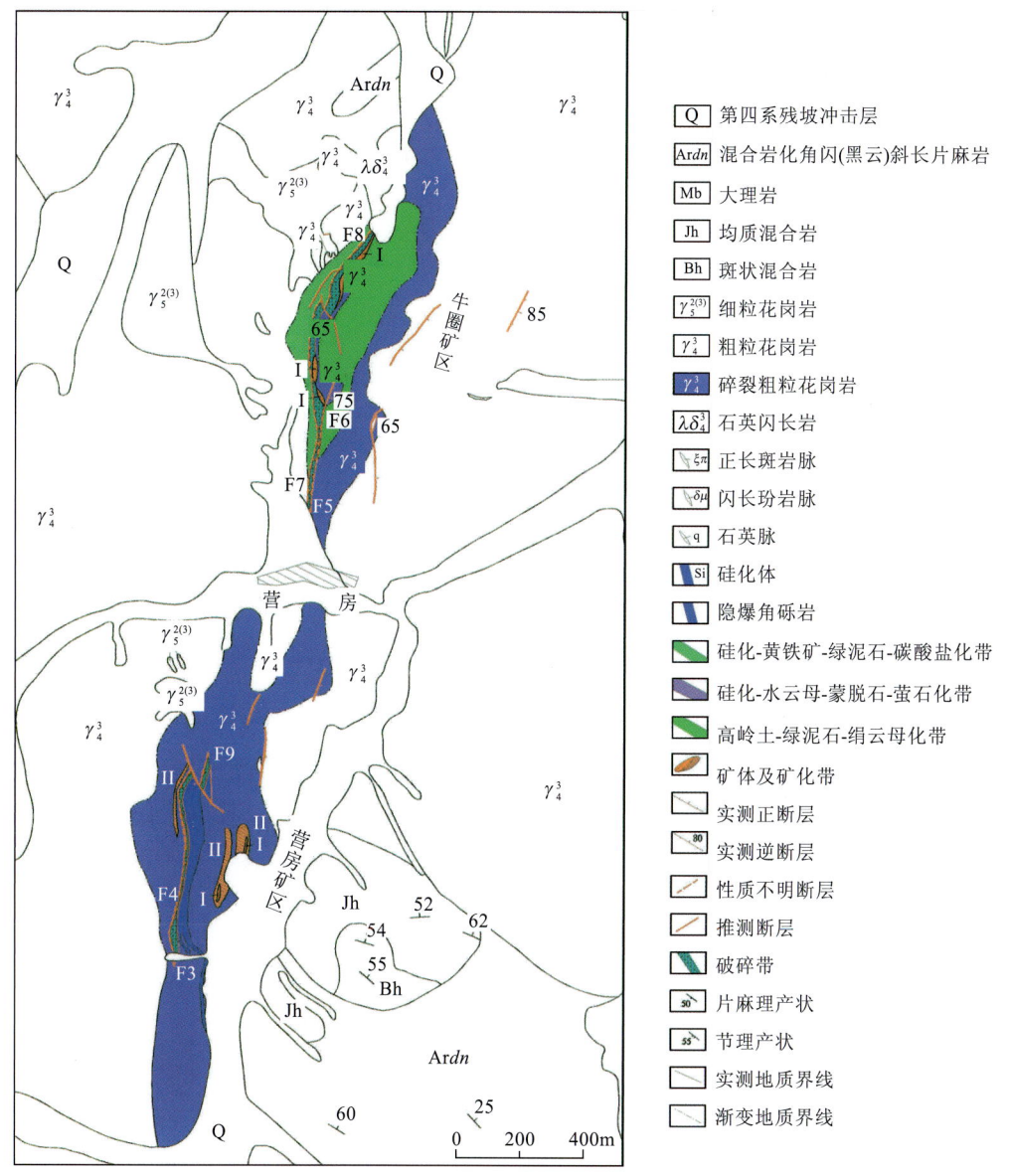

图 5-5-6 牛圈-营房银矿床地质图(据河北省地质调查院,2012 年)

表 5-5-4 牛圈-营房矿区蚀变带元素含量表

蚀变带	SiO_2	Al_2O_3	Fe_2O_3	FeO	CaO	K_2O	Na_2O
Ⅰ	70.85	15.74	2.31	0.93	1.1	4.91	0.26
Ⅱ	76.35	4.9	2.25	0.75	6.95	2.93	0.16
Ⅲ	80.44	10.7	0.49	0.68	0.1	5.2	0.28
蚀变带	Pb	Zn	Ag	Au	F	S	—
Ⅰ	50～100	80～100	0.1～1.5	0.13	700～1 700	100～200	—
Ⅱ	200～380	110～1 140	32.5～950	0.38～2.75	6 000～96 000	3 000～18 300	—
Ⅲ	50～350	60～950	0.1～4.8	0.13	5 000～49 000	100～800	—

注:含量单位为氧化物%,微量元素10^{-6};Ⅰ.高岭土化-绿泥石-绢云母化带;Ⅱ.硅化-水云母-萤石化带;Ⅲ.石英-黄铁矿-绿泥石-碳酸盐化带

积物中元素中位值、算术均值、相对全省水系沉积物中的富集系数等参数,与全省1∶20万水系沉积物均值相比,牛圈-营房矿区水系沉积物中明显富集Ag、Au、Ba、Be、Cd、La、Mn、Pb、Zn,富集系数大于1.2。其中除了La,其他元素在矿体上方均有异常显示。

地球化学异常元素组合为Pb、Zn、Ag、Cd、Au、Sb、Mn、As,其中,除了As具二级浓度分带,其余元素均具三级浓度分带,各元素浓集中心与矿床的空间关系对应较好(图5-5-7)。由表5-5-5可以看出主成矿元素Au、Ag、Zn的异常面积及平均衬值均较大,是最直接的成矿信息。伴生元素异常面积相对较小,且为与火山-次火山活动有关的元素组合,由NAP值排序可以得到丰宁牛圈-营房银金矿异常表达式Au-Ag-Zn-Sb-Cd-Mo-Cu-W-Pb-Mn-As-Bi。

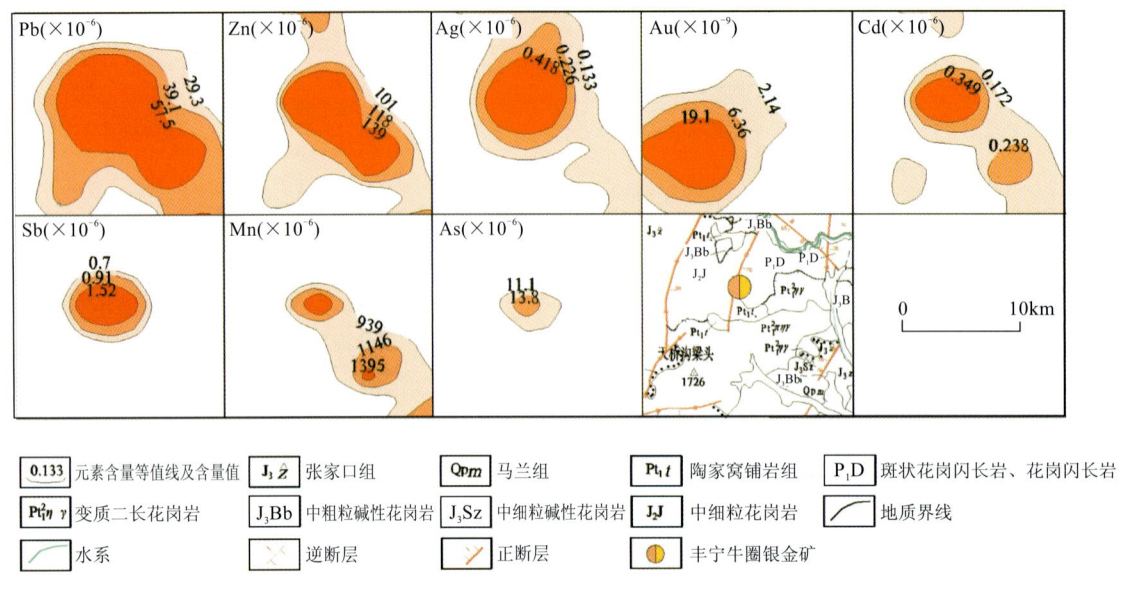

图 5-5-7 牛圈-营房银矿水系沉积物地球化学异常剖析图

表 5-5-5 牛圈-营房银多金属矿区域化探异常参数

元素	Au	Ag	Zn	Sb	Cd	Mo	Cu	W	Pb	Mn	As	Bi
极值	406	5.12	850.9	7.50	2.03	11.6	176.1	4.94	57.8	3 613	27.6	0.60
下限	2.14	0.226	117.6	0.70	0.238	1.32	39.5	2.01	29.3	1 146	11.1	0.267
面积	113.7	60.7	66.5	34.7	27.4	24.7	16.6	18.8	16.6	8.65	13	14.6
点数	28	15	17	9	8	7	4	5	4	2	4	5
均值	20.75	0.824	194.6	1.97	0.504	3.05	116.6	3.39	41.8	2 999	19	0.402
衬值	9.70	3.65	1.65	2.81	2.12	2.31	2.95	1.69	1.43	2.62	1.71	1.51
NAP	1 103	221.3	110.0	97.7	58.0	57.1	49.0	31.7	23.7	22.6	22.3	22.0

注:Au含量单位为ng/g,其余为$\mu g/g$;异常面积单位为km^2;NAP=衬值×面积

2) 1∶1万土壤测量

营房工区于1981—1982年进行物化探详查工作,由河北物探大队承担。完成了8.84km^2 1∶1万面积性和8.7km剖面工作。投入的方法有激电、地磁、土壤和岩石测量。

1∶1万土壤测量工作发现,主要成矿元素Ag、Pb、Zn最大值和均值高、变化系数大(都在5以上),具明显的成矿信息(表5-5-6)。最大的Ag、Pb、Zn、Mo、As组合异常北北东向,集中在已知矿脉周围及其南部破碎带上,并与激电异常吻合。主要成矿元素含量高,有明显浓集中心,梯度大,是矿体暴露地表的反映。在其周围存在数个小异常,均以 Ag、Pb、Zn 为主,伴生 As、Mo 等元素(图 5-5-8)。

表 5-5-6　营房银矿区土壤元素地球化学参数(μg/g)

元　素	Cu	Pb	Zn	Mo	Co	Mn	Ag	As
样　数	4 482	4 482	4 482	4 481	4 482	4 482	4 471	4 481
最小值	10	5	30	0.2	5	70	0.1	1
最大值	350	25 000	20 000	8.8	65	10 000	128	100
算术均值	20.01	68.53	66.32	0.99	10.75	764.90	0.52	7.87
标准离差	6.92	517.64	378.87	0.46	1.80	379.44	2.94	4.29
变化系数	0.35	7.55	5.71	0.47	0.17	0.50	5.68	0.55

注:变化系数＝标准离差/算术均值

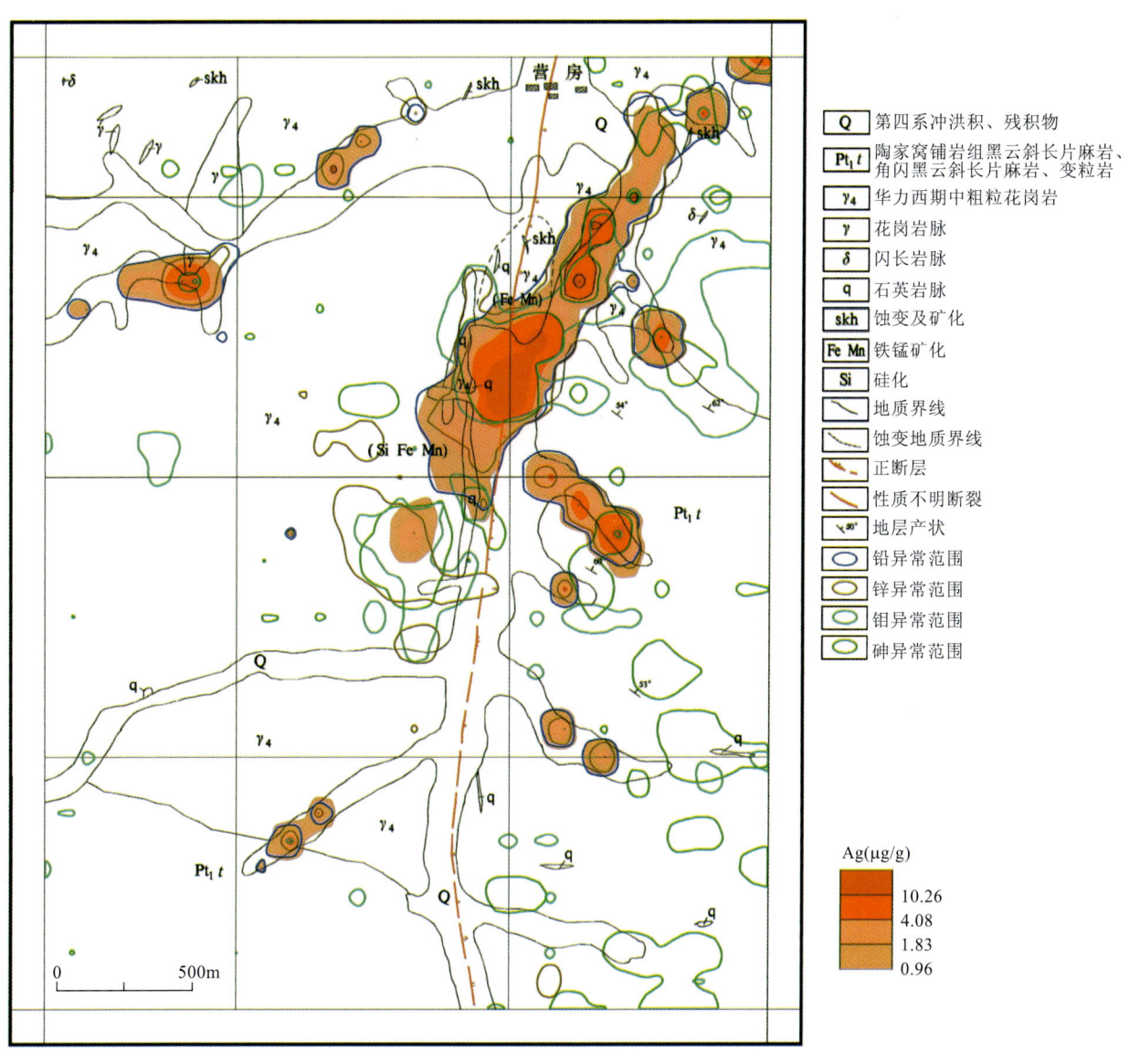

图 5-5-8　营房银矿区土壤银-铅-锌-钼-砷地球化学组合异常图

3. 矿床成因和成矿模式

据华北有色地质勘查局地质研究所研究，区内除与成矿关系最为密切的凝灰质隐爆角砾岩体外，Ag、Pb、Zn 成矿元素含量最高的地层是晚太古界单塔子群变质岩，Ag、Pb 含量最高的岩体是花岗岩，其含量可为克拉克值 3～7 倍，可视为矿体形成的矿源。而氢氧同位素研究表明成矿热液来自深源混合岩浆水。

由于地壳深部重熔作用，在花岗岩的形成过程中形成的富含挥发分和成矿物质的中酸性、酸性岩浆，沿断裂上移到地壳浅部，其前锋与围岩接触后形成冷凝壳阻止了岩浆继续上移，同时又形成了一个含矿气液聚集空间。此时沿断裂下渗的雨水和地下水，可从围岩中萃取一定成矿物质带入深部。

由于断裂的复活，使地下热水与滞留在地下浅部的岩浆热液相遇，在封闭-半封闭的条件下，使冷凝壳内聚集起来的含矿热流体因温压的骤减而沸腾爆炸，使顶部岩石震裂破碎乃至塌陷，形成角砾和通道。熔浆和凝灰物质在气液推动下沿通道上移，裹挟并胶结围岩碎块和晶屑成为凝灰质熔浆角砾岩和次火山岩（英安岩）。由于这些先期将冷未固的熔浆角砾岩的阻塞，又会造成封闭-半封闭的环境和两次爆发。如此封闭-爆发作用的多次重复，使凝灰质熔浆既成为胶结物又成为角砾。

此后，由于深部岩浆或成矿气液的推动作用，使岩石发生交代与蚀变，并使成矿物质富集成矿，最终形成牛圈-营房银金铅锌矿床。

矿床的成因类型为与重熔岩浆有关的浅成中低温热液裂隙充填型矿床，其成矿模式如图 5-5-9 所示。

4. 矿床找矿模式

综合上述矿床地质特征和地球化学特征，牛圈-营房银矿床找矿模式概括为表 5-5-7。

表 5-5-7 牛圈-营房银矿典型矿床找矿模式要素表

成矿要素		描 述 内 容
特征描述		与重熔岩浆有关的浅成中低温热液裂隙充填型矿床
地质环境	成矿地层	太古界单塔子群变质岩系和中生界上侏罗统—下白垩统火山岩系
	成矿岩体	燕山旋回岩浆岩主要为第三期
	控矿构造	上黄旗-乌龙沟深断裂及其次一级断裂
	成矿时代	燕山期
	成矿环境	陆壳深断裂岩浆活动带
矿床特征	矿体形态	主矿体平面形态呈"S"形，剖面上呈反"S"形脉状
	共伴生组分	银、铅、锌、金
	蚀变特征	围岩蚀变沿老虎坝-牛圈断裂破碎带发育，范围较大，长千余米，宽 100～300m。蚀变类型有硅化、高岭土化、绿泥石化、碳酸盐化、蒙脱石化、铁白云岩化及重晶石化等。各种蚀变类型有明显分带性，但在时间和空间上相互叠加或穿切，反映热液活动的多期性
	控矿条件	断裂构造直接控制隐爆角砾岩体产状、形态和空间分布，角砾岩体又进一步控制银金矿体的产出形态
地球化学特征	1:20万水系沉积物	异常元素组合为 Pb、Zn、Ag、Cd、Au、Sb、Mn、As，其中，除了 As 具二级浓度分带，其余元素均具三级浓度分带，各元素浓集中心与矿床的空间关系对应较好。主成矿元素 Ag、Pb、Au 的异常面积及平均衬值均较大，是最直接的成矿信息。伴生元素异常面积相对较小，且为与火山-次火山活动有关的元素组合
	1:1万土壤测量	主要成矿元素 Ag、Pb、Zn 最大值和均值高、变化系数大，具明显的成矿信息。最大的 Ag、Pb、Zn、Mo、As 组合异常，北北东向，集中在已知矿脉周围及其南部破碎带上。主要成矿元素含量高，有明显浓集中心，梯度大，是矿体暴露地表的反映。在其周围存在数个小异常，均以 Ag、Pb、Zn 为主，伴生 As、Mo 等元素

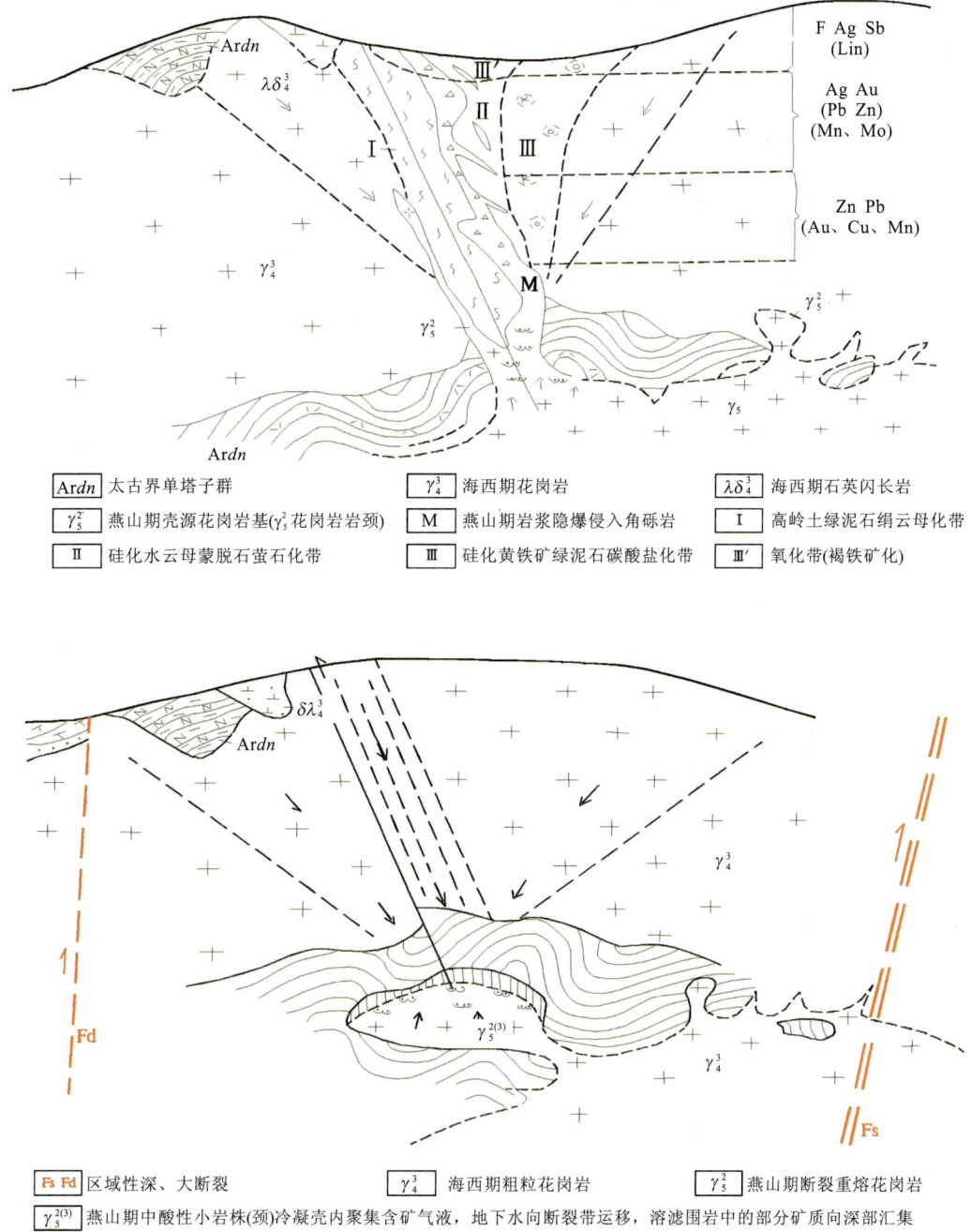

图 5-5-9　牛圈-营房银矿床成矿模式图(据章百明等,1996 年)

三、沉积-热液改造型银矿——承德县姑子沟银矿

姑子沟银矿位于河北省承德县姑子沟一带,中心地理坐标为东经 118.191 11°,东山矿段为 118.309 44°,北纬 41.336 11°。累计探明资源储量为银 224.86t,铅 4.91 万 t,锌 4.47 万 t,金 2.17t。矿床规模为中型。

1. 矿床特征

1) 区域地质概况

矿区地处内蒙古背斜与燕山台褶带衔接处,丰宁-隆化-烟筒山东西向深断裂带之中。区内主要有上太古界单塔子群南店子组、元古界长城系、中生界下白垩统大北沟组和第四系。矿区构造以断裂为主,东西向温家沟-东山断裂为区内主要断裂。矿体受该断裂带控制,是重要的导矿、储矿构造。区内燕山旋回第四期火山活动比较强烈。火山-次火山岩发育,火山构造有西南沟古火山口、烟筒山火山管道和磴上潜火山机构。

2)矿床特征

姑子沟银铅锌矿床产于温家沟-东山东西向断裂与玉带河南北向断裂交汇部位的东侧。矿体赋存于沿东西向断裂下盘发育的继承性断裂破碎带内,该破碎带构成本区的主要含矿带(图5-5-10)。矿区内控制含矿带长3 700m,宽16～20m,走向近东西,倾向北,倾角80°左右,局部产状南倾。

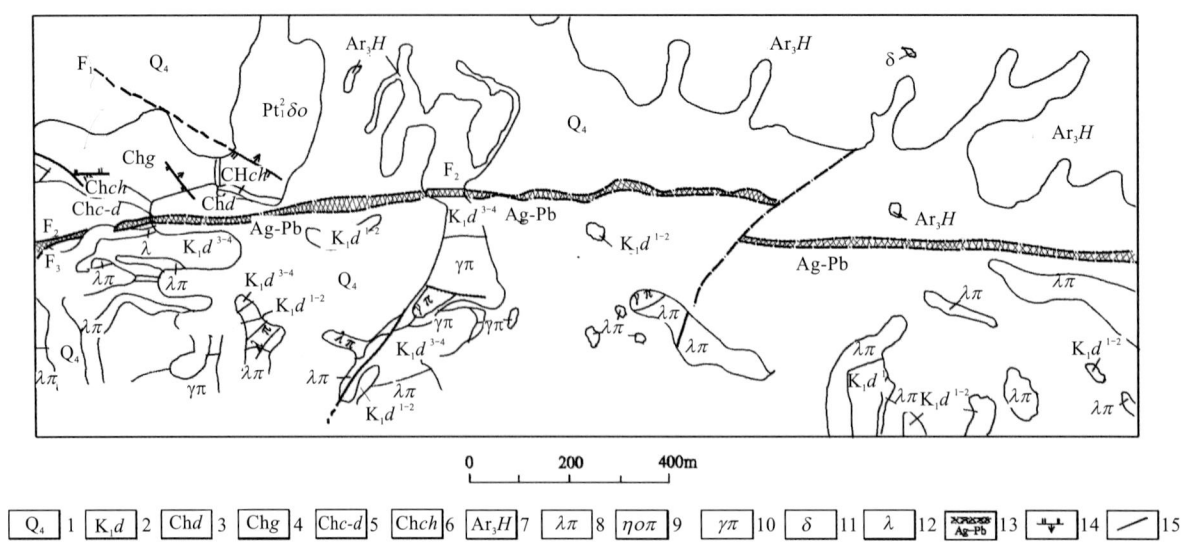

图5-5-10 姑子沟银铅锌矿床地质图(据章百明,1996年)

1.第四系;2.上朱罗统大北沟组;3.长城系大红峪组;4.长城系高于庄组;5.长城系团山子—高于庄组(未分);6.长城系串岭沟组;7.太古界南店子组;8.石英斑岩;9.石英二长斑岩;10.花岗斑岩;11.闪长玢岩;12.煌斑岩脉;13.矿化破碎带;14.逆断层;15.性质不明断层

含矿带上盘出露有晚太古界南店子组角闪斜长片麻岩及零星的长城系浅海向底层;下盘岩性在牛圈子沟以东为沿东西向贯入的姑子沟浅成石英斑岩,以西为上侏罗统大北沟组一段安山质含砾岩屑晶屑凝灰岩及少量火山角砾岩。含矿破碎带由蚀变岩和矿化体构成。

该矿床由隐伏矿体构成。矿体呈不规则脉状充填于含矿破碎带内,有膨胀狭缩、分支复合等现象。走向东西,北倾,垂深向东侧伏。矿床共有4个银矿体(或银铅锌矿体)(图5-5-11)。

矿体的空间展布受构造破碎带控制,主要分布在构造转折及弯曲部位,特别是舒缓波状的波峰或波谷地段。

矿石中主要金属矿物有方铅矿、闪锌矿、黄铁矿、黄铜矿、辉铜矿、铜蓝、毒砂、磁铁矿、磁黄铁矿、银黝铜矿、辉银矿、深红银矿、辉铜银矿、自然银等。脉石矿物为石英、白云石、方解石、云母、长石、叶腊石、绿泥石及黏土矿物等。载银矿物主要有方铅矿、闪锌矿和银黝铜矿。

矿石结构多为显微他形粒状结构,也有交代结构、交代残留结构、包含结构及固溶体分解结构等。矿石构造以致密块状构造为主,另外有稠密浸染状构造、条带状构造,局部出现角砾状构造。

围岩蚀变由于不同期次、不同作用、复杂的围岩等因素影响,形成的蚀变类型也较复杂,主要有青盘岩化、硅化、黄铁绢英岩化、菱锰矿化、碳酸盐化和泥化。从整体上看蚀变具分带性,由内向外依次为银多金属矿化带-硅化、碳酸盐化带-绢英岩化带-青盘岩化带。

2. 地球化学特征

收集姑子沟银矿区近570km²范围内1:20万水系沉积物中的39项元素含量数据,计算水系沉积物中元素中位值、算术均值、相对全省水系沉积物中的富集系数等参数,与全省1:20万水系沉积物均值相比,姑子沟矿区水系沉积物中明显富集Ag、Cd、Hg、Mn、Pb、Sb、Y、Zr,富集系数大于1.2。其中除了Y、

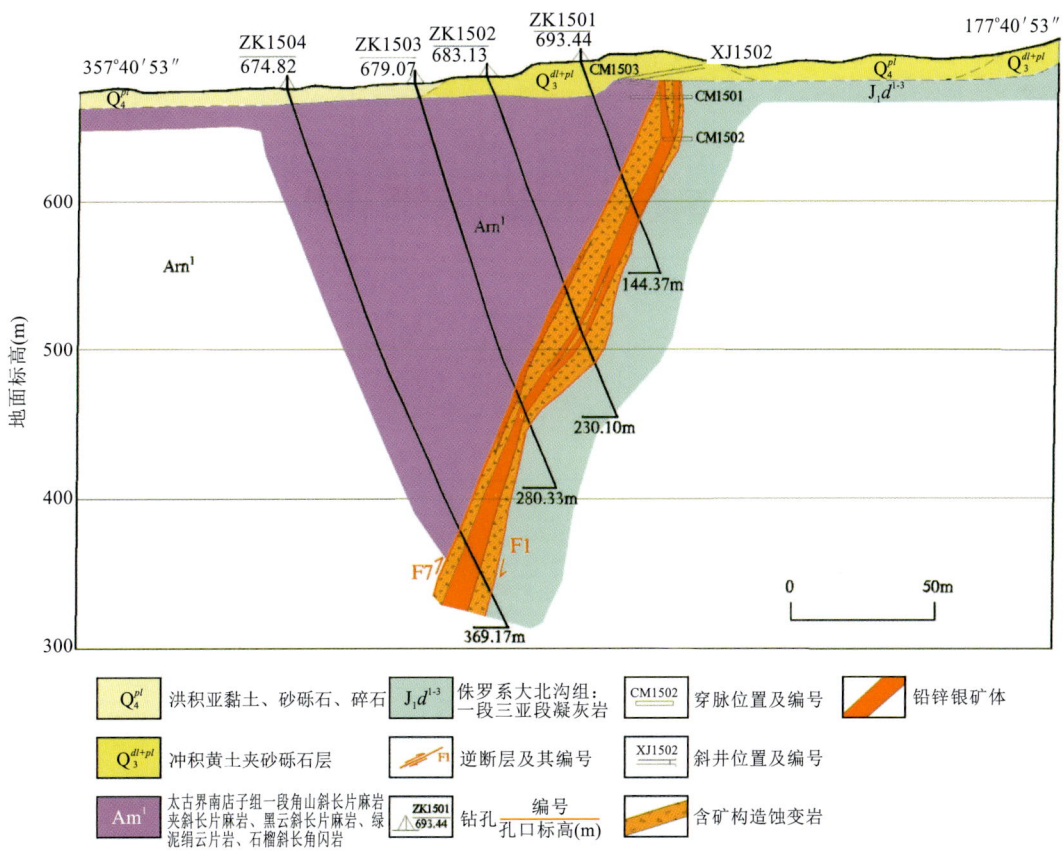

图 5-5-11　姑子沟矿区第 0 排勘探线剖面图（据章百明，1996 年）

Zr、Hg 外，其他元素在矿体上方均有异常显示。

该区 1∶20 万水系沉积物地球化学异常元素组合为 Ag、Pb、Zn、Cd、Sb、Mn、Au、Hg 等元素。异常形态以椭圆形为主，东西向展布，与该区的断裂构造展布方向一致。主成矿元素异常面积大，浓集中心明显，与伴生元素 Cd、Sb、Mn 套合好，与已知矿床的产出位置相对应（图 5-5-12）。从表 5-5-8 可以看出，Ag 和 Pb 极值高、NAP 值大，显示出很强的成矿信息，由 NAP 值排序可以得到承德姑子沟铅锌银矿异常表达式为 Ag-Pb-Cd-Sb-Au-Hg-Zn-Mn-Cu。

表 5-5-8　姑子沟银多金属矿区域化探异常参数

元素	Ag	Pb	Cd	Sb	Au	Hg	Zn	Mn	Cu
极值	27.1	686	3.15	8.90	25.4	170	249	1 684	47.9
下限	0.133	29.3	0.23	0.70	2.14	41.3	100.6	939	39.5
面积	233	168.8	96.7	83.4	141	29.3	35.9	30.5	2.16
点数	59	45	27	20	35	6	8	7	1
均值	2.21	91.8	0.658	2.24	3.74	99.8	164	1 411	43.7
衬值	16.6	3.13	2.86	3.20	1.75	2.42	1.63	1.50	1.11
NAP	3 872	528.9	276.6	266.9	246.5	70.8	58.5	45.8	2.39

注：Au、Hg 含量单位为 ng/g，其他为 μg/g；异常面积单位为 km²；NAP＝衬值×面积

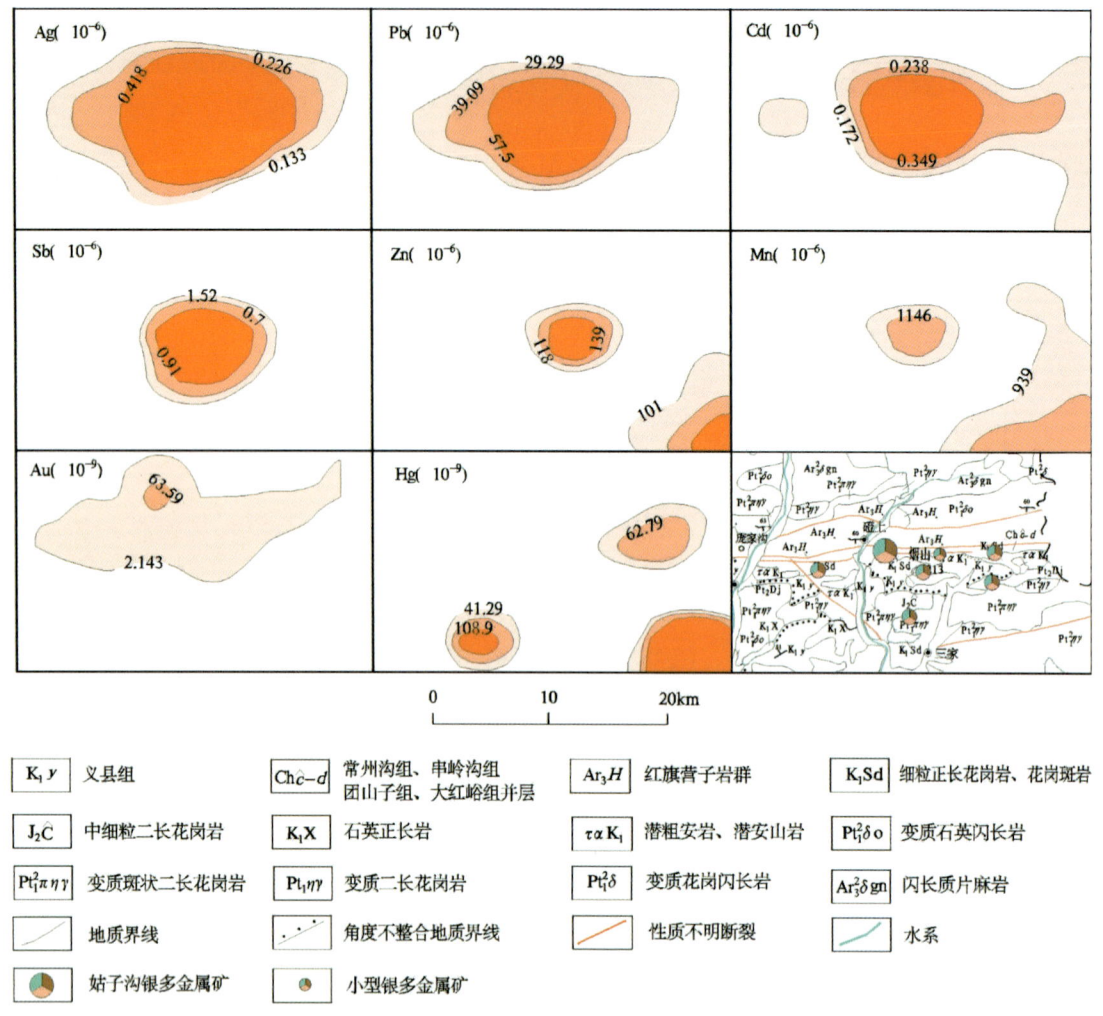

图 5-5-12 姑子沟银多金属矿地球化学异常剖析图

3. 矿床成因和成矿模式

根据同位素资料研究认为姑子沟矿床的含矿热液（成矿介质）主要来自中酸性岩浆水，混入部分围岩中的地下热水；成矿组分中 Ag、Zn、Pb 主要来自深源岩浆。石英斑岩是成矿物质主要载体。矿质来源属上地幔和地壳物质的混源（多源）型。

矿床形成的温度范围为 350～250℃，成矿温度属中温-中高温热液成矿。

因此，确定姑子沟银铅锌矿床成因类型为次火山-岩浆热液型，是燕山期中酸性岩浆活动产物。其成矿模式如图 5-5-13。

4. 矿床找矿模式

综合上述矿床地质特征和地球化学特征，姑子沟银铅锌矿找矿模式概括为表 5-5-9。

表 5-5-9 姑子沟银铅锌矿典型矿床找矿模式

成矿要素		描 述 内 容
特征描述		沉积-热液改造型
地质环境	成矿地层	长城系高于庄组白云岩
	成矿岩体	燕山期浅成-超浅成侵入体
	控矿构造	温家沟-东山东西向深断裂下盘的继承性断裂
	成矿时代	燕山期
	成矿环境	陆壳深断裂岩浆活动带
矿床特征	矿体形态	矿体呈脉状,有膨胀狭缩、分支复合等现象
	共伴生组分	银、铅、锌、金、铜、镉、硫
	蚀变特征	构造断裂带中黄铁绢英岩化、硅化、碳酸盐化、青盘岩化等蚀变现象
	控矿条件	沿东西向深断裂带分布的燕山期浅成-超浅成侵入体,表现为粗安岩-花岗斑岩-石英斑岩-次粗面流纹斑岩组合
地球化学特征	1:20万水系沉积物	Ag 和 Pb NAP 值大,极值高,显示出很强的成矿信息。异常剖析图元素组合为 Ag、Pb、Zn、Cd、Sb、Mn、Au、Hg 等元素。异常形态以椭圆形为主,东西向展布,与该区的断裂构造展布方向一致。主成矿元素异常面积大,浓集中心明显,与伴生元素 Cd、Sb、Mn 套合好,与已知矿床的产出位置相对应

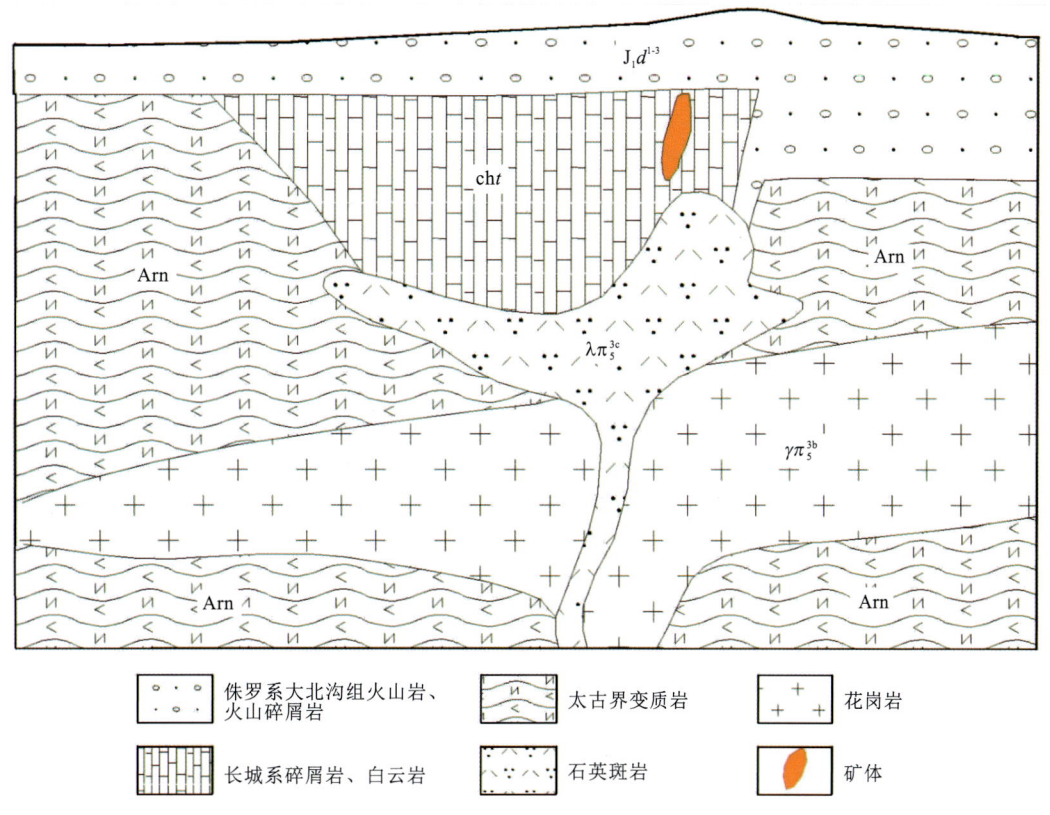

图 5-5-13 姑子沟银铅锌矿成矿模式图(据章百明等,1996)

第六节　典型钼矿床地球化学异常模型

钼矿在本区矿产资源中占有重要地位,已发现矿床9处,矿点20余处,主要分布于保定、承德、邢台等地。矿床类型有斑岩型、接触交代型、热液型3类,其中以前两种类型为主,而接触交代型钼矿往往与铜矿相伴产出。

一、斑岩型钼矿——丰宁县撒岱沟门钼矿

撒岱沟门钼矿位于河北省丰宁满族自治县撒岱沟门一带。中心地理坐标为东经116.592 22°,北纬41.261 67°。累计探明资源储量17.22万t,矿床规模为大型钼矿。

1. 矿床地质特征

1)区域地质概况

矿区位于内蒙台背斜围场拱断束西南端。出露的地层为新太古界单塔子群姜营子组,侏罗系啕北营组、九佛堂组(图5-6-1)。

区内岩浆活动相当强烈,具明显的多旋回性。印支期侵入岩有大小不等的岩株3个。岩性均为二长花岗岩。含矿岩体为撒岱沟门二长花岗岩,呈椭圆形岩珠状产出,长轴方向近东西,面积15km²。

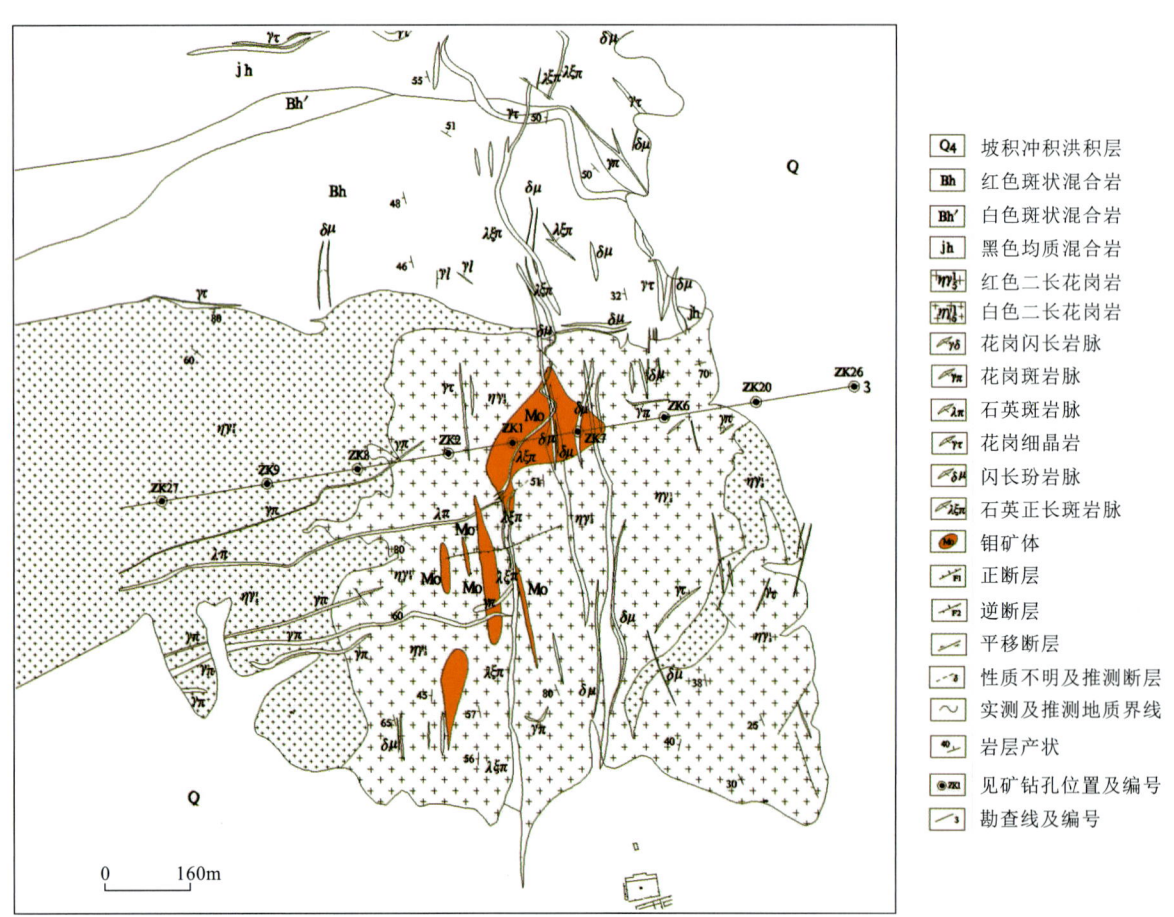

图5-6-1　撒岱沟门钼矿床矿区地质图(据代军治等修改,2007年)

矿区控岩构造为东西向,形成时期为前印支期。控矿构造主要是成矿期节理和叠加其上的碎裂岩带。成矿期节理集中发育于撒岱沟门岩体东北角,由一套微细密集的多期多阶段的剪切裂隙组成。碎裂岩带

集中分布于矿区东部,总体走向近南北。

2)矿床地质特征

钼矿体主要赋存于撒岱沟门斑状二长花岗岩体内,外接触带的混合岩内也产有矿体,但其规模小,品位较低(图5-6-2)。

本矿床由一个矿体组成,呈一孤顶向北的马蹄形。由11线向南至19线明显分为东、西两个分支,东边一支又分为两小支。

矿石中金属矿物有辉钼矿、黄铁矿、磁铁矿、赤铁矿、褐铁矿、黄铜矿等。脉石矿物主要有石英、钾长石、斜长石等。矿床钼矿化均匀连续,钼品位在水平和垂直方向上变化曲线都比较平直。

钼矿体由含辉钼矿石英脉和辉钼矿细脉组成。以平行脉状、交错脉状和网脉状矿石为主,浸染状矿石少见。矿石结构有花岗结构、不等粒结构、熔蚀结构、交代结构及半自形晶粒结构。矿石构造有细脉状及星散浸染状两种。

矿区内围岩蚀变发育,以微斜长石化及石英-白云母化为主,其次有绢云母化、碳酸盐化、萤石、黄铁矿化等。

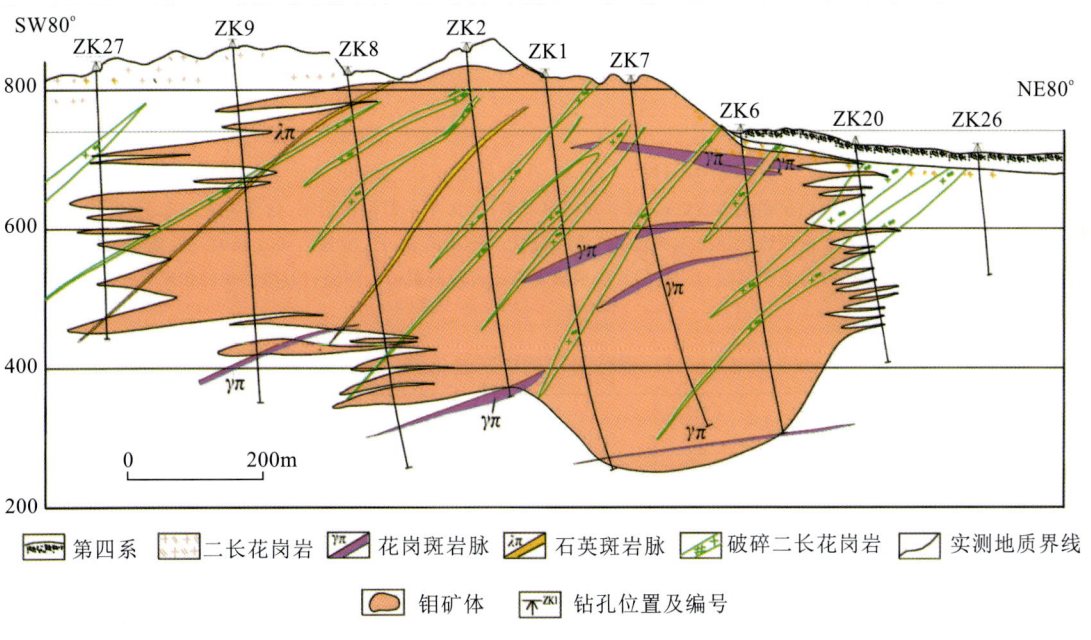

图5-6-2 撒岱沟门钼矿床3号勘探线剖面图(据代军治等,2007年)

2. 地球化学特征

1)1:20万区域化探

收集撒岱沟门钼矿区近320km² 范围内1:20万水系沉积物中的39项元素含量数据,计算水系沉积物中元素中位值、算术均值、相对全省水系沉积物中的富集系数等参数,与全省1:20万水系沉积物均值相比,撒岱沟门矿区水系沉积物中明显富集Ba、La、Mo、Nb、Sr、Th、K_2O、Na_2O,富集系数大于1.1。其中Mo、Th在矿体上方有异常显示。

异常元素组合为Mo、Th、Ti、Y、La、Nb、Mo的异常范围大,浓集特征明显,与矿床的空间对应关系好,而其他元素异常多分布于矿床的西南部,与河流的流向相一致,反映了水系沉积物异常的分布迁移特点(图5-6-3)。从表5-6-1中可见主成矿元素Mo异常面积大,衬值高达6.56,具很强的成矿信息,其他伴生元素主要是与花岗岩有关的元素组合,反映了矿床的成因为与花岗岩有关的斑岩型钼矿,根据NAP值排序可以得到撒岱沟门钼矿异常表达式为Mo-Y-K_2O-Th。

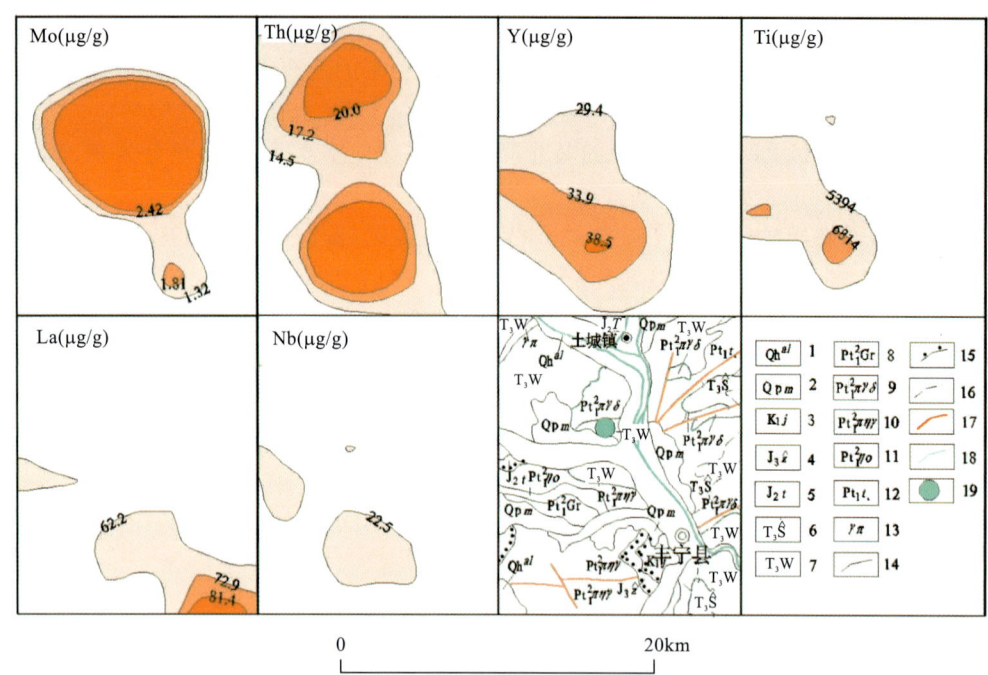

图 5-6-3 撒岱沟门钼矿 1：20 万水系沉积物地球化学异常剖析图

1.第四系冲积；2.第四系马兰组；3.白垩系九佛堂组；4.侏罗系张家口组；5.侏罗系髫髻山组；6.含斑石英二长岩；7.中细粒斑状二长花岗岩；8.含石榴石变质花岗岩；9.变质斑状花岗闪长岩；10.变质斑状二长花岗岩；11.变质石英二长岩；12.陶家窝铺岩组；13.花岗斑岩脉；14.地质界线；15.角度不整合地质界线；16.花岗岩深成脉动界线；17.断裂；18.河流；19.撒岱沟门钼矿

表 5-6-1 撒岱沟门钼矿区域化探异常参数

元素	Mo	Y	K_2O	Th
极值	101	46.5	4.28	37.9
下限	1.32	29.4	3.40	17.2
面积	97.6	107.8	55.5	39.8
点数	23	27	13	9
均值	8.66	29.5	3.85	24.8
衬值	6.56	1.00	1.13	1.44
NAP	640.3	108.2	62.8	57.4

注：元素含量单位为 μg/g；异常面积单位为 km^2；NAP=衬值×面积

2) 1∶5 万区域化探

该区的 1∶5 万水系沉积物测量中成矿及伴生元素有非常好的异常显示，其中 Mo、Cu、Zn、V、P 异常浓集特征明显，空间套合好，并与已知矿床相对应，只有 Pb 在矿床上有弱异常显示（图 5-6-4）。

由表 5-6-2 可知，主要成矿元素 Mo、Cu 的最大值高。Mo 的变化系数最大，其次是 Cu，反映 Mo、Cu 矿化。

表 5-6-2 撒岱沟门钼矿 1:5 万化探地球化学参数(μg/g)

元　素	Cu	Pb	Zn	V	P	Mo
样　数	249	249	249	249	249	249
最小值	5	6	8	20	40	0.5
最大值	180	35	120	250	3 600	100
中位数	15	12	40	55	700	0.5
算术均值	19.83	13.68	45.57	54.63	868.6	2.58
标准离差	19.29	4.34	18.35	23.82	646.9	10.07
变化系数	0.97	0.32	0.40	0.44	0.74	3.91

注：变化系数＝标准离差/算术均值

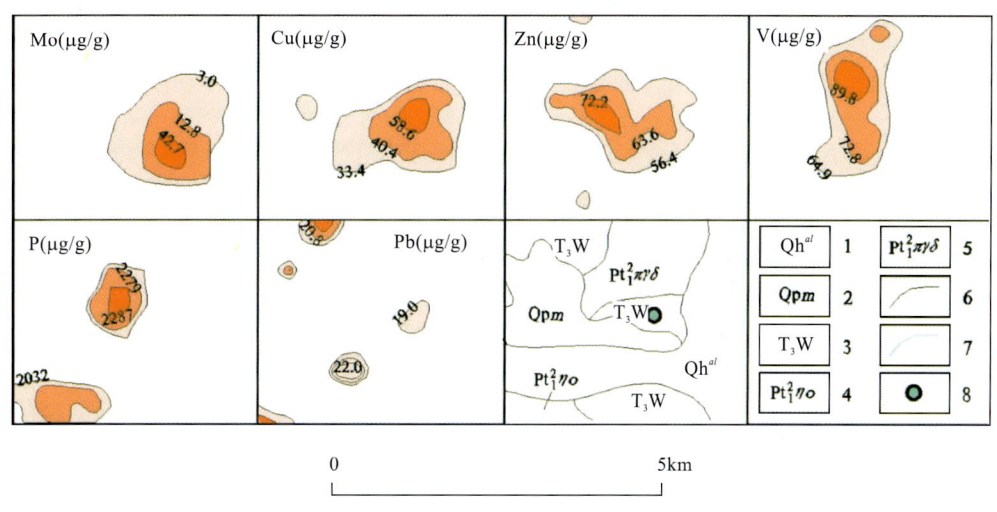

图 5-6-4　撒岱沟门钼矿 1:5 万水系沉积物地球化学异常剖析图

1.第四系冲积；2.第四系马兰组；3.中细粒斑状二长花岗岩；4.变质石英二长岩；5.变质斑状花岗闪长岩；6.地质界线；7.河流；8.撒岱沟门钼矿

3. 矿床成因和成矿模式

丰宁—上黄旗一带晚太古界变质岩系中钼的平均丰度值为 2.4μg/g，斑状混合片麻岩为 3.4μg/g，相当于地壳 Mo 丰度值 2～3 倍，区域地球化学以富钼为特征。钼矿床物质来源可能为地下深处含钼丰度较高的结晶基底。矿床形成与印支期二长花岗岩有关。该岩体岩石组合简单，含黑云母而无角闪石。成矿岩体是副变质岩为主的基底地层断裂重熔而形成的"S"型花岗岩，并继承了基底岩石中基性火山岩原岩成分。在岩浆分异过程中，钼除了形成硫化物与磁铁矿、黄铁矿共生外，大部分以类质同象形式进入斜长石和黑云母晶格中，成为钼的主要载体矿物。

该矿床矿化空间分布理想模式见图 5-6-5。

4. 矿床找矿模式

综合上述矿床地质特征和地球化学特征，撒岱沟门钼矿找矿模式概括为表 5-6-3。

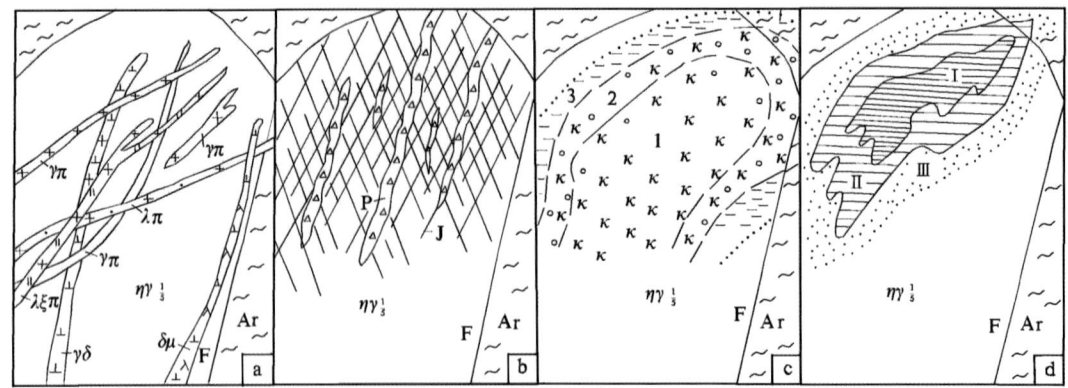

图 5-6-5 撒岱沟门斑岩型钼矿成矿模式图(据章百明等,1996 年)

a. 主岩体($\eta\gamma_5^1$)及脉岩相组成的复式岩体模式,$\gamma\delta$.花岗闪长岩脉,$\lambda\pi$.石英斑岩,$\delta\mu$.闪长玢岩,$\lambda\xi\pi$.石英正长斑岩(成矿后);b. 控矿构造演化模式,F.区域断裂,J.构造裂隙及岩体原生节理,P.破碎带;c. 蚀变分带模式,1.微斜长石化带,2.石英-白云母-微斜长石化带,3.绢云母-碳酸盐-黄铁矿萤石蚀变带;d. 矿化分带模式,Ⅰ.富矿带 $M_o \geqslant 0.06\%$,Ⅱ.贫矿带 $0.03\% \leqslant M_o \leqslant 0.06\%$,Ⅲ.矿化带 $0.01\% \leqslant M_o \leqslant 0.03\%$,$\eta\gamma_5^1$.印支期斑状二长花岗岩,Ar.太古界斑状混合岩

表 5-6-3 撒岱沟门钼矿典型矿床找矿模式

成矿要素		描 述 内 容
特征描述		斑岩型钼矿床
地质环境	成矿围岩	新太古界单塔子群姜营子组
	成矿岩体	撒岱沟门二长花岗岩
	控矿构造	矿区控岩构造为东西向,形成时期为前印支期
	成矿时代	印支期
	成矿环境	上黄旗岩浆岩带
矿床特征	矿体形态	主矿体呈一孤顶向北的马蹄形
	共伴生组分	钼、铜
	蚀变特征	矿区内围岩蚀变发育,以微斜长石化及石英-白云母化为主,次有绢云母化、碳酸盐化、萤石化、黄铁矿化等
	控矿条件	控矿构造主要是成矿期节理和叠加其上的碎裂岩带,其次是岩体与混合岩化片麻岩之间的接触带
地球化学特征	1∶20万水系沉积物	异常元素组合为 Mo、Th、Ti、Y、La、Nb。主成矿元素 Mo 的异常范围大,浓集特征明显,与矿床的空间对应关系好。其他伴生元素主要是与花岗岩有关的元素组合,异常多分布于矿床的西南部,与河流的流向相一致,反映了水系沉积物异常的分布迁移特点
	1∶5万水系沉积物	异常元素组合为 Mo、Cu、Zn、V、P、Pb。除 Pb 外,其他元素异常浓集特征明显,空间套合好,并与已知矿床相对应。Pb 在矿床上有弱异常显示

二、矽卡岩型钼矿——兴隆县蘑菇峪钼矿

蘑菇峪钼矿位于河北省兴隆县蘑菇峪一带,中心地理坐标为东经 118.131 39°,北纬 40.476 94°。累计探明资源储量钼 1.255 万 t,锌 3.534 万 t,铜 0.864 万 t。矿床规模为中型钼矿。

1. 矿床地质特征

1)矿区地质概况

兴隆县蘑菇峪钼锌铜矿位于中朝准地台(I_2)、燕山台褶带(II_2^2)、马兰峪复式背斜(III_2^7)、遵化穹褶束(IV_2^{25})中间地段北部,与宽城凹褶束毗邻。矿区出露地层主要为中元古界蓟县系杨庄组、雾迷山组及第四

系全新统。区内构造发育,可分为较早的北东东向褶皱及断层和较晚的北东东向扭性断裂组成的人字形构造体系。此外,该区还见有多条规模较小的北东向压扭性次级构造裂隙(图5-6-6)。

本区岩浆岩主要为燕山期中酸性侵入岩,即莫利山石英正长斑岩体。分布于矿区西部,主要岩性为硅化石英正长斑岩及晚期侵入的石英正长斑岩。

2)矿床特征

本区矿床成因类型为接触交代型(矽卡岩型)铁钼矿体和热液型沿裂隙充填的铁矿体、钼矿体和锌矿体,是以钼矿为主的多金属矿区,矿体赋存于莫利山石英正长斑岩体与中元古界蓟县系雾迷山组地层的接触带中,或在层间裂隙内,呈脉状向下延伸。

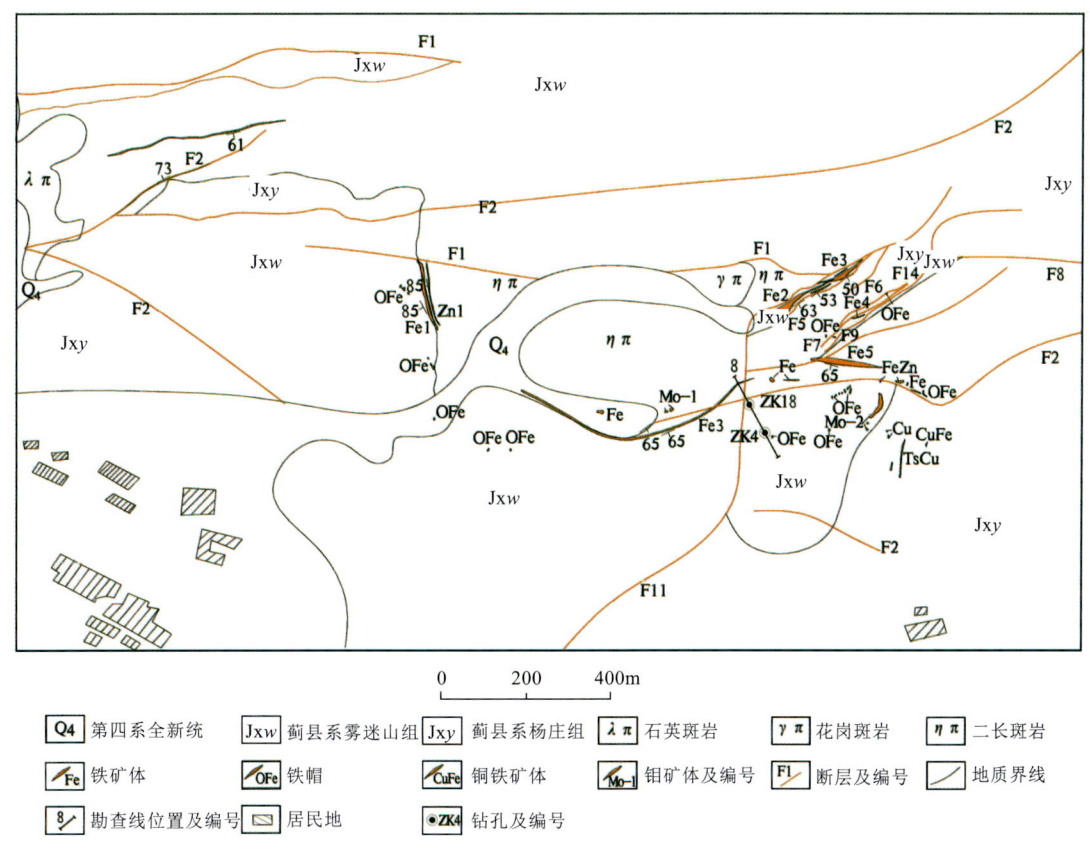

图5-6-6 蘑菇峪钼矿床矿区地质图(据河北省地质调查院,2012年)

矿区矿体受岩体裂隙、接触面、顺层矿体的围岩性质及构造破碎带的控制。全矿区共51条矿体。

矿石呈深灰色或铅灰色,多为半自形-自形粒状结构,少量为他形粒状结构,浸染状或致密块状构造。金属矿物主要有辉钼矿、磁铁矿、黄铜矿、磁黄铁矿、赤铁矿、镜铁矿;脉石矿物主要为钙镁矽卡岩系列矿物组合,主要有方解石、白云石、透闪石、透辉石、石榴石、镁橄榄石、尖晶石、金云母、硅镁石、蛇纹石、绿帘石、绿泥石、角闪石、石英等。

本区主要组分为铁、铜、锌、钼、硫,组成单一与各种组合的综合矿石,其中有益组分 TFe27.57%、Mo 0.23%、Zn 4.84%、Pb 6.295%;有害组分为S和P,S的平均含量0.24%,P平均含量为0.07%。

矿区的围岩蚀变主要发育在莫里山岩体东南侧,蚀变带以矽卡岩及热液蚀变交代为主,大理岩化规模并不很大。蚀变带比含矿带范围还要大一些。

含矿蚀变带主要发育在杨庄组的白云质泥灰岩夹燧石白云质灰岩地层中,上部雾迷山组矿化蚀变占次要地位,深部高于庄组矿化蚀变也较强。

2. 地球化学特征

收集蘑菇峪钼矿区近 200km² 范围内 1∶20 万水系沉积物中的 39 项元素含量数据,计算水系沉积物中元素中位值、算术均值、相对全省水系沉积物中的富集系数等参数,与全省 1∶20 万水系沉积物均值相比,蘑菇峪矿区水系沉积物中明显富集 Ag、As、B、Cd、F、Li、Mn、Mo、Pb、Sb、Zn、MgO,富集系数大于 1.2。其中除 Mn、MgO 外,其他元素在矿体上方均有异常显示。

异常元素组合为 Mo、Pb、Cd、Li、F、Zn、Ag、Sb、As、B、Au。其中 Mo、Sb、As、B 异常具二级分带,Pb、Cd、Li、F、Zn、Ag 具三级浓度分带。异常展布方向为北东向和北北东向,与断裂构造的分布方向较一致。多数元素与矿床的空间分布套合较好(图 5-6-7)。各异常地球化学参数见表 5-6-4,其中 Ag、Mo NAP 值靠前,其他元素异常规模不大,但异常元素组合复杂,对矿床的定位有非常好的指示作用,由 NAP 值排序可以得到蘑菇峪钼锌铜矿异常表达式为 Ag-Mo-Au-Li-Pb-F-Cd-Zn。

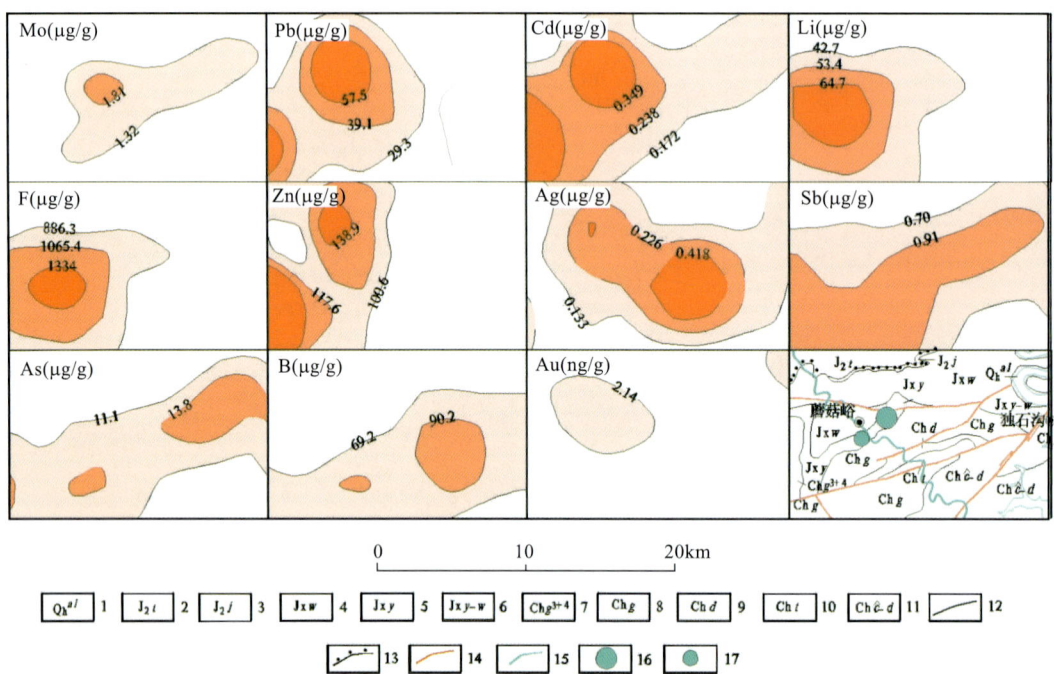

图 5-6-7 蘑菇峪钼矿地球化学异常剖析图

1.第四系冲积;2.侏罗系髫髻山组;3.侏罗系九龙山组;4.蓟县系雾迷山组;5.蓟县系杨庄组;6.蓟县系杨庄组、雾迷山组并层;7.长城系高于庄组三段、四段并层;8.长城系高于庄组;9.长城系大红峪组;10.长城系团山子组;11.长城系常州沟组、串岭沟组、团山子组、大红峪组并层;12.地质界线;13.角度不整合地质界线;14.断裂;15.河流;16.蘑菇峪小型钼矿;17.钼矿点

表 5-6-4 蘑菇峪钼矿区域化探异常参数

元素	Ag	Mo	Au	Li	Pb	F	Cd	Zn
极值	4.48	4.10	10.8	142	227	2 144	1.50	304
下限	0.226	1.32	2.14	53.4	39.1	1 065.4	0.349	117.6
面积	57.0	50.3	24.8	45.6	33.2	42.7	15.6	25.2
点数	15	11	5	9	9	10	3	7
均值	0.524	2.11	4.96	77.6	66.5	138.6	0.87	152
衬值	2.32	1.60	2.32	1.45	1.70	1.30	2.49	1.29
NAP	132.2	80.4	57.5	66.3	56.5	55.5	38.9	32.6

注:Au 含量单位为 ng/g,其他元素为 μg/g;异常面积单位为 km²;NAP=衬值×面积

3. 矿床成因及成矿模式

本区矿化蚀变带发育在莫利山岩体上盘接触带上,围岩为蓟县系燧石白云质灰岩和白云质泥灰岩。由于岩体深部大量的高温溶液上升,使围岩及岩体产生交代蚀变,形成矽卡岩带及叠加的热液蚀变,同时产生了晚矽卡岩阶段磁铁矿化及热液期金属硫化物矿化,形成了钼矿体及铁、铜、锌、钼多金属矿体。由于矽卡岩与各阶段矿化在成因上的统一性及空间位置上的一致性,因此本区矿床为矽卡岩型钼多金属矿床,其成矿模式如图5-6-8所示。

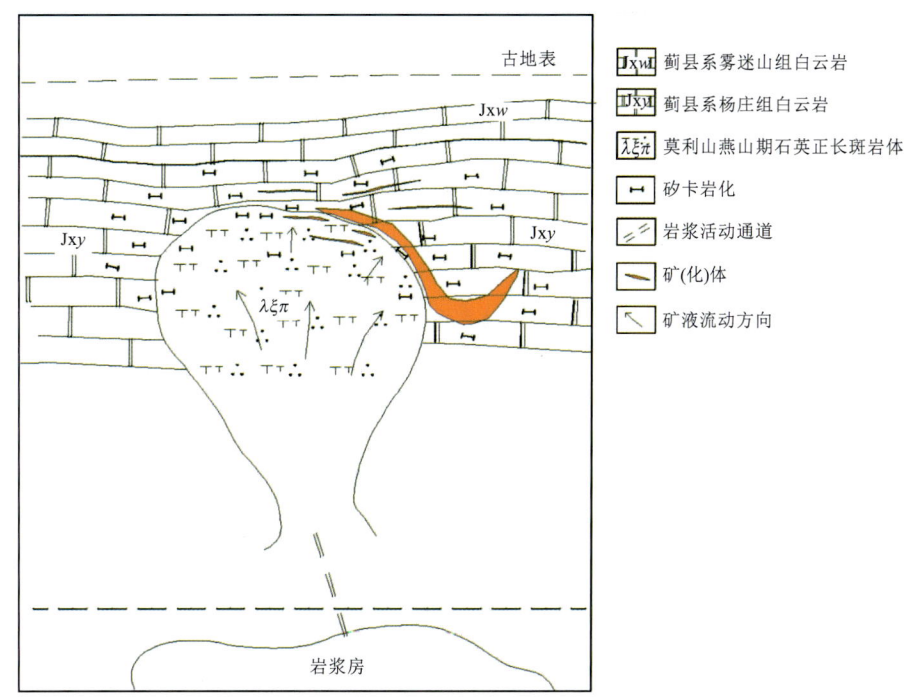

图5-6-8 蘑菇峪钼、锌、铜矿床成矿模式图(据河北省地质调查院,2012年)

4. 矿床找矿模式

综合上述矿床地质特征和地球化学特征,蘑菇峪钼矿找矿模式概括为表5-6-5。

表5-6-5 蘑菇峪钼矿典型矿床找矿要素表

成矿要素		描 述 内 容
特征描述		矽卡岩型钼矿床
地质环境	成矿地层	蓟县系杨庄组
	成矿岩体	燕山期莫利山石英正长斑岩体
	控矿构造	密云-兴隆-青龙压扭性断裂的次级断裂
	成矿时代	燕山期莫利山石英正长斑岩体
	成矿环境	陆内岩浆岩活动带
矿床特征	矿体形态	细脉状、透镜体状、似层状
	共伴生组分	铁、铜、锌、钼、硫
	蚀变特征	蚀变带由岩体内带向外依次划分为:硅化碳酸岩化石英斑岩带(内带)、钙镁矽卡岩蚀变带、顺层钙镁矽卡岩大理岩带、大理岩化蚀变带
	控矿条件	矿体受岩体裂隙、接触面、顺层矿体的围岩性质及构造破碎带的控制
地球化学特征	1:20万水系沉积物	异常元素组合为Mo、Pb、Cd、Li、F、Zn、Ag、Sb、As、B、Au。其中Mo、Sb、As、B异常具二级浓度分带,Pb、Cd、Li、F、Zn、Ag具三级浓度分带。异常展布方向北东向为主,与断裂构造的分布方向较一致。多数元素与矿床的空间分布套合较好

第七节 典型铬矿床地球化学异常模型

铬铁矿具有产于超基性岩中的成矿专属性。太古宙铬铁矿主要产于燕山台褶带东段马兰峪复背斜遵化穹褶束太古宇迁西群广泛出露的构造隆起区,其次是受尚义-平泉、大庙-娘娘庙两条深断裂控制的晚古生代(海西期)超基性岩中。目前只发现3个矿产地。下面以承德县高寺台岩浆型铬铁矿床为典型矿床,对其地质、地球化学特征进行简要总结。

高寺台铬铁矿位于承德县高寺台一带,中心地理坐标为东经117.90°,北纬41.131 11°。截至2009年12月底,累计探明资源储量39.609万t。矿床规模为中型铬矿。

1. 矿床地质特征

1)矿区地质概况

矿区大地构造位置处于中朝准地台(Ⅰ)、燕山台褶带(Ⅱ)、承德拱断束(Ⅲ)、大庙穹断束(Ⅳ)单元之内。出露地层主要为太古界单塔子群变质岩系和侏罗系中统地层。单塔子群主要围绕高寺台超基性岩体南、北接触带分布,为该岩体的直接围岩。侏罗系中统土城子组地层,分布在岩体东段的北接触带,与岩体为沉积不整合接触(图5-7-1)。

受大庙-娘娘庙深断裂影响,区内断裂、构造破碎带和岩体原生、次生裂隙构造发育。

矿区内岩浆岩分布广泛,超基性杂岩体占据整个矿区,属高寺台超基性岩体的一部分。

高寺台超基性岩体位于崇礼-承德超基性岩带的东端。岩带内的超基性岩体,沿内蒙地轴南缘的尚义-平泉与大庙-娘娘庙东西向深断裂之间成群、成带断续分布。岩体长轴方向和排列方位均为东西向。高寺台超基性岩体则分布于大庙-娘娘庙深断裂南侧,明显受该断裂控制。

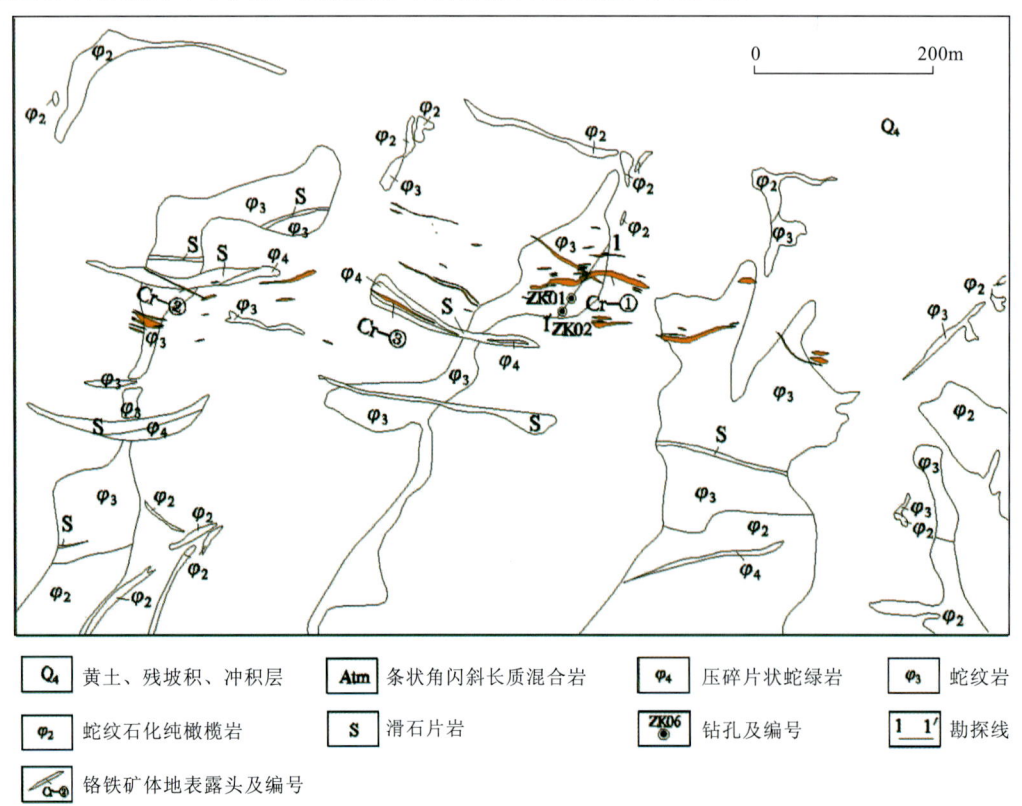

图5-7-1 高寺台铬铁矿区地质图(据河北省地质矿产勘查开发局,2001年)

2)矿床地质特征

矿体主要集中分布于超基性岩体中段膨大、向北突出部位的粗粒纯橄榄岩中。7～20勘探线标高500～350m区间，是矿体主要赋存地段。

矿体形态比较复杂，多呈扁豆状、透镜状、脉状和似脉状。主矿体沿走向、倾向连续性均较好，但有膨缩、分支和复合特点。矿体产状与Ⅲ级矿化带产状一致，均倾向北，倾角50°～70°。

矿石矿物以铬铁矿、铬尖晶石为主，另有少量磁铁矿、钛磁铁矿；脉石矿物以橄榄石、蛇纹石为主，少量绿泥石、云母、铬云母、蛭石、滑石、碳酸盐矿物等。

矿石构造有致密块状构造、浸染状构造、同生角砾状构造、网环状构造、斑点浸染状构造、浸染条带构造。

矿石中主要有益组分：Cr_2O_3的品位变化较大，有时高达40%以上，一般（工业矿体）9%～15%，平均品位14.12%，贫矿体平均品位7.98%。Fe_2O_3一般3%～7%，伴生组分Cu 0.017%、Co 0.011%～0.013%，其次TiO_2、V均为少量。铂族元素与铬铁矿伴生。铂族元素中Ir相对含量最高，其次是Os、Ru和Pt，而Pd和Rh含量甚微。铂族元素含量与Cr_2O_3含量成正消长关系，但不同类型铬矿石铂族元素含量差别较大，以角砾状和网环状矿石铂族元素含量最高。

2. 地球化学特征

收集高寺台铬铁矿区近190km²范围内1∶20万水系沉积物中的39项元素含量数据，计算水系沉积物中元素中位值、算术均值、相对全省水系沉积物中的富集系数等参数，与全省1∶20万水系沉积物均值相比，高寺台矿区水系沉积物中明显富集Co、Cr、Ni、P、Sr、Ti、V、Na_2O，富集系数大于1.1。其中Co、Cr、Ni在矿体上方有异常显示。

1∶20万水系沉积物地球化学测量显示（图5-7-2），该区存在Cr、Co、Ni、V、P、MgO组合异常，Cr、Ni具3级浓度分带，异常面积较大，异常形态相似。Co、V、P、MgO异常面积小，Co、P、MgO具二级分带，

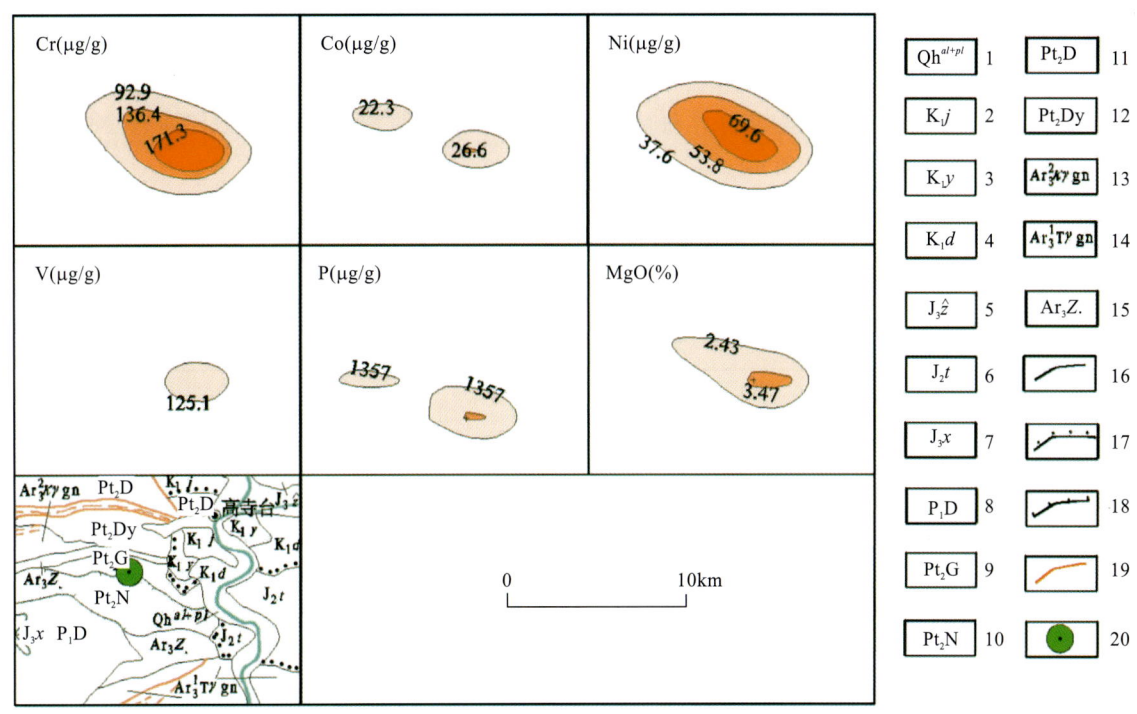

图5-7-2 高寺台铬铁矿水系沉积物异常剖析图

1.第四系冲积、洪积；2.白垩系九佛堂组；3.白垩系义县组；4.白垩系大北沟组；5.侏罗系张家口组；6.侏罗系髫髻山组；7.石英二长斑岩；8.斑状花岗闪长岩、花岗闪长岩；9.纯橄榄岩、辉橄岩；10.辉石、角闪二长岩；11.斜长岩；12.斑状花岗岩；13.钾长花岗质片麻岩；14.奥长花岗质片麻岩；15.遵化岩群；16.地质界线；17.角度不整合地质界线；18.花岗岩类深成岩超动界线；19.断裂；20.铬铁矿

V只有外带。Cr、Co、Ni与矿床套合好。该异常主要由铁族元素组成,基本反映超基性岩的成矿特征,但异常的强度及规模均较小,由NAP值排序可以得到承德高寺台铬矿床异常表达式为Ni-Cr-P-Co-V-MgO(表5-7-1)。

表5-7-1　高寺台铬矿区域化探异常参数

元素	Ni	Cr	P	Co	V	MgO
极值	143.2	480.9	2 700	42.0	196	6.51
下限	37.6	92.9	1 357	22.3	125.1	2.43
面积	39.0	35.6	10.7	5.74	5.83	17.1
点数	9	9	3	2	2	5
均值	73.8	180.9	2 179	33.5	184.5	4.16
衬值	1.96	1.95	1.61	1.50	1.47	1.71
NAP	76.5	69.3	17.2	8.62	8.60	4.16

注:元素含量单位为$\mu g/g$;异常面积单位为km^2;NAP=衬值×面积

3. 矿床成因及成矿模式

铬铁矿床的形成是从岩浆分异开始,到各岩相和矿体形成为止的一个成岩、成矿复杂演化过程。成分较为均匀的超基性岩浆,侵入于由于区域构造作用所形成的高寺台岩浆房,又由于冷却作用和压力作用,以及溶解在岩浆中的挥发组分,主要是CO_2、H_2O、S等的作用,导致较均匀的岩浆发生了分异。在岩浆分异的过程中,Si、Fe、CO、V等元素明显地向边缘部位转移,而Mg、Cr元素则向中心部位集中,在此阶段,岩浆分异作用对矿液的富集起了决定性因素作用。这就是目前所见的Ⅰ级、Ⅱ级矿化带的形成。

由于构造应力的发生而产生了原生构造破裂带,残余的含矿岩浆伴随着大量挥发分向压力低和薄弱地带运移、结晶和聚集。也即Cr_2O_3在较大面积趋于分散的背景上,又呈带状进行了富集,即Ⅲ级矿化带以及其中工业矿体的形成。

综上所述,本区矿床属于早期岩浆分异和晚期岩浆压滤形成的混合类型矿床,以晚期岩浆矿床成矿作用为主,其成矿模式如图5-7-3所示。

4. 矿床找矿模式

综合上述矿床地质特征和地球化学特征,高寺台铬铁矿找矿模式见表5-7-2。

表5-7-2　高寺台铬铁矿典型矿床找矿要素表

成矿要素		描　述　内　容
特征描述		高寺台式岩浆型钼矿床
地质环境	成矿岩体	高寺台超基性岩体
	控矿构造	大庙-娘娘庙深断裂的次级断裂、构造破碎带和岩体原生、次生裂隙构造
	成矿时代	海西期
	成矿环境	内蒙古背斜与燕山台褶带过渡地带的大庙隆起区
矿床特征	矿体形态	扁豆状、透镜状、脉状和似脉状
	共伴生组分	铬、铜、钴、钛、钒、铂族元素
	蚀变特征	岩石普通遭受强烈蛇纹石化,其次为碳酸盐化、绿泥石化和滑石化
	控矿条件	原生构造裂隙
地球化学特征	水系沉积物	异常元素组合Cr、Co、Ni、V、P、MgO,其中Cr、Ni具三级浓度分带,异常面积较大,异常形态相似。Co、V、P、MgO异常面积小,Co、P、MgO具二级分带,V只有外带。Cr、Co、Ni与矿床套合好

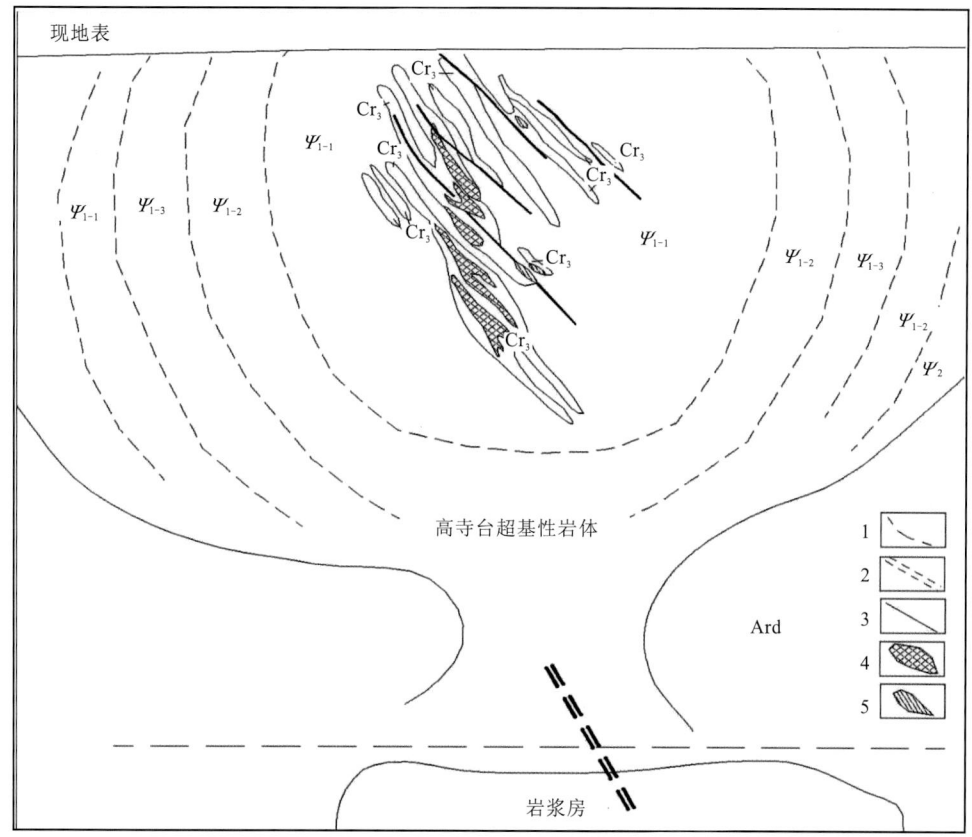

图 5-7-3　高寺台铬铁矿成矿模式图（据河北省地质调查院，2012 年）

Ard. 太古界单塔子群；ψ_{1-1}. 粗粒蛇纹石化纯橄榄岩；ψ_{1-2}. 中粒蛇纹石化纯橄榄岩；ψ_{1-3}. 细粒蛇纹石化纯橄榄岩；ψ_2. 蛇纹石化透辉辉橄岩；Cr_3. 三级铬矿化带；1. 岩相界线；2. 深断裂；3. 断层（原生构造破裂带）；4. 工业矿体；5. 贫矿体

第八节　多金属矿床成矿地球化学异常模型

大型—超大型矿床的形成往往是长期多种成矿地质过程的叠加产物，宏观上表现为成矿系统叠加，即形成复合成矿系统。矿床的形成可能涉及到多个成矿期的叠加问题，即在同一空间域中，先期成矿系统被后期成矿系统所叠加，造成不同矿床类型的重叠和大型矿床的形成。

通过对成矿地球化学场时-空结构的精细解析，全面再现成矿作用的元素地球化学过程，为解决多源成矿体系条件下复合成矿系统中多期成矿叠加、矿床深部成矿预测问题探索一条途径。

成矿地球化学异常模式是成矿及相关元素在成矿作用过程中于特定地区产生的时间分配和空间分布，具有随机性和结构性双重属性。成矿作用及其他各类地球化学过程都可理解为地球化学场空间结构随时间的演化，即地球化学场的时-空结构。因此，地球化学场的时-空结构是成矿作用动力学研究的重要内容。在复合成矿系统中，多种地质-地球化学-成矿作用相互叠加，导致成矿地球化学场表现为复杂的叠加场，这使得地球化学场时空结构的统一性是复合成矿系统研究的核心与关键，而通过对地球化学场时-空结构的精细解析来研究有关的地质体和地质过程乃是地球化学场研究的核心。

一、区域成矿模式

通过大量矿床硫、铅、氢、氧同位素特征研究，冀北中生代（印支期—燕山期）金银多金属矿床具有类似的成矿物质来源、成矿流体及物理化学条件，应受到更大范围的统一动力学机制控制。

从地质流体角度研究成矿水-岩系统特征，从成矿带时空尺度来看，华北地台北缘同一成矿带的金银矿床之间存在构造-水文特征上的整体性和统一性，揭示出这种现象的内在规律性，有助于对未知矿床、矿体地质特征的预测和评估。

据构造-岩浆-火山成矿作用的地史演化、成矿流体的物质来源、同位素地质年代资料,表明冀北金银铅锌多金属矿床的形成具有多阶段区域成矿模式:太古宙火山-沉积作用形成金铜矿源层,元古宙古裂谷-热水沉积作用形成银铅锌矿源层,晚侏罗世—早白垩世深熔岩浆流体、壳下流体、大气降水形成新的矿源层。地质历史发展过程中,矿源层的形成、继承演化构成了金银多金属矿床形成的地史演化区域成矿模式(图 5-8-1)。

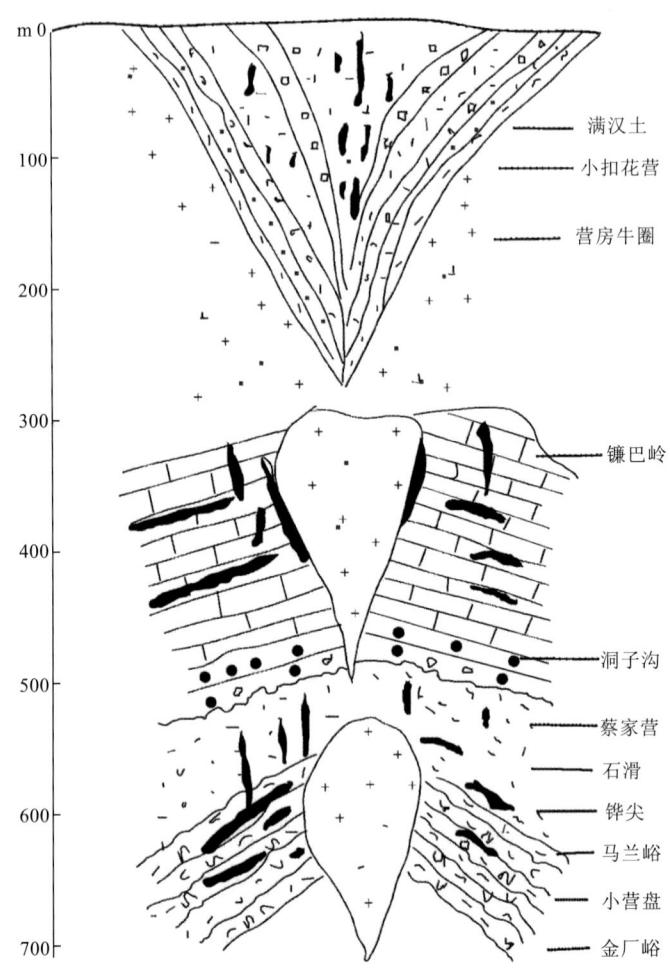

图 5-8-1 河北省金银多金属矿床区域成矿模式(据杨敏之修改,2000 年)

邓晋福等(2009)根据大量同位素年龄资料,提出造山幕与成矿作用的框架模型,用以表达造山过程、岩浆源区与成矿作用的可能成生关系。

(1)前造山幕-初始造山幕(南大岭组 J_1n、下花园组 J_1x、肖营子超单元 J_1XY、叩天井超单元 J_1K,197~181Ma)玄武质岩浆注入陆壳,对太古宙克拉通冷地壳初步加热,岩浆喷发之后进入裂谷期较稳定的构造环境,为形成大型煤矿提供了温热条件。下陆壳局部地段发生熔融作用,形成花岗岩与金矿床(如金厂峪金矿)。

(2)早期造山幕(髫髻山组 J_2t、燕子窝超单元 J_2YZ、符山超单元 J_2F,173~159Ma)玄武质岩浆底侵作用和下地壳再次加热,使下地壳大规模熔融,玄武质岩浆与陆壳混合,形成大量安山质岩浆,伴生峪耳崖、牛心山等金矿床。

(3)峰期造山幕(张家口组 J_3z、南城子超单元 J_3NC、棋盘山高位侵入体组合,152~140Ma)玄武质岩浆又一次底侵,陆壳升温使上地壳岩石大规模熔融,造成面积巨大的花岗岩基(云蒙山、八达岭),伴生大庄科钼矿及石英二长岩和斑岩型铜矿床(浮图峪-木吉村铜矿)。

(4)晚期造山幕(义县组 K_1y、寿王坟超单元 K_1SW、洪山组合 K_1HS,133~118Ma)底侵的玄武质和玄武-安山质岩浆又大量喷发,形成辉长岩、二长闪长岩、二长岩、石英二长岩,伴生寿王坟铜矿。

(5)后造山幕(青石砬组 K_1q,110~100Ma)温热、宁静的构造环境再一次为大型煤矿的形成提供了良好的动力学条件,同时伴生低温的蔡家营铅、锌、银矿床和剪切带型排山楼金矿。

牛树银等(2001)认为,冀东地区金、银多金属矿床分布主要受幔枝构造控制,大多数位于幔枝轴部韧性剪切带及多组韧性剪切带交汇处、幔枝构造主拆离带和主拆离带上盘盖层裂隙之中。冀西北金、银多金属矿床的空间分布具有明显的分带性,表现为金矿床多分布在张宣幔枝构造中部,而银铅锌矿床分布在周边地带。太行山隆起区金银多金属矿床多与阜平幔枝构造和赞皇幔枝构造有关。

二、地球化学异常模型

成矿地球化学场时间结构分解着重于成矿元素地球化学特征与成矿期次间对应关系的剖析,通过研究不同成矿期次的元素组合特征与指示元素的关联和区别,以阐释成矿元素组合的地质-地球化学意义,揭示可能的成矿作用过程。理论上,成矿元素地球化学场时间结构的分解应在成矿期次精细划分的基础上,分别采集相应成矿期(或成矿阶段)的岩石地球化学样品进行综合分析。但是,对于具体的矿区或矿脉来说,由于不同期矿化产物的叠加和复合,在野外样品采集过程中要准确对它们加以区分往往存在很多困难。为此,在实际应用中常常利用多元统计学的分析方法,获取成矿元素地球化学场时间结构的重要信息。

选取由多期叠加成矿作用形成的典型矿床为研究对象,基于翔实的野外资料和分析测试数据,综合运用矿床地质学、矿物学、岩石学、元素地球化学和数理统计学等多种方法手段,以多期叠加成矿过程中元素地球化学行为差异的深入剖析为切入点,通过对成矿期成矿阶段的精细划分,对应的矿石矿物组合的准确厘定以及蚀变分带演化、成矿流体性质等的系统研究,示踪多期成矿叠加过程中元素的时空演化轨迹,提取不同成矿期次的元素地球化学场时空结构信息,并建立相应的成矿元素地球化学场时间-空间结构模型。在此基础上,进行复合成矿系统地球化学场时空结构的耦合研究,确立找矿预测准则,为矿山深、边部及外围勘探和开发提供科学依据。

1. 地球化学异常元素组合

异常模型是按照某种近似程度模拟矿床及其周围地质、地球物理、地球化学基本特征予以概括、抽象、简化的表述。对指导未知矿床的寻找具有重要意义。

研究所采用的数据源为河北省1:20万区域化探水系沉积物 $4km^2$ 组合样数据。应用计算机和GIS技术中的处理软件 GeoExpl2010 和 MapGIS67。单元素地球化学图的编制采用累积频率划分元素等值线,地球化学异常图中异常下限的选取为累计频率85%的元素含量,在此基础上再分三级,分别为外、中、内带。组合异常图和综合异常图的异常圈定采用单元素异常的边界或范围确定。

从表5-8-1—表5-8-3中可见,金银类矿床主要异常元素组合为 Pb、Au、Ag、Bi、Hg、Cu、Zn、Sn、As 等,并且从早到晚有 Au→Pb→Cu→Ag→Mn 的演化趋势;铜钼类矿床主要元素组合为 Mo、Au、Ag、Pb、Zn、Cu、Cd、Bi 等,并且从早到晚有 Au→Mo→Ag→U 的演化趋势。

2. 地球化学异常的时空结构

元素空间的分带规律受到元素在热液活动过程中地球化学习性的制约,是元素在成矿过程中时空耦合的结果。这一机制是地球化学场时空结构耦合的基本原理。

河北省大中型金银矿床水系沉积物元素含量极值与其成矿深度相关分析表明(表5-8-4),成矿深度与 V、Co、Fe_2O_3、Ni、CaO、Sr、Ti、Au、Cr、MgO、P 等元素正相关,相关系数为 0.6336~0.9201,与 U、K_2O、Cd、Zn、Mn、Ag 等元素负相关,相关系数为 -0.7640~-0.5836。与 $lg(Au/Ag)$ 相关系数为 0.9235,与 $lg(Co×V/U×K_2O)$ 相关系数为 0.9375。这种相关关系特征在赋矿围岩中基本得到体现(表5-8-5),表明围岩成分对成矿作用具有重要制约,而矿床附近的岩体则未表现出这种趋势(表5-8-6),

其成分具有基本一致的特征。Mo 则为高(Ar)-低(Ch)-高(K)、B 则为低(Ar)-高(Ch)-低(K)的旋回特征,同时显示围岩的影响。

表 5-8-1　河北省典型金银矿床地质特征

矿床名称	产出围岩	岩 体	Au 品位(g/t)	Ag 品位(g/t)	成矿年龄(Ma)	均一化温度(℃)
围场小扣花营	K_1-J_3z	J_3B	0.47	209～232	121～100	250～340
隆化北岔沟门	J_3z	J_3M	0.8～1.3	18.9～305	125	110～220
丰宁牛圈营房	P	J_2J	1.15	180～300	121	130～190
涞源镰巴岭	Jxw	J_3D	0.5～4.39	71～116	142～120	215～300
兴隆洞子沟	Chc	J_1S	0.77	219	196～180	230～280
张北蔡家营	Pt_1Hq	J_3W	0.5～1.0	25	141～119	160～220
阜平石湖	Ar_2Ch	J_3D	3.52～27.9	20	152～140	190～290
宽城铧尖	$Ar_3^1T\gamma$	J_1N	3～8	—	179～149	200～210
兴隆挂兰峪	$Ar_3^1\delta gn$	J_1S	5～30	32.6	173～159	231～302
宣化小营盘	Ar_2Cl	J_3N	9.93～12.9	22	235～170	250～327
迁西金厂峪	Ar_2Q	J_1S	10.44～11.63	1.12	197～155	267～360

表 5-8-2　河北省典型金银矿床水系沉积物异常元素组合

矿床名称	异常元素组合	矿化类型	围 岩	岩 体
围场小扣花营	Ag-Cd-Mn-Zn-Mo-Pb-Sn	Ag-Mn	J_3Z+K_1d	J_3B
隆化北岔沟门	Cd-Ag-Pb-W-Bi-Cu-Au-Hg-Zn	Pb-Zn-Ag	J_3Z	J_3M
丰宁牛圈营房	Pb-Ag-Au-Cd-Sb-Mo-Zn-Cu-Hg-Be-As	Ag-Au	P_1D	J_2J
涞源镰巴岭	Cu-Pb-Zn-Ag-Au-Cd-Bi-Hg	Pb-Zn	Jxw	J_3D
兴隆洞子沟	Bi-Au-Ag-As-Mn-Pb-Sb-Cd-Cu-Li-Zn-Mo-Hg	Ag-Cu-Au	Chc	J_1S
张北蔡家营	Pb-Zn-Ag-As-Sb-Cu-Au-Cd-Bi-W-Se-Hg	Ag-Zn-Pb-Au	Pt_1H	J_3W
阜平石湖	Au-Bi-W-Mo-Zn-Pb	Au	Ar_2Ch	J_3D
宽城铧尖	Au-Bi-Mo-W-Pb-Sn-Hg-Cu-Cd-U-Zn-Y	Au	$Ar_3^1T\gamma gn$	J_1N
兴隆挂兰峪	Au-Hg-Bi-W-Mo-Pb-Ag	Au	Ar_3Z	J_1S
宣化小营盘	Au-Hg-Ag-Pb-Cd-Bi-Mo-Cu-W-Sn-As-Mn-Sb	Au-Ag	Ar_2Cl	J_3N
迁西金厂峪	Au-Mo-Bi-Ag-Pb-W-Cu-Sn	Au-Mo	Ar_2Q	J_1S

表 5-8-3　河北省典型铜钼矿床地质-地球化学特征

矿床	矿化类型	成矿年龄(Ma)	均一温度(℃)	异常元素组合	围 岩	岩 体
张麻井	Mo-U	126~121	—	Mo-U-Hg-Zn-B-Mn	K_1y-J_3z	$J_3\check{C}$
和顺店	Zn-Pb-Ag-Mo	152~140	—	Cd-Ag-As-Zn-Mo-Sb-Mn-Bi-Hg-W-Y	J_3z	λJ_3、τaJ_3
贾家营	Mo	143~140	—	Au-Pb-Mo-Ag-Cd-W	J_1x	J_2Q
木吉村	Cu-Mo	136	177~350	Cu-Pb-Zn-Ag-Cd-Bi-Mn-Hg	$\in$-O	J_3G、K_1Sd
小寺沟	Cu-Mo	134~123	310~400	Au-Ag-Cu-Pb-Cd-Mo-W-Bi-Zn-As-Sb	Jxw	K_1W
蘑菇峪	Mo-Zn-Cu	152~140	—	Pb-Cd-Ag-Mo-Au-Zn-W-Bi-Sb	Jxw-Jxy	λJ_3、$J_3\check{C}$、J_3Bh
大湾	Mo-Zn-Ag-Cd	133~118	141~348	Ag-Cd-Pb-Zn-Bi-Mo-W-Au	Chg	J_3D、K_1X、K_1Sd
撒岱沟门	Mo	219~198	401~461	Mo-Nb-Zr-Ti-Y-Bi-F-Cu-P-As-Sb-La-W-Zn	$Pt_1^2\pi\gamma\delta$	T_3W
花市	Mo	197~181	—	Au-W-Be-Bi-Cd-Zn-Mo-As-Pb-Sn-U-As-Cu-Zr	$Ar_3^1\delta gn$	$J_1\hat{S}$
金厂峪	Au-Mo	197~155	190~390	Au-Mo-Bi-Ag-Pb-W-Cu-Sn	Ar_2Q	$J_1\hat{S}$、J_1Z

表 5-8-4　河北省典型金银矿床水系沉积物元素极值含量及成矿深度表

矿床名称	Au	Co	V	Fe_2O_3	Ni	CaO	Sr	Ti	Cr	MgO	P
围场扣花营	0.54	3.2	23.0	2.02	5.98	0.41	137	2 255	9.4	0.44	325
隆化北岔沟门	0.68	10.3	58.7	3.86	23.3	0.72	163	2 979	37	0.99	527
丰宁牛圈营房	3.85	7.4	31.4	3.39	20.6	0.82	102	1 762	29	0.61	319
涞源镰巴岭	13.9	13.0	73.0	2.82	18.9	1.79	145	3 397	47	1.92	865
兴隆洞子沟	64.0	28.0	108	4.64	38.3	2.25	252	3 900	108	1.61	616
张北蔡家营	2.40	10.4	61.3	4.43	17.4	0.63	124	3 519	43	0.59	743
阜平石湖	8.90	22.0	110	6.30	33.6	1.79	229	5 638	62	1.98	2 026
宽城铧尖	173	23.0	106	5.55	37.5	2.00	344	3 639	129	1.72	966
兴隆挂兰峪	250	25.5	131	6.10	42	3.05	303	4 440	132	2.17	990
宣化小营盘	204.8	26.3	129	9.43	73.1	4.60	534	5 360	335	4.48	926
迁西金厂峪	631	30.0	152	7.65	58.5	3.58	415	4 955	148	2.34	1 249

矿床名称	Ag	U	K_2O	Cd	Zn	Mn	Cu	Pb	Mo	B	深度(m)
围场扣花营	12.5	3.17	3.68	4.58	484	7 069	25.2	70.2	7.38	35.7	50
隆化北岔沟门	0.43	2.63	3.19	0.79	245	1 431	63.1	126	3.22	45.1	100
丰宁牛圈营房	5.12	1.82	3.06	2.03	851	3 613	20.4	1 681	1.27	51.5	200
涞源镰巴岭	0.36	2.50	2.3	2.70	764	718	60.0	711	1.20	39.6	300
兴隆洞子沟	0.296	1.18	3.75	0.40	75.0	678	53.5	41.4	0.50	102	350
张北蔡家营	0.81	1.39	2.18	0.58	370	726	28.5	401	0.60	67.2	400
阜平石湖	0.18	1.65	2.77	0.25	141	889	46.0	25.0	0.52	19.3	500
宽城铧尖	0.608	1.60	2.83	1.00	257	2 180	84.0	146	5.80	53.0	550
兴隆挂兰峪	0.368	1.00	2.24	0.28	128	955	71.2	80.8	0.76	16.0	600
宣化小营盘	0.94	0.81	1.62	0.13	90.8	780	72.1	121	4.61	13.7	700
迁西金厂峪	0.248	1.60	2.05	0.11	94.0	900	54.0	25.0	8.30	14.0	800

注：Au 含量单位为 ng/g，氧化物含量单位为 10^{-2}，其余元素含量单位为 μg/g

表 5-8-5 河北省典型金银矿床围岩水系沉积物元素含量

矿床名称	Au	Co	V	Fe_2O_3	Ni	CaO	Sr	Ti	Cr	MgO	P
围场小扣花营	1.08	21.2	133	6.09	45.9	4.15	579	7 751	84.8	2.33	1 473
隆化北岔沟门	0.79	7.80	71.8	3.08	13.6	0.68	147	3 609	16.2	0.52	425
丰宁牛圈营房	0.48	6.30	49.5	3.02	15.7	1.07	183	2 824	16.2	0.73	659
涞源镰巴岭	1.50	12.0	69.0	2.96	16.8	2.45	129	3 347	45.5	2.04	596
兴隆洞子沟	0.30	16.3	90.7	3.72	31.1	2.05	172	3 960	72.8	1.51	616
张北蔡家营	0.50	3.90	15.0	1.73	6.60	0.49	255	1 422	28.0	0.31	337
阜平石湖	1.30	18.5	102	5.29	29.9	1.69	205	5 065	58.7	2.20	1 350
宽城铧尖	1.70	25.0	115	6.29	39.0	2.55	251	4 051	130	1.95	931
兴隆挂兰峪	1.50	21.0	122	5.93	34.1	2.82	330	4 800	136	2.33	840
宣化小营盘	1.13	22.3	116	8.02	26.8	3.87	830	4 860	88.8	2.46	1 525
迁西金厂峪	1.50	33.0	205	8.10	62.3	3.40	343	6 564	175	2.02	1 057
矿床名称	Ag	U	K_2O	Cd	Zn	Mn	Cu	Pb	Mo	B	围岩
围场小扣花营	0.036	1.77	2.27	0.076	82.8	876	33.2	20.8	0.78	8.10	J_3z+K_1d
隆化北岔沟门	0.068	2.59	4.03	0.130	50.7	1 137	7.95	25.7	1.09	24.8	J_3z
丰宁牛圈营房	0.097	1.43	3.07	0.100	92.4	499	7.80	29.4	0.59	24.5	P_1D
涞源镰巴岭	0.120	1.50	2.10	0.160	60.0	775	17.0	27.0	0.60	32.6	Jxw
兴隆洞子沟	0.064	1.00	2.93	0.090	57.5	554	26.0	17.8	0.42	72.0	Chc
张北蔡家营	0.190	0.65	3.15	0.073	35.0	124	9.50	99.0	0.90	50.0	Pt_1H
阜平石湖	0.064	1.70	2.55	0.120	98.9	971	38.3	19.3	0.10	39.0	Ar_2Ch
宽城铧尖	0.256	1.80	2.35	0.150	94.0	800	96.0	17.0	9.30	27.0	$Ar_3^1T\gamma gn$
兴隆挂兰峪	0.072	1.30	2.28	0.100	92.7	801	43.5	14.7	0.36	26.0	Ar_3Z
宣化小营盘	0.064	0.41	1.98	0.120	69.0	783	31.5	18.1	0.39	21.0	Ar_2Cl
迁西金厂峪	0.080	1.10	1.83	0.090	227	920	51.0	14.0	0.90	8.70	Ar_2Q

注:Au 含量单位为 ng/g,氧化物含量单位为 10^{-2},其余元素含量单位为 $\mu g/g$

以 Cu、Mo 为主的大中型矿床水系沉积物元素含量与成矿深度之间的相关分析(表 5-8-7)表明,成矿深度与 Sr、V、Cr、Co、P、Ni、Au 正相关,相关系数为 0.562 6~0.777 5,与 B、Nb、La、Hg、K_2O、Li、U 负相关,相关系数为-0.805 2~-0.539 6。

就元素含量而言,Au 与 Na_2O、V、Sr、CaO、Ni、Co、Fe_2O_3 等正相关,相关系数为 0.654 5~0.763 4,与 Li、K_2O、Zn、SiO_2、Cd 等负相关,相关系数为-0.608 7~-0.431 2;Ag 与 Mn、Cd、Ba、U、Y、Zn 等正相关,相关系数为 0.435 8~0.963 6,与 V、Co、Sn、Ti、Cu 等负相关,相关系数为-0.676 8~-0.609 2;Cu 与 Bi、Ag、W、Th 等正相关,相关系数为 0.491 8~0.862 1,与 Hg(相关系数为-0.237 4)、Zn(相关系数为-0.217 4)等负相关;Mo 与 As、Sb、U、Mn、Y、Li、Sn、Be、B 等正相关,相关系数为 0.571 9~0.907 9,与 Ti、Ba、Na_2O、CaO、MgO 等负相关,相关系数为-0.574 0~-0.335 5。

表 5-8-6 河北省典型金银矿床岩体水系沉积物元素含量

矿床名称	Au	Co	V	Fe_2O_3	Ni	CaO	Sr	Ti	Cr	MgO	P
围场小扣花营	1.08	16.7	103	4.97	29.2	3.52	601	6 007	57.1	1.79	1 254
隆化北岔沟门	0.70	7.0	79.4	3.14	9.12	1.15	245	3 788	25.3	0.66	537
丰宁牛圈营房	0.62	6.5	40.8	2.65	17.3	0.92	156	2 207	24.4	0.65	572
涞源镰巴岭	1.80	16.0	102	4.72	16.1	1.28	344	5 042	44.8	1.38	1 049
兴隆洞子沟	0.10	10.0	65.0	2.79	19.5	1.14	110	2 820	42.0	0.99	436
张北蔡家营	0.80	4.60	20.1	1.75	13.3	0.41	58.9	951	24.2	0.36	197
阜平石湖	0.60	18.0	83.0	4.32	18.9	1.28	433	4 156	42.0	1.20	1 329
宽城铧尖	0.80	14.0	131	6.06	12.0	1.63	386	5 990	35.7	1.07	834
兴隆挂兰峪	2.30	16.9	94.1	4.19	39.2	1.51	184	3 780	86.8	1.26	801
宣化小营盘	0.83	28.1	109	10.2	41.6	3.13	613	5 307	119	2.85	1 252
迁西金厂峪	3.80	13.0	113	5.51	23.3	2.23	193	3 873	70.0	1.40	868
矿床名称	Ag	U	K_2O	Cd	Zn	Mn	Cu	Pb	Mo	B	岩体
围场小扣花营	0.074	1.96	2.65	0.080	76.3	749	25.3	23.5	0.44	8.40	J_3B
隆化北岔沟门	0.059	1.23	3.65	0.100	51.5	856	11.3	22.3	1.00	23.8	J_3M
丰宁牛圈营房	0.045	1.23	3.24	0.086	45.4	652	12.5	32.6	0.56	37.5	J_2J
涞源镰巴岭	0.250	2.90	2.60	0.073	87.0	684	61.0	30.0	3.40	23.2	J_3D
兴隆洞子沟	0.064	5.60	2.44	0.250	89.0	924	20.0	40.4	1.20	27.1	J_1S
张北蔡家营	0.087	2.25	2.44	0.03	64.8	221	6.60	19.3	0.83	86.8	J_3W
阜平石湖	0.044	1.40	2.48	0.140	86.0	602	25.0	27.0	1.50	16.2	J_3D
宽城铧尖	0.048	2.90	3.15	0.210	73.0	960	9.00	17.0	0.50	25.0	J_1N
兴隆挂兰峪	0.096	2.60	2.91	0.070	85.0	924	34.0	27.2	0.76	32.5	J_1S
宣化小营盘	0.210	1.31	1.97	0.260	96.6	1 139	43.1	34.7	1.32	56.3	J_3N
迁西金厂峪	0.176	1.60	3.00	0.13	67.0	660	24.0	21.0	0.50	34.0	J_1S

注:Au 含量单位为 ng/g,氧化物含量单位为 10^{-2},其余元素含量单位为 μg/g

尽管从矿床地质学角度有着极为不同的成因划分,但产于不同围岩中的 Au、Ag、Cu、Mo 内生多金属矿床系统地球化学行为的协调一致性,表明其内在的深刻统一。从本研究可看出,岩石中 Co、V、Fe、Ni、Ca、Sr、Ti、Cr、Mg、P 等元素被 U、K、Cd、Zn、Mn 等元素取代,或者 Sr、V、Cr、Co、P、Ni 等元素被 B、Nb、La、Hg、K、Li、U 等元素取代,在 Au、Ag、Cu、Mo 多金属成矿过程中起到积极的促进作用,这也是硅化、钾化、绿泥石化、绢云母化等围岩热液蚀变的地球化学本质。在区域地球化学图上,这些元素的含量梯度带可能是成矿有利地区。

金厂峪金矿从上到下的原生晕垂向分带为 As-Sb-Hg-Mo-Zn-Cu-Pb-Au-Ag-Bi,从内到外的水平分带为 Au-Ag-Mo-Pb-As-Sb-Cu-Hg。Ag/Au 比值为 183m 标高为 1.428,143m 标高为 3.865,103m 标高为 3.251。Sb/Bi 比值为 183m 标高为 0.007,143m 标高为 0.011,103m 标高为 0.017。(Mo×Bi)/Sb 比值为 183m 标高为 70 477,143m 标高为 16 209,103m 标高为 6 609。金厂峪、峪耳崖等陡倾斜矿脉测温数据在空间上有从深部向地表逐渐降低趋势。

表 5-8-7　河北省典型铜钼矿床水系沉积物元素极值含量

矿床	深度(m)	Mo	Cu	Zn	Pb	Au	Ag	Sr	V	Cr	Co
张麻井	50	1.5	16.7	82.9	22.9	2	0.06	83.8	33.2	19.2	8.7
和顺店	100	27.2	23.6	231	94.2	0.75	0.44	59.9	28.1	43	10.1
贾家营	150	8.16	27.4	93.7	104	3.35	0.17	248	72.5	66.6	10.5
木吉村	200	0.6	136	147	44	9	0.55	253	82	39.9	15
小寺沟	300	6.11	491	144	183	6.9	1.65	230	83	41.3	16
蘑菇峪	400	1.4	23	304	227	3.2	0.88	212	82.7	51.9	18
大湾	500	5.5	29	600	118	4.7	1.51	141	52	32.9	10
撒岱沟门	600	5.94	23.8	55.6	20.1	0.84	0.065	291	57.3	32.7	5.8
花市	700	9.4	54	340	15.4	5.3	0.096	338	109	95.2	22
金厂峪	800	8.3	54	94	25	631	0.248	415	152	148	30
矿床	深度(m)	P	Ni	B	Nb	La	Hg	K_2O	Li	U	
张麻井	50	295	18.5	49.4	17.8	73.4	312	4.21	32.5	2.19	
和顺店	100	272	21	80.5	19.6	64.2	230	4.32	58.5	3.43	
贾家营	150	788	26.5	45.7	18.7	43.2	16	2.46	23.4	1.59	
木吉村	200	654	17.5	36.5	15.3	39.9	42	2.4	29.1	1.1	
小寺沟	300	792	22.5	41	18	40	20	2.5	29	1.55	
蘑菇峪	400	769	13.5	35	15.8	45	24	1.85	30	1.9	
大湾	500	393	13.5	28.7	13.5	47	20	1.82	12.5	1.3	
撒岱沟门	600	441	12.6	38.8	15.7	32.5	15	3.34	21	1.13	
花市	700	880	45	13.2	16.1	45	13.2	2.26	35	1.1	
金厂峪	800	1 249	58.5	14	7.6	39	36.6	2.05	12	1.6	

注：Au、Hg 含量单位为 ng/g，氧化物含量单位为 10^{-2}，其余元素含量单位为 μg/g

石湖金矿从头晕到尾晕的垂直分带为 As-Au、Ag、Cu、Pb、Zn-Co、Ni。

蔡家营矿区从上到下的垂直分带为 I,B,Sb,Hg,Ag,Pb,In,Zn,Cd,Bi,Co,Mn,Cu；从内向外的水平分带为 I,B,As,Sb-Hg-Zn-Cd-Pb,Ag-In,Co,Bi,Mn,Cu。(As×Sb×B×Pb)/(Cu×Bi×Co×Zn) 比值：浅剥蚀大于 2 000，中等剥蚀为 120~250，深剥蚀为 12~30。

椴树沟金矿从上到下的垂直分带为 As、Pb、Sb-Mo-Au-Ag、Cu-W-Zn、Bi。北岔沟门矿区从上到下的垂直分带为 Pb-Cd-Cu-Zn-Ag-Sb-W-Bi-As-Mo。(Cu+Pb+Zn+Cd)/(w+Bi+As+Mo)比值：1 300~1 200m 标高 111,1 200~1 100m 标高 26.3,1 100~1 000m 标高 10.3。小寺沟铜钼矿从外到内的水平分带为 Ag-Sb-As-Bi-Zn-Pb-Cu-Mo。浮图峪铜矿原生晕垂直分带为 As-Bi-Au-Pb-Zn-Ag-Cu-Fe-Mo。

大量原生晕地球化学轴向分带的研究成果已经证明，对于单成因的完整矿体来说，元素的轴向地球化学分带一般遵从相对低温活泼元素运行的距离较远，从而构成前缘晕，成矿及与其密切相伴的元素构成矿体晕，而相对高温元素构成尾部晕的规律。李惠等(1999)通过对 58 个典型金矿床原生晕轴向分带序列的概率统计，得出了中国金矿床原生晕综合轴向(垂直)分带序列，从上往下是 B-As-Hg-F-Sb-Ba(前缘及上部)、Pb-Ag-Au-Zn-Cu(矿体中部)、W-Bi-Mo-Mn-Ni-Cd-Co-V-Ti(矿体下部及尾晕)。这一规律会因矿床类型、规模等不同而有变化,其中有些元素(如 W、Ba、Pb、Ag 等)位置变化还会很大,这种变化实际是多期多阶段成矿叠加的一种表现。

上述原生晕垂直分带序列与成矿深度-元素含量从负到正相关序列可以对比。典型金银矿床为 U-K-Cd-Zn-Mn-Ag-Mg-Cr-Au-Ti-Sr-Ca-Ni-Fe-Co-V,典型铜钼矿床为 U-Li-K-Hg-La-Nb-B-Au-Ni-P-Co-Cr-V-Sr。

总之,不同成因类型的金银、铜钼矿床地球化学异常元素组合基本一致,但含量具有较大差异,这种特征正是成矿作用地球化学时空结构的综合反映。元素含量差异具有地质成因意义,成矿深度、成矿年龄、均一化温度、垂直(水平分带)与壳幔源特征标型元素含量之间具有协调一致的相互关系。

第六章　地球化学异常综合研究

成矿元素能否形成工业富集,从地球化学观点来看,取决于一系列因素:成矿元素潜在的区域地球化学蕴藏量;元素的活动形式;元素活化迁移在地球化学障内富集的形成。地球化学异常是所有工作阶段地球化学普查的目标。由于异常的出现频率比矿点要高出若干数量级,而矿点的出现频率又比矿床高出若干数量级,因此,对异常性质的正确解释便成为找矿远景评价的基础,往往也决定今后地勘工作的效率。将地球化学异常与区域地质-地球化学发展史联系起来,可对异常的潜在远景做出合理评价,把今后勘查工作量减少到最低限度。

第一节　单元素地球化学异常特征

地球化学背景和异常的确定是勘查地球化学的一个基本问题,本次工作对异常下限采用全区含量数据累计频率的方法,同时尝试了地球化学空间滤波衬值法。在实际工作中可参照使用。

一、地球化学图参数特征

单元素地球化学图共编制39张,其平均值、标准差、变异系数见表6-1-1。从表中可以看出,变异系数大于1的元素有 Ag、As、Au、Bi、Cd、F、Hg、Mo、Nb、Pb、Sb、W、Y、Zn。这些元素主要是成矿及热液伴生元素,反映了河北省目前的主要产出矿种。

表6-1-1　河北省39种元素地球化学参数统计表

元　素	Ag	As	Au	B	Ba	Be	Bi	Cd	Co	Cr
平均值	0.09	6.61	2.04	38.91	602	2.13	0.19	0.12	13.36	53.06
标准差	0.52	12.53	45.81	31.71	256	0.93	1.41	0.23	7.30	38.35
变异系数	5.44	1.90	22.48	0.82	0.43	0.44	7.53	1.95	0.55	0.72
元　素	Cu	F	Hg	La	Li	Mn	Mo	Nb	Ni	P
平均值	22.81	611	26.14	43.06	28.99	666	0.78	16.13	22.24	759
标准差	17.56	915	77.07	16.87	13.79	388	1.50	41.92	17.23	491
变异系数	0.77	1.50	2.95	0.39	0.48	0.58	1.91	2.60	0.77	0.65
元　素	Pb	Sb	Sn	Sr	Th	Ti	U	V	W	Y
平均值	23.28	0.45	1.81	270	10.44	3 814	1.67	81.49	1.36	23.16
标准差	61.20	1.38	1.74	189	4.34	1 774	1.15	39.50	2.37	32.00
变异系数	2.63	3.05	0.96	0.70	0.42	0.47	0.69	0.48	1.75	1.38
元　素	Zn	Zr	Al_2O_3	CaO	Fe_2O_3	K_2O	MgO	Na_2O	SiO_2	—
平均值	72.18	261	12.53	2.50	4.09	2.63	1.46	2.12	62.24	—
标准差	116.66	116	2.05	2.02	1.79	0.66	1.26	0.71	6.55	—
变异系数	1.62	0.45	0.16	0.81	0.44	0.25	0.86	0.33	0.11	—

注:Au、Hg含量单位为ng/g;氧化物含量单位为10^{-2};其余元素含量单位为μg/g

单元素地球化学异常图共编制39张,其中与预测矿种有关的元素18个,现将这18个元素的异常下限及中带、内带的下限值列表表示(表6-1-2)。

表6-1-2 河北省成矿及伴生元素异常参数表

元 素	Ag	Au	Bi	Cd	Co	Cr	Cu	Fe_2O_3	Hg
异常下限	0.133	2.143	0.267	0.172	22.3	92.9	39.5	6.2	41.3
中带下限	0.226	6.359	0.417	0.238	26.6	136.4	47.9	7.5	62.8
内带下限	0.418	19.102	0.683	0.349	30.5	171.3	56.6	8.5	108.9
元 素	Ni	P	Pb	Sb	Ti	V	W	Zn	Sn
异常下限	37.6	1 357.3	29.3	0.7	5 393.6	125.07	2.01	100.6	2.5
中带下限	53.8	1 725.8	39.1	0.91	6 814.2	147.6	2.64	117.6	3.2
内带下限	69.6	2 100.4	57.5	1.52	8 809.1	173.7	3.57	138.9	4.4

注:Au、Hg含量单位为Au、Hg为ng/g;氧化物含量单位为10^{-2};其余元素含量单位为$\mu g/g$

二、成矿元素的异常分布与重要矿产的关系

在隐伏矿床预测理论研究中,成矿地质地球物理地球化学背景-异常模式分析,无疑是一项极其重要的基础工作。利用区域岩石和水系沉积物地球化学调查成果,讨论金、银、铜、钼、铅锌、铁等主要成矿元素地球化学块体的空间分布及其与区内大中型矿床的相互关系,是提高区域成矿预测工作准确性的必然途径。

作为巨型矿床的地球化学预测方法,谢学锦院士(1995)提出地球化学块体的概念,其涵义可概括为:地球上某种或某些元素相对高含量的巨大岩块,是区域地壳形成和演化不均匀性的表现形式之一,为大型甚至特(超)大型矿床的形成提供了必要的物质基础。它们能够通过地球化学方法手段厘定出来。其面积规定在1 000km^{2}以上,厚度为1 000m。在地球化学块体范围内,利用套合的地球化学模式谱系追索成矿元素的浓集中心,从而圈定成矿的有利地段,降低找矿风险,缩短找矿勘探周期。

岩石地球化学背景图以方里网南北25km,东西50km线交点上地层和侵入岩元素含量均值为原始数据手绘而成。该类图件可与水系沉积物图件相对比,用于成矿规律与成矿预测。

1. Au地球化学异常特征及与金矿的关系

河北省金矿主要分布于Au的高背景区,金的成矿与Au的区域性富集关系非常密切。

1)岩石Au地球化学异常特征

在岩石地球化学背景图上(图6-1-1),以Au 1.0ng/g为下限,圈出的高背景区域可视为金地球化学块体:①遵化-青龙区,面积9 600km^2,Au 1.0～1.46ng/g,主要地层为迁西群、遵化群、卢龙群、双山子群和朱杖子群,有金厂峪、牛心山、峪耳崖、三家、星干河、马兰峪、长城等金矿;②怀安-崇礼-赤城区,面积4 480km^2,Au 1.0～2.04ng/g,主要地层为桑干杂岩、崇礼群、红旗营子群,有东坪、小营盘、下双台、黄土梁及后沟等金矿产出;③阜平-赞皇区,面积9 600km^2,Au 1.0～1.61ng/g,主要地层为阜平群和五台群,有石湖金矿产出。

2)Au岩浆富集区

与上述金的地球化学块体相对应,出现以下岩浆富集区:①密云-青龙区,由四干顶1.21ng/g、盘山1.10ng/g、肖营子1.12ng/g、三星口41.59ng/g等岩体组成,位于马兰峪复式背斜,主要地层为迁西群、遵化群,其次为中—上元古界,是最重要的Au矿产区之一,大中型金矿有金厂峪、牛心山、峪耳崖、三家等;②赤城-怀来区,由马营1.45ng/g、温泉2.43ng/g、小张家口8.26ng/g等岩体组成,主要位于龙关穹褶束,由崇礼群及少量中—上元古界、侏罗系组成,素称"金三角",有东坪、小营盘、下双台、黄土梁等大中型

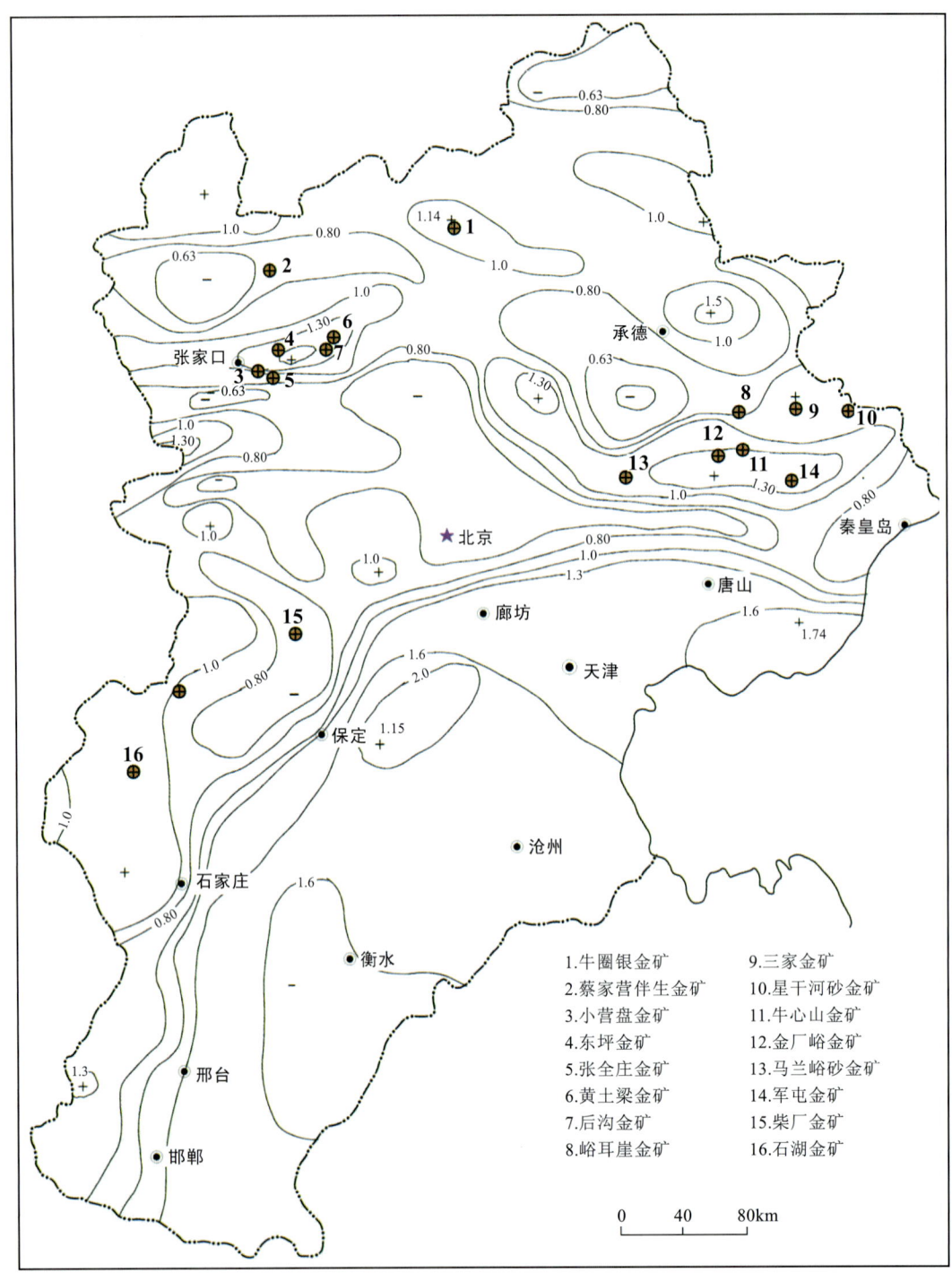

图 6-1-1 河北省 Au 岩石地球化学背景图

Au 矿;③丰宁区,由干沟门、东猴顶、白草、千佛寺、南猴顶、长哨营等岩体组成,有牛圈中型银金矿产出; ④阜平区,以麻棚-赤瓦屋 1.38ng/g 为代表,位于阜平穹褶束,为阜平超群(陈庄群、湾子群)的主要出露区,产有石湖中型金矿;⑤永年洪山沟 $\xi_5^{2(3)}$,位于武安凹断束,围岩为二叠系,岩体中有金矿产出。

3) 水系沉积物 Au 地球化学异常特征

水系沉积物中的 Au 高背景或异常区带与岩石中 Au 的分布有较好的继承关系,以 2.14ng/g 为异常下限圈定的地球化学异常主要分布于冀北和冀东地区,太行山北段有零星分布。

赤城金家庄-宣化小营盘异常区:为崇礼岩群分布区,是冀西北金矿集中产出的区域,有数个大中型金矿产出。

丰宁五道营子-凤山-隆化-碴子沟异常带:沿凤山-隆化深断裂发育,Au高背景及异常呈断续串珠状分布,出露地层主要是红旗营子岩群,产出数个小型金矿和数十个金矿点。

兴隆-青龙-山海关异常区:与马兰峪复式背斜、山海关台拱吻合。区内中太古界迁西岩群Au具有较高的丰度,为金的成矿提供了丰富的物质来源,金异常主要分布在该地层区。此外,区内的其他变质岩地层及中一新元古界地层区Au也为高背景分布,异常区为金矿集中区,产出数个大中型金矿,金矿点密布。

平山-紫荆关-涞水柏林城异常带:跨越山西断隆和燕山台褶带两个构造单元,由于空间上线性连续故划为一个异常带,异常较分散,强度不高,面积较小。该异常带受太行山北北东向断裂带控制,其延展方向与断层走向相同。南段山西断隆区,金异常区与阜平群变质杂岩有关,产出的金矿有石湖中型金矿。北段即为军都山构造岩浆岩带,金异常与岩浆活动及带内的中一新元古界沉积岩均有关。

2. Ag地球化学异常特征及与银矿的关系

河北省的银矿与Ag高含量的中酸性岩体关系密切。

1)岩石Ag地球化学异常特征

将中酸性岩体中银含量与银矿床的关系作图发现(图6-1-2),以$0.1\mu g/g$为异常下限可以圈定5处银地球化学块体。

张北-沽源区:面积$4\,700km^2$,Ag $0.1\sim0.2\mu g/g$。主要地质体有红旗营子群、侏罗系张家口组、第四系、海西期中酸性岩体。产出蔡家营银铅锌矿。

丰宁-围场区:面积$3\,200km^2$,Ag $0.1\sim0.4\mu g/g$。主要地层有侏罗系张家口组,白垩系易县组,海西期和燕山期侵入岩分布广泛。产出北岔沟门和牛圈-营房中型银矿及两个小型银矿。

涿鹿东-兴隆区:面积$7\,600km^2$,Ag $0.1\sim1.6\mu g/g$。主要地层有迁西群、长城系、蓟县系、侏罗系及第四系,出露岩浆岩有太古宙变质深成岩、海西期、印支期、燕山期中酸性岩体。

秦皇岛区:面积$3\,000km^2$,Ag $0.1\sim0.2\mu g/g$。出露地层有滦县岩群、奥陶系、侏罗系、第四系。出露岩浆岩有太古宙变质深成岩及燕山期碱性花岗岩。目前发现3个银矿点。

涞源区:面积$4\,200km^2$,Ag $0.1\sim0.2\mu g/g$。出露陈庄群、阜平变质杂岩、长城系、蓟县系、第四系。出露岩浆岩有太古宙变质深成岩和燕山期中酸性岩体。

2)水系沉积物Ag地球化学异常特征

水系沉积物中,以$0.133\mu g/g$为异常下限圈定的银的地球化学异常主要分布在北纬39°以北地区,与太古宙变质岩及燕山期岩浆活动有关。银异常与银矿床的空间对应关系较好。

跨越内蒙地轴和燕山台褶带构造单元,可划分4个北西向异常区带:赤城金家庄-东卯异常带,与Au伴生,产于金矿集中区;康保屯垦-蔡家营-赤城东卯串珠状异常带,产出蔡家营、彭家沟、梁家沟、万全寺等大中型银矿;丰宁和顺店-营房-下坝围子-隆化北岔沟门异常区,异常产出集中,目前发现牛圈-营房、北岔沟门、姑子沟等银矿。围场棋盘山-隆化茅荆坝异常带呈串珠状,有围场小扣花营-满汉土银矿。Ag异常与燕山期火山岩、岩浆侵入岩关系密切,也与红旗营子岩群、崇礼岩群有关。

兴隆-青龙-山海关异常区:Ag呈分散状分布,多为Au的伴生元素存在,有时可单独成矿。

五道营子-凤山-隆化-碴上串珠状异常带:沿凤山-隆化深断裂发育。产出云雾沟、庞家沟、姑子沟等一批中小型银矿及矿点。

阜平白石台-紫荆关-怀来异常带:受上黄旗-乌龙沟构造岩浆岩带控制,呈北东向展布,Ag异常主要与大河南、王安镇岩体关系密切。该区Ag主要受燕山期岩浆岩控制。产出相广、口前、水口关、大石峪等银矿。

3. Pb、Zn地球化学异常特征及与铅锌矿的关系

1)岩石Pb、Zn地球化学异常特征

铅锌分别以$20\mu g/g$、$63\mu g/g$为下限,在张北-沽源-丰宁-围场一带,侏罗纪火山岩和燕山期花岗岩分布区,可圈出两种元素的地球化学块体(图6-1-3、图6-1-4)。大中型矿床与块体的空间关系十分复

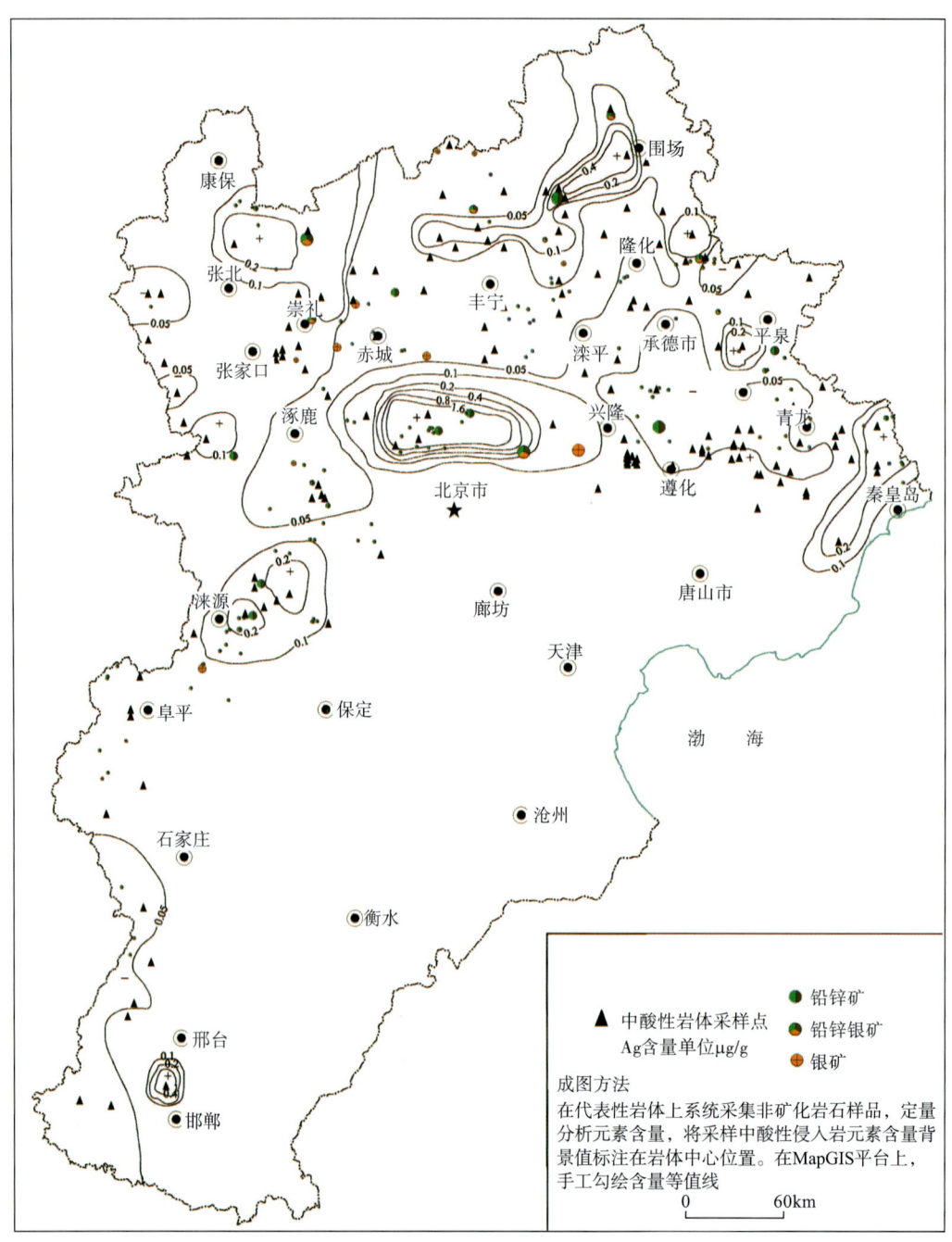

图 6-1-2 河北省中酸性岩体银含量分布与银矿床的关系

杂,受若干岩浆富集带控制作用更为明显。

铅锌岩浆高背景区基本一致,主要集中在两条酸性火山岩和侵入岩最为发育的北东向和近东西向构造岩浆岩带,分别是:①涞源王安镇 Zn(大湾锌钼矿、南赵庄铅锌矿)-涿鹿大河南 Zn-赤城青羊沟铅锌矿-白草 Pb Zn-窟窿山 Zn、沽源羊囫囵 Pb Zn(蔡家营铅锌矿)-丰宁千佛寺 Pb-隆化碱房 Zn(北岔沟门铅锌矿),与乌龙沟-上黄旗构造岩浆岩带相吻合;②阳原姚家庄 Pb-鳌鱼口 Pb Zn-三义庄铁锌矿-延庆东三岔锌钼矿-滦平黄花顶 Zn-遵化茅山 Pb(兴隆高板河铅锌矿)-青龙响山 Pb,位于军都山岩浆岩带和马兰峪复背斜东西两端。

2)水系沉积物 Pb 地球化学异常特征

水系沉积物的 Pb 异常下限为 29.3μg/g,Pb 异常主要集中在河北省北部,与岩浆岩关系密切。

内蒙地轴异常区:Pb 异常分布较密集,构成了河北省 Pb 的一个地球化学集中区。本区燕山期岩浆活

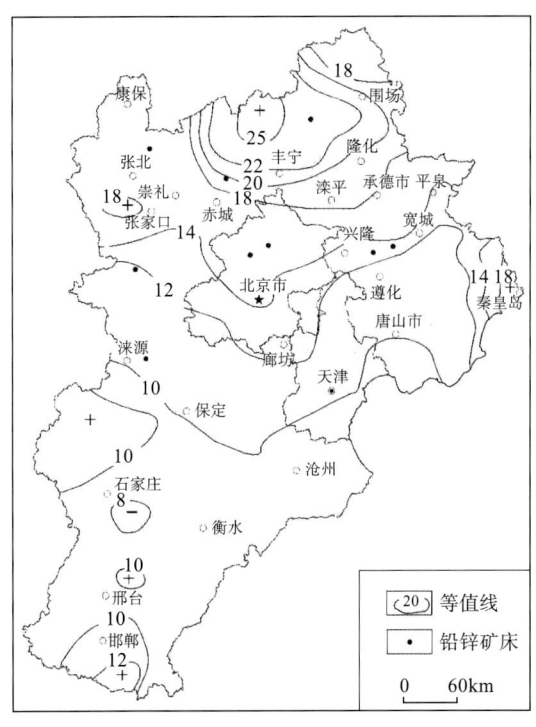 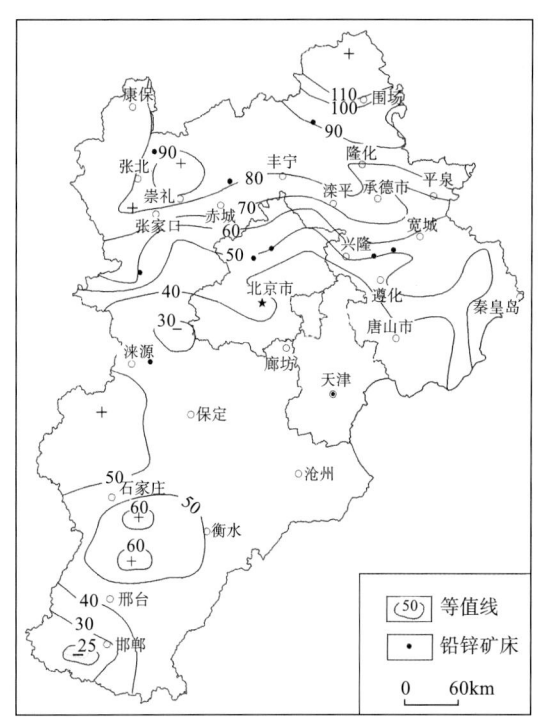

图 6-1-3　河北省 Pb 岩石地球化学背景图　　　　图 6-1-4　河北省 Zn 岩石地球化学背景图
（据师淑娟等，2010 年）　　　　　　　　　　　　（据师淑娟等，2010 年）

动，尤其是火山活动非常强烈，这是造成 Pb 高背景的主要原因。大规模的火山活动使 Pb 初步富集，为该区成矿提供了有利的地质、地球化学条件。区内著名的铅锌矿有：蔡家营、北岔沟门、青羊沟、牛圈（营房）等，显示了 Pb 等多金属集中成矿的特征。本区是河北省最有潜力的 Pb、Zn、Ag 多金属成矿区之一。

张家口高家营-赤城庞家堡异常带：是与新太古代崇礼岩群大体吻合的一个异常带，与 Au、Ag 等密切伴生。

阜平白石台-紫荆关-怀来异常带：该区 Pb 高背景受上黄旗-乌龙沟构造岩浆岩带控制非常明显，Pb 异常沿构造岩浆岩带呈窄带状分布，显示了 Pb 异常与岩浆岩的密切关系，产出连八岭、南赵庄等铅锌矿。

兴隆-青龙-山海关异常区：Pb 异常在区内较集中分布于 3 个区域，兴隆马兰峪-黄土梁呈北东向带状分布，青龙八道河及秦皇岛龙王庙周围呈环状分布，Pb 异常与燕山期中-酸性岩浆岩关系密切。产出兴隆高板河硫铁铅锌矿。

3）水系沉积物 Zn 地球化学异常特征

水系沉积物以 100.6μg/g 为异常下限划分 Zn 地球化学异常，以尚义-赤城-丰宁-隆化深断裂为界，以北地区与 Pb 异常的分布大致相同，均与岩浆岩关系密切。以南地区 Zn 高背景主要与结晶基底关系密切，与 Pb 的时空分布差异明显。Zn 更趋向在较老的变质岩（多为变质岩浆岩）中富集。

冀北异常区：该区燕山期岩浆侵入喷发活动非常强烈，Zn 异常与此有关。和 Pb 相比，Zn 异常数量少，但分布面积大。主要分布于围场、丰宁、赤城及张北的部分地区。是铅锌矿的主要产出区域，有蔡家营、北岔沟门、青羊沟、姑子沟等铅锌矿。

兴隆-青龙-山海关异常区：兴隆的茅山-青龙肖营子一带异常分布面积大，其他区域有零星分布，主要产于迁西岩群、遵化岩群及长城—蓟县系地层分布区，有兴隆高板河硫铁铅锌矿。

平山下口-阜平县城-紫荆关-怀来异常带：平山县一带 Zn 异常与陈庄岩群吻合，阜平-紫荆关-怀来一带则与麻棚、赤瓦屋及大河南燕山期岩浆岩体吻合，产出连八岭、南赵庄等铅锌矿。

4. Cu 地球化学特征及与铜矿的关系

1) 岩石 Cu 地球化学异常特征

在岩石地球化学背景图上(图6-1-5),以 Cu 20μg/g 为下限可圈出如下几个铜的地球化学块体:康保-张北-崇礼区、隆化-平泉区、密云-遵化-青龙-卢龙区及赞皇-阜平-涞源区,少数几处大中型铜矿产于上述块体的边缘过渡带,且呈北东向线状展布,而其中的张北块体无重要铜矿产出。

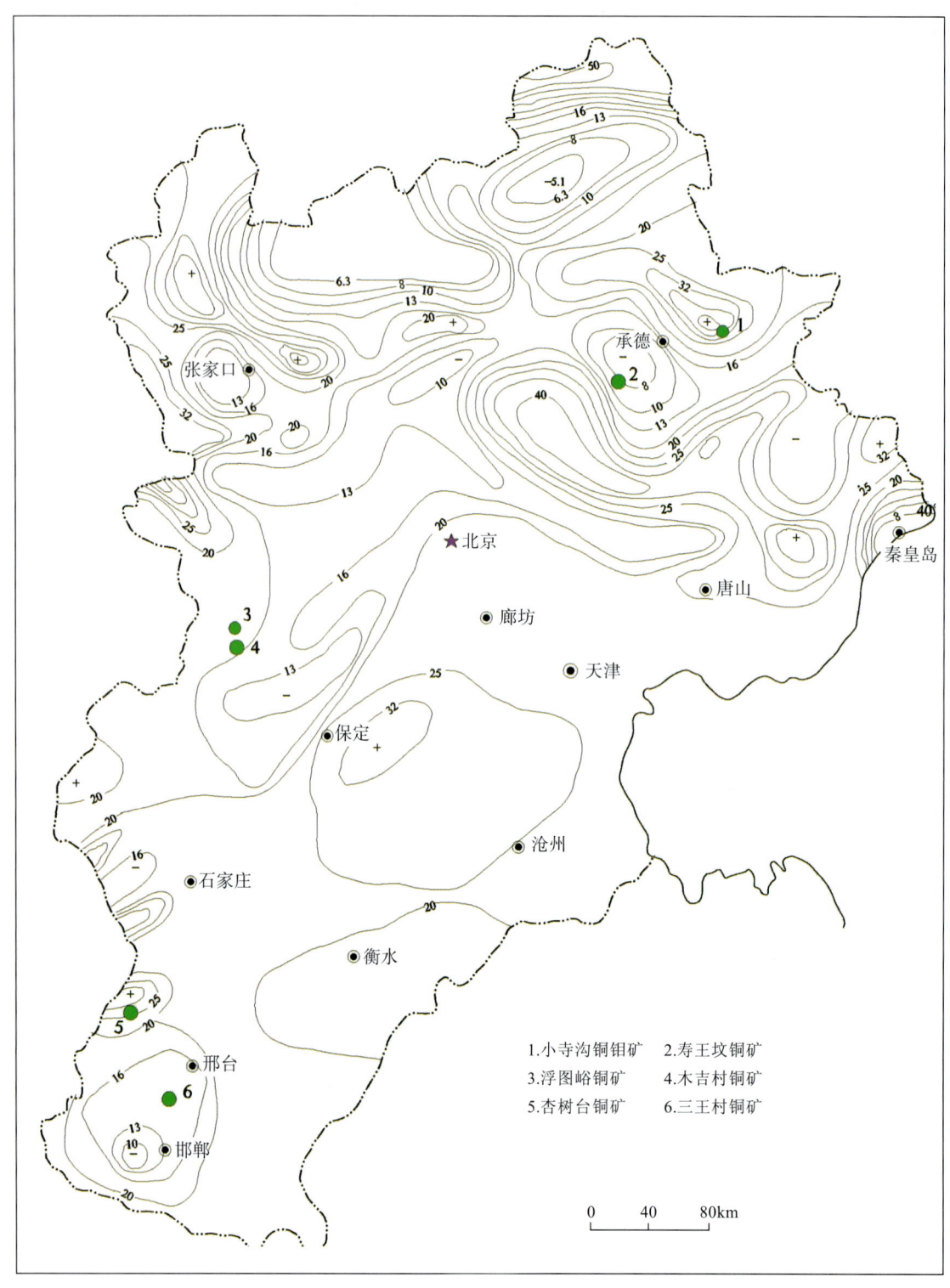

图6-1-5　河北省Cu岩石地球化学背景图

富铜岩体和铜矿床沿北东向近等距(约50km)的平行线状分布,构成6条串珠状索链,从北向南依次为:怀来水口山-赤城象山铜矿-小张家口-茨儿营子-隆化碱房;阜平黑印台-上堡-赤瓦屋-涞源王安镇(浮图峪铜矿)-涿鹿大河南-延庆石槽铜矿-怀柔长哨营-喇叭沟门-丰宁老米沟门-隆化汤头沟;易县荆轲山-密云四干顶-隆化韩麻营;内丘桃园铜矿-赞皇虎寨口铜矿点-元氏黑水河-蓟县盘山-承德寿王坟-平泉小寺沟-王土房-刁窝-三座店;涉县符山-宽城孤山子-迁西澍河桥铜矿-宽城汤道河;永年洪山沟-抚宁柳各庄-青龙三星口。

上述岩体的围岩多为太古宙和古元古代变质岩系,少数为中—新元古代碳酸盐岩。其铜含量严格受围岩控制,并呈从北向南递增趋势。这些岩体与中—上元古界碳酸盐岩接触带是本省最重要的铜矿产区。

2)水系沉积物Cu地球化学异常特征

在水系沉积物地球化学图上,以尚义-赤城-丰宁-隆化断裂为界,以北地区Cu高背景主要与较新的第三系汉诺坝玄武岩及白垩系义县组玄武岩有关,而燕山期酸性火山岩为低背景。断裂以南地区Cu高背景主要与结晶基底变质岩系有关。以39.5μg/g为下限,可圈出8处地球化学异常区带。

张北县城-单晶河-万全新河口-崇礼五十家,出露汉诺坝组玄武岩。

尚义小蒜沟-怀安西洋河-万全洗马林-阳原花哨营,以桑干片麻岩和红旗营群为主。

崇礼红旗营-张家口水晶屯-宣化庞家堡,以崇礼群和红旗营群为主。

怀柔喇叭沟门-丰宁长阁-滦平大屯-密云太师屯,以迁西群、遵化群、红旗营群及变质深成岩为主。

平谷陡子峪-兴隆平安堡-半壁山-迁西喜峰口-宽城龙须门-平泉郭杖子-青龙马圈子-迁西旧城-遵化侯家寨、马兰峪,以迁西群、遵化群及变质深成岩为主,有小寺沟、寿王坟铜矿产出。

青龙三星口-祖山-隔河头-大巫岚,以双山子群、朱杖子群及古元古代变质深成岩为主。

涞源乌龙沟-阜平-平山下口,以陈庄群、五台群为主及阜平片麻岩套为主,有浮图峪、木吉村铜矿产出。

赞皇石家兰-内丘将军墓-邢台路罗,以赞皇群、甘陶河群及邢台片麻岩套为主,有杏树台、三王村铜矿产出。

5. Mo地球化学异常及与钼矿的关系

1)岩石Mo地球化学异常特征

钼以0.80μg/g为下限,在张北-沽源-丰宁-围场一带,侏罗纪火山岩和燕山期花岗岩分布区,可圈出Mo的地球化学块体(图6-1-6)。主要位于张家口-丰宁一线以北及承德西南部地区。大中型矿床与块体的空间关系形态十分复杂,受若干岩浆富集带控制作用更为明显。

侵入岩中富钼岩体区域分布既呈北东向新华夏构造方向又显东西纬向构造方向,具体表现为4条北东向和两条东西向区带(图6-1-7)。

4条北东向区带依次为:①阳原鳌鱼口-三义庄锌钼矿-宣化塔儿村-贾家营钼矿,赤城白草-丰宁撒岱沟门钼矿-窟窿山-黑山咀-老虎沟门-沽源同生永-丰宁干沟门-围场棋盘山与怀来水口山-赤城茨儿营子高铜带基本平行,只是向北西平移10~15km,其宽度15~20km,地层以侏罗-白垩系中酸性火山-沉积岩为主;②涞源木吉村、大湾钼矿-易县大兴安-涿鹿大河南-怀柔兰营,地层以中—上元古界为主;③昌平大庄科钼矿-承德寿王坟-甲山-平泉小寺沟铜钼矿-王土房,地层为太古宇、中—上元古界和侏罗系;④永年洪山沟-沙河三王村钼矿-青龙响山-三星口,地层为太古宇和石炭—二叠系。

两条东西纬向区带分别为:①尚义东营盘-张北汉诺坝ENh-沽源张麻井铀钼矿-崇礼海流图-赤城白草-丰宁撒岱沟门-平泉王土房,基本以北纬41°00′—41°20′为界,为晚第三纪大陆板块内部裂谷带;②阳原鳌鱼口-三义庄锌钼矿-宣化塔儿村-贾家营钼矿-昌平大庄科钼矿-怀柔兰营-密云沙厂-古北口-兴隆雾灵山-承德寿王坟-兴隆蘑菇峪钼矿-承德甲山-青龙三星口,基本以北纬40°20′—40°40′为界,为中元古代大红峪期大洋裂谷带,是中—上元古界在河北省的北缘。

2)水系沉积物Mo地球化学异常特征

在全省水系沉积物地球化学图上,以Mo1.59μg/g为下限,可圈定6处巨大的钼元素正异常区:①张

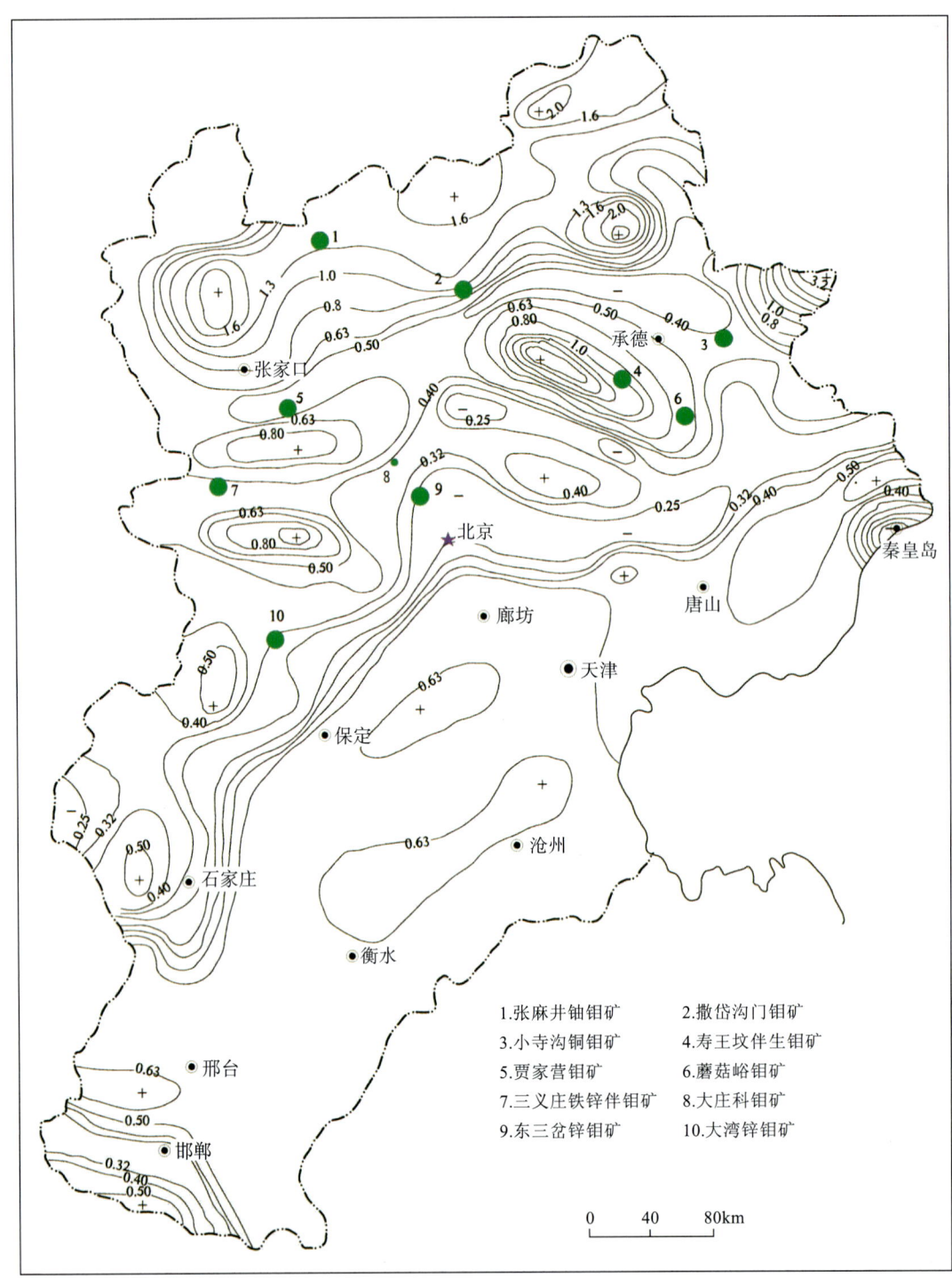

图 6-1-6 河北省 Mo 岩石地球化学背景图

北小狼窝沟-大河-馒头营-崇礼五十家,出露汉诺坝组玄武岩。②崇礼白旗-张北三号-沽源小河子-赤城独石口,出露地层以侏罗系张家口组中酸性火山-沉积岩为主,少量白垩系下部中基性火山-沉积岩及燕山期次流纹岩。③丰宁西北至赤城北部(鱼儿山、丰源店、平头梁、东万口、杨木栅子、窟窿山),出露侏罗系张家口组中酸性火山-沉积岩、千层背超单元和雾灵山超单元中酸性侵入岩,东南边缘有撒岱沟门大型钼矿。④涿鹿、怀来北部,出露侏罗系下部、长城系下部及蓟县系,有贾家营中型钼矿产出。

兴隆北部、承德南部(鹰手营子、千层背、双滦、下板城),出露侏罗系中上部、雾灵山超单元、千层背超单元及寿王坟超单元中酸性侵入岩,有蘑菇峪中型钼矿产出。

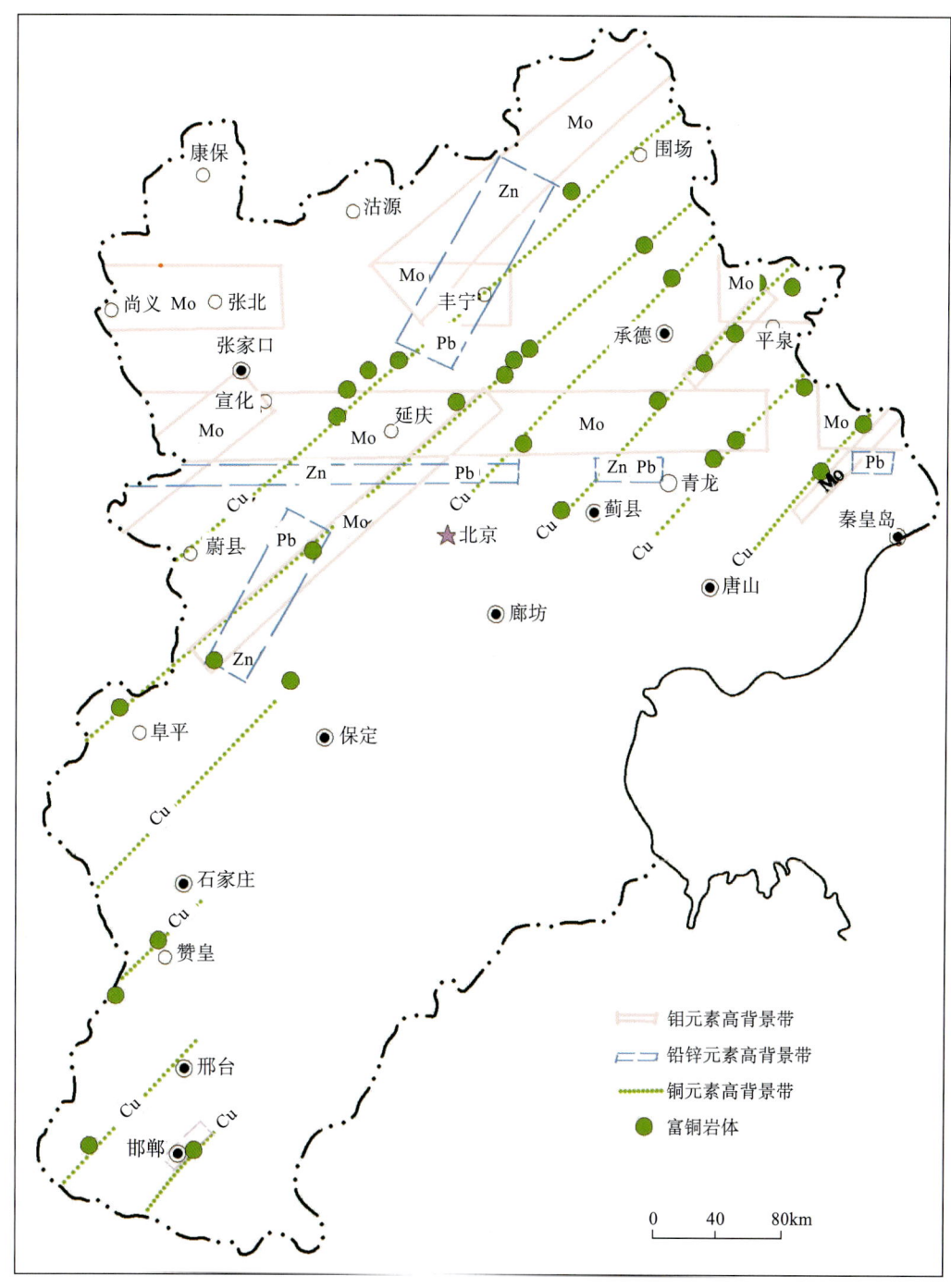

图 6-1-7 河北省侵入岩 Cu、Mo、Pb、Zn 高背景带分布图

涞源-易县(支家庄、王安镇、东团堡、紫荆关)出露南城子超单元、寿王坟超单元中酸性侵入岩、阜平变质杂岩、长城系和蓟县系碳酸盐岩,有大湾中型钼矿产出。

6. Mn 地球化学异常特征及与锰矿的关系

在锰的岩石地球化学背景图上,张北-康保、围场、棋盘山、汉诺坝玄武岩分布区含量最高,含量范围是 $800\sim1\,000\,\mu g/g$,但无已知锰矿床产出;怀安-宣化一带 $800\sim1\,400\,\mu g/g$,有多处锰矿床产出;密云-遵化-迁西-卢龙一带 $700\sim1\,000\,\mu g/g$,有较多锰矿床产出;阜平-唐县一带 $800\sim1\,100\,\mu g/g$,已知锰矿床较少(图 6-1-8)。

1:20 万水系沉积物中锰地球化学异常整体上与在岩石中的分布特征较一致,主要分布于丰宁、围

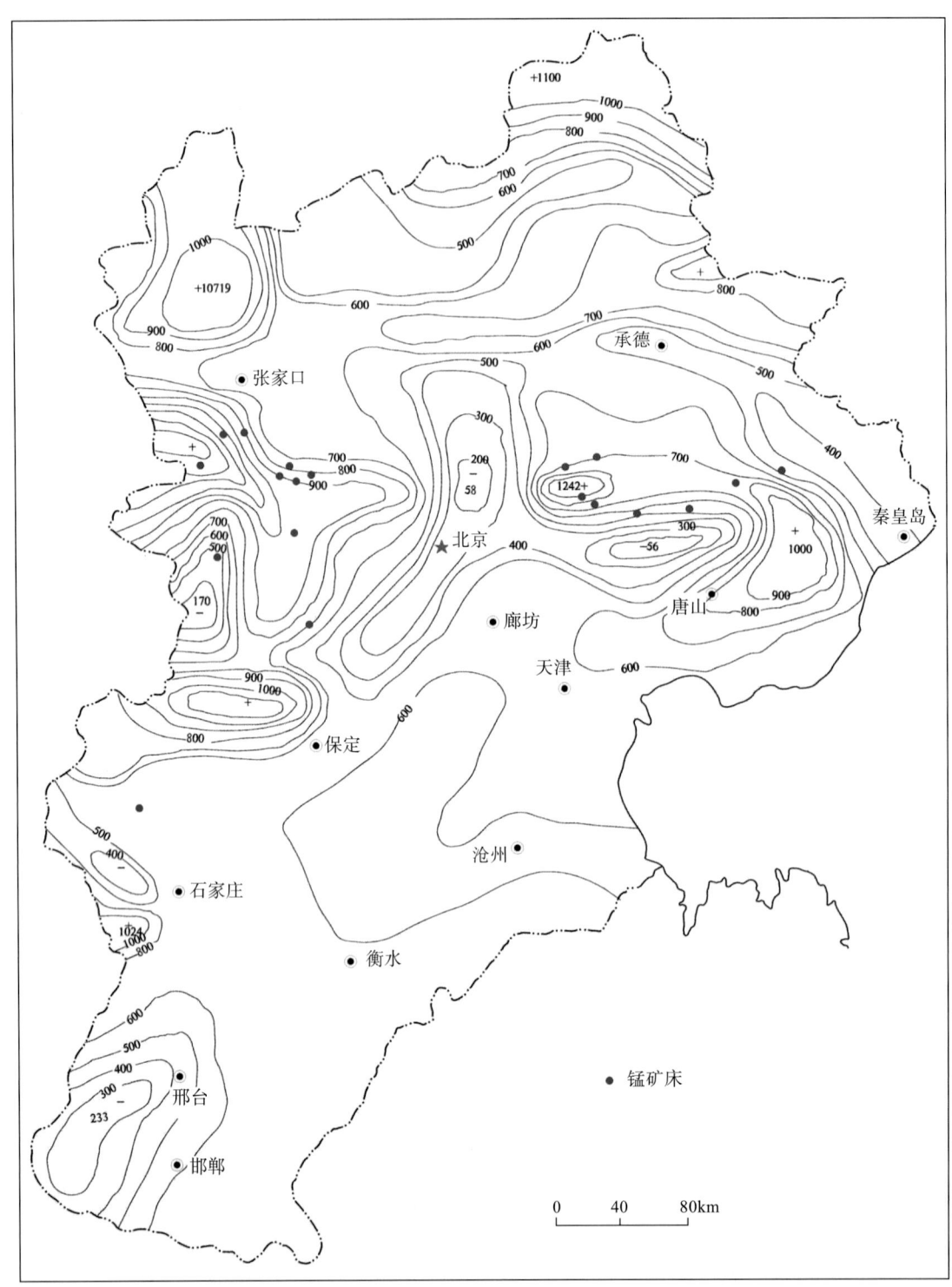

图 6-1-8 河北省 Mn 岩石地球化学背景图

场、棋盘山、汉诺坝玄武岩分布区,其中丰宁有零星锰矿产出;其次分布于冀东结晶基底出露区,有较多锰矿床产出;在涿鹿相广锰银矿区一带附近有异常显示。

7. Cr 地球化学异常特征及与铬矿的关系

铬地球化学高背景-异常位于张家口、围场北、滦平、遵化等地,铬矿产出较少,基本分布于高背景带上(图 6-1-9)。

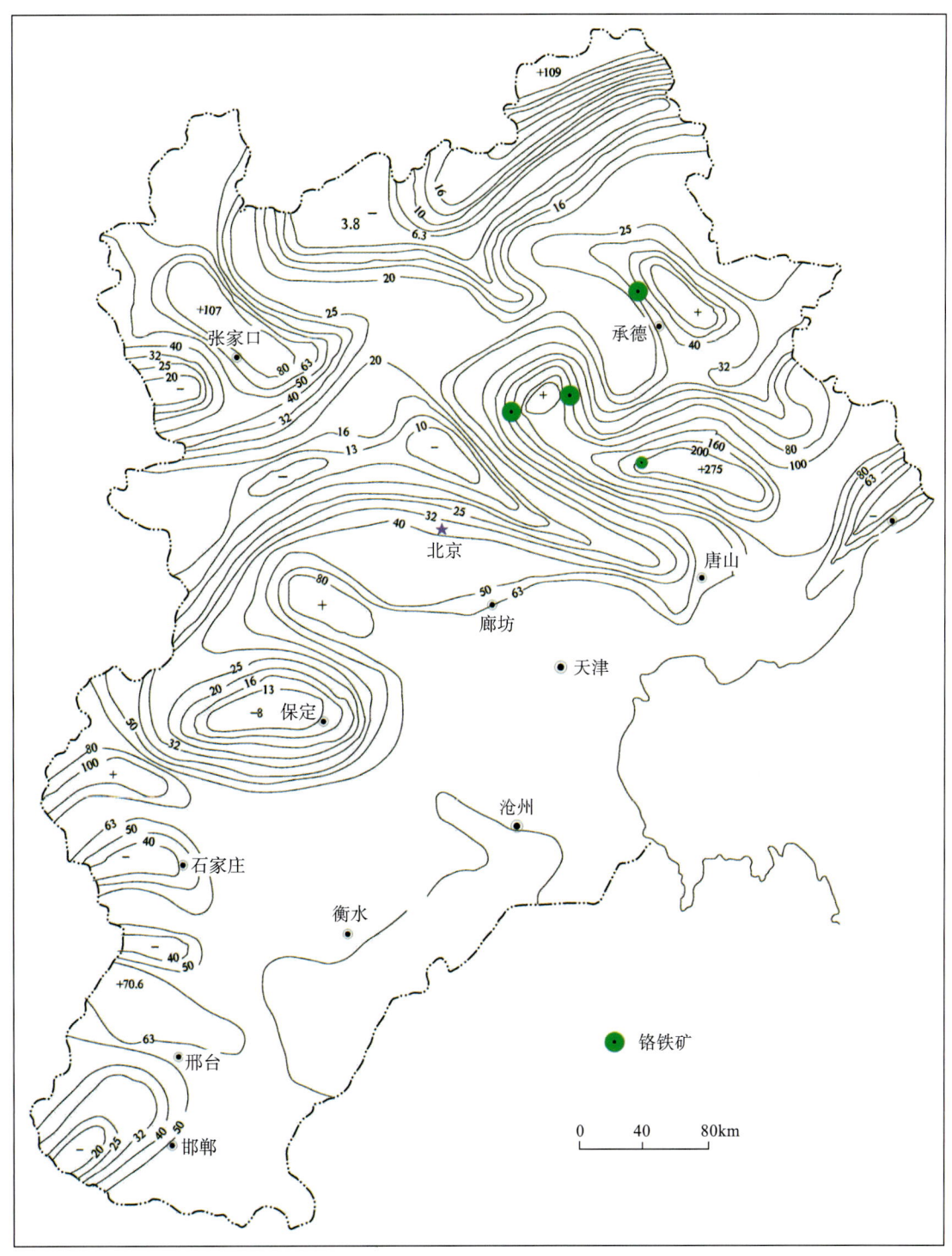

图 6-1-9 河北省 Cr 岩石地球化学背景图

以 92.9μg/g 为异常下限,圈定水系沉积物中 Cr 的地球化学异常主要分布于怀安、张北、宣化-赤城、围场北、冀东等地的原岩为基性火山岩的太古宙变质岩区及新生代玄武岩出露区。产出铬铁矿较少,矿床周围均有异常显示。

8. Ni 地球化学异常特征

以 37.6μg/g 为异常下限,圈定水系沉积物中 Ni 的地球化学异常与铬异常分布范围较一致,主要分布于怀安、张北、宣化-赤城、围场北、冀东、阜平城南庄-涞源紫荆关一带及内丘等地的原岩为基性火山岩的太古宙变质岩区及新生代玄武岩出露区。河北省镍矿产出很少，镍矿上没有 Ni 异常显示。

9. W 地球化学异常特征

以 2.01μg/g 为异常下限，圈定水系沉积物中 W 的地球化学异常主要分布于北纬 38°以北地区。在丰宁北部、隆化、围场、冀东的兴隆、青龙地区分布范围较大。唐县大石峪-涞水柏林城呈北东向带状展布。其他地区异常面积较小，分布较分散。W 异常与岩浆热液活动有关。钨矿与 W 异常对应较好。

10. Sn 地球化学异常特征

以 2.5μg/g 为异常下限，圈定水系沉积物中 Sn 的地球化学异常较集中分布于崇礼北部-丰宁-围场一带、青龙-秦皇岛一带、阜平、唐县、涞源等地。其他地区有零星分布。Sn 异常与岩浆活动关系密切，主要分布于火山岩及侵入岩分布区。河北省目前还没有发现锡矿产地。

11. Sb 地球化学异常特征

以 0.7μg/g 为异常下限，圈定水系沉积物中 Sb 的地球化学异常主要分布于康保哈必嘎、丰宁万胜永、围场姜家店及县城东，出露地层主要为侏罗系张家口组、白垩系易县组；冀东的兴隆、遵化、青龙地区，出露长城系、蓟县系；邯郸地区的西南部，出露寒武系、奥陶系，其他地区异常有零星分布。河北省目前还没有发现锑矿产地。

12. La 地球化学异常特征

以 62.2μg/g 为异常下限，圈定水系沉积物中 La 的地球化学异常主要分布于 5 个区域：沽源-丰宁-围场西部异常区，出露侏罗系张家口组、白垩系易县组地层；承德周家营子-平泉柳溪异常区，出露元古宙二长花岗岩、燕山期辉长岩、闪长岩；迁安木厂口-大崔庄-青龙娄杖子异常带，北东向展布，出露太古宙变质深成岩及燕山期花岗岩；安子岭异常区，出露太古宙变质深成岩及燕山期正长斑岩；平山-阜平-易县蔡家峪异常带，北东向展布，位于太古宙结晶基底出露区，出露湾子岩群、陈庄岩群及变质深成岩，并有晚侏罗世斑状二长花岗岩及中粒石英二长岩、花岗闪长岩体出露。

13. Y 地球化学异常特征

以 29.4 为异常下限，圈定水系沉积物中 Y 的地球化学异常主要分布于冀北地区，与岩浆活动有关。大面积分布在崇礼东北部、赤城、丰宁西部，出露地层为侏罗系张家口组火山岩、潜火山岩及同期中酸性侵入岩、白垩系义县组；丰宁南关-承德岗子-平泉七家岱沿丰宁-隆化断裂带呈东西向带状展布，位于元古宙和燕山期岩浆岩出露区；冀东肖营子、老岭有异常显示，为燕山期碱性花岗岩出露区。其他地区有零星异常分布。

第二节　地球化学综合异常特征

以全省 39 种单元素地球化学异常为基础，根据预测矿种或类型，筛选出各矿种典型矿床，研究其地质-地球化学特征、元素组合，由此总结出每个矿种或成矿类型的特征元素组合，进而编制地球化学组合异常和综合异常图。

河北省化探预测矿种(组)有 13 个，根据预测矿种(组)共编制组合异常图 25 张，综合异常图 13 张。从组合及综合异常图上可以看出主成矿元素与伴生元素组合全、异常套合好的甲、乙类异常成矿可能性大。但是对每个矿种(组)来说又有各自的特点。

一、金矿综合异常特征

预测金矿的元素组合为 Au、Ag、Bi、Cu、F、Mo、Hg、Pb、Sn、Sb、W。依据已知矿床模型元素组合关系与特征编制组合异常图。细脉浸染型金矿床元素组合为 Au-Sn-Sb-F,以采桑峪金矿为典型矿床。岩浆热液型金矿床元素组合为 Au-Bi-Cu-W,以峪耳崖和东坪金矿为典型矿床。变质热液型金矿床元素组合为 Au-Ag-Hg-Mo-Pb,以金厂峪金矿为典型矿床。共圈定综合异常 43 个。其中甲类异常 16 个,乙类异常 24 个,丙类异常 3 个。金矿与金异常的对应关系非常好。

圈定细脉浸染型综合异常 9 个。主要分布于密云北部、兴隆西部、迁安东部、易县-涞水一带的碳酸盐岩地层区,附近多伴有燕山期中酸性岩浆岩出露。目前发现多处小型金矿。

圈定岩浆热液型综合异常 14 个,与重熔的中酸性侵入岩体在成因及空间分布上关系密切,主要产于侵入岩浆活动强烈的区域。异常分布于丰宁南部与北京接壤区域、兴隆陡子峪、平泉五道河-杨树岭一带、宽城峪耳崖-青龙三星口、涞源银坊-其中口。产出峪耳崖、牛心山、三家、石湖等大中型金矿及十几个小型金矿及数十个金矿点。

圈定变质热液型综合异常 17 个。是含金的古老火山-沉积岩系在区域变质-混合岩化过程中所产生的热液作用下,使金等组分发生活化、迁移,在成矿有利部位富集而成的金矿床。该类型金矿是河北省的主要矿床类型,产地最多,工业意义最大。异常主要分布于冀东太古宙结晶基底分布区,承德地区的红旗营子地层区、冀西北的崇礼岩群分布区,太行山中段的变质岩出露区。产出金厂峪、东坪、小营盘、后沟、黄土梁等大中型金矿及数十个小型金矿及矿点。东坪金矿与小营盘金矿位于一个金异常中,元素组合与变质热液型特征组合更接近,产于变质岩区,所以将其归为本类型的综合异常。

圈定性质不明综合异常 3 个。由于该区异常元素组合不属于任何已确定成因类型的特征元素组合,参考其地质背景特征也无法确定其可能的成因类型,故将其划分为性质不明综合异常。

二、铅矿综合异常特征

预测铅矿的元素组合为 Pb、Zn、Ag、Cd、Bi、B、F、Mn。依据已知矿床模型元素组合关系与特征,编制组合异常图。由于河北省铅锌矿主要成因类型火山-次火山岩型和热液型元素组合非常相似,所以将两个类型归并内生型,由此将铅锌矿的主要矿床类型分为内生型和外生型两种。内生型铅矿的元素组合为 Pb-Zn-Ag-Cd-Bi,典型矿床有蔡家营和镰巴岭铅锌矿。外生型铅矿的元素组合为 Pb-Zn-B-F-Mn,以高板河铅锌矿为典型矿床。共圈定综合异常 69 个。铅矿与铅异常的对应关系较好。

圈定内生型综合异常 66 个。异常基本位于内蒙地轴和燕山台褶带两个三级构造单元内,多与岩浆岩关系密切。主要分布于哈叭嘎、蔡家营-庞家堡、狮子沟-白草、万胜永-隆化县城、小扣花营、龙头山、黄土坎、王安-怀来、磴上-郭杖子-石门寨、靠山集-挂兰峪。产出蔡家营、北岔沟门、镰八岭、青羊沟等大中型铅锌矿。

圈定外生型综合异常 3 个。异常主要分布于冀东的长城系高于庄组地层区、六道河-孟子岭、肖营子、娘娘庄。产出高板河大型黄铁铅锌矿。

三、锌矿综合异常特征

预测锌矿的元素组合为 Zn、Pb、Ag、Cd、Bi、B、F、Mn。依据已知矿床模型(镰巴岭、蔡家营、高板河)元素组合关系与特征,编制组合异常图。由于铅锌矿是密切伴生矿种,成矿类型参考铅矿分为内生型和外生型。内生型锌矿的元素组合为 Zn-Pb-Ag-Cd-Bi,外生型铅矿的元素组合为 Zn-Pb-B-F-Mn。共圈定综合异常 54 个。锌矿与锌异常的对应关系较好。

圈定内生型综合异常 51 个。锌综合异常在内蒙地轴区与铅综合异常的分布非常相似,但锌异常区域相对较小。燕山台褶带区,崇礼-赤城、丰宁-隆化一带的断裂带以南地区异常分布较零星,其他区域与铅综合异常也较类似。产出蔡家营、北岔沟门、镰巴岭、青羊沟等大中型铅锌矿。

圈定外生型综合异常 3 个,与铅综合异常分布较一致。产出高板河大型硫铁铅锌矿。

四、银矿综合异常特征

预测银矿的元素组合为 Au、Ag、Ba、Bi、Cd、Mn、Mo、Pb、Sb、W、Zn。依据已知矿床模型的元素组合关系与特征，编制组合异常图。陆相火山岩型银矿床元素组合为 Ag-Cd-Mn-Ba，以小扣花营银矿为典型矿床。次火山岩型银矿床的元素组合为 Ag-Pb-Zn-Au，以牛圈-营房银矿为典型矿床。与岩浆有关的银矿床元素组合为 Ag-W-Bi-Mo，以樱桃沟门银矿为典型矿床。沉积-热液改造型银矿床元素组合为 Ag-Pb-Zn-Sb，以姑子沟银矿为典型矿床。共圈定综合异常 74 处。银矿与银异常对应关系较好。

圈定陆相火山岩型综合异常 6 个。主要产于火山岩分布区，与断裂构造及火山机构关系密切。异常分布于冀北康保-围场断裂带附近的围场棋盘山、丰宁万胜永，异常带呈东西向展布，其次分布于赤城彭家沟。产出围场小扣花营、丰宁和顺店、赤城彭家沟等银多金属矿。

圈定次火山岩型综合异常 22 个。主要产于侏罗系火山岩与燕山期酸性侵入岩的接触部位，及断裂破碎带贯入的隐爆角砾岩体及其上盘或下盘的蚀变碎裂花岗岩中。异常分布于丰宁鱼儿山-黄旗，北西向带状分布于张北蔡家营-赤城炮梁-东卯，承德五道河-平泉沙陀子，涿鹿东小庄-谢家堡。产出丰宁营房、张北蔡家营、赤城万全寺、涿鹿相广等银多金属矿。

圈定与岩浆型有关的综合异常 16 个。主要产于燕山期中酸性岩体，尤其是晚白垩世安山玢岩（$\alpha\mu K_2$）-石英正长斑岩组合与成矿关系密切。断裂构造蚀变发育部位，异常分布于隆化碱房-丰宁西官营，冀东澌河桥-肖营子。产出北岔沟门、樱桃沟门等银多金属矿。

圈定沉积-热液改造型综合异常 20 个。主要产于燕山期浅成-超浅成侵入体附近，东西向深断裂带下盘的继承性断裂破碎带。异常东西向分布于丰宁-隆化断裂带东段，北西向带状分布于宣化四台嘴-怀来二堡子，冀东兴隆陡子峪-蘑菇峪-平泉郭杖子一带，青龙马圈子-抚宁驻操营。产出承德姑子沟、兴隆洞子沟、涞源南赵庄、大湾、镰巴岭等银多金属矿。

圈定性质不明综合异常 10 个。该异常主要分两类，一类为性质不明的丙类异常，一类为成因类型不确定的乙类异常。乙类异常主要位于涞源王安镇岩体附近。

五、铜矿综合异常特征

预测铜矿的元素组合是 Cu、Au、Ag、As、Cd、Co、F、Pb、Mo、W、Zn。依据已知矿床模型元素组合关系与特征编制组合异常图。斑岩型铜矿元素组合为 Cu-Mo-Cd-Pb-Au，以小寺沟、浮图峪-木吉村铜矿为典型矿床。矽卡岩型铜矿元素组合为 Cu-Ag-F-W，以寿王坟、浮图峪-木吉村铜矿为典型矿床。热液型铜矿元素组合为 Cu-Co-As-Zn，该类型为与侵入岩浆热液、火山热液、变质热液有关的异常元素组合，以澌河桥、象山、桃园铜矿为典型矿床。共圈定综合异常 39 个。铜矿与铜异常的对应关系较好。

圈定斑岩型综合异常 8 个。异常主要分布于赤城三道川、平泉、青龙官场-三星口、灵寿石湖的太古宙变质岩和燕山期斑状侵入体出露区。产出平泉小寺沟中型铜钼矿及大批小型铜矿及铜矿点。斑岩型是河北省铜矿的主要类型。

圈定矽卡岩型综合异常 13 个。异常主要分布于承德寿王坟、青龙马圈子、北京怀柔、怀来麻峪口、涿鹿、涞源王安镇杂岩体、沙河白塔。出露太古宙变质岩、中—上元古界碳酸盐岩和燕山期中酸性岩浆岩，产出承德寿王坟、涞源木吉村、沙河三王村等铜矿及多处铜矿点。

圈定热液型综合异常 13 个。异常分布于隆化碱房、怀柔喇叭沟门-丰宁石人沟、兴隆陡子峪-青隆肖营子、崇礼谷嘴子-赤城田家窑、赞皇北坪-内丘侯家庄。出露太古宙变质岩、元古宙浅变质岩、燕山期岩浆岩。产出迁西澌河桥、赤城象山及内丘桃园等铜矿及一批铜矿点。

圈定未分类型综合异常 5 个，为性质不明或由岩性引起的丙类异常。

六、钼矿综合异常特征

预测钼矿的元素组合是 Be、Bi、Cd、Cu、Hg、Mo、Pb、U、W。依据已知矿床模型元素组合关系与特征编制组合异常图，斑岩型钼矿床元素组合为 Mo-Cu-W，以撒岱沟门钼矿为典型矿床。矽卡岩型钼矿床元素组合为 Mo-Pb-Cd,以蘑菇峪钼矿为典型矿床。热液型钼矿床元素组合为 Mo-Be-Bi,以花市钼矿为典型矿床。火山岩型钼矿床元素组合为 Mo-Hg-U,以张麻井铀钼矿为典型矿床。共圈定综合异常58个。钼矿与钼异常的对应关系较好。

圈定斑岩型综合异常12个。成矿有利部位为高硅富碱的酸性斑状结构的小侵入体,及两组断裂构造的交汇部位。异常散布于丰宁四岔口东、隆化碱房、丰宁县城北、平泉小寺沟-沙陀子一带、涞源王安镇一带。产出丰宁撒岱沟门、平泉小寺沟、涞水野孤、涞源大湾、涞源龙门等多个大中型钼矿。斑岩型是河北省的主要钼矿类型。

圈定矽卡岩型综合异常11个。主要产于中酸性岩体与碳酸盐岩地层接触带附近。异常分布于兴隆安子岭-平泉郭杖子,大河南岩体附近。产出兴隆蘑菇峪、平泉大铜山等钼矿。

圈定热液型综合异常4处。主要产于岩浆活动频繁、断裂发育的变质岩中。异常分布于康保哈咇嘎,兴隆县城-挂兰峪一带,产出兴隆花市钼矿。

圈定火山岩型综合异常8个。主要产于冀北火山岩分布区,火山机构与断裂构造交汇部位。异常主要分布于沽源,康保-围场断裂的围场段附近。产出沽源张麻井、大官厂钼矿。

圈定未分类型综合异常22个。这部分异常可分为两类,一类为成因类型不确定的乙类异常,一类为性质不明的丙类异常。

七、锰矿综合异常特征

预测锰矿的元素组合为 Ag、As、Bi、Mn、Mo;内生型矿床以涿鹿相广锰(银)矿为例,外生型以天津蓟县东水厂锰(硼)矿为例,依据已知矿床模型元素组合关系与特征,编制元素组合异常图。内生型锰矿元素组合为 Mn-Ag-Mo,外生型锰矿元素组合为 Mn-As-B。圈定综合异常46个。大部分锰矿与异常对应较好。

圈定外生型综合异常16个。主要产于长城系高于庄组、蓟县系铁岭组、洪水庄组含锰层位。异常主要分布于冀东碳酸盐岩分布区,其次位于赤城龙关、丰宁马营、涿鹿大堡-孙庄子一线以南。产出迁西秦家峪、蓟县东水厂及一批锰矿点。

圈定内生型综合异常18个。主要产于岩浆活动及断裂构造发育的区域。异常主要分布于冀北火山岩分布区、涿鹿黑山寺、阳原高墙等地。产出涿鹿相广、黑山寺、胥家窑、阳原小南口等小型锰矿及较多的锰矿点。

圈定性质不明的丙类异常12个。

八、铬矿综合异常特征

预测铬矿的元素组合为 Cr、Ni、Co,河北省的典型铬铁矿床有承德高寺台和遵化毛家厂。根据已知矿床模型元素组合关系与特征,编制元素组合异常图,预测类型为岩浆型。共圈定综合异常42个。铬矿床与异常对应较好。

圈定岩浆型综合异常9个。主要产于产于超基性岩体中。异常分布于丰宁-隆化岩浆岩带、冀东遵化-迁西一带、迁安潘庄、张家口大仓盖-赤城镇宁堡。

圈定性质不明的丙类综合异常33个。

九、镍矿综合异常特征

预测铬矿的元素组合为 Cr、Co、Ni。根据河北省的典型镍矿——内丘县杏树台钴镍矿编制 Ni-Cr-Co组合异常图,预测沉积-变质型镍矿。共圈定综合异常43个。矿床与元素异常对应较差。

圈定沉积-变质型综合异常9个。主要产于铁镁质变质岩系中。异常分布于平泉七家岱、承德高寺台、张家口大仓盖-赤城云州、冀东遵化-迁西一带、内丘嶂石岩。产出赤城吕河堡镍矿。

圈定性质不明的丙类综合异常34个。

十、钨矿综合异常特征

预测钨矿的元素组合为 W、Ag、Cd、Cu、Mo、Zn。根据河北省的典型钨矿-兴隆县大苇塘钨矿地球化学特征,确定热液型钨矿的元素组合为 W - Mo - Ag - Cd。参考国内典型矽卡岩型钨矿的元素组合,确定 W - Mo - Cu - Zn 为河北省该类型的元素组合。共圈定综合异常 41 个。矿床与异常对应较好。

圈定热液型综合异常 23 个。主要分布于隆化县苏家店、碱房、西阿超、崇礼水晶屯-宣化庞家堡、涿鹿温泉屯、涞源龙家庄-走马驿、灵寿石湖。出露地质单元主要为太古宙变质岩、侏罗系张家口组、燕山期侵入岩、少量出露中—上元古界地层。产出兴隆县大苇塘小型钨矿及数个钨矿点。

圈定矽卡岩型综合异常 7 个。主要分布于涿鹿相广、涞水九龙、承德大营子-兴隆大水泉、平泉小寺沟、宽城铧尖、青龙老岭等地,出露地质单元主要为长城系、蓟县系、燕山期中酸性侵入岩。

圈定性质不明的丙类综合异常 11 个。

十一、锡矿综合异常特征

河北省没有成型的锡矿床,参考湖南锡田垄上热液型锡矿作为典型矿床,选择 Sn、W、Bi、As 4 种元素作为预测锡矿的元素组合。全省共圈定综合异常 23 处。

圈定岩浆热液型综合异常 9 个。主要产于燕山期、海西期、元古代花岗质岩类侵入体分布区,具较强的岩浆及热液活动。异常分布于隆化郭家屯-围场张三营-朝阳湾一带及丰宁南关、平泉王土房、青龙老岭等地。目前尚无锡矿产出。

圈定性质不明的丙类异常 14 个。

十二、锑矿综合异常特征

河北省没有成型的锑矿床,对比湖南锡矿山沉积-改造型锑矿的地球化学特征发现,河北省具该类型锑矿成矿潜力,由此确定预测锑矿的元素组合为 Sb、Hg、As、Ag。共圈定综合异常 19 个,包括 9 个乙类异常、10 个丙类异常。

圈定沉积-改造型综合异常 9 个。主要分布于兴隆陡子峪-宽城孟子岭、青龙凉水河-卢龙潘庄、崇礼水晶屯-宣化庞家堡、怀来瑞云观、涿鹿相广、大河南东、武安北安乐。出露地层主要为长城系、蓟县系浅海相碳酸盐岩地层,其次为奥陶系和石炭系。

圈定性质不明的丙类异常 10 个。

十三、稀土矿综合异常特征

河北省稀土矿具有很好的成矿地质条件,因工作程度较低,目前仅发现 30 多个矿化点,但寻找某些类型的大型矿床还是有前景的。由于河北省稀土矿成矿地质条件多样,分布较广,因此没有划分预测类型。通过综合研究各类型的元素组合特征,确定 La、Y、Nb、Zr 为预测元素组合。共圈定综合异常 14 个,包括 12 个乙类异常、2 个丙类异常。

综合异常主要分布于围场北部、丰宁森吉图-围场西部、沽源南部、隆化郭家屯-丰宁南关-隆化蓝旗、平泉周家营子、青龙肖营子、青龙老岭-秦皇岛山海关、唐县大石峪-平山县槐树坪。异常区主要出露陈庄岩群、湾子岩群、侏罗系张家口组、白垩系义县组、太古宙变质深成岩、燕山期中酸性(平泉王土房、青龙肖营子、滦平千层背、丰宁平顶山、阜平麻棚等岩体)和碱性岩体(青龙响山岩体)。

第三节 成矿区带地球化学特征

在全国成矿区带划分方案中,河北省境内被划分出 2 个 Ⅱ 级成矿省,4 个 Ⅲ 级成矿带,7 个 Ⅳ 级(Ⅲ 级亚带),本节对区内的 8 个成矿区带的地球化学特征进行总结归纳,成矿区带示意图见图 6-3-1。

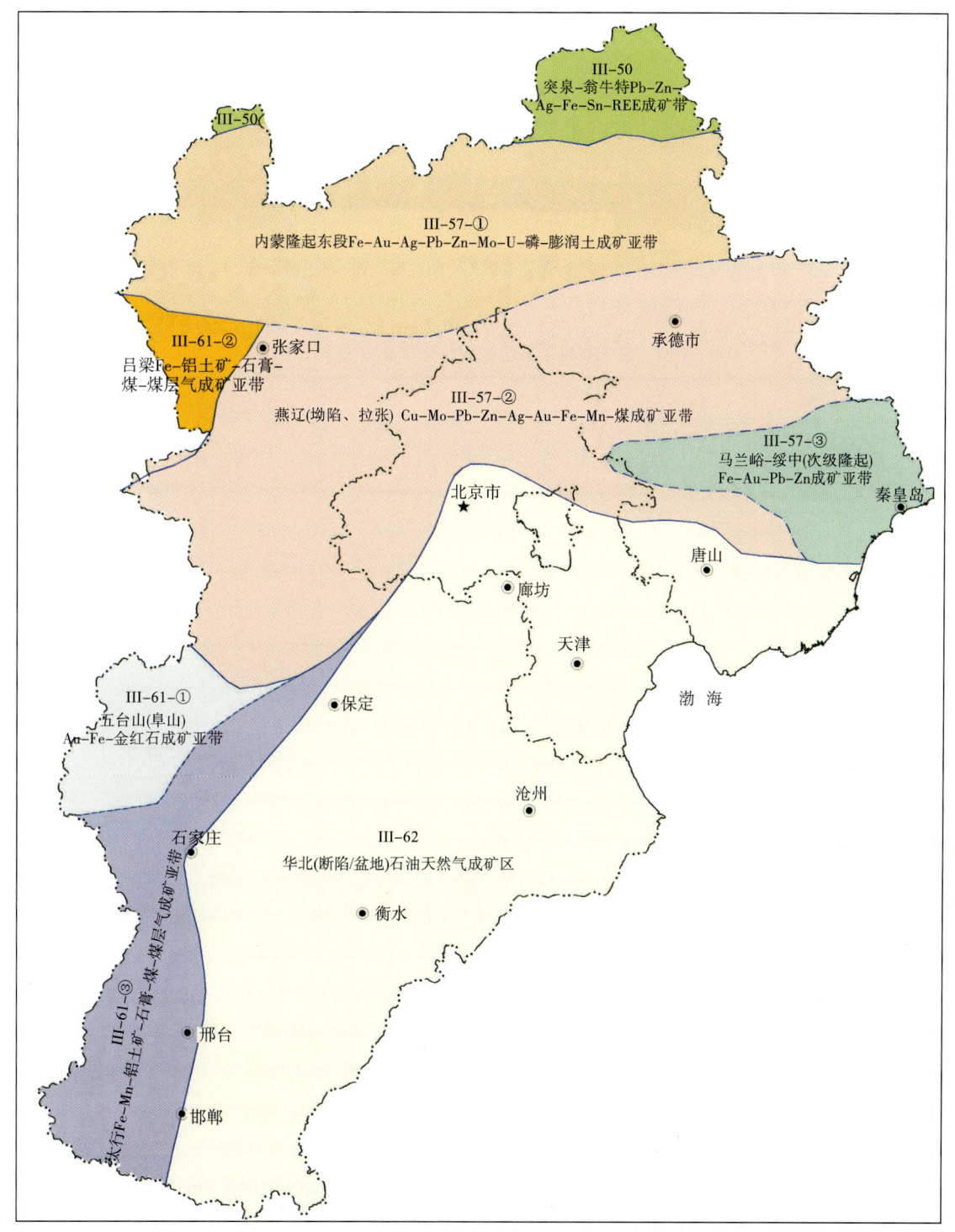

图 6-3-1　河北省Ⅲ级成矿带（亚带）示意图

一、Ⅲ-50 突泉-翁牛特 Pb-Zn-Ag-Fe-Sn-REE 成矿带

本成矿带主体位于内蒙古自治区境内，河北省部分在地球化学上属康保-棋盘山区，相当于天山-内蒙造山系，位于康保-围场深大断裂以北，在红旗营群、化德群变质基底上，有二叠纪、侏罗纪、白垩纪花岗岩侵入，白垩系大北沟组、九佛堂组及第三系汉诺坝组基性火山-沉积岩覆盖。以中生代燕山期成矿作用为主，主要矿产有银、铅、锌、金、铜。在地球化学图上，以元素含量高低迅速过渡为特征，典型矿床有围场小扣花营-满汉土锰银矿。

岩石地球化学研究表明,红旗营子群的 Ag、Pb、Zn、Mo 等为超量聚集元素。

该区地层变异系数排序为:化德岩群 1.714(Sn),1.136(As),1.058(Bi),1.052(Cu),1.051(B);红旗营群 6.715(Ag),3.482(As),3.074 3(Au),2.183(Sb),1.622(Pb),1.616(Bi),1.454(Cd),1.276(W)。侵入岩变异系数为樱桃沟门超单元(P_2YT)1.956(W),1.546(Bi),1.263(Sn),1.213(Ag),1.162(P),1.133(V),1.035(Ni),1.021(Mn),1.009(MgO);郭家屯超单元(P_1GJ)3.356(Pb),3.167(Ag),2.785(F),1.877(Mo),1.509(Bi),1.490(Sb),1.330(Cd),1.258(W),反映了各自单元的重要成矿元素组合。

全区元素含量变异系数从大到小排列为 Ag、F、Hg、Sb、Ni、W、Bi、Mo 等,反映成矿元素以银、氟(萤石)、汞为主(表 6-3-1)。

表 6-3-1　Ⅲ-50 成矿带区域地球化学参数统计(n=1 658)

参数	Ag	Au	Bi	Cr	Cu	F	Hg	Mn
max	12.5	11.2	250	578	259	50 000	1 682	7 069
min	0.019	0.18	0.50	0.20	1.50	45	4.5	0.10
Xp	0.077	0.65	7.86	50.3	18.0	798	30.3	696
Xm	0.060	0.54	6.10	35.6	14.3	560	18.0	650
Sx	0.31	0.55	9.32	46.1	14.7	2 395	79.8	453
Cv	4.026	0.837	1.19	0.916	0.817	3.001	2.633	0.651
参数	Mo	Ni	Pb	Sb	Sn	W	Zn	
max	27.2	1085	109	20.2	19.7	46.9	484	
min	0.09	0.15	7.0	0.02	0.10	0.04	6.3	
Xp	0.94	24.8	21.4	0.56	1.89	1.30	70.4	
Xm	0.78	15.1	20.8	0.38	1.60	1.10	70.9	
Sx	1.053	36.4	7.34	0.87	1.47	1.61	35.4	
Cv	1.124	1.468	0.343	1.566	0.782	1.238	0.508	

注:Au、Hg 含量单位为 ng/g,其余元素含量单位为 μg/g;max 最大值;min 最小值;Xp 平均值;Xm 中位数;Sx 标准差;Cv 变异系数(下同)

区内圈定以银(铅锌)为主的地球化学综合异常 4 处,元素组合为 Ag、Pb、Zn、Ba、Mn、Cd、Sb,主要分布于围场满汉土-小扣花营、康保照阳河、围场老窝铺和围场龙头山,异常主要与火山岩及燕山期侵入岩关系密切,北东与北西向断裂交汇部位成矿潜力大。圈定了围场小扣花营锰-银矿预测工作区,找矿方向为热液脉型锰银矿。

二、Ⅲ-57-①内蒙隆起东段 Fe-Au-Ag-Pb-Zn-Mo-U-磷-膨润土成矿亚带

本区相当于冀北陆缘岩浆岩带或内蒙地轴,北以康保-围场断裂为界,南以尚义-崇礼-赤城-丰宁-隆化断裂为界,出露岩石以侏罗—白垩纪中酸性火山-沉积岩及同期侵入岩为主。与成矿作用有关的侵入岩和火山岩,主要受北北东向构造、北北东向与东西向构造的交汇部位的断陷盆地控制,是铅、锌、银、金、钼、铜矿产的集中区。银铅锌矿床(点)广泛分布,主要有蔡家营式沉积变质-岩浆热液叠加改造型银铅锌矿床,花岗岩体内外接触带型牛圈-营房银金矿床、彭家沟银矿,火山-次火山岩型北岔沟门铅锌银矿床。

在地球化学图上,除汉诺坝玄武岩分布区外,SiO_2、K_2O、Na_2O、U、Th、Pb、Mo、La、Y、Nb、Be、As、Sb、Bi 含量较高,CaO、MgO、Fe、V、Ti、Cr、Co、Ni 含量较低。该区进一步划分为Ⅱ-1 张北亚区(土城子台拱

穹)、Ⅱ-2沽源亚区(沽源陷断束)和Ⅱ-3围场亚区(围场拱断束)。区内以铅、锌、银、铀、钼矿产为主要集中区。圈定了张北铅锌预测工作区、围场铅锌矿预测工作区、蔡家营-青羊沟银矿预测工作区、丰宁营房银矿预测工作区、承德县银矿预测工作区、丰宁撒袋沟门-承德县姑子沟钼矿预测工作区、康保县钨矿预测工作区。

该区主要成矿及伴生元素的地球化学参数特征见表6-3-2。

表6-3-2　Ⅲ-57-①成矿带区域地球化学统计参数(n＝7 384)

参数	Ag	Au	Bi	Cr	Cu	F	Hg	Mn
max	42.2	406	210	540	219	45 000	1 052	5 819
min	0.018	0.10	0.01	0.20	1.50	30	0.015	0.10
Xp	0.111	1.06	0.189	38.1	13.8	507	20.7	598
Xm	0.063	0.60	0.119	28.9	11.4	416	16	579
Sx	0.812	8.474	2.473	30.9	10.7	1 120	32.4	367
Cv	7.347	7.995	13.08	0.813	0.778	2.210	1.565	0.614
参数	Mo	Ni	Pb	Sb	Sn	W	Zn	
max	101	230	7 484	45.5	150	46.9	15 765	
min	0.06	0.15	4.60	0.02	0.10	0.10	4.40	
Xp	0.929	18.2	25.3	0.395	1.789	1.186	63.9	
Xm	0.70	14.3	20.7	0.30	1.68	1.04	60.6	
Sx	1.616	20.1	108	0.807	2.34	1.36	201	
Cv	1.739	1.106	4.257	2.043	1.309	1.149	3.146	

注:Au、Hg含量单位为ng/g,其余元素含量单位为μg/g

Au均值为1.06ng/g,变异系数为7.995,变化范围为0.10～406ng/g,低背景和负异常为0.22～0.56ng/g,背景区为0.56～0.83ng/g,高背景和正异常为0.83～15.21ng/g。在兰阎、蔡家营、青羊沟、天桥沟一带,指示伴生金矿的可能位置。丰宁北头营-滦平旧屯及隆化荒地-磴上一带异常面积较大、强度较高,对应区有较多的金矿(点)。其他地区多有零星的小面积低缓正异常存在。在康保、张北一带有大范围低背景区分布,可能为汉诺坝玄武岩和风成砂所致。

Ag均值为0.111μg/g,变异系数为7.347,变化范围为0.018～42.2μg/g。低背景和负异常为0.276～0.063μg/g,背景区为0.063～0.147μg/g,高背景为0.147～0.318μg/g,正异常为0.316～1.589μg/g。在阎油坊、兰阎、蔡家营、白庙滩东、狮子沟、青羊沟、牛圈营房、草原和顺店一带、丰宁牛圈-黄旗、隆化三道营-老伙房、磴上一带铅锌银矿对应区出现较大面积的正异常,呈北西和北东两组方向展布,围绕这些异常外围呈现高背景到背景的镶嵌套合分布。从张北到康保一带出现大面积低背景和负异常区。

Pb均值为25.3μg/g,变异系数为4.257,变化范围为4.60～7 484μg/g,低背景和负异常为8.7～19.4μg/g,背景区为19.4～35.0μg/g,高背景为35.0～66.2μg/g,正异常为66.2～249.4μg/g。其地球化学分布特征与银元素非常相似,即兰阎、蔡家营、青羊沟、牛圈-营房、北岔沟门、姑子沟等铅锌银矿区出现大面积高背景和正异常,围绕这些异常外围呈现高背景到背景的镶嵌套合分布。在狮子沟、草原一带出现面积较大的高背景低缓正异常,为重要找矿靶区。张北、康保一带南北向区域为大面积低背景和负异常分布。丰宁-大营子-白虎沟-老局子一带近东西向也出现面积较大的高背景低缓正异常,其南部为东西向展布的低背景-负异常区。

Zn均值为63.9μg/g,变异系数为3.146,变化范围为4.40～15 765μg/g,低背景和负异常为8.6～

49.7μg/g,背景区为 49.7～105.7μg/g,高背景和正异常为 105.7～292.5μg/g。在兰阎、蔡家营、青羊沟 3 个铅锌银矿区出现北西向排列的高强度正异常,在汉诺坝、狮子沟、白草-邓栅子及草原-和顺店一带出现大面积高背景和低缓正异常。康保、公会、驿马图一带出现大范围低背景和负异常分布。高背景和正异常分布在丰宁石人梁—老窝铺、围场道坝子—隆化三道营及隆化磴上-丰宁南关三个北东向带状区域。

Cu 均值为 13.8μg/g,变异系数为 0.778,变化范围为 1.5～219μg/g。汉诺坝组分布区、丰宁长阁、朱首营、团榆树、滦平红旗镇至隆化磴上一带为高背景和正异常,张北、康保一带为低背景和负异常,其他地区为背景区。

Mo 均值为 0.929μg/g,变异系数为 1.739,变化范围为 0.06～101μg/g。分布 3 处高背景-异常区,张北县城周围,崇礼狮子沟-沽源小河子北东向分布,丰宁白草-草原一带近南北向分布,在张北县的其余区域及康保县大面积分布负异常,其余地区正负异常相间分布。

综合异常呈带状集中分布,北西向分布于康保哈呲嘎-赤城黄土梁、围场老窝铺-隆化太平庄、围场四合永-承德烟山,北东向分布于赤城白草-丰宁森吉图。成矿元素主要为 Ag、Pb、Zn、Au、Cu、Mo,伴生元素主要为 Bi、Cd、W、U、Hg。

三、Ⅲ-57-②燕辽(坳陷、拉张)Cu-Mo-Pb-Zn-Ag-Au-Fe-Mn-煤成矿亚带

北界为尚义-赤城-隆化断裂,东、南界大致在抚宁-滦县-塘沽-衡水-永年一线。相当于燕山台褶带Ⅱ级构造单元的大部分(不含冀东)。克拉通基底在构造应力场的作用下发生断裂,形成北东向的裂谷,发展为燕辽坳拉槽(燕辽裂陷海)。坳陷最强烈地段位于蓟县-宽城一带。其底界不整合在太古宙及古元古代变质岩之上,顶界被寒武纪地层覆盖。由一套未变质的板内海相、潟湖相富镁碳酸岩和少量碎屑岩、黏土岩组成,出露良好,分布广泛,发育齐全,蓟县-宽城一带厚度近万米。经历了陆地-裂谷-海洋-陆地的演化过程。中新元古代为夭折裂谷期,早古生代为陆表海,晚古生代为海陆交互环境,早—中三叠世为坳陷盆地。在裂谷的演化期间,伴随有不同时期的岩浆侵入,中生代构造岩浆岩带贯穿中部。

自太古宙以来,燕山地区发育 4 大成矿期,即太古宙—早元古代、中元古代早期、海西期—印支期和燕山期。太古宙—早元古代以矿源层、矿点、矿化点为主,矿源层如冀东迁西群、遵化群、朱杖子群、冀北红旗营群、单塔子群,矿化元素主要富集于斜长角闪岩中;中元古代早期主要形成层状铅锌矿、火山热液型铜矿点及砾岩型金矿点;海西—印支期主要形成斑岩型钼矿及蚀变岩型金矿,如撒岱沟门钼矿、后沟金矿等;燕山期形成区内 75%以上的多金属矿床,类型繁多,强度大,与岩浆侵入、火山喷发活动有成因联系,如峪耳崖、小营盘、东坪、寿王坟、小寺沟等大中型金银矿、铜钼及铅锌银矿。

多金属矿化具有明显的成区、成带集中分布的特点。区内发育 3 条一级纬向成矿带:围场-赤峰-敖汉旗金银铜矿带、张家口-丰宁-隆化-凌源金银铅锌铜矿带、密云-兴隆-青龙-绥中金铜铅锌钼矿带;发育 4 条一级北东向成矿带:金厂沟梁-凌源-迁西金铜铅锌矿带、撰山子-承德-兴隆金银铜矿带、围场-丰宁-涞源金银铅锌钼矿带及张家口-涿鹿金铅锌矿带。矿带之间呈等距性分布,纬向矿带与北东向矿带的交汇部位,形成多金属矿化集中区域矿节,如青龙金矿节、马兰峪金矿节、张家口金矿节、围场金银矿节、隆化-承德金银铅锌矿节、丰宁金矿节等;多金属矿床大多分布于这些矿节中。矿脉、矿体多呈北东-北北东向、北西向分布,部分呈东西向及南北向。斑岩型矿床多分布于矿节中心部位。

冀西北地区是华北地台北缘重要的成矿集中区,以张家口-宣化幔枝构造为中心的矿集区已发现和勘探了小营盘金矿、东坪金矿等多处大型矿床,几十处中小型金、银多金属矿床和上百处金、银多金属矿点,并显示出幔枝构造核部主要为金矿分布区,其外围以银铅锌矿床为主的有序空间展布,被形象地称为"金三角银多金属镶边"(图 6-3-2)。

根据银、金多金属矿床的成因特点,二者往往是同源产物。两个成矿元素类似的地球化学性质可导致在相同构造系统或空间中沉淀富集,形成空间组合分布的银、金多金属成矿区。在构造条件、地球化学地球物理条件作用下,相互之间的差异性又会导致各自的分异,形成单独的矿床和空间上的分带性。两个成矿元素在成矿作用过程中既统一又矛盾的双重性,表现为银的化学活性比金强,其富集范围比金广,在水平上表现为内金外银,在垂向上则为下金上银。

冀西北巨大的穹窿构造基本上受北侧康保-赤城北西向韧性剪切变形变质带、西侧的尚义-怀安-涿鹿北西向深大断裂以及东侧的大河南-赤城北东向深大断裂所围限,中部被尚义-赤城-隆化韧性剪切变形变质带所分割。在崇礼、宣化、赤城三县交界的地带是著名的"金三角"区,东坪、小营盘、后沟、黄土梁、韩家沟、水晶屯等大中型金矿集中分布于该区,而周边康保、赤城、涿鹿一带,则为兰阁、蔡家营、青羊沟、彭家沟、万全寺(上碌碡湾)、相广等大中型银多金属矿床组成的成矿带。这种空间组合规律既是该区区域性深部地幔隆起、幔壳相互作用复杂演化的一种最终产物,又是成矿过程中构造、岩浆、热流体交代蚀变与矿化3大系列复杂演化的最终结果,从而成为独特的银、金多金属成矿系列。

由表6-3-3可知,全区元素含量变异系数依次排列为Au、Ag、Sb、Hg、W、Bi、Mo、Pb,反映主要成矿元素及伴生前缘和尾晕元素。

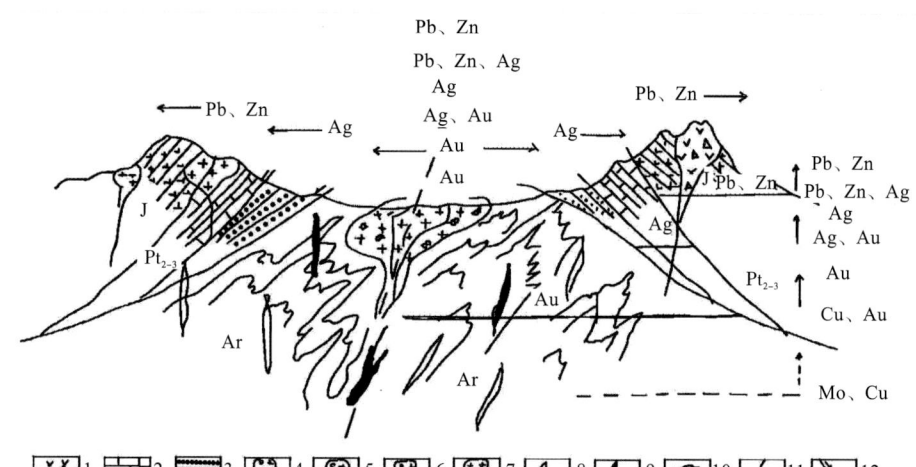

图6-3-2 张宣幔枝构造区成矿模式图(据牛树银等,2001年)

1.火山岩;2.碳酸盐岩类;3.碎屑岩类;4.侏罗纪潜火山岩;5.侏罗纪火山机构;6.海西期正长-二长岩体;7.燕山期中酸性岩体;8.燕山期中本性岩脉;9.燕山期中基性岩脉;10.基底变质岩系;11.轴部韧性剪切带;12.幔枝构造外围拆离滑脱带

表6-3-3　Ⅲ-57-②成矿带区域地球化学统计参数(n=8 556)

参数	Ag	Au	Bi	Cr	Cu	F	Hg	Mn
max	26.9	6 863	16	1 124	1 000	32 800	6 010	24 747
min	0.003	0.10	0.01	4.90	1.90	100	3.00	49.8
Xp	0.102	2.486	0.191	53.6	23.8	620	26.7	707
Xm	0.066	0.70	0.155	45.5	21.0	580	20.0	653
Sx	0.459	75.4	0.378	35.7	21.6	436	100	491
Cv	4.497	30.34	1.977	0.667	0.908	0.705	3.763	0.694
参数	Mo	Ni	Pb	Sb	Sn	W	Zn	
max	101	302	1 550	196	27.6	279	5 518	
min	0.06	1.30	2.40	0.008	0.527	0.20	3.60	
Xp	0.929	20.6	23.1	0.491	1.791	1.436	73.1	
Xm	0.70	18.7	21.0	0.432	1.68	1.29	68.9	
Sx	1.616	10.0	31.1	2.204	1.054	3.589	74.6	
Cv	1.739	0.489	1.348	4.490	0.589	2.499	1.020	

注:Au、Hg含量单位为ng/g,其余元素含量单位为μg/g

Au均值为2.486ng/g,变异系数为30.34,变化范围为0.10~6 863ng/g。低背景和负异常为0.289~0.695ng/g,背景值为0.695~7.012ng/g,高背景为7.012~37.892ng/g,正异常为37.892~

319.905ng/g。崇礼水晶屯-赤城黄土梁异常集中区,与小营盘、东坪等大中型金矿床相对应,其次分布于丰宁马圈子-石人沟,兴隆-宽城一带为高背景-异常区,顺平神南-涞水柏林城和怀安西部为高背景区,其余主要为背景-负异常区。

Ag 均值为 $0.102\mu g/g$,变异系数为 4.497,变化范围为 $0.003\sim 26.9\mu g/g$,低背景和负异常为 $0.042\sim 0.062\mu g/g$,背景值为 $0.062\sim 0.101\mu g/g$,高背景和正异常为 $0.101\sim 0.805\mu g/g$。异常北东向带状分布于唐县大石峪-怀来县城,北西向带状分布高家营-庞家堡一带,在赤城炮梁、样田、平泉下五道河、小寺沟、下营房等亦有零星异常分布,与相广、万全寺、五道河子等已知银矿相对应,兴隆-宽城一带为高背景-异常区,其余为背景-负异常区。

Cu 均值为 $23.8\mu g/g$,变异系数为 0.908,低背景和负异常为 $6.1\sim 15\mu g/g$,背景值为 $15\sim 29.4\mu g/g$,高背景和正异常为 $29.4\sim 48.9\mu g/g$,异常北东向带状分布于唐县大石峪-涿鹿蟒石口,呈 U 字形展布于崇礼-四台嘴-赵川-龙关-炮梁一带,丰宁黑山嘴-马营、兴隆寿王坟-平泉小寺沟、宽城峪耳崖-苇子沟一带,其余区域为背景-负异常区。浮图峪-木吉村、小寺沟、寿王坟等铜矿(点)均产于异常区内。

Pb 均值为 $23.1\mu g/g$,变异系数为 1.348,变化范围为 $2.40\sim 1\,550\mu g/g$,高背景和正异常为 $29.4\sim 87.4\mu g/g$。异常北东向带状分布于唐县大石峪-怀来县城,镰巴岭、南赵庄等铅锌矿均产于铅异常区内,其次分布于中部高家营、四台嘴、龙关、炮梁一带,在高板河、五道河子、小寺沟、韩杖子、毛家沟等铅锌铜矿(点)有异常显示,其余区域为背景-负异常区。

Zn 均值为 $73.1\mu g/g$,变异系数为 1.020,低背景和负异常为 $18.8\sim 65.3\mu g/g$,背景值为 $65.3\sim 81.2\mu g/g$,高背景和正异常为 $81.2\sim 116.6\mu g/g$,与铅元素分布特征相似。

Mo 均值为 $0.929\mu g/g$,变异系数为 1.739,低背景和负异常为 $0.3\sim 0.66\mu g/g$,背景值为 $0.66\sim 1.13\mu g/g$,高背景和正异常为 $1.13\sim 3.65\mu g/g$。异常北东向带状分布于唐县大石峪-涿鹿蟒石口,涿鹿口前-九亩地,其次在丰宁、兴隆、平泉等地有高背景-异常分布,负异常主要分布于本成矿带的北界东段,在小寺沟、蘑菇峪、大湾等钼矿区有异常显示。

综合异常主要呈北东向分布于涞源王安镇-大河南岩体附近,其次近南北向分布于涿鹿卧佛寺-张家口东坪-小营盘金矿区,赤城样田-东卯、丰宁马营-黑山嘴、五道河、小寺沟、沙陀子、高寺台、马兰峪复背斜北翼的兴隆-平泉郭杖子。主要成矿元素为 Au、Ag、Cu、Pb、Zn、Mo、Mn、Cr、Ni、W、Sn,伴生元素为 As、B、Bi、Cd、Co、Hg、U、Sb、F 等。

圈定张家口金矿预测工作区、赤城县锰矿预测工作区、宣化钼矿预测工作区、阳原-涿鹿锰矿预测工作区、涿鹿口前银矿预测工作区、涞易铅锌矿预测工作区、大湾-大河南铜钼矿预测工作区、大湾-镰巴岭银矿预测工作区、承德县铬铁矿预测工作区、遵化-宽城金铅锌矿预测工作区、小寺沟银矿预测工作区、兴隆-宽城铜钼矿预测工作区、兴隆县银矿预测工作区、兴隆县钨矿预测工作区、兴隆-宽城锰矿预测工作区。

四、Ⅲ-57-③马兰峪-绥中(次级隆起)Fe-Au-Pb-Zn 成矿亚带

该区对应于冀东金矿床密集区,是我国重要的金矿密集区和黄金生产基地。区内金矿床主要有 3 类,绿岩带型金矿床(迁西金厂峪)、中生代花岗岩侵入体内外接触带型金矿床(宽城峪耳崖)和中新元古界层控型金矿床(军屯、唐杖子金矿、洞子沟银铜金矿床)。近年来发现的青龙三拨子钼矿有望成为大型规模,其前景良好。在空间上,金银矿化、铅锌铜矿化、铜钼矿化、金铜矿化、铅锌银矿化常紧密伴生。

地球化学分区为Ⅲ兴隆-秦皇岛区,相当于迁西阜平岩浆弧北部(燕山台褶带),北以尚义-丰宁-隆化断裂为界,南以燕山南麓为界。以迁西群、遵化群、滦县群、双山子群和朱杖子群中—深变质岩为核心,向四周发育中—新元古界沉积盖层,并有燕山期花岗岩侵入。总体上以富集 Ca、Mg、Fe、V、Ti、Cr、Ni、Co、Mn、Ba、Cu、Au、Ag、Cd 为特征,可进一步划分为Ⅲ-2 延庆亚区(军都山岩浆岩带)、Ⅲ-3 承德亚区(承德拱断束)、Ⅲ-4 遵化亚区(马兰峪复式背斜)和Ⅲ-5 山海关亚区(安子岭岩浆岩带)。该区以铁、金、铜、钒钛、磷、石灰岩、白云岩为已知优势矿种。

矿源层主要为太古宙—早元古代中深变质岩,其中金、银、铜、铅、锌、钼等元素含量较高,为成矿作用提供了部分物质来源,表现为矿石混合铅属古老异常铅;部分矿床矿石硫同位素呈多峰分布特点,与矿源

层硫同位素统计分布特征相似;多数金矿成矿热液中的氢、氧同位素样品点落入变质水分布区。冀东金矿大部分分布于斜长角闪岩中,二者空间上密切伴生。

该区矿产以金、铜、铅锌矿为主,为以金为主的预测区。全区元素含量变异系数依次排列为 Au、Hg、Bi、Ag、Pb、W、Mo,反映主要成矿元素及伴生前缘和尾晕元素(表6-3-4)。

表6-3-4　Ⅲ-57-③区域地球化学统计参数

参数	Ag	Au	Bi	Cr	Cu	F	Hg	Mn
max	3.50	1 550	32.8	627	171	7 825	4 380	6 512
min	0.001 6	0.10	0.02	1.04	3.0	100	6.0	126
X_p	0.095 5	5.49	0.222	85.1	32.9	624	39.7	713
X_m	0.07	1.10	0.16	61.6	29.0	585	24.0	660
S_x	0.168	41.1	0.719	59.9	15.8	276	137	364
C_v	1.759	7.493	3.232	0.704	0.479	0.443	3.442	0.511
参数	Mo	Ni	Pb	Sb	Sn	W	Zn	
max	18.8	146	1 577	4.27	27.9	95	485	
min	0.07	3.75	3.0	0.11	0.24	0.10	8.0	
X_p	0.645	30.5	23.3	0.44	2.01	1.56	83.6	
X_m	0.50	24.0	20.0	0.39	1.89	1.40	78.0	
S_x	0.724	17.4	35.5	0.23	1.42	2.18	35.1	
C_v	1.123	0.569	1.526	0.522	0.706	1.399	0.420	

注:Au、Hg含量单位为ng/g,其余元素含量单位为μg/g

Au均值为5.49ng/g,变异系数为7.493,变化范围为0.10～1 550ng/g。低背景和负异常为0.13～1.24ng/g;高背景和正异常为9.97～799.24ng/g,异常分布于兴隆陡子峪-迁西金厂峪-青龙三星口一带,该区金矿密布,大中型金矿有马兰峪、金厂峪、牛心山、三家等,东南部为背景-负异常区。

Ag均值为0.095 5μg/g,变异系数为为1.759。高背景和正异常为0.171～3.597μg/g,异常主要分布在挂兰峪-铧尖-娄杖子、肖营子、三星口-安子岭一带,其余为背景-负异常区。

Cu均值为32.9μg/g,变异系数为0.479。低背景和负异常为10.5～30.8μg/g,高背景和正异常为51.5～327.1μg/g,主要分布在马兰峪复背斜核部的变质岩出露区,其次为安子岭地区,发现多个铜矿(矿点),其余为背景-负异常区。

Pb均值为23.3μg/g,变异系数为1.526。低背景和负异常多与东南部变质岩分布相关,西北部火山-沉积岩区多为背景分布,燕山期花岗岩和多金属矿床上多为高背景和正异常。

Zn均值为83.6μg/g,变异系数为0.420。低背景和负异常为36.9～81.8μg/g,高背景和正异常为111.2～1 368.5μg/g,异常主要分布在茅山、挂兰峪、汉儿庄-铧尖-八道河、凉水河、太平寨、东荒峪一带。

Mo均值为0.645μg/g,变异系数为1.123。低背景和负异常为0.15～0.76μg/g,分布在东南部变质岩出露区;高背景和正异常为1.29～45.5μg/g,主要分布在西北部。

综合异常主要分布于兴隆陡子峪-迁西金厂峪-青龙三星口一带,其次为青龙老岭-驻操营。主要成矿元素为Au、Ag、Cu、Pb、Zn、Mo、Mn、W、Cr、Ni、Sn等,伴生元素为As、B、Bi、Cd、Co、Hg、U、Sb、F等。

五、Ⅲ-61-①五台山(阜山)Au-Fe-金红石成矿亚带

该亚带位于太行山地区北部,近一半位于山西境内,其中河北省部分为阜平太古宙结晶基底分布区,

出露岩性主要为变质岩,其次为少量沉积岩和岩浆岩体。区内构造以近南北向、北西向为主,北东向次之。基性脉岩成群出露,走向以北西向为主。

本区相当于太行山北段金(银)矿床密集区,金矿点(床)遍布全区,有3种类型:①阜平岩群中绿岩带型脉状、细脉浸染状金矿,如石湖、土岭等大中型金矿床;②燕山期花岗岩内外接触带的脉状、细脉状金矿,如大石峪、上明峪、赤瓦屋等金矿床;③燕山期脉岩中的细脉状、浸染状金矿床,如虎峪、上明峪等。有望发展成为一个以金为主伴生银、铜、铅、锌矿床密集区。

该区矿产以金矿为主,为以金银为主的预测区。全区元素含量变异系数依次排列为 Sn、Au、Ag、Hg、Bi,反映主要成矿元素及伴生前缘和尾晕元素(表6-3-5)。

表6-3-5　Ⅲ-61-①区域地球化学统计参数(n=1 770)

参数	Ag	Au	Bi	Cr	Cu	F	Hg	Mn
max	1.385	17.2	2.037	288	116	1 640	500	1 262
min	0.024	0.20	0.044	27.3	15.6	100	6.0	434
Xp	0.072	0.99	0.142	60.0	33.0	796	23.6	706
Xm	0.06	0.80	0.126	56.7	32.4	780	20.0	701
Sx	0.068	1.056	0.094	18.0	8.94	194	22.1	99.3
Cv	0.947	1.056	0.661	0.300	0.271	0.244	0.938	0.141
参数	Mo	Ni	Pb	Sb	Sn	W	Zn	
max	10.4	107	131	0.96	124	24.6	164	
min	0.08	11.2	12	0.049	0.49	0.34	44	
Xp	0.620	27.9	22.1	0.374	1.96	1.32	86.4	
Xm	0.600	26.6	21.7	0.360	1.75	1.20	86.4	
Sx	0.449	9.18	4.40	0.127	3.186	0.815	17.5	
Cv	0.724	0.329	0.199	0.339	1.624	0.616	0.202	

注:Au、Hg含量单位为 ng/g,其余元素含量单位为 μg/g

Au 均值为 0.99ng/g,变异系数为 1.056,变化范围为 0.20~17.2ng/g。高背景和正异常(1.52~3.81 ng/g)主要分布在中部台峪、王林口、南营-城南庄(石湖金矿)等地,略呈北东向。

Ag 均值为 0.072μg/g,变异系数为 0.947,高背景和正异常主要分布在中北部龙泉关-吴王口、南马庄、台峪一带,略呈北西展布。

Cu 均值为 33.0μg/g,变异系数 0.271,变化范围为 15.6~116μg/g。高背景和正异常(42.9~53.6μg/g)集中在中部石门、台峪、史家寨、城南庄、南营、小觉一带,呈北东向展布。

Pb 均值为 22.1μg/g,变异系数为 0.199,变化范围为 12~131μg/g。高背景和正异常(26~37.9μg/g)分布在中北部走马驿、台峪、城南庄一带。

Zn 均值为 86.4μg/g,变异系数为 0.202,变化范围为 44~164μg/g。高背景和正异常(104.8~128.5μg/g)集中分布在史家寨、南营-城南庄一带,呈北东和北西两组方向展布。

Mo 均值为 0.620μg/g,变异系数为 0.724,变化范围为 0.08~10.4μg/g。高背景和正异常(0.86~2.62μg/g)主要分布在北部南马庄-走马驿、南营-城南庄一带。

综合异常主要分布于阜平台峪-百石台、唐县水峪口-阎家庄、平山刘家坪、阜平南庄旺等地,成矿元素为 Au、Ag、Pb、Zn、Mo、W、Cr、Ni 等,伴生元素为 Bi、Hg、Co、Cd 等。

六、Ⅲ-61-② 吕梁Fe-铝土矿-石膏-煤-煤层气成矿亚带

该亚带位于西部的怀安、崇礼一带,北界尚义-赤城断裂带,包括怀安陆核和晋蒙地块,主要由桑干岩群、桑干片麻岩套和下白窑岩组组成。该亚带北部发育中生代火山沉积盆地,下花园沉积断陷盆地、九龙山-土城子火山-沉积断陷盆地、张家口火山盆地、南天门山麓盆地等,叠加于变质基底之上。

另有古元古代晚期二长花岗岩小岩体侵入,有北西向成带分布趋势。

该成矿区主体位于山西境内,河北省部分出露的桑干杂岩变异系数排列为 6.745(Au)、0.877(Sn)、0.862(W)、0.797(Ag)、0.705 8(Mo),反映成矿以 Au 为主,其次为 Ag 等。

Ag 在该区主要为低背景-负异常分布区,在怀安杨窑沟和西沙城有弱异常。Au 高背景区分布于怀安县城西北,其余为低背景-负异常区。W 在该区为低背景-负异常分布区,怀安西沙城、南曹碾、碱土沟等地有零星异常。Cr、Ni 异常主要在怀安以西,沿省界分布。

圈定综合异常 5 处,主要成矿元素以 Ag、W、Cr、Ni 为主,伴生 Mn、Cd、Co、Zn 等元素。其中 Cr、Ni 异常均为丙类,推断由岩性引起。Ag、W 异常推断有一定找矿希望。

七、Ⅲ-61-③ 太行Fe-Mn-铝土矿-石膏-煤-煤层气成矿亚带

地球化学分区属于易县-阜平-武安区,相当于阜平赞皇岩浆弧+晋东南台地(山西台隆),由赞皇群、阜平群、五台群、滹沱群变质岩、中一上元古界和古生代沉积盖层及少量燕山期花岗岩组成,以富集 Ca、Mg、P、B,铁组元素含量中等为特征,有大中型金、铜、铁等矿床产出。包括阜平赞皇岩浆弧南部及井陉、武安碳酸盐岩台地。

从地层元素含量变异系数可以得出主要成矿元素组合。赞皇群元素组合为 Au、Ag、Sn、B,变异系数分别为 0.579、0.516、0.496、0.475;寒武系元素组合为 Mo、Ag、Hg、Sn,变异系数分别为 6.087、0.631、0.628、0.457;奥陶系元素组合为 Sn、Au、Ag、Hg,变异系数分别为 2.839、0.663、0.552、0.498;符山超单元(J_2F)元素组合为 Au、Sn、W、B,变异系数分别为 0.531、0.523、0.520、0.466;矿山村超单元(J_3K)元素组合为 Mo、W,变异系数分别为 0.549、0.947;洪山组合(K_1Hs)元素组合为 Au、Cu、Mo,变异系数分别为 0.702、0.427、0.398。

全区元素含量变异系数依次排列为 Mo、Sb、Hg、Au、Ag 等,反映主要成矿元素及伴生前缘和尾晕元素(表 6-3-6)。

表 6-3-6 Ⅲ-61-③成矿带区域地球化学统计参数(n=2 788)

参数	Ag	Au	Bi	Cr	Cu	F	Hg	Mn
max	0.53	11.2	0.679	189	113	2 000	562	1 454
min	0.021	0.10	0.014	15.4	7.2	226	6.0	158
Xp	0.063	0.96	0.168	50.7	27.0	598	28.3	630
Xm	0.061	0.90	0.168	49.1	25.6	580	25.0	638
Sx	0.024	0.586	0.061	11.9	7.99	129	19.7	104
Cv	0.381	0.612	0.364	0.236	0.296	0.215	0.695	0.164
参数	Mo	Ni	Pb	Sb	Sn	W	Zn	
max	153	126	206	39.2	16.1	9.14	578	
min	0.10	6.79	9.8	0.04	0.28	0.20	24.8	
Xp	0.596	22.7	21.2	0.52	1.62	1.42	70.9	
Xm	0.52	21.1	21.0	0.52	1.53	1.50	67.4	
Sx	2.895	6.869	4.836	0.768	0.723	0.471	19.1	
Cv	4.855	0.303	0.228	1.466	0.446	0.332	0.270	

注:Au、Hg 含量单位为 ng/g,其余元素含量单位为 μg/g

全区地球化学特征以 CaO、MgO、B、Bi、Cd、Co、Cu、Hg、Ni 等高背景为主,其余元素以低背景为主。Au 在变质岩区和侵入岩区为高背景分布,在永年洪山一带出现小面积异常沉积地层,分布区为低背景分布。Ag 以低背景分布为主,在井陉南障城、武安阳邑、永年洪山沟及峰峰矿区一带出现高背景和异常区;Pb 以低背景为主,Cu 和 Fe_2O_3 在内丘白鹿角-邢台城计头一带为高背景和正异常分布,其余地区为低背景分布。

区内圈定银铅矿综合地球化学异常 1 处,位于邯郸峰峰矿区,元素组合为 Ag、Pb、Cd、Bi、Sb。铜矿地球化学综合异常 3 处:赞皇虎寨口 Cu-Cd 乙类异常、内丘桃园 Cu-Cd 甲类异常、邢台新城 Cu-Au-Mo 甲类异常。另圈定两个 Cr、Ni 丙类异常。

八、Ⅲ-62 华北(断陷/盆地)石油天然气成矿区

与全国土壤背景值相比,河北平原表层土壤 CaO、MgO、Cd、Na_2O、Sn、Sr、Ba、F、K_2O、Cr、Fe_2O_3、Ni、Ti 等元素背景值高于全国,尤其是 CaO、MgO、Cd、Na_2O、F 等元素含量显著偏高。相比之下,Mo、orgC、Ag、I、Hg、W、Sb、U、Se、Ge、Th、Br、Bi、Al_2O_3、Tl、Nb、La、Pb、Ga、Zn、Ce、V、Co、Li 等元素背景值低于全国,特别是 Mo、orgC、Ag、I、Hg 等元素背景值显著偏低。

表层土壤各元素含量变化幅度明显不同,部分元素含量分布的离散性很大,变异系数(C_v)大于 0.3,包括 Ag、Au、Ba、Br、Cl、Hg、I、S、As、Bi、orgC、CaO、Cd、Pb、Sb、Se、Cu、Zn,其中 Ag、Au、Ba、Br、Cl、Hg、I、S 等元素分布非常不均匀,变异系数大于 0.6,而 Br、Cl、Hg、S 等元素的变异系数大于 1,如 Cl 的变异系数高达 5.42。有三种原因导致这些元素的不均匀性分布,一是不同的成土母质,特别是海、陆源母质的共存,使卤族元素(Br、Cl、I 等)以及在海积物中较富集的元素(Ca、Ba、S 等)出现明显的分异性特征;二是元素自身的地球化学性质,如 Au 多以自然矿物形态存在,在水系沉积物、土壤等矿质介质中,均有较大的离散性;三是存在除自然源以外的人为源叠加,如 Hg、Bi、orgC、Cd、Pb、Sb、Se、Cu、Zn、Ag 等均属受人类活动影响较大的元素,因此,表层土壤中的分布也极不均匀,尤其是 Hg,变异系数高达 2.16。

相比之下,大量元素(Si、Al、Fe、Mg、K、Na、Ti)和多数微量元素(B、Ce、Cr、F、Ga、Ge、La、Li、Mn、N、Nb、Ni、P、Sc、Sn、Sr、Th、Tl、U、V、Y、Zr)的分布较为均匀,变异系数均小于 0.3。

在元素地球化学图上,Ca、K、Na、I、Br、S、Cl 等元素在山前冲积扇平原-中部泛滥平原-东部冲积海积平原土壤中的含量渐次升高;而 N、P、Se、orgC 则正好相反。元素区域分带性分布特征以及元素含量渐变规律是河北平原土壤元素地球化学的重要特征之一。

第四节 地球化学推断地质构造

地球化学信息是各种地质作用的化学记录与综合反映。各种地质作用与元素地球化学活动之间有着内在的必然联系,不同的地质环境对应着相应的地质建造及运动形态,并以各种不同的地球化学特征反映出来。不同的元素含量分布特征反映着不同地质单元及火山作用、构造活动的特点,特定的元素背景含量、元素异常组合,标志着特定的地质建造环境。区域地球化学资料在基础地质研究中的地层划分对比、构造单元推断及地质填图等方面均有着广泛的应用。

一、方法原理

1. 地质构造的地球化学标志

在研究区地质和地球化学特征基础上,归纳总结用于推断的地球化学标志,主要是推断某些地质要素、特征时所采用的地球化学依据,如地球化学元素异常组合高、低背景分布特征、单个异常几何形态与一组异常的排列及展布方向、范围等。

2. 运用地球化学多元统计进行地质构造推断

重点运用 GeoExpl 软件对全省的地球化学数据进行聚类分析、因子分析，揭示地质与地球化学元素组合特征及分布规律之间的成因关系，合理地进行地质解释，推断断层、岩浆岩体。

主要利用了因子分析中的前 5 个因子进行地质构造解释推断。其载荷大于 0.6 的元素分别是：F1 中的 Co、P、Ti、V、Cr、Fe_2O_3、Ni、Cu；F2 中的 CaO、MgO、SiO_2；F3 中的 Zn、Ag、Pb；F4 中的 B；F5 中的 Nb、Y。

地球化学推断岩性、构造的主要元素组合为：①应用 SiO_2、K_2O、CaO、MgO 等造岩元素的组合富集规律，推断中酸性岩体；②应用 Fe_2O_3、Co、V、Ti、Cr、P、Ni、Cu 等元素组合推断基性-超基性岩体；③应用元素的组合特征、异常的含量特征及展布方向、范围等推断断裂构造。

二、线性构造地球化学特征

按照展布方向划分，区内线性构造可分为东西向、北东向（或北北东或北东东向）以及北西向三组。本节分述其地球化学特征。

1. 东西向构造

该组构造多为深大断裂，形成于古生代二叠纪与中生代侏罗纪，与板块俯冲运动有关，数量虽然不多，但对区域地球化学分区具有重要的控制作用，常成为分区边界。

F1 围场塞罕庙山-岱尹梁断裂：有白垩系大北沟组安山岩、第三系汉诺坝组玄武岩喷发，形成 1 702～1 745m 高峰。在旋转因子（以下或称因子）1 得分图上，于大片低缓背景上呈现为带状异常区；在因子 2 得分图上，亦为串珠状高值区，只是位置向北偏移。

F2 康保-围场深大断裂：基本沿北纬 42°线分布，成为内蒙地层区与晋冀鲁豫地层区界线，控制了化德群与地槽型二叠系的出露范围。地势较为低缓，风化剥蚀强烈。在旋转因子 1 得分图上，于低背景上呈现为串珠状高值区，康保一带为带状低值区；在因子 2 得分图上，于中高背景上有串珠状正异常显示；在因子 3 得分图上，于低背景区有正异常展布。

F3 丰宁-隆化深大断裂：构成中—上元古界裂陷槽的北部边界，北侧有古元古代变质深成岩分布。在因子 1 得分图上，成为高背景（南）与低背景（北）的分界线，同时有串珠状正异常分布；在因子 2 得分图上，于大片中高背景上出现串珠状负异常。

F4 丰宁凤山-承德大庙-平泉黄土梁深断裂：有后营子、桃花山、蕨菜沟、红石砬、大庙、高寺台、七家柳溪等海西期基性超基性岩体侵入，已探明钒钛磁铁矿、铂钯及钴镍等矿产。在因子 1 得分图中高背景上，有串珠状正异常显示。

F5 丰宁云雾山-滦平滦河沿-平泉王土房深断裂：有季栅子、红旗、王土房等海西期花岗岩侵入。在因子 1 得分图上，构成高背景（北）与中低背景（南）的分界线，同时有串珠状正异常显示。

F6 尚义-崇礼-赤城深大断裂：与丰宁-隆化断裂 F3 本为一体，被北东向断裂断开。在张北一带，控制了汉诺坝组玄武岩的南界，在崇礼一带构成红旗营子群与崇礼群的分界。在因子 1 得分图大片中低背景上有东西带状展布的高背景及正异常出现；在因子 2 得分图上，于中高背景上有东西带状正异常显示。

F7 遵化-迁西-抚宁义院口深断裂：在西段为盖层与变质陆核的不整合界线；在中段迁安一带有罗家屯-擂鼓台断裂，滦河河道发生转折；在东段控制了柳江盆地的北部边界。在因子 1 得分图上，构成高背景（北）与低背景（南）的分界线。

F8 三河-迁安-秦皇岛一般断裂：在蓟县一带，州河河道发生转折，在迁安大石河一带，中—上元古界盖层发生褶皱，滦河河道再次发生转折。在因子 3 得分图上，于中高背景上有东西向带状正异常显示。

2. 北东、北北东或北东东向构造

该组线性构造多形成于燕山期，表现为挤压造山特征，对地层展布与岩浆岩出露均有控制作用，常构

成地球化学小区的分界线。

F9 阳原揣骨疃-宣化下花园-赤城云州一般断裂:在阳原一带,与桑干河盆地相平行;在涿鹿、宣化一带,同方向挤压断裂十分发育;在赤城龙关一带,与盖层/底部界面展布方向一致,已探明三义庄铁锌矿、宣化赤铁矿及黄土梁金矿等。在因子1得分图上,于中低背景上有大片正异常略呈带状展布。

F10 阜平-涞源-延庆-丰宁-围场构造岩浆岩带:大致相当于乌龙沟-上黄旗岩浆岩带,燕山期花岗岩侵入活动非常强烈,构成北东向展布的巨大山峰,如白石山、小五台山、灵山、大海陀、云雾山等,海拔均在2 000m以上。岩浆热液型、接触交代型金银多金属矿产十分丰富。在因子1、2、3得分图上,于中低背景中有串珠状正异常或正负异常相间排列。

F11 滦平虎什哈-隆化荒地构造带:在滦平一带控制了中生代火山沉积盆地的边界,在隆化、围场一带控制了张家口组和大北沟组沉积边界。在因子1得分图上,于中低背景中有一系列串珠状正异常呈北东向展布。

F12 滦平巴克什营-平泉七沟断裂:控制了中生代火山沉积岩的展布,同组次级压性断裂非常发育。在因子1得分图上,于中高背景上出现串珠状正异常。

F13 兴隆雾灵山-承德上板城-平泉魏杖子断裂:控制了中—上元古界与侏罗系的接触边界,同方向挤压滑脱断层十分普遍。在因子2得分图上,构成高低背景的分界线。

F14 平谷山东庄-平泉杨树岭构造带:断续出露中—上元古界,挤压破碎现象十分普遍,岩层呈零乱碎块状,有寿王坟铜矿、轿顶山铅锌矿、小寺沟铜钼矿分布。在因子2得分图上,构成高低背景的分界线。

F15 三河-蓟县-遵化马兰峪-宽城崖门子拆离滑脱带:基本沿盖层与基底间角度不整合面走向。在因子1得分图上,于中低背景上呈现为片状和带状高背景和正异常;在因子4得分图上,于中低背景上出现低缓的正异常。

F16 遵化侯家寨-迁西撒河桥-宽城亮甲台断裂带:在遵化、迁西一带控制了高角闪岩相(西)与麻粒岩相(东)的界线;在宽城段有北东向长城系残块穿插在变质岩中,中侏罗统侵入岩发育,有峪耳崖岩浆型金矿产出。在因子1得分图上,于中低背景上呈现为片状和带状正异常。

F17 兴隆六道河-青龙八道河断裂:在密云墙子路至迁西上营段呈近东西向,构成盖层与变质核杂岩的拆离带;在青龙段走向北东东,沿都山岩体东南分布,有多条次级断裂显示。在因子1得分图上,构成低背景(北)与高背景(南)的分界线。

F18 迁安建昌营-青龙三家-木头凳断裂:控制着中侏罗世岩浆岩分布,在因子2、3得分图上,呈现为带状异常。

F19 滦县-卢龙-青龙双山子深断裂:相当于青龙河深断裂,为形成于元古宙的古老断裂,控制着双山子群、朱杖子群分布,1976年唐山地震中再次复活。在因子4得分图上呈现为串珠状正异常。

F20 昌黎两山-抚宁榆关-石门寨断裂:控制着昌黎娘娘顶、青龙响山和抚宁后石湖3个晚侏罗世碱性花岗岩侵入岩体分布,在抚宁榆关以北,同方向花岗岩脉十分发育。在因子2、4得分图上,于中高背景区出现弱的正异常带。

F21 曲阳齐村-易县梁各庄断裂:控制着中—上元古界盖层与阜平群基底拆离带。在因子1得分图上,表现为高背景与中背景的分界线;在因子2得分图上,表现为带状展布的中低背景区域。

F22 井陉测鱼-获鹿断裂:沿甘陶河分布,控制甘陶河群与寒武奥陶系空间展布。在因子2得分图中,为低背景(北西)与中背景(南东)分界线;在因子1得分图中,于中背景中出现高值异常带。

F23 邢台路罗-将军墓-赞皇院头断裂带:为赞皇群与阜平群的不整合界面。在因子1、2得分图上,于中高背景上出现串珠状正异常区带。

F24 涉县固新-高邑构造带:控制着寒武奥陶系碳酸盐岩台地边缘,燕山期邯邢超单元侵入岩发育,有西石门等矽卡岩型铁矿分布。在因子1得分图上,于中等背景区出现串珠状正异常。

3. 北西向构造特征

该组构造多分布于太行山至张家口地区,常具张裂性质,对燕山晚期和喜山期岩浆活动及热液型矿床具有定位作用。

F25 围场东唤起鹿场-龙头山-篮旗卡伦-平泉茅兰沟断裂：发育于侏罗纪、白垩纪火山沉积岩中，对汉诺坝组玄武岩的分布具有控制作用，有已知断裂相对应。在因子1得分图上，于中低背景区出现若干串珠状正异常。

F26 隆化西阿超-平泉七家岱岩浆岩带：在侏罗系火山沉积盆地中有多处白垩纪正长斑岩、花岗斑岩小岩株产出，指示火山喷发中心的存在，同时分布金银铜铅锌多金属化探异常，是成矿的有利地段。已发现姑子沟银铅锌矿床。在因子2、3得分图上，于中高背景区出现一系列串珠状正异常。

F27 围场西龙头-隆化-平泉松树台岩浆岩带：在侏罗系火山盆地中有多处正长斑岩、闪长玢岩呈岩株产出，指示火山活动中心，有多处异常区存在，已探明北岔沟门、轿顶山及小寺沟多金属矿床。在因子2、3得分图上，于高背景区出现许多串珠状分布的正异常。

F28 丰宁鱼儿山-黄旗-凤山-兴隆大营子（潘家店）-迁西金厂峪-抚宁台头营构造岩浆岩带：沿该带有一系列燕山期中酸性侵入岩基分布，在迁安、抚宁一带表现为压性逆冲断层，控制中生代沉积盆地边缘，被称为冷口断裂。已探明牛圈、寿王坟、青河沿（长城）等矿产地。通过因子1、2、3得分图上的高低背景分区和串珠状正异常分布得以体现出来。

F29 沽源闪电河-丰宁-滦平虎什哈岩浆岩带：燕山期中酸性侵入岩十分发育，有撒岱沟门、窄岭等矿床产出。在因子2、3得分图上，于中高背景区出现串珠状正异常。

F30 沽源高山堡-丰宁邓栅子-兴隆雾灵山岩浆岩带：有东猴顶正长斑岩、邓栅子石英正长斑岩、南猴顶花岗岩、雾灵山正长岩等呈侵入岩基带状分布，成为宏伟的岩浆岩带。在因子2、3得分图上，于高背景上出现串珠状正异常。

F31 康保满德堂-赤城龙门所-沽源九连城岩浆岩带：有许多燕山期中酸性侵入岩呈岩株带状产出，已探明兰闫、蔡家营、张麻井、彭家沟、青羊沟等矿床。化探异常为密集带状分布。在因子2、3得分图上，于中高背景区出现许多串珠状正异常。在因子2、3得分图上，于中高背景区出现众多带状正异常。

F32 康保忠义-崇礼白旗-赤城雕鹗岩浆岩带：有燕山期中酸性小岩株多处，化探异常呈带状展布，已探明小夹道沟、中山沟、下双台、东榆树坪、大庄科、东三岔等矿产地。在因子2、3得分图上，于中高背景区出现许多带状展布的正异常。

F33 张北公会-怀来杏林堡构造岩浆岩带：是汉诺坝玄武岩的控制构造，有多处断裂和基性岩脉分布，已探明小营盘、张全庄等金矿床。在因子1得分图上，成为高低背景区的分界线；在因子2、3得分图上，出现许多片状正异常，总体呈北东展布。

F34 尚义哈拉沟-宣化裂谷带：尚义至张北段汉诺坝玄武岩中有多处正断层，1998年6月10日发生李氏6.2级地震；万全段为白垩纪磨拉石沉积建造盆地；宣化至怀来段为山间盆地及洋河河道，在塔儿村一带有喜马拉雅期次玄武岩侵出。在因子1得分图上，于中高背景上出现正异常带状展布；在因子2得分图上，于中低背景区出现带状正异常。

F35 怀安西洋河-涿鹿观音殿挤压断裂带：在怀安桑干片麻杂岩中有多条基性岩脉；在涿鹿一带高于庄组、雾迷山组白云岩中挤压破碎现象广泛；怀安水闸屯、蔚县南流水一带有北西向带状展布的金银铅锌钼远景区。在因子1得分图中，于中高背景区若干正异常呈北西向展布；在因子2得分图中，于中低背景区有带状分布的负异常。

F36 阳原-蔚县-易县张性裂隙带：在阳原白草窑火山岩中有断裂；在蔚县一带为火山盆地；在易县一带变质岩中有多条燕山期基性岩脉呈北西向展布；在易县、定兴一带有隐伏闪长岩侵入。在因子1得分图中，于中高背景区有低缓正异常带状展布。

F37 涞源独山城-顺平白云张性裂隙带：在阜平一带变质岩中断裂和基性岩脉十分发育，在东南部沉积盖层中有中酸性岩株产出。在因子1得分图中，于中高背景区有带状展布的低缓正异常。

F38 阜平吴王口-曲阳灵山张性裂隙带：沿大沙河分布，在阜平群变质岩中发育多条断裂和基性岩脉；在曲阳一带有古近纪山间盆地磨拉石沉积充填。在因子1得分图上，于中高背景区有低缓的正异常呈现。

F39 阜平龙泉关-曲阳中佐张性裂隙带：在阜平群变质岩中多条断裂和基性岩脉发育；在曲阳一带有

古近纪山间盆地磨拉石沉积充填。在因子 1 得分图上,于中高背景区有若干正异常串珠状分布;在因子 2 得分图上,于中低背景区有一些低缓的正异常零星分布。

F40 行唐木厂-陈庄张性裂隙带:在阜平群变质岩中断裂构造和基性岩脉发育,已探明石湖金矿。在因子 1 得分图上,于中高背景区有低缓正异常带出现。

F41 平山下口-井陉矿区不整合界面:对应于寒武—奥陶系与阜平群不整合界面。在因子 2 得分图上,于中低背景区有片状低缓负异常带出现;在因子 5 得分图上,于中高背景区出现带状正异常。

F42 涉县龙洞村-邯郸峰峰构造岩浆岩带:在寒武—奥陶系中断裂构造和邯邢超单元侵入岩发育。在因子 1 得分图中,于中低背景上有串珠状低缓正异常呈现。

F43 涉县辽城-西达断裂带:在寒武—奥陶系中有多条正断层发育。在因子 1 得分图上,于中低背景上有串珠状低缓正异常分布;在因子 5 得分图上,于中高背景区出现带状展布的异常。

三、环形构造特征

在地球表面,除了线形排列的断裂构造以外,最重要的就是环形构造,而且在地球早期演化阶段,因陨星撞击而产生的环形构造甚至被认为是地球表面第一特征构造。火山岩的中心式喷发,岩体在侵位过程中对围岩产生物理化学作用,在地形、地貌上多形成环形构造,对区域成矿作用具有重要的控制意义。

1. 推断环形构造特征

区内环形构造主要分布在张家口地区,以沽源、多伦为中心,呈多极镶套结构,从内向外可分 6 级。

H1 康保毛胡庆-后两面井构造带:基本沿成吉思汗边墙分布,构成壶流河组与马兰组的界线。在因子 4 得分图上,于中高背景区出现密集的正异常,略呈环带状。

H2 张北大营盘-沽源小厂-丰宁万胜永-隆化老窝铺-围场元宝栈(山湾子)构造岩浆岩带:在张家口组火山岩中有多处燕山晚期正长斑岩、花岗斑岩岩株出露,在丰宁万胜永一带白垩系中北西向断裂发育。带内已探明蔡家营、张麻井、牛圈、满汉土(小扣花营)等重要矿产地。在因子 4 得分图上,诸多正异常呈环带状展布。

H3 尚义哈拉沟-张北小狼窝沟-崇礼白旗-赤城半壁山-丰宁白石砬-围场石桌子构造岩浆岩带:张北一带为汉诺坝组玄武岩南界;崇礼至围场一带断裂构造与燕山期中酸性岩株发育,有中山沟、下双台、彭家沟、青羊沟、北岔沟门等矿产地。在因子 4 得分图上,多处正异常呈环带状展布。

H4 尚义-张家口-赤城-丰宁-围场构造岩浆岩带:在尚义小蒜沟一带有第四纪玄武岩呈串珠状分布;赤城、丰宁、围场段断裂构造和燕山期中酸性岩株发育,已探明小营盘、东坪、黄土梁、撒岱沟门等矿床。在因子 4 得分图上,众多的正异常空间分布呈现为环带状结构。

H5 张家口下花园-赤城后城-怀柔帽山-丰宁凤山-隆化张三营构造岩浆岩带:断裂构造和燕山期中酸性岩株发育。在因子 4 得分图上,众多正异常带勾勒出环带状趋势。

H6 怀来二堡子(存瑞)-滦平虎什哈-丰宁波罗诺-隆化小汤头沟构造岩浆岩带:断裂构造和燕山期侵入活动亦较发育,只是程度较弱。在因子 4 得分图上,若干正异常区呈弧状展布趋势。

赤城、沽源一带的张家口组火山岩堆积厚度较大,其中赤城县独石口一段下部为杂色砾岩夹砖红色薄层凝灰质粉砂岩,上部为砖红色、紫灰色和紫褐色流纹质凝灰角砾岩夹少量紫灰色和粉紫色流纹质含砾凝灰岩及流纹岩;二段下部为紫灰色、紫褐色流纹岩、流纹质角砾熔岩、球粒状流纹岩及黄灰、粉灰色石英斑岩,中部为棕褐色粗面岩,上部为紫灰色流纹岩、斑流岩及球粒状流纹岩,夹流纹质凝灰熔岩、黑耀岩及珍珠岩;三段下部为砖红色薄层凝灰质粉砂岩和凝灰质砾岩,中部为粉灰、粉红色流纹质晶屑凝灰岩、凝灰质砾岩夹流纹岩,上部为灰白、粉灰色流纹质凝灰岩夹流纹岩。总厚 6 144m。赤城县独石口附近流纹岩和辉石安山岩样品 K-Ar 等时线年龄 143.9Ma。

沽源、赤城一带,以中心式和面式喷发堆积了厚达数千米的流纹岩、斑流岩、石英斑岩及少量粗面岩和火山碎屑岩。喷发持续时间长,间歇短,喷发韵律频繁。

在丰宁西北,有一连串近南北向排列的大型浅成、超浅成岩体——白草-同胜永岩带。由南向北依次为白草、东猴顶、牛圈子坝、同胜永和大十八台等岩体。主要岩性为石英正长斑岩、二长斑岩和石英斑岩等。与张家口组火山岩既有侵入接触,又有渐变过渡现象。其物质成分与张家口组火山岩也很近似,说明二者为同期同源产物。这一带出露的数千平方千米的张家口组泛流式流纹岩的厚度以围绕这些岩体的周边为最大,可达5 600m以上,且以熔结火山碎屑岩大量发育为特征。如此大面积的浅成、超浅成相侵入岩体很可能是沿着形成大范围熔透式火山口侵位的。更确切地说应该是潜火山岩相或火山颈相的产物。

白垩系义县组(花吉营组)为一套以中、基性火山岩、火山碎屑岩为主的岩石组合,富含热河生物群。分布于沽源、丰宁、滦平一带,构成环形断陷盆地。在盆地边缘榆树沟、二道渠等地形成青石砬组含煤类磨拉斯建造。沽源小河子一带青石砬组下部以角砾岩为主,夹黏土岩及煤层;上部为灰、灰黑色黏土岩及砂岩和煤层。厚182~500m。

在沽源火山盆地的中心(火山口)囫囵淖(天鹅湖)一带,有第四系泥河湾组河湖相的灰、浅黄、灰绿色黏土、亚黏土、粉细砂夹砾石层。在沟谷地带堆积了第四系松散的冲洪积物和风积物。

沽源环形构造形成于赤城-丰宁晚侏罗世火山构造基础上,为早白垩世产物,从中心向外围,形成3个岩浆岩环带:第一环带从沽源十五号、大二号至长梁、西辛营及蔡家营,由白垩系义县组气孔-杏仁状安山岩及同期花岗斑岩组成,半径约30km;第二岩浆岩环带从丰宁森吉图、青石砬、四岔口到赤城青羊沟、彭家沟及崇礼白旗、狮子沟,由义县组安山岩及同期正长斑岩、二长斑岩、次安山岩、花岗斑岩组成,半径60km;第三环带从围场石桌子、隆化碱房到丰宁化吉营、云雾山及杨木栅子,由义县组安山岩及同期正长斑岩、次粗安岩、石英正长斑岩组成,半径110km。从内到外,早白垩世岩浆岩分布密度逐渐降低(图6-4-1)。按环形构造的规模分类,该环形构造属超级类别。

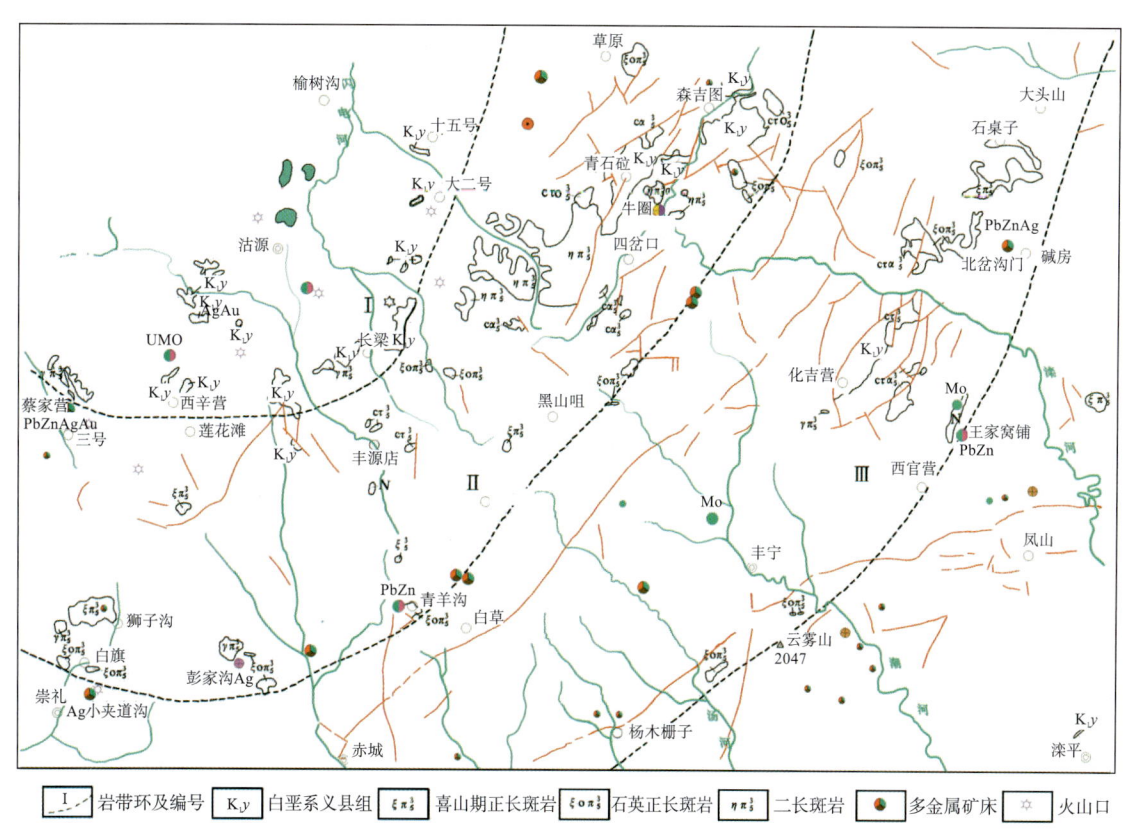

图6-4-1 河北省西北部地区早白垩世岩浆岩分布图

K-Ar法全岩同位素年龄:滦平群大北沟组安山岩101~148Ma,化吉营组安山岩112~123Ma,燕山旋回第四期岩浆岩100~138Ma。

河北省早白垩世侵入岩(寿王坟超单元)多为浅成超浅成小侵入体,总面积1 100km²,其中正长斑岩占76.44%,几乎占据绝对优势,且具有高温快速冷凝特征,石英多具溶蚀现象。花岗斑岩中有时可见晶形很好的高温石英。

区内断裂构造多呈现出平行或垂直环形构造的空间定向特征。环形构造恰好构成滦河水系与潮白河水系的分界地带。

2. 区域地球化学异常特征

在河北省地球化学图上,我们可以识别和圈定出两个地球化学省——金的地球化学省和铅的地球化学省,其中铅的地球化学省以沽源一带为中心,铅含量向周围逐渐递减。区内铅、锌、银、砷、锑、镉、钼、钨、钡等元素明显高于周边地区。河北省晚侏罗世、早白垩世火山-沉积地层及燕山旋回第四期侵入岩上述元素表现出显著的活化和富集的变化趋势(表6-4-1、表6-4-2)。酸性侵入岩与白垩系大北沟组、花吉营组安山岩相比,硅、钾、铷、钇、钍、铀、稼、铯、及硼、锑、铋、锡、钨、钼、铅、银等元素都趋于富集。

水系沉积物区域化探综合异常图上,铅、锌、银、钨、锡、钼、砷、锑、汞等元素异常同样呈现以沽源为中心的三层环形分布。第一岩浆岩带的化探异常有张北蔡家营、张麻井、一面井、沽源白土窑、大道湾、大营子、四道沟、北栅子、东房子及丰宁和顺店;第二岩浆岩带的化探异常有丰宁牛圈、赤城白草、青羊沟、彭家沟、崇礼小夹道沟、白旗、狮子沟等;第三岩浆岩带化探异常有隆化碱房、丰宁王家窝铺等(图6-4-2)。

表6-4-1 河北省中上侏罗统—下白垩统元素含量平均值(μg/g)

地 层	符号	Ag	Pb	Zn	Cd	Mo	U	Th	As	Sb
青石碇组	K_1q	0.079	25.37	90.55	0.138	5.24	4.32	15.13	4.55	0.71
南店组	K_1n	0.067	25.73	109.87	0.149	6.79	3.50	19.10	288	2.00
义县组	K_1y	0.050	20.38	95.06	0.096	1.14	1.16	11.15	0.51	0.06
九佛堂组	K_1jf	0.086	23.68	104.38	0.171	5.86	2.52	10.49	14.41	0.53
大北沟组	K_1d	0.061	19.21	79.37	0.122	0.77	2.88	9.01	3.68	0.15
张家口组	J_3z	0.055	28.83	84.56	0.086	1.50	2.90	21.18	3.81	0.15
土城子组	J_2tch	0.068	20.94	83.89	0.114	0.87	1.80	11.13	1.36	0.16
全省丰度	—	0.057	15.90	57.80	0.077	0.74	1.33	9.18	2.08	0.14

表6-4-2 河北省燕山旋回第四期侵入岩元素含量平均值(μg/g)

岩体名称	岩类	Ag	Pb	Zn	Cd	Mo	U	Th	As	Sb
五 沟	$ηoπ$	0.036	15.0	70.9	0.086	1.06	1.07	8.60	0.99	0.11
茅兰沟	$ηoπ$	0.088	19.3	50.6	0.088	0.68	1.46	8.56	0.71	0.15
后窝铺	$ξoπ$	0.071	20.6	52.3	0.072	0.62	1.43	19.2	1.10	0.18
甲 山	$ξoπ$	0.065	15.9	98.8	0.138	2.90	1.89	12.76	0.90	0.14
大兴安	$ξo$	0.379	15.9	54.4	0.078	1.78	3.20	12.00	1.02	0.09
同胜永	$ηπ$	0.040	30.3	72.0	0.062	2.99	2.05	17.23	5.15	0.53
大盘石	$γ$	0.098	24.4	54.8	0.171	1.21	2.33	15.60	0.95	0.11
三道沟	$γπ$	0.040	16.7	52.4	0.053	0.92	1.01	14.70	2.00	0.13
羊囫囵	$γπ$	0.191	116.5	136	0.091	0.89	2.73	24.10	4.97	0.47
烟筒山	$γπ$	0.045	15.6	29.6	0.080	0.64	0.60	7.14	0.95	0.12

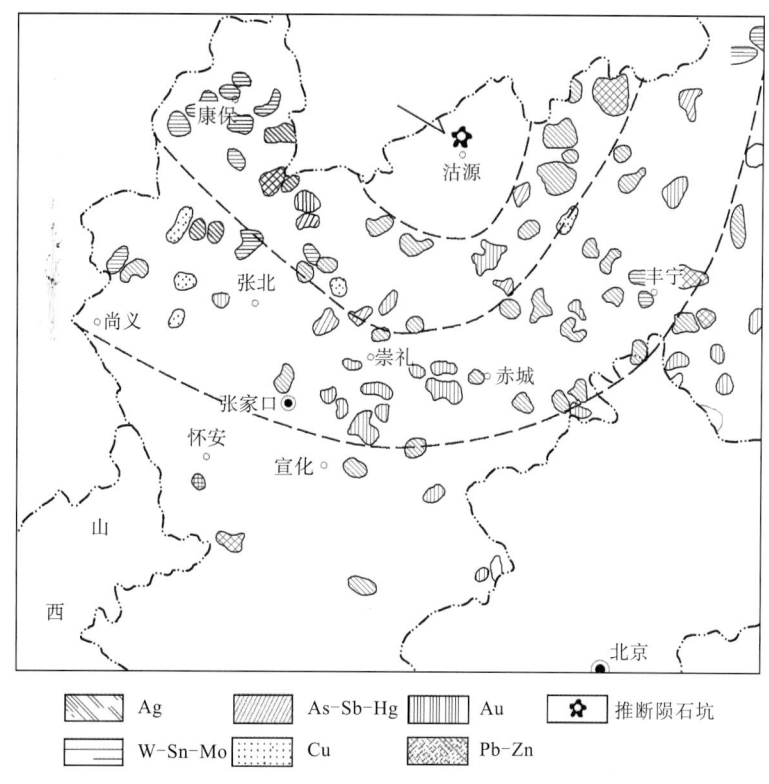

图 6-4-2 河北省西北部区域化探综合异常分布图

3. 环形构造对区域成矿的控制

大规模成矿过程不仅要有丰富的物质供应，还必须有巨大的能量供给。持续的能量供给使成矿环境长期保持在一个热力状态，有利于岩体本身的分异成矿，也有助于岩体上部形成一系列对流循环系统，从围岩中萃取成矿物质，在适当的构造环境中卸载成矿。环形构造无疑是满足上述条件的最佳场所之一。区内丰宁和顺店火山机构的控矿作用为此提供了一个典型范例。这是一个向下延伸数百米，形态呈漏斗状、产状陡直的近等轴状火山机构，出露地层为张家口组火山熔岩和燕山期正长斑岩，地磁异常 ΔZ 从中心的 396nT 增加到周边的 400～450nT；水系沉积物化探异常亦呈围绕地磁中心的规则环形分布，异常边缘断裂构造十分发育，总体呈放射状展布，两侧亦有环形断裂迹象。异常边缘地带发育大面积强烈矿化蚀变，为火山活动后期成矿热液沿环形断裂活动所致。在异常边缘带钻探验证孔中，见有隐爆角砾岩及累计厚度 38m 的铅锌银矿体。因此推断火山机构范围内的环形、放射状断裂应是主要储矿场所。

第一岩浆岩带内分布着蔡家营铅锌银矿、张麻井铀钼矿、兰阎铅锌矿、西辛营萤石矿及沽源煤田。张北蔡家营铅锌银矿为大型半隐伏矿床，已累计探明铅锌资源量 1 450 375t，伴生银 1 163t，伴生金 19t。矿床远景尚未控制，找矿潜力巨大。地层为古元古代红旗营群、侏罗系张家口组，岩浆岩为早白垩世花岗斑岩和石英斑岩(K-Ar 法年龄 100～140Ma)。矿带围岩蚀变以绢云母化为主，次为绿泥石化、硅化、碳酸盐化。在大面积的绿泥石化及钠长石化过程中，热液从围岩中萃取了铅、锌，并携带它们向有利部位转移。矿脉中黄铁矿、闪锌矿的 Co/Ni 比值变化较大，铟、锗、硒、碲含量低，说明矿液以岩浆热液为主，矿石铅与燕山期花岗(石英)斑岩中黄铁矿的铅同位素组成基本一致，说明矿床与斑岩有成因联系。沽源张麻井大型铀钼矿位于蔡家营-温铁炉断裂带上，火山机构及其环状断裂发育，出露地层为侏罗系张家口组、白垩系义县组，燕山期次流纹斑岩沿火山机构侵入，形成套环断裂，整个流纹斑岩体及其外接触带形成了强烈的水云母化及萤石化、黄铁矿化、黏土化蚀变，铀钼矿主要产于岩体的内外接触带，其次为岩体的内部，储量为 11 万 t。位于沽源境内的兰阎铅锌矿铅储量 20 240t，锌储量 35 190t。

第二岩浆岩带分布着牛圈银金矿、青羊沟铅锌矿、彭家沟银矿及小夹道沟银矿。丰宁牛圈子银金矿属次火山浅成中低温热液型,批准储量银650t、金3.532t。出露地层为太古宇单塔子群、侏罗系张家口组、白垩系义县组,侵入岩有海西期石英闪长岩和粗粒花岗岩。燕山旋回隐爆角砾岩是矿区最主要含矿岩体,而北北东向老虎坝-牛圈断裂构造直接控制隐爆角砾岩体产状、形态和空间分布。在复活断裂内的封闭—半封闭环境下,地下热水与浅部岩浆热液多次脉动式的爆发与再爆发,使围岩发生交代与蚀变,成矿物质逐步富集形成工业矿体。赤城彭家沟银矿属陆相火山岩型浅成低温热液矿床,提交银金属量285t,区内岩浆岩主要为燕山旋回正长斑岩、石英正长斑岩及蚀变辉绿岩,与银矿体紧密伴随平行产出,多为矿体的直接或间接顶、底板,为本区找银矿的重要标志。

第三岩浆岩带内分布有北岔沟门铅锌矿及王家窝铺铅锌矿等。隆化北岔沟门铅锌矿属岩浆热液型,估算铅锌资源量72.36万t,伴生银382t。该区主要成矿期成矿作用与早白垩世安山玢岩、石英正长斑岩等浅成、超浅成侵入活动有关,它们为矿床的形成提供了热动力条件,也是成矿母岩。多次断裂两侧的次级构造、火山盆地边缘的同生断裂、火山作用形成的环状、放射状断裂为良好的找矿部位。丰宁县王家窝铺铅锌银矿床位于花吉营火山盆地的东南边缘地带,区内岩浆岩为晚古生代二长花岗岩、闪长岩及中生代细粒花岗岩、闪长玢岩、石英正长斑岩,与北岔沟门多金属矿床相似,其斑岩组合跟成矿关系密切。

4. 环形构造的成因推断

在沽源环形构造的中心地带的囫囵淖周围,出露一种十分少见的岩石,暂名为流纹粗面质冲击浊积岩,整个岩石布满了从1mm到1cm的气孔,这些气孔多呈爆裂破碎状和流动拉长状,它们又被胶状基质所固结,其外貌颇似寒武系张夏组的鲕状灰岩。对其成因推断如下:强大的地外物体冲击由侏罗系凝灰岩组成的地表,在盆地中这些溅落粉碎物与水体剧烈搅拌,形成气溶胶,最终沉淀为类似浊流般的沉积岩(图6-4-3~图6-4-5)。在地质图上,这些岩石被归入张家口组,实际上应为白垩系义县组同时异相产物。

图6-4-3 沽源天鹅湖(囫囵淖)景观　　　　图6-4-4 陨击溶胶浊积岩(囫囵淖北岸)

在第一岩浆岩带的白垩系义县组气孔、杏仁、熔渣状安山岩中,见有粗面质玻璃状角砾岩(疑似陨击角砾岩)捕掳体,其单体大小从几厘米到几十厘米,暗砖红色、浅红褐色,角砾状构造,贝壳状断口,油脂状光泽,局部可见乳滴状钾长石斑块。捕掳体周边普遍发育高岭土化及绿泥石化蚀变冷凝边,其原岩成分为张家口组粗面岩或同期石英斑岩。而义县组安山岩下覆的张家口组流纹质晶屑凝灰岩强烈破碎,并普遍高岭土化蚀变(图6-4-6~图6-4-8)。

已求得3.37亿t优质褐煤储量的沽源煤田,产于白垩系青石砬组,含煤性差异很大,煤层厚度短距离内变化迅速,其中榆树沟井田含煤34层,单层厚度0.1~67.73m;二道渠含煤34层,可采24层,总厚35.77m;苏鲁滩井田含煤1~8层,单层厚度0.1~3.64m,总厚0.1~9.38m;小河子一带含煤11层,单层厚度0.1~1.10m,局部可采。总趋势为盆地中间煤层厚,向边缘逐渐变薄。

第一岩浆岩带伴随着狭长的断块裂陷槽谷,其中充填了近千米的以砾岩为主的沉积建造,砾岩未磨

图 6-4-5 陨击溶胶浊积岩(囫囵淖北岸)

图 6-4-6 花吉营(义县)组安山岩(沽源大二号村西)

图 6-4-7 花吉营组安山岩中的捕掳体(大二号村西)

图 6-4-8 破碎蚀变安山岩(大二号村北)

圆,胶结差,具有快速沉降、迅速堆积的特征。

与侏罗系张家口组相比,白垩系花吉营组的 Ba、Mg、Fe、Ti、P、Mn、V、Cr、Co、Ni、Sr、Ba 等亲基性元素含量显著增高。花吉营组安山岩的化学成分还遵从普赖尔定则(Prior's rule),在球粒陨石(chondrites)中,化学成分和矿物成分的分布存在一定规律性。其中铁、镍含量越少,该陨石的铁镁硅酸盐矿物中的 Fe/Mg 比值越大(表 6-4-3)。

表 6-4-3 白垩系花吉营组 Fe、Ni 含量与 Fe/Mg 比值关系

序号	1	2	3	4	5	6	7	8	9	10	11
Fe	0.68	0.69	0.75	2.15	5.14	5.8	5.83	5.84	5.99	6	6.07
Ni	0.9	0.5	0.5	8.7	23.3	22	25.3	23.8	21.9	21.2	26.4
Fe/Mg	6.18	6.36	5.69	5.17	4.47	3.69	3	3.38	4.08	3.68	3.33
序号	12	13	14	15	16	17	18	19	20	21	22
Fe	6.12	6.26	6.33	6.4	6.46	6.51	6.52	6.79	7.48	7.76	8.32
Ni	24.8	25.3	22.8	24.6	2.31	27.9	29.9	27.1	35.5	43.3	41
Fe/Mg	2.99	2.74	3.65	3.06	3.22	3.35	3.36	3.38	2.74	2.76	3.12

注:Fe、Mg 含量单位为%;Ni 含量单位为 $\mu g/g$。

在沽源县金锁营、西辛营、太平营(第一岩浆岩带)和张北县三塔户、魏家营、大台子沟(第二岩浆岩带)等地晚侏罗世安山岩、粗面岩、石英粗面质角砾凝灰岩、流纹质熔结凝灰岩(及早白垩世岩浆岩)分布区人工重砂样品中,发现有数量不等的磁性微球粒及玻璃质微球粒(0.03~0.4mm),其中铁质微球粒,经地质科学院矿床所用能谱分析、扫描电镜及电子探针手段测试,初步确定为铁质宇宙尘。

上述迹象表明,沽源超级环形构造可能是早白垩世一次地外物体冲击事件的结果。实际上,它很可能是多伦陨石坑的一部分。

从闪电河、同胜永、四岔口、化吉营一带早白垩世岩浆岩密集分布的现象,我们甚至可以推测,这可能是地外物体隐伏方向。

地外物体的撞击作用,不仅形成大大小小的陨击坑、改变地球气候、造成生物大灭绝、板块的碎裂、地幔热柱的迁移,而且还可导致热库与岩浆库的形成,从而与区域矿产的时空分布密切相关。

美国和捷克的研究人员在《自然》杂志上载文报道,1.6亿年前运行于火星和木星之间的两颗小行星发生的大碰撞造成很多大块岩石冲向地球,其中一块岩石导致恐龙灭绝。这一研究成果为地球生命史中最重要的事件之一(6 500万年前一颗直径10km的陨星撞击墨西哥尤卡坦半岛)提供了一种解释。这场撞击灾难事件导致了恐龙和其他一些生命形式的灭绝。这次撞击引发了世界范围的环境灾难,将大量的岩石和灰尘驱散到空中,导致巨大的海啸,使大火在全球蔓延,并使地球在数年内都笼罩在黑暗中。这两颗小行星分别宽170km和60km,碰撞发生在小行星带上。它是一个各种大小岩石的集合,在距离地球大约1.8亿千米的地方围绕太阳运行。碰撞后的一些残骸离开了小行星带飞向太阳系内部并击中了地球和月亮,还可能撞向火星和金星。这次碰撞使太阳系该区域的撞击事件增加了一倍。虽然太阳系中该区域由大量撞击残骸引发的撞击事件在大约1亿年前达到最高峰,但其尾声一直延续到今天。很多现有的近地球小行星的来历可以追溯到这次大碰撞。

美国航天局在墨西哥湾的尤卡坦半岛发现地下1km深处有直径60km的圆形构造,内有白垩纪晚期海相地层,外围还有直径180km的环形构造,10km以上的坑还有20个,因而推测这些坑为当时有一个直径10km大的陨星以每秒40km的速度撞击而成。另有报道说,在1994年印度也发现了命名为斯娃的撞击坑,坑长600km,宽450km。据推算陨星直径达40km,它与墨西哥发现的是同一陨星,至地球大气层时才分为两大块及许多小的陨石。近年来美国在太平洋中部海底,也找到这一时期的陨石。沽源环形构造与上述情况相似,可能有着大体一致的成因。

四、推断岩体特征

根据旋转因子1((Fe_2O_3+Co+V+Ti+Cr+P+Ni+Cu)得分图高值区推断基性-超基性岩体15处。

B1 平泉柳溪(刁窝)辉长岩,出露铁马超单元(Pt_2TM)辉长岩。

B2 平泉九神庙辉石岩,出露铁马超单元(Pt_2TM)辉石岩。

B3 丰宁后营子辉长岩,变质岩($Pt_1^2\phi$)中成分相当于基性岩部分,有大型铁磷矿产出。

B4 丰宁蕨菜沟角闪石岩,出露韩麻营超单元(Pt_2HM)角闪石岩。

B5 赤城吕和堡蛇纹岩,铁马超单元(Pt_2TM)于红旗营群变质岩中呈岩豆产出。

B6 怀柔喇叭沟门辉长岩、角闪石岩,出露铁马超单元(Pt_2TM)辉长岩、角闪石岩。

B7 赤城小张家口辉石岩,出露崇礼群、红旗营子群和铁马超单元(Pt_2TM),成分相当于基性岩部分。

B8 赤城下三块石辉石岩,出露红旗营子群(Ar_3H)中局部的超基性岩部分。

B9 滦平邓厂东沟辉长岩,出露太古宙变质深成岩汉儿庄片麻岩套(Ar_3^2Hgn)。

B10 宣化葛峪堡煌斑岩脉、闪长岩脉、桑干片麻杂岩(Ar_2Sg)中的基性岩群。

B11 滦平马营子西南辉长岩,出露出露太古宙变质深成岩汉儿庄片麻岩套(Ar_3^2Hgn)。

B12 宽城棒槌崖辉长岩,出露都山超单元(T_3DS)辉长岩。

B13 涿鹿矾山辉石岩,为半隐伏大旗梁顶超单元(Pt_2DQ),有大型磷矿产出。

B14 易县龙门庄辉长岩、角闪石岩,出露铁马超单元(Pt_2TM)。

B15　内丘白鹿角辉绿岩,在甘陶河群中侵入灰绿玢岩墙($Pt_1^2\beta\mu$),伴有铜锌矿。

根据旋转因子 2(SiO_2＋K_2O－CaO－MgO)得分图高值区圈定中酸性岩体 47 处。

A1　围场德合公花岗岩,出露棋盘山组合花岗岩(J_3QP)。

A2　围场上十七号花岗岩,出露棋盘山组合花岗岩(J_3QP)。

A3　围场棋盘山花岗岩,出露棋盘山组合花岗岩(J_3QP)。

A4　康保杨同年花岗岩,出露樱桃沟门超单元(P_2YT)花岗岩。

A5　围场朝阳湾花岗岩,出露沙厂超单元(Pt_2SC)和燕子窝超单元(J_2YZ)二长花岗岩。

A6　康保满德堂花岗岩,出露樱桃沟门超单元(P_2YT)花岗岩。

A7　康保盖家沟花岗岩,出露樱桃沟门超单元(P_2YT)花岗岩。

A8　康保二号卜花岗岩,出露化德群(Pt_1H),局部成分相当于花岗岩。

A9　康保城东花岗岩,出露郭家屯超单元(P_1GJ)花岗岩。

A10　康保东伙房花岗岩,出露郭家屯超单元(P_1GJ)和樱桃沟门超单元(P_2YT)花岗岩。

A11　围场南大山花岗岩,出露寿王坟超单元(K_1Sw)。

A12　康保石盖梁花岗岩,出露樱桃沟门超单元(P_2YT)花岗岩。

A13　康保王家营花岗岩,出露肖营子超单元(J_1XY)花岗岩。

A14　康保礓磕洼二长花岗岩,推断红旗营子群变质岩中局部变质二长花岗岩(($Pt_1^2\eta r$))。

A15　康保哈拉更台二长花岗岩,推断红旗营子群变质岩中局部变质二长花岗岩($Pt_1^2\eta r$)。

A16　沽源白沿沟二长花岗岩,出露古元古代变质二长花岗岩(($Pt_1^2\eta\gamma$)。

A17　围场唐三营花岗岩,出露棋盘山组合花岗岩(J_3QP)。

A18　张北二泉井花岗岩,出露郭家屯超单元(P_1GJ)花岗岩。

A19　丰宁北头营花岗岩,出露郭家屯超单元(P_1GJ)樱桃沟门超单元(P_2YT)花岗岩。

A20　围场曹碾沟钾长花岗岩,出露燕子窝超单元(J_2YZ)钾长花岗岩。

A21　隆化汤头沟东正长斑岩,出露棋盘山组合(J_3QP)正长斑岩。

A22　赤城东猴顶正长斑岩,出露雾灵山超单元(J_3WL)正长斑岩。

A23　赤城三道沟次流纹岩,出露晚侏罗世次流纹岩(λJ_3)。

A24　丰宁土城子花岗岩,出露燕子窝超单元(J_2YZ)花岗岩。

A25　尚义八道沟石英正长岩,出露沙厂超单元(Pt_2SC)石英正长岩。

A26　尚义城北石英正长岩,出露沙厂超单元(Pt_2SC)石英正长岩。

A27　崇礼驿马图石英闪长岩,出露古元古代变质石英闪长岩($Pt_1^2\delta o$)。

A28　赤城猫峪花岗岩,出露张家口片麻岩套(Ar_3^2Zgn)花岗质片麻岩。

A29　丰宁大阎家沟斑状二长花岗岩,出露古元古代变质斑状二长花岗岩($Pt_1^2\pi\eta\gamma$)。

A30　丰宁白塔花岗岩,出露都山超单元(T_3DS)花岗岩。

A31　丰宁大光顶花岗闪长岩,出露古元古代变质闪长岩体($Pt_1^2\delta$)偏酸性部分。

A32　平泉和家花岗岩,出露寿王坟超单元(K_1SW)花岗岩。

A33　丰宁城南花岗岩,出露都山超单元(T_3DS)花岗岩。

A34　丰宁云雾山花岗岩,由多期花岗岩类(P_1GJ、T_3DS、J_3QP、J_3WL)复式岩体组成的巨大岩基。

A35　丰宁上方营子斑状二长花岗岩,出露古元古代变质斑状二长花岗岩($Pt_1^2\pi\eta\gamma$)。

A36　承德付营西花岗闪长岩,出露古元古代变质花岗闪长岩体($Pt_1^2\gamma\delta$)。

A37　丰宁大草坪花岗岩,出露燕子窝超单元(J_2YZ)花岗岩。

A38　崇礼红花梁、水泉沟正长岩、花岗岩,出露韩麻营超单元(Pt_2HM)正长岩、郭家屯超单元(P_1GJ)花岗岩。

A39　赤城六十亩地花岗岩,出露郭家屯超单元(P_1GJ)花岗岩。

A40　丰宁南猴顶花岗岩,出露燕子窝超单元(J_2YZ)花岗岩。

A41　怀来石头堡花岗岩,推断侏罗纪火山-沉积岩(J_2j-tch)盆地中隐伏花岗岩。

A42 怀柔对台子花岗岩，出露燕子窝超单元(J_2YZ)、南城子超单元(J_3NC)花岗岩。

A43 怀来大海坨花岗岩，出露南城子超单元(J_3NC)花岗岩，呈岩基状产出。

A44 青龙都山花岗岩，出露都山超单元(T_3DS)、燕子窝超单元(J_2YZ)花岗岩，构成巨大岩基。

A45 青龙八道河花岗岩，出露都山超单元(T_3DS)、燕子窝超单元(J_2YZ)花岗岩，为都山岩体一部分。

A46 涿鹿孔涧花岗岩，出露南城子超单元(J_3NC)花岗岩。

A47 涿鹿狮子台二长花岗岩，出露南城子超单元(J_3NC)二长花岗岩。

总体来看，利用地球化学资料推断的岩体与实际出露情况基本对应一致，只是在范围、面积和形态方面有所出入。

第七章　地球化学预测区圈定与综合评价

在区域矿产资源定量评价研究中,运用成矿区带的概念和级次划分,将矿产勘查工作集中到面积最小、远景最好、发现矿床概率最大的成矿空间,是转化为新的普查基地有效的方法途径和由面到点的部署矿床勘查过程。具体来说,一个成矿区带是某种或几种矿种相似矿床集合在四维空间的定位。成矿区带一旦圈定,表明将隶属可以开采矿床的潜在经济区,即为经济意义下的地质实体。

第一节　预测区与最小预测区圈定

依据1∶20万水系沉积物地球化学组合异常分布范围,结合异常区内地层、岩浆岩、构造及矿化蚀变条件,利用找矿模型和成矿系列理论,经过由已知到未知的对比,遵循相似性和次级性原则,分别圈定单元素地球化学找矿远景区(相当于Ⅳ级成矿远景区)及最小预测区。

一、预测区及最小预测区圈定依据

1. 预测区划分原则

研究各矿种不同矿床类型的已知矿床异常特征,总结其成矿地球化学元素组合特征,分矿床类型进行组合异常及综合异常圈定,在综合异常研究、筛选的基础上,结合地质矿产、矿床模型、物探、遥感等资料,圈定预测区。

同一预测区应尽量处于同一成矿区带内,元素组合基本一致,综合异常空间分布相近,面积一般为几百至上千平方千米。

根据找矿预测区内综合异常的主要成因类型,并参考已知矿床(点)的主要成因,将圈定出的找矿预测区分矿种按照成因进行分类。

2. 预测区分级原则

按照全国项目办化探汇总组的要求,将找矿预测区分为A、B、C三级。划分的主要依据为预测区内同类成因综合异常的数量、级别和找矿意义。

A级:根据区内或附近的矿床(田)建立找矿模型,通过比较分析,确认预测区存在一个以上甲、乙类异常,有希望找到(或新增储量)达大型以上规模的矿床或矿田;根据地球化学定量模型计算,预测区预测资源量总和超出探明储量较大,已知成矿类型有利,有希望找到(或新增储量)达大型以上规模的矿床或矿田;异常显示预测区具有找到新矿种(接替资源)的巨大潜力,异常查证证实该新矿种有希望找到中型以上规模的矿床。B级:根据成矿区(带)以外所建的找矿模型或理论模型判断,有一个以上的乙类异常存在,有希望找到中型或大型以上规模的矿床;根据地球化学定量模型计算,预测区预测总资源量巨大,有希望找到中型或大型规模的矿床。C级:多个丙类异常存在,已知地质条件有利或一般,未进行异常查证或查证后未获得重要突破,但推测有希望找到工业矿体或小型以上矿床;有甲、乙类异常存在,但工作或工程控制程度已经很高(包括深部控制),深、边部找矿有一定潜力,但重大找矿突破的可能性较小。

3. 最小预测区圈定依据

以《化探资料应用技术要求》为依据,在找矿潜力较大的A、B级找矿预测区,寻找成矿条件有利的、具有明显化探找矿标志的或三级异常查证发现有利找矿线索的区域,圈定最小预测区。

二、预测区及靶区圈定(图版 1～图版 14)

1. 金预测区及靶区圈定

分析与金矿成矿有关的单元素异常特征、空间展布与金矿的关系、成矿背景。根据河北省金矿主要矿床类型(变质热液型、岩浆热液型、细脉浸染型),依据已知矿床模型(金厂峪、峪耳崖、东坪、采桑峪等)元素组合关系与特征,选择元素组合,编制元素组合异常图。变质热液型金矿元素组合为 $Au-Ag-Hg-Mo-Pb$,岩浆热液型金矿元素组合为 $Au-Bi-Cu-W$,细脉浸染型金矿元素组合为 $Au-Sn-Sb-F-Hg$。在组合异常图的基础上,根据异常组合关系和空间特征,结合模型研究,编制金矿综合异常图。在综合异常研究、筛选的基础上,结合地质矿产、矿床模型等资料,圈定预测区。利用大比例尺地球化学资料或异常查证资料以及地质矿产资料的综合研究,在此基础上圈定预测靶区。

2. 铅锌预测区及靶区圈定

分析与铅锌矿成矿有关的单元素异常特征、空间展布及与铅锌矿的关系、成矿背景。由于河北省铅锌矿主要成因类型矽卡岩型、火山-次火山岩型和热液型元素组合非常相似,所以将 3 个类型归并为一个类型——内生型,由此将铅锌矿的主要矿床类型分为内生型和外生型两种,依据已知矿床模型元素组合关系与特征,选择元素组合,编制元素组合异常图。内生型铅锌矿元素组合为 $Pb-Zn-Ag-Cd-Bi$,外生型铅锌矿元素组合为 $Pb-Zn-B-F-Mn$。在组合异常图的基础上,根据异常组合关系和空间特征,结合模型研究,编制铅锌矿综合异常图。结合地质矿产信息,异常定性分析,对圈定的综合异常进行分类、筛选,作为圈定找矿预测区的主要依据。在综合异常研究、筛选的基础上,结合地质矿产、矿床模型等资料,圈定预测区。在找矿预测区内,进一步利用大比例尺地球化学资料或异常查证资料,以及地质矿产资料的综合研究,在此基础上圈定最小预测区。

3. 银矿预测区及靶区圈定

分析与银矿成矿有关的单元素异常特征、空间展布及与银矿的关系、成矿背景。河北省银矿主要矿床类型有 5 种,即陆相火山岩型、次火山岩型、变质岩型、岩浆岩型及沉积-热液改造型。依据已知矿床模型(小扣花营、牛圈-营房、樱桃沟门、姑子沟等)元素组合关系与特征,选择元素组合,编制元素组合异常图。火山岩型银矿床元素组合为 $Ag-Cd-Mn-Ba$,次火山岩型银矿床的元素组合为 $Ag-Pb-Zn-Au$,与岩浆有关的银矿床元素组合为 $Ag-W-Bi-Mo$,沉积-热液改造型银矿床元素组合为 $Ag-Pb-Zn-Sb$。在组合异常图的基础上,根据异常组合关系和空间特征,结合模型研究,编制银矿综合异常图。结合地质矿产信息,异常定性分析,对圈定的综合异常进行分类、筛选,作为圈定找矿预测区的主要依据。在综合异常研究、筛选的基础上,结合地质矿产、矿床模型等资料,圈定预测区。在找矿预测区内,进一步利用大比例尺地球化学资料或异常查证资料,以及地质矿产资料的综合研究,在此基础上圈定最小预测区。

4. 铜预测区及靶区圈定

分析与铜矿成矿有关的单元素异常特征、空间展布及与铜矿的关系、成矿背景。由于河北省铜矿主要矿床类型以斑岩型和矽卡岩型为主,其他类型仅有小型矿产出,特征元素组合亦不是很具典型性,所以仅对两个主要类型的异常进行区分。依据已知矿床模型(小寺沟、浮图峪-木吉村、寿王坟、澉河桥、象山、桃园等)元素组合关系与特征,选择元素组合,编制元素组合异常图。斑岩型铜矿元素组合为 $Cu-Mo-Cd-Pb-Au$、矽卡岩型铜矿元素组合为 $Cu-Ag-F-W$。在组合异常图的基础上,根据异常组合关系和空间特征,结合模型研究,编制铜矿综合异常图。结合地质矿产信息,异常定性分析,对圈定的综合异常进行分类、筛选,作为圈定找矿预测区的主要依据。在综合异常研究、筛选的基础上,结合地质矿产、矿床模型等资料,圈定预测区。在找矿预测区内,进一步利用大比例尺地球化学资料或异常查证资料,以及地质矿产资料的综合研究,在此基础上圈定最小预测区。

5. 钼矿预测区及靶区圈定

分析与钼矿成矿有关的单元素异常特征、空间展布及与钼矿的关系、成矿背景。河北省钼矿主要类型有斑岩型、矽卡岩型、热液型、火山岩型,依据已知矿床模型(撒岱沟门、蘑菇峪、花市、张麻井)元素组合关系与特征,选择元素组合,编制元素组合异常图。斑岩型钼矿床元素组合为 Mo-Cu-W,矽卡岩型钼矿床元素组合为 Mo-Pb-Cd,热液型钼矿床元素组合为 Mo-Be-Bi、火山岩型钼矿床元素组合为 Mo-Hg-U。在组合异常图的基础上,根据异常组合关系和空间特征,结合模型研究,编制钼矿综合异常图。结合地质矿产信息,异常定性分析,对圈定的综合异常进行分类、筛选,作为圈定找矿预测区的主要依据。在综合异常研究、筛选的基础上,结合地质矿产、矿床模型等资料,圈定预测区。在找矿预测区内,进一步利用大比例尺地球化学资料或异常查证资料,以及地质矿产资料的综合研究,在此基础上圈定最小预测区。

6. 锰矿预测区圈定

河北省锰矿按成因类型可分为内生型和外生型。内生型典型矿床以涿鹿相广锰(银)矿为例,外生型以天津蓟县东水厂锰(硼)矿为例,依据已知矿床模型元素组合关系与特征,选择元素组合,编制元素组合异常图。内生型锰矿元素组合为 Mn-Ag-Mo,外生型锰矿元素组合为 Mn-As-B。在组合异常图的基础上,根据异常组合关系和空间特征,结合模型研究,编制锰矿综合异常图。在综合异常研究、筛选的基础上,结合地质矿产、矿床模型等资料,圈定预测区。

7. 铬矿预测区圈定

分析与铬铁矿成矿有关的单元素异常特征、空间展布及与铬铁矿的关系、成矿背景。河北省的典型铬铁矿床有承德高寺台和遵化毛家厂。根据已知矿床模型元素组合关系与特征,选择元素组合 Cr-Ni-Co,编制元素组合异常图。在组合异常图的基础上,根据异常组合关系和空间特征,结合模型研究,编制铬铁矿综合异常图。结合地质矿产信息,异常定性分析,对圈定的综合异常进行分类、筛选,作为圈定找矿预测区的主要依据。在综合异常研究、筛选的基础上,结合地质矿产、矿床模型圈定预测区。

8. 镍矿预测区圈定

分析与镍矿成矿有关的单元素异常特征、空间展布及与镍矿的关系、成矿背景。河北省典型镍矿目前只有内丘县杏树台钴镍矿,因此只编制了一张 Ni-Cr-Co 元素组合异常图。在组合异常图的基础上,根据异常组合关系和空间特征,结合模型研究,编制镍矿综合异常图。结合地质矿产信息,异常定性分析,对圈定的综合异常进行分类、筛选,作为圈定找矿预测区的主要依据。在综合异常研究、筛选的基础上,结合地质矿产、矿床模型等资料,圈定预测区。

9. 钨预测区圈定

分析与钨矿成矿有关的单元素异常特征、空间展布及与钨矿的关系、成矿背景。根据河北省钨矿成矿地质条件推测的主要矿床类型(热液型、矽卡岩型),依据河北省及其他省钨矿已知矿床模型元素组合关系与特征,选择元素组合,编制元素组合异常图。热液型钨矿元素组合为 W-Mo-Ag-Cd、矽卡岩型钨矿元素组合为 W-Mo-Cu-Zn。在组合异常图的基础上,根据异常组合关系和空间特征,结合模型研究,编制钨矿综合异常图。结合地质矿产信息,异常定性分析,对圈定的综合异常进行分类、筛选,作为圈定找矿预测区的主要依据。在综合异常研究、筛选的基础上,结合地质矿产、矿床模型圈定预测区。

10. 锡矿预测区圈定

分析与锡矿成矿有关的单元素异常特征、空间展布及与锡矿的关系、成矿背景。区内目前没有成型的锡矿床产出,所以参考湖南锡田垄上锡多金属矿床地球化学元素组合特征编制了一张 Sn-W-Bi-As 元素组合异常图,矿床类型为岩浆热液型。在组合异常图的基础上,根据异常组合关系和空间特征,结合模型研究,编制锡矿综合异常图。结合地质矿产信息,异常定性分析,对圈定的综合异常进行分类、筛选,作为圈定找矿预测区的主要依据。在综合异常研究、筛选的基础上,结合地质矿产、矿床模型等资料,圈定预测区。

11. 锑预测区圈定

分析与锑矿成矿有关的单元素异常特征、空间展布及与锑矿的关系、成矿背景。河北省锑矿目前没有矿床产出,根据本省的成矿地质条件并参考其他省产出的大型锑矿地球化学特征,编制了一张 Sb-Hg-As-Ag 组合异常图,矿床类型为沉积-改造型。在组合异常图的基础上,根据异常组合关系和空间特征,结合模型研究,编制锑矿综合异常图。结合地质矿产信息,异常定性分析,对圈定的综合异常进行分类、筛选,作为圈定找矿预测区的主要依据。在综合异常研究、筛选的基础上,结合地质矿产、矿床模型等资料,圈定预测区。

12. 稀土预测区圈定

分析与稀土矿成矿有关的单元素异常特征、空间展布及与稀土矿的关系、成矿背景。区内稀土元素目前没有工业矿床产出,所以组合异常图的编制未分矿床类型,而是根据稀土矿元素组合特征及参考其他省产出的大型稀土矿地球化学特征编制了一张 La-Y-Nb-Zr 元素组合异常图。在组合异常图的基础上,根据异常组合关系和空间特征,结合模型研究,编制稀土矿综合异常图。结合地质矿产信息,异常定性分析,对圈定的综合异常进行分类、筛选,作为圈定找矿预测区的主要依据。在综合异常研究、筛选的基础上,结合地质矿产、矿床模型等资料,圈定预测区。

第二节 金矿找矿预测区综合评价

依据主成矿元素和密切伴生元素异常组合范围,结合区域地质控矿规律,全省共圈定找矿预测区 12 处,综合异常 43 处,最小预测区 3 处。主要集中于遵化、迁西、青龙、张宣、崇礼、赤城、丰宁南部及平泉、隆化部分地区,与太古宙—古元古代角闪质变质岩关系密切。

一、找矿预测区评价

1. 康保哈咇嘎-张北北沙河预测区(13-Y-C-1)

属 C 级预测区,区域面积 572km²。位于内蒙隆起东段 Ag-Pb-Zn-Mo 成矿亚带,土城子台穹东北部,新生界盖层以第四系冲积风积为主,厚度 0~3m,夷平作用尚未完全成熟。在夷平残留的岗梁或弧丘部位,出露岩石主要为新太古代红旗营子群变质岩和古元古代二长花岗岩,中晚侏罗世含煤建造和酸性火山岩建造不整合于基底之上,厚 538~2 767m。北西向断裂构造发育,为控矿和储矿构造。已知蔡家营大型铅锌银矿床和兰阁小型铅锌矿床。包括 Z-1 乙、Z-2 乙两个综合异常,元素组合 Au、Ag、Pb、Mo。注意铅锌矿中伴生金的综合利用。

2. 丰宁鱼儿山-黄旗预测区(13-Y-C-2)

属 C 级预测区,区域面积 1 917km²。位于内蒙隆起东段 Ag-Pb-Zn-Mo 成矿亚带,大滩中生代断凹区北部,由晚侏罗世中酸性火山岩建造和早白垩世中性火山岩间含煤、油页岩建造组成,厚达 7 000m,喷发中心在独石口至平安堡一线呈北北东向。经后期构造变动形成宽约 20km 的断槽,遗留有北栅子破火山口、老掌沟火山穹窿及大洪山古火山口等构造。煤炭、油页岩、萤石、沸石等非金属矿产丰富,已知大型牛圈-营房银金矿床。包括 Z-3乙、Z-4乙两个综合异常,元素组合 Au、Ag、Pb、Mo、Hg、W 等。具较大找矿潜力,找矿方向为变质热液型金矿。

3. 丰宁凤山预测区(13-Y-B-3)

属 B 级预测区,区域面积 448km²。位于内蒙隆起东段 Ag-Pb-Zn-Mo 成矿亚带,上黄旗岩浆岩亚带与大庙穹断束衔接处。出露古元古代晚期变质闪长岩、变质花岗岩及太古代红旗营子岩群,凤山-隆化断裂带从预测区中部通过。圈定 Z-5甲综合异常,元素组合为 Au-Ag-Pb-Mo-Hg。该区产出 2 个小型金矿,金矿点密布,成矿地质条件较好,找矿潜力大,应注意寻找变质热液型金矿。

4. 承德烟山预测区(13-Y-C-4)

属 C 级预测区,区域面积 495km²。位于内蒙隆起东段 Ag-Pb-Zn-Mo 成矿亚带与燕山坳陷 Au-Cu-Mo-Pb-Zn-Fe-Mn-煤成矿亚带交界,喀喇沁台穹与大庙穹断束衔接处。出露地层主要为太古代红旗营子岩群、长城系、侏罗—白垩系,侵入岩为古元古代晚期变质斑状二长花岗岩、变质二长花岗岩、变质石英闪长岩、侏罗—白垩纪二长花岗岩、正长花岗质岩类及早白垩世潜安山岩。东西向断裂构造发育。圈定 Z-6甲综合异常,元素组合为 Au-Ag-Pb-Mo-Hg。产出 5 个金矿点,成矿地质条件与丰宁凤山类似,具有较大找矿潜力。

5. 崇礼红旗营-怀来县城预测区(13-Y-A-5)

属 A 级预测区,区域面积 3 786km²。位于燕山坳陷 Au-Cu-Mo-Pb-Zn-Fe-Mn-煤成矿亚带,跨越龙关穹褶束与下花园凹褶束两个四级构造单元。北缘有尚义-平泉深断裂的崇礼-赤城段,以北有少量太古代红旗营子岩群,以南有崇礼岩群出露,南部以中—上元古界与中—下侏罗统叠积而成,零星出露太古代桑干杂岩。岩浆活动剧烈,大面积出露元古宙水泉沟碱性二长岩,沿断裂带南侧东西向带状分布,另有新太古代太古宙变质深成岩,与崇礼岩群相伴产出。包括 Z-11甲、Z-12乙、Z-21乙综合异常,元素组合为 Au、Ag、Pb、Mo、Hg。区内主要岩石类型中,Au、Ag、Cu、Pb、Mo 等显著高于华北地台丰度,构成矿源层(表 7-2-1)。该区是金矿集中区,已知东坪、小营盘、中山沟、韩家沟、水晶屯、张全庄的大中型金矿多处。以金为主的多元素组合,面积大,组合全,是扩大金矿储量及寻找新的矿产地的有利地段。找矿方向为变质热液型和岩浆岩型。

表 7-2-1 宣化小营盘地区岩石元素含量

岩石类型	Au	Ag	Cu	Pb	Zn	Mo	Ni	As
崇礼岩群化家营组	9.3	212	26	49	71	5	28	
崇礼岩群涧沟河组	7.0	116	58	22	77	77	63	
混合岩	9.0	112	33	38	50	2	20	5
麻粒岩	1.4	113	54	58	63	1	62	2
变粒岩	8.0	69	61	83	109	2	65	2
华北地台	1.0	57	30	13	74	0.5	40	1.5

注:Au、Ag 含量单位为 10^{-9},其余含量单位为 10^{-6}

6. 丰宁胡麻营-怀来邓厂预测区(13-Y-B-6)

属 B 级预测区,区域面积 878km²。位于燕山坳陷 Au-Cu-Mo-Pb-Zn-Fe-Mn-煤成矿亚带,东卯断块与大庙穹断束衔接处。出露太古宙迁西岩群、遵化岩群,新太古代闪长质片麻岩,古元古代变质石英闪长岩、闪长岩,早二叠世中粗粒二长花岗岩,侏罗系张家口组。断裂构造发育,有北东向、近南北向、近东西向、北西向四组断裂。包括Z-8甲、Z-15乙综合异常,元素组合为Au、Ag、Pb、Hg。已知大营子中型金矿和十几个金矿点。成矿地质条件好,具变质热液型金矿的找矿前景。

7. 平泉五道河-沙坨子预测区(13-Y-B-7)

属B级预测区,近东西向展布,区域面积1 278km²。位于燕辽(坳陷、拉张)Cu-Mo-Pb-Zn-Ag-Au-Fe-Mn-煤成矿亚带。太古宙变质岩主要分布于五道河-平泉一带的五道河复式背斜上,北部出露王土房粗中粒正长花岗岩。东部为侏罗系、白垩系火山-沉积岩系及同期侵入岩,南部主要为中—上元古界海相碳酸盐岩地层。处于尚义-平泉东西向深断裂的东缘,并有北东向平坊-桑园大断裂在该区交汇,另有北西向断裂。有小寺沟斑岩型铜钼矿、3个小型金矿及1个小型铅锌银矿。包括Z-9乙、Z-10甲、Z-16乙3个综合异常,元素组合有Au、Cu、Bi、W等,该区岩浆活动剧烈,中酸性岩体众多,是岩浆热液型金矿远景区。

8. 兴隆陡子峪-遵化马兰峪-迁西金厂峪-青龙安子岭预测区(13-Y-A-8)

属A级预测区,东西向带状展布,区域面积11 631km²。位于燕山坳陷带Au-Cu-Mo-Pb-Zn-Fe-Mn-煤成矿亚带和马兰峪Fe-Au成矿亚带,跨越马兰峪复式背斜和山海关台拱两个三级构造单元。复背斜整体为一近东西向的宽缓复式背斜构造。核部主要出露太古宙变质基底,西缘及南北两侧出露中上元古界海相碳酸盐岩及侏罗系,在结晶基底出露区有燕山期的中酸性岩体镶嵌其中。主要岩体有王坪石、茅山、贾家山、肖营子、都山、三星口等。断裂构造发育,有东西向、北东向、北西向多组。北东向断裂以金厂峪为代表,构成许多韧性剪切带,带内主要为糜棱岩、片糜岩和变质辉长岩,是主要金矿容矿构造。中生代岩浆活动沿隆起轴部形成一连串小岩株,从高家店、青山口到贾家山呈中性—中酸性—酸性演化趋势,与金矿关系密切。马兰峪地区含金石英脉Au、Ag、Mo、Pb、Zn、W、Bi等成矿元素含量远远高于区域背景,是引起地球化学异常的主要地质体(表7-2-2)。该区是金矿密集产出区,已知金厂峪、峪耳崖大型金矿,牛心山、三家、马兰峪中型金矿及数十个小型金矿和矿点。另有大型铅锌矿、中型钼矿和小型铜产出。综合异常有Z-19乙、Z-20乙、Z-22乙、Z-23甲、Z-24甲、Z-27乙、Z-28甲、Z-29甲、Z-30甲、Z-31甲、Z-32甲、Z-33乙。元素组合有Au、Cu、W、Bi、Ag、Pb、Mo、Hg、F、Sb、Sn。具崇礼岩群(Au1.98ng/g)、遵化岩群(Au1.41ng/g)金源层,成矿地质条件非常好,找矿方向为岩浆热液-变质热液-细脉浸染型金矿预测区。圈定青龙县七拨子、采桑峪、庙岭3处金矿最小预测区。

表7-2-2 马兰峪地区含金石英脉成矿元素含量

样 号	Au	Ag	Mo	Pb	Zn	W	Bi
R5	1 457	4 345.61	4.90	54.43	254	4.99	0.37
R7	233	546.38	1.50	18.16	15.4	0.99	1.31
R13	9 610	32 659	12.1	811	655	0.26	201
华北地台	1.0	57	0.50	13	74	0.60	0.14

注:Au、Ag含量单位为10^{-9},其余含量单位为10^{-6}

9. 涿鹿卧佛寺-怀来县城预测区(13-Y-C-9)

属C级预测区,北东向带状展布,区域面积932km²。位于燕山坳陷带Au-Cu-Mo-Pb-Zn-Fe-Mn-煤成矿亚带,涿鹿褶皱束。出露长城系高于庄组、蓟县系雾迷山组、侏罗系髫髻山组、张家口组和燕山期潜火山岩。断裂有北东及北西向两组。已知口前银金矿、相广锰银矿、2个铜矿点、2个铅锌矿点。包括Z-25乙、Z-26乙两个综合异常,元素组合为Au、Cu、Bi、W。具较大找矿潜力,找矿方向为岩浆热液型金矿。

10. 涿鹿谢家堡-涞水赵各庄预测区(13-Y-C-10)

属C级预测区，北东向带状展布，区域面积1 034 km²。位于燕山坳陷带Au-Cu-Mo-Pb-Zn-Fe-Mn-煤成矿亚带，大河南抬斜断块。出露阜平变质杂岩、长城系高于庄组、蓟县系雾迷山组、侏罗系髫髻山组、张家口组和燕山晚期花岗岩(J_3D，K_1Sd)。上黄旗-乌龙沟北东向深断裂通过本区。包括Z-35乙、Z-36乙综合异常，元素组合为Au、Ag、Pb、Hg、Bi、W。有铜、钼矿点。推断具细脉浸染型金矿找矿远景。

11. 涞源东团堡-涞水县城预测区(13-Y-B-11)

属B级预测区，北西向带状展布，区域面积1 281 km²。位于燕山坳陷带Au-Cu-Mo-Pb-Zn-Fe-Mn-煤成矿亚带，大河南抬斜断块。出露阜平变质杂岩、长城系高于庄组、蓟县系雾迷山组、寒武系、奥陶系和燕山晚期花岗岩(J_3D，K_1Sd)。北东向紫荆关深断裂从本区通过。包括Z-37甲、Z-38乙、Z-39乙、Z-40乙综合异常，元素组合为Au、Sb、Sn、Hg、F等。4个小型金矿、2个小型银矿和数个铜矿点。该区具备细脉浸染型金矿的产出地质条件，找矿前景较好。

12. 阜平城南庄预测区(13-Y-B-12)

属B级预测区，面状展布，区域面积460 km²。位于五台山(阜平)Au-Fe-金红石成矿亚带，阜平穹褶束。出露中太古代陈庄群(Ar_2Ch)、阜平片麻岩(Ar_2Fgn)和麻棚-赤瓦屋燕山期侵入岩(J_3D，J_3Y)，脉岩成群分布，以北北西向为主，其次是东北向。包括Z-43甲综合异常，元素组合为Au、Cu、W、Bi等。已知石湖大型金矿1处，中型金矿2处，小型金矿4处，推断为变质型和岩浆型金矿远景区。

二、综合异常评价

全省共圈定以Au为主的综合异常39处，其中有33处重点异常圈定于预测区内。下面对这33处重点异常进行评价。

1. Z-1乙 康保哈呲嘎 Au-Ag-Pb-Mo 异常

出露新太古代红旗营子群、侏罗系下花园组，已知兰阁小型铅锌银矿，寻找变质型金矿或伴生金矿。

2. Z-2乙 张北沙沟 Au-Ag-Pb-Mo 异常

出露新太古代红旗营子群、古元古代变质斑状二长花岗岩及海西期花岗岩，为变质岩系金矿远景区。

3. Z-3乙 丰宁鱼儿山 Au-Ag-Pb-Mo-Hg-W 异常

出露侏罗系张家口组及同期侵入岩(J_3C，$\lambda\xi\pi J_3$)，注意寻找火山岩型金矿。位于平安堡-森吉图北东向断裂上，大部分被第四系覆盖，零星出露张家口组火山岩和燕山晚期二长斑岩、次石英粗面岩，构成侵入关系。异常由Sb、Rb、Ag、Nb、K、Y、Pb、W、La、As、Ga、Au组成，其中Sb、As为次火山热液活动引起，Nb、Rb、Y、La、W、K为岩浆晚期稀土富集异常。1991年河北省地质局地球物理探矿大队(简称河北省物探队)三级查证，Sb、As异常重现，面积约5.5 km²，认为是热液形成的矿化引起。

4. Z-4乙 丰宁天桥-黄旗 Au-Ag-Pb-Mo 异常

出露古元古代陶北营组、变质二长花岗岩、海西期花岗岩、侏罗系张家口组及燕山期侵入岩，已知中型营房-牛圈银金矿，注意寻找变质热液型金矿。由热液矿化引起，应注意深部找矿。

5. Z-8甲 丰宁黑山嘴 Au-Ag-Pb-Hg 异常

出露新太古代遵化岩群、古元古代变质石英闪长岩、闪长岩，已知大营子中型金矿，为变质型金矿远景区。其中北龙潭Au异常分布在片麻岩中，Au具强内带，由已知含金石英脉引起；南部朱窝铺Au异常落在土城子组中,南北展布,基本重合,Au 具强内带,规模较大,由破碎蚀变带中含金石英脉引起。经三级查证认为应进行二级查证。

6. Z-9 乙 平泉五道河 Au-Cu-Bi-W 异常

该异常相当于承德下五道河子金银多金属异常(乙1),异常分布在五道河复式背斜上,出露有太古宙变质岩,岩浆活动主要为北北西向花岗岩脉和太古宙辉石岩体,异常浓集中心距王土房岩体约 8km,区内小型银铅锌矿床一处,矿体有 20 多条,一般长 320m,最长 500m。在地球化学图上,Au、Ag、Pb、Zn、Cd、W、Bi、Cu 等元素为高背景场和异常场。本区地层构造对金矿化有利,特别注意寻找蚀变岩型金矿。建议开展大比例尺综合物化探工作,对小型含银铅锌矿床重新评价。

7. Z-10 甲 平泉沙坨子 Au-Bi-W-Cu 异常

位于头沟-娘娘庙隆起的东部,大庙-娘娘庙深断裂的附近,以北西向断裂为主。岩石以太古宙闪长质片麻岩为主,东南部有少量白垩系火山碎屑岩。岩浆岩发育,有燕山期洼子店石英二长斑岩、万和永石英正长岩岩株侵入,岩体内有轻微的黄铁矿化、黄铜矿化及石英镜铁矿化。断裂构造非常发育,主要方向为北北东、近东西向。有 3 处铜矿点,2 处小型金矿和 1 处多金属矿床,多分布在岩体内外接触带上。区内地层、构造、岩浆活动对成矿有利,伴生元素复杂,金银铅找矿潜力较大,特别注意两岩体的接触部位。另外,Cu、Mo、Pb、W、Bi、Cd、Sb 等元素异常围绕两岩体呈环状分布,且岩体内有铜矿化,在普查时,应注意斑岩型铜钼金矿化。

8. Z-11 甲 崇礼中山沟-宣化东望山 Au-Ag-Pb-Mo-Hg 异常

出露中太古代桑干杂岩、新太古代崇礼群、变质花岗闪长岩、中元古代水泉沟二长岩,已知东坪、小营盘、中山沟、韩家沟、水晶屯、张全庄的大中型金矿多处,为变质型和岩浆型金矿远景区。异常为以金为主的多元素组合,面积大,组合全,是扩大金矿储量及寻找新的矿产地的有利地段。建议进行详细综合研究、评价工作,以期扩大老矿山储量并发现新的矿床。

9. Z-12 乙 赤城炮梁 Au-Ag-Pb-Mo-Hg 异常

出露新太古代崇礼群、红旗营子群和中元古代二长岩,与东坪、小营盘地质条件类似,为变质型和岩浆型金矿远景区。

10. Z-15 乙 滦平虎什哈 Au-Hg-Ag-Pb 异常

出露中太古代迁西群、新太古代闪长质片麻岩、侏罗系土城子组,外围有小型金矿 1 处,为变质型金矿远景区。1987 年河北省地质局地球物理探矿大队对老米沟金异常进行二级查证,异常由南北向矿化蚀变破碎带控制,规模较大,金品位可达 10g/t。应注意外围找矿。

11. Z-16 乙 平泉七沟 Au-Cu-Bi-W 异常

即小寺沟矿床所在的异常,赋存于北北东向小寺沟石英二长斑岩内外接触带中,围岩主要为蓟县系白云岩及少量太古宙变质岩。在小寺沟岩体内外接触带上,岩石蚀变作用非常强烈,蚀变带宽达数百米,主要矿物为辉钼矿、黄铜矿、黄铁矿、方铅矿、闪锌矿、斑铜矿及自然铜,矿床具有明显分带,从内向外接触带依次为钼矿床-铜矿床-铅锌矿床。

12. Z-19 乙 承德寿王坟 Au-Cu-W-Bi 异常

处于寿王坟岩体与二道沟花岗闪长斑岩之间,北东向断层发育,有已知三岔口磁铁矿、铜矿点。在区内注意寻找金钨矿产。铜钼(伴生金)矿产于寿王坟杂岩体与蓟县系雾迷山组接触带内的矽卡岩中,矿体呈扁豆状,长 200~300m,延深 150~200m。矿物组合有磁铁矿、黄铜矿、黄铁矿、辉钼矿、方铅矿、闪锌及白钨矿等。矿区范围内，Cu、Ag、W、Mo 出现强内带，Au、Bi 出现内带，外围尚有 Sn、P、Ni、V、Ti、Be、La、Zr、Sb、Nb 等异常。Cu、Ag、Au 元素以密切的组合分布于寿王坟杂岩体西南接触带上，而 Bi、W、Mo 异常则分布于杂岩体内部及接触带上，与 Cu、Ag、Au 异常既有一定的组合关系，又有明显差异，反映了矿床与岩体的内在关系。

13. Z-20乙 平泉党坝-郭杖子 Au-Ag-Pb-Mo-Hg 异常

该异常相当于下列 4 处 1∶20 万化探异常。

承德下院异常由 Au、Cu、Cr、Ni、Co、P 组成，Au、Cu、Ni、P 具中带。异常查证证明金异常的存在。

平泉县刘巴店异常（乙1）出露地层为遵化岩群、长城系和蓟县系，其次为寒武系和奥陶系，岩性为白云岩为主夹少量碎屑岩，有东西向断裂从区内通过。有燕山期二长斑岩侵入。Au 异常有两个浓集中心，分别落在下营房和刘巴店附近，其中前者由已知矿床引起；后者异常呈北东向分布，规模大，浓度分带明显，伴生 Ag、Cu、Pb、Zn、Cd、Ni 异常，其中 Au、Ag、Cd、Pb 具有强内带，围绕刘巴店岩体呈环状分布。垂直金异常布置次生晕剖面，在刘巴店岩体内外接触带上发现较好的金异常，次生晕最高 157ng/g，异常宽度可达 300～400m。刘巴店金异常地质条件、异常组合跟下营房矿床相类似，推断为岩浆期后热液金矿化引起。

平泉县下营房中型金矿异常（乙1）区内出露迁西岩群变质岩，长城系碳酸盐岩、石英岩、砂砾岩。岩浆活动较强烈，有刘巴店、下营房酸性岩株侵入，断裂构造发育，主要为东西、北东和北西向 3 组。矿床分布于下营房附近花岗斑岩株内外接触带上，为岩浆期后热液型矿床。围岩蚀变有绢云母化、硅化、黄铁矿化、萤石化、叶腊石化。矿体多赋存于黄铁绢英岩中。主要矿石矿物为银金矿、自然金、黄铁矿、方铅矿、闪锌矿、砷黝铜矿等。异常由 Au、Ag、Cu、Pb、Zn、Cd、Mo、W、Bi、B、Mn、As、Sb、F、Nb、Y、U 组成，Au 异常有两个浓集中心，分别落在刘巴店和下营房附近，其中下营房附近 Au 异常呈椭圆形，规模大，具强内带，由已知金矿床引起，同时伴生 Ag、Pb、Zn、Cd、Bi、As、Sb 等元素，伴生元素多具有强内带，空间上相吻合。Ag、Pb、Zn、Sb、As、Cd、Bi 等元素异常与 Au 异常关系密切，并与已知矿化蚀变带吻合。

平泉县郭杖子异常（乙1）位于平泉县郭杖子-胡家店一带，出露太古宙变质岩，中上元古界碳酸盐岩和碎屑岩及少量中生代地层。有燕山期酸性岩株侵入。断裂较发育，有近东西向、北北西向两组。有多金属矿点 1 处。异常由 Au、Ag、Cu、Pb、Zn、Cd、Mo、W、Bi、Li、Mn、As、Sb、Y、V 组成。其中 Au、Ag、Pb 异常面积大，衬度高，为主要成矿元素；Au、Ag、Pb、Zn、Cd、Mn、As、Sb 具有强内带或内带，As 异常具有中带，各主要异常具有统一的浓集中心，在中心部位有北北东向断层通过。1984 年，河北省地质局地球物理探矿大队在异常中心边部进行了 1∶1 万土壤测量（13.8km²），发现铅、银多金属综合异常两处，经详查为小型矿产地。从元素组合来看，异常为一套中低温指示元素，反映了金银铅矿化，建议在详查区西侧异常浓集部位继续做勘查，特别注意北北西向断裂构造含矿性，寻找裂隙充填型的铅银伴生金矿。

14. Z-21乙 怀来王家楼 Au-Ag-Mo-Hg 异常

出露桑干杂岩、长城系、蓟县系和青白口系，已知麻峪口小型金矿，为变质型金矿远景区。异常元素组合复杂、强度高、地质条件良好。应开展详查工作，沿构造追索成矿有利地段，扩大远景。

15. Z-22乙 兴隆蘑菇峪-宽城孟子岭 Au-Ag-Pb-Mo-Hg 异常

出露长城系大红峪组、团山子组、高于庄组、蓟县系杨庄组和燕山期花岗岩，已知黄土梁中型铅锌矿、尖宝山中型金矿及蘑菇峪铜钼多金属矿，推断为岩浆型金矿远景区。

16. Z-23甲 宽城亮甲台 Au-W-Bi 异常

出露海西期花岗岩（T_3S、T_3W）、燕山期花岗岩（J_2C、J_2J），已知小型金矿 2 处，推断为岩浆型金矿远景区。成矿条件有利，有一定找矿意义。

17. Z-24甲 宽城汤道河 Au-Cu-W-Bi 异常

出露新太古代遵化岩群、长城系、蓟县系杨庄组-雾迷山组及海西期花岗岩（T_3S）、燕山期花岗岩（J_2T），主要寻找岩浆型和浸染型金矿。见多条蚀变带，宽1~1.5m，捡块样金银较高，具有找金指示作用。

18. Z-25乙 怀来温泉屯 Au-Bi-W 异常

出露长城系高于庄组、蓟县系雾迷山组和燕山期花岗岩，推断为岩浆型金矿远景区，建议三级查证。

19. Z-26乙 涿鹿黑山寺 Au-Bi-Cu-W 异常

出露长城系高于庄组、蓟县系雾迷山组、侏罗系张家口组和燕山期花岗岩，已知相广锰银矿，推断为岩浆型金矿远景区。Au异常浓度高，组合有利，形态规整，断裂发育，应注意寻找脉型金矿。

20. Z-27乙 平谷金山-靠山集 Au-F-Sb 异常

出露新太古代闪长质片麻岩、长城系和蓟县系沉积岩，已知大型洞子沟金矿、小型金矿2处，变质型、岩浆型及细脉浸染型金矿均有成矿可能。

21. Z-28甲 遵化马兰峪-迁西三屯营 Au-Ag-Pb-Mo-Hg 异常

出露太古宙迁西群、遵化群及同期变质深成岩，局部燕山期花岗岩（J_1S, J_2S），已知中小型金矿60多处，重点寻找变质型和岩浆型金矿。区内金矿床、矿点、矿化点星罗棋布，有中小型矿床12处、矿点43处、矿化点13处，大多数由地方或群众进行开采。矿床类型多为石英脉型。在石英脉发育部位的断裂破碎带内蚀变强烈，主要为硅化、黄铁矿化、绢云母化、褐铁矿化、绿泥石化、碳酸盐化、高岭土化等，蚀变带一般宽0.2~1.0m，最宽可达百米。为寻找蚀变岩型金矿提供了地质前提。区内尚有钨、钼、铜、铬、铁等矿产。

22. Z-29甲 迁西金厂峪 Au-Ag-Mo-Hg 异常

出露中太古代迁西群（Ar_2Q）及紫苏花岗岩（Ar_2Tch）、闪长质片麻岩（$Ar_2\delta gn$），已探明金厂峪大型金矿，另有中型金矿2处、小型金矿9处。成矿地质条件很好，找矿远景很大，为变质型金矿重点远景区。

23. Z-30甲 宽城峪耳崖-青龙肖营子 Au-Cu-Bi-W 异常

出露太古宙迁西群、遵化群、花岗闪长质片麻岩、奥长花岗片麻岩、长城系、蓟县系及燕山期花岗岩（J_1N, J_1S, J_2J），已知峪耳崖大型金矿1处、中型金矿5处、小型金矿25处，为岩浆型和浸染型金矿远景区。通过异常查证发现多处矿化蚀变和裂隙破碎带，有的样品含金可达5.2g/t，有较大找矿潜力。

24. Z-31甲 青龙马圈子 Au-Cu-Bi-W 异常

出露遵化群、变质奥长花岗质片麻岩、闪长质片麻岩、长城系高于庄组、蓟县系杨庄-雾迷山组及燕山期花岗岩（J_2C），已知马圈子中型金矿及小型金矿8处，为变质型、岩浆型金矿远景区。

25. Z-32甲 青龙双山子-安子岭 Au-Cu-W-Bi 异常

出露闪长质片麻岩、花岗闪长质片麻岩、双山子群、朱杖子群及燕山期花岗岩，已知中型金矿4处、小型17处。金异常有多个浓集中心，有发现新的铜金或铅矿之可能。

26. Z-33乙 迁安建昌营-卢龙潘庄 Au-Sn-Sb-F-Hg 异常

出露迁西群、滦县群、花岗闪长质片麻岩、长城系、蓟县系及燕山期花岗岩（K_1S），已知中型金矿1处、小型金矿1处，重点寻找微细粒浸染型金矿。

青龙县采桑峪中型金矿地层主要为长城系高于庄组含锰白云岩,次为大洪峪组厚层白云岩、石英砂岩等。岩体主要有燕山期四拨子花岗岩、采桑峪石英斑岩。区内构造为四拨子旋卷构造。在该构造体系内,发育着成群的酸性岩株。围岩蚀变有大理岩化、蛇纹石化、矽卡岩化等。有多个铜钼、铅锌金矿点。异常由 Au、Bi、Mo、W、Pb、Ag、Sb、B、As、Hg 组成,高、中、低温元素俱全,浓集中心分散。围绕 Bi 元素有四个浓集区,即北部的 Mn、Sb、Pb、Ag 区,东部的 B、Mn、As 区,南部的 Au、W、Mo 区,西部的 Au、Hg 区。

迁安县新房子小型金矿位于肖营子岩体南侧。区内地层主要为蓟县系杨庄组和雾迷山组泥砂质白云岩。北部外围有一条 NE 向主干断裂,沿其两侧形成了次一级羽状裂隙,多被石英脉充填。普遍黄铁矿化、褐铁矿化和硅化,地表见有零星的铁帽。石英脉两侧有较弱的蚀变现象,局部有硫化物。异常由 Au、As、Sb、W、F、Hg 组成,其中 Au、As 分带性最好,梯度变化明显,浓集中心一致,规模较大。As、Sb、Hg、F、W 异常的出现,表明本区热液活动较强,与卡林型金矿类似。

27. Z-35 乙 涿鹿谢家堡 Au-Ag-Pb-Hg 异常

出露侏罗系髫髻山组、白垩系张家口组和燕山期花岗岩(J_3D、K_1Sd),推断为岩浆热液型金矿找矿远景区。

28. Z-36 乙 涿鹿大河南(黄金坎)Au-Bi-W 异常

出露阜平变质杂岩、长城系高于庄组、蓟县系雾迷山组及燕山期花岗岩,已知小型金矿 1 处,推断为岩浆型金矿远景区。据承德市三川地质测绘有限公司资料,涿鹿县大河南乡湖峪金矿大栏矿区位于大河南花岗杂岩体南东缘 100~150m 范围内的外接触带,高于庄组蛇纹石化大理岩层间滑动带内。矿脉呈断续产出,长度 1 300m,厚度 0.4~1.3m,矿脉产状与围岩一致,为 220°~230°∠60°~80°。Ⅰ-1 号矿体长约 100m,延伸 60m,厚度 0.6~0.8m,平均 0.67m,金品位 7.34~25.94g/t,平均 13.18g/t;Ⅰ-2 号矿体长约 290m,延伸 120m,厚度 0.40~1.05m,平均 0.76m,金品位 3.53~13.07g/t,平均 6.45 g/t;Ⅰ-3 号矿体长约 44m,延伸 152m,厚度 0.80~1.30m,平均 0.96m,金品位 3.52~29.65g/t,平均 23.19g/t。Ⅰ-4 号矿体为盲矿体,平均厚度 0.75m,金品位平均 5.12g/t。

29. Z-37 甲 涞源山羊池 Au-Hg 异常

出露蓟县系雾迷山组及晚侏罗世中细粒石英二长闪长岩、中粒石英二长岩、花岗闪长岩,产出两个小型金矿,推断为细脉浸染型金矿远景区。

30. Z-38 乙 易县紫荆关 Au-F 异常

出露长城系高于庄组及燕山期石英正长岩、细粒角闪闪长岩、中细粒石英二长岩,产出一个小型金矿和一个金矿点,推断为细脉浸染型金矿远景区。

31. Z-39 乙 涞水 Au-Sb-Sn-Hg 异常

出露长城系、蓟县系、青白口系、寒武系、奥陶系,中元古代透辉岩、角闪石岩、细粒角闪闪长岩。推断为细脉浸染型金矿远景区。

32. Z-40 乙 易县 Au-Sb-Sn 异常

出露蓟县系、青白口系、寒武系、奥陶系、第四系。推断为细脉浸染型金矿远景区。

33. Z-43 甲 阜平麻棚-赤瓦屋 Au-Cu-W-Bi 异常

出露中太古代陈庄群(Ar_2Ch)、阜平片麻岩(Ar_2Fgn)和麻棚-赤瓦屋燕山期侵入岩(J_3D、J_3Y)。已知石湖大型金矿 1 处,中型金矿 2 处,小型金矿 4 处,推断为变质型和岩浆型金矿远景区。

三、最小预测区评价

1. 青龙县七拨子(13-X-V-1)

位于 13-Y-A-8 金矿预测区内,地处青龙县娄杖子乡南部七拨子村附近。1988年,经河北省物探队三级查证,异常再现性较好,在两组断裂交汇处,出现 Au、Ag、Pb、Zn 等元素异常,各元素异常极值见表 7-2-3。

表 7-2-3 青龙七拨子 1:50 000 查证异常极值表

介质	$Au(10^{-9})$	$Ag(10^{-6})$	$Pb(10^{-6})$	$Zn(10^{-6})$	$Cu(10^{-6})$	$Mo(10^{-6})$	$As(10^{-6})$	$Hg(10^{-9})$
岩石	5 200	20	450	2 200	450	6	1 500	
土壤	170	18	1 000	6 000	1 000	1.8	150	200

北部的 Pb、Zn、Cd、Hg 等异常可能与谢杖子花岗岩体含矿热液活动有关;Mn 异常主要由含锰白云岩引起;南部的 Pb、Ag、Sb 异常可能与七拨子岩体有关;西部 Au、Bi、As 异常可能与黄花湾岩体有关。通过查证,发现了矿化蚀变和糜棱岩破碎带,有的样品金可达 5.2g/t。断裂交汇处的 Au、Ag、Pb、Zn、As、Hg 异常很好,表明找矿潜力较大。

2. 青龙县采桑峪(13-X-V-2)

位于 13-Y-A-8 金矿预测区内,地处青龙县三拨子乡东部采桑峪村附近。1988年河北省物探队利用土壤和岩石测量进行三级查证,各元素最高含量见表 7-2-4。

表 7-2-4 采桑峪异常查证岩石土壤最高含量

比例尺	介质	$Au(10^{-9})$	$Ag(10^{-6})$	$Pb(10^{-6})$	$Zn(10^{-6})$	$Cu(10^{-6})$	$Mo(10^{-6})$	$As(10^{-6})$	$Hg(10^{-9})$
1:5万	岩石	5 425	12	1 200	550	500	30	2 250	150
	土壤	285	1	80	120	100	12	650	119
1:1万	岩石	105	3	1 800	500	850	60	400	100
	土壤	1 660	0.5	200	300	300	5	140	220

除 Mn 异常由含锰白云岩引起外,Au、Pb、Mo、As、Sb、Hg 异常由含矿热液活动引起;面型蚀变表明,深部应有较大的岩体存在,或地表小岩体深部连在一起;据异常特征和矿化显示,以及地层、构造、岩浆岩等条件,推断该区为寻找贵金属和有色金属的靶区。已经地质五队钻探验证为小型金矿。

以往在凉水河、二拨子、四拨子一带对金银研究程度较低,经二级查证认为上述 3 个小岩体之间的三角地带,找矿潜力较大。区内断裂破碎带内,矿化蚀变现象很普遍,有些黄铁绢英岩内含金较高,可达 3~5g/t,甚至 10g/t。应选择最佳地段,进行 1:1 万物化探及地质工作,以期有所突破。

3. 青龙县庙岭(13-X-V-3)

位于 13-Y-A-8 金矿预测区内,地处青龙县庙岭村附近。1988年河北物探队采用 1:5 万水系沉积物和岩石测量进行三级查证,原异常被分解成多个 Au、Ag、Pb、Cu、Zn、Hg、W、Mo 组合异常,均分布在北东向断裂带上,区内见硅化、褐铁矿化及细脉状方铅矿化。Au 含量 10~20ng/g,最高 86ng/g;Ag 含量 0.5~0.6μg/g,最高 0.8μg/g;Pb 含量 20~50μg/g,最高 380μg/g。该异常剥蚀深度不大,具有找金指示作用,其中北侧的岩石异常是工作重点,异常由 Au、Ag、Cu、W、Mo 组成。水系沉积物中 Au、Cu、Mo 组合异常位于岩石异常西南 3km 左右,推测是异常随水系沉积物迁移的结果。

第三节 铅矿找矿预测区综合评价

依据主成矿元素和密切伴生元素异常组合范围,结合区域地质控矿规律,全省共圈预测区13处,综合异常69处,最小预测区6处。主要集中于张北、沽源、丰宁、涞源一带,以冀北中生代岩浆弧为主,其次为燕山台褶带和太行断裂中北段,呈北东、北西两组方向展布。

一、找矿预测区评价

1. 围场棋盘山预测区(13-Y-C-1)

属C级预测区,北西向展布,区域面积415km²。位于突泉-翁牛特Pb-Zn-Ag成矿带,棋盘山中生代坳陷区中南部,晚侏罗—早白垩世陆相火山岩建造及碎屑岩建造分布广泛,有同期次火山岩和侵入岩发育,上覆汉诺坝组玄武岩。断裂构造非常发育,主要有NEE和NW向两组,后者交切并错移前组。有满汉土-小扣花营银矿床,包括Z-2甲、Z-4乙综合异常,元素组合为Pb、Zn、Ag、Cd、Bi。该区成矿潜力较大,找矿方向为陆相火山岩型和岩浆热液型铅锌银矿床。

2. 康保哈呲嘎-沽源九连城预测区(13-Y-B-2)

属B级预测区,区域面积533km²。位于内蒙古隆起东段Ag-Pb-Zn-Mo成矿亚带,土城子台穹东北部,新生界盖层以第四系冲积风积为主,厚度0～3m,夷平作用尚未完全成熟。在夷平残留的岗梁或弧丘部位,出露岩石主要为新太古代红旗营子群变质岩和古元古代二长花岗岩,中晚侏罗世含煤建造和酸性火山岩建造不整合于基底之上,厚538～2767m。脉岩有基性、中性及石英脉。东西向、北西向和北东向多组断裂破碎带很发育,局部见褐铁矿化。圈定Z-14甲综合异常,元素组合为Pb、Ag、Zn、Bi、Cd。是寻找铅锌银铜中低温热液交代-充填多金属矿床的有利地段。圈定康保县上白井勿素铅锌银矿最小预测区。

3. 丰宁万胜永-黄旗预测区(13-Y-B-3)

属B级预测区,区域面积3420km²。位于内蒙古隆起东段Ag-Pb-Zn-Mo成矿亚带,大滩中生代断凹区北部,由晚侏罗世中酸性火山岩建造和早白垩世中性火山岩间含煤、油页岩建造组成,厚达7000m,喷发中心在独石口至平安堡一线呈北北东向。经后期构造变动形成宽约20km的断槽,遗留有北栅子破火山口、老掌沟火山穹窿及大洪山古火山口等构造。煤炭、油页岩、萤石、沸石等非金属矿产丰富,已知大型牛圈-营房银金矿床。包括Z-5甲、Z-6乙、Z-10乙、Z-11乙、Z-12乙、Z-16甲、Z-17乙综合异常,元素组合为Pb、Zn、Ag、Bi、Cd等。该区成矿条件好,具非常大的找矿潜力,找矿方向为火山-次火山热液型。圈定丰宁县和顺店、丰宁县黄旗铅锌矿最小预测区。

4. 围场半截塔-丰宁凤山预测区(13-Y-B-4)

属B级预测区,北东向展布,区域面积2698km²。位于内蒙古隆起东段Ag-Pb-Zn-Mo成矿亚带,上黄旗岩浆岩带东部,海西期郭家屯超单元和燕山期燕子窝超单元花岗岩类占绝对优势,与乌龙沟-上黄旗深断裂分叉地段相吻合。在海西期花岗岩上覆盖晚侏罗世—早白垩世火山-沉积建造。变质基底残块普遍受到混合重熔作用改造,形成韧性剪切带。在火山沉积盆地边缘已发现北岔沟门大型铅锌银矿床和樱桃沟门小型铅锌银矿床,包括Z-7乙、Z-13甲、Z-18乙、Z-19乙、Z-25乙综合异常,元素组合为Pb、Zn、Ag、Cd、Bi。有希望找到中型或大型以上规模的矿床,找矿方向以岩浆热液型为主。

5. 张北三号-宣化庞家堡预测区(13-Y-A-5)

属A级预测区,区域面积4720km²。北部为内蒙古隆起东段Ag-Pb-Zn-Mo成矿亚带,燕山沉降带龙关穹褶束与内蒙台背斜过渡地带,南部为燕山坳陷 Au-Cu-Mo-Pb-Zn-Fe-Mn-煤成矿亚带,燕山沉降带龙关隆起区西部。尚义-赤城东西向深大断裂从中南部通过,该深大断裂派生出了一系列次级断裂,其中北西向最发育,规模较大,具明显多期活动特点。断裂带以南东西向分布中元古代水泉沟碱性二长杂岩,南部太古宙崇礼群角闪岩相-麻粒岩相变质岩和桑干杂岩广泛分布,混合岩化强烈,退变质现象普遍。变质基底经历了三次变形过程,表现为一系列东西向、北北西-北西西向展布的形态复杂的褶皱。断裂以北出露红旗营子岩群变质岩,北部大面积分布侏罗系火山岩,燕山期侵入岩和浅成次火山岩脉零星环布于火山岩外围。脉岩有辉绿岩、伟晶岩、闪长玢岩、石英斑岩、煌斑岩。容矿构造主要为北西向构造裂隙。已知蔡家营、彭家沟银矿、三道沟(小夹道沟)铅锌银矿,该区南部是著名的金矿集区,产出多个大中型金矿。包括 Z-15 甲、Z-21 乙、Z-22 乙、Z-28 甲、Z-29 乙、Z-35 乙、Z-36 乙综合异常,元素组合为 Pb、Zn、Ag、Cd、Bi。成矿地质条件非常好,具备热液型铅锌矿的找矿潜力。圈定崇礼县狮子沟铅锌矿最小预测区。

6. 赤城青羊沟-丰宁杨木栅子预测区(13-Y-B-6)

属 B 级预测区,区域面积 1 809km^2。位于内蒙古隆起东段 Ag-Pb-Zn-Mo 成矿亚带,上黄旗岩浆岩亚带。西部边缘出露红旗营群黑云斜长片麻岩、黑云变粒岩夹不纯大理岩,顶部为含钛磁铁角闪岩、磁铁石英岩,具混合岩化;其他区域出露侏罗系张家口组流纹质晶屑凝灰熔岩及凝灰角砾岩、砂页岩及石英斑岩夹流纹岩。燕山期石英正长斑岩及潜流纹岩侵入于张家口组,分布广泛。包括 Z-23 甲、Z-24 乙综合异常,元素组合为 Pb、Zn、Ag、Cd、Bi 等。产出青羊沟中型铅锌矿,在已知矿区深部及外围,有利的地质、岩浆和断裂构造部位找矿潜力大,找矿方向为热液型铅锌矿。

7. 赤城样田-东卯预测区(13-Y-C-7)

属 C 级预测区,区域面积 862km^2。位于燕山坳陷 Au-Cu-Mo-Pb-Zn-Fe-Mn-煤成矿亚带,燕山沉降带后城断凹。在红旗营子群变质岩和海西期花岗岩和长城-蓟县系沉积岩上发育侏罗-白垩系火山-沉积盆地。北西西向断裂发育,中心式火山机构多处。已知万全寺(碌碡湾)银金矿,尚有找矿潜力。包括 Z-37 乙、Z-38 乙综合异常,元素组合为 Pb、Zn、Ag、Cd、Bi 等。有希望找到中型以上规模的矿床,找矿方向为次火山岩型。

8. 丰宁胡麻营-滦平邓厂预测区(13-Y-B-8)

属 B 级预测区,区域面积 1 533km^2。位于燕山坳陷 Au-Cu-Mo-Pb-Zn-Fe-Mn-煤成矿亚带,跨越燕山沉降带东卯断块和大庙穹断束两个四级构造单元。构造展布方向以北北东向为主,西部侵入体按时代分为三期,前两期为元古代变质闪长岩、海西期花岗岩体,都被燕山期花岗岩吞噬或捕掳,构成大型的南猴顶花岗岩基。中间为侏罗—白垩系火山-沉积岩,东南部有太古代基底出露。断裂构造发育,以北北东向为主,其次为北西向。产出多个金、铅锌、铜矿点。包括 Z-30 乙、Z-31 乙综合异常,元素组合为 Pb、Zn、Ag、Cd、Bi 等。区内岩浆活动频繁,断裂构造发育,热液型铅锌矿找矿潜力大。圈定丰宁县窄岭铅矿最小预测区。

9. 隆化两家-平泉沙坨子-党坝预测区(13-Y-B-9)

属 B 级预测区,北西向展布,区域面积 1 533km^2。位于燕山坳陷 Au-Cu-Mo-Pb-Zn-Fe-Mn-煤成矿亚带,跨越燕山沉降带大庙穹断束和宽城凹褶束西侧两个四级构造单元。北部为东西向凤山-隆化断裂,在断裂两侧主要为太古宙—古元古代结晶基底出露区,零星发育侏罗—白垩系地层及同期侵入岩发育,向南延伸至测区中南部。断裂以南沿线残留长城系海相沉积地层。东南部发育中—上元古界海相碳酸盐岩地层和侏罗—白垩系火山-沉积岩。平坊-桑园北东向断裂从测区中部通过,北西向、北北西向和近南北向断裂也较发育。包括 Z-27 甲、Z-33 甲、Z-34 乙、Z-43 乙、Z-45 甲综合异常,元素组合为 Pb、Zn、Ag、Cd、Bi 等。已知姑子沟、轿顶山、五道河子等中小型铅锌(银)矿、小寺沟铜钼矿和数个铅锌(银)、铜、金矿点。本区主成矿及伴生元素异常分带清晰,浓集特征明显,套合好,断裂构造及岩浆活动剧烈,推断成矿潜力大,找矿方向为热液型铅锌矿。

10. 兴隆陡子峪-蘑菇峪-宽城孟子岭预测区(13-Y-B-10)

属 B 级预测区,东西向展布,区域面积 3 283km²。位于马兰峪 Fe-Au 成矿亚带,燕山沉降带马兰峪复式背斜宽城凹褶束南部和遵化穹褶束西部,受区域东西向、北东向深断裂控制。太古宙结晶基底分布于东南部,西部和北部广泛分布中—上元古界及古生界,中生代火山盆地叠加于北部的中—上元古界之上。海西期、燕山期侵入活动形成茅山(平顶山)、王坪石等岩体。包括 Z-52 甲、Z-55 乙综合异常,元素组合为 Pb、Zn、Ag、Cd、Bi、Mn、B、F 等元素。已知高板河大型硫铁铅锌矿、黄土梁中型铅锌矿、尖宝山中型金矿及蘑菇峪铜钼多金属矿,推断为沉积型铅锌矿远景区。区内有小型金矿 4 处、矿点 12 处,集中分布于挂兰峪至金山子一带,均为含金石英脉型,在金矿床基础上还要注意寻找岩浆热液型铅锌矿床。

11. 宽城铧尖-青龙草碾预测区(13-Y-C-11)

属 C 级预测区,北西向展布,区域面积 1 289km²。位于马兰峪 Fe-Au 成矿亚带,燕山沉降带马兰峪复式背斜遵化穹褶束中部。出露太古宙迁西群、遵化群、花岗闪长质片麻岩、奥长花岗片麻岩、长城系、蓟县系及燕山期花岗岩(J_1N、J_1S、J_2J),已知峪耳崖大型金矿 1 处、中型金矿 5 处、小型 25 处,为岩浆型和浸染型金矿远景区。包括 Z-56 乙综合异常,元素组合为 Pb、Zn、Mn、F、B。该区以金矿床为优势,但不排除沉积型和岩浆型及伴生的铅锌矿可能。

12. 青龙马圈子-抚宁石门预测区(13-Y-B-12)

属 B 级预测区,北西向展布,区域面积 2 537km²。位于马兰峪 Fe-Au 成矿亚带,以青龙河-滦县裂谷带为界,西部为遵化穹褶束,东部为山海关台拱。在青龙-马圈子-大石岭一带北东向分布着遵化群变质表壳岩和同期变质深成岩,双山子-大巫岚-木头凳一带为滦县群和朱杖子群。硕大的花岗片麻岩-混合花岗岩构成安子岭片麻岩穹窿,燕山旋回岩浆侵入与喷发活动均较强烈。西缘为都山岩体,东缘为柳江盆地。结晶基底至少经历了三次主要褶皱运动,燕山期酸性侵入岩大体沿复式背斜轴线呈串珠状分布。已知 3 家(马圈子)金矿、半壁山金矿、周杖子铅锌矿床。包括 Z-53 乙、Z-57 甲、Z-58 乙、Z-59 乙综合异常,元素组合为 Pb、Zn、Ag、Bi、Cd 等。推测有希望找到中型以上规模的矿床,找矿方向以热液型为主。

13. 怀来温泉屯-涿鹿谢家堡-涞源走马驿预测区(13-Y-A-13)

属 A 级预测区,北东向带状展布,异常面积 5 817km²。位于燕山坳陷 Au-Cu-Mo-Pb-Zn-Fe-Mn-煤成矿亚带,军都山岩浆岩带的涿鹿褶皱束和大河南抬升断块,乌龙沟-上黄旗深大断裂贯穿全区。北部盖层由元古界、古生界和中生界组成。中南部被燕山晚期两个大型侵入岩体(王安镇、大河南)所占据,在两岩体之间,自东向西由太古宇、中—上元古界及寒武奥陶系依次排列,显示一个向西倾斜的断块形态。从重力异常看,该岩体深部面积很大,对深部找矿十分有利。优势矿种为磷、铁、铜、钼、铅、锌、金、银等。中生代矿床受滨太平洋成矿域控制,矿化类型为斑岩型大湾式和木吉村式、矽卡岩型涞源式和大湾式、热液型镰巴岭式、大石峪式、石英脉-蚀变岩型柴厂式等,找矿潜力巨大。包括 Z-48 乙、Z-50 乙、Z-51 乙、Z-63 乙、Z-64 甲综合异常,元素组合为 Pb、Zn、Ag、Bi、Cd 等。圈定涞源县大北庄-木吉村铅锌铜矿最小预测区。

二、综合异常评价

全省共圈定以 Pb 为主的综合异常 69 处,其中有 42 处重点异常圈定于预测区内。下面对这 42 处重点异常进行评价。

1. Z-2 甲 围场哈里哈 Pb-Ag-Zn-Cd-Sb 异常

围场县第三乡乙 1 类异常,出露侏罗系张家口组地层,东南部有北东向正断层。区内北西向断层发育、硅化、高岭土化、重晶石化、碳酸盐化蚀变强烈，伴生萤石矿点、锰银矿点。异常由 Ag、Pb、Cd、Mn、Mo、Hg、Sb 组成，元素组合复杂，浓度梯度变化明显，与已知矿吻合。推测在矿点东南部还有发现新矿可能，为重要找矿地段。建议加强外围普查。

围场县大唤起乡乙 3 类异常，出露地层为张家口组，局部有硅化、黄铁矿化、绿泥石化等，南部有早白垩世花岗岩侵入，东部有推测断层。异常由 Au、Pb、Ag、Bi 组成，1988 年三级查证时，发现含金石英脉，但对矿脉的分布、规模及特征未探明，建议详细工作。

2. Z-3乙 康保县田家营 Pb-Bi-Ag-Zn 异常

区内广泛分布二叠系三面井组、侏罗—白垩系张家口组和新近系。异常组合为 Pb、Zn、Ag、As、Bi、Sb、W 等。河北省地质三队在该区圈定了 30 余条近东西西向、北东向及北西向分布的矿脉。工程控制深度平均 21～383m，圈出 7 条矿化较好的矿脉，10 个多金属矿体。深部隐伏矿脉较多，主要赋存于流纹质斑岩、花岗闪长斑岩之断裂构造裂隙中。铜、铅、锌为共生（独立）矿体，伴生金、银等有益组分的多金属矿体。外围有可能发现类似铜铅锌多金属的富集地段，以扩大新的成矿远景区。

3. Z-4乙 围场龙头山 Pb-Ag-Zn-Cd-Bi 异常

围场县大唤起乡乙 1 类异常位于小锥子山-朝阳湾断裂带上，地层有太古宙斜长角闪岩、角闪斜长片麻岩，古生界变质砂砾岩、蚀变安山岩。北、西部有早白垩世花岗岩侵入。中部为近东西向断裂，破碎带宽度 20～80m。北缘有黄铁矿、萤石矿点各一处。破碎带内见硅化、绢云母化、褐铁矿化。异常由 Ag、Cd、Pb、Au 组成。1986 年 1:5 万化探扫面，圈定黄铁矿、铅重砂异常和铅、锰、铜化探异常沿 4km 破碎带分布。1988 年，选择大字五号—七号村异常查证，在破碎带中发现黄铁绢英岩蚀变和含金石英脉存在。取样分析，局部含金 90ng/g，Ag50～130μg/g，其中一件含金 1.3g/t。异常由已知矿引起，成矿远景较大。建议进一步工作，查明金银成矿远景。

围场县下伙房乡乙 3 类异常主要分布海西期花岗岩体、张家口组流纹岩、石英粗面岩夹安山岩及砂砾岩，花岗质脉体发育，局部与白钨矿重砂异常重合。异常由 Mo、Sb、Ag、Bi、Hg、Cd、Sn、Cu、W、Pb 组成，范围小，强度低，组合全，推断由后期岩浆活动沿断裂充填，为成矿的有利地段。

围场县清泉乡丙类异常出露地层有白垩系义县组安山岩、火山碎屑岩，南店组砂砾岩、页岩，汉诺坝组玄武岩及砂砾石层。有次安山岩侵入，西部有小型油页岩矿床，断裂构造发育。异常由 Hg、As、Sb、Ag 组成，组合较全，但强度较低，与火山岩及构造关系密切，具有一定找矿意义。

4. Z-5甲 丰宁和顺店 Pb-Ag-Zn-Cd 异常

和顺店乙类异常主体分布在晚侏罗世大十八台超浅成石英斑岩体（熔透式火山口侵入的潜火山岩相或火山颈相产物）中，局部为张家口组流纹岩及流纹质凝灰岩。在岩体中有数条硅化带沿北西相断裂分布。南部有萤石矿点一处，小型镜铁矿异常。异常由 Cd、Ag、Pb、As、Zn、Mo、Sb、Mn、Bi、Hg、W、Y、F、Ni、K、Cu、Sn、Li、Rb、Nb、B、Ca、Ga、U、Cr 组成。三级查证异常重现性较好，并发现铁锰矿化蚀变带及褐铁矿化、硅化蚀变带含 Ag、Pb、Zn 较高，且高含量带较宽，宽度为 50～200m，具有良好找矿前景。根据地质地球化学特征，认为该异常是次火山含矿热液或岩浆期后含矿热液沿断裂成矿引起，深部可能有隐伏矿体存在。矿化以 Ag、Pb、Zn 为主，Cu、Mo、Mn、W、Sn 为伴生元素，As、Sb、Hg 为指示元素。建议开展大比例尺物化探勘查工作，可望发现大型陆相次火山岩型银（铅锌钼）矿。

北台子乙类异常出露地层有张家口组流纹岩、斑流岩、流纹质凝灰岩，白垩系九佛堂组凝灰砂砾岩、页岩夹安山岩、玄武岩。侵入岩有石英正长斑岩、次石英粗面岩等小岩株。处于北东、北西向断裂比较发育的破碎带中，南部有一处萤石矿点。异常由 Li、Cs、As、Cd、F、Sr、Mg、Zn、Mo、Cr、Be、U、V、Ca、Cu、Bi、Ag、B、Co、Hg、W、Pb、Ti、Ni、Fe、Au 组成，与重砂铅异常吻合。沿断裂带和石英正长斑岩接触带见碎裂岩、硅化、铁锰矿化、方铅矿化、锰矿化、萤石矿化等蚀变，有利于成矿元素富集。

5. Z-6乙 丰宁森吉图 Pb-Ag-Zn-Cd 异常

茶棚西沟乙类异常出露地层有张家口组流纹岩、斑流岩、流纹质凝灰岩，白垩系九佛堂组凝灰砂砾岩、页岩夹安山岩、玄武岩。侵入岩有石英正长斑岩、次石英粗面岩及次玄武岩脉。北东、北北东向断裂比较发育。蚀变有褐铁矿、绿泥石化、绿帘石化。东北部有一小规模航磁异常。该异常中 Li、Cs、Ca、U、Mo、F、As、Hg、B、Bi 重合较好，规模较大，强度较高，受北东向断裂构造控制，与隐伏岩体密切相关。在地表沿断裂形成 F、As、Hg、B 元素异常，两侧形成 Mo 异常，而且个别样品 Mo 接近边界品位。从元素组合判断深部形成铀钼矿可能性较大。

干沟丙类异常出露地层有张家口组流纹岩、斑流岩、流纹质凝灰岩，侵入岩有次石英粗面岩及次安山岩。北东向断裂较发育。异常由 F、Hg、Sn、Li、Bi、La、Ca、Pb、Sb、Be、W、As、Cs、Th、Cr、Ag、V、Sr 组成，地处平安堡-森吉图断裂破碎带及次石英粗面岩的内外接触带上。在接触带上硅化、萤石矿化、褐铁矿化较发育，推测异常与岩浆热液蚀变矿化有关，于深部可能有隐伏矿化体。

红石砬丙类异常位于平安堡-森吉图断裂破碎带上，出露地层有张家口组流纹岩、斑流岩、流纹质凝灰岩和白垩系九佛堂组。侵入岩有燕山晚期超浅成次石英粗面岩。北东向断裂构造较发育，岩石挤压破碎，沿断裂有硅化、萤石化、褐铁矿化，为岩浆期后热液活动的结果。异常由 Cs、F、Be、As、Bi、U、Mo、Li、Ca、Cd、B、Ag、Cr 组成，位于1号成矿远景区内，地质条件有利，根据异常元素组合特征，认为寻找铀、钼矿前景较大。

上岗子乙类异常地处内蒙地轴沽源断凹东翼的平安堡-森吉图北东向断裂与四岔口-青石砬北北东向断裂带的交汇部位。出露地层有张家口组流纹岩和少量白垩系义县组安山玄武岩。东部有燕山晚期超浅成次石英粗面岩，西部有次安山岩等侵入体。沿断裂破碎带有硅化、绿泥石化、赤铁矿化、方铅矿化、闪锌矿化等蚀变。异常由 Hg、Be、F、Ag、Ca、W、Pb、Sr、P、Mo、V、Cu、Nb、Ti、Co、U、Ni、Cr、Zn、Al、Sb、Au、Ba、As 组成，与矿产图上三级铜金属量异常、铅重砂异常吻合，成矿条件非常有利。根据地球化学特征，推断由次火山热液沿断裂成矿引起，找矿前景较好，有可能找到铜、铅、锌、银多金属矿床。

6. Z-7乙 围场下伙房 Pb-Zn-Ag-Cd 异常

该异常包含3处1:20万化探异常。

围场县下伙房乡乙3类异常主要分布海西期花岗岩体、张家口组流纹岩、石英粗面岩夹安山岩及砂砾岩，花岗质脉体发育，局部与白钨矿重砂异常重合。异常由 Mo、Sb、Ag、Bi、Hg、Cd、Sn、Cu、W、Pb 组成，范围小，强度低，组合全，推断由后期岩浆活动沿断裂充填，为成矿的有利地段。

围场县下伙房乡丙类异常出露地层为太古宙变质岩，张家口组流纹岩、石英粗面岩夹安山岩等，侵入岩为古元古代闪长岩、花岗岩、燕山期二长花岗岩，断裂构造发育。异常由 Cd、Ag、Pb 组成，范围大，强度低，组合简单，产因不明，需进一步工作。

隆化县西阿超丙类异常出露张家口组流纹岩、石英粗面岩夹安山岩，大北沟组安山岩、火山碎屑岩，北东向断裂构造发育。异常由 Au、Ag 组成，强度高，浓度分带明显，元素组合简单，产因不明。断裂充填，为成矿的有利地段。

7. Z-10乙 丰宁鱼儿山 Pb-Zn-Ag-Cd 异常

大十八台乙类异常位于燕山晚期超浅成石英斑岩与白垩系义县组及侏罗系张家口组接触带上。岩体受后期热液影响，于内接触带裂隙内见石英细脉、铁锰矿化、萤石矿化等，围岩有不同程度硅化。1959年承德综合地质队、1960年龙烟钢铁公司、1974年河北区调队先后对十八台铁矿做过地质勘查工作。异常由 F、Sb、Pb、Nb、Ca、Cd、Ag、W、Sn、Zn、Mn、Ga、Sr、Cu、Cr、Hg、Mo、Li、As、Bi、V、Ti、Rb、Fe、Au、Th 组成，推测为次火山-岩浆期后热液矿化引起，深部有可能存在隐伏矿化体，找矿前景较高。

大二号丙类异常位于平安堡-森吉图北东向断裂上，大部分被第四系覆盖，零星出露义县组和张家口组火山岩。异常由 V、Cu、Ca、Ti、Ni、Sr、As、Pb、Co、Fe 组成，Cu、Co、Ni、V、Ti、Fe、Ca 元素套合较好，推断与安山玄武岩有关，As、Pb 异常规模小，强度弱，推断与深部火山热液活动有关。

石门沟乙类异常位于张家口组与燕山期二长斑岩、次石英粗面岩内外接触带上，中部有北东向断裂，两侧见铜兰、褐铁矿化、高岭土化、硅化、碎裂岩化、萤石矿化等蚀变。异常由 Pb、Zn、Hg、Cd、Mn、Cu、K、Ba、Fe 组成，其中 Pb、Zn、Hg、Cd、Mn、Cu 异常与铅矿化、锰矿化、铜矿化吻合，推断深部有隐伏的银铅锌锰矿化体。

8. Z-11 乙 丰宁青石砬 Pb-Zn-Ag-Cd 异常

出露海西期花岗岩（P_1D）、侏罗系张家口组（J_3z）、白垩系义县组和九佛堂组（K_1y、K_1j），推断为岩浆热液型铅矿床。

9. Z-12 乙 丰宁干沟门 Pb-Ag-Zn-Cd 异常

该异常包含 2 处 1∶20 万化探异常。

南沟门乙类异常位于沽源凹陷与上黄旗隆起过渡带，南部有营房牛圈银金矿。主要分布在海西期斑状花岗岩与燕山期细粒花岗岩内外接触带上。斑状花岗岩裂隙发育，见黄铜矿化、黄铁矿化、褐铁矿化及绢云母化、碳酸盐化蚀变。异常由 Ag、Hg、Cd、Bi、Zn、Cu、Be、Pb、B、P、Ca、W、Ti 组成，1981 年异常检查，Pb、Zn、Ag 异常重现。岩石测量最高值 Ag 8.4$\mu g/g$、Pb 3 500$\mu g/g$、Zn 450$\mu g/g$，认为由热液矿化引起，应注意深部找矿。

北韭菜梁乙类异常出露张家口组和太古宙变质深成岩，北、东、南部为海西期干沟门-白音沟斑状花岗岩。中部有北东向深大断裂通过，两侧北西向次级断裂较发育，并有多条正长斑岩、石英正长斑岩脉充填。异常由 Ag、U、Mo、Cd、Hg、F、Zn、P、Bi、Co、Sb 组成，与矿床图上 3 号三级铅金属量异常吻合，东部有 4 号白钨矿重砂异常。石英正长斑岩中有黄铁矿化。Hg、Cd、Zn、Mo 异常呈北西向带状分布，Ag、U、Sb、F 异常套合较好，推断异常由岩浆期后含矿热液引起。

10. Z-13 甲 隆化碱房 Pb-Zn-Ag-Cd-Bi 异常

该异常包含 1∶20 万化探异常 3 处。

隆化县三道营乡乙1类异常出露地层为张家口组流纹岩、石英粗面岩夹安山岩、砂砾岩等，侵入岩为燕山期正长斑岩，海西期花岗岩，古元古代变质花岗岩。断裂构造发育，围岩蚀变有绿泥石化、绿帘石化、黄铁矿化。有已知铜矿点一处。异常由 Cd、Ag、Pb、W、Bi、Cu、Au、Hg、Zn 组成，范围大，组合好，部分元素具浓度分带。区内有已知铜矿点，断裂构造发育，为成矿有利地段。推断由矿化体引起，通过进一步工作可能发现新矿点。已进行三级查证，可进行二级查证。

隆化县碱房乡乙3类异常出露地层为张家口组石英粗面质凝灰岩及少量安山岩，局部潜粗面岩。北西向与北东向断裂交汇于区内，次级断裂及蚀变矿化发育，锰矿化遍布全区，断裂带中黄铁矿化、褐铁矿化强烈。异常由 Ag、Au、Cd、Sb、Pb 组成，范围大，组合全，岩浆活动频繁，矿化强烈，导致有益元素富集成为异常。

隆化县郭家屯乡丙类异常出露张家口组流纹岩、石英粗面岩夹安山岩、砂砾岩，大北沟组安山岩、粗安岩，断裂构造发育。异常由 Au、Hg、Pb 组成，为单点异常，金异常含量较高，具三级浓度分带，具一定找矿意义。

11. Z-14 甲 沽源兰阎 Pb-Ag-Zn-Bi-Cd 异常

出露地层为红旗营群石榴黑云浅粒岩、变粒岩夹石墨大理岩，局部具混合岩化。中部有任志祥晚古生代花岗岩侵入于变质地层中。脉岩有基性、中性及石英脉。东西向、北西向和北东向多组断裂破碎带很发育，局部见褐铁矿化。

东部异常与已知铅锌矿点吻合，西部异常虽有已知铅锌矿点和萤石矿点，但范围远远超出已知矿点，且有激电异常，元素组合齐全，浓度高，规模大，与已知兰闫铅锌矿床地质特征基本相似，推测哈呲嘎村北近东西向与北西向断裂斜交部位（异常中心）是寻找铅锌银铜中低温热液交代-充填多金属矿床的有利地段。

12. Z-15 甲 张北蔡家营 Pb-Ag-Zn-Cd-Bi 异常

该异常相当于 1：20 万蔡家营甲类异常，出露地层为红旗营子群细粒含榴黑云变粒岩，张家口组凝灰岩、安山岩、粗面岩和流纹岩。侵入岩为燕山期花岗斑岩，南部有古火山口存在，北西向构造发育。异常由 As、Pb、Ag、Sb、Zn、Cd、Au、Bi、W、Se、Cu、Hg、V、Cs、Cr、Co、Ni 组成，元素组合好，强度高，面积大，为典型的蔡家营大型铅锌金银多金属矿异常。

13. Z-16 甲 丰宁天桥沟梁 Pb-Ag-Zn-Cd-Bi 异常

该异常包含 2 处 1：20 万化探异常。

营房甲类异常侵入岩以海西期斑状花岗岩为主，东部有燕山期细粒花岗岩，红旗营群变质岩以围岩、残留顶盖及捕掳体形式产出。北北东、北西向、近南北向断裂较发育，有石英岩脉、花岗岩脉、正长岩脉充填在裂隙中。岩石碎裂化、硅化、黏土化、碳酸盐化、高岭土化、绿泥石化普遍。异常由 Pb、Ag、Au、Cd、Sb、Mo、Zn、Cu、Hg、Be、As、Ti、B、Cr 组成，Ag、Au、Pb 异常规模大、强度高、梯度分带明显，经勘探证明为浅成低温热液型银金矿床。

上窝铺乙1类异常出露变质花岗岩，张家口组二段及海西期花岗岩。北西向断裂较发育，有热液型铅锌矿点，矿脉受北西向张性破碎带控制，为硅化、绿泥石化、褐铁矿化破碎带。异常由 Pb、Bi、Ga、Mo、Au 组成，推断由铅锌金矿化引起，深部可能存在矿化体。

14. Z-17 乙 丰宁苏家店 Pb-Ag-Zn-Bi-Cd 异常

该异常包含 4 处 1：20 万化探异常。

上窝铺乙1类异常出露变质花岗岩，张家口组二段及海西期花岗岩。北西向断裂较发育，有热液型铅锌矿点，矿脉受北西向张性破碎带控制，为硅化、绿泥石化、褐铁矿化破碎带。异常由 Pb、Bi、Ga、Mo、Au 组成，推断由铅锌金矿化引起，深部可能存在矿化体。

大窝铺乙1类异常出露变质花岗岩和张家口组火山岩，侵入岩有海西期花岗岩。北部有北东向断裂，沿断裂有硅化、方铅矿化、黄铜矿化、黄铁矿化、绢云母化、绿泥石化、高岭土化、碳酸盐化。异常由 Ag、Cd、Au、Mo 组成，其中 Ag 异常规模较大，强度较高，为二级浓度分带。分布位置与北东向断裂吻合，由热液型矿化引起，推断深部有找银金矿前景。

张木南沟甲2类异常位于乌龙沟-上黄旗深大断裂带上，出露地层为变质岩和张家口组，侵入岩有燕山晚期石英正长斑岩，南端有小面积海西期花岗岩。北东向断裂十分发育，两侧有碳酸盐化、褐铁矿化、方铅矿化、硅化、绿泥石化。异常由 Cd、Bi、Mo、Pb、Ag、Au、Cu 组成，其中 Cd、Bi、Ag、Pb、Au 套合较好，经河北省地质局第四地质大队（简称河北省地质四队）、河北省地质局第十一地质大队（简称河北地质十一队）钻探见矿，推测为大型银矿床。

二道桥子乙1类异常处于乌龙沟-上黄旗深大断裂带与北西向断裂交汇上，出露张家口组火山岩，侵入岩有海西期和燕山期花岗岩及石英斑岩。石英斑岩普遍发育黄铁矿化。断裂破碎带受后期热液影响，多形成硅化、褐铁矿化、黄铁矿化、方铅矿化、铜矿化、绢云母化、钾化、高岭土化、碳酸盐化、绿帘石化、褐帘石化。异常由 Au、Cd、Ag、Mo、Bi、Sn、Zn、Cu、Pb 组成，套合较好。以 Au、Cd、Ag 规模较大，强度较高为特征，由后期热液矿化引起，深部可能存在隐伏矿体。

15. Z-18 乙 丰宁樱桃沟 Pb-Ag-Zn-Bi-Cd 异常

该异常包含 1：20 万化探异常 3 处。

丰宁县北头营乡乙1异常地层主要为张家口组流纹岩、石英粗面岩夹安山岩、砂砾岩，侵入岩有古元古代闪长岩、海西期花岗岩、辉绿岩。断裂构造与环形构造发育，部分断裂内有辉绿岩脉充填。沿断裂有绢云母化、黄铁矿化、锰钼矿化。有磁铁矿点、钼矿点各1处，有航磁异常。异常由Ag、Cd、P、Hg、Pb、Zn、Mo、W、U、Bi、La、Sn、Y、As组成，范围大，组合全，部分具浓度分带。受断裂构造控制，含矿潜流纹岩沿断裂充填而富集引起异常。已进行三级查证，由矿化引起。需二级查证，探明火山构造的控矿关系及找寻工业价值的矿床。

隆化县北头营乡丙类Au-Ag-As-Cu异常主要出露红旗营群角闪斜长片麻岩、蚀变斜长角闪岩夹黑云片岩及大理岩，花岗质和石英岩脉发育，中部有磁异常。异常由Au、Ag、As、Cu组成，面积大，组合好，具有一定强度。产因不明，需进一步工作。

16. Z-19乙 隆化白虎沟 Pb-Zn-Ag-Cd-Bi异常

该异常相当于1∶20万隆化县三岔口乡乙3类异常，出露红旗营群角闪斜长片麻岩、斜长角闪岩，张家口组流纹岩，火山碎屑岩夹砂岩，局部见次安山岩。有萤石矿点一处，南部有铜矿点，与铅重砂异常及分散流铅铜异常局部重合。异常由Ag、Cd、Sn、Pb、Bi、Zn、Cu组成，范围大，组合全，可能为热液沿构造裂隙矿化引起，为成矿有利地段，需进行查证。

17. Z-21乙 崇礼下山窑 Pb-Ag-Zn-Bi-Cd异常

该异常相当于1∶20万崇礼县石夭子乙类异常，大部位于海西期花岗岩中，东部边缘出露张家口组石英斑岩及流纹岩。花岗岩具绢云母化、银矿化，人工重砂含铅，副矿物有磁铁矿、磷灰石、石榴石、独居石、锆石、钍石。东南边缘有燕山期花岗斑岩浅成小岩株，副矿物有磁铁矿，具绢云母化。西北角有燕山期正长斑岩出露。西南部有铅银矿点两处，属岩浆热液型，赋存于近东西向挤压破碎带中，呈不规则状。异常由Pb、Mo、Bi、Sn、Au、Zn、W、Ag组成，Mo、W、Bi异常重合性较好，Zn、Pb、Au重合性较好，Sn、Sb为孤立的异常圈。以Pb异常面积最大，Mo、Bi、Sn次之，其余都不大。Au、Bi、Mo、Sn含量较高，具中带，其余仅具外带。在花岗岩裂隙中有褐铁矿化，是寻找Au、Ag、Pb、Zn、Mo矿的有利靶区。

18. Z-22乙 崇礼狮子沟 Pb-Zn-Ag-Cd-Bi异常

相当于1∶20万崇礼县西狮子沟乙类异常，位于狮子沟复式向斜中段核部。南部、东部及北部边缘为张家口组石英斑岩及流纹岩，中部为燕山期第四旋回正长斑岩浅成岩株，侵入于张家口组中，副矿物有磁铁矿、锆石、磷灰石及榍石。异常由B、Pb、Cd、Ag、Zn、Au、As组成，Pb、Ag、Zn、Cd、La异常重合较好，有明显组合中心，As异常在东北边部，B异常面积最大，将所有异常包围在内。Pb、Ag、Zn、Cd含量较高，具二级浓度分带，规模较大，为主要成矿元素。三级查证结果表明，在张家口组凝灰岩中有一组产状350°∠80°的破碎带，宽10～20m，长400m以上。带内褐铁矿化、高岭土化及少量绿泥石化、硅化与铁锰矿化。蚀变带宽4m，捡块分析，最高值Cu 220μg/g，Pb 1 000μg/g，Zn 1 000μg/g，Ag 24μg/g，Au 11ng/g。嗣后进行了二级查证，使用方法有水系沉积物加密、土壤剖面测量、激电中梯及槽探。将异常分解多处，在二道沟、三道沟村西及四道沟等地均发现矿化露头。

19. Z-23甲 赤城青羊沟 Pb-Ag-Zn-Cd-Bi异常

该异常包含1∶20万化探异常4处。

赤城县镇安堡乙类异常位于北北东向挤压破碎带上，出露红旗营群黑云斜长片麻岩、黑云变粒岩夹不纯大理岩，顶部为含钛磁铁角闪岩、磁铁石英岩，具混合岩化。有褐铁矿化石英脉，宽0.3m，走向北东40°。有近东西向辉绿岩脉和南西220°石英脉。异常由Pb、Cd、Zn、Au、Ag组成，Au、Ag、Pb、Zn、Cd异常重现性很好，存在明显中心。元素组合齐全，但强度低、规模较小，不具浓度分带。所处地质条件有利成矿，可能为由破碎带局部矿化或石英脉引起的异常。应进行三级查证。

赤城县河路沟丙类异常东部出露红旗营群黑云斜长片麻岩、黑云变粒岩夹不纯大理岩，顶部为含钛磁铁角闪岩、磁铁石英岩，具混合岩化；西部出露张家口组石英斑岩、流纹岩、流纹质凝灰角砾岩，底部杂色砾岩。东北角出露燕山期石英正长斑岩。西部有北北东向正断层，北部边缘有北东向小断层。异常由Nb、

Pb、Ti、Au、P、Fe、Zn、Sn、Cr、V 组成,Au、Zn、Fe、P、Ti、F、Nb、Mn、Sn 异常重合较好,Cr、Sn 重合较好。Pb 异常面积最大。Au、Ti、Nb 浓度分级为中带,其余为外带。据 1979 年物探大队异常查证,认为 Pb、Zn 异常为人为污染假异常,因前人在此地冶炼银矿,其矿石来自青羊沟。Fe 组异常与基性岩有关。Nb、Sn 异常产因不明。

赤城县付山乙类异常大部分位于张家口组中,上部为安山岩及熔岩角砾岩,强蚀变,局部为粗安岩;下部为流纹质晶屑凝灰岩及凝灰角砾岩、粉砂岩。东南角有燕山期钾长花岗岩、正长岩小岩株侵入于地层中。东部边缘有北北西向断层。异常由 Ag、Cd、Mo、Be、Pb、B、Sb 组成,其中 Ag、Cd 异常较大,中心位于青羊沟异常。Pb、Mo、Be、B 异常重合较好,中心明显。Pb、Mo 具中带,规模较大。异常在青羊沟铅锌矿区北部,元素组合与其一致,构造、岩浆活动较发育,是找铅锌矿的有利地段。三级查证时,在张家口组流纹质凝灰岩裂隙面中,个别地段有较强的铁染现象,取样分析:Pb 800μg/g,Zn 220μg/g,Bi 40μg/g,Ag 16.5μg/g。在异常中心见褐铁矿化、黄铁矿化和硅化破碎带转石,送样分析得:Pb 700μg/g,Zn 220μg/g,Ag 88μg/g,Bi 400μg/g。因第四系覆盖,为查明准确位置,建议进一步工作。

赤城县青羊沟丙 2 类异常西部赋存于红旗营群黑云斜长片麻岩、黑云变粒岩夹不纯大理岩,顶部为含钛磁铁角闪岩、磁铁石英岩,具混合岩化;东部赋存于张家口组流纹质晶屑凝灰熔岩及凝灰角砾岩、砂页岩及石英斑岩夹流纹岩。东南部有燕山期石英正长斑岩小岩株侵入于张家口组。北西、北北西向断裂及其派生羽状裂隙极为发育,为控矿构造。青羊沟中型铅锌矿位于北西向断裂带上。矿体呈扁豆状、不规则脉状及浸染状。一号矿带长 2 400m,宽 3.4m,走向北西 30°～50°,倾向南西,倾角 50°～70°,平行的小矿带有十余种矿石矿物:方铅矿、闪锌矿、黄铁矿、伴生镉、嫁、锗、铟等。异常由 Ag、Pb、Zn、Cd、Au、Bi、As、Sb、Sn、W、Cu、Mn 组成,重现性很好,有明显的统一中心,Au、Pb、Zn、Ag、Bi、Cd、Sb 具内带,规模大、含量高,为主要成矿元素;Sn、As 具中带,规模次之;其余不具分带,规模较小。由青羊沟中型铅锌矿引起。1979 年查证时,在青羊沟西沟发现同样的铅锌矿脉,也是扩大矿区的主要地段。总之,异常范围远大于现在矿区,在外围找矿大有希望。

20. Z-24 乙 赤城白草-丰宁杨木栅子 Pb-Zn-Ag-Cd-Bi 异常

相当于 1:20 万赤城县桃阳异常,位于白草-邓栅子北东向断裂两侧,处于晚侏罗世石英正长斑岩岩体上,东侧有铜矿点。异常由 U、Mn、Nb、Hg、Pb、Zr、Ag 组成,呈相互叠加式组合一起,没有形成明显浓集中心,大部分元素异常落在断层上,规模小,分带不明显,推测由断裂活动及岩体本身引起。应查明断裂构造含矿性。

21. Z-25 乙 丰宁云雾沟 Pb-Zn-Cd-Bi 异常

该异常包含 1:20 万化探异常 3 处。

隆化县马架子金矿异常位于凤山-隆化深断裂北侧,出露地层为太古宙红旗营群,岩性为斑状混合岩、二云石英片岩和角闪斜长片麻岩,常见辉绿岩、闪长玢岩、花岗质细晶岩和伟晶岩等脉岩,沿近东西向次级构造裂隙侵入地层中。异常范围内有马架子和上坝两个小型金矿和许多金矿点,均属含金石英脉型。矿脉受断裂控制明显,多产在近东西次级构造裂隙或破碎带中,围岩蚀变有硅化、绿泥石化、绢云母化等,沿走向或倾向延伸均不稳定,往往分支复合,尖灭再现,空间上分片集中,成带出现,附近常有辉绿岩发育。异常由 Au、Ag、Pb、Bi、Ti、Cd 组成,金异常范围最大,面积达 80km²,其他元素异常出现于金异常强内带中,Ag、Pb、Bi 与 Au 浓集中心一致,吻合于马架子金矿。河北物探队于 1986—1988 年在丰宁县上官营-隆化一带进行了以金为主的综合物化探普查,200m×200m 网度土壤测量结果,将该异常分解为许多小范围的 Au、Ag、Pb 异常,各异常范围内,大都可见含金石英脉或硅化蚀变破碎带,其中三道沟小型金矿上,金异常与金矿化带吻合。但有许多异常上还未见矿,如兰营东沟的高家沟近南北向蚀变破碎带,宽 30～80m,长约 1 000m,石英脉在该带中呈复杂的细脉状,并有辉绿岩脉在破碎带中出现。土壤测量剖面,金最高 108ng/g,银 3.5μg/g,铅 300μg/g。在一条石英脉上金 1 700ng/g,银 10μg/g,铅 0.35%,同地点包括蚀变位围岩在内的组合样含金 5 100ng/g,银 203.5μg/g,说明有蚀变岩型金矿的可能。总之,区内虽有许多金矿床和矿点存在，但水系和土壤测量表明，异常并非由已知金矿引起，除上述高家沟外，河南营南山、害菜沟等尚有许多值得重视的有利地段，在蚀变破碎带上金银异常区，找到新的工业矿体，扩大金矿储量希望较大。

隆化大两间房异常北部为红旗营群，南部为变质闪长岩。有5处金矿点。分布在大光顶岩体内的 Au、Ag、Mn、Mo、W、Sn、Fe、V、Sr 元素异常与区域变质作用及混合岩化有关，异常中部有大断裂通过，次级构造裂隙中有含矿热液活动。Fe、Ni、Cr、Co、V、Mn、La、Y、Nb、Sr、Zr 异常与变质岩及闪长岩有关。据 Au、Ag、Mn、Bi、W、Mo、As、Sb、Hg 异常显示推断该异常是寻找 Au、Ag 矿产的有利靶区。

隆化头道营子异常中 As、Sb、Au、Mo、Bi 异常位于主干断裂附近，Pb、Mn 异常位于铅锌矿点附近，Be、La、Y、U、Nb 异常位于头道营村附近。东半部位于断裂交汇处，在变质断层中有金异常显示，应引起重视。

22. Z-27甲 承德烟筒山 Pb-Cd-Zn-Ag-Bi 异常

该异常包含1∶20万化探异常2处。

隆化县荒地乙3类异常出露红旗营群角闪斜长片麻岩、斜长角闪岩、张家口组流纹岩、石英粗面岩、安山岩、火山碎屑岩，侵入岩为海西期花岗岩，花岗质、闪长质、次安山岩脉体较发育。

异常由 Au、As、Cu、Ni、La、Fe、Ti、V、Co、Ag、P、Nb 组成，面积大，组合全，强度低，推断由岩浆期后矿液沿断裂充填而引起，进一步工作可能发现有价值的矿产。

承德烟筒山多金属矿床异常（甲2）位于承德县烟筒山附近，出露太古宙变质岩，长城系碳酸盐岩及碎屑岩，白垩系火山岩。断裂构造主要为温家沟-东山东西向断裂（丰宁-隆化断裂的东延部分）及其派生的北西、北东向断裂，岩浆活动强烈，有早白垩世腾家店、烟筒山、平顶山3个花岗斑岩岩株侵入，另有白垩纪火山喷发。区内有3个断裂充填型小型铅锌银矿床，远景储量中型，正在勘探。矿床严格受东西向断裂控制，矿化带长几十米至几千米。蚀变作用较弱，在碳酸盐岩区，以碳酸盐化为主，次为硅化、黄铁矿化；安山质火山碎屑岩区，以青盘岩化为主，其次为高岭土化。主要矿物为辉银矿、方铅矿、闪锌矿、黄铁矿、黄铜矿，伴生金矿化。异常走向东西，由 Au、Ag、Cu、Pb、Zn、Cd、Mo、W、Bi、Mn、As、Sb、Nb、Be、U 等组成。Ag、Pb、Zn、Au 主要成矿元素规模较大，其中 Pb、Ag 异常面积、规模、衬度居平泉幅之首，伴生元素为 Cd、Mn、Sb 等，Au、Ag、Pb、Zn、Cd、Mn、Sb 具强内带和内带，成矿元素和伴生元素异常浓集中心与已知矿床吻合。

23. Z-28甲 崇礼小夹道沟 Pb-Ag-Zn-Cd 异常

对应于1∶20万崇礼县小夹道沟乙类异常位于崇礼-赤城深断裂带上及其北侧，南端为崇礼群，中部为红旗营群，东北部为张家口组火山岩。断裂带以挤压为主，沿结构面挤压柔皱极发育，伴有碳酸盐化、硅化、糜棱岩化、片理化。有正长斑岩脉和石英脉。安山岩普遍黄铁矿化。异常由 Pb、Ag、Cd、Zn、Au、Sb 组成，重现性较好，中心较明显，Pb、Ag 具二级浓度分带，其余具外带。经多次查证并钻探，已确定为小到中型铅锌银矿床，伴生金。异常面积大，有可能发现新的矿体，应重视外围进一步工作，寻找类似矿床。

24. Z-29乙 赤城观山 Pb-Ag-Zn-Cd-Bi 异常

该异常包含1∶20万化探异常2处。

赤城县马营丙类异常东北部为红旗营群黑云斜长片麻岩、黑云变粒岩夹不纯大理岩，顶部为含钛磁铁角闪岩、磁铁石英岩，具混合岩化；西南部为流纹岩、凝灰角砾岩，底部为杂色砾岩。西北部边缘为海西期花岗岩岩基，副矿物有磁铁矿、榍石、磷灰石、萤石、绢云母化。有变质型磁铁矿点。异常由 B、Sn、Sr、Fe、Pb、Ag、F、W、P、Cr 组成，其中 Fe、Sr、P、F 异常重合较好。B 具内带，Sn 具中带，其余为外带。异常均分布在变质铁矿点周围，推断 Cr、P、Fe、Sr、B 由岩性引起，Sn、W、Pb、Ag 由火山岩中局部裂隙受矿化引起。可选择有成矿意义的元素进行找矿。

赤城县彭家沟乙类异常南部和东北角出露红旗营群黑云斜长片麻岩、黑云变粒岩夹不纯大理岩，顶部为含钛磁铁角闪岩、磁铁石英岩,具混合岩化;北部为张家口组石英斑岩、流纹岩、流纹质凝灰角砾岩,底部为杂色砾岩。岩石破碎,裂隙面具褐铁矿薄膜,局部有星散状褐铁矿斑点。南部见含铅锌铁锰矿化带。东部偏南有燕山期石英正长斑岩及钾长花岗岩岩株,副矿物有磁铁矿、磷灰石、锆石、褐钇铌矿,南部有超基性和角闪岩脉。东南部有北北东向断裂通过。异常由Ag、Sn、Ni、Pb、B、Cr、As、Cd组成,其中Ag、As、B分别有两个异常圈,Cr有3个异常圈,Ag、Pb、Sn、B异常套合重现性较好,As、Cd重合性较好,Cr、Ni基本重合。Sn含量高,具内带;Pb、Ag具中带;其余具外带。查证结果表明,在石英正长斑岩与变质岩接触带附近有两个Pb、Zn、Ag高含量点,异常值分别为Pb 200μg/g、300μg/g,Zn 250μg/g、130μg/g,Ag 0.3μg/g、0.6μg/g。在变质岩中,有一组北西320°左右的断层,宽2m左右,可见长度约100m。断层中发育褐铁矿化、黄铁矿化、孔雀石化、硅化、高岭土化和绿泥石化等蚀变,取样分析最高含量Ag 820μg/g、Cu 1%、Pb 2 000μg/g、Zn 1 100μg/g、Au 44 800ng/g。经河北省地质十一队工作,已具中型银矿规模。建议进一步工作。

25. Z-30乙 丰宁胡麻营 Pb-Zn-Cd-Bi 异常

出露古元古代闪长岩、侏罗系张家口组及燕山期花岗岩,已知小型铅锌矿1处,推断为岩浆热液型铅锌矿远景区。

26. Z-31乙 丰宁黑山嘴 Pb-Ag-Bi-Cd 异常

该异常相当于1∶20万丰宁县南沟丙类异常,位于张家口组与同期中细粒花岗岩接触带附近,安山岩裂隙中有磁铁矿产出。东西两侧有南北向和北东向断裂分布。Pb、Zn、Cd异常套合好,具有明显浓集中心,Pb、Zn为一级分带,Cd为三级分带,但规模较小。1990年查证取样分析,Cd、Pb、Zn异常仍然存在,岩样中最高含量Pb>1%,Zn 1 200μg/g,Cd 1 800μg/g,Ag 26μg/g,由矿化花岗岩和锰染安山玢岩引起,是寻找多金属矿的有利地段。

27. Z-33甲 平泉五道河 Pb-Ag-Zn-Cd-Bi 异常

该异常相当于1∶20万承德下五道河子金银多金属异常(乙1),走向近东西。综合异常排序中,金铅银多金属,均排在平泉幅第一位。异常分布在五道河复式背斜上,出露有太古宙变质岩,岩浆活动主要为北北西向花岗岩脉和太古宙辉石岩体,异常浓集中心距王土房岩体约8km,区内小型银铅锌矿床一处,矿体有20多条,一般长320m,最长500m。异常由Au、Ag、Cu、Pb、Zn、Cd、Mo、W、Bi、Cr、Ni、Co、P、Sb、Y、Sr组成,其中Au异常衬度、规模居图幅之首,伴生元素Ag、Cu、Pb、Zn、Cd、W、Bi、Sb等异常规模大,浓集中心明显,在空间上主要异常元素吻合较好,中心落在矿体上。在地球化学图上,Au、Ag、Pb、Zn、Cd、W、Bi、Cu等元素为高背景场和异常场。本区地层构造对金矿化有利,特别注意寻找蚀变岩型金矿。建议开展大比例尺综合物化探工作,对小型含银铅锌矿床重新评价。

28. Z-34乙 平泉洼子店 Pb-Ag-Zn-Bi-Cd 异常

该异常相当于1∶20万平泉县魏杖子异常(乙1),位于洼子店-八家山-双庙一带,异常评序:Cu、Mo第二位,Au第三位。处于尚义-平泉东西向深断裂与北东向平坊-桑园大断裂交汇部位。出露有太古宙变质岩,侏罗系火山岩及碎屑岩及少量白垩系。岩浆岩发育,有燕山期洼子店石英二长斑岩、万和永石英正长岩岩株侵入,岩体内有轻微的黄铁矿化、黄铜矿化及石英镜铁矿化。断裂构造非常发育,主要方向为北北东、近东西向。有3处铜矿点,2处小型金矿和1处多金属矿床,多分布在岩体内外接触带上。异常由Au、Ag、Cu、Pb、Zn、Cd、Mo、W、Sn、Bi、Li、Cr、Ni、Co、As、Sb、F、Ba、Be、Sr、U、Nb组成。其中Au、Ag、Cu、Pb、Zn、Cd、Mo、W、Sn、Bi具有强内带或内带,各异常元素空间上吻合,浓集中心落在洼子店与万和永岩体接触部位,并出露有魏杖子小型金矿床。区内地层、构造、岩浆活动对成矿有利,伴生元素复杂,单一的魏杖子小型金矿很难引起如此大规模的异常,故本区金银铅找矿潜力较大,特别注意两岩体的接触部位。另外,Cu、Mo、Pb、W、Bi、Cd、Sb等元素异常围绕两岩体呈环状分布,且岩体内有铜矿化,在普查时,应注意斑岩型铜钼矿化。

29. Z-35 乙 宣化东望山-崇礼四台嘴 Pb-Ag-Bi-Cd 异常

该异常包含 1：20 万化探异常多处。

赤城县龙关西北丙类异常西部出露张家口组，上部为强蚀变安山岩及熔岩角砾岩，局部为粗安岩，下部为流纹质晶屑凝灰岩及凝灰角砾岩、粉砂岩，东部为第四系覆盖。南缘有萤石矿点 1 处。异常由 Pb、W、As、Sb、Be 组成，基本重合，但中心不明显。含量低，不具浓度分带，为弱异常。推断为火山碎屑岩局部蚀变形成的低缓异常。为寻找铅银多金属矿靶区。

宣化县小营盘甲类异常出露崇礼群二辉斜长麻粒岩、黑云斜长麻粒岩、紫苏斜长麻粒岩、二辉麻粒岩和角闪斜长变粒岩。断裂构造发育，按走向可分为 5 组，其中北东向和北西向断裂分别为小营盘金矿和张全庄金矿的主要容矿构造。区内脉岩较发育，主要有含金石英脉、辉绿岩脉、钾长石英脉、伟晶岩脉、长英斑岩脉及闪长玢岩脉。北部有海西期花岗岩和正长岩小岩株。近矿围岩蚀变有：碳酸盐化、绢云母化、钾长石化、硅化、绿泥石化。有小营盘大型金矿 1 处、张全庄、韩家沟中型金矿各 1 处、张全庄小型砂金矿 1 处、和尚窑小型金矿 1 处。异常由 Au、F、Ag、Fe、Ti、Pb、Mn、Zn、Mo、V、Sn、Ni、Cu、Bi、W、Co、Sr、Cr、Be、P、Nb 组成，其中 Au、Ag、Pb、Sn 异常具内带，强度高，是主要成矿元素；Cd、Bi、Mo 具中带；其余不具分带。异常长轴走向呈北西南东向，与区内金矿分布形态大体一致。Au 异常面积 134km^2，可分为北西、南东两个浓集中心，与金矿吻合。Au、Ag、Cu、Pb、Zn 等元素在局部重合，有较好浓集中心，各元素相互套合，异常中心偏离。异常为以金为主的多元素组合，面积大，组合全，是扩大金矿储量及寻找新的矿产地的有利地段。建议进行详细综合研究、评价工作，以期扩大老矿山储量并发现新的矿床。

宣化县西望山丙类异常大部分被第四系覆盖，仅在中部出露崇礼群角闪斜长片麻岩、二辉斜长麻粒岩夹浅色麻粒岩、大理岩和磁铁石英岩，混合岩化作用较深。北西、北北西向断裂构造及北西向基性岩脉发育，有磁铁矿点 1 处。异常由 Cr、Ni、Cu、V、Zn、Co、Fe、Sr、Mn、Ti、F、Au、P 组成，套合较好，有统一浓集中心。Cr 异常面积最大。Pb、Cr 具三级浓度分带，其余为一级浓度分带。因黄土覆盖，基岩出露面积小，不利于观察，难以断定其找矿意义。

宣化县范家沟丙类异常近一半被第四系覆盖，出露崇礼群角闪斜长片麻岩、二辉斜长麻粒岩夹浅色麻粒岩、大理岩和磁铁石英岩，混合岩化作用较深；南部边缘零星出露长城系白云岩、页岩、砂岩及砂砾岩。北西向断裂及中基性脉岩较发育。异常由 Ti、V、Fe、Mo、Zn、Co、Mn、Cu、F、Cr、As、Pb 组成，Fe、Ti、Co、V、Mo、Mn、F 异常套合较好。Ti、Cu 具二级浓度分带。推断铁组异常由太古宙变质岩引起的岩性弱异常；Mo 异常面积大，产因不明；Cu 异常可能由基性岩脉或矿化石英脉引起。应注意查证钼和铜异常。

宣化县响水沟乙类异常位于谷咀子-响水沟波状褶皱群上，有平行结构面和两翼断层挤压带。出露崇礼群角闪斜长片麻岩、二辉斜长麻粒岩夹浅色麻粒岩、大理岩和磁铁石英岩，混合岩化作用较深，西北端有海西期正长斑岩，南部有海西期花岗岩出露。北西和北东向石英脉较发育。有金矿点 3 处，铜矿点 1 处。异常由 Bi、Ag、Mo、Au、Zn、P、Pb、Ti、Cu 组成，Au、Ag、Bi 具内带，Mo 具中带，其余不具分带。Au、Pb、Zn、Mo、Bi 套合较好，浓集中心明显。区内及附近有金、铜矿点分布，异常由多条矿化石英脉引起。主要矿化有方铅矿、黄铁矿、褐铁矿、黄铜矿及孔雀石等。异常面积大，元素组合好，矿化蚀变较好，是金成矿有利地段，应进行详细工作。

赤城县大龙王堂乙类异常大部分出露张家口组安山岩及其碎屑岩，东南边缘有崇礼群变质岩分布。南部有近南北向断裂通过。东南有近南北向小断裂分布。南侧有正长斑岩脉分布。据河北省地质局第三地质大队检查，区内岩石蚀变强烈，发现有近南北向蚀变带及石英脉数条，局部地段见明金，见有古人开采老硐，查证时有地方开采。异常由 Au、Pb、Ag、Cd、Mn 组成，仅 Au 具三级分带。Au、Ag、Pb、Cd 异常重现性好，异常中心明显。异常由含金石英脉引起。含金石英脉产在一组 295°∠60°～80°断层中。石英脉宽 10～30cm，长 150m，矿化类型为褐铁矿化含金石英脉，蚀变以褐铁矿化、高岭土化、硅化为主，少量黄铁矿化、孔雀石化。应注意深部矿化变化。

30. Z-36 乙 赤城小张家口 Pb-Ag-Zn-Cd-Bi 异常

该异常相当于1:20万赤城县小张家口乙类异常,主要出露崇礼群变质岩,东南边缘为长城系白云岩、页岩、砂砾岩,西部边缘为张家口组安山岩和流纹质晶屑凝灰岩。东北部为海西期辉石岩小岩株。北西向断裂为主,北东向次之。有铂矿点1处、铅银矿点1处、磁铁矿点1处、赤铁矿点1处,中型赤铁矿1处。异常由B、Ag、Fe、Mn、Au、Co、Sn、Cu、Ni、Cr、Pb、Cd、F、V组成,其中Au、Ag、Pb、Zn、Mn、B、Cr、Ni、Co、V异常基本套合。Au、Ag、Sn、B具一级浓度分带,Cr、Cu具二级浓度分带,其余为一级分带。Au、Ag异常已进行查证,发现了金家庄小到大型金矿。B异常面积大、强度高,受上元古界碳酸盐岩控制。建议对金银异常进行详查。

31. Z-37 乙 赤城样田 Pb-Ag-Cd-Bi 异常

相当于1:20万赤城县样田东乙类异常,位于南北向断裂上,东部为蓟县系碳酸盐岩夹页岩,青白口系下马岭组灰绿、灰黄色页岩夹砂岩;西部为土城子组砾岩、凝灰岩、砂岩夹流纹岩、安山岩、粗面岩,含煤层。有多金属矿点1处、赤铁矿点3处。异常由Sn、Ag、Pb、W、Cd、Be、B组成,Pb、Ag、Cd异常套合较好,Be、W基本重合,B、Sn以单圈形式存在。Ag、Sn含量较高,规模较大,具三级浓度分带。W、Sn、B远离矿点,产因不明;Ag、Pb、Cd由已知矿点引起。可对W、Sn异常查证。

32. Z-38 乙 赤城东卯 Pb-Ag-Zn-Cd 异常

该异常包含1:20万化探异常3处。

赤城县细沙梁甲类异常位于万泉寺-长哨营近东西向大断裂上,出露侏罗系中统、崇礼群,少量蓟县系,沿裂隙侵入晚侏罗世花岗斑岩,有铅锌矿点产于北西向破碎带内硅化白云岩中。异常由Pb、Nb、Zr、Ag组成,Ag、Pb异常吻合,与已知铅锌矿点吻合;Nb、Zr异常吻合,位于北部,推测由斑状花岗岩局部矿化蚀变引起。

赤城上碌碡湾乙类异常位于万泉寺-长哨营东西向逆断层带上,出露张家口组火山岩,南部为蓟县系燧石条带白云岩和页岩,区内断裂发育,有晚侏罗世正长斑岩株侵入。异常由Au、Zn、Ag、Pb、Cd组成,分布在北西西向和近南北向断裂交汇处北东侧,套合较好,具明显浓集中心,Au、Ag、Zn异常具中带,推测为金铅矿引起。1980年,河北省物探队进行物化探面积性工作,发现较好异常5处,对最好的一处,地质三队进行钻探验证,效果不理想,需对岩芯进行金分析。

赤城县东卯丙类异常位于万泉寺-长哨营东西向逆断层带上,北侧出露侏罗系安山岩与单塔子群变质岩,在安山岩中有晚侏罗世中细粒花岗岩侵入,断层南侧为蓟县系燧石条带白云岩和页岩。异常由Sn、Pb、Au、Sb、As组成,Au、Pb异常出现在断裂交汇处,Au具中带,Pb具内带,二元素部分重合,规模较小,推测与断裂带含矿热液活动有关。Sn异常与燕山期岩体矿化有关。1990年物探队进行三级查证,Pb异常由破碎蚀变带局部矿化引起,同时发现4m宽的磁铁磷灰斜长岩脉,磷含量3 500$\mu g/g$,磷灰石含量大于10%。可进一步工作,查明原因。

33. Z-43 乙 平泉小寺沟 Pb-Ag-Zn-Cd-Bi 异常

相当于1:20万平泉县小寺沟铜钼矿床异常(甲2),矿床赋存于北北东向小寺沟石英二长斑岩内外接触带中,围岩主要为蓟县系白云岩及少量太古宙变质岩。在小寺沟岩体内外接触带上,岩石蚀变作用非常强烈,蚀变带宽达数百米,主要矿物为辉钼矿、黄铜矿、黄铁矿、方铅矿、闪锌矿、斑铜矿及自然铜,矿床具有明显分带,从内向外接触带依次为钼矿床-铜矿床-铅锌矿床。异常由Au、Ag、Cu、Pb、Zn、Cd、Mo、W、Bi、Cr、Ni、Co、As、Sb、F、Sr组成,面积大,衬度高,Au、Ag、Cu、Pb、Cd、Mo、W、Bi具强内带,Zn、As、Sb具内带,异常浓集中心空间上吻合很好。

34. Z-45 甲 平泉党坝-郭杖子 Pb-Ag-Zn-Cd-Bi 异常

该异常包含1:20万化探异常2处。

平泉县下营房中型金矿异常(乙1)区内出露迁西岩群变质岩,长城系碳酸盐岩、石英岩、砂砾岩。岩浆活动较强烈,有刘巴店、下营房酸性岩株侵入,断裂构造发育,主要为东西、北东和北西向3组。矿床分布于下营房附近花岗斑岩株内外接触带上,为岩浆期后热液型矿床。围岩蚀变有绢云母化、硅化、黄铁矿化、萤石化、叶腊石化。矿体多赋存于黄铁绢英岩中。主要矿石矿物为银金矿、自然金、黄铁矿、方铅矿、闪锌矿、砷黝铜矿等。异常由Au、Ag、Cu、Pb、Zn、Cd、Mo、W、Bi、B、Mn、As、Sb、F、Nb、Y、U组成,Au异常有两个浓集中心,分布落在刘巴店和下营房附近,其中下营房附近Au异常呈椭圆形,规模大,具强内带,由已知金矿床引起,同时伴生Ag、Pb、Zn、Cd、Bi、As、Sb等元素,伴生元素多具有强内带,空间上相吻合。Ag、Pb、Zn、Sb、As、Cd、Bi等元素异常与Au异常关系密切,并与已知矿化蚀变带吻合。

平泉县郭杖子异常(乙1)出露太古宙变质岩,中上元古界碳酸盐岩和碎屑岩及少量中生代地层。有燕山期酸性岩株侵入。断裂较发育,有近东西向、北北西向两组。有多金属矿点1处。异常由Au、Ag、Cu、Pb、Zn、Cd、Mo、W、Bi、Li、Mn、As、Sb、Y、V组成。其中Au、Ag、Pb异常面积大,衬度高,为主要成矿元素;Au、Ag、Pb、Zn、Cd、Mn、As、Sb具有强内带或内带,As异常具有中带,各主要异常具有统一的浓集中心,在中心部位有北北东向断层通过。1984年,河北省物探队在异常中心边部进行了1∶1万土壤测量($13.8km^2$),发现铅、银多金属综合异常两处,经详查为小型矿产地。从元素组合来看,异常为一套中低温指示元素,反映了金银铅矿化,建议在详查区西侧异常浓集部位继续做勘查,特别注意北北西向断裂构造含矿性,寻找裂隙充填型的铅银伴生金矿。

35. Z-52甲 兴隆六道河-高板河-宽城孟子岭 Pb-Zn-F-Mn-B异常

出露长城系大红峪组、团山子组、高于庄组、蓟县系杨庄组和燕山期花岗岩,已知黄土梁中型铅锌矿、尖宝山中型金矿及蘑菇峪铜钼多金属矿,推断为沉积型铅锌矿远景区。该异常对应于多处1∶20万化探异常。

高板河黄铁闪锌矿床异常区为大型黄铁矿床、中型闪锌矿床,并伴生有方铅矿。产于长城系高于庄组五段中下部,严格受层位控制。矿体长度2 500m,平均厚度5.4m。区内Pb、Zn、Cd出现强内带,W出现内带,Mo、As、Hg、Sb、Mn、B为中外带异常,且主要成矿元素Pb、Zn、Cd异常形态及分布范围极为一致,W、Mo、As异常与主要成矿元素也有较好的套合关系。在重力异常平面图上,矿区为重力低值区,推测下部隐伏岩体,矿床成因为热液型。

兴隆黄土梁中型铅锌矿异常由Mn、Zn、Pb、Cd、Mo、As、Sb、Hg、B组成,为已知铅锌矿床引起的异常。

兴隆蘑菇峪中型钼矿异常由Pb、Cd、Ag、Mo、Au、Zn、W、Bi、Sb组成,为已知矿异常。

兴隆县西八品叶异常(乙1)位于兴隆县西八品叶至王坪石一带,沿王坪石二长花岗岩呈北东向展布,构造部位为东西向断裂与北东向断裂的复合处。出露地层为长城系和蓟县系石英砂岩、页岩、白云岩等。有斑岩型钼矿点和热液型黄铁矿点各1处。异常由W、Sn、Mo、Mn、Ag、Cd、Zr、Li、Cu、Pb、As、K等组成,其中王坪石岩体W、Sn、Mo成矿信息较强。

兴隆县大水泉异常(乙3)位于兴隆县大水泉村西,有北东向断裂,出露地层为长城系和蓟县系石英砂岩、页岩、白云岩等,有铅锌矿点1处。异常由W、Mo、Li、Ba、Au、Zn、Cu、Pb、Co、Nb、Zr、Cd、V、Sr、F、U、La、Ti、K、Be等元素组成,其中W、Mo、Li、Ba、Au成矿信息较强,注意寻找碳酸盐岩中断裂破碎蚀变带内的蚀变岩型金矿以及与热液活动有关的重晶石矿床。

兴隆双庙异常由Sn、Sb、Zn、As、Pb、V、Co、Ti组成,位于长城系、蓟县系与侏罗系火山岩接触带,有正长斑岩小岩株,推断与已知铅锌矿点和局部弱矿化有关,找矿远景一般。

兴隆水泉异常由Sn、Sr、P、Ag、Sb、Cd、Li、Bi、Zn、Ti、V、La、Nb、Mn、F组成,高于庄组中有闪长岩和石英二长岩岩株,推断与侵入接触交代蚀变矿化有关。

兴隆石庙子异常由F、Sn、Pb、Zn、Mo、Cr、As、U、Mn、Nb组成。

36. Z-55乙 兴隆挂兰峪 Pb-Cd-Zn-Ag-Bi异常

该异常对应于1∶20万兴隆县挂兰峪-金山子金矿区异常,该区所对应的异常为北半部,区内有小型金矿4处、矿点12处，集中分布于挂兰峪至金山子一带，均为含金石英脉型，产于遵化群斜长角闪岩及角闪斜长片麻岩的构造裂隙中，矿脉走向330°～10°，倾向南西或北东。矿物成分除自然金外，还伴生黄铜矿、方铅矿、闪锌矿、黄铁矿等。在异常图上，Au、Ag、Bi、W、Mo、Pb、Zn、Cd均出现强内带，Cu出现内带。各元素既有一定的组合关系及共同的浓集中心，也有各自的特点。其中Bi、W、Mo、Zn、Cd异常形态相近，互相套合较好，其中一部分分布于分水岭岩体及周围，另一部分则套合在Au异常场内；Ag、Pb异常形态相似，互相吻合；Cu异常以较小范围套和在Ag、Pb异常内。在金矿床基础上还要注意寻找岩浆热液型铅锌矿床。

37. Z-53乙 青龙马圈子Pb-Ag-Zn-Bi-Cd异常

出露遵化群、闪长质片麻岩、奥长花岗片麻岩、蓟县系杨庄-雾迷山组及燕山期花岗岩，已知金矿2处，在金矿基础上寻找岩浆型铅锌矿床。该异常包含2处1∶20万化探异常。

青龙马圈子金矿床异常位于马圈子北西3km，马圈子-石湖沟断裂的西侧，受北东向断裂控制。出露太古宙遵化岩群斜长角闪岩、变粒岩和同期片麻岩花岗斑岩呈岩株产出。金矿属含金石英脉型，产于片麻岩及花岗斑岩中，受北东向次级断裂控制，伴生矿物有黄铁矿、黄铜矿、方铅矿等。异常由Au、Ag、Fe、Mn、Co、Pb、Cd、Zn、W、Bi、Hg、Cu、F、Ni、Cr组成，其中Ni、Cr异常面积最大，其他元素异常多属分布在金矿上，浓集中心基本一致。Au、Ag、Pb、Bi、W等元素多具有内带或强内带，Fe、Co、Cu、Zn元素只有外带。在矿体上方出现Au、Ag、Cu、Pb、Zn、Cd、W、Mn、Bi、Hg异常，Cr、Ni、Co异常中心不在矿床上。异常反映了已知矿床，但不排除找到新的矿化地段之可能。

马圈子西南异常由Pb、Au、Ag、W、Hg、Cr、Cu、Zn、As、Ni、Sb组成，主要成矿元素中心大多重合，推测为金及多金属矿引起，具有较大找矿意义。冶金部地质大队正在做勘查工作。

38. Z-57甲 青龙三星口—安子岭Pb-Ag-Zn-Bi-Cd异常

出露太古宙变质侵入岩及燕山期花岗岩，以铜金异常为主，铅锌异常总体较弱，局部较强部位注意寻找岩浆型铅锌矿床。包含1∶20万化探异常5处。

青龙县周杖子北铅锌矿床异常位于青龙县周杖子乡北3km处，明水塘-三星口东西向断裂从南侧通过，断裂以南为中侏罗统火山岩，以北为太古宙混合岩、变粒岩及片麻岩，正长斑岩脉发育。铅锌矿产于北东向裂隙中。主要金属矿物为黄铜矿、闪锌矿、方铅矿，伴生组分为银、镉、铜、镓等。附近有已知汞矿点1处，金矿点2处。异常由Pb、Zn、Ag、Cd、Bi、Cu、Sb、As、Mn、F、Ba等组成，其中As、Ba、Bi异常较弱，Pb、Zn、Ag、Cd、Cu、Mn异常强度较高，形态规则，浓集中心落于矿床上方，F、Sb异常面积大，中心偏离矿床距离较大。

青龙周杖子异常中Cu、Pb、Zn、Ag、Sb、Hg、Cd等异常分带清晰、面积大。异常除反映了已知矿外，还指示了较好成矿远景，对寻找金、铜、铅、锌矿床具有较强指示意义。

青龙苇子沟异常中Cu、Pb、Au、Ag、Sr、F、Ba为已知金铜矿点引起，Y、La为酸性小岩体引起，Cr、Ni、V、P由基性岩脉引起。反映了金铜矿，还有新的矿产可能。

青龙龙王沟西异常中Mo、W、Bi、Au、Pb、Zn、Cu、Sb、Cd由铜金矿点引起，P、La、Y、Sr与花岗岩有关，F可能与北东向断裂有关。可作为钨矿的找矿线索。

青龙县化石沟异常位于双山子镇化石沟南2km处，山海关台拱的西侧，苇子沟-周杖子北西向断裂的南端，出露岩性为太古宙片麻岩、斜长角闪岩及闪长岩，花岗斑岩及中酸性脉岩发育，外围有钨金矿点各1处。异常由Li、W、Mo、Bi、Be、Cu、Pb、Zn、Au、Ag、Cd、Sb等元素组成，浓集中心一致。地表工程揭露表明，异常深部金矿化有变好趋势，已建议钻探验证。

39. Z-58乙 抚宁驻操营Pb-Ag-Zn-Bi异常

出露寒武奥陶系、侏罗系及燕山期花岗岩，已知小型铅锌矿2处，包含多处1∶20万化探异常。注意寻找岩浆热液型铅锌银矿床。

抚宁县黄土营异常位于驻操营乡,主要出露寒武系鲕状灰岩、页岩、泥岩,青白口系白云岩、砂岩,燕山期石英二长斑岩及闪长玢岩脉较发育。有已知铅锌矿点2处,围岩蚀变有硅化和大理岩化。异常由Cu、Pb、Zn、Ag、Mn、Cd、F元素组成,有共同的浓集中心。1987年,进行了1:1万土壤及岩石测量,圈出3个Pb、Zn、Au元素组合异常,其中Ag异常规模大于Pb、Zn、Au。认为该异常不失为一处寻找银、铅、锌矿产良好前景的异常,应布置钻探进行验证。

抚宁石门寨异常Pb、As异常强度较高,与矿化有关,对找铅具指示作用。抚宁杜庄异常中Pb、Zn、Ag、Mn、Sb、Cd、Ba位于已知铅锌矿点附近,Fe、Co、Ti、Li为伴生元素。抚宁猩猩峪异常中Nb、Y、Sn、Pb异常由响山花岗岩引起,具有指示作用。

40. Z-59乙 青龙老岭(响山)Pb-Zn-Ag-Cd-Bi异常

出露变质侵入岩及燕山期碱性花岗岩,为岩浆热液型铅锌矿远景区,包含1:20万化探异常2处。

抚宁柳谷庄异常由Ba、Pb已知矿点引起,Fe、V、Nb、La、Y与太古宙变质闪长岩有关,Sn、W、Au异常应进行查证。

青龙响山异常产于燕山期碱性花岗岩上,元素组合为Sn、Pb、Zn、Mo、W、Bi、Cd、Au、Ag、As、Sb、Li、Be、F、Ba、La、Cs、Y、Rb、Nb、U等,其形态及规模正好与响山岩体吻合。各元素浓集中心一致或相近。最高值/下限(μg/g):Sn 27.1/0.8,Pb 61.9/4.9,Zn 87.5/20.9,Mo 1.9/0.4,Au 6.3/1.3。从土壤剖面测量可见,土壤中Sn、Pb含量比岩石中有所降低,Zn则明显增高;在岩体的边缘相和中心相的界线附近,三种元素都发生亏损现象;含量曲线形态为不规则的锯齿状,反映矿化的分散特征;异常主要位于相带两侧,尤其内侧,远离该带含量有降低趋势。本区锡、铅密切相关,二者比值可反映成岩温度的相对高低。从Sn/Pb等值线图上可见,以老岭为中心,向西和东南方向有一狭长的低值区,即温度较低的区域,这正是Sn、Pb、Zn组合异常的范围。从异常元素组合看,它们主要形成于岩浆期后中温热液阶段。本区对于寻找锡石矿床似意义不大,但应注意综合评价锡、铅、锌、铍、钼、铌、钇、铀、铷等元素的工业意义。

41. Z-50乙 涿鹿黑山寺-大堡 Pb-Ag-Zn-Bi-Cd异常

出露长城系、蓟县系沉积岩、侏罗系火山岩及燕山期花岗岩,已知小型铅锌矿3处,注意寻找岩浆热液型铅锌矿床,包含1:20万化探异常4处。

涿鹿县代家沟乙类异常地层为蓟县系雾迷山组白云岩,中部为椿树沟石英二长岩体,已知矿产地椿树沟热液型黄铁矿及锰矿点各1处。异常由Ag、Pb、V、W、F、Mo、Zn、Au、Ti、Sr、Co、Cd、Nb、Bi组成,具同一浓集中心,与已知矿点吻合,但规模不大,浓度偏低,应注意扩大金银的找矿远景。

涿鹿县杏园乙类异常大部分为花岗闪长岩分布,东南围岩为崇礼群变质岩,西南部为长城系沉积岩。中部有东西向逆断层通过,两侧有石英斑岩产出。异常由Sn、Au、Ag、Pb、Cr组成,形态规整,组合较好,但浓度不高。1989年河北省地质三队进行1:5万分散流查证,认为异常由矿化石英脉引起,注意金银找矿远景。

涿鹿县相广甲类异常出露地层为侏罗系髫髻山组、张家口组火山-沉积岩,西北部第四系中零星出露长城系高于庄组。西缘有北西、北东相断层交叉。已知东羊波洞小型火山热液型锰矿床、穆家沟热液型锰矿点。异常由Pb、Ag、Zn、Mn、As、Sb、Cd、Au、Bi、Cu、Mo、La组成,浓度高、规模大,具分带。最新勘探表明,锰矿脉中含银很高,达中型,并伴生金,建议二级查证。

涿鹿县口前甲类异常东南部为第四系覆盖,西北部出露蓟县系雾迷山组、青白口系下马岭组、景儿峪组、寒武系、侏罗系。北缘有北西向正断层。花岗岩和花岗闪长岩侵入蓟县系和青白口系,有史家沟热液型锰矿点、上井沟小型热液型锰矿、口前小型矽卡岩铁钼矿、黑山寺小型岩浆热液型锰矿和铅锌矿点。异常由Bi、Cu、Sb、Ag、Zn、Cd、Pb、Mo、W、Au、Sn、Mn、V、Co、As组成,浓度高、强度大,具一定含量梯度变化,是寻找Mn、Au、Ag为主的多金属矿产良好靶区,建议一级查证。

42. Z-63乙 涿鹿谢家堡-黄金坎 Pb-Ag-Zn-Cd-Bi异常

出露阜平杂岩、长城系高于庄组、青白口系、侏罗系及燕山期侵入岩,已知中型铅锌矿1处,小型4处,为岩浆热液型铅锌银矿远景区,对应1:20万化探异常多处。

涞水县蓬头乙类异常西部为阜平群黑云角闪斜长片麻岩夹斜长角闪岩,底部为变粒岩,东部为寒武系灰岩,中部为长城系高于庄组白云岩。发育北北东向断裂,有花岗斑岩脉穿插。异常由 Ag、Au、Cd、Pb、Hg、B、Sb、Zn、Mo、Sn 组成,浓集中心一致,组合齐全,推断为矿化异常,地质六队三级查证效果较好,可转入二级查证。

涞水县金塔洞乙类异常出露阜平群黑云角闪斜长片麻岩夹斜长角闪岩,底部为变粒岩,长城系高于庄组白云岩,北北东向、北西向断裂各1条,金、铜矿点各1处。异常由 Au、Cu、La、Ag、Pb、Sr、Mo、Bi、Zn、P、Hg、W 组成,强度高,规模大,推测为含金银多金属矿引起,建议三级查证。

涞水县福山口丙类异常西北部为阜平黑云角闪斜长片麻岩夹斜长角闪岩,底部为变粒岩,东南部蓟县系雾迷山组白云岩,与阜平群呈断层接触。紫荆关断裂从中部通过,有北西西向煌斑岩脉穿插。北部有磁铁矿点1处。异常由 Au、Cu、Mo、Hg、Ag 组成,大多强度较低,规模较小,Au 异常规模大、强度高,应引起注意。

43. Z-64甲 涞源东团堡-王安镇-银坊 Pb-Ag-Zn-Cd-Bi 异常

该异常以王安镇岩体为中心,出露阜平杂岩、长城系、青白口系、侏罗系及燕山期花岗岩,已知中型铅锌矿1处、小型4处,为岩浆热液型铅锌多金属远景区,包含1:20万化探异常多处。

涞源县鹅头村乙类异常处于王安镇岩体东北接触带靠近火山沉积地层中,有火山口发育,出露地层为侏罗系张家口组流纹岩、安山岩,蓟县系雾迷山组、铁岭组白云岩,有花岗岩、花岗闪长岩和北东、北北东向及南北向断裂。在火山岩靠岩体部位发现硅化、绿帘石化、蛇纹石化。异常由 Au、Pb、Sn、Cd、Bi、Ag 组成,其中 Au 异常有二级浓度分带,有统一的浓集中心,地质条件较好,有重砂异常,为矿化异常,可进一步工作。

涞源县西团堡乙类异常位于王安镇岩体与蓟县系雾迷山组白云岩、石英砂岩接触带上,白云岩在花岗闪长岩体内呈顶盖残留体,普遍有大理岩化、蛇纹石化,内接触带有矽卡岩化,有锰铁矿点赋存于矽卡岩带内。异常由 Zr、Co、V、U、F、Cu、Sr、Fe、P、Ti、La、Sc 组成,强度低,为一级浓度分带,有统一浓集中心,沿接触带有高强度航磁异常,在 Cu 异常区有 Cu、Mo 重砂异常,见有五节崖含铜磁铁矿。应进一步工作,重点在 Cu、Co、V、Fe 异常区。

涞源县镰巴岭乙类异常位于王安镇岩体北部,出露地层为长城系高于庄组至蓟县系铁岭组,地层走向斜交岩体接触面。据航磁资料,中部沉积层下有隐伏岩体,接触面凹凸不平,岩体内和围岩中,南北向节理发育。接触带中已知矽卡岩型铁矿、接触交代或热液型石棉矿多处。围岩中有中型多金属矿床,并含有 Au、Ag、Cd 等元素。异常由 W、Pb、Mo、Cd、Au、Bi、Ag、Zn、Cu、Hg、Co、F、Hg、Cr、Ni、Ba 组成,主要金属异常强度高,Pb、Cd、Au、Bi 具三到四级浓度分带,浓集中心基本一致,有高强度的铅、铜、金、银重砂异常,矿化标志明显,在已知矿床周围可望有新发现。后经地质调查院勘查,成为铅锌多金属矿产地。

涞源县王安镇乔达沟乙类异常位于王安镇岩体西南部与围岩接触部位,西部有蓟县系和寒武系在花岗闪长岩中,接触面复杂,有矽卡岩化和铜矿点;东部有花岗闪长岩分布区,并蓟县系、寒武—奥陶系顶盖残留体,有南赵庄中型铅锌矿;西北部为铁岭-浮图峪铜铁中型矿床。北北东、北西向断裂十分发育。据航磁资料,岩体内有隐伏白云岩捕掳体存在。异常由 Cd、Zn、Cu、Ag、Bi、Pb、Mn、Hg、W、Sn、Au、Be、Co、Mo、Fe 组成,强度高,大多具四级浓度分带,组分分带明显,为很好的多金属成矿异常。有四个浓集中心,其中茅儿峪 Cu 浓集中心,为已知中型铜矿床;乔达沟 Cd、Ag、Cu、Zn、Bi、Pb、Mn 浓集中心,有望找到多金属矿床;木吉村东 Au 浓集中心,Au 浓集程度很高;木吉村西南 Sn 异常,强度很高,均有很好的找矿希望。应开展大比例尺工作,扩大已知矿远景,发现新的矿床。

三、最小预测区综合评价

1. 康保县上白井勿素(13-X-V-1)

圈于13-Y-B-2铅矿预测区。选区位于康保县哈咇嘎乡上白井勿素村南,面积2km²。在1:20万地球化学异常为康保幅 AP32-1，以 Pb、Zn、Ag、Au 为主。1996 年河北省物探队三分队查证认为是多金属矿产床最小预测区,1997 年二级查证投入方法为 100m×20m 土壤测量、激电测量、测深和综合剖面等。

1) 地质概况

位于华北地台北缘中段内蒙地轴之土城子台穹上。出露地层为太古宙单塔子群浅粒岩,北部和南部浅粒岩中石英、长石定向排列较明显,岩石中常见石墨呈片状定向排列。

断裂构造主要分布于中部,有 NW、NE 和 EW 向三组,以 NW 向为主,NE 向构造一般是 NW 向断层的次级构造。矿化蚀变受断层控制,主要有硅化、绢云母化及褐铁矿化。北距兰阁铅锌矿 8km,1∶20 万化探异常特征及地质条件二者相似,同属康保兰阁铅锌多金属成矿远景区,有利于铅锌等元素富集,是较好的最小预测区。

2) 地球化学特征

工区岩石、土壤地球化学参数表(表 7-3-1)可见:浅粒岩中 Pb、Zn、Ag、Mo、As、Sb 含量偏高,呈高背景分布;蚀变浅粒岩中 Pb、Zn、Ag、Au 等含量较高,为主要异常元素,As 在蚀变浅粒岩中普遍较高,是主要伴生元素;土壤比岩石中明显富集的元素有 As、Cu、Zn,明显贫化的有 Au、Ag、Pb、Mo、Hg 变化不明显。

表 7-3-1 康保县上白井勿素岩石地球化学参数表

岩性	样数	参数	Au	Ag	Cu	Pb	Zn	As	Sb	Hg	Mo
浅粒岩	26	x	3.144	0.276	35.5	38.27	88.27	34.15	1.50	17	1.54
		s	3.39	0.16	27.45	76.11	36.30	44.28	1.03	3.11	1.69
		Cv	1.078	0.580	0.773	1.989	0.411	1.297	0.687	0.183	1.097
蚀变浅粒岩	138	x	28.17	9.63	275	1 891	1 930	182.1	13.51	24.93	2.386
		s	636.6	25	462	3 356	2 501	45.7	6.45	17.5	2.382
		Cv	2.258	2.596	1.681	1.775	1.296	0.251	0.478	0.702	0.998
		max	503	182	2 500	>1%	>1%	>200	>20	306	22.4
土壤	1 090	x	1.461	0.208	43.8	26.7	114.6	94.1		16.19	1.05
		s	0.803	0.124	18.76	14.1	33.6	72.2		3.16	0.563
		Cv	0.55	0.60	0.43	0.53	0.29	0.77		0.20	0.54
		T	2.0	0.2	80	40	150	50		22	1.6

注:x 为均值;s 为离差;Cv 为变异系数;T 为异常下限;Au、Hg 含量单位为 ng/g,其余含量单位为 μg/g

3) 地球物理特征

由物性参数统计可知,浅粒岩、构造角砾岩和石英脉 ηs 较低,在 1.5% 左右,而蚀变浅粒岩极化率较高,ηs 平均为 6.37%,最高为 12.68%。其中星点状和脉状石墨 ηs<10%、褐铁矿 ηs 为 15%、褐锰矿 ηs 为 5%,高极化率由石墨和多金属矿化共同引起。

4) 异常解释推断

共圈定 3 处化探异常和 2 处激电异常,AP2、AP3 不同程度地与激电异常吻合。

AP2 异常位于靶区中部,由 Au、Ag、Cu、Pb、Zn、As、Hg、Mo 组成,以 Pb、Zn、Ag 等为主,走向 NW,长 1km、宽 500m,带状,面积 0.5km²,Pb、Zn、Ag、Au 等元素浓度分带明显,多具内带,有统一浓集中心。最高值 Au 60ng/g、Ag 7.4μg/g、Cu 300μg/g、Pb 8 500μg/g、Zn 3 500μg/g、As>200μg/g、Hg 50ng/g、Mo 3.7μg/g(表 7-3-2)。

以≥5.0% 圈定的激电异常 D1-2 与 AP2 异常大致吻合,长 1 000 余米,宽 300~600m,面积约 0.4km²,极化率最高值 11.07%。在 ηs>7% 的高值带布设 TC4,发现石墨含量约 5%,元素含量未见异常。

表 7-3-2 康保县上白井勿素 AP2 异常参数表

参　　数	Au	Ag	Cu	Pb	Zn	As	Hg	Mo
面积（km²）	0.14	0.68	0.08	0.412	0.396	0.764	0.044	0.212
最大值	60	7.4	300	8 500	3 500	200	50	3.7
均　　值	12.37	0.786	146.3	512.6	594.4	153.2	40.0	2.62
衬　　值	6.19	3.93	1.83	12.82	3.96	3.06	1.82	1.64
规　　模	0.87	2.67	0.15	5.26	1.58	2.33	0.07	0.34

注：Au、Hg 含量单位为 ng/g，其余含量单位为 μg/g

异常中心部位浅粒岩中断层发育，有 NE、NW 两组，长 100～400m、宽 1～5m，用 TC1、TC3 揭露，其中岩石破碎蚀变普遍，有硅化、高岭土化、绢云母化、褐铁矿化、碳酸盐化等，蚀变强烈处变为褐铁矿化绢英岩。偶见 5cm 宽石英脉穿插。探槽取样均有异常，其中 TC3 中 4 处强蚀变浅粒岩 Pb 含量大于 8 000μg/g，已达工业品位；Ag 最高含量 86μg/g，已达边界工业品位。TC1 中 Pb 有 3 件样品、Zn 有 4 件样品大于工业品位（表 7-3-3）。

表 7-3-3 上白井勿素 TC1、TC3 样品含量统计表

元　　素		Au	Ag	Cu	Pb	Zn	As	Sb	Hg	Mo
TC1	平均值	9.59	4.36	178.2	1 147	2 477.3	173.1	13.88	21.2	1.47
	最大值	103	20.76	1 000	≥10 000	>10 000	>200	>20	56	5.0
TC3	平均值	31.0	7.6	188	1 773	965	170	11.8	20.2	3.42
	最大值	331	86	1 500	>10 000	2 800	>200	>20	52	9.0
石英脉	平均值	17.98	4.50	58.8	838	731	182	13.6	21.0	2.49
	最大值	30	17.8	100	3 500	3 000	>200	>20	32.0	4.20

注：Au、Hg 含量单位为 ng/g，其余含量单位为 μg/g

从统计结果看，探槽蚀变岩石和石英脉异常也以 Pb、Zn、Ag 为主，与土壤元素组合一致。

从土壤和岩石中元素组合看，异常低温元素 As 含量和规模大于高温元素 Mo，推断矿化向下仍有延伸。其他异常解释详见表 7-3-4。

表 7-3-4 上白井勿素异常解释表

异常编号	地质特征	地球化学特征	地球物理特征	解释推断
AP1	位于靶区西部的浅粒岩中	由 Au、Cu、Pb、Zn、As、Mo 组成，走向 NW，长 600m、宽 350m、面积 0.2km² 的带状。Pb、Zn 面积较大，吻合较好，其他元素面积较小。各元素最高值 Au 1.5ng/g，Pb 2 500μg/g，Zn 2 500μg/g，Cu 80μg/g，As 250μg/g，Hg 144ng/g，Mo 3.2μg/g		中心部位有 NW 向破碎带，宽 1m、长 300m，蚀变发育。岩石样最高值中 Ag 0.65μg/g，Pb 400μg/g，Zn 130μg/g，Cu 100μg/g，As 51μg/g，Sb 2.6μg/g，Hg 16ng/g，Mo 1.4μg/g，前缘元素面积较大，推断主要矿化体埋藏较深，有找矿前景
AP3	位于靶区南部的浅粒岩中	由 Au、Ag、Cu、Pb、Zn、As、Hg、Mo 组成，以 Ag、As、Mo 为主，走向 NW，长 1 000m，宽 300m 带状，面积 0.3km²。Ag、As、Mo 异常面积大，连续性好。最高值中 Au 35ng/g，Ag 7.12μg/g，Cu 100μg/g，Pb 3 000μg/g，Zn 1 500μg/g，As>200μg/g，Mo 11.7μg/g	D2 异常位于 AP5 北部，走向 NW，长 800m，宽 100～150m，极化率 8.18%，推测与石墨关系密切	地质、地球化学特征与 AP2 相似，产因一致，规模较大，具找矿前景

2. 丰宁县和顺店(13-X-V-2)

圈于13-Y-B-3铅矿预测区。选区位于丰宁县北部,隶属草原、平安堡乡管辖。

1:5万水系沉积物测量结果在和顺店北圈出了Pb、Ag、Zn、Hg、Mo、As、Sb、Mn等元素异常,面积约4km^2,由一个浓集中心组成,Pb最高>1 000μg/g,Ag>2 000μg/g,Hg、Mo、As、Sb、Mn等前缘指示元素中等强度异常范围较大,明显超过主要成矿元素异常。其中Pb、Zn浓集中心偏西,Ag、Hg、Mo浓集中心偏东,两者浓集中心的偏离可能显示不同的矿化类型。异常区内出露的主要岩石类型为石英斑岩,并有数条北西向断层穿过,局部被萤石细脉充填,中心部位的北西向断层中见铁锰细脉,与矿化关系密切。该异常可能由铅、锌、银矿化引起,且具一定的埋深。

1992年物探队和"河北北部半干旱区1:20万区域化探异常筛选和查证方法研究"项目组先后在和顺店进行了异常查证工作,详查面积10km^2,比例尺为1:1万,工区网度100m×100m。面积性工作采用裂隙充填物岩石测量,剖面性工作为磁法、电法和岩屑测量等。

1)岩石测量异常概述

和顺店工区面积性岩石测量共圈出单元素Ag异常4处、Pb异常5处、Zn异常3处、Mo异常2处、Hg异常8处。根据元素组合情况,从地质产因出发,归纳为4个综合异常,经研究认为AP1异常面积大,强度高,有激电异常吻合,成矿条件有利;AP2异常元素组合较好,强度较高,有一定找矿意义;AP3异常强度低,元素组合不好,初步认为是近地表矿化引起,无找矿意义;AP4异常规模小,只有Ag、Zn、Hg异常,产因不明。

2)岩石测量异常解释推断

AP1异常位于研究区中部偏北,呈面形不规则状,面积1.1km^2,出露张家口组流纹岩,西部受储矿构造F2-F4控制,东部受F3-F5储矿构造控制,主要矿化有褐铁矿化、铁锰矿化、黄铁矿化、萤石矿化、钾长石化等。Pb、Ag、Zn异常呈不规则状,伴有Mo、Hg等元素异常,其中最高值中Pb 2 000μg/g,Zn 2 000μg/g,Ag15μg/g,该浓集中心的东侧为近似等轴状的以Mo、Hg为主的浓集中心,有连续4个点Mo含量达500μg/g,已接近钼的边界品位,Hg最高4 020μg/g,Zn 3 000μg/g,Pb 4 000μg/g,Zn、Pb的最高含量为单点。异常具有较明显的分带性,以Ag、Pb、Zn组成的浓集中心主要集中于中间部位,Hg、Mo的强异常出现在Ag、Pb、Zn异常的东、北、西侧,呈半环状环绕在Ag、Pb、Zn异常的外侧(表7-3-5)。

表7-3-5 和顺店AP1号岩屑异常地球化学参数表

异常编号 AP1		面积1.1km^2		走向北西55°~60°		
元素	Ag1	Pb1	Zn1	Mo1	Hg2	Hg2	Hg7
面积	1.25	1.14	1.45	0.95	0.43	0.05	0.1
极值	15	2 000	2 000	800	4 960	3 420	720
均值	1.587	305.74	496.7	87.287	848.08	1 164.14	300.9
衬值	3.174	7.644	4.135	14.548	8.481	11.64	3.00
规模	3.968	8.714	5.995	13.82	3.646	0.582	0.30
下限	0.5	40	120	6	100	100	100
分带	3	3	3	3	3	3	3

注:Hg含量单位为10^{-9},其他元素含量单位为10^{-6};面积单位为km^2

据地质观察,异常区段的石英斑岩普遍具有不甚强烈的钾化和高岭土化蚀变,在异常浓集中心外侧主要为灰白色普遍弱高岭土化的石英斑岩,向异常中心逐渐过渡到钾长石化石英斑岩,并具弱的绿泥石化和绿帘石化。硅化既不强烈也不普遍。异常中心普遍见星点浸染状和细脉状黄铁矿化,地表基本以褐铁矿化形式出现，近地表见细脉状赤铁矿化和锰矿化发育，矿化蚀变与异常强度关系十分密切。此外，在和顺店村西侧出露的火山碎屑凝灰岩中 Zn 含量高达 7 000μg/g。从图中可见，Ag-Pb-Zn 异常中间空缺，尚未封闭，高值异常可能成为整体，并显示北东向展布，真正中心可能被第四系覆盖。

研究区东侧 Hg、Mo 异常浓集中心部位淘洗土壤和水系重砂结果表明，异常主要由铅、钼、辰砂等矿物和赤褐铁矿、石榴石等矿物引起，其中 Z1、Z3、Z4 重砂中钼、铅矿物含量可用克含量计算，银、锌在半干旱条件下易被氧化，主要以赤褐铁矿和软锰矿为载体出现。结果表明，该异常主要由肉眼难以观察的铅锌等矿物引起，在基岩中这些矿物可能多以细小的浸染状态产于矿化裂隙或矿化岩石中，且矿化程度较高，可能为主矿体外围矿化的显示（表7-3-6）。

表7-3-6 和顺店异常区重砂矿物一览表

样品	黄铁矿	钼铅矿	白铅矿	铅丹	辰砂	赤褐铁矿	软锰矿	石榴石	磁铁矿
Z1	10粒	0.1～0.3g	—	—	—	5 565粒	5粒	2 675粒	3 170粒
Z2	5粒	168粒	—	—	0.05～0.12 g	192粒	70粒	21粒	197粒
Z3	—	495粒	—	0.05～0.3 g	0.05～0.25 g	750粒	450粒	162粒	386粒
Z4	5粒	5粒	0.1～0.6g	自然铅0.2 g	—	2 750粒	10粒	2 300粒	233粒

依据上述资料分析，认为该异常由矿化引起，As、Hg 异常较强，是矿化体前缘晕的征兆，矿化体应为隐伏状态，且埋藏较深，估计在 200～300m 以下。

电法激电 ηs 异常与之吻合，有浓集中心存在。

由电测深剖面图可知，引起异常的地质体由厚层状体叠加而成，南北宽约 400m。通过对测深曲线模拟解释，求得极化体顶板埋深 50m，用量板求得埋深 100m。

1992 年 10 月提交验证孔 4 个，1994 年 9 月至 10 月河北省地质四队验证了 ZK1 孔，孔深 500m。在孔深 30m 处，见星点状、浸染状黄铁矿化，49m 以下黄铁矿化发育，直至终孔。在 70～75m 段见细粒方铅矿及闪锌矿，155～158m 见墨点状黄铁矿、方铅矿，220～225m 见黄铁矿、黄铜矿、方铅矿。其他各段黄铁矿化、黄铜矿化、方铅矿化、闪锌矿化、锰矿化、萤石化普遍发育。认为异常由 Pb、Zn、Mo、Ag 多金属矿化引起，是工区最具有找矿意义的异常。

AP2 异常位于西侧，西北两个方向未封闭，异常呈条带状，南北向展布，面积约 0.7km²。出露流纹岩，北部位于 F2-F4 北西向构造带中，有褐铁矿化和硅化。各元素异常强度均较低，与构造关系密切，Mo 异常较为明显，元素组合不好。激电中梯极化率异常幅值较低，初步认为是近地表矿化引起，找矿意义不大（表7-3-7）。

表7-3-7 和顺店 AP2 号岩屑异常地球化学参数表

异常编号 AP2		面积 0.7km²			走向南北向		
元素	Ag4	Pb3	Pb5	Zn3	Mo2	Hg6	Hg8
面积	0.03	0.1	0.03	0.03	0.3	0.33	0.16
极值	1.2	300	100	300	1.50	1 000	1 000
均值	0.816 7	92.727	67.5	15 821	39.9	405.3	395.4
衬值	1.63	21.318	1.69	1.3	6.65	4.05	3.95
规模	0.049	0.232	0.05	0.04	1.995	1.30	0.63
下限	0.5	40	40	120	6	100	100
分带	2	3	2	2	3	3	3

注：Hg 含量单位为 10^{-9}，其他元素含量单位为 10^{-6}；面积单位为 km²

AP3异常位于东南部,近似圆形,面积0.5km²,主要岩性为流纹斑岩,东部发育轻微铁锰矿化。为Ag、Pb、Zn、Hg组合异常,元素组合较好,极化率最高达7%,形态较好,认为是地下极化体引起,具有一定找矿意义(表7-3-8)。

表7-3-8 和顺店AP3号岩屑异常地球化学参数表

异常编号AP3		面积0.5km²		走向等轴状	
元素	Ag2	Pb2	Pb4	Zn1	Hg6
面积	0.2	0.25	0.02	—	—
极值	15	2 000	200	—	—
均值	1.632	373.519	128.3	—	—
衬值	3.264	9.338	3.2	—	—
规模	0.653	2.334	0.06	—	—
下限	0.5	40	40	—	—
分带	3	3	3	—	—

注:Hg含量单位为10^{-9},其他元素含量单位为10^{-6};面积单位为km²

AP4异常位于东北部,形态不规则,面积0.1km²,岩性为流纹斑岩,未见矿化。为Ag、Zn、Hg组合异常,其中Ag为二级分带,Hg、Zn为三级分带,区内无电法工作配合,也未发现断裂,产因难以定论(表7-3-9)。

表7-3-9 和顺店AP4号岩屑异常地球化学参数表

异常编号AP4		面积0.1km²		—	
元素	Ag3	Zn2	Hg3	Hg4	
面积	0.05	0.02	0.03	0.02	
极值	2.0	600	1 980	1 980	
均值	1.21	433.33	807	1 102	
衬值	2.42	3.611	8.01	11.02	
规模	0.12	0.072	0.24	0.22	
下限	0.5	120	100	100	
分带	2	3	3	3	

注:Hg含量单位为10^{-9},其他元素含量单位为10^{-6};面积单位为km²

建议对和顺店AP1号异常进行钻探验证,对钻孔进行综合物探测井和岩石原生晕化学分析。

3)瞬变电磁法(TEM)和地气测量结果

1994年"河北北部半干旱区1:20万区域化探异常筛选和查证方法研究"项目组对ZK002孔及其东西各200m测制了21、23、25线3条南北向金属气体测量剖面,结果在23线的ZK002孔南侧出现了宽约300m的Ag、Pb、Zn异常。对该异常的21、23、26、30线开展瞬变电磁法测量。

瞬变电磁法测量第26线结果表明,在2 400~2 600点之间出现高阻异常,数值高达1 000Ω·M,深度为-250m,向下呈扩大趋势,电阻率也明显增高,在剖面南端亦出现相似地质体,根据物性特征,推测为隐伏侵入岩体,高阻异常可能为岩体顶部小岩枝部分反映。该岩体从上到下电阻率逐渐增高,表明其上端可能含有铅锌矿化。在中部隐伏岩体两侧出现明显的电阻率梯度带，其南侧可能为两种岩性的界线，北侧电阻率陡然降低，出现一条竖直长条状低阻异常，该异常部位可能为通过异常区的断裂引起。因电阻率较低，推断该断裂带可能为矿化体的赋存部位，即为矿化破碎带。在矿化破碎带北侧，石英斑岩中出现的小于 $700\Omega \cdot M$ 的异常可能为矿化体引起，其埋深约 $-400m$。在两隐伏岩体的中间出现电阻率小于 $100\Omega \cdot M$ 的低阻异常，呈悬浮状，该处因第四系覆盖没有化探异常，但从 TEM 形态特征推测，该异常为矿化体引起。

从瞬变电磁法和地气测量推测结果看出，剖面上的断裂带呈北西向，从和顺店村北通过。断裂北侧电阻率一般 $>700\Omega \cdot M$，多在 $900 \sim 1\,000\Omega \cdot M$ 之间，该区出露岩石为石英斑岩，对应中高电阻率。在 $-250m$ 出现 $<700\Omega \cdot M$ 中低阻异常，$-400m$ 深度增大并向北东向延伸，可能为深部隐伏的铅锌矿化的反映。高阻侵入体呈哑铃状出现在北西向断裂带附近。两隐伏岩体之间呈悬浮状低阻异常，宽 300m、长 400m，可能为矿化体。

地气测量出现的 Pb、Zn 异常与电法推测的村北隐伏矿化体的位置十分吻合，证明推测的深部铅银矿化体存在。

综上所述，和顺店区域化探异常为隐伏的 Ag、Pb、Zn 矿化引起，它分布于隐伏侵入体的外侧，对成矿十分有利，且在地表见有高浓度的基岩裂隙异常和地气异常，与深部推断矿体相对应，该异常极有可能见到具有较大规模的工业矿床。

设计了 ZK003 和 ZK004 孔实施钻探验证，其中 ZK003 孔 Zn 含量曲线显示矿化主要集中在钻孔上部，且大部分见矿不理想。ZK004 孔矿化出现明显的变化，该孔岩芯主要为断裂碎屑岩，以石英斑岩为主，个别地段见 $1 \sim 2m$ 厚火山碎屑凝灰岩。从岩芯连续捡块分析结果可见，全孔统计，$Zn>0.5\%270m$，$>0.7\%180m$，$>2\%50m$；$Pb>0.35\%120m$，$>1\%40m$；$Mo>0.02\%120m$。Pb、Zn 矿化总厚度超过 120m，且高含量 Pb、Zn 重合。从钻孔 Ag、Pb、Zn、Mo、Hg、As、Sb 分布看出，Mo、Hg 高含量集中在 350m 以浅区段，Sb、As 出现的深度略大于 Hg、Mo；Pb、Zn 主要连续高含量区段出现在下部，反映了矿化元素的分带特征。Ag、Pb、Zn 的主体矿化集中于钻孔下部，在 530m 终孔时尚未穿透，深部仍有矿化体存在。

总之，该异常经过详细查证和钻探验证，在 ZK004 见到令人鼓舞的矿（化）体，表明具有很好的找矿远景，其找矿方向应以铅锌银为主。另外，本次异常查证获得的 TEM 低阻异常和地气测量异常主体均在地势低洼的地段。因此，找矿方向应主要集中在地势低洼地段，山体的异常只起到找矿引路作用。

3. 丰宁县黄旗(13-X-V-3)

位于 13-Y-B-3 铅矿预测区，是根据上黄旗幅 1:5 万分散流数据优选出的铅锌最小预测区。元素组合为 Pb、Zn，Pb 异常分为 4 个浓集中心，Zn 异常分为 2 个浓集中心。根据套合特征可圈定两个组合异常 AP1、AP2。AP1 位于测区中西部，由 2 个 Pb 异常和 1 个 Zn 异常组成，Pb 北部异常面积 $1.92km^2$，异常均值 $74.29\mu g/g$，最高值 $200\mu g/g$，南部异常面积 $1.9km^2$，异常均值 $70\mu g/g$，最高值 $120\mu g/g$。Zn 异常面积 $5.65km^2$，异常均值 $91.5\mu g/g$，最高值 $250\mu g/g$。AP2 位于中东部，由 Pb、Zn 异常组成。Pb 异常面积 $2.7km^2$，异常均值 $73.9\mu g/g$，最高值 $150\mu g/g$；Zn 异常面积 $3.16km^2$，异常均值 $92.5\mu g/g$，最高值 $400\mu g/g$。

区内岩浆活动剧烈，地层以侏罗纪张家口组火山沉积岩系为主，其次是第四系，中—晚侏罗世侵入岩及潜火山岩遍布全区，岩性主要为燕子窝超单元中细粒二长花岗岩、细粒石英二长岩、石英闪长岩，千层背超单元中粗粒-细粒碱性花岗岩及潜流纹岩，断裂北东向。其中异常呈带状，与断裂构造分布方向一致，浓集中心多与侵入岩相对应。该区目前只做了 1:5 万水系沉积物地球化学调查，还未发现矿点，但是成矿地质条件好，为热液型铅锌矿的有利靶区。

4. 崇礼县狮子沟(13-X-V-4)

位于 13-Y-A-5 铅矿预测区，选区原属 1:20 万崇礼县西狮子沟乙类异常，面积 $57km^2$。位于狮子沟复式向斜中段核部，南部、东部及北部边缘为张家口组石英斑岩及流纹岩，中部为燕山期第四旋回正长斑岩浅成岩株，侵入于张家口组中，副矿物有磁铁矿、锆石、磷灰石及榍石。异常由 B、Pb、Cd、Ag、Zn、

Au、As组成，Pb、Ag、Zn、Cd、La异常重合较好，有明显组合中心，As异常在东北边部，B异常面积最大，将所有异常包围在内。Pb、Ag、Zn、Cd含量较高，具二级浓度分带，规模较大，为主要成矿元素。三级查证结果，在张家口组凝灰岩中有一组产状350°∠80°的破碎带，宽10~20m，长400m以上。带内褐铁矿化、高岭土化及少量绿泥石化、硅化与铁锰矿化。蚀变带宽4m，捡块分析，最高值Cu 220μg/g，Pb 1 000μg/g，Zn 1 000μg/g，Ag 24μg/g，Au 11ng/g。嗣后进行了二级查证，使用方法有水系沉积物加密、土壤剖面测量、激电中梯及槽探。将异常分解多处，在二道沟、三道沟村西及四道沟等地均发现矿化露头。

1）1∶2.5万水系沉积物测量

参照1∶20万水系沉积物测量，在异常范围内系统布置水系沉积物加密采样，采样密度为8~12点/km^2，采样粒级为－10~＋60目。Ag、Pb、Zn、Cd元素分别以 0.205×10^{-6}、123.9×10^{-6}、267.1×10^{-6}、0.91×10^{-6} 为异常下限圈定异常，依据其空间分布位置，圈定综合异常6处（图7-3-1）。各异常数理统计特征见表7-3-10。通过对各异常数理统计特征值的分析，AP4异常规模最大，异常强度相对较低，AP3异常的异常强度在3个异常中为最高，在AP3异常中心部位，见硅化、铁锰矿化蚀变岩（转石），经取样分析，其元素含量分别为Ag 48.2×10^{-6}、71.1×10^{-6}，Pb 1.54%、3.66%，Zn 3.05%、0.48%，均已达到或接近工业品位，由此可以证实，该区存在工业矿体或较明显的矿化集中部位。

2）激电梯剖面测量

依据1∶2.5万水系沉积物测量及地形地质简测成果，在AP1、AP3异常部位分别布置了长度为800m，点距为20m的激电中梯测量剖面，测量结果表明，在矿化蚀变带、各类脉岩及其附近，视极化率有增高趋势，一般在2%左右，最高可达5%，视电阻率也有小幅增长，结合地质情况分析，认为是由矿化引起的，且矿化体的埋深较大，地表被剥蚀的可能性较小，深部找矿潜力较大。

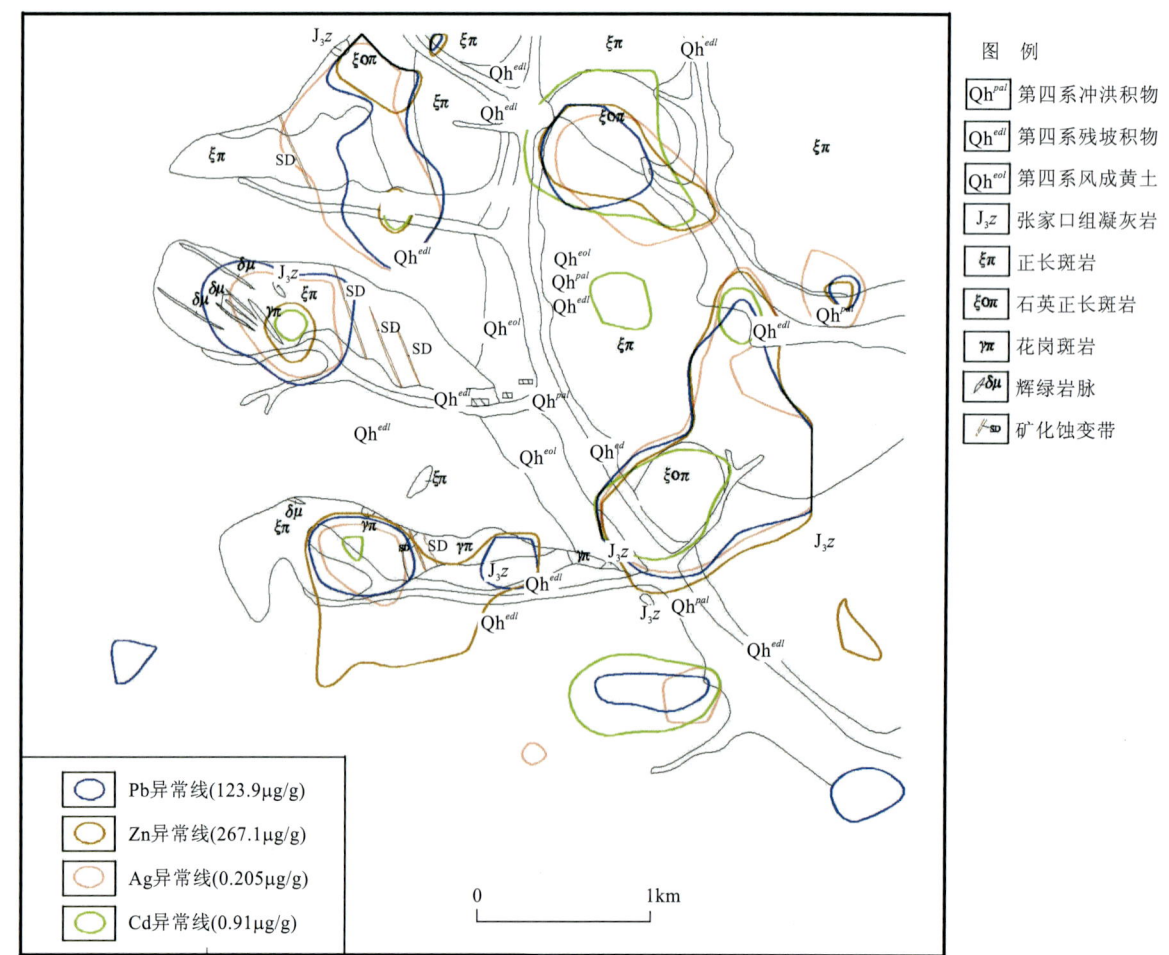

图7-3-1 狮子沟水系沉积物铅-锌-银-镉地球化学组合异常图

5. 丰宁县窄岭(13-X-V-5)

圈于 13-Y-B-8 铅矿预测区,为根据丰宁窄岭地区 1∶5 万分散流数据优选出的铅锌最小预测区。

元素组合为 Pb、Zn。圈定 1 个组合异常,位于测区中部。Pb 异常面积 6.37km^2,异常平均值为 66.37μg/g,最大值为 285μg/g;Zn 异常面积为 7.11 km^2,异常平均值 217.8μg/g,最大值为 808μg/g。

区内岩浆活动剧烈,地层以侏罗系张家口组火山沉积岩系为主,其次是第四系,侵入岩及潜火山岩遍布全区,出露岩性有古元古代晚期变质闪长岩、变质花岗闪长岩、二长岩、中—晚侏罗世棋盘山组合石英正长斑岩、石英闪长玢岩。断裂构造以近南北向为主,其次是北东向、北西向。该区目前只做了 1∶5 万水系沉积物地球化学调查,发现 1 个铜锌矿点,成矿地质条件好,为热液型铅锌矿的有利靶区。

表 7-3-10 狮子沟化探异常各元素异常参数(μg/g)

异常编号	异常参数	Ag	Pb	Zn	Cd	总 NAP
AP1	平均值	0.43	325.7	453	1.48	
	最大值	0.69	543	453	1.48	
	面积	0.7	0.5	0.03	0.02	
	分带	4	4	4	2	
	NAP 值	1.47	1.31	0.05	0.03	2.86
AP2	平均值	0.32	158	364	1.67	
	最大值	0.7	247	506	2.69	
	面积	0.44	0.28	0.38	0.59	
	分带	4	3	4	3	
	NAP 值	0.69	0.36	0.52	0.52	2.09
AP3	平均值	0.37	311.5	706	1.6	
	最大值	0.87	954	706	1.6	
	面积	0.28	0.44	0.07	0.02	
	分带	4	4	4	1	
	NAP 值	0.51	1.11	0.19	0.04	1.85
AP4	平均值	0.32	186	377	1.42	
	最大值	0.61	332	547	1.62	
	面积	1	1	1.2	0.6	
	分带	4	4	4	3	
	NAP 值	1.56	2.63	2.04	0.94	7.17
AP5	平均值	0.3	240	390	1.12	
	最大值	0.31	278	638	1.12	
	面积	0.17	0.22	0.79	0.01	
	分带	2	4	4	1	
	NAP 值	0.25	0.43	1.34	0.01	2.03
AP6	平均值	0.32	151.3		1.78	
	最大值	0.32	155		2.22	
	面积	0.08	0.11		0.3	
	分带	2	1		3	
	NAP 值	0.12	0.13		0.59	0.84

6. 涞源县大北庄-木吉村(13-X-V-6)

位于13-Y-A-13铅矿预测区，据涞源县大北庄-木吉村一带1：5万分散流数据优选出的铅锌矿、铜矿最小预测区。

元素组合为Cu、Pb、Zn、Ag，根据异常套合关系圈定4个组合异常(图7-3-2)，组合异常参数见表7-3-11。该区侵入岩体非常发育，以晚侏罗世斑状二长花岗岩、中粒石英二长岩、花岗闪长岩为主，其次是中侏罗世细粒角山闪长岩。该区位于浮图峪-木吉村铜矿西南部，距矿区约16km，产出地质环境与已知铜矿非常相似，目前只产出一个小型铜矿和数个铜矿点，推断AP2、AP3是矽卡岩及斑岩型铜矿床重点成矿靶区。AP1、AP3、AP4异常内均有铅锌矿点产出，距涞源大湾锌钼矿较近，是铅锌矿的有利成矿靶区。

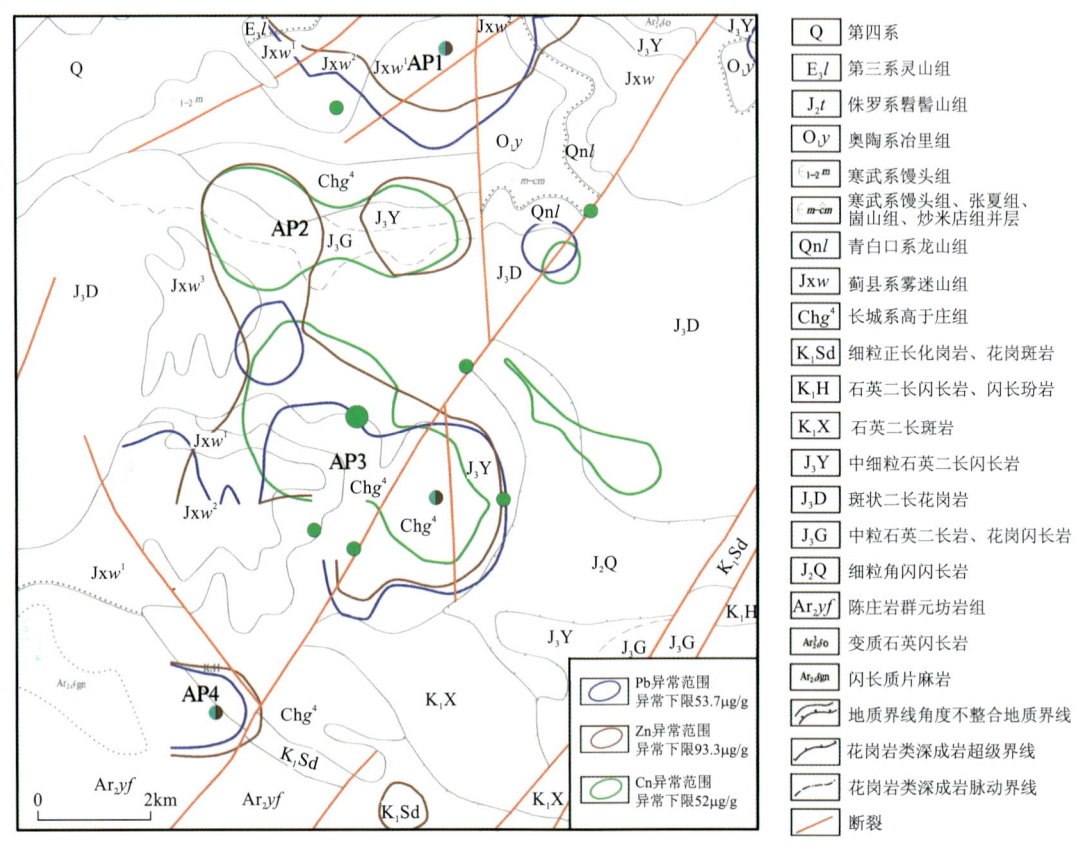

图7-3-2 大北庄-木吉村水系沉积物铅-锌-铜地球化学组合异常图

表7-3-11 涞源县大北庄-木吉村铜-铅-锌组合异常参数统计

异常参数	AP1			异常参数	AP2		
异常编号	Pb	Zn	Cu	异常编号	Pb	Zn	Cu
异常均值	492.1	189		异常均值		296.5	126.8
异常面积	7.1	5.43		异常面积		6.85	6.35
标准差	1 880.9	231.7		标准差		363.3	164
最大值	10 000	962		最大值		1 340	640
异常参数	AP3			异常参数	AP4		
异常编号	Pb	Zn	Cu	异常编号	Pb	Zn	Cu
异常均值	204.65	319.1	186.4	异常均值	177.5	228.74	
异常面积	11.63	16.13	10.1	异常面积	1.56	2.23	
标准差	317.7	557.7	315.1	标准差	187.4	358.3	
最大值	1 170	2 320	1280	最大值	310	868	

第四节 锌矿找矿预测区综合评价

依据主成矿元素和密切伴生元素异常组合范围,结合区域地质控矿规律,全省共圈定11处预测区,综合异常54处,重点最小预测区7处。由于锌铅密切伴生,二者预测区基本一致,其地质地球化学特征可供参阅。

一、找矿预测区综合评价

1. 围场哈里哈-龙头山预测区(13-Y-C-1)

与Pb预测区(编号13-Y-C-1)同范围。属C级预测区,北西向展布,区域面积415 km^2。包括Z-2甲和Z-5乙综合异常,元素组合为Pb、Zn、Ag、Cd、Bi。推断为岩浆热液型铅锌矿远景区。

2. 康保哈咇嘎预测区(13-Y-B-2)

与Pb预测区(编号13-Y-B-2)同范围。属B级预测区,区域面积533 km^2。圈定Z-14甲综合异常,元素组合为Pb、Ag、Zn、Bi、Cd。是寻找铅锌银铜中低温热液交代-充填多金属矿床的有利地段。圈定康保县上白井勿素铅锌银矿最小预测区。

3. 丰宁草原-黄旗预测区(13-Y-B-3)

与Pb预测区(编号13-Y-B-3)同范围。属B级预测区,区域面积3 420 km^2。圈定Z-6甲、Z-7乙、Z-10乙、Z-16甲、Z-17乙综合异常,元素组合为Pb、Zn、Ag、Bi、Cd等。该区成矿条件好,具非常大的找矿潜力,找矿方向为火山 次火山热液型。圈定丰宁县和顺店、丰宁县黄旗铅锌矿最小预测区。

4. 围场下伙房-丰宁王营预测区(13-Y-B-4)

与Pb预测区(编号13-Y-B-4)同范围。属B级预测区,北东向展布,区域面积2 698 km^2。圈定Z-8乙、Z-13甲、Z-18乙、Z-19乙、Z-25乙综合异常,元素组合为Pb、Zn、Ag、Bi、Cd等。有希望找到中型或大型以上规模的矿床,找矿方向以岩浆热液型为主。

5. 张北三号-宣化庞家堡预测区(13-Y-B-5)

与Pb预测区(编号13-Y-B-5)同范围。属A级预测区,区域面积4 720 km^2。圈定Z-15甲、Z-21乙、Z-22乙、Z-28甲、Z-35乙综合异常,元素组合为Pb、Zn、Ag、Bi、Cd等。成矿地质条件非常好,具备热液型铅锌矿的找矿潜力。圈定崇礼县狮子沟铅锌最小预测区。

6. 赤城青羊沟-丰宁杨木栅子预测区(13-Y-B-6)

与Pb预测区(编号13-Y-B-6)同范围。属B级预测区,区域面积1 809 km^2。包括Z-23甲、Z-24乙,元素组合为Pb、Zn、Ag、Cd、Bi等。产出青羊沟中型铅锌矿,在已知矿区深部及外围、有利的地质、岩浆和断裂构造部位找矿潜力大,找矿方向为热液型铅锌矿。

7. 承德磴上-平泉郭杖子预测区(13-Y-B-7)

与Pb预测区(编号13-Y-B-9)同范围。属B级预测区,北西向展布,区域面积4 307 km^2。包括Z-27甲、Z-31甲、Z-32乙、Z-38甲综合异常,元素组合为Pb、Zn、Ag、Cd、Bi等。已知姑子沟、轿顶山、五道河子等中小型铅锌(银)矿、小寺沟铜钼矿和数个铅锌(银)、铜、金矿点。本区主成矿及伴生元素异常分带清晰,浓集特征明显,套合好,断裂构造及岩浆活动剧烈,推断成矿潜力大,找矿方向为热液型铅锌矿。

8. 兴隆陡子峪-宽城孟子岭预测区(13-Y-B-8)

与 Pb 预测区(编号 13-Y-B-10)同范围。属 B 级预测区,东西向展布,区域面积 3 283km²。包括 Z-44 甲、Z-46 乙综合异常,元素组合为 Pb、Zn、Ag、Cd、Bi、Mn、B、F 等元素。已知高板河大型硫铁铅锌矿、黄土梁中型铅锌矿、尖宝山中型金矿及蘑菇峪铜钼多金属矿,推断为沉积型铅锌矿远景区。区内有小型金矿 4 处、矿点 12 处,集中分布于挂兰峪至金山子一带,均为含金石英脉型,在金矿床基础上还要注意寻找岩浆热液型铅锌矿床。

9. 宽城铧尖-青龙草碾预测区(13-Y-C-9)

与 Pb 预测区(编号 13-Y-B-11)同范围。属 C 级预测区,北西向展布,区域面积 1 289km²。已知峪耳崖大型金矿 1 处、中型金矿 5 处、小型 25 处,为岩浆型和浸染型金矿远景区。包括 Z-47 乙综合异常,元素组合为 Pb、Zn、Mn、F、B。该区以金矿床为优势,但不排除沉积型和岩浆型及伴生的铅锌矿可能。

10. 青龙马圈-抚宁石门寨预测区(13-Y-B-10)

属 B 级预测区,北西向展布,区域面积 2 537km²。已知三家(马圈子)金矿、半壁山金矿、周杖子铅锌矿床。包括 Z-45 乙、Z-48 甲、Z-49 乙综合异常,元素组合为 Pb、Zn、Ag、Bi、Cd 等。推测有希望找到中型以上规模的矿床,找矿方向以热液型为主。

11. 涿鹿五堡-谢家堡-涞源走马驿预测区(13-Y-A-11)

比 Pb 预测区(编号 13-Y-B-13)范围略小。属 A 级预测区,北东向带状展布,异常面积 5 671km²。优势矿种为磷、铁、铜、钼、铅、锌、金、银等。中生代矿床受滨太平洋成矿域控制,矿化类型为斑岩型大湾式和木吉村式、矽卡岩型涞源式和大湾式、热液型镰巴岭式、大石峪式、石英脉-蚀变岩型柴厂式等,找矿潜力巨大。包括 Z-42 乙、Z-51 乙、Z-52 甲综合异常,元素组合为 Pb、Zn、Ag、Bi、Cd 等。圈定涞源县大北庄-木吉村铅锌铜矿最小预测区。

二、综合异常评价

全省共圈定以 Zn 为主的综合异常 54 处,其中有 33 处重点异常圈定于预测区内。下面对这 33 处重点异常进行评价。

1. Z-2 甲围场哈里哈 Zn-Ag-Pb-Cd 异常

出露侏罗系张家口组、白垩纪粗面安山岩及第三系汉诺坝组玄武岩,已知满汉土-小扣花营锰银矿,推断为岩浆热液型银矿伴生锌。

2. Z-5 乙 围场龙头山 Zn-Pb-Ag-Cd-Bi 异常

出露中元古代及燕山期侵入岩(Pt_2S、J_1B)、侏罗系张家口组、白垩纪侵入岩($\tau\alpha K_1$、K_1S),推断为岩浆热液型铅锌矿远景区。

3. Z-6 甲 丰宁和顺店 Zn-Ag-Pb-Cd 异常

出露侏罗系张家口组和同期次流纹岩,钻孔中亦见到铅锌钼矿化,属岩浆热液型,其工业储量有待确定。

4. Z-7 乙 丰宁森吉图茶棚 Zn-Ag-Pb-Cd-Bi 异常

出露侏罗系张家口组、白垩系义县组及粗面安山岩,冶金部门在茶棚发现银矿床。推断为热液型铅锌银矿远景区。

5. Z-8乙 围场下伙房 Zn-Pb-Ag-Cd 异常

出露古元古代花岗闪长岩、侏罗系张家口组及燕山期花岗岩（J_2C），次火山岩（λJ_3）为岩浆热液型铅锌矿远景区。

6. Z-10乙 丰宁鱼儿山 Zn-Pb-Ag-Cd 异常

出露侏罗系张家口组及同期流纹正长斑岩，北东、北西两组断裂交汇，为岩浆热液型铅锌矿远景区。

7. Z-13甲 隆化碱房 Zn-Pb-Ag-Cd-Bi 异常

出露侏罗系张家口组、白垩系义县组，燕山期侵入岩（J_2J、J_3M），北东向断裂发育，已知大型岩浆热液型北岔沟门铅锌银矿。

8. Z-14甲 康保哈呦嘎 Zn-Ag-Pb-Bi-Cd 异常

出露晚太古代红旗营子群、古元古代斑状二长花岗岩，已知兰阁小型铅锌矿，为岩浆热液型铅锌矿远景区，其中康保上白井勿素为重点最小预测区。

9. Z-15甲 张北蔡家营 Zn-Pb-Ag-Cd-Bi 异常

出露古元古代二长花岗岩、侏罗系张家口组，南部有火山机构发育，已发现蔡家营大型铅锌银矿床，属岩浆热液型。

10. Z-16甲 丰宁天桥沟梁 Zn-Pb-Ag-Cd-Bi 异常

出露古元古代斑状二长花岗岩、海西期花岗岩（P_1W、P_1D）、侏罗系张家口组及燕山期花岗岩（J_2C、J_3Sz、J_3Bb），已知牛圈（营房）岩浆热液型银金矿伴生锌。

11. Z-17乙 丰宁苏家店 Zn-Pb-Ag-Bi-Cd 异常

出露古元古代二长花岗岩、海西期花岗岩（P_1W、P_1D）、侏罗系张家口组及燕山期花岗岩（J_2C、J_3Sz、J_3Bb），推断为岩浆热液型铅锌矿远景区。

12. Z-18乙 丰宁樱桃沟 Zn-Pb-Bi-Cd 异常

出露海西期花岗岩（韩家店岩体南缘）、侏罗系张家口组、白垩系义县组及燕山期侵入岩（K_1Sd、K_1S），发现樱桃沟门铅锌银矿，为岩浆型铅锌矿远景区。

13. Z-19乙 隆化白虎沟 Zn-Pb-Ag-Cd-Bi 异常

出露燕山期侵入岩（J_2J、J_3B、J_3W、J_3S），火山口发育，为岩浆热液型铅锌矿远景区。

14. Z-21乙 崇礼下山岔 Zn-Pb-Ag-Bi-Cd 异常

出露新太古代红旗营子群、古元古代石英闪长岩、二长花岗岩、海西期花岗岩、侏罗系土城子组，北西西向断裂发育，为岩浆热液型铅锌矿远景区。

15. Z-22乙 崇礼狮子沟 Zn-Pb-Ag-Cd-Bi 异常

出露侏罗系张家口组和侵入岩（J_3M），北西向断裂发育，推断为岩浆热液型铅锌矿远景区，属重点最小预测区。

16. Z-23甲 赤城青羊沟 Zn-Pb-Ag-Cd-Bi 异常

出露新太古代红旗营子群、二长花岗岩、闪长质片麻岩、侏罗系张家口组，南北向断裂发育，已知青羊沟中型岩浆热液型铅锌矿。

17. Z-24 乙 赤城白草-丰宁杨木栅子 Zn-Pb-Ag-Cd-Bi 异常

出露新太古代二长花岗质片麻岩、古元古代花岗闪长岩、侏罗系张家口组及海西期—燕山期花岗岩（T_3W、J_2C），次火山岩（$λJ_3$）为岩浆热液型铅锌矿远景区。区内有1：20万赤城县茨儿营子乙类异常，位于单塔子群中，东端有变质闪长岩，南部有侏罗系火山岩。变质岩中有超基性岩体侵入，已知碾子湾镍矿点产于其中，铜、金、铅、锌矿点产于闪长岩北西向裂隙中。异常由Zr、Cu、Ni、Mn、Bi、F、La、Cr、Zn、V、Fe、Co、Cd、P组成，出现3个浓集中心，其一由Cu、Zn、Cd、Mn、Co、Bi组成，由已知矿点引起；Cu、Fe、Cr、Ni、Co、V、P、F组成第二个浓集中心，推测由已知镍矿点和超基性岩体引起；Zr、La异常套合伴有Ba异常，组成第三个浓集中心，落在前二者之间。应查明变闪长岩、超基性岩含矿性及Zr、La异常起因。

18. Z-25 乙 丰宁上官营 Zn-Pb-Ag-Cd-Bi 异常

出露古元古代石英闪长岩、二长花岗岩、花岗岩、燕山期侵入岩（J_2T）及张家口组，已知云雾沟银铅锌矿点，为岩浆热液型铅锌矿远景区。

19. Z-27 甲 承德磴上-平泉王土房 Zn-Ag-Pb-Cd-Bi 异常

出露新太古代及元古代变质侵入岩、海西期花岗岩、白垩系义县组及燕山期侵入岩，已知姑子沟小型铅锌矿，为岩浆热液型铅锌矿远景区。

20. Z-28 甲 崇礼小夹道沟 Zn-Pb-Ag-Cd 异常

出露新太古代红旗营子群、侏罗系张家口组，深大断裂北侧，在火山口中发现小型铅锌矿，为岩浆热液型铅锌矿远景区。

21. Z-31 甲 平泉五道河 Zn-Ag-Pb-Cd-Bi 异常

出露新太古代遵化群及同期变质深成岩、白垩系大北沟组，已知小型铅锌矿，为岩浆热液型铅锌矿远景区。

22. Z-32 乙 平泉洼子店 Zn-Pb-Ag-Bi-Cd 异常

出露新太古代二长花岗质片麻岩，侏罗系土城子组、白垩系侵入岩（K_1X），已知小型金矿，为岩浆热液型铅锌矿远景区。

23. Z-35 乙 崇礼炮梁 Zn-Pb-Cd-Bi 异常

出露新太古代红旗营子群、中元古代侵入岩（Pt_2G、Pt_2Dj），东西向断裂发育，已知小型铅锌矿，为岩浆热液型铅锌矿远景区。

24. Z-38 甲 平泉党坝-郭杖子 Zn-Ag-Pb-Cd-Bi 异常

出露长城系、蓟县系、侏罗系及燕山期侵入岩，北东向、北西向断裂交汇，已知中型铅锌矿1处、小型2处，为岩浆热液型铅锌矿远景区。

25. Z-42 乙 涿鹿卧佛寺 Zn-Pb-Ag-Bi-Cd 异常

位于大河南岩体北缘，出露长城系、蓟县系、侏罗系及燕山期侵入岩，已知小型铅锌矿3处，为岩浆热液型为主的铅锌矿远景区。

26. Z-44 甲 兴隆高板河-蘑菇峪 Zn-Pb-F-Mn-B 异常

出露长城系、蓟县系及燕山期侵入岩，已知大型铅锌矿1处、中型1处、小型2处，为高板河式层控沉积型铅锌矿远景区。

27. Z-45 乙 青龙马圈子 Zn-Ag-Pb-Bi-Cd 异常

出露太古宙遵化群及同期变质深成岩、长城系及燕山期侵入岩(J_1B,J_1S),已知中型金矿 1 处,以岩浆型型铅锌矿为主的远景区。

28. Z-46 乙 兴隆挂兰峪 Zn-Ag-Pb-Cd-Bi 异常

出露太古宙迁西群、遵化群及其同期变质深成岩、燕山期侵入岩,已知小型铅锌矿 1 处,为岩浆热液型铅锌矿远景区。

29. Z-47 乙 宽城铧尖-三拨子 Zn-Pb-Mn-F-B 异常

出露太古宙遵化群及同期变质深成岩、长城系及燕山期侵入岩(J_1B,J_1Z,J_1N,J_2J,K_1S),已知小型铅锌矿 2 处,为以沉积型铅锌矿为主的远景区。

30. Z-48 甲 青龙三星口-安子岭 Zn-Pb-Ag-Bi-Cd 异常

出露出露新太古代闪长质、花岗质片麻岩、侏罗系髫髻山组及燕山期侵入岩(J_2J),已知周杖子中型铅锌矿 1 处、小型铅锌矿 2 处,为岩浆热液型铅锌矿远景区。

31. Z-49 乙 青龙老岭(响山)Zn-Pb-Ag-Cd-Bi 异常

出露新太古代滦县群及闪长质、奥长花岗质片麻岩及燕山期侵入岩(响山岩体),已知小型铅锌矿 1 处,为岩浆热液型铅锌矿远景区。

32. Z-51 乙 易县九龙口 Zn-Ag-Pb-Cd-Bi 异常

以大河南岩体为主体,出露阜平片麻岩、长城系、侏罗系及燕山期侵入岩,北东向断裂发育,已知中型铅锌矿 1 处、小型 4 处,为岩浆热液型为主的铅锌矿远景区。

33. Z-52 甲 涞源东团堡-银坊 Zn-Pb-Ag-Cd-Bi 异常

以王安镇岩体为中心,出露阜平片麻岩、蓟县系及燕山期侵入岩,已知大型铅锌矿 2 处、中型 2 处、小型 8 处,为岩浆热液型及接触交代型为主的铅锌矿远景区。

三、最小预测区综合评价

1. 丰宁和顺店(13-X-V-1)

选为铅、锌、银最小预测区,位于 13-Y-B-3 锌矿预测区内。详见本章第三节同名铅矿最小预测区评价。

2. 丰宁县黄旗(13-X-V-2)

选为铅、锌最小预测区,位于 13-Y-B-3 锌矿预测区内。详见本章第三节同名铅矿最小预测区评价。

3. 康保县上白井勿素(13-X-V-3)

选为铅、锌、银最小预测区,位于 13-Y-B-2 锌矿预测区内。详见本章第三节同名铅矿最小预测区评价。

4. 崇礼狮子沟(13-X-V-4)

选为铅、锌最小预测区,位于13-Y-A-5锌矿预测区内。详见本章第三节同名铅矿最小预测区评价。

5. 丰宁北头营(13-X-V-5)

位于13-Y-B-4锌矿预测区。选区地处丰宁县北头营乡六道沟,面积2km², 1∶20万化探异常编号为围场幅AS49。1991年河北省地矿局区域地质调查大队(简称河北省区调队)三级查证圈定以Ag为主的多元素组合异常,1993年又在南部二级查证,发现6条银矿脉。河北省物探队工作位于1991年原三级查证异常北部,首先在异常范围内进行水系沉积物加密取样,圈出H1、H2异常,其中H1以Mo、Ag为主,Pb、Zn零星分布;H2由Ag、Pb、Zn、Mo组成,元素组合较好,选定H2异常进行查证,投入方法有100m×20m激电测量、200m×20m土壤测量及综合剖面测量。

1)地质特征

位于内蒙地轴的围场拱断束之上黄旗岩浆岩带中,在乌龙沟-上黄旗深断裂南侧,处于上黄旗岩浆岩亚带内隆起与中生代盆地交接部位。出露侏罗系张家口组熔结凝灰岩,西北角有细粒闪长岩体,中部有南北向断层通过,控制着物化探异常展布,断层上有高岭土化、绿泥石化、褐铁矿化,偶见绿帘石化。

2)地球化学特征

区域上位于围场拱断束的Pb、Zn、Ag多金属异常密集区,受乌龙沟-上黄旗断裂控制。区内主要岩性熔结凝灰岩中Ag、Pb、Cu、As等元素呈明显富集趋势,蚀变熔结凝灰岩中Ag、Pb、Zn、Mo异常明显(表7-4-1)。

表7-4-1 丰宁北头营工区地球化学参数表

岩性	样数	参数	Au	Ag	Cu	Pb	Zn	As	Sb	Hg	Mo
熔结凝灰岩	38	x	2.176	0.082	7.0	21.2	67.9	5.69	0.474	10.0	0.826
		Cv	0.772	0.354	0.313	0.280	0.46	1.062	1.024	0	0.270
闪长岩	17	x	8.79	0.133	21.6	22.7	85.8	2.64	0.218	10	1.069
		Cv	2.507	0.519	0.501	0.616	0.310	1.223	0.826		0.320
蚀变熔结凝灰岩	26	x	1.865	0.606	15.5	296	265	3.138	0.298	10	94.99
		Cv	1.159	2.913	0.586	2.103	0.311	0.442	0.315		3.398
		max	10	8.61	35	2 000	500	9.2	0.4	10	1 230
土壤	524	x		0.11		13.4	60.1			41.2	0.96
		Cv		0.26		0.30	0.37			0.39	0.16
		T		0.15		25	120			80	1.2

注:x为平均值;Cv为变异系数;max为最大值;T为异常下限;Au、Hg含量单位为10^{-9},其余元素含量单位为10^{-6}。

Pb、Zn、Ag、Hg异常主要分布于工作区南部,各元素异常套合较好。圈定了一个组合异常(AP1),由Ag、Pb、Zn、Hg组成,异常近圆形,Ag、Pb、Zn具统一的浓集中心。Zn异常面积0.18km²,均值135.4μg/g;Pb异常面积0.25 km²,均值32.98μg/g;Ag异常面积0.28 km²,均值0.26μg/g。最高值Ag 2.9μg/g、Pb 500μg/g、Zn 1 500μg/g、Mo 2.1μg/g,位于熔结凝灰岩中,覆盖广泛,产因不明。元素组合较好、强度较高、规模较大,应进一步查证。

6. 丰宁县窄岭(13-X-V-6)

该异常被选为铅、锌最小预测区,位于 Z-30 乙锌矿综合异常内。详见本章第三节同名铅矿最小预测区评价。

7. 涞源县大北庄-木吉村(13-X-V-7)

该异常被选为铅、锌、铜最小预测区,位于 13-Y-A-11 锌矿预测区内。详见本章第三节同名铅矿最小预测区评价。

第五节 银矿找矿预测区综合评价

大兴安岭-太行山东侧深断裂控制了中生代陆相火山岩喷溢及岩浆侵入,也影响到银矿床的产出,如蔡家营、彭家沟、相广等。东西向和北东向深大断裂的交汇处(如张家口)地区有大型独立和共生银矿床。华北地台北缘燕辽裂陷区碳酸盐岩地层厚度巨大,又是印支—燕山期构造岩浆岩强烈活化区,为银矿有利地区。陆相火山岩与银矿化的关系,总趋势上流纹岩类以单一银为主,英安流纹岩多 Pb-Zn-Ag 组合,英安岩类为 Ag-Pb-Zn-Cu-Au 组合。

燕山地区 Au、Ag 地球化学异常区呈东西向分布在宣化至山海关一线,长约 400km,宽近百至千米,主体在冀东。有一系列具有套合模式的区域异常组成,具三级浓度分带。成矿指示元素除 Ag 外,伴有 Au、Cu、Pb、Zn 等。太行-冀北 Ag、Pb、Zn 异常带沿兴安-太行断裂带中南段呈北东向分布,南起山西灵丘、河北阜平,经张家口、赤城至内蒙古多伦,长约 600km,宽 200km。发育一系列沿北东向分布的区域性 Ag、Pb、Zn 异常,并伴有 Mo、As、Mn、Sb、Hg 异常。该带有一系列火山-次火山热液型银铅锌矿床,如镰巴岭、蔡家营、青羊沟、营房等。

河北省以 Ag 为主的综合异常可谓星罗棋布,大致呈现北东、北西和东西向展布,与燕山期 I 型埃达克质侵入岩具有一定对应关系,Ag-Au-Cu-Pb-Zn-Mo 元素异常存在较密切的空间组合关系。以 Ag 为主的综合异常主要集中于丰宁、隆化、崇礼、涿鹿、涞源、兴隆、青龙等地区。

全省共圈定综合异常 74 处,找矿预测区 15 处,最小预测区 4 处。

一、找矿预测区评价

1. 围场棋盘山预测区(13-Y-C-1)

属 C 级预测区,区域面积 506km^2。位于突泉-翁牛特 Pb-Zn-Ag 成矿带,棋盘山中生代坳陷区中南部,晚侏罗—早白垩世陆相火山岩建造及碎屑岩建造分布广泛,有同期次火山岩和侵入岩发育,上覆汉诺坝组玄武岩。断裂构造非常发育,主要有 NEE 和 NW 向两组,后者切交并错移前组。有满汉土-小扣花营银矿床,包括 Z-1 甲、Z-4 乙综合异常,元素组合为 Ag、Pb、Zn、Ba、Mn、Cd。该区成矿潜力较大,找矿方向为陆相火山岩型和岩浆热液型铅锌银矿床。

2. 康保阎油坊-哈呲嘎-张北三号预测区(13-Y-A-2)

属 A 级预测区,区域面积 1 293km^2。位于内蒙隆起东段 Ag-Pb-Zn-Mo 成矿亚带,土城子台穹东北部,新生界盖层以第四系冲积风积为主,厚度 0～3m,夷平作用尚未完全成熟。在夷平残留的岗梁或弧丘部位,出露岩石主要为新太古代红旗营子群变质岩和古元古代二长花岗岩,中晚侏罗世含煤建造和酸性火山岩建造不整合于基底之上,厚 538～2 767m。北西向断裂构造发育,为控矿和储矿构造。已知蔡家营大型铅锌银矿床和兰阎小型铅锌矿床,包括 Z-11 乙、Z-15 乙、Z-19 乙、Z-20 甲综合异常,元素组合为 Ag、Pb、Zn、Bi、W、Sb。找矿方向为火山热液型和岩浆岩型,潜力较大,有望发现大型矿产地。该预测区内圈定康保县上白井钼素最小预测区。

3. 丰宁草原-四岔口-黄旗预测区(13-Y-B-3)

属B级预测区，区域面积3 117km²。位于内蒙隆起东段Ag-Pb-Zn-Mo成矿亚带，大滩中生代断凹区北部，由晚侏罗世中酸性火山岩建造和早白垩世中性火山岩间含煤、油页岩建造组成，厚达7 000m，喷发中心在独石口至平安堡一线呈北北东向。经后期构造变动形成宽约20km的断槽，遗留有北栅子破火山口、老掌沟火山穹窿及大洪山古火山口等构造。煤炭、油页岩、萤石、沸石等非金属矿产丰富，已知大型牛圈-营房银金矿床。包括Z-5甲、Z-6乙、Z-7甲、Z-12乙、Z-13乙、Z-16甲、Z-17乙、Z-21乙综合异常，元素组合为Ag、Pb、Zn、Au、Cd、Mn、Mo等。该区成矿条件好，具非常大的找矿潜力，找矿方向为火山岩型和次火山岩型等。圈定丰宁县和顺店银矿最小预测区。

4. 隆化郭家屯-丰宁北头营预测区(13-Y-B-4)

属B级预测区，区域面积1 440km²。位于内蒙隆起东段Ag-Pb-Zn-Mo成矿亚带，上黄旗岩浆岩带东部，海西期郭家屯超单元和燕山期燕子窝超单元花岗岩类占绝对优势，与乌龙沟-上黄旗深断裂分叉地段相吻合。在海西期花岗岩上覆盖晚侏罗世—早白垩世火山-沉积建造。变质基底残块普遍受到混合重熔作用改造，形成韧性剪切带。在火山沉积盆地边缘已发现北岔沟门大型铅锌银矿床和樱桃沟门小型铅锌银矿床，包括Z-14甲、Z-22甲、Z-23甲综合异常，元素组合为Ag、W、Mo、Bi、Pb、Zn。有希望找到中型或大型以上规模的矿床，找矿方向以岩浆岩型为主。

5. 隆化超梁沟-韩麻营-承德烟山预测区(13-Y-C-5)

属C级预测区，区域面积1 278km²。位于燕山坳陷Au-Cu-Mo-Pb-Zn-Fe-Mn-煤成矿亚带，地处内蒙台背斜与燕山台褶带衔接处，丰宁-隆化-烟筒山东西向深断裂带东侧。出露红旗营子群变质岩、古元古代中酸性侵入岩、长城系碎屑岩、碳酸盐岩和白垩系火山-沉积岩。构造以温家沟-东山、七斤沟-杖房-北大山鹿场、坡西沟-烟筒山东西向断裂规模最大，是重要的控岩控矿构造。北西向、南北向断裂也很发育。燕山期侵入活动最为强烈，受东西向断裂构造控制。地层和岩体中Ag、Pb、Au等含量较高(表7-5-1)。火山-次火山岩发育，火山构造有西南沟古火山口、烟筒山火山管道和磴上潜火山机构。已知矿床有姑子沟-东山一带金、银、铅、锌、硫、钼等中小型矿床及众多矿点，形成相应的成矿系列。包括Z-24乙、Z-25甲、Z-27乙综合异常，元素组合为Ag、Pb、Zn、Sb等，推断该区具较大找矿潜力，找矿方向以沉积-热液改造型、次火山岩型为主。

表7-5-1 承德姑子沟-东山一带地层和岩体元素含量

地层	n(样品数)	Mo	Cu	Pb	Zn	Ag	Au
姑子沟石英斑岩	3	0.93	16.45	19.50	33.50	0.185	3.60
长城系白云岩	8	1.64	39.75	78.0	64.48	0.66	2.50
长城系砂页岩	9	0.68	22.56	16.66	41.53	0.35	3.00
红旗营子群	4	0.48	33.84	33.0	42.0	0.22	3.35
中国东部		0.62	15.0	18.0	63.0	0.06	0.81

注：Au含量单位为10^{-9}，其余元素含量单位为10^{-6}。资料据刘承山，1989

6. 崇礼狮子沟-赤城炮梁预测区(13-Y-C-6)

属C级预测区，区域面积1 226km²。位于内蒙隆起东段Ag-Pb-Zn-Mo成矿亚带，燕山沉降带龙关穹褶束与内蒙台背斜过渡地带，尚义-赤城大断裂从中南部通过，从南向北依次为崇礼群变质岩、中元古代侵入岩和侏罗系火山岩,燕山期侵入岩和浅成次火山岩脉零星分布全区,为宣化金三角外围的银镶边重要地段。容矿构造主要为北西向构造裂隙。已知彭家沟银矿、三道沟(小夹道沟)铅锌银矿等。包括 Z-28 乙、Z-29 甲、Z-35 乙综合异常,元素组合为 Ag、Pb、Zn。有希望找到新的工业矿体,找矿方向以火山热液型为主。

7. 崇礼样田-东卯预测区(13-Y-B-7)

属 B 级预测区,区域面积 514km²。位于燕山坳陷 Au-Cu-Mo-Pb-Zn-Fe-Mn-煤成矿亚带,燕山沉降带东卯断块西部,在红旗营子群变质岩和海西期花岗岩和蓟县系沉积岩上发育火山-沉积盆地,北西西向断裂发育,中心式火山机构多处,已知万全寺(碌碡湾)银金矿,尚有找矿潜力。包括 Z-39 乙、Z-40 甲综合异常,元素组合为 Ag、Pb、Zn、Au。有希望找到中型以上规模的矿床,找矿方向为次火山岩型。圈定了赤城县中碌碡湾银矿靶区。

8. 承德五道河-平泉小寺沟-宽城郭杖子预测区(13-Y-C-8)

属 C 级预测区,区域面积 1 327km²。位于燕山坳陷 Au-Cu-Mo-Pb-Zn-Fe-Mn-煤成矿亚带,燕山沉降带宽城凹褶束东北部,出露太古宙遵化群及同期奥长花岗质片麻岩、钾长花岗质片麻岩、中—上元古界浅海相碳酸盐岩建造,古生界海相泥质-碳酸盐岩建造及中生代陆相火山-沉积建造。尚义-承德-平泉深断裂在中北部通过,与北东向下板城-杨树岭断裂交汇于平泉附近。有燕山旋回小寺沟、轿顶山、曹碾沟、崖门子等中酸性岩体,构成以铜钼为主的多金属成矿区,已知小寺沟铜钼矿、轿顶山铅锌银矿、五道河金银多金属矿,包括 Z-33 甲、Z-37 乙、Z-41 乙综合异常,元素组合为 Ag、Pb、Zn、Au、Mo、Bi、W、Sb 等。具较大成矿潜力,找矿方向为火山热液型和岩浆岩型。

9. 宣化东望山-庞家堡-怀来二堡子预测区(13-Y-C-9)

属 C 级预测区,区域面积 1 626km²。位于燕山坳陷 Au-Cu-Mo-Pb-Zn-Fe-Mn-煤成矿亚带,燕山沉降带龙关隆起区西部,太古宙崇礼群角闪岩相-麻粒岩相变质岩和桑干杂岩广泛分布,混合岩化强烈,退变质现象普遍。变质基底经历了 3 次变形过程,表现为一系列东西向、北北西-北西西向展布的形态复杂的褶皱。北缘的尚义-赤城深大断裂派生出了一系列次级断裂,其中北西向最发育,规模较大,具明显多期活动特点。岩浆岩有中元古代水泉沟碱性二长杂岩和燕山期谷嘴子、响水沟巨斑状花岗岩、上水泉钾长花岗岩、红花梁二长花岗岩。脉岩有辉绿岩、伟晶岩、闪长玢岩、石英斑岩、煌斑岩。区内主要岩石类型中,Au、Ag、Cu、Pb、Mo 等显著高于华北地台丰度,构成矿源层(见本章第二节的表 7-2-1)。已知小营盘、含家沟、张全庄、麻峪口等金矿、李寺山、常庄子等铅锌银矿床。包括 Z-38 甲、Z-45 乙综合异常,元素组合为 Ag、Pb、Zn、Sb 等。成矿潜力较大,找矿方向为热液改造型。从表 7-5-2 的分析结果看,含金石英脉中 Ag、Pb 含量较高,因此应注意综合评价金矿床中伴生的银、铜、铅等组分。

表 7-5-2 宣化小营盘矿区岩矿石微量元素含量

岩矿石名称	n(样品数)	Au	Ag	Cu	Pb	Zn	W	Mo	As
含金石英脉	5	9.93	22.15	700	12 470	30	1.0	23	3.0
石英脉	13	0.33	2.19	80	1 130	30	2.0	15	3.0
钾长石英脉	4	0.42	0.92	100	690	30	4.0	9	3.0
蚀变岩	7	0.14	0.23	50	30	250	2.0	10	3.0

注:Au 含量单位为 10^{-9},其余元素含量单位为 10^{-6}

10. 承德寿王坟-兴隆蘑菇峪-宽城孟子岭预测区(13-Y-C-10)

属 C 级预测区,区域面积 2 209km²。位于燕山坳陷 Au-Cu-Mo-Pb-Zn-Fe-Mn-煤成矿亚带,燕山沉降带兴隆-宽城坳陷区，是一个活动性较强的构造单元，可分为太古宙基底、中元古—古生代盖层和中生代强烈活动的三元结构。主要构造线方向为东西向，表现为在第一、二构造层的褶皱轴向、几条深大断裂及岩浆岩带的空间分布方向，其次为北东-北北东向。东西向具复活继承性质，北东-北北东向具叠置斜切性质。西部的寿王坟破火山口呈椭圆形，面积170km²，北北东向延伸，处于东西向与北北东向断裂的交错切割部位，周围有环状断裂围绕，并有放射状断裂产生，卫星照片上显示清晰的环形构造。破碎带常有石英二长斑岩、闪长玢岩脉充填。石英二长岩呈圆筒状侵入于火山口中央穹窿部位的石英闪长岩中，寿王坟铜钼矿产于石英二长岩与雾迷山组接触带上。此外还确定了次一级火山穹窿、破火山、中心式、裂隙式火山通道构造，构成寿王坟铜、钼、铁、金、铅、锌等多金属矿床的主要赋矿空间。包括Z-43乙、Z-44乙、Z-46乙、Z-47乙4处综合异常，元素组合为Ag、Pb、Zn、Sb、Mo、Bi、W、Cd等，具较大成矿潜力，找矿方向为火山热液型和岩浆岩型。

11. 青龙马圈子-青龙安子岭-抚宁驻操营预测区(13-Y-B-11)

属B级预测区，区域面积2 477km²。位于马兰峪Fe-Au成矿亚带，以青龙河-滦县裂谷带为界，西部为遵化穹褶束，东部为山海关台拱。在青龙-马圈子-大石岭一带北东向分布着遵化群变质表壳岩和同期变质深成岩，双山子-大巫岚-木头凳一带为滦县群和朱杖子群。硕大的花岗片麻岩-混合花岗岩构成安子岭片麻岩穹窿，燕山旋回岩浆侵入与喷发活动均较强烈。西缘为都山岩体，东缘为柳江盆地。结晶基底至少经历了三次主要褶皱运动，燕山期酸性侵入岩大体沿复式背斜轴线呈串珠状分布。青龙地区侵入岩成矿元素含量表明(表7-5-3)，从老到新逐渐增高，预示着燕山期成矿大爆发的高峰。已知三家(马圈子)金矿、半壁山金矿、周杖子铅锌矿床。包括Z-49乙、Z-55乙、Z-57乙综合异常，元素组合为Ag、Pb、Zn、Sb等。推测有希望找到中型以上规模的矿床，找矿方向以热液型为主。圈定了抚宁马家峪银矿最小预测区。

表7-5-3 青龙地区侵入岩成矿元素含量(μg/g)

岩体	单元	n(样品数)	Ag	Pb	Zn	Mo	W	Bi	Sb
响山	J_3Sz	5	0.258	96.2	65.0	1.62	3.38	0.35	0.41
响山	J_3Bb	5	0.136	43.8	125	0.80	1.42	0.26	0.15
三星口	J_2J	9	0.344	16.9	26.8	4.70	3.70	0.33	1.69
肖营子	J_1S	10	0.052	18.9	39.0	0.32	0.17	0.07	0.09
都山	T_3D	10	0.049	23.6	35.6	0.19	0.33	0.05	0.03
柳各庄	$Ar_2^3\delta o$	10	0.065	13.8	76.9	0.18	0.54	0.05	0.13
全省水系	—	—	0.095	23.3	72.2	0.78	1.35	0.187	0.45

12. 兴隆陡子峪-遵化马兰峪-蓟县官庄预测区(13-Y-B-12)

属B级预测区，区域面积1 998km²。位于马兰峪Fe-Au成矿亚带，燕山沉降带马兰峪复式背斜遵化穹褶束内，受区域东西向、北东向深断裂控制。太古宙结晶基底分布于中心，南北两侧广泛分布中—上元古界及古生界，中生代火山盆地叠加于中—上元古界之上。海西期、燕山期侵入活动形成盘山、茅山(平顶山)、黑锅顶、王坪石等岩体。已知洞子沟银铜金矿、马兰峪金矿、沟河北钼矿等。马兰峪地区含金石英脉Au、Ag、Mo、Pb、Zn、W、Bi等成矿元素含量远远高于区域背景，是引起地球化学异常的主要地质体。预测区包括Z-50甲、Z-51乙、Z-58乙综合异常，元素组合为Ag、Pb、Zn、Sb、Bi、W、Mo等。找矿方向为热液改造型和岩浆岩型，同时注意金矿伴生银组分的综合评价。

13. 迁西潵河桥-金厂峪-青龙肖营子预测区(13-Y-C-13)

属 C 级预测区,区域面积 1 643km²。跨越燕山坳陷 Au-Cu-Mo-Pb-Zn-Fe-Mn-煤成矿亚带和马兰峪 Fe-Au 成矿亚带,大地构造单元位于燕山沉降带马兰峪复式背斜遵化穹褶束内,太古宙迁西群、遵化群及同期变质深成岩构成主体,因韧性变形作用强烈,糜棱岩化普遍。断裂和褶皱十分发育,其中东西向断裂规模最大,形成最早,以喜峰口-王厂-青龙断裂为代表,对片麻岩有强烈改造作用,也切割了长城系地层。北西向断裂呈叠瓦状逆冲断裂带产出,使长城系地层呈楔状插入。北东向断裂以金厂峪为代表,构成许多韧性剪切带,带内主要为糜棱岩、片麻岩和变质辉长岩,是主要的金矿容矿构造。中生代岩浆活动沿隆起轴部形成一连串小岩株,从高家店、青山口到贾家山呈中性—中酸性—酸性演化趋势,与金矿关系密切。从重力异常看,肖营子岩体向西隐伏到冷水河、铧尖一带,对深部找矿十分有利。金厂峪金矿脉上方土壤中,Au、Ag、Mo、Bi、W、Sb、Pb、Zn 等元素含量显著高于全省水系沉积物均值,为化探异常的主要产因(表 7-5-4)。已知金厂峪、高家店、铧尖、青河沿、新房子、六柱坪等金矿床。包括 Z-52 乙、Z-53 乙、Z-54 乙、Z-56 乙综合异常,元素组合为 Ag、Mo、Bi、W、Sb 等。具较大成矿潜力,找矿方向为岩浆岩型银矿床和金矿伴生银组分综合评价。

表 7-5-4 金厂峪矿脉上方土壤元素含量

样 号	Au	Ag	Mo	Bi	W	Sb	Pb	Zn
S36	729	234.73	7.78	0.85	1.61	1.26	47.37	206.23
S37	633	345.32	7.60	1.12	1.79	3.26	61.86	236.20
S38	564	258.23	12.0	1.18	2.12	2.82	57.22	229.21
全省水系	2.055	95	0.78	0.187	1.35	0.45	23.3	72.2

注:Au、Ag 含量单位为 10^{-9},其余元素含量单位为 10^{-6}

14. 涿鹿辉耀-谢家堡预测区(13-Y-C-14)

属 C 级预测区,异常面积 2 522km²。位于燕山坳陷 Au-Cu-Mo-Pb-Zn-Fe-Mn-煤成矿亚带,军都山岩浆岩带的涿鹿褶皱束和大河南抬斜断块,乌龙沟-上黄旗深大断裂贯穿全区。以张宣变质核杂岩为主体,隆起区由桑干杂岩、阜平杂岩组成,盖层拆离滑脱带单元由元古界、古生界和中生界组成,环绕隆起区分布。南部为燕山晚期大型侵入体——大河南岩体。从重力异常看,该岩体深部面积很大,对深部找矿十分有利。包括 Z-60 乙、Z-61 甲、Z-62 乙、Z-64 乙、Z-65 甲、Z-66 乙综合异常,元素组合为 Ag、Pb、Zn、Au。是多金属成矿带,已发现涿鹿相广锰银矿、涿鹿口前银金矿、涿鹿水口关银矿,具较大银矿成矿潜力。

15. 涿鹿黄金坎-涞源王安镇预测区(13-Y-C-15)

属 C 级预测区,区域面积 3 082km²。本区属燕山坳陷 Au-Cu-Mo-Pb-Zn-Fe-Mn-煤成矿亚带,对应于军都山岩浆岩带的大河南抬斜断块,南部为阜平穹褶束,其中部和北端分别被燕山晚期两个大型侵入岩体(王安镇、大河南)所占据,在两岩体之间,自东向西由太古宇、中—上元古界及寒武奥陶系依次排列,显示一个向西倾斜的断块形态。南端为陈庄岩群及中太古代变质深成岩。优势矿种为磷、铁、铜、钼、铅、锌、金、银等。中生代矿床受滨太平洋成矿域控制,矿化类型为斑岩型大湾式和木吉村式、矽卡岩型涞源式和大湾式、热液型镰巴岭式、大石峪式、石英脉-蚀变岩型柴厂式等。包括 Z-67 乙、Z-68 乙、Z-69 丙、Z-70 乙综合异常,元素组合为 Ag、Pb、Zn、Au、W、Bi、Mo 等,找矿方向为次火山岩型和岩浆岩型等。

二、综合异常评价

全省共圈定以 Ag 为主的综合异常 74 处，其中有 56 处重点异常圈定于预测区内，下面对这 56 处重点异常进行综合评价。

1. Z-1甲 围场满汉土-小扣花营 Ag-Ba-Mn-Cd 异常

异常位于小锥子山-朝阳湾断裂带上，地层有太古宙斜长角闪岩、角闪斜长片麻岩，古生界变质砂砾岩、蚀变安山岩。北、西部有早白垩世花岗岩侵入。中部为近东西向断裂，破碎带宽度 20～80m。北缘有黄铁矿、萤石矿点各一处。破碎带内见硅化、绢云母化、褐铁矿化。异常由 Ag、Cd、Pb、Au 组成。1986 年 1∶5 万化探扫面，圈定黄铁矿、铅重砂异常和铅、锰、铜化探异常，沿 4km 破碎带分布。1988 年，选择大字五号-七号村异常查证，在破碎带中发现黄铁绢英岩蚀变和含金石英脉存在。取样分析，局部含 Au 90ng/g，Ag 50～130μg/g，其中一件含 Au 1.3g/t。异常由已知中型锰银矿床引起，成矿远景较大。建议进一步工作，查明金银成矿远景。

2. Z-4乙 围场龙头山 Ag-Pb-Zn 异常

出露古元古代闪长岩、第三系汉诺坝组玄武岩、燕山期侵入岩（K_1S）和次火山岩（$\tau\alpha K_1$），多组北东向、北西向断裂交汇。推断有岩浆热液活动引起的矿化。

对应 1∶20 万围场幅（AS4）围场县城西乙类异常，出露地层为张家口组，侵入岩为侏罗世石英二长岩、石英二长闪长岩、石英二长斑岩、白垩世细粒正长花岗岩、二长花岗斑岩、次安山岩。北东向和东西向构造在北部交汇。异常元素组合为 Ag、Au、Ba、Bi、F、K_2O、La、Mn、Mo、Na_2O、Sn、Sr、W。其中 Ag 异常面积较大，为 56.4 km²，异常平均值较高，为 0.372μg/g。因花岗岩接触带热液活动导致上述元素富集，是寻找热液矿床的有利地段。

3. Z-5乙 丰宁草原-和顺店 Ag-Cd-Mn 异常

异常主体分布在晚侏罗世大十八台超浅成石英斑岩体（熔透式火山口侵入的潜火山岩相或火山颈相产物）中，局部为张家口组流纹岩及流纹质凝灰岩。在岩体中有数条硅化带沿北西相断裂分布。南部有萤石矿点 1 处、小型镜铁矿 1 处。异常由 Cd、Ag、Pb、As、Zn、Mo、Sb、Mn、Bi、Hg、W、Y、F、Ni、K、Cu、Sn、Li、Rb、Nb、B、Ca、Ga、U、Cr 组成。三级查证异常重现性较好，并发现铁锰矿化蚀变带及褐铁矿化、硅化蚀变带含 Ag、Pb、Zn 较高，且高含量带较宽，50～200m，具有良好找矿前景。根据地质地球化学特征，认为该异常是次火山含矿热液或岩浆期后含矿热液沿断裂成矿引起，深部可能有隐伏矿体存在。矿化以 Ag、Pb、Zn 为主，Cu、Mo、Mn、W、Sn 为伴生元素，As、Sb、Hg 为指示元素。建议开展大比例尺物化探勘查工作，可望发现大型陆相次火山岩型银矿。

4. Z-6乙 丰宁万胜永 Ag-Cd-Mn 异常

出露地层为张家口组流纹岩、斑流岩、流纹质凝灰岩及少量白垩系九佛堂组凝灰砂岩、砾岩。侵入岩以燕山晚期超浅成石英斑岩、石英正长斑岩为主，其次为少量次粗安岩脉及石英脉。北西相断裂较发育，破碎带中有一处萤石矿点。异常由 Sb、W、Ag、Sn、La、Y、K、Nb、F、B、Rb、Hg、Zr、Zn、As、Pb、Ca、Mn 组成，推断为含矿热液活动引起，深部有隐伏矿体的前景。根据异常元素组合，认为以银、钨、锡为主。

5. Z-7乙 丰宁森吉图茶棚 Ag-W-Mo 异常

出露侏罗系张家口组，冶金部门近年已在茶棚一带发现银矿床，其远景地质储量有待进一步验证。天津华北地质勘查总院丰宁县茶棚银金矿地质普查项目 2004 年度完成的主要工作量：钻探 1 100.10m，探槽 371.50m³，EH4 测深剖面 61 点，普通分析样 329 件。取得的主要成果如下。①施工的 3 个钻孔（ZK24-3、ZK12-1、ZK44-1），除 ZK12-1 未见矿外，ZK24-3、ZK44-1 均见银矿体或银矿化体，尤其 ZK44-

1钻孔,见中低品位银矿体4条,累计厚度5.90m,最高品位Ag 141.9μg/g。②ZK24-3钻孔内381.50～425.70m段,岩性为碎裂石英斑岩,其特征极像隐爆角砾岩或震碎角砾岩。这种超浅成侵入体的角砾岩化作用,往往伴随成矿热液活动的反复发生,是重要的找矿标志。③通过对24线反演剖面电性特征解释推断,低阻带反映(Ⅰ)、(Ⅱ)号构造蚀变带在深部相交,呈"Y"字型,从1/万平面地质图上看,(Ⅰ)、(Ⅱ)号构造蚀变带可能是一个向北撒开,往南收敛的"入"字型构造,收敛端可能在50～54线之间,如果此认识得到证实,那么,本区找矿可能在24～44线之间有较大突破。

6. Z-11乙 康保阎油坊 Ag-Bi-W 异常

主要出露红旗营群石榴黑云浅粒岩、变粒岩夹石墨大理岩,零星分布燕山期侵入岩(J_1S)。南部有北东向断裂,北北东向破碎带较发育。异常由Bi、Ag、Sb、Au、Hg、W、As、Pb、Zn、Cu、Co、Ni、Fe、Nb、U、Ti、V等元素组成,分为南部和北部,均被大面积Ag异常圈在一起。南部异常经1:5万土壤测量检查,在北东向断裂、北东东破碎带处见有褐铁矿化、碳酸盐化、绿泥石化、高岭土化等蚀变。孟家营子有4%～5%激电异常,北部有航磁异常,总之,该区具备寻找多金属矿的地质条件。

7. Z-12乙 丰宁鱼儿山 Ag-Pb-Zn-Au 异常

出露侏罗系张家口组火山岩、燕山期侵入岩(J_3C)及次火山岩(λJ_3、$\lambda\xi\pi J_3$),北东向和北西向断裂发育。包括上黄旗幅1:20万异常3处。

干沟丙类异常出露地层有张家口组流纹岩、斑流岩、流纹质凝灰岩,侵入岩有次石英粗面岩及次安山岩。北东向断裂较发育。异常由F、Hg、Sn、Li、Bi、La、Ca、Pb、Sb、Be、W、As、Cs、Th、Cr、Ag、V、Sr组成,地处平安堡-森吉图断裂破碎带及次石英粗面岩的内外接触带上。在接触带上硅化、萤石矿化、褐铁矿化较发育,推测异常与岩浆热液蚀变矿化有关,于深部可能有隐伏矿化体。

红石砬丙类异常位于平安堡-森吉图断裂破碎带上,出露地层有张家口组流纹岩、斑流岩、流纹质凝灰岩和白垩系九佛堂组。侵入岩有燕山晚期超浅成次石英粗面岩。北东向断裂构造较发育,岩石挤压破碎,沿断裂有硅化、萤石化、褐铁矿化,为岩浆期后热液活动的结果。异常由Cs、F、Be、As、Bi、U、Mo、Li、Ca、Cd、B、Ag、Cr组成,位于1号成矿远景区内,地质条件有利,根据异常元素组合特征,认为寻找铀、钼矿前景较大。

上岗子乙类异常地处内蒙地轴沽源断凹东翼的平安堡-森吉图北东向断裂与四岔口-青石砬北北东向断裂带的交汇部位。出露地层有张家口组流纹岩和少量白垩系义县组安山玄武岩。东部有燕山晚期超浅成次石英粗面岩,西部有次安山岩等侵入体。沿断裂破碎带有硅化、绿泥石化、赤铁矿化、方铅矿化、闪锌矿化等蚀变。异常由Hg、Be、F、Ag、Ca、W、Pb、Sr、P、Mo、V、Cu、Nb、Ti、Co、U、Ni、Cr、Zn、Al、Sb、Au、Ba、As组成,与矿产图上三级铜金属量异常、铅重砂异常吻合,成矿条件非常有利。根据地球化学特征,推断由次火山热液沿断裂成矿引起,找矿前景较好,有可能找到铜、铅、锌、银多金属矿床。

8. Z-13乙 丰宁北韭菜梁 Ag-Pb-Zn 异常

出露海西期侵入岩(P_1D、P_1W),侏罗系张家口组火山岩-次火山岩(λJ_3),有多组北东向断裂发育。上黄旗幅北台子乙类异常出露地层有张家口组流纹岩、斑流岩、流纹质凝灰岩,白垩系九佛堂组凝灰砂砾岩、页岩夹安山岩、玄武岩。侵入岩有石英正长斑岩、次石英粗面岩等小岩株。处于北东、北西向断裂比较发育的破碎带中,南部有1处萤石矿点。异常由Li、Cs、As、Cd、F、Sr、Mg、Zn、Mo、Cr、Be、U、V、Ca、Cu、Bi、Ag、B、Co、Hg、W、Pb、Ti、Ni、Fe、Au组成,与重砂铅异常吻合。沿断裂带和石英正长斑岩接触带见碎裂岩,发生硅化、铁锰矿化、方铅矿化、锰矿化、萤石矿化等蚀变,有利于成矿元素富集。

9. Z-14甲 隆化北岔沟门 Ag-W-Mo-Bi 异常

出露侏罗系张家口组火山岩、白垩系九佛堂组沉积岩及燕山期侵入岩(J_2T、J_2C、J_3B),已知大型铅锌银矿床。包括1:20万围场幅化探异常2处。

隆化县三道营乡乙1类异常出露地层为张家口组流纹岩、石英粗面岩夹安山岩、砂砾岩等，侵入岩为燕山期正长斑岩、海西期花岗岩、古元古代变质花岗岩。断裂构造发育，围岩蚀变有绿泥石化、绿帘石化、黄铁矿化。有已知铜矿点1处。异常由Cd、Ag、Pb、W、Bi、Cu、Au、Hg、Zn组成，范围大，组合好，部分元素具浓度分带。区内有已知铜矿点，断裂构造发育，为成矿有利地段。推断由矿化体引起，通过进一步工作可能发现新矿点。已进行三级查证，可进行二级查证。

隆化县碱房乡乙3类异常出露地层为张家口组石英粗面质凝灰岩及少量安山岩，局部潜粗面岩。北西向与北东向断裂交汇于区内，次级断裂及蚀变矿化发育，锰矿化遍布全区，断裂带中黄铁矿化、褐铁矿化强烈。异常由Ag、Au、Cd、Sb、Pb组成，范围大，组合全，岩浆活动频繁，矿化强烈，导致有益元素富集成为异常。

10. Z-15乙 康保兰城子-阎巨沟 Ag-Sb-Pb-Zn异常

出露红旗营子群变质岩系，北东、北西向断裂发育，矿化蚀变强烈，已进行过二级查证，异常明显，应进一步工作。

1:20万康保幅哈呎嘎甲乙类异常出露地层为红旗营群石榴黑云浅粒岩、变粒岩夹石墨大理岩，局部具混合岩化。中部有任志祥晚古生代花岗岩侵入于变质地层中。脉岩有基性、中性及石英脉。东西向、北西向和北东向多组断裂破碎带很发育，局部见褐铁矿化。兰闫铅锌矿赋存于红旗营地层内，矿带受北西向断裂控制，已知矿带8条。矿石为硫化物、氧化物混合型，全区平均品位铅1.59%、锌2.32%，最高品位铅15.3%、锌18.08%，最低品位锌0.72%，平均品位银85.49mg/t。此外还有铅锌矿点分布于红旗营群中，共6条单行矿脉（受北西向断裂控制）。

异常由As、Ag、Pb、Sb、Zn、Bi、W、Sn、Mo、Au、Cu、Cd、Hg、Cr、Fe、Co、Th、Be、U组成，Pb、Zn、Cr、Ni、V、P、Ti、Cd、Hg、Li、B元素异常套合较好，基本有同一浓集中心，F、U各自呈单元素异常分布其内，Cd、Th元素异常套合交汇于其异常圈上，Li异常分布于其异常圈外。Pb、Zn、Ag、Au、Cu、W、Bi、Hg、As、Sb具内带，B、Cd、Fe、Cr、Ni、Co、V具中带，余者具外带。东部异常与已知铅锌矿点吻合；西部异常虽有已知铅锌矿点和萤石矿点，但范围远远超出已知矿点，且有激电异常，元素组合齐全，浓度高，规模大，与已知兰闫铅锌矿床地质特征基本相似，推测哈呎嘎村北近东西向与北西向断裂斜交部位（异常中心）是寻找铅锌银铜中低温热液交代-充填多金属矿床的有利地段。

11. Z-16甲 丰宁牛圈-营房 Ag-Pb-Zn-Au异常

出露古元古代陶北营组变质岩、变质二长花岗岩、海西期侵入岩（P_1D、P_1W）、侏罗系张家口组火山岩、燕山期侵入岩（J_2T、J_3Bb）及次火山岩（λJ_3），有多组北东向断裂发育，已知大型银金矿床产出。丰宁县牛圈银金矿床外围金银多金属矿资源潜力评价项目属于中央财政补助地方勘查项目。通过2001—2002年的工作，取得的主要成果为：①发现小雾拉海沟金矿点，地表金品位较高，物探成果显示深部具有良好找矿前景，预测远景资源量（334级）金5t；②发现郝家窝铺可采金矿点，品位高，易采选；③南沟门异常评价发现了长1 200m，累计厚度7m的矿化蚀变带，在蚀变带内圈出厚3.5m，Ag71μg/g的矿体，预测远景资源量（334级）银310t；④韩家窝铺矿点求得333级资源量金817kg，334级资源量金13t，整个矿化带远景资源量可达大型规模。

12. Z-17乙 丰宁苏家店南 Ag-Pb-Zn异常

出露古元古代变质二长花岗岩、海西期侵入岩（P_1D、P_1W）及燕山期侵入岩（J_2C、J_3Bb），北东向断裂发育。上黄旗幅石田沟乙类异常东侧为乌龙沟-上黄旗深大断裂，西侧为北西向断裂。异常主要分布在变质花岗岩与海西期花岗岩内外接触带上，蚀变有硅化、碳酸盐化、褐铁矿化及绿泥石化。异常由Cd、Ag、Cu、Au、Pb、Hg、Mo、Be、Th组成，其中Cd、Ag、Cu、Pb、Hg、Au、Mo、Th套合较好，以Cd、Mo、Au异常规模最大，但强度较低，与张木南沟银矿处于同一高背景区，推断为热液型矿化引起，是寻找银金为主的多金属矿的远景区。

13. Z-19乙 张北新民村 Ag-Bi-Mo-W 异常

出露红旗营子群变质岩系、古元古代变质斑状二长花岗岩、海西期侵入岩（P_1W）。

1992年河北物探大队进行三级查证，水系沉积物或土壤测量48km^2，采集样品238件，综合剖面7.08km。出露红旗营子群变粒岩，第四系风积、坡积物占70%，发育一条北东向破碎带，有铅锌矿化点一处。分析元素Cu、Pb、Zn、As、Mo、W、Bi、Cd、Hg、Ag、Au，其中面积样品Cu、Pb、Zn、Mo、Ag、Au、Hg出现异常，套合不好，高值点在东部重合，Pb、Zn、Au、Ag、Mo异常在北部吻合，以Au、Ag、Zn、Mo异常分布最广。最高值Pb 50μg/g，Zn 200μg/g，Au 143ng/g，Ag 0.4μg/g，Cu 60μg/g，Mo 30μg/g。综合剖面上，变粒岩中Cu、Pb、Zn、Ag含量变化不大，而在蚀变破碎带地段呈明显异常出现，在120~138点/V，岩石破碎强烈，有硅化、高岭土化、褐铁矿化，其中硅化较强，形成宽数米的石英硅化带，有较强Pb、Zn异常和变化较大的Ag、Cu、Mo、Bi、Au异常，最高值Pb 8 000μg/g，Zn 1 200μg/g，Ag 14μg/g，Cu 1 000μg/g，Au 1 010ng/g。总之，该异常确实存在，与蚀变破碎带有关，Pb、Zn、Ag、Au、Cu异常幅值高，与具一定规模的蚀变破碎带吻合，有较好的找矿前景，应进一步进行二级查证。

14. Z-20甲 张北蔡家营 Ag-Pb-Zn 异常

出露红旗营子群变质岩系、古元古代变质细粒二长花岗岩、燕山期侵入岩（J_3W），已知大型铅锌银矿床，外围尚有潜力。红旗营子群细粒含榴黑云变粒岩、张家口组凝灰岩、安山岩、粗面岩和流纹岩。侵入岩为燕山期花岗斑岩，南部有古火山口存在，北西向构造发育。异常由As、Pb、Ag、Sb、Zn、Cd、Au、Bi、W、Se、Cu、Hg、V、Cs、Cr、Co、Ni组成，元素组合好，强度高，面积大，为典型的蔡家营大型铅锌金银多金属矿异常。

15. Z-21乙 丰宁小坝子 Ag-Pb-Zn 异常

出露古元古代变质细粒二长花岗岩、侏罗系张家口组火山岩、燕山期侵入岩（J_3Sz、J_3Bb），北东、北西向断裂发育。

16. Z-22甲 丰宁樱桃沟门 Ag-Bi-Mo 异常

出露海西期侵入岩（P_1W）、侏罗系张家口组火山岩、燕山期侵入岩（K_1X、K_1Sd），有北东向和北西向断裂交汇，已知小型铅锌银矿床，深部及外围尚有潜力。王家窝铺矿区隶属于丰宁县北头营乡，大地构造处于化吉营火山盆地东南，乌龙沟-上黄旗岩浆岩带东支的西部边缘，丰宁-隆化深断裂从南部通过。目前已发现矿化带10余条，已控制工业矿体1条。

出露地层为张家口组火山碎屑岩，一段为粗安质角砾泥灰岩及晶屑凝灰岩，二段以球粒流纹岩、流纹质晶屑凝灰岩为主。侵入岩面积占四分之三以上，主要有早二叠世王家窝铺单元（WP_1）中粒二长花岗岩，晚二叠世樱桃沟门单元（YP_2）中粗粒黑云二长花岗岩；晚二叠世梨树沟独立单元（LP_2）中细粒闪长岩，早白垩世大坡里高尖独立单元（DK_1）细粒花岗岩，晚白垩世浅成侵入体六道沟单元（LK_2）闪长玢岩及槟榔沟门单元（BK_2）石英正长斑岩等。晚白垩世安山玢岩（$a\mu K_2$）-石英正长斑岩组合与成矿关系密切。

区内以北西向和北东向断裂为主，规模较大的北东向断裂构造与化吉营火山盆地长轴方向一致，控制着火山盆地东南边缘形态，是主要的导岩、导矿构造；北西向断裂构造蚀变矿化发育，是本区主要的赋矿构造，严格控制着矿体及矿化带的分布。主要围岩蚀变为绢英岩化、硅化、高岭土化等，相关的矿化有铅锌矿化、黄铁矿化、孔雀石化、褐铁矿化等，其中硅化、褐铁矿化、孔雀石化是地表最直接有效的找矿标志。已控制工业矿体为V号矿体，严格受F2断层控制，产状与其基本一致，倾向225°~235°，倾角70°~80°，长625m，最大斜深150m，厚度8.76~9.36m，平均厚度9.06m，平均品位Ag 139.3g/t，Pb 3.09%，Zn 3.86%，伴生金、铜。矿体呈脉状产出，直接围岩为石英正长斑岩。在500线土壤化探剖面上出现较高的Pb、Zn、Ag、Cu元素异常，最高值Pb 4 261μg/g，Zn 114μg/g，Ag 5μg/g，Cu 290μg/g。异常峰值与激电异常相对应。

17. Z-23 甲 丰宁兰营子 Ag-Pb-Zn 异常

出露古元古代变质石英闪长岩、花岗岩、海西期侵入岩（P_1T、P_2N），有东西向深大断裂通过，已知云雾沟小型银铅锌矿。

云雾沟银多金属矿位于丰宁满族自治县凤山镇北约 10km 处，丰宁-隆化深断裂由矿区南部通过，为近几年地质大调查项目新发现的矿床之一，具有很好的成矿远景。

矿区位于丰宁-隆化深断裂带北侧承德幅 AS2-1 水系沉积物异常内，北部与围场幅 AS49 异常相邻。其南西侧为佟栅子、张怀营钼矿，东侧为兰营金矿，周围民采矿点较多。

受丰宁-隆化深断裂的影响，本区次级断裂构造发育，主要有北北东向及北西向两组。断裂构造处地表均有黑褐色铁锰矿化，断裂构造严格控制着矿体的规模、产状及空间展布，蚀变带地表铁锰矿化强度与银铅锌矿化强度成正相关关系。

区内岩浆活动强烈，主要为中元古代的中粒斑状黑云花岗闪长岩及少量早二叠世中粒花岗岩，区外南西部有燕山期的石英正长斑岩体。此外，区内出露脉岩较多，但规模均较小，主要有花岗岩脉、闪长玢岩脉、辉绿岩脉、石英脉等。岩脉的延伸方向为北东、北西及东西向。主要为燕山期岩浆活动的产物，其侵入时代应为晚侏罗世—晚白垩世。其中闪长玢岩、辉绿岩经常在矿体的顶板出露，与矿化关系密切，成为有利的找矿标志。

区内位于 1:20 承德幅 AS2-1 异常内，Ag 具三级浓度分带，Pb 具二级浓度分带，异常总体呈近东西向展布。矿区北部为围场幅 AS49 异常，已发现了王家窝铺铅锌矿。

根据矿区内的分析结果，主要有用元素为 Ag，共生有用元素主要为 Pb、Zn，伴生有用元素主要为 Au、Cd。其中 Ag 与 Zn 关系密切，通过区内 27 件样品统计分析 Ag-Zn 相关程度较高达 95%，Ag-Pb 相关程度为 65%，Pb-Zn 相关程度为 55%。

区内民采矿点较多，成矿元素由南西佟栅子钼矿经本矿区向东至蓝营金矿、马架子金矿，成矿元素初具 Mo-Pb-Zn-Ag-Au-Ag 分带特征。今后应围绕丰宁-隆化深断裂，寻找与斑岩型、次火山岩有关的银多金属矿床。

18. Z-24 乙 隆化章吉营 Ag-Pb 异常

出露古元古代变质石英闪长岩、燕山期侵入岩（J_3B），有东西向深大断裂及燕山期火山盆地。

19. Z-25 甲 承德烟筒山-姑子沟 Ag-Pb-Sb-Zn 异常

出露红旗营子群变质岩系、古元古代变质石英闪长岩、变质斑状二长花岗岩、长城系常州沟组、串岭沟组、大红峪组沉积岩、白垩系义县组及白垩系次粗安岩，已知大中小型铅锌银矿床多处，成矿条件有利。

20. Z-27 乙 隆化超梁沟 Ag-Pb-Zn 异常

该异常为河北省地球物理勘查院 1:20 万水系沉积物测量所发现，具 Pb、Zn、Ag、Au、Cd、Mn、B 元素组合，重现性好（表 7-5-5）。1960 年地矿部综合物探大队曾进行过 1:5 万磁法、化探、放射性等测量，圈出几个 Cu、Ni、Co、Cr、Zn 异常；1980 年以来，冶金 514 队、518 队先后投入地质物化探工作，冶金 518 队至 1990 年仍在该区进行以找银为主的勘探工作。

处于燕山台褶带承德拱断束大庙穹断束中生代陆相沉积盆地——朝梁沟断陷盆地内，出露侏罗系张家口组流纹岩、流纹质熔结凝灰岩、含砾流纹质晶屑岩屑凝灰岩及粗安质凝灰岩。普遍铁染，常见绿泥石化、绿帘石化、碳酸盐化、细脉浸染状黄铁矿化、方铅矿化。区内低序次构造裂隙十分发育，多呈北西、北东两组出现。北部较大挤压破碎带宽度 0.2~0.4m，延伸 200m 左右，构造角砾发育，矿化蚀变强烈，常见方铅矿化、闪锌矿化、黄铁矿化、黄铜矿化、硬锰矿化，也可见孔雀石化、铜蓝等。

表 7-5-5　朝梁沟 1∶20 万异常特征登记表

元　素	Pb	Ag	Zn	Mn
面积(km²)	25.68	48.83	14.2	5.85
极值(μg/g)	59.8	0.50	77.9	455.7
均值(μg/g)	28	0.148	72.3	455.7
衬　度	7.4	3.7	4.0	2.3
规　模	190	181	56.8	13.5
下限(μg/g)	3.8	0.04	18.0	199
分　带	4	4	3	2

1∶5 万水系沉积物中变化系数 Cu、Ag 较小，Pb、Zn 较大；Cu、Pb、Zn、Ag 在两种岩性中分布基本一致；土壤中 Pb、Zn、Ag 异常明显，Cu 异常较弱(表 7-5-6、表 7-5-7)。

水系沉积物圈定异常 2 处。其中 1 号异常具 Cu、Pb、Zn、Ag 元素组合，浓集中心明显，最高含量 Cu 65μg/g、Pb 120μg/g、Zn 1 000μg/g、Ag 3.3μg/g。土壤测量最高值 Pb 2 000μg/g、Zn 150μg/g、Ag 6.3μg/g。矿化蚀变岩 Pb 5 000μg/g、Zn 350μg/g、Ag 2.6μg/g。212/1 点褐铁矿流纹岩 Pb 380μg/g、Zn 400μg/g、Ag 4.0μg/g。在 210～240/1 之间见有裂隙充填型铅锌矿化，地表铁锰染强烈。284～290/1 间有一条含铅、锌矿化挤压破碎带，认为该异常为较强烈充填型铅锌银矿化引起。2 号异常处于测区中下部，主要为 Pb、Zn 组合，二元素异常重现性较好，浓集中心明显，最高值 Pb 100μg/g、Ag 1.0μg/g，面积 0.2km²、0.6km²。136/2 点流纹质晶屑岩屑凝灰岩 Pb 50μg/g、Zn 200μg/g，推断为局部 Pb、Zn、Ag 矿化引起。

表 7-5-6　朝梁沟 1∶5 万水系沉积物异常地球化学参数统计表

元　素	Cu	Pb	Zn	Ag
平均值(μg/g)	22.5	22	95	0.2
标准离差	3.1	11.03	36	—
变异系数	0.14	0.5	0.38	—
异常下限(μg/g)	28	40	160	0.2

表 7-5-7　朝梁沟主要岩性地球化学参数表

岩　性	参　数	Cu	Pb	Zn	Ag	样数
流纹岩	平均值(μg/g)	7.48	57.8	81.8	0.2	30
	离　差	0.30	8.23	1.80	—	
	变化系数	0.04	0.14	0.02	—	
流纹质熔结凝灰岩	平均值(μg/g)	7.47	64.6	90	0.2	18
	离　差	0.41	4.35	25.4	—	
	变化系数	0.05	0.07	0.28	—	

21. Z-28乙 崇礼狮子沟 Ag-Pb-Zn 异常

出露侏罗系张家口组火山沉积岩及同期侵入岩（J_3M），有火山机构和北西向断裂构造发育，矿化蚀变强烈。位于狮子沟复式向斜中段核部。南部、东部及北部边缘为张家口组石英斑岩及流纹岩，中部为燕山期第四旋回正长斑岩浅成岩株，侵入于张家口组中，副矿物有磁铁矿、锆石、磷灰石及榍石。异常由B、Pb、Cd、Ag、Zn、Au、As组成，Pb、Ag、Zn、Cd、La异常重合较好，有明显组合中心，As异常在东北边部，B异常面积最大，将所有异常包围在内。Pb、Ag、Zn、Cd含量较高，具二级浓度分带，规模较大，为主要成矿元素。

三级查证结果，在张家口组凝灰岩中有一组产状350°∠80°的破碎带，宽10~20m，长400m以上。带内褐铁矿化、高岭土化及少量绿泥石化、硅化与铁锰矿化。蚀变带宽4m，捡块分析，最高值Cu 220μg/g，Pb 1 000μg/g，Zn 1 000μg/g，Ag 24μg/g，Au 11ng/g。嗣后进行了二级查证，使用方法有水系沉积物加密、土壤剖面测量、激电中梯及槽探。将异常分解多处，在二道沟、三道沟村西及四道沟等地均发现矿化露头。

22. Z-29甲 赤城彭家沟 Ag-Cd 异常

出露侏罗系张家口组火山岩及同期侵入岩（J_3W），已知中型银矿床产出。

南部和东北角出露红旗营群黑云斜长片麻岩、黑云变粒岩夹不纯大理岩，顶部为含钛磁铁角闪岩、磁铁石英岩，具混合岩化；北部为张家口组石英斑岩、流纹岩、流纹质凝灰角砾岩，底部杂色砾岩。岩石破碎，裂隙面具褐铁矿薄膜，局部有星散状褐铁矿斑点。南部见含铅锌铁锰矿化带。东部偏南有燕山期石英正长斑岩及钾长花岗岩岩株，副矿物有磁铁矿、磷灰石、锆石、褐钇铌矿，南部有超基性和角闪岩脉。东南部有北北东向断裂通过。

异常由Ag、Sn、Ni、Pb、B、Cr、As、Cd组成，其中Ag、As、B分别有两个异常圈，Cr有3个异常圈，Ag、Pb、Sn、B异常套合重现性较好，As、Cd重合性较好，Cr、Ni基本重合。Sn含量高，具内带；Pb、Ag具中带；其余具外带。查证结果表明，在石英正长斑岩与变质岩接触带附近有两个Pb、Zn、Ag高含量点，异常值分别为Pb 200μg/g、300μg/g，Zn 250μg/g、130μg/g，Ag 0.3μg/g、0.6μg/g。在变质岩中，有一组北西320°左右的断层，宽2m左右，可见长度约100m。断层中发育褐铁矿化、黄铁矿化、孔雀石化、硅化、高岭土化和绿泥石化等蚀变，取样分析最高含量Ag 820μg/g、Cu 1%、Pb 2 000μg/g、Zn 1 100μg/g、Au 44 800ng/g。经河北省地质十一队工作，已具中型银矿规模。建议进一步工作。

23. Z-33甲 平泉五道河 Ag-Au-Pb-Zn 异常

出露新太古代遵化岩群、变质花岗质片麻岩、燕山期侵入岩（J_1N）及白垩系大北沟组，近南北向断裂发育，已知金银多金属矿床。分布在五道河复式背斜上，出露有太古宙变质岩，岩浆活动主要为北北西向花岗岩脉和太古宙辉石岩体，异常浓集中心距王土房岩体约8km，区内小型银铅锌矿床1处，矿体有20多条，一般长320m，最长500m。异常由Au、Ag、Cu、Pb、Zn、Cd、Mo、W、Bi、Cr、Ni、Co、P、Sb、Y、Sr组成，其中Au异常衬度、规模居平泉幅之首，伴生元素Ag、Cu、Pb、Zn、Cd、W、Bi、Sb等异常规模大，浓集中心明显，在空间上主要异常元素吻合较好，中心落在矿体上。在地球化学图上，Au、Ag、Pb、Zn、Cd、W、Bi、Cu等元素为高背景场和异常场。本区地层构造对金矿化有利，特别注意寻找蚀变岩型金矿。建议开展大比例尺综合物化探工作，对小型含银铅锌矿床重新评价。

24. Z-35乙 赤城炮梁 Ag-Pb-Zn 异常

主要出露红旗营子群变质岩，东南边缘为长城系白云岩、页岩、砂砾岩，西部边缘为张家口组安山岩和流纹质晶屑凝灰岩。东北部为海西期辉石岩小岩株。北西向断裂为主，北东向次之。有铂矿点1处、铅银矿点1处、磁铁矿点1处、赤铁矿点1处、中型赤铁矿1处。异常由B、Ag、Fe、Mn、Au、Co、Sn、Cu、Ni、Cr、Pb、Cd、F、V组成，其中Au、Ag、Pb、Zn、Mn、B、Cr、Ni、Co、V异常基本套合。Au、Ag、Sn、B具三级浓度分带，Cr、Cu具二级浓度分带，其余为一级浓度分带。Au、Ag异常已进行查证，发现了金家庄小到大型金矿。B异常面积大、强度高,受上元古界碳酸盐岩控制。建议对金银异常进行详查。

25. Z-37乙 平泉小寺沟 Ag-Mo-Bi-W异常

出露新太古代二长花岗质片麻岩、蓟县系雾迷山组白云岩、燕山期侵入岩(K_1W),北东、北西向断裂发育,已知中型铜钼矿床,注意评价伴生银。平泉县小石门金银矿地质普查项目属于河北省国家资补项目。通过2001—2002年、2004年的工作,取得的主要成果为如下。①初步查明了该区地层、构造、岩浆岩等成矿地质条件。②物探激电中梯剖面均有不同程度的异常显示,异常大多分布于F1,F2断裂带上中性脉岩旁侧,和Ⅰ、Ⅱ、Ⅲ号矿脉空间位置对应,EH4测量显示F1断裂是本区主要控矿构造,延长延深较大。③初步查明本区有3条主要银金矿化带,地表大致圈出17个矿体。④初步估算332级金属量Au 723.23kg、Ag 25.33 t,平均品位中Au $11.01×10^{-6}$、Ag $385.62×10^{-6}$;333级金属量Au 1 757.52kg、Ag 138.97t,平均品位中Au $5.56×10^{-6}$、Ag $439.49×10^{-6}$;332+333级金属量中Au 2 805kg、Ag 278.5t,其中,Ⅰ-1矿体332级资源量Au 420.82kg、Ag 23.4t;333级Au 2 372.6kg、Ag 195.2t。

承德市小寺沟铜钼矿床外围银金矿资源潜力评价项目属于中央财政补助地方勘查项目。通过2001—2002年的工作,取得的主要成果为:①初步查明了主要矿脉地表赋存规律、产状特征及矿化、蚀变和构造、岩脉的关系,并确定了地表规模;②初步估算了(334_1)级矿石量25万t,累计金属量Au 800kg,平均品位3.2μg/g、Ag 49.9t,平均品位199.6μg/g;③崖门子小槽碾沟铜金矿点、杨树底铅锌银矿点、井家沟锰银铅锌矿点及放马坑铜金矿点成矿条件好,找矿前景有望。

26. Z-38甲 宣化小营盘-庞家堡 Ag-Pb-Sb-Zn异常

出露新太古代崇礼群麻粒岩相变质岩、花岗闪长质片麻岩、古元古代钾长花岗岩及燕山期侵入岩(J_3S),北西和北东向石英脉、北东向酸性岩脉和基性岩脉、北西向断裂破碎带较发育。已知大型金矿床伴生银等组分。异常由Bi、Ag、Au、W、Mo、Be、Cu、Cr组成,Au、Ag、Be、W、Bi重合较好,有异常中心;Cu、Cr、Ni异常重合较好,但无异常中心。Mo异常面积最大。Mo、Bi含量高,具三级浓度分带,Au具二级分带,其余为一级。Cu、Ni、Cr由基性岩脉和角闪片麻岩引起。Au、Ag、Mo、Bi可能与矿化石英脉有关。Ag、Au、Mo、Bi异常规模大,含量高,具有较好找矿意义。

27. Z-39乙 赤城梁家沟 Ag-Pb-Zn-Au异常

出露中元古代花岗岩(Pt_2Dy)、蓟县系雾迷山组(Jxw)、侏罗系土城子组、张家口组火山沉积岩,已知多金属矿床。位于南北向断裂上,东部为蓟县系碳酸盐岩夹页岩,青白口系下马岭组灰绿、灰黄色页岩夹砂岩;西部为土城子组砾岩、凝灰岩、砂岩夹流纹岩、安山岩、粗面岩,含煤层。有多金属矿点1处,赤铁矿点3处。异常由Sn、Ag、Pb、W、Cd、Be、B组成,Pb、Ag、Cd异常套合较好,Be、W基本重合,B、Sn以单圈存在。Ag、Sn含量较高,规模较大,具三级浓度分带。W、Sn、B远离矿点,产因不明;Ag、Pb、Cd由已知矿点引起。可对W、Sn异常查证。

28. Z-40甲 赤城万全寺 Ag-Pb-Au-Zn异常

海西期、燕山期侵入岩(P_1W、J_3S)、侏罗系土城子组火山沉积岩及次粗安岩,已知银金矿床。
2003—2004年天津华北地质勘查总院承担赤城县万全寺银金矿普查评价项目,取得的主要成果如下。①获得122b级矿石量2.02万t,金属量Ag15.5t,Au98.4kg。②确定Ⅷ-3号脉和ⅩⅥ号脉可进一步做深部找矿工作。③据元素的组合规律,对万全寺银金多金属矿床进行分带,指出ⅩⅤ号脉是多金属矿床的头部,Ⅰ、Ⅴ、Ⅹ、ⅩⅥ号脉为矿床的腰部,Ⅲ号脉带为矿床的尾部,古路沟为矿床的底部,对指导今后找矿工作具有重要意义。④通过1:10 000地质修测修定了部分地质界线,古路沟断裂破碎带规模大,为本区导矿断裂之一,在异常中的强蚀变地段大致圈出14条强硅、铁质蚀变带,其中H2异常中的2号脉外,经随机取样,银$(24～76)×10^{-6}$、金$(0.14～0.25)×10^{-6}$;H4异常中经槽探揭露圈出两条银、金矿脉,脉厚0.5~1.0m,产状225°∠70°~87°、银$(52～58)×10^{-6}$、金$(0.05～0.11)×10^{-6}$。说明上述矿化带具有明显的金银矿化,是本区 H1、H2、H3 的异常源。⑤通过 1∶2 000 地质草测,对Ⅲ、Ⅷ号脉带进行重新厘定,大致查明了地表矿脉数量、规模、矿化特征及成矿条件。⑥通过激电中梯工作,对Ⅷ-1-1 矿体和Ⅴ号脉衔接地段进行重点控制,对Ⅷ-2、Ⅷ-3 矿脉局部进行控制,大致圈定了 2 线激电中梯测深剖面激电异常,但异常源不明;大致圈定并解释了 44 线激电测深异常为 Pb、Zn 引起的矿致异常,有待工程验证;Ⅴ号脉带外的"贝壳"状激电异常系 Pb、Zn 引起的矿致异常,现已经采矿得到证实;而古路沟大面积的激电异常,民采坑道工程揭露已证实为黄铁矿化引起的异常。

2004 年对赤城县万全寺银金矿区外围矿点进行异常检查,取得的主要成果为:①阐述了各矿点、异常区特征,进行了综合分析及远景评估,指出了工作方向;②老王沟铅银矿点、菜树梁金铅矿点、槽碾沟 Au、Ag 异常区成矿条件较好,可进一步开展工作;③经过矿点异常检查和室内资料的整理分析,对老王沟和菜树梁两矿点的矿体结合民采调查情况进行了重新圈定,初步掌握了两矿点的主要地质背景及控矿因素,预测了两矿点的远景资源量,其中老王沟预测资源量中矿石量 767 026t,Pb 金属量 9 228.06t,Ag 22.49t,菜树梁矿石量 78 624t,Au 金属量 185.06kg,Ag 金属量 2.62t,Pb 金属量 921.8t。同时优选出了有较大找矿潜力的槽碾沟异常区,作为进一步工作的矿点及异常区。

29. Z-41 乙 平泉党坝-郭杖子 Ag-Pb-Sb-Zn 异常

出露中—上元古界碳酸盐岩和碎屑岩及少量中生代地层,有燕山期酸性岩株侵入。断裂较发育,有近东西向、北北西向两组。有多金属矿点 1 处。异常由 Au、Ag、Cu、Pb、Zn、Cd、Mo、W、Bi、Li、Mn、As、Sb、Y、V 组成。其中 Au、Ag、Pb 异常面积大,衬度高,为主要成矿元素;Au、Ag、Pb、Zn、Cd、Mn、As、Sb 具有强内带或内带,As 异常具有中带,各主要异常具有统一的浓集中心,在中心部位有北北东向断层通过。1984 年,河北物探队在异常中心边部进行了 1∶1 万土壤测量 13.8km^2,发现铅、银多金属综合异常两处,经详查为小型矿产地。从元素组合来看,异常为一套中低温指示元素,反映了金银铅矿化,建议在详查区西侧异常浓集部位继续做勘查,特别注意北北西向断裂构造含矿性,寻找裂隙充填型的铅银伴生金矿。

30. Z-43 乙 承德寿王坟-潘家店 Ag-Mo-Bi-W 异常

出露长城系高于庄组、蓟县系杨庄组、雾迷山组、侏罗系髫髻山组、土城子组及燕山期花岗岩(K_1W)次粗安岩(τaJ_2),已知中型铁铜矿床,伴生金等有益组分。主要外围寻找同类矿床。

寿王坟中型铜钼矿产于寿王坟杂岩体与蓟县系雾迷山组接触带内的矽卡岩中,矿体呈扁豆状,长 200~300m,延深 150~200m。矿物组合有磁铁矿、黄铜矿、黄铁矿、辉钼矿、方铅矿、闪锌矿及白钨矿等。矿区范围内,Cu、Ag、W、Mo 出现强内带,Au、Bi 出现内带,外围尚有 Sn、P、Ni、V、Ti、Be、La、Zr、Sb、Nb 等异常。Cu、Ag、Au 元素以密切的组合分布于寿王坟杂岩体西南接触带上,而 Bi、W、Mo 异常则分布于杂岩体内部及接触带上,与 Cu、Ag、Au 异常既有一定的组合关系,又有明显差异,反映了矿床与岩体的内在关系。Cu、Ag、Au 组合异常分布于杂岩体南侧接触带内,Ag、Au 异常套合于 Cu 异常内。Cu 异常面积 41.6 km^2,最高值 410.3ng/g,NAP 值 403.5;Ag 异常面积 31.1km^2,最高值 0.9μg/g,NAP 值 124.4;Au 异常面积 23.0 km^2,最高值 10.9ng/g,NAP 值 64.4。异常由已知矿床引起,可考虑开采铜钼时综合利用银金。

31. Z-44 乙 承德大杖子(乌龙矶)Ag-Cd 异常

位于东西向断裂带上,并与北东向交汇。地层有蓟县系、青白口系、寒武系、奥陶系、侏罗系髫髻山组、土城子组,东西向和北东向断裂发育。由两个浓集中心,西部为 Ag-Au-Cu,东部为 Ag-Cu-Au-Co-Cd-Mn。Ag、Au、Cu 浓度分带明显,衬值较高,有较好找矿前景。

32. Z-45 乙 怀来二堡子(麻峪口)Ag-Sb-Zn 异常

出露中太古代桑干杂岩、崇礼群紫苏斜长片麻岩、辉石麻粒岩及浅粒岩、长城系串岭沟组至蓟县系雾迷山组、侏罗系髫髻山组,东西向和北北西向断裂交汇于中部。北部见有闪长岩脉,东部有正长斑岩脉分布。有小型赤铁矿和金矿点1处。异常元素可分3组：①Au、Ag、Cd、Pb、Zn、Mn、W、Mo、Bi；②Fe、Co、Ni、Cr、U、Ti、P、La；③F、Sr、Ba。第一组为主要成矿、指示和伴生元素。异常元素组合复杂、强度高、地质条件良好。应开展详查工作，沿构造追索成矿有利地段，扩大远景。

33. Z-46乙 宽城崖门子 Ag-Sb 异常

出露长城系串岭沟组、大红峪组页岩、白云岩和燕山期花岗岩（J_2C），有北东向断裂发育。推断为矿化异常。

34. Z-47乙 兴隆蘑菇峪-宽城孟子岭 Ag-Sb-Pb-Zn 异常

出露长城系大红峪组、高于庄组、蓟县系杨庄组、雾迷山组碳酸盐岩和燕山期花岗岩（J_3J、J_3L、J_3C、K_1H），北东东向断裂发育。由Pb、Cd、Ag、Mo、Au、Zn、W、Bi、Sb组成，为已知钼矿异常，注意寻找伴生银矿。

35. Z-48乙 宽城峪耳崖 Ag-Bi-W-Mo 异常

宽城县峪耳崖金矿产于花岗岩体内部或内接触带。出露地层为长城（南口）系高于庄组和遵化群拉马沟组。同位素研究表明，金矿与花岗岩同源。矿体呈脉状、扁豆状及细脉浸染状，矿石类型为含金硫化物石英脉型及细脉浸染型。围岩蚀变以硅化、黄铁矿化为主。注意寻找伴生银矿。

36. Z-49乙 青龙马圈子（三家金矿）Ag-Pb-Zn 异常

位于马圈子-石湖沟断裂的西侧，受北东向断裂控制。出露中太古代奥长花岗质片麻岩、新太古代遵化岩群（Ar_3Z）、闪长质片麻岩、长城系高于庄组碳酸盐岩和燕山期花岗岩（J_1N、J_2T），金矿属含金石英脉型，产于片麻岩及花岗斑岩中，受北东向次级断裂控制，伴生矿物有黄铁矿、黄铜矿、方铅矿等。异常由Au、Ag、Fe、Mn、Co、Pb、Cd、Zn、W、Bi、Hg、Cu、F、Ni、Cr组成，其中Ni、Cr异常面积最大，其他元素异常多数分布在金矿上，浓集中心基本一致。Au、Ag、Pb、Bi、W等元素多具有内带或强内带，Fe、Co、Cu、Zn元素只有外带。在矿体上方出现Au、Ag、Cu、Pb、Zn、Cd、W、Mn、Bi、Hg异常，Cr、Ni、Co异常中心不在矿床上。异常反映了已知矿床，但不排除找到新的矿化地段的可能。

37. Z-50甲 兴隆陡子峪 Ag-Sb-Pb 异常

出露长城系（$Chch-t$、Chd、Chg）、蓟县系杨庄组（Jxy）砂岩、页岩、白云岩，有两组北东向断裂发育，已知洞子沟金银铜多金属矿床。

天津华北地质勘查总院完成的天津市蓟县黄崖关一带金银多金属矿普查项目属使用国家资源补偿费的地质勘查项目。通过2001—2004年工作，取得的主要成果为：①通过1∶25 000水系沉积物测量，获取综合异常48个；②发现了车道峪金矿化点，且两条含金蚀变体深部存在极化率异常；③圈定车道峪、前干涧、红石门、刘庄子、靠山集等5片找矿远景区；④提出前干涧锰矿成因为喷气喷流型，前干涧地区存在元古代裂陷，有寻找"相广式"银多金属矿的远景。

2004年开展的兴隆县洞子沟地区普查找矿项目，取得的主要成果如下。①在麻地太古界地层中新发现金矿体4条，长分别为1 120m、340m、100m、80m，宽0.3～1.5m，品位一般1～5.2$\mu g/g$，最高品位Au 61.4$\mu g/g$，金矿体均产于断裂破碎带内的硅化体中。矿体走向为近东西向和近南北向。②在三道拔台太古界地层内发现一条近东西向金矿体，向南倾，倾角为24°，金矿体长1km，品位一般1.5～5.54$\mu g/g$，最高Au 17.8$\mu g/g$，银为15～80.2$\mu g/g$，铜个别样为0.36×10^{-2}。③在黄崖关同生断裂东侧，洞子沟银铜矿南侧边墙沟发现银铜矿化体5条，长分别为2 000m、1 500m、300m、100m、260m；宽为5～10m、0.1～5m。走向为南北向、东西向，银、铜品位不均匀，Ag 47.5～752$\mu g/g$，Cu 0.39×10^{-2}～1.15×10^{-2}，还有多处不够工业品位的地段。④通过洞子沟-西满子EH4物探剖面测量，根据洞子沟已知矿致异常推测，在西满子标高-140～30m，可能存在规模较大的层控矿体，为西满子深部找矿提供了依据。

38. Z-51乙 兴隆挂兰峪-遵化马兰峪 Ag-Zn-Pb-Sb 异常

出露太古宙迁西岩群、遵化岩群变质表壳岩及同期深成岩(Ar_2Togn、Ar_2Tch、$Ar_3^1T\gamma gn$、$Ar_3^1\delta gn$)和燕山期花岗岩(J_1S),断裂构造发育,主干断裂为东西向,次一级断裂有北东、北西和近南北向多组。岩浆活动强烈,侵入岩有太古宙—早元古代超基性岩、中生代侏罗纪中酸性岩。区内金矿床、矿点、矿化点星罗棋布,有中小型矿床12处、矿点43处、矿化点13处,绝大多数由地方或群众进行开采。矿床类型多为石英脉型。在石英脉发育部位的断裂破碎带内蚀变强烈,主要为硅化、黄铁矿化、绢云母化、褐铁矿化、绿泥石化、碳酸盐化、高岭土化等,蚀变带一般宽0.2~1.0m,最宽可达百米。为寻找蚀变岩型金矿提供了地质前提。区内尚有钨、钼、铜、铬、铁等矿产。1986年对该异常进行了三级查证,在1:5万水系沉积物岩石和土壤剖面测量中均圈出较好Au、Ag、Pb、Bi异常,As、Sb、Cu、Zn、Mo也有异常显示。

39. Z-52乙 迁西漱河桥-金厂峪 Ag-Mo 异常

出露太古宙迁西岩群、遵化岩群表壳岩及同期深成岩(Ar_2Togn、$Ar_3^1T\gamma gn$、$Ar_3^1\delta gn$)和燕山期花岗岩(J_1S、J_1Z),已知大型金矿床1处,伴生钼等组分,注意评价银矿资源评价。

40. Z-53乙 宽城铧尖-青龙三拨子 Ag-Bi-W-Mo 异常

出露太古宙变质深成岩(Ar_2Tch、$Ar_3^1T\gamma gn$)、长城系大红峪组-高于庄组、蓟县系杨庄组-雾迷山组白云岩、燕山期花岗岩(J_1S、J_2J、K_1S、K_1Sd),由Au、Pb、W、Cd、Mo、Mn、Zn、Ag、Bi、Cu、Sb等元素组成,有牛心山、北铧尖中型金矿,成矿地质条件很好,找矿远景很大,注意伴生银资源综合评价。

41. Z-54乙 青龙肖营子 Ag-Bi 异常

出露太古宙迁西岩群、遵化岩群变质表壳岩、长城系高于庄组白云岩及燕山期花岗岩(J_1S、J_2J、K_1S),北东向断裂发育,青龙荒山沟一带发现含金石英脉。

区内为肖营子岩体中部的含斑黑云角闪花岗岩与次石英斑岩分界地带。有一条蚀变矿化带,走向北北东,倾向北西,宽2~3m,黄铁矿化最强,含金最高。围岩蚀变有硅化、绢云母化、碳酸盐化、褐铁矿化、绿泥石化、绿帘石化等。异常由Au、Bi、Ag、Cu、As、Hg、W、Pb、Zn组成,其中Au的含量居青龙幅之首。Au、Ag、Cu、As、Hg浓集中心一致,Pb、Zn、W异常中心偏南。1:1万土壤剖面测量金含量为52~620ng/g。通过异常查证可知,异常由含金矿化带引起,类型为构造蚀变岩型,找矿远景较大。

42. Z-55乙 青龙三星口-安子岭 Ag-Pb-Zn-Sb 异常

出露新太古代变质深成岩(Ar_2Togn、$Ar_3^1\gamma gn$、$Ar_3^1\delta gn$、$Ar_3^1\gamma\delta gn$、$Ar_3^1\gamma o$)、燕山期花岗岩(J_2J、J_3M),已知周杖子小型铅锌矿床及金银矿化多处。

青龙县周杖子北铅锌矿床异常位于青龙县周杖子乡北3km处,明水塘-三星口东西向断裂从南侧通过,断裂以南为中侏罗统火山岩,以北为太古宙混合岩、变粒岩及片麻岩,正长斑岩脉发育。铅锌矿产于北东向裂隙中。主要金属矿物为黄铜矿、闪锌矿、方铅矿,伴生组分为银、镉、铜、镓等。附近有已知汞矿点1处、金矿点2处。异常由Pb、Zn、Ag、Cd、Bi、Cu、Sb、As、Mn、F、Ba等组成,其中As、Ba、Bi异常较弱,Pb、Zn、Ag、Cd、Cu、Mn异常强度较高,形态规则,浓集中心落于矿床上方,F、Sb异常面积大,中心偏离矿床距离较大。

青龙周杖子异常Cu、Pb、Zn、Ag、Sb、Hg、Cd等异常分带清晰、面积大。异常除反映已知矿外,还指示了较好成矿远景,对寻找金铜铅锌矿床具有较强指示意义。

青龙苇子沟异常Cu、Pb、Au、Ag、Sr、F、Ba为已知金铜矿点引起,Y、La为酸性小岩体引起,Cr、Ni、V、P由基性岩脉引起。反映了金铜矿,还有新的矿产可能。

43. Z-56乙 迁西东荒峪 Ag-Zn-Sb 异常

出露太古宙迁西岩群表壳岩及同期深成岩(Ar_2Togn)。异常由Zn、Ba、Ag、Ti、V、Cr组成,可能与含矿热液活动有关,应予重视。

44. Z-57乙 抚宁驻操营 Ag-Pb异常

出露新太古代变质花岗岩($Ar_3^2\gamma$)、寒武—奥陶系,燕山期花岗岩(J_3C、K_1H),已知铅锌银矿床。

河北省区调队20世纪60年代在异常范围内圈出重砂铅异常,1976年河北省物探队开展1∶20 000物化探普查,圈出铅锌化探异常和重砂铅异常,认为由已知铅锌矿点引起。1987年河北省物探队进行了1∶10 000土壤及岩石测量,圈出3处Pb、Zn、Ag、Au组合异常,其中Ag异常规模大于Pb、Zn、Au。异常为Ag、Pb、Zn、Au多金属成矿作用显示。在条件较好部位设计4个钻孔。

45. Z-58乙 蓟县官庄(许家台)Ag-Bi-W-Mo异常

位于官庄岩体及外围,出露长城系($Ch\,ch$、$Ch\,t$、$Ch\,g$)、蓟县系(Jxy、Jxw)白云岩、页岩与海西期花岗岩(T_3Y、T_3S),已知小型钨钼矿。由W、Mo、Pb、Bi、Ag、Sn、Zr、Cd、Hg、As、Sr、Nb、U、V、Co、Ti、Cu、Be、P、La组成,异常与内外接触带蚀变矿化有关,以钨异常找矿远景最佳。

46. Z-60乙 怀来杏园 Ag-Pb-Au异常

大部分为花岗闪长岩分布,东南围岩为崇礼群变质岩,西南部为长城系沉积岩。中部有东西向逆断层通过,两侧有石英斑岩产出。异常由Sn、Au、Ag、Pb、Cr组成,形态规整,组合较好,但浓度不高。1989年河北省地质三队进行1∶5万分散流查证,认为异常由矿化石英脉引起,注意金银找矿远景。

47. Z-61甲 涿鹿相广 Ag-Pb-Zn-Au异常

出露地层为侏罗系髫髻山组、张家口组火山-沉积岩,西北部第四系中零星出露长城系高于庄组。西缘有北西、北东相断层交叉。已知东羊波洞小型火山热液型锰矿床、穆家沟热液型锰矿点。异常由Pb、Ag、Zn、Mn、As、Sb、Cd、Au、Bi、Cu、Mo、La组成,浓度高、规模大,具分带。最新勘探表明,锰矿脉中含银很高,达中型,并伴生金,建议二级查证。

48. Z-62乙 涿鹿矾山 Ag-Pb异常

中元古代、燕山期深成岩(Pt_2Hs、J_3G)侵入于蓟县系雾迷山组白云岩,有已知大型磷矿床产出。

49. Z-64乙 涿鹿倒拉咀 Ag-Pb-Zn异常

位于大河南岩体北缘,出露蓟县系雾迷山组白云岩、侏罗系髫髻山组、张家口组火山沉积岩及燕山期花岗岩(J_3G),北东、北西向断裂发育,有已知铅锌多金属矿床。

宣化幅涿鹿县石门南乙类异常出露地层为蓟县系雾迷山组、铁岭组白云岩及页岩,东北部少量青白口系下马岭组砂砾岩夹赤铁矿层。南部有北东向逆断层通过。异常由Ag、Cd、Pb组成,浓度偏低,推断为局部微弱矿化引起。应三级查证。

50. Z-65甲 涿鹿观音殿-孔涧 Ag-Pb-Zn异常

位于大河南岩体东北缘,出露蓟县系(Jxw、$Jxh-t$)、寒武系白云岩、侏罗系髫髻山组、张家口组火山沉积岩和燕山期花岗岩(J_3G、J_3D),有北东向断裂多条,北缘有北西向正断层。花岗岩和花岗闪长岩侵入蓟县系和青白口系,有史家沟热液型锰矿点、上井沟小型热液型锰矿、口前小型矽卡岩铁钼矿、黑山寺小型岩浆热液型锰矿和铅锌矿点。

涿鹿县太平堡甲类异常东北部出露寒武系、青白口系,西北部为髫髻山组及少量下花园组煤系,东南部为大河南花岗闪长岩体一部分。寒武系中有小型北东向断裂。已知水关口矽卡岩型磁铁矿点1处。异常由Zn、Bi、Cd、Pb、Cr、Ag、U、Cu、W、La组成,具同一浓集中心,浓度较高,与磁铁矿点吻合,Ag、Pb、Zn、Bi、Cd异常浓度较高,应进一步扩大已知矿点的找矿前景,争取有新的突破。

51. Z-66乙 涿鹿谢家堡 Ag-Pb-Zn-Au 异常

出露蓟县系、青白口系下马岭组、铁岭组、寒武—奥陶系沉积岩、侏罗系髫髻山组、张家口组火山岩及燕山期侵入岩(K_1Sd)、次火山岩(λJ_3)。

涞水县庄里乡岭南台乙类异常出露地层为蓟县系铁岭组白云岩、青白口系灰岩、砂页岩、含砾砂岩,寒武—奥陶系灰岩,南部为侏罗系髫髻山组安山岩、凝灰质砂岩。有数条北东-北北东向正断层,一条北北西向断层。西部为花岗斑岩、花岗闪长岩,与沉积岩呈侵入接触。有闪长岩脉、石英斑岩脉穿插,有铁矿点1处,为铁金多金属远景区。异常由Au、Zn、Hg、Cd、Ag、Mn组成,强度低,规模小,套合好,Zn异常强度较高,规模较大,浓集中心基本一致,推测为矿化异常。建议三级查证。

涞水县柏林城乙类异常西部为青白口系石英砂岩夹页岩、白云岩,蓟县系铁岭组白云岩夹页岩,寒武系灰岩;东部为侏罗系髫髻山组安山岩及凝灰质砂岩。西部有北西向花岗岩枝侵入到铁岭组白云岩和寒武系灰岩中。有北北东向紫荆关断裂通过,有含金多金属矿点1处,为铁金多金属成矿远景区。异常由Hg、Au、Mo、Cd、Ag、Cu、Zn、Bi、Pb组成,其中Hg为四级浓度分带,Mo、Cd为二级浓度分带,可能为含金银多金属矿床引起的异常,建议三级查证。

52. Z-67乙 涿鹿大河南-涞水蓬头 Ag-Au-Pb-Zn 异常

位于大河南岩体南缘,出露中太古代阜平杂岩、长城系(Chg)、蓟县系(Jxw、$Jxh-t$)、奥陶系碳酸盐岩与燕山期花岗岩(J_3G、J_3D),发育北东向断裂多条。

涞水县蓬头乙类异常为东经$115°17'30''\sim115°22'25''$,北纬$39°42'40''\sim39°46'30''$,面积$34km^2$。西部为阜平群黑云角闪斜长片麻岩夹斜长角闪岩,底部为变粒岩,东部为寒武系灰岩,中部为长城系高于庄组白云岩。发育北北东向断裂,有花岗斑岩脉穿插。异常由Ag、Au、Cd、Pb、Hg、B、Sb、Zn、Mo、Sn组成,浓集中心一致,组合齐全,推断为矿化异常,河北省地质六队三级查证效果较好,可转入二级查证。

53. Z-68乙 涞水其中口 Ag-W-Bi 异常

出露中太古代阜平杂岩、长城系(Chg)碳酸盐岩与燕山期花岗岩(J_3G、J_3D),北东向断裂发育。

易县石碑口乙类异常为东经$115°05'30''\sim115°09'20''$,北纬$39°32'40''\sim39°36'20''$,面积$22km^2$。出露阜平群黑云角闪斜长片麻岩夹斜长角闪岩,底部为磁铁石英岩,南部为王安镇岩体,区内有酸性、基性岩脉,发现黄铁矿点2处。异常由Ag、Bi、W、Cu、Mo、Cd、Zn、Be、Cr组成,强度高,规模大,处于岩体接触带,地质条件有利,可能为银矿化引起,已进行三级查证,建议转入二级查证。

桃树园-大地坨辉绿岩墙侵入于黑云斜长片麻岩中,北西$30°$延伸,长$15\sim30km$,宽$10\sim30m$,倾向南西,倾角$70°\sim85°$。南西侧发育十多米宽断层破碎带,矿体即产于破碎带内。断面擦痕明显,强烈褐铁矿化、黄铁矿化、孔雀石化、绿泥石化,银品位$50\sim130g/t$。地下$40m$深竖井内矿石为灰白色硅化蚀变岩,致密块状,银品位$200\sim3\,000g/t$。

苇家峪辉绿岩墙北西$25°\sim30°$延伸,侵入于黑云斜长片麻岩中,长$20\sim35km$,宽$5\sim15km$,倾向北东,倾角$85°\sim90°$。北东侧为断裂破碎带,岩石角砾状、粉末状,褐铁矿化、黄铁矿化强烈,银金矿体产在破碎带内,银品位$60\sim300g/t$,金$0.5\sim3g/t$。

大葫芦峪辉绿岩墙北西$25°\sim30°$延伸,侵入于黑云斜长片麻岩中,长$30\sim40km$,倾向南西,倾角$80°\sim90°$。南西侧为$5\sim15m$的断层破碎带,带内有蜂窝状矿化蚀变岩矿体,银品位$80\sim270g/t$。

天津华北地质勘查总院完成的涞水县南款金银矿西岭子沟矿段普查评价项目属于河北省国家资补项目。通过2001—2002、2004年的工作,取得的主要成果如下。①初步查明西岭子沟121号矿体赋存于受南北向张扭-压扭断裂控制的构造岩浆矿化带内,矿体分支复合、侧列现象频繁出现,矿体总体延深、延长稳定。②$1\,420m$标高以下为原生矿,以上为氧化矿,二者接触部位为混合带。原生矿为富含Au、Ag、Pb、Zn矿石。③估算资源量121-Ⅰ、121-Ⅱ号矿体的332+333资源量共计Au $2\,465.47kg$、Ag $14\,323kg$、Pb $10\,787t$、Zn $11\,977t$,平均品位Au $9.46\mu g/g$、Ag $50.51\mu g/g$、Pb 3.9×10^{-2}、Zn 6.76×10^{-2}。经对121

-Ⅲ、121-Ⅳ、121-Ⅴ资源量估算,334级金属量 Au 11 169kg,Ag 93 389kg,Pb 66 254t,Zn 46 611t。

2004年完成的涞水县南款金矿外围多金属矿普查项目,取得的主要成果为:①发现西石湖一带矿化密集带1处,内有蚀变岩型、角砾岩型、石英脉型多种矿化类型及20余条矿脉及两处网脉带和一处矿化片麻岩带;②主拆离带附近的找矿工作获明显效果,发现一条宽1.1m的Au、Ag矿化破碎带于细晶石英岩床的上盘,观察到矿化角砾岩筒以及多层次级含矿滑脱带;③流水西沟坑道135m处探明一条银矿体与地表112号脉相对应,矿体厚0.9m。品位 Ag 182.89μg/g、Pb 1.53×10^{-2}、Zn 0.93×10^{-2}、Au 0.55μg/g。

54. Z-69乙 涞水野孤 Ag-Bi-Mo 异常

出露长城系(Chg)、蓟县系(Jxw)碳酸盐岩与燕山期中酸性岩株,有北东向断裂从西侧通过。已知小型钼矿床。涞水县野弧乙类异常出露长城系高于庄组白云岩,有南北向断层,有铜钼多金属矿点1处,为铜钼远景区。异常由Cd、Mo、Ag、Cu、W、Zn、Be、Pb组成,组合全,套合好。其中Mo异常规模大、强度高,推测为矿异常,建议三级查证。

55. Z-70乙 涞源东团堡-王安镇 Ag-Pb-Zn-Au 异常

位于王安镇杂岩体北部,出露中太古代阜平杂岩、长城系(Chg)、蓟县系(Jxw)、寒武—奥陶系碳酸盐岩、侏罗系髫髻山组、土城子组火山岩沉积岩与燕山期花岗岩(J_2Q、J_3Y、J_3G、J_3D、K_1X、K_1Sd),北东向断裂多条。已探明镰巴岭大型铅锌银多金属矿床,找矿潜力较大。

镰巴岭-铜硐子-桃木疙瘩-大庄西坡一带产出矿脉100多条,均产于岩墙的旁侧或附近。辉绿岩墙侵入于高于庄组白云岩破碎带、裂隙带中,部分延伸至花岗岩体内,岩墙附近伴有中酸性脉岩。矿脉呈脉状、串珠状、透镜状及似层状。长几十米至几千米,一般长500～1 500m,厚3～7m,一般0.5～1m,延伸大于500m,矿体形态受构造裂隙断裂破碎带控制。辉绿岩墙是断裂破碎带之一壁,走向北北东或南北,倾角50°～80°。矿石呈浸染状,有用组分为锌、铅、铜,伴生金银。

南款一带铅锌矿脉与辉绿岩墙伴生,矿石有用组分为铅锌,伴生铜。矿石分为原生矿和氧化矿两种。氧化矿带一般深数至数十米,局部达百余米。呈粉末状、蜂窝状、皮壳状等。原生矿为块状、浸染状、条带状、角砾状等。金属矿物为黄铁矿、闪锌矿、方铅矿、黄铜矿及磁铁矿、毒砂等。辉绿岩墙 Ag 含量为10μg/g,具备富集成矿条件。白云岩 Pb 70～100μg/g,个别斑状花岗岩 Pb 20～40μg/g,二者接触带形成大量铅异常,显示矿质来源。辉绿岩热液活动使接触交代矿化增强,矿质更加富集。伟晶岩、花岗质脉体为岩浆晚期产物,挥发份对成矿元素富集有着重要影响。

2003年完成的涞源县玉皇庵地区地球化学普查项目,取得的主要成果如下。①Ag、Pb、As和Mn组合异常,主要发育在棉如沟-河暖一带,以HJS-11、HJS-10为代表。异常西侧及沟谷地带阜平群团泊口组地层广泛出露,长城系高于庄组覆盖其上形成中、低山系。异常正处在不整合面附近的拆离滑脱带上,区内断裂构造十分发育,岩浆期后热液活动频繁,浅成、超浅成酸性、中酸性岩脉侵入其中,在构造有利部位形成银矿体、矿化体。蚀变主要以硅化、褐铁矿化、高岭土化为主,金属矿物见有方铅矿、闪锌矿、黄铁矿。②Au、Ag、Cu、As、Pb、Zn组合异常,主要发育在上铺-玉皇庵一带,以HJS-3、HJS-8为代表,此类异常主要在司各庄杂岩体边部与高于庄组地层的接触带附近构造破碎带中,与后期侵入的各类岩脉关系密切,Au、Ag矿体、矿化体展布及规模多受构造控制,蚀变以硅化、褐铁矿化、黄铁矿化为主,金属矿物见有黄铜矿、铜蓝。③Ag多金属矿水系沉积物异常组合为Ag、Pb、As和Mn,原生异常组合为Ag、Pb、Zn(Au、Mo、Hg),Au、Ag多金属矿水系沉积物异常组合为Au、Ag、Cu、As、Pb、Zn,原生异常组合为Au、Ag、Cu(Mo、Bi、Hg)。

56. Z-72乙 阜平台峪 Ag-Au-Pb-Zn 异常

出露太古宙变质深成岩(Ar_2Togn)、长城系(Chg)和燕山期侵入岩(J_2Q),北东向断裂发育。

三、最小预测区评价

根据大比例尺资料提出银矿最小预测区4处。下面对这4处最小预测区进行综合评价。

1. 康保县上北京勿素(13-X-V-1)

该异常被选为铅、锌、银矿最小预测区,位于13-Y-A-2银矿预测区内。详见本章第三节同名铅矿最小预测区评价。

2. 丰宁县和顺店(13-X-V-2)

该异常被选为铅、锌、银矿最小预测区,位于13-Y-B-3银矿预测区内。详见本章第三节同名铅矿最小预测区评价。

3. 赤城县碌碡湾(13-X-V-3)

该异常圈于13-Y-B-7银矿预测区内,选区位于赤城县万全寺北3km,距赤城至古子房煤矿公路约5km,交通尚属方便。

1979年河北省物探队四分队进行1∶5万水系沉积物测量时圈定了Cu、Pb、Zn、Ag、As多元素异常。并于同年9月进行了激电、磁法、土壤测量踏勘工作,确定在$18km^2$范围内进行$50m\times20m$测网的土壤测量和$100m\times40m$测网的激电、磁法详查工作,目的是查明异常性质,确定成矿有利部位,布置验证钻孔,以期发现多金属矿床。自1980年5月至9月完成野外采样13 630件。10月份异常检查,共发现物化探异常14处,其中化探异常8处;化探、激电综合异常2处;地磁异常4处。其中5处与多金属矿化有关。

(1)地质、地球化学特征

研究区处于燕山沉降带和内蒙地轴衔接部位的赤城-长哨营-平泉深大断裂破碎带上。以北为太古宙变质岩和燕山期酸性、亚碱性侵入岩分布区,其次为侏罗系火山碎屑岩及熔岩堆积。结晶基底由一系列大致平行的线型褶皱组成,轴面走向NEE-SWW或NE-SW。以南的万全寺-古子房一带由长城系和侏罗系组成的沉积岩发育。

断裂构造以赤城-长哨营逆断裂带规模最大,东西向延伸数百千米,宽4~8km,由大致平行的逆断裂和挤压破碎带组成,分布有混合岩带、动力片岩带和超基性岩带。在断裂发育的同时,岩浆活动十分频繁,形成大量酸性、亚碱性侵入体和中酸性火山岩。对多金属成矿起着重要作用。

北西向高角度逆断裂主要由近南北向压扭应力造成(北部的南猴顶花岗岩体,南部的长伸地钠长斑岩体和虎叫花岗岩体),而近南北向断裂主要是拉伸应力的结果。两组断裂均与区域构造线方向一致,且具成因上的联系。北西向逆断裂带是测区内长条状闪长岩体的侵入通道,也是岩浆期后中—低温热液运移扩散的通道。南北向断裂形成较晚,对闪长岩体起到一定破坏作用,且多为后期脉岩贯入。

闪长岩体呈不规则长条状,走向290°~310°,呈哑铃状,面积$3km^2$。相变明显,内部相为中等粒结构闪长岩,过渡相具斑状结构的闪长玢岩,边缘相为隐晶质闪长岩,局部见流动构造或气孔状构造,斑晶少且呈他形,具浅成相特征。闪长岩含粒状和云雾状磁铁矿,含量约3%。

从中性—亚碱性脉岩均有出露,分布最广的是闪长岩脉和闪长玢岩,其次为二长岩脉、正长斑岩脉等零星出露。受北西和南北两组构造断裂控制。

已知矿点、矿化点有茨儿营子铅锌矿、小堡子铅锌矿、道德沟铅锌矿及古子房小型煤矿。

矿化蚀变范围较宽广,延伸较远。矿化蚀变与闪长岩体关系较密切,近岩体处矿化蚀变较强烈,远离岩体逐渐变弱,工区东南部矿化蚀变带变宽,近800m,而向西北逐渐变窄,至上碌碡湾村仅有150m宽。

矿化蚀变与构造裂隙关系极为密切,北西向逆断裂带不仅是闪长岩体侵入的良好通道,也是岩浆期后热液蚀变场所。

热液蚀变作用对围岩无选择,矿化方式以裂隙充填为主,严格受裂隙控制,地表所见矿石类型多为脉状、网脉状,而浸染状矿石少见。

矿化带中的矿石矿物较单一,地表仅见脉状、网脉状、浸染状黄铁矿,大多已氧化成褐铁矿,而其他金属硫化物矿化作用极微弱。

蚀变作用最普遍的是高岭土化、绿帘石化,其次为碳酸盐化、硅化、绢云母化、硬石膏化,分带极不明显,青盘岩化仅在安山岩中表现明显。

本区出现的 Ag、Pb、Zn 土壤异常基本上与粗安岩相符合。土壤元素背景为 Ag 0.18μg/g、Pb 15μg/g、Zn 40μg/g,各岩类差异不大;异常产因主要为粗安岩中的褐铁矿细脉。岩石测量 Ag、Pb、Zn 异常与粗安岩中的网脉状褐铁矿细脉相关,丰度比土壤含量高 3~5 倍。

2)异常解释推断

区内共发现土壤异常十几处,下面对 5 处具找矿前景的 Ag、Pb、Zn 组合异常进行了编号和异常解释(表 7-5-8)。

AP1 异常分布在工区中部,呈北东走向。分为 3 个异常,其中两个大异常,浓集中心明显,与 Pb、Zn 套合较好。异常的分布与构造裂隙有关。其中 Ag 异常分布范围大,与构造交汇部位相符,可能为多期热液活动形成局部多元素重叠异常。岩石测量异常比土壤异常范围略小,强度高出 3~5 倍,矿化蚀变较强,且与褐铁矿化脉相对应,局部见密集的脉状、网脉状黄铁矿细脉。

表 7-5-8 中碌碡湾最小预测区异常参数表

异常编号	Ag 平均值(μg/g)	Ag 标准差	异常面积(km²)	元素组合
AP1	1.01	5.53	0.197	Ag、Pb、Zn
AP2	0.98	1.7	0.28	Ag、Pb、Zn
AP3	0.95	1.08	0.042	Ag、Pb、Zn
AP4	0.94	2.64	0.095	Ag、Pb、Zn
AP5	1.13	2.33	0.21	Ag、Pb、Zn

推测本区在岩浆期后大量中—低温热液沿构造裂隙多期贯入,形成范围宽广的围岩蚀变及黄铁、Ag、Pb、Zn 等多金属矿化,尚未出露地表,具找矿远景,应进行深部工程验证。

AP2 异常位于上碌碡湾村东。土壤异常有 1 处,异常形态不规则,具明显浓集中心,且浓集中心多与 Pb、Zn 异常套合好。处于闪长岩体南接触带的粗安岩及凝灰岩中,由 325°走向的蚀变带组成,长 300m、宽 20m,发育数条平行的褐铁矿脉,裂隙中充填多金属矿脉,推断由多金属矿化引起。有必要深部验证。

AP3 异常位于工区北部。由两个 Ag 异常组成,异常面积较小,包裹于 Pb、Zn 异常中。东部有弱激电异常对应。处于断层两侧的凝灰岩、砂砾岩中,受破碎带控制,见岩脉贯入及褐铁矿化和黄铁矿化。边界处蚀变较强。为黄铁矿化伴生异常。推测由黄铁矿化岩脉引起。

AP4 异常位于上碌碡湾村东北。由两个 Ag 异常组成,异常面积较小,浓集中心明显,包裹于 Pb、Zn 异常中,有弱激电异常对应。分布于岩体北接触带外侧的砂砾岩中,地表普遍褐铁矿化,有褐铁矿化细脉沿裂隙贯入。可能与 AP1 异常产因相同,可考虑验证。

AP5 异常位于 AP1 异常南部,由 3 个 Ag 异常组成,其中位于西部的 Ag 异常,异常面积较大,异常浓集中心明显。具 Pb、Zn 异常元素组合,Pb 异常面积大,Zn 异常与 Ag 浓集中心套合。异常产出条件与 AP1 相似,可考虑验证。

4. 抚宁县马家峪(13-X-V-4)

位于 13-Y-B-11 银矿预测区内,地处秦皇岛市抚宁县马家峪村附近。

1)地质概况

1985 年 7 月—8 月在本区开展过异常检查工作,是在充分研究河北省地球物理勘查院 1976—1978 年提交的 1∶2 万和 1∶5 000 物化探详查资料基础上安排的。在区内布置了以土壤和岩石为主的异常查证工作,目的是圈定银、金异常范围,查明异常与构造、岩浆活动及矿化蚀变的关系,为进一步工作提供依据。

异常区位于柳江盆地东翼北端,从新到老出露寒武系页岩、泥灰岩、灰岩,青白口系井儿峪组白云质灰岩夹钙质页岩,长龙山组杂色页岩夹海绿石石英砂岩。北西向断裂 4 条,互相平行,贯穿于全区。

东王庄杂岩体为椭圆形小岩株,由闪长岩、长石斑岩和钠长斑岩等组成,面积 0.8km²,岩体受断裂控制,向东倾伏,据钻孔分析,马家峪异常区下伏可能有岩体东延部分。在岩体与沉积岩内发育各种岩脉,主要有闪长玢岩、石英正长斑岩、石英斑岩、辉绿岩等,岩脉之间的穿插关系表明有岩浆活动的复杂性和多期性。地球化学异常主体部分分布在中酸性岩脉及两侧蚀变的沉积岩内。

区内中酸性岩脉两侧和断裂带附近的寒武系豹皮状灰岩蚀变较强烈,主要有大理岩化、褐铁矿化、黄铁矿化和锰矿化等。在岩体内有强烈硅化、绢云母化、黄铁矿化及碳酸盐化、硫化物化等,岩体南侧和东侧与围岩接触部位有矽卡岩化、角岩化、大理岩化等蚀变,产出各种矿产。

马家峪铅锌矿点:铅锌矿带断续长 1 400m,矿体呈不规则状、脉状或囊状,矿石组分为方铅矿、闪锌矿、黄铁矿及少量黄铜矿等。本次查证肯定了 Ag 异常的成矿远景,并首次发现 Au 异常。

东王庄黄铁矿:产于东王庄岩体内,为1978年验证物化探异常时发现,为小型黄铁矿,伴生黄铜矿化、局部金矿化。本次查证岩石测量中,在岩体内和南接触带发现多处 Au 的点状异常,最高值 9.8g/t。

2)地球化学特征

区内岩石元素含量高于地壳克拉克值的有 Ag、Pb、Au、As,其中 Ag、Pb、As 在寒武系昌平组豹皮状灰岩和青白口系井儿峪组白云质灰岩中分别是地壳丰度的 70.8、23.5 和 20.8 倍;Au 在石英正长斑岩、石英斑岩和花岗斑岩中的含量是地壳丰度的 2.8 倍(表 7-5-9)。

Ag、Pb、Zn、Hg、As、Cu 在豹皮状灰岩和白云质灰岩中,Au 在石英正长斑岩、石英斑岩和花岗斑岩中,其标准离差和变化系数均居区内各岩石之首,说明其成矿信息最强。

土壤含量统计发现,除 Hg、Cu 外,其余元素在土壤中普遍高于地壳丰度,说明都有不同程度富集。Ag 的变化系数居首,其次是 Pb,说明其成矿远景最佳(表 7-5-10)。

表 7-5-9 岩石元素含量

元素	克拉克值	灰岩	砂岩	页岩	斑岩	闪长玢岩
Ag	0.07	4.6	0.33	1.05	2.54	3.15
Pb	12.5	306	28.4	7.15	13.9	15.0
Au	4	5.95	4.0	6.76	7.95	7.66
Zn	70	431	83.8	30.2	50.9	42.9
Hg	80	66.9	21.4	12.1	18.6	19.0
As	1.8	35.4	5.52	3.58	4.57	5.21
Cu	55	13.2	16.1	14.2	11.7	36.5
Mn	950	1 818	905	409	373	438

注:Au、Hg 含量单位为 10^{-9},其他元素含量单位为 10^{-6};克拉克值据 Taylor,1964

表 7-5-10 土壤元素含量统计表

参数	Ag	Pb	Au	Zn	Hg	As	Cu	Mn
均值	0.88	58.87	5.0	211.9	62.07	5.5	25.28	1 630
离差	2.01	64.09	1.74	198.1	36.1	3.47	8.44	753.8
变化系数	2.28	1.09	0.35	0.93	0.58	0.63	0.33	0.46

注:Au、Hg 含量单位为 10^{-9},其他元素含量单位为 10^{-6}

3)靶区异常解释

(1)土壤地球化学异常

土壤地球化学异常采用的异常下限为 Ag 4.94μg/g、Pb 304μg/g、Zn 590μg/g。异常分为两个,分别位于工区中部的 AP1 大异常和南部 AP2 小异常。

AP1 异常位于马家峪村东南,出露寒武系昌平组豹皮状灰岩和青白口系井儿峪组白云质灰岩,有北西向断裂通过,及石英正长斑岩和石英斑岩穿插,在断裂和岩脉两侧具明显大理岩化、锰矿化、黄铁矿化、铅锌矿化等,是已知马家峪铅锌矿的主要部位。异常由 Ag、Pb、Zn 等元素组成,形态规则,呈椭圆状,各元素同心套合,有统一浓集中心。长轴方向近似东西。根据 NAP 值,判断成矿远景从大到小为 Ag、Pb、Zn(表 7-5-11)。

表 7-5-11　AP1 异常特征表(μg/g)

元素	形态	极值	分带	面积(km²)	背景值	异常均值	衬度	NAP
Ag	椭圆	182	有内带	0.208	0.88	16.75	19.03	3.48
Pb	椭圆	5 000	有内带	0.22	59	648	10.98	2.42
Zn	椭圆	8 000	有内带	0.234	212	1 081	5.1	1.19

AP2 异常位于马家峪村南杨家房子附近,是 AP1 异常南延部分,出露地层为寒武系昌平组豹皮灰岩,中心有南北走向花岗斑岩脉,围岩蚀变强烈,组成元素为 Ag、Pb 两元素同心套合,有统一浓集中心。Ag 异常面积 0.038km²,伴 Pb 异常 5.46m²。

(2)岩石地球化学异常

依据断续出露的点异常,异常元素组合由 Au、Ag、Pb、Zn、Hg、As、Cu、Mn 组成,极值点位置与土壤异常浓集中心大体吻合(表 7-5-12)。

表 7-5-12　岩石地球化学特征表

特征值	Ag	Pb	Au	Zn	Hg	As	Cu	Mn
异常下限	1	75	8	250	60	6	20	2 293
最高衬值	272	147	890	48	10	267	42.5	—
平均衬值	19.2	15.0	4.0	7.83	3.69	30.1	3.74	1.09
极大值	272	≥1%	8 900	>1%	>500	≥1 500	4 500	>2 000
异常点数	84	62	78	52	54	68	64	—

注:Au、Hg 含量单位为 ng/g,其他元素含量单位为 μg/g

据本次圈定的地球化学异常推断,已知的铅锌矿带实际是以 Ag、Pb、Au 为主,Zn、Hg、As、Cu、Mn 为辅的多金属成矿带,找矿意义甚大,应重新进行评价。

据钻孔资料分析,在矿带之下可能有岩体延伸部分,受隐伏岩体影响,推测深部有膨大变富趋势。从元素组合看,中低温元素含量高,高温元素含量低,矿体剥蚀程度不大。成矿带应属中低温热液蚀变岩型。

第六节　铜矿找矿预测区综合评价

依据主成矿元素和密切伴生元素异常组合范围,结合区域地质控矿规律,全省共圈定预测区 10 处,甲乙类综合异常 39 处,最小预测区 5 处。主要集中在遵化、迁西、青龙、涞源、内丘及永年一带,对应于马兰峪复背斜、安子岭岩浆弧、宣龙负向斜及涞源-丰宁构造岩浆岩带。

一、找矿预测区评价

1. 崇礼四台嘴-怀来段家堡预测区(13-Y-C-1)

属 C 级预测区,北西向展布,区域面积 1 222km²。位于燕山坳陷带 Au-Cu-Mo-Pb-Zn-Fe-Mn-煤成矿亚带。北部由崇礼岩群和同期变质深成岩组成,桑干杂岩零星出露于北部和南部。长城—蓟县系及侏罗系位于本区中部,燕山期岩浆活动剧烈,侵入体众多($J_2C、J_2S、J_3Nc、J_3Qp$),北西向断裂发育,其次是南北向及近东西向,已知象山小型热液型铜矿、2 个铜矿点、小营盘金矿集区等矿产,包括 Z-12 乙、Z-16 乙、Z-17 乙综合异常,元素组合为 Cu、Co、As、Ag、W 等元素。找矿方向是热液型铜矿。

2. 丰宁胡麻营预测区(13-Y-B-2)

属 B 级预测区,北东向展布,区域面积 458km²。位于燕山坳陷带 Au-Cu-Mo-Pb-Zn-Fe-Mn-煤成矿亚带。预测区北部、西部出露太古宙遵化群(Ar_3Z)和古元古代闪长岩($Pt_1^2\delta$)及早二叠世中粗粒二长花岗岩,东南部为侏罗—白垩系火山沉积岩系。断裂构造发育,有北东、北西及近南北向 3 组。有数个铜矿点、金矿点及铅锌矿点。包括 Z-6 乙及 Z-9 乙综合异常,元素组合较简单,主要为 Cu、Co,是热液型铜矿的有利产出区域。区内圈定了丰宁县黑山嘴铜最小预测区。

3. 平泉五道河-沙坨子预测区(13-Y-A-3)

属 A 级预测区,近东西向展布,区域面积 1 388km²。位于燕山坳陷带 Au-Cu-Mo-Pb-Zn-Fe-Mn-煤成矿亚带。太古宙变质岩主要分布于五道河-平泉一带的五道河复式背斜上,北部出露王土房粗中粒正长花岗岩。东部为侏罗系、白垩系火山-沉积岩系及同期侵入岩,南部主要为中—上元古界海相碳酸盐岩地层。处于尚义-平泉东西向深断裂的东缘,并有北东向平坊-桑园大断裂在该区交汇,另有北西向断裂。本区侵入岩和蚀变岩铜钼含量普遍较高(表 7-6-1),有小寺沟斑岩型铜钼矿、3 个小型金矿及 1 个小型铅锌银矿。包括 Z-7 乙、Z-8 乙、Z-10 甲 3 个综合异常,元素组合有 Cu、Pb、Au、Cd、Mo 等,该区岩浆活动剧烈,中酸性岩体众多,是斑岩型铜钼矿远景区。

表 7-6-1 平泉县小寺沟地区岩石铜钼含量(μg/g)

岩石类型	样品数	Cu	Mo
石英绢云蚀变岩	7	928.6	1 117.1
钾长黑云蚀变岩	6	550	265
石榴矽卡岩	2	150	380
透辉矽卡岩	2	100	85
蛇纹蚀变岩	5	526	72
上杖子岩体	3	1 667	23.3
下杖子岩体	2	100	25
石英斑岩	1	8	1
条带状白云岩	5	10	0.8
花岗质片麻岩	1	8	0.8
全省水系		22.8	0.50

第七章 地球化学预测区圈定与综合评价

4. 承德寿王坟预测区(13-Y-B-4)

属 B 级预测区,面型展布,区域面积 517km²。位于燕山坳陷带 Au-Cu-Mo-Pb-Zn-Fe-Mn-煤成矿亚带。中部出露早白垩世寿王坟中酸性杂岩体,北部出露地层为蓟县系和长城系白云岩,南部为中侏罗统凝灰质粉砂岩。已知寿王坟中型矽卡岩型铜钼矿床、铜矿点 6 处、铅锌银矿点 4 处、金矿点 1 处、磁铁矿点 2 处。断裂构造北东向和近东西向。包括 Z-20 甲综合异常,元素组合为 Cu、Ag、W、F,在岩体的接触带有矽卡岩型铜矿找矿潜力。

5. 兴隆陡子峪-宽城板城-卢龙印庄预测区(13-Y-C-5)

属 C 级预测区,东西向带状展布,区域面积 6 730km²。位于燕山坳陷带 Au-Cu-Mo-Pb-Zn-Fe-Mn-煤成矿亚带和马兰峪 Fe-Au 成矿亚带。马兰峪复式背斜位于测区中部,主要出露太古宙变质基底,西缘及南北两侧出露中上元古界海相碳酸盐岩地层,在结晶基底出露区有燕山期的中酸性岩体镶嵌其中。主要岩体有王坪石、茅山、贾家山、肖营子。产出澈河桥小型铜矿,十几个铜矿点。该区是金矿的密集产出区,有多处大中型金矿及数十个小型金矿,另有中型钼矿和大型铅锌矿产出。综合异常有 Z-25 乙、Z-26 乙、Z-27 乙、Z-28 乙、Z-29 甲,元素组合有 Cu、Ag、Co、Zn,推断为热液型铜矿的产出区域,同时注意金矿中铜矿的伴生。

6. 青龙大石岭-老岭预测区(13-Y-B-6)

属 B 级预测区,面型展布,区域面积 2 505km²。位于燕山坳陷带 Au-Cu-Mo-Pb-Zn-Fe-Mn-煤成矿亚带和马兰峪 Fe-Au 成矿亚带。以青龙河-滦县裂谷带为界,西部为遵化穹褶束,东部为山海关台拱。由北向南出露汤道河、都山、肖营子、柳各庄、三星口等岩体,主要地质体有新太古代遵化岩群、滦县岩群、朱杖子岩群及同期变质深成岩,其次是中-上元古界及侏罗系地层。有 1 个小型铜矿,数个铜矿点。包括 Z-30 乙和 Z-31 甲综合异常,元素组合为 Cu、Ag、Au、Pb、Mo、Cd、F。该区成矿条件好,具非常大的找矿潜力,推断为矽卡岩型、斑岩型铜矿找矿远景区。圈定青龙县双山子铜最小预测区。

7. 涿鹿辉耀-矾山预测区(13-Y-C-7)

属 C 级预测区,近东西向带状展布,区域面积 575km²。位于燕山坳陷带 Au-Cu-Mo-Pb-Zn-Fe-Mn-煤成矿亚带。出露长城系高于庄组、蓟县系雾迷山组、侏罗系髫髻山组、张家口组和燕山期潜火山岩。断裂有北东及北西向两组。已知铜矿点 2 个,铅锌矿点 2 个。包括 Z-22 乙及 Z-23 乙两个综合异常,元素组合为 Cu、Pb、Mo、Au、Cd、Ag。推断为接触交代型铜矿找矿远景区。

8. 涞源东团堡-王安镇预测区(13-Y-A-8)

属 A 级预测区,北东向带状展布,区域面积 1 713km²。位于阜平 Au-Fe-金红石成矿亚带,山西断隆与燕山沉降带接合部位,阜平变质核杂岩构造带西缘,乌龙沟-上黄旗深断裂带中。区内地层受断裂切割和岩浆侵入,多呈断块状分布,主要有太古宙阜平杂岩、中—上元古界、下古生界碳酸盐岩及碎屑岩、中生界火山岩。其中碳酸盐岩是主要赋矿围岩。区内构造以断裂和古火山机构为主。断裂有 NNE、NE、NEE、近 SN、NW 向等多组,以 NNE、NE 向乌龙沟断裂为主,具多次活动历史。岩浆岩为涞源王安镇杂岩体,其中闪长玢岩是古火山构造的组成部分,是矿田主要成矿母岩,与之相关的热液蚀变体系为斑岩型蚀变与接触交代变质两个子系统,形成复杂而又有规律的蚀变特征及分带现象。发育有斑岩型木吉村铜钼矿、矽卡岩型大湾锌钼矿和浮图峪铜钼矿等,及众多的铜、铅锌、钼矿点。包括 Z-33 乙、Z-34 甲、Z-35 乙 3 个综合异常,元素组合为 Cu、Ag、W 等。找矿方向以斑岩型铜钼矿为主,潜力较大,有望发现大型矿产地。圈定涞源县大北庄-木吉村铜最小预测区。

9. 赞皇虎寨口-内丘桃园预测区(13-Y-A-9)

属 A 级预测区，北东向带状展布，区域面积 $536km^2$。位于太行 Fe-Mn-铝土矿-石膏-煤-煤层气成矿亚带。出露古元古代滹沱群（甘陶河群）变质基性火山-沉积岩系及同期变质辉绿岩脉，已知铜矿点 7 处，成因为变质火山热液型。包括 Z-37 乙、Z-38 甲两个综合异常，元素组合为 Cu、Zn、Co。该区是热液型铜矿的远景区。圈定内丘县桃园铜最小预测区。

10. 沙河新城-永年洪山预测区(13-Y-A-10)

属 A 级预测区，北东向带状展布，区域面积 $536km^2$。位于太行 Fe-Mn-铝土矿-石膏-煤-煤层气成矿亚带。出露奥陶系(O_{1-2})、石炭—二叠系（C—P）及燕山期侵入岩（J_3J、K_1Hs），已知三王村中型铜矿、洪山小型铜金矿，包括 Z-39 甲综合异常，元素组合为 Cu、Au、Mo，为矽卡岩型和斑岩型铜金矿远景区。圈定永年县洪山铜最小预测区。

二、综合异常评价

全省共圈定以 Cu 为主的综合异常 39 处，其中有 25 处重点异常圈定于预测区内。下面对这 25 处重点异常进行评价。

1. Z-6 乙 丰宁黑山嘴 Cu-Co 异常

主要位于太古宙变质闪长岩上，东北和西南角少量红旗营群，西部边缘为晚古生代花岗岩，东部为张家口组，有北东向大断裂通过，区内有金矿点 8 处，产于变质岩内石英脉型，受北东向挤压破碎带控制；北部有磁铁矿点，南部边缘有老米沟门金、铅、铜多金属矿点。其中大营子金矿求取 3t 储量，可能成为大型矿床。推断为热液型铜矿远景区。区内圈定了一个铜最小预测区。

2. Z-7 乙 承德五道河 Cu-Pb-Au-Cd 异常

该异常分布在五道河复式背斜上，出露有太古宙变质岩，岩浆活动主要为北北西向花岗岩脉和太古宙辉石岩体，异常浓集中心距王土房岩体约 8km，区内小型银铅锌矿床一处，矿体有 20 多条，一般长 320m，最长 500m。在地球化学图上，Au、Ag、Pb、Zn、Cd、W、Bi、Cu 等元素为高背景场和异常场。推断为斑岩型铜矿远景区。

3. Z-8 乙 平泉沙坨子 Cu-Au-Pb-Mo-Cd 异常

处于尚义-平泉东西向深断裂与北东向平坊-桑园大断裂交汇部位。出露有太古宙变质岩，侏罗系火山岩及碎屑岩及少量白垩系。岩浆岩发育，有燕山期洼子店石英二长斑岩、万和永石英正长岩岩株侵入，岩体内有轻微的黄铁矿化、黄铜矿化及石英镜铁矿化。断裂构造非常发育，主要方向为北北东、近东西向。有 3 处铜矿点、2 处小型金矿和 1 处多金属矿床，多分布在岩体内外接触带上。岩体内有铜矿化，在普查时，应注意斑岩型铜钼矿化。

4. Z-9 乙 丰宁五道营 Cu-Co 异常

出露太古宙遵化群（Ar_3Z）和古元古代闪长岩（$Pt_1^2\delta$），东侧已知铜矿点 3 处，为含铜石英脉，产于变质闪长岩中，脉长 100m、宽 0.3m，目估含铜 6%。区内还圈有白钨矿、铅重砂异常。推断为热液型铜矿远景区。

5. Z-10 甲 平泉小寺沟 Cu-Mo-Pb-Au-Cd 异常

与小寺沟铜钼矿床对应，矿床赋存于北北东向小寺沟石英二长斑岩内外接触带中，围岩主要为蓟县系白云岩及少量太古宙变质岩。在小寺沟岩体内外接触带上，岩石蚀变作用非常强烈，蚀变带宽达数百米，主要矿物为辉钼矿、黄铜矿、黄铁矿、方铅矿、闪锌矿、斑铜矿及自然铜,矿床具有明显分带,从内向外接触带依次为钼矿床-铜矿床-铅锌矿床。

6. Z-12乙 宣化小营盘 Cu-Co 异常

出露太古宙桑干杂岩(Ar_2Sg)、崇礼群(Ar_3Cl)、花岗闪长质片麻岩($Ar_3^1\delta gn$)、古元古代辉石岩($Pt_1^2\psi$)、闪长岩($Pt_2^1\delta$),北西向断裂发育,已知小型铜矿1处,推断为热液型铜矿远景区。

7. Z-16乙 宣化庞家堡 Cu-As 异常

出露太古宙桑干杂岩(Ar_2Sg)、崇礼群(Ar_3Cl)、燕山期侵入岩(J_2C,J_2S,J_3Nc,J_3Qp),已知小型象山铜矿,推断为热液型铜矿远景区。

8. Z-17乙 怀来王家楼 Cu-Ag-W 异常

出露太古宙桑干杂岩(Ar_2Sg)、长城系($Chc-d$、Chg)、侏罗系髫髻山组(J_2t)和燕山期侵入岩(J_2Q),南北向断裂发育,推断为接触交代型铜矿远景区。

9. Z-20甲 承德寿王坟 Cu-Ag-W-F 异常

南部为1:20万寿王坟铜矿异常,位于寿王坟岩体及内接触带内,出露地层为蓟县系和长城系白云岩、中侏罗统凝灰质粉砂岩等,有寿王坟杂岩体侵入其中。已知中型矽卡岩型铜钼矿床、铜矿点4处、铅锌银矿点2处、磁铁矿点2处。

从区域上看,潘家店异常地质条件与寿王坟中型矽卡岩型铁铜矿及三岔沟中型铜矿具有相似之处。地表见到多处矽卡岩型铜矿化和矿化石英脉,说明异常为有利成矿地段。Cu、W、Mo、As、Cd异常的高含量地段,在岩体东北端凸出端的外接触带中,且北侧有较强的Hg异常,为今后的重点工作区域。

10. Z-22乙 涿鹿辉耀-黑山寺 Cu-Pb-Mo-Au-Cd 异常

出露长城系高于庄组、蓟县系雾迷山组、侏罗系髫髻山组、张家口组和燕山期潜火山岩,已知铜矿点1处,推断为斑岩型铜矿远景区。

异常由Bi、Cu、Sb、Ag、Zn、Cd、Pb、Mo、W、Au、Sn、Mn、V、Co、As组成,浓度高,强度大,具一定含量梯度变化,是寻找Mn、Au、Ag为主的良好靶区,建议一级查证。

11. Z-23乙 涿鹿矾山 Cu-Ag 异常

出露雾迷山组、中元古代侵入岩(Pt_2Hs)、燕山期侵入岩(J_3G),已知铜矿点1处,在矾山磷矿外围寻找接触交代型铜矿。

出露地层为蓟县系雾迷山组燧石条带白云岩,中部为孟家窑石英二长岩体,中部有北北东向断裂,东南缘有较多北西向花岗岩脉。已知孟家窑小型矽卡岩含铜磁铁矿床1处。

异常由Bi、Au、Cu、Co、Fe组成,以Au、Bi为主,有浓度变化,形态规整,推测为矿异常,建议三级查证。

12. Z-25乙 宽城孟子岭 Cu-Ag-异常

出露长城系、蓟县系和燕山期侵入岩,推断为矽卡岩型铜矿远景区。

13. Z-26乙 兴隆陡子峪 Cu-Co 异常

出露新太古代闪长质片麻岩,长城系,已知铜矿点3处,推断为热液型铜矿远景区。

14. Z-27乙 兴隆茅山-遵化兴旺寨 Cu-Co-Zn 异常

出露迁西群、遵化群及同期变质深成岩,已知铜矿点2处,石英脉型金矿众多,推断为热液型铜矿远景区。

15. Z-28乙 遵化小厂 Cu-Co-Zn 异常

出露迁西群、遵化群及同期变质深成岩，燕山期侵入岩，已知澍河桥铜矿及铜矿点5处，推断为热液型铜矿远景区。

16. Z-29甲 宽城板城-迁西金厂峪-迁安五重安 Cu-Co-Zn 异常

出露迁西群、遵化群及同期变质深成岩，已知铜洞子、孤山子小型铜矿及矿点10多处，推断为脉型和斑岩型铜矿远景区。孤山子超基性岩体位于宽城县孤山子镇。构造上属密云-喜峰口东西向大断裂与喜峰口-汤道河北东向断裂交汇部位，海西期岩浆岩带。

岩体北西侧即断裂通道部位 Cu 元素异常比较明显，应是寻找热液型铜矿的有利地段。

17. Z-30乙 青龙马圈子 Cu-Ag-F 异常

出露新太古代遵化群及同期变质深成岩，海西期、燕山期侵入岩（T_3W、J_2T、J_2C），有已知中型金矿、小型铜矿及十几个铜矿点，推断为矽卡岩型铜矿远景区。

18. Z-31甲 青龙双山子-安子岭 Cu-Au-Pb-Mo-Cd 异常

出露中新太古代变质花岗闪长岩及燕山期花岗岩，已知小型铜矿1处、矿点15处，推断为斑岩型铜矿远景区。

19. Z-32乙 卢龙潘庄 Cu-Co-Zn 异常

分布在马兰峪复背斜与山海关台拱相接处，卢龙县大横河-大王屯一带，出露滦县岩群，并见有石英斑岩、石英岩及闪长玢岩脉侵入。青龙河断裂在该区东北部被洋河至东旧寨断裂错开，交汇部位小的破碎带发育。已知矿点有：小英窝西南炮架山铜铅锌矿点，铜 0.3％，铅＋锌 0.3％；在白各庄北西山坡有铜矿点，金 1.86g/t、银 5.9g/t、铜 0.7％。推断该异常是寻找热液型钨、铜、金的有望地段。

20. Z-33乙 涞源东团堡-乌龙沟 Cu-Ag-W 异常

出露雾迷山组白云岩、燕山期花岗岩（J_3D、J_3G），已知铜多金属矿点5处，主要寻找矽卡岩型铜矿。有高强度的铅、铜、金、银重砂异常，矿化标志明显，在已知矿床周围可望有新发现。后经河北省地质调查院勘查，镰巴岭地区成为铅锌多金属矿产地。

21. Z-34甲 涞源王安镇 Cu-Ag-W 异常

出露阜平杂岩（Ar_2Fp）、新太古代闪长质片麻岩（$Ar_3\delta gn$）、长城系高于庄组、蓟县系雾迷山组、燕山期侵入岩（J_3G、J_3Y、J_3D、K_1X、K_1S），已知大型浮图峪-木吉村铜矿1处、小型5处、矿点9处，为接触交代型铜矿重点远景区。应开展大比例尺工作，扩大已知矿远景，发现新的矿床。

22. Z-35乙 涞源下北头 Cu-Ag-W 异常

出露长城系高于庄组、蓟县系雾迷山组及燕山期侵入岩（J_3D、J_3G、J_3Y、K_1X），已知小型铜矿1处、矿点7处，成矿地质条件与浮图峪相似。

23. Z-37乙 赞皇虎寨口 Cu-Zn-Co 异常

出露古元古代滹沱群（甘陶河群）变质基性火山-沉积岩系纪同期变质辉绿岩脉，已知铜矿点7处，成因为变质火山热液型。1958—1985年，河北省地质队围绕铜矿点进行了不同程度的勘探工作，应全面收集区域地质矿产资料，分析矿化类型，研究楼底向斜的空间形态及岩浆岩的侵位规律，在此基础上布置找矿工作。

24. Z-38甲 内丘桃园 Cu-Zn-Co 异常

出露古元古代滹沱群(甘陶河群)变质基性火山-沉积岩系及同期变质辉绿岩脉,已知铜矿点7处,成因为变质火山热液型。推测由已知矿点引起,受构造控制属热液成因。已进行了三级查证,Pb、Zn、Ag 具找矿前景,建议二级查证。

25. Z-39甲 永年三王村-洪山 Cu-Au-Mo 异常

出露奥陶系(O_{1-2})、石炭—二叠系(C—P)及燕山期侵入岩(J_3J、K_1Hs),已知三王村中型铜矿、洪山小型铜金矿,为矽卡岩型和斑岩型铜金矿远景区。推测异常由岩浆期后热液活动引起,应开展已知矿产外围普查工作。

三、最小预测区评价

1. 丰宁县黑山嘴(13-X-V-1)

该区圈于13-Y-B-2铜矿预测区内,根据该区进行的1:5万分散流地球化学调查,优选出铜靶区。Cu 以 45.6μg/g 为异常下限圈定异常面积为 14.17km²,分为3个浓集中心,异常平均值 126.52μg/g。最高值位于南部的异常浓集中心,含量为 1 000μg/g。元素组合为 Cu、Au、Ag、Pb、Zn。出露的主要地层有遵化岩群、侏罗系张家口组,出露岩体主要为变质闪长岩、变质二长花岗岩、变质石英闪长岩。其中异常区主要分布于变质岩区。断裂构造以北西向和北东向为主。目前该区只做了1:5万分散流地球化学调查,未进一步异常查证。产出两个铜矿点,数个金矿点,找矿前景较好,是铜多金属最小预测区。

2. 青龙县双山子(13-X-V-2)

该区圈定于13-Y-B-6铜矿预测区内。1980—1981年河北省物探队进行了1:1万、网度100m×(20~40)m、土壤测量82.03km²、磁法108.8 km²、直流激发极化法35.8 km²。土壤样品取B层或C层,过60目筛。

1)区域地质

工区处于燕山沉降带山海关隆起西部边缘。地层主要为上太古—下元古界混合岩、片麻岩、变粒岩,中上元古界砾岩、砂岩、页岩、白云岩,中生界侏罗系紫色碎屑岩及新生界第四系等。主要构造为北北东向,北部转为近东西向。褶皱构造以单斜为主。侵入岩以中生代中酸性岩体和太古宙变质闪长岩体为主。

2)区域矿产

杉树岭矿点位于杉树岭村南约400m。母岩为变质花岗闪长斑岩脉,走向北北东向,倾向北西西与围岩产状一致。岩脉在杉树岭有3条,自西而东为Ⅰ、Ⅱ、Ⅲ号脉。Ⅱ脉南段和Ⅲ号脉为矿化脉,铜矿物主要为黄铜矿和孔雀石,浸染状,伴生钼和金。1980年河北省地质五队投入大量槽探和7个钻孔证实暂不具有工业意义。

沙金沟铜矿点位于沙金沟村东1km。产于变质闪长岩及围岩二云变粒岩、黑云石英片岩、变质砾岩中。地表见孔雀石和黄铜矿,经钻探知深部普遍具有不同程度黄铜矿及黄铁矿化并含金银。岩体东部破碎发育,矿化程度高于西部。矿体(Cu>0.3%)和矿化体(Cu 0.1%~0.3%)成群出现,规模较小,呈脉状和透镜状,走向北北东,倾向北北西。铜矿物为黄铜矿、赤铜矿、孔雀石、斑铜矿、辉铜矿、铜蓝、黝铜矿等。矿石构造为星点状、细脉状和团块状,伴生元素有金、银。近矿围岩蚀变主要为硅化,次为碳酸盐化、钾化、绿帘石化、绿泥石化等,其中硅化与矿化关系密切。

3)地球物理地球化学特征

本区岩(矿石)物性及地球化学参数特征表现如下。

Cu、Ag、Mo 3元素为铜矿化的基本组合特征,只是随环境的不同又出现若干其他特征,如杉树岭变花岗闪长斑岩铜矿化特征为 Cu、Ag、Mo;茨榆山西沟变花岗闪长斑岩铜矿化特征为 Cu、Ag、Mo、W、Au;沙金沟变质闪长岩铜矿化特征为 Cu、Ag、Mo、Co、η；二道敖子混合岩中铜矿化参数为 Cu、Ag、Pb。

Cr、Ni、Co 元素的组合反映黑云石英片岩及角闪片岩参数特征，对地质填图具有一定指导意义。

ΔZ、η 为磁铁石英岩及磁铁角闪岩的特征参数，个别情况出现 Cr、Ni 含量增高。

苗杖子、二道敖子金矿点参数特征为 Ag、Pb 组合，As 异常可圈定破碎带。

Cu 的地球化学分布特征自 347 线以南背景趋势呈北东 25°走向的"马鞍状"，鞍顶在杉树岭，向南北两端逐渐收敛，水平梯度东陡西缓，反映地层西倾。杨台子西矿化点、杉树岭矿化点、茨榆山西沟矿化点均位于这一高背景带。

在 347 线以北出现一个更高背景区，向正北方向背景值逐渐增高。沙金沟矿点位于该高趋势内。该高背景区形态及范围与 $\eta s 3\%$ 等值线基本一致。因双山子至大汇河在河床下可能有北西西-南东东向断层与 F6 交汇于 330/368 点附近，可能有热液活动导致含铜硫化物富集。

4）综合异常解释

采样均值加 3 倍离差法计算各元素异常下限为：Cu 55.7μg/g，Zn 72.4μg/g，Cr 70.4μg/g，Ni 71.8μg/g。

5）杉树岭铜异常

为激电 ηs 与次生晕 Cu、Ag、Mo 的复合异常。化探异常位于激电 3% 异常圈内且形态吻合较好。其中 H-1 异常有许多零星小异常组成，边界不够规整。以 70μg/g 为下限可分为两个规模幅值不等的小异常。

H-1-1 位于 289—294 线之间，北东 25°走向，以 635 点为轴线，宽度 100m，面积 0.13km^2。异常由南而北 Cu 含量为 550μg/g，200μg/g 和 1 000μg/g，又与 Mo、Ag 异常复合。异常形态及走向与基性熔岩和绢云石英片岩之间的变质花岗闪长斑岩脉（Ⅲ号脉）十分吻合。因未列入重点，该脉体规模及矿化情况不是很清楚。

ACu=(Cu/100)(Cu + Ag×10^2 + Mo×10)/Cr 等值线图出现两个浓集中心，其中北部的浓集中心被 Zk6 孔证实为矿异常；南部异常中心发现了含孔雀石的斑岩脉，故该异常为铜矿化所引起。

H-1-2 异常南端位于 H-1-1 异常西侧约 180m 的 289 线，北至 322 线，北东 25°走向，呈纺锤状，面积 0.13 km^2。异常内分布许多小的浓集中心。由南而北异常范围由大变小，含量由高到低；Cu、Mo、Ag 复合程度由高到低，水平梯度由陡变缓。对应于变质基性熔岩和绢云母片岩上，中心部位为变花岗闪长斑岩脉（Ⅱ号脉）。该脉在杉树岭村南 50m，北部 20m。Cu 异常在杉树岭附近大于 15μg/g，而村北均小于 15μg/g，这些点正好是已知矿化最好部位。

综合剖面Ⅰ目是利用已知孔 Zk1 及沿剖面的通天槽，从已知到未知的原则摸清斑岩矿化段。根据面积资料提出 Zk7 验证孔，岩芯中 Cu 含量最高 0.02%，大部分为黄铁矿。

综合剖面Ⅱ、Ⅴ为控制检查 DJ-1 异常而设计，证实该电法异常由黄铁矿化引起。ΔZ 及 Cr 异常与暗色岩系（绿泥片岩、斜长角闪片岩）有关。

总之，该异常与变花岗闪长斑岩及后期中—低温热液活动有关。事实证明，有铜矿化必然有黄铁矿化，而反之则不然。DJ-1 异常主要由黄铁矿化引起。由于异常规模小，浓集中心零乱，在已知矿化段外未发现更好的异常，故认为无工业意义。

6）茨榆山西沟铜异常

位于 Cu 高背景带北端，南起 325 线北至 353 线，北东 25°走向，以 680 点为轴线，最宽处 600～800m，面积 1.7 km^2。异常内分为 3 个小异常，均位于变花岗闪长斑岩和基性熔岩上。

对比 H-1 和 H-2 异常，由北向南 Mo/Ag 逐渐增加，并出现 W 异常，可推断 H-2 异常存在高温热液活动迹象，而且剥蚀程度比杉树岭斑岩较深。另外，H-2 处斑岩钾化、绢云母化远没有杉树岭处斑岩发育。总之，该异常由 Cu 矿化变花岗闪长斑岩引起，但剥蚀程度较 H-1 处为高。

7）沙金沟铜异常

为 Cu、Ag、Mo、Co 及 ηs、ΔZ 复合异常，位于高背景带沙金沟矿点处，南起 353 线，北至 368 线，西起 338 点，东到 350 点，面积 3.6 km^2。呈椭圆状，长轴北东 25°，展布着 $\eta s 4\%$ 的异常和零乱的 Mo、Ag 及 ΔZ 异常，Co 异常呈孤立点状散布于 Cu 异常东部边缘。对应于变质闪长岩体及二云变粒岩，岩体分为东西两个。

以 200μg/g 为下限的 Cu 含量线较规整,异常多集中于东部岩体上。在西部岩体南端及部分二云变粒岩上出现一个 Cu、Mo 复合异常,Ag 异常在其边缘。Cu 异常范围最大,与东部岩体形态基本一致,极值点分别为 1 100 和 1 000,为东部岩体铜矿化最佳部位,在其边缘有 Ag、Mo 异常。

Hs 异常呈规则的北东 25°,走向呈"川"字形展布于 Cu 异常中,自西向东极值分别为 9.9%、9.2% 和 14.0%,与铜矿化有关。因岩体西倾,故异常向西位移。从 Zk12、Zk2 及 Zk4 孔可证实。

总之反映岩体内矿化部位,认为深部矿化范围比地质五队所圈定的要大,但仍难以达工业要求。从钻孔资料可知,矿化不均匀,该矿点意义不是很大。

西部异常由 Cu、Mo 组成,Ag 异常位于南部边缘。由三条走向北东 25°的平行异常叠加而成,极值 1 300μg/g。据 Zk8,异常由西部岩体及二云变粒岩中铜矿体(KH385 号样 Cu900μg/g)所引起。

设计了Ⅶ、Ⅷ剖面,可见 Cu、Ag、Co、Mo 未形成统一浓集中心;各元素异常水平梯度很陡。说明异常反映次生矿化。

在找矿新思路指导下,降低边界品位、加大钻探深度、注意伴生金等有益组分,该区有可能在寻找变质斑岩型铜金矿方面取得较大突破。

3. 涞源县大北庄-木吉村(13-X-Ⅴ-3)

位于 13-Y-A-8 铜矿预测区内。根据该区进行的 1:5 万分散流地球化学调查,优选出铜靶区。位于涞源县下北头乡东南部大北庄-木吉村一带。

元素组合为 Cu、Pb、Zn、Ag,根据异常套合关系圈定 4 个组合异常,异常参数见表 7-6-2。该区侵入岩体非常发育,以晚侏罗世斑状二长花岗岩、中粒石英二长岩、花岗闪长岩为主,其次是中侏罗世细粒角山闪长岩。该区位于浮图峪-木吉村铜矿西南部,距矿区约 16km,产出地质环境与已知铜矿非常相似,目前只产出一个小型铜矿和数个铜矿点,推断 AP2、AP3 是矽卡岩及斑岩型铜矿床重点成矿靶区。AP1、AP3、AP4 异常内均有铅锌矿点产出,距涞源大湾锌钼矿较近,是铅锌矿的有利成矿靶区。

表 7-6-2 涞源县大北庄-木吉村铜-铅-锌组合异常参数统计

异常参数	AP1			异常参数	AP2		
异常编号	Pb	Zn	Cu	异常编号	Pb	Zn	Cu
异常均值	492.1	189		异常均值	296.5	126.8	
异常面积	7.1	5.43		异常面积	6.85	6.35	
标准差	1 880.9	231.7		标准差	363.3	164	
最大值	10000	962		最大值	1340	640	
异常参数	AP3			异常参数	AP4		
异常编号	Pb	Zn	Cu	异常编号	Pb	Zn	Cu
异常均值	204.65	319.1	186.4	异常均值	177.5	228.74	
异常面积	11.63	16.13	10.1	异常面积	1.56	2.23	
标准差	317.7	557.7	315.1	标准差	187.4	358.3	
最大值	1 170	2 320	1 280	最大值	310	868	

4. 内丘县桃园(13-X-Ⅴ-4)

位于 13-Y-A-9 铜矿预测区内,地处内丘县桃园乡附近。

1)测区概况

1970年河北省物探大队与河北省第一地质大队配合,对桃园外围130km²进行了1:25 000次生晕普查,网度为250m×50m。普查区位于内丘、临城、赞皇三县西部地带。

铜在变质基性岩土壤中背景值70μg/g,异常下限150μg/g,在长英碎屑岩区背景50μg/g,异常下限100μg/g。铅、锌异常伴生于铜异常中,银则在已知矿区内个别点有所显示。铅异常下限50μg/g,锌异常下限100μg/g。

2)异常解释

经土壤测量,共发现异常7处(图7-6-1)。现将主要异常解释如下。

鹿峪铜矿异常(AS7)中铜含量200μg/g至几千μg/g,伴以100μg/g以上的锌单点异常。异常范围3km×(0.1~0.5)km。鹿峪至大恶石的绿泥石片岩带内断续可见黄铜矿化,以鹿峪一段含矿带较好,规模700m×(1~10)m,产状N15°~50°E/SE45°~65°,主要矿物有黄铜矿、黄铁矿,偶见方铅矿、闪锌矿,多为浸染状、斑点状。地表已氧化为褐铁矿及孔雀石等。局部矿化较好。1959年和1965年进行钻探评价,为中低温热液脉状小型铜矿。深部控制不够。经检查发现异常与矿体吻合很好,硅化带中铜含量400~7 800μg/g,局部含银或锌等,为矿异常。

其余异常解释见表7-6-3。

表7-6-3 桃园测区Cu异常登记表

异常编号	异常面积(km²)	异常均值	异常最高值(μg/g)	异常特征
AS1	0.19	155.85	902	未检查
AS2	0.41	193.43	3 000	已知桃园铜矿
AS3	2.41	118.99	500	变质辉绿岩中石英细脉含黄铜矿
AS4	1.46	118.17	250	未检查
AS5	0.28	156.5	350	变质辉绿岩局部硅化含铜,推断由岩性引起
AS6	0.11	222.5	1 000	变质辉绿岩中石英脉含铜,不规则,见褐铁矿化
AS7	0.35	150.81	700	鹿峪铜矿点

通过异常检查,证实本区铜矿受桃园-鹿峪和软枣会-杏峪-恶石口断裂破碎带所控制,形成两个铜矿带。变质辉绿岩内细小石英脉往往含铜。对于软枣会至杏峪一带含铜破碎带局部矿化较好,电法反映也较好,值得进一步详查工作。

5. 永年县洪山(13-X-V-5)

位于13-Y-C-10铜矿预测区内。位于永年县北安乐乡东部洪山村附近。

河北省第一区调队1977年对该异常进行地质检查,同时进行了网度100m×100m的土壤金属量测量加密取样。结果表明,洪山沟(紫山)地区以铜含量50μg/g圈定面积可达8km²,以铜含量100μg/g圈定面积5km²,大于150μg/g可圈定异常4km²,最高含量大于1 000μg/g,证明具有一定规模,是有希望的找矿地段。

经1:5万地质填图,对岩相带划分、喷出-侵入期次、蚀变现象、矿化及岩体地质构造等进行了野外观察和综合研究,确立了洪山为一处火山机构,具有寻找火山型斑岩铜及多金属矿的地质条件,是寻找金、铜多金属矿产地的有利地段。

异常查证完成工作量为1:1万地质填图13km²,踏勘矿点12处,土壤测量1 318件。

1)地质概况

以紫山为中心的几十平方千米范围内,分布有火山喷出岩、次(潜)火山岩和侵入岩,异常区娄里、康宿

第七章 地球化学预测区圈定与综合评价

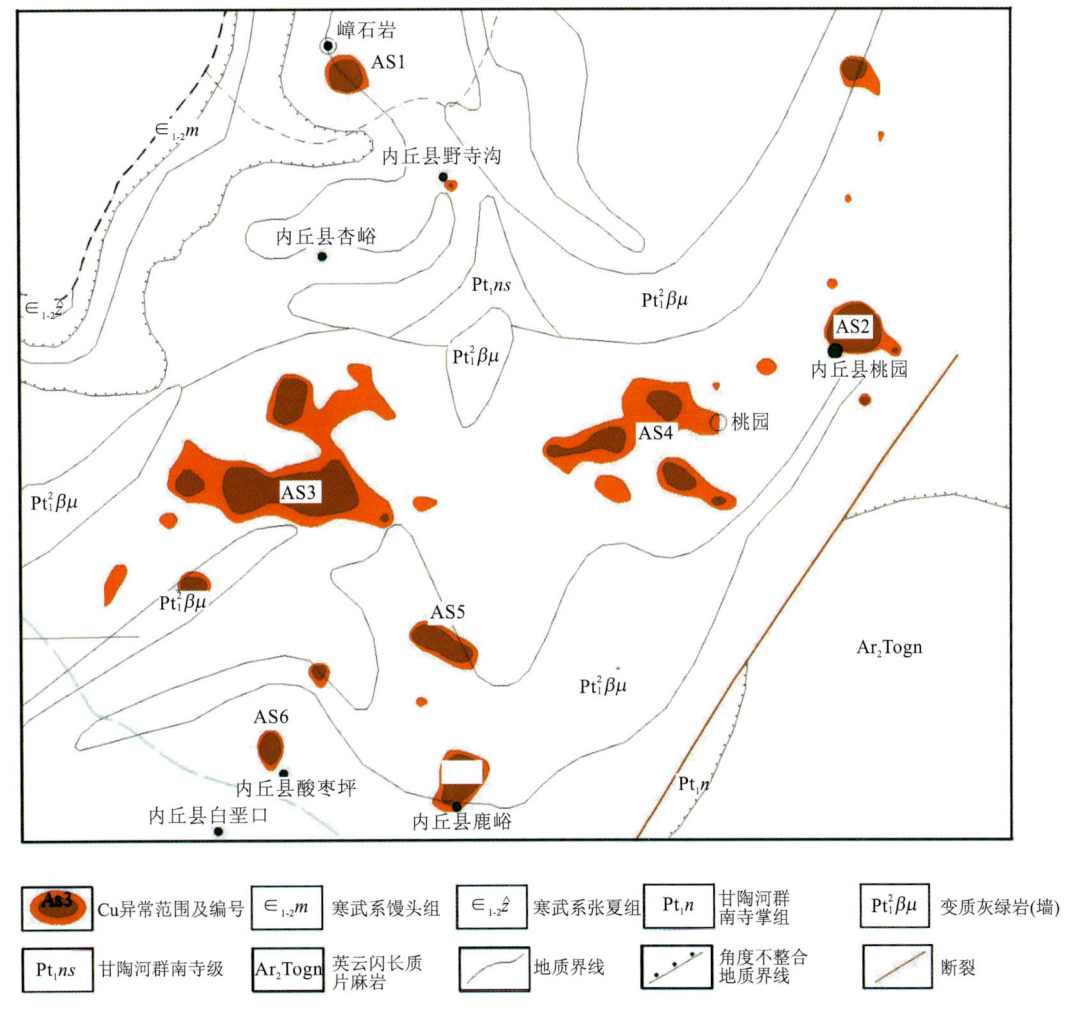

图 7-6-1 桃园土壤铜元素地球化学异常图

一带，岩石类型为正长岩、粗面岩和角砾凝灰岩等。

洪山火山机构为一处受新华夏系北西西向张裂带控制的裂隙喷发-侵入形成的火山机构，较老的岩石分布在南部两侧，最晚形成的岩石分布于中心位置。外侧仍有早期闪长岩、闪长玢岩对称分布。岩浆沿断裂带上升，一墙推一墙地向外扩散，中心侵入相正长岩所占位置应是火山通道主要位置。

火山机构内普遍发育强度不一的蚀变，一般喷出相蚀变强度更高。在喷出相和次火山相中有硅化、绢云母化、褐铁矿化、黄铁矿化和高岭土化等；中心侵入相中有褐铁矿化、高岭土化和绢云母化，少量绿帘石化、绿泥石化。

铜矿化主要赋存于斑状破碎带或裂隙中，已知矿点、矿化点十余处，多受北西西或北北西、北北东两组断裂、裂隙控制，孔雀石和原生铜矿存在于这些裂隙中。与铜伴生的还有铅、锌、黄铁矿、金、钼等矿化现象。

根据火山岩型铜矿理想模式，本区火山机构剥蚀深度应该到了黄铁矿带和铜矿化带的交接部位，真正的铜矿化带还未被剥露，深部找铜大有希望。

区域构造在火山机构中的反映主要是一系列的北西西、北北东和北北西向劈面群和节理带，将岩石切割成菱形格子构造。从水系发育状况看，较大的山脊分水岭和水系均为北西西向或格子状。格子状构造在洪山沟-洪山主峰一带最为发育，一系列的劈面群将岩石切成薄片。规模较大的断裂可造成1m左右的糜棱岩化带，破裂面显压扭性，一般劈面群密度可达5～10条/m左右。

2）化探成果

异常下限的选择以圈出的异常完整、明显为准，详见表7-6-4。

表 7-6-4　永年洪山成矿及伴生元素异常下限表

元素	下限	一级	二级	三级	四级
Cu	150	150～200	200～400	400～800	800～1 000
Pb	40				
Zn	60				
Mo	5				

以铜异常为主，结合考虑铅、锌、钼异常吻合程度，圈出 5 处综合异常。

(1) AP1 铜多金属异常

位于娄里村南 1～1.3km，铜异常呈椭圆形，长轴呈北东向，两端为高值，最高大于 1 000μg/g，中间为 150μg/g 的低值，为孤立点。以 150μg/g 圈定面积 0.16 km²。

伴生铅、锌、钼异常，吻合较好，形态接近，其中钼异常北东延伸，以 5 圈定 0.14 km²，东段较低，西段为三级异常，极值大于 10μg/g；铅异常近北东向分布，由两个小的单独异常构成，高值位于两侧三级异常中，峰值构成 300～500μg/g 的四级异常；锌异常亦为两个小异常，高值在西侧，为 100～200μg/g 的二级异常。

异常西部出露喷出相凝灰岩和角砾凝灰岩，东部为次火山岩相黑云辉石粗面岩、粗面斑岩等，喷出岩中蚀变较发育，主要有碳酸盐化、硅化、绿泥石化、黄钾铁矾化、高岭土化等，岩石中节理发育。铜矿点探明铜储量 100t，基岩分析大于 1%，矿样分析 1.18%。

(2) AP2 铜多金属异常

位于洪山沟沟头北东 1km 外，北东东向，规模 600m×100m，面积 0.06 km²，两端狭窄，中心稍大，极值 400μg/g。尚有钼、铅、锌异常叠加在一起，高值位置基本吻合。钼异常呈北东东向，规模 700m×200m，二级分带；铅异常近圆形，北部三级分带，极值 300～500μg/g，南部二级分带，面积 0.2km²。锌异常范围较大，峰值不高，有几个较小的二级异常合并而成。

出露粗粒斑状正长岩，原生铜矿化线索较好，有激电异常显示。节理裂隙较发育，矿化位于两条断裂交叉南侧，矿化样铜含量 8.85%。

(3) AP3 铜多金属异常

铜异常靠近西侧，在洪山沟口附近，呈 Y 形分布，在三个端点含量 400μg/g 左右，而中间 150μg/g，仅有锌元素反映，叠加不好。在异常两侧有已知铜矿点。面积 0.06km²。

(4) AP4 铜多金属异常

铜异常面积稍大，近南北延长约 1.2km，东西宽 0.5km，面积 0.6 km²，分带良好，外圈 150μg/g 封闭，200～400μg/g 整体基本链接，北部极值大于 1 000μg/g，南部 700μg/g。铜异常与铅、锌和钼异常吻合。铅异常两个，西部二级分带，东部四级分带；钼异常有两个小面积单独异常构成，规模 800m×200m，二级分带。有铜矿点及矿化线索。

出露岩石以中细粒正长岩为主，褐铁矿化强烈，节理裂隙很发育，充填孔雀石薄膜和浸染斑点，铜矿点铜 0.24%。同时有激电异常对应。

(5) AP5 铜多金属异常

铜异常位于洪山沟村东 900m 左右，南北长条状展布，长 1 500m，宽 500m，面积 0.8 km²，外圈 150μg/g 封闭，200～400μg/g 从南到北相连一起。有 3 个高值点，均在 800μg/g 左右。北部钼、铅锌异常叠加较好，南部只有铜异常。钼异常由 3 个独立二级异常构成，面积 0.05 km²；铅异常由 3 个异常点和几个零星点合并构成南北延长；锌异常由 3 个小异常组成，二级分带。有已知矿化线索多处。有铜矿点 6 处，仍为以铜为主的多金属有利地段。

原勘查报告认为,应首先突破 AP4 异常,为此,在铜异常 400μg/g 中心、激电 ηs4% 部位,平行物探测线(北 21.5°东)布置 300～500m 验证孔 3 处。

第七节 钼矿找矿预测区综合评价

中国东部的钼矿床归属于环太平洋成矿带,其中最引人注目的是华北地台成矿省,业已查明,北缘的燕辽钼矿带和南缘的东秦岭成矿带是我国最重要的两个钼矿带,它们约占全国已探明工业储量的 60% 以上。河北省钼矿储量占全国的 6.6%,排第 5 位。

全国绝大多数钼和铜钼矿床均为中生代燕山期产物,乃由于东部广大地区燕山期断裂构造和花岗岩侵入活动广泛发育所致。

河北省以钼为主的综合异常大致呈北东向和东西向分布,主要集中于围场、隆化、丰宁、沽源、赤城、涿鹿、涞源及兴隆、宽城、青龙一带。全省共圈定综合异常 58 处,找矿预测区 17 处,最小预测区 2 处。

一、找矿预测区评价

1. 围场棋盘山预测区(13 - Y - C - 1)

属 C 级预测区,区域面积 220km²。位于突泉-翁牛特 Pb - Zn - Ag 成矿带,隶属于内蒙华力西晚期褶皱带棋盘山坳陷。上黄旗-乌龙沟深断裂与康保-围场深断裂共同制约着火山机构的生成与发展,形成以张家口旋回和大北沟旋回为主体的中酸性火山-侵入岩浆活动,上有汉诺坝玄武岩覆盖,下有红旗营子群和古中元古代侵入岩。棋盘山破火山构造直径 32km,有 7 个火山口、5～6 个火山穹丘、1 个火山坳陷和环状、辐射状断裂,此外还有一些北东、北北东和北西向区域性断裂。满汉土-小扣花营银矿区位于火山穹丘、中央火山塌陷与北西向区域性断裂三者交汇部位,是主要导岩、导矿构造。燕山旋回岩浆活动以张家口期和大北沟期最为发育,以亚碱性—酸性岩为主,火山堆积达 6 600m,侵入岩多呈岩株状、筒状和不规则脉带状产出。区内硅化晶屑凝灰岩 Mo 19.0μg/g、Pb 54μg/g,锰染晶屑岩屑凝灰岩 Mo 5.0μg/g、Pb 58μg/g,显示矿化迹象。含 Z - 2 乙、Z - 3 乙综合异常,异常组合为 Mo、Pb、Cd、Hg、U 等元素,找矿方向以火山热液型和岩浆岩型为主。

2. 隆化西阿超-围场银窝沟预测区(13 - Y - C - 2)

属 C 级预测区,区域面积 1 335km²。位于内蒙隆起东段 Ag - Pb - Zn - Mo 成矿亚带,隶属于半截塔坳陷区,上黄旗-乌龙沟深断裂以东、八达营大断裂以西、丰宁-隆化深断裂与康保-围场深断裂之间,呈南隆北坳的箕形。主要有张家口组碱性火山岩和下白垩统中性火山岩夹含煤油页岩建造组成,并有燕山期花岗斑岩、石英正长斑岩、花岗岩侵入,并有西龙头等大型古火山构造分布。包含 Z - 5 乙、Z - 7 乙和 Z - 8 乙综合异常,异常组合为 Mo、U、Cd、Pb、Hg 等元素,找矿方向为火山热液型。

3. 丰宁草原-黄旗预测区(13 - Y - C - 3)

属 C 级预测区,区域面积 3 232km²。位于内蒙隆起东段 Ag - Pb - Zn - Mo 成矿亚带,沽源火山喷发带成矿区西部与上黄旗岩浆岩带成矿区东部,东有上黄旗-乌龙沟深断裂、北有康保-围场深断裂、西有沽源-张北大断裂,为中生代坳陷区,在红旗营子群和元古宙侵入岩基底上,发育愈万米的中酸性火山岩夹含煤、油页岩建造。面型喷发为主的中酸性火山活动剧烈,并有一系列古火山机构和花岗斑岩、正长斑岩、石英二长斑岩等大型壳源潜火山岩、花岗岩分布。区内岩浆岩 Mo、W、U、Pb、Zn 等成矿元素含量显著高于全省水系沉积物均值,对成矿十分有利(表 7 - 7 - 1)。已探明牛圈-营房银金矿、和顺店铅锌钼矿,近年来发现了太阳沟钼矿。包含 Z - 6 甲、Z - 9 乙、Z - 11 乙、Z - 12 乙、Z - 15 乙和 Z - 17 乙综合异常,异常组合为 Mo、Pb、Cd、Hg、W、U 等元素,找矿方向为火山岩型和斑岩型。

表 7-7-1　丰宁县森吉图-四岔口地区岩浆岩成矿元素含量

地质单元	符号	n(样品数)	Mo	W	Hg	U	Pb	Zn	Cd
老虎沟门	J_3Bb	10	1.14	0.84	5.60	2.86	17.16	30.90	0.058
窟窿山	J_3Sz	10	1.34	1.60	5.40	6.15	29.26	124.56	0.073
同胜永	J_3C	10	2.99	2.03	6.60	2.05	30.28	72.04	0.062
黑山咀	λJ_3	10	1.82	1.50	5.60	2.55	31.76	78.13	0.087
九佛堂组	$K_1 j$	31	5.86	1.65	23.8	2.52	23.68	104.38	0.171
张家口组	$J_3 z$	37	1.50	0.81	5.59	2.90	28.83	84.56	0.086
全省水系	—	—	0.783	1.35	25.8	1.66	23.3	72.2	0.118

注：Hg含量单位为ng/g，其他元素含量单位为μg/g

4. 隆化郭家屯-汤头沟预测区(13-Y-C-4)

属C级预测区，区域面积2461km²。位于内蒙隆起东段Ag-Pb-Zn-Mo成矿亚带，大地构造为上黄旗岩浆岩带东北角，南部为丰宁-隆化深断裂，表现为多组韧性剪切带，北东向、北西向断裂多组。古元古代、海西期、燕山期侵入岩和侏罗—白垩纪火山-沉积岩遍布全区。韩家店、白虎沟一带有多处火山机构发育。从岩浆岩到蚀变岩再到铅锌矿石，成矿元素逐步增高，揭示了地球化学异常产生过程(表7-7-2)。已知北岔沟门铅锌银矿、瓦房东沟铜钼矿、樱桃沟门钼铅矿、云雾沟钼矿，包含Z-10乙、Z-18乙、Z-19乙、Z-20丙综合异常，异常组合为Mo、Pb、Cd、W、Cu、Hg等元素，找矿方向为火山岩型和斑岩型。

表 7-7-2　隆化郭家屯-八达营地区岩石成矿元素含量(μg/g)

岩体或矿区	岩　性	n(样品数)	Mo	W	Pb	Zn	Cd	Cu
北岔沟门	铅锌矿石	2	32.5	16.7	12 000	25 000	244	1 140
姚路沟	蚀变正长岩	2	320	28	587	670	46	392
北头营	蚀变熔结凝灰岩	2	94.99	—	296	265	—	15.5
义县组	$K_1 y$	22	1.14	0.28	20.38	95.06	0.096	16.20
后窝铺	$J_3 M$	3	1.06	0.92	20.60	70.90	0.086	5.30
张家口组	$J_3 z$	37	1.50	0.81	28.83	84.56	0.086	5.94
碱房	$J_2 J$	4	1.06	2.01	14.30	96.63	0.186	112.68
曹碾沟	$J_2 C$	5	1.04	0.77	20.30	65.04	0.071	5.46
韩家店	$P_1 T$	10	0.42	0.40	18.93	38.47	0.044	7.71
全省水系	—	—	0.783	1.35	23.3	72.2	0.118	22.8

5. 沽源小河子-西辛营预测区(13-Y-B-5)

属B级预测区，区域面积856km²。位于内蒙隆起东段Ag-Pb-Zn-Mo成矿亚带，大地构造属于沽源中生代坳陷区，主要分布晚侏罗—早白垩世火山-沉积岩建造，覆盖在红旗营子群变质基底之上。北东(北北东)向断裂横贯全区，控制着张家口组三段和白垩系地层展布。断裂带早期破碎成角砾，后期大量硅质充填，形成硅化角砾岩带；粗面岩中有片理化带，局部充填有褐色流纹斑岩脉。本构造具控岩、控矿双重性。已知张麻井、莲花滩大型铀钼矿床。包括Z-14乙、Z-16甲综合异常，异常组合为Mo、U、Hg等元素,找矿方向为火山岩型。

6. 张北白庙滩-崇礼白旗预测区(13-Y-C-6)

属C级预测区,区域面积785km²。位于内蒙隆起东段Ag-Pb-Zn-Mo成矿亚带,隶属于尚义-崇礼深度断裂北侧,在红旗营子群、古元古代石英闪长岩、海西期花岗岩之上发育侏罗纪火山-沉积盆地,有次火山岩和火山机构发育。在白庙滩大石头洼一带钻孔中发现数米厚的钼矿化。包括Z-21乙、Z-23乙,异常组合为Mo、Pb、Cd、W、U等元素,找矿方向为火山热液型和斑岩型。圈定崇礼县大石头洼钼矿靶区。

7. 赤城白草-丰宁南关预测(13-Y-B-7)

属B级预测区,区域面积2 840km²。位于内蒙隆起东段Ag-Pb-Zn-Mo成矿亚带,大地构造上为内蒙台背斜围场拱断束西南端,地壳长期处于隆起状态,结晶基底由红旗营子群和古元古代侵入岩组成,构造为东西向和北东向。在基底上叠加了晚侏罗—早白垩世火山盆地,主要为中基性-偏碱性火山-沉积岩系。在基底和盖层构造线交叉部位,发育有印支—燕山期中基性-中酸性—偏碱性浅成—超浅成侵入岩,为成矿提供了空间、动力和物质来源,形成了一些具有工业意义的钼、铅锌、银金和非金属矿产。从岩石地球化学资料看,都山超单元五道岭单元斑状二长花岗岩经过燕山期岩浆旋回之后,钼钨含量显著增高,为撒岱沟门钼矿形成提供了重要物质前提(表7-7-3)。已知矿床有撒岱沟门和太阳沟钼矿等。包括Z-22甲、Z-24乙综合异常,异常组合为Mo、U、Hg、W、Cu等元素,找矿方向为斑岩型和火山热液型。

表7-7-3 赤城白草-丰宁南关一带岩石元素含量

采样地点	符号	n(样品数)	Mo	W	Pb	Zn	Hg	U
撒岱沟门	T_3w	3	4.20~66.3	30~300	40	33.33	—	—
白 草	J_3C	10	2.44	1.72	79.9	169	7.90	2.21
东猴顶	J_3C	10	1.42	0.80	23.6	81.9	6.70	1.65
都 山	T_3w	5	0.28	0.12	42.8	42.8	9.0	2.54
全省水系	—	—	0.783	1.35	23.3	72.2	25.8	1.66

注:Hg含量单位为ng/g,其他元素含量为μg/g

8. 平泉沙坨子-小寺沟预测区(13-Y-B-8)

属B级预测区,区域面积814km²。位于燕山坳陷带Au-Cu-Mo-Pb-Zn-Fe-Mn-煤成矿亚带,大地构造属于燕山沉降带宽城凹褶束东北部,在遵化群和同期变质深成岩基底上沉积了长城系、青白口系、古生代沉积岩和侏罗纪火山岩,东西向尚义-平泉深大断裂与北东向平坊-桑园大断裂交汇在区内。后者控制地层分布,北部隆升,南部沉降。地球物理场表现为显著的重力梯级带,卫星照片上图像清晰。为中生代压扭性大断裂。沿断裂带有多处晚侏罗—早白垩世小岩株分布,推断有隐伏岩体。本区侵入岩和蚀变岩铜钼含量普遍较高。已知小寺沟铜钼矿、洼子店金多金属矿。包括Z-26乙、Z-28甲综合异常,异常组合为Mo、Cu、W等元素,找矿方向为斑岩型。

9. 滦平平坊-承德寿王坟预测区(13-Y-C-9)

属C级预测区,区域面积1 805km²。位于燕山坳陷带Au-Cu-Mo-Pb-Zn-Fe-Mn-煤成矿亚带,属于兴隆-宽城中生代坳陷成矿区,从北向南依次为滦平盆地、千层背(黄花顶)岩体和寿王坟火山机构,北东向断层和环形断裂非常发育,区内岩浆岩从$J_3 \to K_1$钼含量呈递增趋势,指示K_1成矿高峰(表7-7-4)。已知寿王坟铜钼矿床,包括Z-27乙、Z-31乙、35-甲综合异常,异常组合为Mo、W、Cu、Cd、U、Hg等元素,找矿方向为斑岩型、火山岩型和矽卡岩型。圈定兴隆县潘家店钼矿靶区。

表7-7-4 滦平平坊-承德寿王坟一带岩浆岩中成矿元素含量

采样地点	符号	n(样品数)	Mo	W	U	Hg	Cd
西瓜园	K_1j	31	5.76	1.19	0.92	21.0	0.063
大北沟	K_1d^2	3	0.85	0.65	0.95	19.11	0.200
寿王坟	K_1W	5	0.94	1.15	1.00	5.20	0.023
雾灵山	J_3Bb	10	1.55	0.94	0.68	6.80	0.098
黄花顶	J_3C	10	0.70	0.45	0.57	9.20	0.138
全省水系	—	—	0.783	1.35	1.66	25.8	0.118

注：Hg含量单位为ng/g，其他元素含量为μg/g

10. 平泉党坝-宽城亮甲台预测区(13-Y-C-10)

属C级预测区，区域面积565km²。位于燕山坳陷带Au-Cu-Mo-Pb-Zn-Fe-Mn-煤成矿亚带和马兰峪Fe-Au成矿亚带的兴隆-宽城坳陷成矿区，从南向北依次出露遵化群、海西期都山岩体、中—上元古界沉积岩和侏罗系火山岩及潜火山岩，北东向构造发育，同时有北西向断裂，已知刘巴店锌钼矿。包括Z-34甲、Z-37乙甲综合异常，异常组合为Mo、W、Bi、Pb、Cd等元素，找矿方向为斑岩型和变质热液型。

11. 张家口高家营-宣化庞家堡预测区(13-Y-C-11)

属C级预测区，区域面积1858km²。位于燕山坳陷带Au-Cu-Mo-Pb-Zn-Fe-Mn-煤成矿亚带，为张宣变质核杂岩核单元中部，由崇礼群、张家口片麻岩套和桑干杂岩组成，外围坳陷区属盖层拆离滑脱单元，由中上元古界、古生界、中生界沉积岩和火山岩系组成，总体构造形态呈舒缓的背斜构造。断裂构造以北西向为主，具多期继承性活动，起源于海西期，燕山期由于强烈活动，早期表现为压扭性，晚期为张扭性。断裂带上有强烈的碳酸盐化、绿泥石化、硅化、高岭土化。小营盘矿区崇礼群化家营组Mo 5μg/g，涧沟河组Mo 77μg/g，远高于区域背景值。已探明小营盘金矿、贾家营等钼矿，包括Z-29乙、Z-32乙、Z-36甲综合异常，异常组合为Mo、Cu、W、Bi、Hg、Pb、Cd等元素，找矿方向变质热液型、火山岩型和矽卡岩型。

12. 宣化下花园-涿鹿谢家堡(13-Y-C-12)

属C级预测区，区域面积2228km²。位于太行山与燕山结合部，怀来-阜平成矿区，以官厅变质核杂岩为主体，由桑干杂岩和新太古代英云闪长质片麻岩构成核部，中上元古界沉积岩环绕隆起区分布，构成盖层拆离滑脱带。中元古代(Pt_2Hs)、中生代(J_2S、J_3G、J_3D)沿乌龙沟-上黄旗北东向深大断裂侵入。火山岩以侏罗纪长山峪群和东岭台群为主，分布于蔚县-京西及宣龙坳陷区。断裂构造以北东向为主，其次为北西向。已知矾山铁磷矿、相广锰银矿、黑山寺铅锌矿、口前铁锌矿、孟家窑铅锌多金属矿、水关口铅锌银矿、鲍家口铁锌矿等。包括Z-38乙、Z-43乙、Z-47乙、Z-50乙综合异常，异常组合为Mo、Pb、Cd、U、Hg、Bi等元素，找矿方向火山岩型、矽卡岩型和变质热液型。

13. 兴隆半壁山-蘑菇峪预测区(13-Y-C-13)

属C级预测区，区域面积634km²。位于燕山坳陷带Au-Cu-Mo-Pb-Zn-Fe-Mn-煤成矿亚带马兰峪复背斜北翼，出露地层主要为中元古界高于庄组、杨庄组及雾迷山组，少量侏罗系火山-沉积岩，褶皱及断裂构造发育，主构造线方向北东东向。成矿母岩莫利山石英斑岩(Mo 22.67μg/g、Cu 115.8μg/g、Ag 2.033μg/g、Au 19.17ng/g)沿北东向断层侵入，正长斑岩脉呈北西向产出，与成矿关系密切。已知蘑菇峪钼多金属矿、高板河硫铁铅锌矿。包括Z-40甲、Z-41乙综合异常，异常组合为Mo、Pb、Cd等元素，找矿方向为接触交代(矽卡岩)型。

14. 兴隆北马圈-遵化马兰峪预测区(13-Y-C-14)

属C级预测区,区域面积953km²。位于燕山坳陷带Au-Cu-Mo-Pb-Zn-Fe-Mn-煤成矿亚带和马兰峪Fe-Au成矿亚带,大地构造隶属于燕山沉降带马兰峪复背斜北翼,从南向北依次出露遵化群及同期侵入岩、长城系和蓟县系,东西向密云喜峰口深大断裂从中部通过,北东向和北西向断裂均很发育,有平顶山、麻地、王坪石等花岗岩体侵入南部变质岩中。已知花市金钼矿、马兰峪金矿等。岩石地球化学资料表明,迁西群、遵化群变质岩经燕山旋回早期活动改造后,Mo、W、Bi、Be、Pb等成矿元素有所增高,为相关矿产形成提供前提条件(表7-7-5)。包括Z-39乙、Z-44甲、Z-49乙综合异常,异常组合为Mo、Bi、Be、W、Cu、Cd等元素,找矿方向为变质热液型和斑岩型。

表7-7-5 遵化马兰峪地区主要岩石类型元素含量(μg/g)

采样地点	符号	n(样品数)	Mo	W	Bi	Be	Pb	Zn
麻地	J_1s		4.86	—	—	—	33.0	37.7
王坪石	J_1s	9	0.25	0.66	0.20	3.63	23.4	36.4
茅山	J_1s	4	0.21	1.86	0.08	5.69	51.1	45.5
秋花峪	$Ar_3^1T\gamma gn$	5	0.16	0.13	0.076	0.86	8.76	38.0
小关庄	$Ar_3^1\delta gn$	3	0.19	0.18	0.07	1.23	7.33	79.9
遵化群	Ar_3Z	55	0.35	0.14	0.06	1.31	10.3	89.3
迁西群	Ar_2Q	77	0.29	0.11	0.05	1.34	9.16	63.8
全省水系	—		0.783	1.35	0.187	2.13	23.3	72.2

15. 涿鹿东团堡-涞源大湾预测区(13-Y-B-15)

属B级预测区,区域面积1 394km²。位于阜平Au-Fe-金红石成矿亚带,山西断隆与燕山沉降带接合部位,阜平变质核杂岩构造被西缘,乌龙沟-上黄旗深断裂带中。区内地层受断裂切割和岩浆侵入,多呈断块状分布,主要有太古宙阜平杂岩、中上元古界、下古生界碳酸盐岩及碎屑岩、中生界火山岩。其中碳酸盐岩是主要赋矿围岩。区内构造以断裂和古火山机构为主。断裂有NNE、NE、NEE、近SN、NW向等多组,以NNE、NE向乌龙沟断裂为主,具多次活动历史。岩浆岩为涞源王安镇杂岩体,其中闪长玢岩是古火山构造的组成部分,是矿田主要成矿母岩,与之相关的热液蚀变体系为斑岩型蚀变与接触交代变质两个子系统,形成复杂而又有规律的蚀变特征及分带现象。发育有斑岩型木吉村铜钼矿、矽卡岩型大湾锌钼矿和浮图峪铜钼矿等。区内水系沉积物统计资料表明,燕山旋回晚期,Mo、W、Zn、Ag含量趋向增高,反映成矿地球化学过程和方向(表7-7-6)。包括Z-54乙、Z-56甲综合异常,异常组合为Mo、Cu、W等元素,找矿方向以斑岩型铜钼矿为主。

16. 涞源水堡-阜平羊角预测区(13-Y-C-16)

属C级预测区,区域面积631km²。位于阜平变质核杂岩区中心部位,北临涞源杂岩体,变质结晶基底构成主体,发育中太古代陈庄群元坊岩组闪长质片麻岩、英云闪长质片麻岩、二长花岗质片麻岩、钾长片麻岩,少量长城系高于庄组和侏罗系髫髻山组火山岩,中部有燕山期侵入岩,北东、北西向断裂发育。已知斑岩型龙门钼矿、小石峪钼银矿点、大石沟钼矿点等。包括Z-55甲、Z-57甲综合异常,异常组合为Mo、W、Cd、Pb、Be等元素,找矿方向为斑岩型、矽卡岩型和变质热液型。

表 7-7-6　涞源县王安镇地区水系沉积物元素含量

地质单元	n(样品数)	Mo	W	Cu	Pb	Zn	Ag	Au
K_1Sd	53	1.056	2.36	28.2	23.4	98.5	0.171	1.067
K_1H	23	0.971	1.85	35.2	22.8	94.2	0.072	1.192
K_1X	45	0.797	1.66	24.5	23.4	79.0	0.085	1.009
J_3D	119	1.160	3.69	22.8	26.5	72.1	0.110	0.705
J_3G	91	1.085	2.30	29.9	24.8	89.0	0.115	0.975
J_3Y	85	0.860	2.06	44.7	31.2	103.2	0.136	0.989
J_2Q	31	0.755	1.88	26.7	23.3	80.9	0.086	1.267
Ar_2Fp^c	191	0.524	1.25	33.4	21.2	88.8	0.105	1.037
Ar_2yf	127	0.643	1.24	37.2	22.1	91.2	0.068	0.847
全省水系	—	0.783	1.35	22.8	23.3	72.2	0.095	2.055

注：Au 含量单位为 ng/g，其他元素含量单位为 μg/g。

17. 阜平麻棚-赤瓦屋预测区(13-Y-C-17)

属 C 级预测区，区域面积 362km²。位于阜平 Au-Fe-金红石成矿亚带，大地构造隶属于山西断隆阜平变质和杂岩核部麻棚杂岩体，出露地层为陈庄群和湾子群变质表壳岩和中酸性深成岩。区内构造以褶皱及韧性变形为主，晚期断裂为主要控矿构造。石湖背斜轴向 NWW，近南北向断裂为压扭性断裂，有 NNE、NE 向断裂叠加的复合性断裂带，是主要控矿构造。麻棚杂岩体呈卵圆形，轴向 NNE，面积 60km²，由石英闪长岩、花岗闪长岩、斑状二长花岗岩相继侵入形成，是成矿的主要热源和矿源之一，Mo、W、Pb、Ag、Au 含量较高(表 7-7-7)。已知石湖金矿、赤瓦屋铜钼钨矿点等。包括 Z-58 乙综合异常，异常组合为 Mo、Cu、W 等元素，找矿方向以斑岩型为主。

表 7-7-7　阜平麻棚地区岩石元素含量(μg/g)

采样地点	符号	n(样品数)	Mo	W	Cu	Pb	Zn	Bi
石湖矿区	J_3G	2	8.00	—	14	17.5	77.0	—
麻棚	J_3D	5	0.47	1.07	11.6	12.9	54.9	0.08
麻棚	J_3G	5	0.50	0.54	35.7	8.44	74.9	0.05
陈庄	Ar_2Ch	29	0.36	0.25	28.9	9.79	80.9	0.06

二、综合异常评价

全省共圈定钼矿综合异常 58 个。其中有 45 个圈于预测区内，以下为该 45 个综合异常的评价解释。

1. Z-2 乙 围场小扣花营 Mo-U-Hg 异常

出露侏罗系张家口组、白垩系大北沟组、燕山期花岗岩(J_3B)，北东向、北西向断裂发育，已知锰银矿床。异常由 As、Mo、Au、Mn、Cu、V、Co、Bi、Fe、Ti、P 组成，分东、西两个浓集中心。西部浓集中心组成为 V、Ti、Fe、P、Co、Cu、Mn，扣合在玄武岩上；东部浓集中心由 Mo、Au、Mn 组成，Au、As、Mo 均具浓度分带，推测由局部矿化引起。

2. Z-3乙 围场棋盘山 Mo-Pb-Cd-Hg异常

出露侏罗系张家口组、白垩系义县组、第三系(古近系—新近系)汉诺坝组火山沉积岩,北东向、北西向断裂发育,成矿条件与小扣花营异常相似。

3. Z-5乙 围场清泉 Mo-U-Hg异常

出露侏罗系张家口组、白垩系大北沟组、义县组、九佛堂组、第三系(古近系—新近系)汉诺坝组火山沉积岩,北东向断裂、火山机构、环形构造发育。有次安山岩侵入,西部有小型油页岩矿床,断裂构造发育。异常由 Hg、Mo、As、Sb、Ag 组成,组合较全,但强度较低,与火山岩及构造关系密切,具有一定找矿意义。

4. Z-6甲 丰宁草原-万胜永 Mo-U-Hg异常

出露侏罗系张家口组、白垩系大北沟组、义县组火山沉积岩及次火山岩(λJ_3),北东向断裂、火山机构、环形构造发育,已发现和顺店铅锌银钼矿化。1:20万化探异常包括3处。

上黄旗幅和顺店乙类异常主体分布在晚侏罗世大十八台超浅成石英斑岩体(熔透式火山口侵入的潜火山岩相或火山颈相产物)中,局部为张家口组流纹岩及流纹质凝灰岩。在岩体中有数条硅化带沿北西相断裂分布。南部有萤石矿点1处、小型镜铁矿。异常由 Cd、Ag、Pb、As、Zn、Mo、Sb、Mn、Bi、Hg、W、Y、F、K、Cu、Sn、Li、Rb、Nb、B、Ga、U 等组成。三级查证异常重现性较好,并发现铁锰矿化蚀变带及褐铁矿化、硅化蚀变带,具有良好找矿前景。根据地质地球化学特征,认为该异常是次火山含矿热液或岩浆期后含矿热液沿断裂成矿引起,深部可能有隐伏矿体存在。矿化以 Ag、Pb、Zn 为主,Cu、Mo、Mn、W、Sn 为伴生元素,As、Sb、Hg 为指示元素。建议开展大比例尺物化探勘查工作,可望发现大型陆相次火山岩型银多金属矿。

上黄旗幅北台子乙类异常出露地层有张家口组流纹岩、斑流岩、流纹质凝灰岩、白垩系九佛堂组凝灰砂砾岩、页岩夹安山岩、玄武岩。侵入岩有石英正长斑岩、次石英粗面岩等小岩株。处于北东、北西向断裂比较发育的破碎带中,南部有1处萤石矿点。异常由 Li、Cs、As、Cd、F、Sr、Zn、Mo、Be、U、V、Bi、Ag、B、Co、Hg、W、Pb、Au 等组成,与重砂铅异常吻合。沿断裂带和石英正长斑岩接触带见碎裂岩、硅化、铁锰矿化、方铅矿化、锰矿化、萤石矿化等蚀变,有利于成矿元素富集。

上黄旗幅红石砬丙类异常位于平安堡-森吉图断裂破碎带上,出露地层有张家口组流纹岩、斑流岩、流纹质凝灰岩和白垩系九佛堂组。侵入岩有燕山晚期超浅成次石英粗面岩。北东向断裂构造较发育,岩石挤压破碎,沿断裂有硅化、萤石化、褐铁矿化,为岩浆期后热液活动的结果。异常由 Cs、F、Be、As、Bi、U、Mo、Li、Ca、Cd、B、Ag、Cr 组成,位于1号成矿远景区内,地质条件有利,根据异常元素组合特征,认为寻找铀、钼矿前景较大。

5. Z-7乙 隆化西阿超 Mo-U异常

出露古元古代变质花岗闪长岩、侏罗系张家口组、白垩系义县组火山沉积岩及次火山岩(λJ_3),多组北东向、北西向断裂及火山机构发育。柴南沟脑-半截塔异常带处于燕山期花岗岩中,断裂北东向,西侧为侏罗系安山岩。柴南沟脑异常面积2km²,元素浓度级别 Pb1、Cu1;半截塔异常面积1.5km²,元素浓度级别 Pb2、Mo1。低缓零乱的正磁异常为主,局部为小的负场中心。重力梯度带转折处找矿方向为 Mo 多金属。

6. Z-8乙 围场四合永 Mo-Pb-Cd-U异常

出露古元古代变质斑状二长花岗岩、侏罗系张家口组火山沉积岩及次火山岩($\tau\alpha J_3$),北东向、北西向断裂、环形构造及火山机构发育。异常由 Pb、Mo、Fe、Cr、V、Cu、Ag 组成,范围大,组合较全。Ag、Mo、Pb、Cu 为中低温热液富集元素。需进一步工作,查明异常物质来源。

西地异常带分布于斑状混合岩与侏罗系火山岩及燕山期花岗岩接触带,有北东向断裂挤压破碎带通过。异常面积8km²,浓度分带 As2、Pb3、Mo1、Sn2。低缓的正磁场,两个中心,周边为负磁场。北东向梯度带。

7. Z-9乙 丰宁北韭菜梁 Mo-Pb-Cd-Hg-U异常

出露海西期、燕山期花岗岩(P_1D、J_2C)、侏罗系张家口组火山沉积岩及次火山岩(λJ_3),北东向断裂构造发育。异常由 Ag、U、Mo、Cd、Hg、F、Zn、P、Bi、Co、Sb 组成,与矿床图上 3 号三级铅金属量异常吻合,东部有 4 号白钨矿重砂异常。石英正长斑岩中有黄铁矿化。Hg、Cd、Zn、Mo 异常呈北西向带状分布,Ag、U、Sb、F 异常套合较好,推断异常由岩浆期后含矿热液引起。

8. Z-10乙 隆化北岔沟门 Mo-Cu-W异常

出露燕山期花岗岩(J_2T、J_2C、J_2J、J_3B)、侏罗系张家口组、白垩系义县组火山沉积岩,北东向断裂构造发育,在瓦房东沟发现铜钼矿化,已探明其地质储量。

1:20 万区域化探在区内圈定出两处水系沉积物综合异常,元素为 Ag、Pb、Zn、Cu、Mo、Au、Bi 等组合,招素沟瓦房东沟化探异常参数见表 7-7-8。1:5 万水系沉积物测量圈出 Pb、Zn、Ag、Cu、Mo、Au 组合异常 2 处,面积较大,强度较高,存在明显浓集中心且吻合较好。在该异常北部已发现铅锌银矿体,属甲类异常。

为查证化探异常和以往近场源激电异常原因,布置了 $3km^2$ 激电中梯面积性测量,网度为 $100m \times 20m$,侧测线南北长 1 000m。在激电异常中心布置了 3 条对称四极测深剖面。

区内视极化率最小 2% 左右,最大 10%,一般在 3%~5%。以 5% 等值线圈定异常呈北东东向展布,形态规则,大于 6% 后分解为 10 余处局部异常,其中以中部异常规模最大,面积约 $0.5km^2$,最大值可达 10%,余者规模较小,分布零星。与极化率异常对应的电阻率多为中低值,800Ωm 左右,呈低阻高极化特征。

表 7-7-8 隆化招素沟瓦房东沟化探异常参数表

元素	Bi	Ag	Pb	Zn	Cu	Hg	Mo	Au
面积	5.0	4.0	4.0	3.5	2.5	1.2	0.5	0.5
极值	1.5	1.4	161	710	158	0.11	4.8	2.9
均值	0.77	0.7	75	193	33.2	0.09	3.7	2.2
衬度	2.33	2.4	2.16	2.3	1.8	1.29	1.85	1.5
规模	11.6	9.5	8.62	7.9	4.4	1.54	0.93	0.7
下限	0.3	0.3	30	80	30	0.07	2.0	1.5
分带	3	3	3	4	3	1	2	1

注:Au 含量单位为 10^{-9},其余元素含量单位为 10^{-6}。

对异常钻探验证,270 线 152 点,400m 以浅为强黄铁矿化蚀变岩,400m 以下进入铜钼矿化段,至 860m 矿化一直连续,局部地段达到工业品位;240 线 144 点钻孔 100m 以浅为强黄铁矿化蚀变岩,100m 以下为铜钼矿体。

9. Z-11乙 丰宁鱼儿山-四岔口 Mo-W-Hg-U异常

出露侏罗系张家口组火山沉积岩、燕山期花岗岩(J_3C)及次火山岩($\lambda \xi \pi J_3$),有北东向、北西向断裂发育。异常主要分布在燕山期二长斑岩中,南部有张家口组,二者呈侵入接触关系。由 Mo、K、Pb、Sc、Ag、Zn、Zr、Ba、Mn 组成,其中 Mo、Pb、Ag、Zn、Mn 异常为二级浓度分带,吻合较好。查证时发现南部北西向断裂十分发育,岩石碎裂化、萤石矿化、硅化、褐铁矿化、硬锰矿化强烈。推断为岩浆期后含矿热液活动引起,深部可能存在隐伏矿化体。

10. Z-12 乙 丰宁牛圈 Mo-Cu-W 异常

出露古元古代陶北营组变质岩、海西期花岗岩（P_1D、P_1W）、侏罗系张家口组火山沉积岩及燕山期花岗岩（J_3Bb），已知大型银金矿床。

11. Z-14 甲 沽源小河子东（大官厂）Mo-U-Hg 异常

出露侏罗系张家口组火山沉积岩及次火山岩（$\lambda\xi\pi J_3$），蔡家营-温铁炉断裂通过该区。异常由 Hg、Sb、W、As、Mo、Ag 等组成，元素组合好，规模较大，Hg 异常具三级浓度分带，Sb 具二级浓度分带。在水平方向上，元素分带明显，为中型大官厂铀钼矿床导致的异常。

12. Z-15 乙 丰宁苏家店小庙子 Mo-Pb-Cd-W 异常

出露古元古代变质二长花岗岩、侏罗系张家口组火山沉积岩及花岗岩（J_3Sz、J_3Bb），有北东向断裂构造发育。异常由 Hg、F、Mo、Sn、U、W、Cd、Cu、Ag、Rb、B 组成，其中 Hg、Mo、F、W、Sn、Cd、Ag、Cu、Rb 异常套合较好，Hg 异常范围最大，其次为 Mo 异常。异常与接触带对应较好，推断与岩浆期后热液活动有关，深部是否存在隐伏矿化体，有待进一步工作评价。

13. Z-16 甲 沽源西辛营-莲花滩（张麻井）Mo-U-Hg 异常

出露古元古代斑状花岗岩、侏罗系张家口组、白垩系义县组火山沉积岩，有北东向、北西向断裂及火山机构发育，蔡家营-温铁炉断裂通过该区。异常由 Hg、Ba、F、Au、Ga、Sc、Sb、Mn、Zn、B、Mo 等组成，组合好，面积大，强度高，为大型张麻井铀钼矿致异常。

14. Z-17 乙 丰宁黄旗 Mo-W-Cd-Pb 异常

处于乌龙沟-上黄旗深大断裂带与北西向断裂交汇上，出露侏罗系张家口组火山沉积岩及燕山期花岗岩（J_3Sz、J_3Bb）及次火山岩（λJ_3），北东向断裂构造发育。石英斑岩普遍发育黄铁矿化。断裂破碎带受后期热液影响，多形成硅化、褐铁矿化、黄铁矿化、方铅矿化、铜矿化、绢云母化、钾化、高岭土化、碳酸盐化、绿帘石化、褐帘石化。异常由 Au、Cd、Ag、Mo、Bi、Sn、Zn、Cu、Pb 等组成，套合较好。以 Au、Cd、Ag 规模较大、强度较高为特点，由后期热液矿化引起，深部可能存在隐伏矿体。

15. Z-18 乙 丰宁西官营 Mo-Pb-Cd-W 异常

出露侏罗系张家口组火山沉积岩及燕山期花岗岩（K_1Sd、K_1X）及辉绿岩脉，歹字形断裂构造发育，已发现樱桃沟门铅锌多金属矿床。王家窝铺异常带出露侏罗系火山岩、燕山期辉绿玢岩及花岗岩，接触带有碳酸盐化、绢云母化、绿泥石化、北东-南西向断裂，见含辉钼矿石英脉。异常面积 28km^2，元素分带 Ag2、Zn3、Mo2、As2、Pb3、Cu1。正磁异常，北东向重力梯度带。找矿方向为 Ag、Pb、Mo。

16. Z-19 乙 隆化白虎沟 Mo-Pb-Cd-W 异常

出露侏罗系张家口组火山沉积岩及海西期、燕山期花岗岩（P_1T、J_3W、J_3B）及少量古元古代变质花岗闪长岩，北东向断裂及火山机构发育。有萤石矿点 1 处，南部有铜矿点，与铅重砂异常及分散流铅铜异常局部重合。异常可能为热液沿构造裂隙矿化引起，为成矿有利地段，需进行查证。

17. Z-20 丙 隆化汤头沟 Mo-W-Hg 异常

出露燕山期花岗岩（J_2T、J_2C）及侏罗系张家口组、白垩系义县组火山沉积岩，北东向断裂构造发育。南邻旧屯-少府-韩麻营找矿区，牡丹沟带出露侏罗系火山岩、燕山期花岗岩，南北向挤压破碎带，有铁帽和硅化、高岭土化蚀变，岩石分析 Cu 70μg/g，Pb 1 000μg/g，Zn 2 000μg/g，Sn 120μg/g，Mo 6μg/g，Ag 8μg/g，Au 1 700ng/g，注意断层泥含金性。低缓正磁场位于东西向重力梯度带上。找矿方向为 Au、Pb、Zn、

Mo、Ag。瓦房一带出露混合岩,北西向断裂破碎带有石英脉充填,见黄铁矿化,岩石分析 Au 28ng/g、Mo 3.5μg/g。异常面积 8km², 低缓正磁场, 东西向重力梯度带, 找矿方向为 Au、Mo。

18. Z‐21 乙 张北白庙滩大石头洼 Mo‐Pb‐Cd‐W 异常

出露侏罗系张家口组火山沉积岩, 海西期、燕山期花岗岩(P_1W、J_3W)及少量古元古代变质石英闪长岩, 南北向、北西西向断裂发育, 花岗岩具绢云母化、银矿化, 人工重砂含铅, 副矿物有磁铁矿、磷灰石、石榴石、独居石、锆石、钍石。东南边缘有燕山期花岗斑岩浅成小岩株, 副矿物有磁铁矿, 具绢云母化。西北角有燕山期正长斑岩出露。西南部有铅银矿点两处, 属岩浆热液型, 赋存于近东西向挤压破碎带中, 呈不规则状。异常由 Pb、Mo、Bi、Sn、Au、Zn、W、Ag 组成, Mo、W、Bi 异常重合性较好, 以 Pb 异常面积最大, Mo、Bi、Sn 次之, 其余都不大。Au、Bi、Mo、Sn 含量较高, 具中带, 其余仅具外带。在花岗岩裂隙中有褐铁矿化, 通过异常查证, 在大石头洼一带已发现钼矿化。是寻找 Au、Ag、Pb、Zn、Mo 矿的有利靶区。

19. Z‐22 甲 丰宁撒岱沟门 Mo‐Cu‐W 异常

出露海西期斑状二长花岗岩及古元古代变质斑状花岗闪长岩和斑状二长花岗岩, 区内花岗岩蚀变强烈, 普遍云英岩化, 并有褐铁矿化石英脉、正长斑岩脉分布。异常由 Mo、Nb、Zr、Ti、Y、Bi、F、Cu、P、As、Sb、La、W、Zn 组成, 第一组 Mo、Cu、Bi、W、Zn 由蚀变花岗岩引起, 经河北省冶金部地质大队工作发现大型钼矿床。

20. Z‐23 乙 崇礼狮子沟 Mo‐Pb‐Cd‐U 异常

出露侏罗系张家口组火山沉积岩及同期侵入岩、次火山岩(J_3M、$\tau\alpha J_3$), 北西向断裂发育, 破碎带内褐铁矿化、高岭土化及少量绿泥石化、硅化与铁锰矿化。进行了二级查证, 使用方法有水系沉积物加密、土壤剖面测量、激电中梯及槽探。将异常分解多处, 在二道沟、三道沟村西及四道沟等地均发现矿化露头。

21. Z‐24 乙 赤城白草‐丰宁下庙子 Mo‐U‐Hg‐W 异常

主要出露侏罗系张家口组火山沉积岩及同期侵入岩、次火山岩(J_3Bb、λJ_3), 边部少量新太古代和古元古代变质深成岩($Ar_3^2\pi\gamma gn$、$Ar_3^2T\gamma gn$、$Pt_1^2G\gamma$、$Pt_1^2\pi\gamma\gamma$), 北东和北西两组断裂构造发育, 局部铁锰矿化、硅化蚀变强烈。

赤城白草一带异常分布于石英正长斑岩体中, 有北西向断裂破碎带, 发育铁锰矿化。化探异常面积 64km², NAP 值: Hg 30.2、Ag 30、Pb 23.8、Bi 18.7、W 13.4、Au 11.2、Mo 8.5、Sb 4.5、As 4.2、Zn 4.2。岩石分析最高含量 Pb 1 000μg/g、Cu 500μg/g、Zn 4 000μg/g、Mo 30μg/g。为低缓正磁场区, 东西向重力梯度带, 找矿方向为以 Pb、Zn 为主, 次为 Mo。

赤城邓家栅子一带异常位于五道营子石英正长斑岩体中, 围岩为侏罗系张家口组火山岩, 有北北东向断裂通过。下龙潭异常以 Au、Mo 为主, 均为一级浓度分带。断裂破碎带较强硅化、黄铁矿化, 宽 80~100m, 其中最高 Mo 700μg/g、Cu 300μg/g、Pb 300μg/g、Au 44μg/g、Hg 188μg/g。为正磁场区, 北东向重力梯度带, 找矿方向以 Pb 为主的多金属。

丰宁大草坪一带出露南猴顶花岗岩, 东西向断裂破碎带, 充填矿化石英细脉, 两侧有高岭土化、钾化等蚀变, 宽度 10m, 长 2~3km。异常面积 32km², NAP 值: Bi 63.1、Mo 21.1、W 19.8、Cu 13.2、Pb 9.4。为正负交替磁场, 重力低中部的过渡开阔区, 找矿方向以 Mo 为主, 次为 Bi、W。

据石家庄综合地质大队, 近年来在区内发现热液裂隙充填型太阳沟钼矿床。矿区内构造为断裂和中心式火山口。断裂构造 3 条, 为容矿构造, 有硅化和钼矿化。在北窝铺‐地车沟一带的斑状花岗岩、次流纹岩体位于中心式火山口部位, 斑状花岗岩充填于火山口之中心部位, 次流纹岩位于斑状花岗岩体的北西及南部。岩体中硅化强烈, 石英细脉及团块发育, 石英细脉宽 1~2mm, 多见于岩体北东端; 晚期石英脉呈脉状, 厚度在 3~5mm 之间。

矿区共有钼矿体 8 个, 其中 Ⅰ 号矿体位于冰沟门至北窝铺南山一带, 呈脉状北西向展布并向南东侧伏;Ⅱ号矿体为盲矿体,位于Ⅰ号矿体上盘5.85m,呈透镜状;Ⅲ号矿体为盲矿体,由Ⅲ-1、Ⅲ-2两个矿体组成,位于Ⅰ号矿体上盘64m,呈透镜状;Ⅳ号矿体位于北窝铺至苏家窝铺南山一带,呈脉状北西向展布;Ⅴ号矿体为盲矿体,位于Ⅳ号矿体上盘36m,第四系覆盖5~30m,呈脉状北西向展布;Ⅵ号矿体为盲矿体,位于Ⅵ号矿体上盘50m,覆盖层5~30m,与Ⅴ号矿体间距3~10m,呈脉状北西向展布;Ⅶ号矿体位于地车沟里,北第四系覆盖;Ⅷ号矿体位于地车沟东坡,呈脉状北西向展布。

矿石中金属矿物主要为黄铁矿、辉钼矿,少量黄铜矿、磁铁矿、方铅矿、闪锌矿,占0.5%~5%,非金属矿物为石英、长石、绢云母、绿泥石、方解石等。矿石构造以浸染状和细脉状为主,次为条带状、碎裂状。矿体围岩多为斑状花岗岩,也有次流纹岩。围岩蚀变主要有硅化、黄铁矿化、绢云母化,次为萤石化。矿体内夹石主要为斑状花岗岩,Mo品位多在0.01%以上,夹石剔除厚度大于2.0m。Ⅰ、Ⅵ号矿体均有夹石剔除,影响了矿体完整性,增大了矿石的损失率和贫化率。

22. Z-26乙 平泉洼子店 Mo-Cu-W 异常

出露新太古代变质二长花岗质片麻岩,侏罗系土城子组、张家口组火山沉积岩及燕山期侵入岩(K_1X、K_1S)、南北向断裂发育,已知多金属矿床产出。分布于洼子店二长岩体内外接触带上,围岩有变质岩及火山岩,已知小型多金属矿床1处,金矿点及铅锌矿点,重砂铅异常。NAP值:Au 310.9、Pb 138.8、Bi 99.4、Cu 85、Ag 77.9、Mo 39.7、W 21.9、Zn 18.1、Sb 8、Sn 5。面积72km^2。在正磁场局部有小的中心,相对重力高,找矿方向为蚀变岩型金多金属矿。

23. Z-27乙 滦平平坊 Mo-Hg 异常

位于滦平中生代盆地中部,主要为白垩系九佛堂组页岩和砂砾岩,少量大北沟组、张家口组火山沉积岩和次火山岩($\tau\alpha J_3$),北东向断裂构造发育。滦平盆地的平坊异常元素组合及规模为Li 363、B 4、Mo 79、Mn 13等,其中Li具四级浓度分带,富集层位为西瓜园组二段的含油页岩,能否单独成矿尚不清楚。见铁染长英质次火山岩脉,推断由含矿热液引起。注意寻找沉积岩中的钼矿床。

24. Z-28甲 平泉小寺沟 Mo-Cu-W 异常

以小寺沟岩体(K_1S)为中心,围岩为蓟县系雾迷山组碳酸盐岩,边部少量新太古代二长花岗质片麻岩,北东东、北西断裂发育,已知中型铜钼矿床。在小寺沟岩体内外接触带上,岩石蚀变作用非常强烈,蚀变带宽达数百米,主要矿物为辉钼矿、黄铜矿、黄铁矿、方铅矿、闪锌矿、斑铜矿及自然铜,矿床具有明显分带,从向外接触带依次为钼矿床-铜矿床-铅锌矿床。Au、Ag、Cu、Pb、Cd、Mo、W、Bi具强内带,Zn、As、Sb具有内带,异常浓集中心空间上吻合很好。

25. Z-29乙 宣化西望山-崇礼四台咀 Mo-Cu-W-Bi-Hg 异常

出露崇礼群二辉斜长麻粒岩、黑云斜长麻粒岩、紫苏斜长麻粒岩、二辉麻粒岩和角闪斜长变粒岩。断裂构造发育,按走向可分5组,其中北东向和北西向断裂分别为小营盘金矿和张全庄金矿的主要容矿构造。区内脉岩较发育,主要有含金石英脉、辉绿岩脉、钾长石英脉、伟晶岩脉、长英斑岩脉及闪长玢岩脉。北部有海西期花岗岩和正长岩小岩株。近矿围岩蚀变有:碳酸盐化、绢云母化、钾长石化、硅化、绿泥石化。有小营盘大型金矿1处,张全庄、韩家沟中型金矿各1处,小型砂金矿、小型金矿各1处。异常由Au、F、Ag、Fe、Ti、Pb、Mn、Zn、Mo等组成,其中Cd、Bi、Mo具中带。异常长轴走向呈北西南东向,与区内金矿分布形态大体一致 异常为以金为主的多元素组合,面积大,组合全,是扩大金矿储量及寻找新的矿产地的有利地段。

26. Z-31乙 滦平三道梁(闯王沟) Mo-U-Hg-W 异常

对应于千层背岩体,主要为燕山期花岗岩(J_3Sz、J_3Bb、K_1S),闯王沟铅锌矿点产于花岗岩中的北东向破碎带,金属矿物为黄铁矿、闪锌矿、方铅矿、黄铜矿、硬锰矿等,平均品位Pb 2.62%、Zn 1.14%、Ag

4.54%。异常由 Pb、Zn、Ag、Cd、Mn、W、Sn、Mo、Bi、Be、U 等组成,W、Sn、Mo 异常无规律,互不套合,与 Pb、Cd 异常浓集中心不一致。Mo 的两个异常排列方向与 W 异常长轴方向一致,为北西向,说明 W、Mo 与 Pb、Ag、Cd 元素具有不同产因,应注意寻找斑岩型钼矿。

27. Z-32乙 张家口庞家堡矿区 Mo-Cu-W 异常

出露长城系下部($Chc-t$)砂岩、白云岩、侏罗系九龙山组和髫髻山组火山沉积岩及燕山期侵入岩(J_3S、J_3N),对接触交代型钼矿有利。

28. Z-34甲 平泉党坝下营房 Mo-Pb-Cd 异常

出露长城系(Chd、$Chch-t$)、蓟县系($Jxy-w$)、青白口系($Qbx-j$)沉积岩系与侏罗系髫髻山组(J_2t)火山岩及次火山岩(λJ_2),有刘巴店燕山期二长斑岩侵入,北东、北西断裂构造发育,有已知下营房金矿、毛家沟多金属矿床产出。推断异常为岩浆期后热液或接触交代型矿化活动引起。

29. Z-35甲 承德寿王坟 Mo-W-Cu-Cd 异常

以寿王坟杂岩体(K_1W)为中心,周围分布有长城系(Chg)、蓟县系($Jxy-w$、$Jxh-t$)碳酸盐岩、侏罗系(J_2j-t)火山沉积岩及少量次火山岩($\tau\alpha J_2$),北东向和环形构造发育,已知中型铁铜矿床伴生钼。异常位于寿王坟岩体与雾迷山组白云岩接触带,有铁铜矿点。Bi、W、Mo 异常则分布于杂岩体内部及接触带上,与 Cu、Ag、Au 异常既有一定的组合关系,又有明显差异,反映了矿床与岩体的内在关系。其中北营子化探异常规模 Ag 36.8、Cu 32.3、Mo 26.4、W 16.9、As 4.0。地球物理场特征为负磁场且重力低。兴隆潘家店异常 Ag、Bi、Mo、As、Cu、W、F、B、P 等元素浓集中心吻合,集中于岩体及接触带附近,Ag、Bi、As、Mo 具四级浓度分带,地质条件与寿王坟、三岔口铜矿相似。1988年,河北省地质四队对其进行了以金为主的三级查证。Cu、W、Mo、As、Cd 异常高含量地段为二长花岗岩北东凸出端的外接触带,北侧有较强 Hg 异常。已移交河北省地质五队进一步查证。

30. Z-36甲 宣化贾家营 Mo-Bi-Be-Pb 异常

区内大部分为第四系覆盖,仅北西少量蓟县系雾迷山组白云岩,东南部出露侏罗系门头沟组煤系、九龙山组和髫髻山组砂页岩及凝灰质砂岩等,其中有燕山期岩体(J_3M)、闪长玢岩脉和石英斑岩侵入。东南有北北东向断层发育。有已知小型斑岩型钼矿床1处、煤矿点1处。

1:20万水系沉积物地球化学异常图有 Au、Pb、Mo、Ag、Cd、W 等元素的组合异常出现,其中 Au、Pb、Mo、Ag 异常范围较大,均在 10km^2 以上,Cd、W 异常范围较小;其异常浓度 Au、Pb 为中带,其余为外带,异常值均较低。1:1万土壤测量次生晕,在磁异常范围内石英斑岩体周围,有 Ag、Cu、Mo 组合异常出现,Mo 异常范围较大,Ag 异常次之,Cu 异常范围最小,发育在西接触带附近。经三级查证,异常被分解为4部分,认为 Mo 异常由已知钼矿引起,Au、Cu 异常与接触带矿化有关。建议对斑岩体外接触带开展工作,以扩大规模,有可能发现隐伏的矿化斑岩体。

31. Z-37乙 宽城达子沟门(姜杖子)Mo-W-Bi 异常

位于都山岩体北侧,以海西期花岗岩为主(T_3X、T_3Y、T_3W),少量太古宙遵化岩群变质岩及长城系常州沟组砂岩,有北东东向断裂构造发育。由 Bi、Mo、W、Sn、U 组成,推断为矿化引起,应予重视。

32. Z-38乙 涿鹿下花园 Mo-U-Hg-Bi 异常

出露蓟县系(Jxw、Jxt)、青白口系(Qnx)、侏罗系(J_1x、J_2j、J_2tch),北东向断裂发育,隐伏岩体与围岩接触带有利于形成矽卡岩型多金属矿床。

33. Z-39乙 兴隆大水泉(乌头牛)Mo-W-Cu-Cd 异常

出露长城系($Chc-d$、Chg)、蓟县系(Jxy、Jxw)沉积岩与燕山期侵入岩(J_3C),有铅锌矿点1处。异常由W、Mo、Li、Ba、Au、Zn、Cu、Pb、Co、Cd、F、U、La、K、Be等元素组成,其中W、Mo、Li、Ba、Au成矿信息较强,有利于形成接触交代型矿产。注意寻找碳酸盐岩中断裂破碎蚀变带内的蚀变岩型金矿以及与热液活动有关的重晶石矿床。

34. Z-40甲 兴隆蘑菇峪 Mo-Pb-Cd 异常

出露长城系(Chd、Chg)、蓟县系(Jxy)沉积岩与侏罗系火山岩(J_2t),北东东向断裂构造发育,有已知中型钼矿床产出。异常由Pb、Cd、Ag、Mo、Au、Zn、W、Bi、Sb组成,为已知矿异常。

35. Z-41乙 兴隆半壁山 Mo-Pb-Cd 异常

出露长城系($Chch-d$、Chg)沉积岩系,已知高板河大型黄铁矿床、中型闪锌矿床,并伴生有方铅矿。产于长城系高于庄组五段中下部,严格受层位控制。矿体长度2 500m,平均厚度5.4m。

区内Pb、Zn、Cd出现强内带,W出现内带,Mo、As、Hg、Sb、Mn、B为中外带异常,且主要成矿元素Pb、Zn、Cd异常形态及分布范围极为一致,W、Mo、As异常与主要成矿元素也有较好的套合关系。在重力异常平面图上,矿区为重力低值区,推测为下部隐伏岩体,矿床成因为热液型。

36. Z-43乙 怀来温泉屯 Mo-Pb-Cd 异常

燕山期花岗岩(J_3Y)侵入于长城系($Chc-d$、Chg)沉积岩中,有利于接触交代型矿产形成。

37. Z-44甲 兴隆麻地(花市)Mo-Bi-Be 异常

以麻地岩体(J_1S)为中心,周围产出变质深成岩($Ar_3^1\delta gn$、$Ar_3^1T\gamma gn$)及长城系沉积岩(Chc、Chd、$Chch$),W以$10\mu g/g$为下限,圈出较大异常5处,最高值为$100\mu g/g$;Mo以3为下限,圈出较大异常2处,最高值为$45\mu g/g$;Bi以$2\mu g/g$为下限,圈出较大异常3处,最高值为$12\mu g/g$;Sn以$4\mu g/g$为下限,圈出较大异常1处,最高值为$12\mu g/g$。对应于麻地岩体及其附近,有花市小型高温热液石英脉型钼矿。根据三级查证结果,认为麻地岩体附近的W、Mo异常均有一定找矿前景,应进行二级查证。

38. Z-47乙 涿鹿辉耀-卧佛寺(相广)Mo-Pb-Cd 异常

以侏罗系张家口组火山岩、燕山期侵入岩(J_3Y)为中心,周围分布长城系($Chc-d$、Chg)、蓟县系(Jxw、$Jxh-t$)、青白口系(Qnx)沉积岩系,有北东向断裂构造发育,已知锰银矿床产出。包括1:20万化探异常3处。

涿鹿县代家沟乙类异常地层为蓟县系雾迷山组白云岩,中部为椿树沟石英二长岩体,已知矿产地椿树沟热液型黄铁矿及锰矿点各1处。异常由Ag、Pb、V、W、F、Mo、Zn、Au、Ti、Sr、Co、Cd、Nb、Bi组成,具同一浓集中心,与已知矿点吻合,但规模不大,浓度偏低,应主要扩大金银的找矿远景。

涿鹿县相广甲类异常出露地层为侏罗系髫髻山组、张家口组火山-沉积岩,西北部第四系中零星出露长城系高于庄组。西缘有北西、北东相断层交叉。已知东羊波洞小型火山热液型锰矿床、穆家沟热液型锰矿点。异常由Pb、Ag、Zn、Mn、As、Sb、Cd、Au、Bi、Cu、Mo、La组成,浓度高、规模大、具分带。最新勘探表明,锰矿脉中含银很高达中型,并伴生金,建议二级查证。

涿鹿县口前甲类异常东南部为第四系覆盖,西北部出露蓟县系雾迷山组、青白口系下马岭组、景儿峪组、寒武系、侏罗系。北缘有北西向正断层。花岗岩和花岗闪长岩侵入蓟县系和青白口系,有史家沟热液型锰矿点、上井沟小型热液型锰矿、口前小型矽卡岩铁钼矿、黑山寺小型岩浆热液型锰矿和铅锌矿点。异常由Bi、Cu、Sb、Ag、Zn、Cd、Pb、Mo、W、Au、Sn、Mn、V、Co、As组成,浓度高、强度大,具一定含量梯度变化,是寻找Mn、Au、Ag为主的良好靶区,建议一级查证。

39. Z-49乙 兴隆挂兰峪 Mo-Pb-Be 异常

位于兴隆县挂兰峪至遵化县马兰峪一带,以太古宙遵化岩群变质岩和深成岩($Ar_3^1T\gamma gn$)为主体,北侧有燕山期侵入岩(J_1S、J_1B),含金石英脉众多,伴生钼。有中型砂金矿1处、小型金矿6处、金矿点22处。该异常由 Au、Hg、Bi、W、Mo、Pb、Ag、Zn、Cd、Cu、Be、Sb、As、Sn、B 等组成。Hg、Bi、W、Mo、Pb、Ag、Zn、Cd、Cu、Be 等元素为强内带或内带异常。多为金的伴生元素,但 W、Mo、Pb 尚有独立成矿的可能。1986年河北省物探队对该异常进行了三级查证工作,在1:5万水系沉积物、岩石和剖面测量中均圈出很好的 Au、Ag、Pb、Zn、Bi、Mo、Cu、Hg 等元素异常,As、Sb、Ba 元素也有异常显示。

40. Z-50乙 涿鹿大堡-谢家堡 Mo-Pb-Cd 异常

位于大河南岩体北东侧,出露蓟县系(Jxw、Jxt)、青白口系(Qnx)、侏罗系髫髻山组和张家口组火山岩、燕山期侵入岩(J_3G、J_3D),北东向乌龙沟-上黄旗与北西向次级断裂构造发育,对接触交代型矿床有利。包括1:20万化探异常2处。

涿鹿县荞麦川乙类异常地层有蓟县系雾迷山组、铁岭组,青白口系下马岭组,侏罗系髫髻山组,东北缘为大河南花岗闪长岩,蓟县系中北西、北东、近南北向断裂发育,已知荞麦川小型沉积型黄铁矿床1处、冰沟村矽卡岩型含铜磁铁矿点1处。异常由 Zn、V、Cu、Cd、Y、Ba、Co、As、Mo、Sr、P、Sb、Bi、Cr、Mn、Pb、U、Ti、F 组成,有两个浓集中心,一个位于含铜磁铁矿周围,由 Cu、Mo 等组成;一个在荞麦川周围,由 Cu、Pb、Zn、Mn、As 等组成。推测有一定的找矿远景。

涿鹿县鲍家口丙类异常位于大河南岩体上,北部有少量蓟县系雾迷山组白云岩,西南部为髫髻山组火山岩。异常由 V、Co、W、Fe、U、Cr、Zn、Mo、Bi、Cd、Nb、Sn、Pb、Cu、Ba、La 组成,分为两组,一组为 La、Nb、Cr、Co 等,由岩体高背景含量引起;另一组为 W、Sn、Bi、Mo、Cu、Pb 等,可能为矿致异常,需进一步查明矿化规模。

41. Z-53甲 涞水野孤 Mo-W-Cd-Ag 异常

在长城系高于庄组和蓟县系雾迷山组白云岩中有岩株分布,有南北向断层,已知铜钼多金属矿点1处,为铜钼远景区。异常由 Cd、Mo、Ag、Cu、W、Zn、Be、Pb 组成,组合全、套合好,其中 Mo 异常规模大、强度高,推测为矿异常,建议三级查证。

据保定地质工程勘查院资料,野孤钼多金属矿目前已探明为中型钼、铜、锌、铅共生的斑岩型-矽卡岩型矿床,具大型矿床潜力。矿床受野孤花岗斑岩体蚀变带控制,钼多金属矿体产于斑岩体、钾化片麻岩及接触带矽卡岩中。长城系高于庄组白云岩、阜平期变质岩为矿床赋矿围岩。全矿区圈定187个矿体,以1、3、11号矿体规模最大。1号矿体呈脉状,具膨缩、分支复合现象。控制长1181m,倾向延伸480m,厚1.84~106.88m,钼平均品位0.082%。共生少量铜、锌、铅。3号矿体呈巨大透镜状、似层状,具膨缩、分支复合现象。控制长685m,倾向延伸396m,厚7.00~171.85m,钼平均品位0.113%。共生少量铜、锌。11号矿体位于1号矿体上部,呈瓦垄形薄板状,具分支复合现象。控制长547m,倾向延伸372m,厚0.33~43.8m,钼平均品位0.083%。共生少量铜。

42. Z-54乙 涞源乌龙沟 Mo-Cu-W 异常

位于王安镇杂岩体北缘,主体为燕山期花岗岩(J_3Y、J_3G、J_3D、K_1Sd),北部有蓟县系(Jxw、Jxt)碳酸盐岩分布,北东向断裂构造发育,有利于接触交代型矿床产出。在花岗闪长岩接触带有矽卡岩化、绿帘石化、蛇纹石化。北东向断裂被闪长岩脉充填。异常由 Mo、Sn、Au、Bi、Nb、W、As、Pb 组成,其中 Mo、Sn 异常强度高,具三级分带,构成广灵幅锡钨成矿远景区一部分,推断为矿致异常。

43. Z-55甲 涞源水堡龙家庄 Mo-W-Cd 异常

产于太古宙变质石英闪长岩中,有北西和东西两组断裂构造发育。龙门钼矿床为近几年新发现的斑岩型钼矿床,位于山西断隆五台台拱之阜平穹褶束,出露石咀岩群金刚库岩组黑云变粒岩、角闪变粒岩、含角闪磁铁石英岩。矿区位于独山城复式向斜构造东部,与向斜轴平行的不对称或倒转的二级、三级向形、背形以及层间小挠曲广泛发育。北东东向断隆位于矿区中部泉塘、黄花滩一带,延伸近20km,破碎带宽

10～50m，走向40°～80°，倾向北西，倾角30°～60°，具多期活动特点，为控岩控矿构造。燕山期闪长岩分布于矿区中部，受北东东向断裂控制，侵入于金刚库岩组，面积8km²，局部残留蛇纹石化大理岩捕房体，发育黄铁矿化、黄铜矿化、磁铁矿化、钼矿化、硅化。

花岗斑岩分布于矿区南部，面积0.8km²，与闪长岩呈侵入接触关系。普遍发育钾化、硅化、绢云母化，伴生黄铁矿化、辉钼矿化。隐爆角砾岩似环状分布于花岗斑岩周围，与花岗斑岩有关。内外侧岩石具碎裂结构，为钼矿主要赋矿围岩。普遍绿泥石化、绿帘石化、硅化，伴生黄铁矿化、辉钼矿。斑岩体至围岩蚀变分为内外两个蚀变带。内带为斑岩体全岩蚀变，目前控制蚀变带深度750m，主要发育钾化、硅化、绢云母化等面型蚀变，伴生黄铁矿化、黄铜矿化、辉钼矿化。外蚀变带为隐爆角砾岩及片麻岩蚀变，隐爆角砾岩主要发育钾化、硅化、绿泥石化、绿帘石化等面型蚀变，伴生黄铁矿化、辉钼矿化。外围片麻岩主要发育钾化、硅化、绢云母化等线型蚀变。呈北东向，宽2km，长5km，西部可能存在更大隐伏岩体。

区内主要发育斑岩型钼矿，而片麻岩型钼矿少量。矿体产于花岗斑岩及围岩蚀变带，共圈定钼矿体80多条，平均品位Mo 0.10%。斑岩型钼矿体呈透镜状、似层状产出，均为隐伏矿体，整体产状近水平。主矿体长650～1515m，宽285～880m，厚1～7m，Mo品位0.045%～0.852%。

该矿区工作程度低，深部及外围尚未控制，目前储量规模中型，考虑到斑岩体及围岩蚀变强烈，找矿前景良好，具有大型规模岩浆远景。外围环形隐爆角砾岩带及其与片麻岩接触带部位为勘查重要靶区，特别是矿区西部，斑岩体硅化、钾化强烈，显示深部可能还有较大斑岩体存在，为首选地段，目前正进行勘查。

44. Z-56甲 涞源杨家庄-银坊（大湾锌钼矿）Mo-Cu-W异常

位于王安镇岩体南侧，以燕山期花岗岩（J_3D、J_3Y、K_1Sd、K_1X）为中心，周边分布蓟县系（Jxw）、青白口系（Qnj）、奥陶系（O_1y）和侏罗系（J_2t），发育北东向断裂构造多组，已知大型锌钼矿床产出。1:20万水系沉积物地球化学异常图中在大湾、支家庄一带有Ag、Cd、Pb、Zn、Bi、Mo、W、Au、Ni、Cr等元素的组合异常（编号为Hs3-1，阜平幅），异常面积最大的是Ag、Pb、Cd、Bi，面积在46～66km²之间；异常浓度以Ag、Cd最高，达强内带，Pb、Bi、Zn、Mo为内带级浓度，W、Au为中带级浓度，Cr、Ni为外带级浓度。各元素异常范围或浓集中心及浓集带都基本吻合，异常区包括了支家庄铁矿和大湾钼、锌矿，多元素异常主要由大湾矿引起。

成矿元素空间分布规律为：Mo（内带）→Fe、Mo、Zn、Ag、Cd、Ga、Te、Cd、Au（接触带）→Zn、Pb、Ag、Cd、Au（近接触带）→Ag、Au（远接触带），构成正分带特点。

由河北省保定地质工程勘查院承担的涞源县杨家庄镇木吉村铜矿详查（延续），总投资870万元。2006年取得重大进展，主要表现如下。①在矿区深部强硅化带（石英核）以下发现厚大钼矿体和矽卡岩型铜矿体，铜矿体最大厚度184.64m，平均厚136.14m，最高品位1.94%，平均0.41%；钼矿体最大厚度107.01m，平均83.49m，最高品位0.17%，平均0.053%。新增矽卡岩型铜金属量4.41万t，钼金属量2 406.54t。②在矿区东部边缘又发现斑岩型及矽卡岩型铜钼矿体，矿体厚度111.03m，平均品位0.32%。③矿床上部矿体在详查工作中各钻孔均见到厚大铜钼矿体，厚34.67～340.25m，平均179.56m，铜平均品位0.40%。④新发现斑岩型铜矿中含有可供综合利用的贵金属金、银，就伴生金而言，远景资源量在1.7～20t之间，可达中-大型规模。

通过详查工作，经综合分析评价，初步估算铜内蕴经济资源量（332）+（333）38.24万t，平均品位0.39%；钼内蕴经济资源量（332）+（333）38.247 924t，平均品位0.053%。

45. Z-57乙 涞源南马庄狼牙石 Mo-Pb-Cd-Be异常

以太古宙变质深成岩（$Ar_3κγ$）为主，少量蓟县系Jxw、寒武—奥陶系碳酸盐岩，有多组断裂构造发育，注意寻找隐伏岩体接触带。

46. Z-58乙 阜平麻棚-赤瓦屋 Mo-Cu-W异常

位于麻棚-赤瓦屋岩体上，以燕山期侵入岩（J_3G、J_3D、J_3Y）为中心，周边为变质岩（Ar_2Togn、Ar_2Ch），有北东、北西向断裂构造发育，已知中型石湖金矿床产出，注意寻找斑岩型钼矿床。包括2处1:20万石家庄幅化探异常。

灵寿县南营乙类异常地层为阜平群变质岩,岩浆岩有麻棚、秋树林、龙堂沟花岗闪长岩、王家庄花岗岩等,脉岩有花岗闪长岩、辉绿岩、闪长玢岩,呈近南北成群出现。有石牛沟、东寺岭、丑泥口、银洞4个金矿点,产于近南北向破碎带中,与脉岩有关。异常由Au、Mo、La、Zn、Cu、Ba、Mn、P、Cd、Sr、Co、Mg、W、Ag、F、Hg、Bi、Se、Th组成,其中Au、Mo为强异常,具三级浓度分带,其次La、Sr为中强异常,具二级浓度分带,其余为弱异常。Mo异常为矿化引起,已验证。西部已进行二级查证,应转入深部找矿,并注意稀土元素综合利用。

灵寿县石湖沟掌甲类异常地层为阜平群变质岩,有5条北西向和两条北东向断层。有李家庄花岗闪长岩体、北西向辉绿岩脉、闪长玢岩及近南北向花岗斑岩脉。已知石湖沟掌大型金矿床、李家沟黄铁矿和金矿点、台方、瓜家峪铜矿点,为蚀变破碎带型,且受断裂和脉岩控制。异常由Mo、Au、Ag、Fe、Cu、Co、Zn、Zr、Ga、Cd、Ti、Mn、Y、P、Cr、Ni、F、V、Ba、Pb、W、Se、Be、Bi、Th、La、Nb、Sn组成,组分复杂,有明显浓集中心,其中Au、Mo为强异常,具三级分带,Ag为中强异常,具二级浓度分带,其余为弱异常。Au、Ag异常与已知矿体有关,Mo异常与李家庄岩体有关,应予重视。

三、最小预测区评价

根据中大比例尺资料圈定最小预测区2处。

1. 崇礼县大石头洼钼矿靶区(13-X-V-1)

该区圈于13-Y-C-6钼矿预测区内。该区位于崇礼县西北部的大石头洼乡附近。

异常处在沽源陷断束(III_1)的大滩中断凹(IV_1)和红旗营子台弯(IV_2)两个IV级构造单元的相邻区域,即处在中生代火山盆地和太古代基底隆起的边缘地带。区内主要分布地层为中生界侏罗系上统白旗组安山质凝灰岩、安山岩,太古界单塔子群片麻岩、浅粒岩、变粒岩等,异常区外围为海西期花岗岩,区内构造迹象不明显,但由遥感解译可知,该异常位于北西、北东向断裂的交汇部位,具备良好的成矿地质条件。该异常区北侧为张北县黄铁矿床,异常区内分布了铜铁矿化点、锰矿化点各1处,矿化迹象明显,该异常处在有利的矿化区段。1:20万水系沉积物异常由Pb、Zn、Ag、Cd、Mn、Cu、W、Bi、Mo、As、Sb、B、F等元素组成,异常面积60km^2,异常呈北西向长轴延伸,表明异常主要受北西向构造控制。

1)1:50 000水系沉积物加密测量

研究1:20万水系沉积物异常查证成果发现,崇礼县大石头洼有很好的钼异常显示,因此对该区进行了1:50 000水系沉积物加密测量。

异常由Mo、Bi、Cd、Sb元素组合,钼异常在北西向分布于喇叭沟-狼窝沟-大石头洼一带,水系沉积物异常面积十几平方千米,最高含量为34μg/g。

该区矿化是由与火山活动和中酸性岩侵入活动相互叠加所形成。

2)岩石测量

针对该区风成沙干扰较为严重的具体情况,对由路线地质踏查发现的北西、北西西向矿化蚀变破碎带,利用岩石测量短剖面系统控制,以达到对于矿化带(脉)进行定位的目的。

通过地质踏查发现了两条明显的矿化蚀变带(SD1、SD2),其蚀变面积为1~1.5km^2,该带中以黄铁矿化、铁锰矿化、硅化、孔雀石化、铅锌矿化、绿泥石化、高岭土化为主,上述蚀变带位于大石头洼村和喇叭沟南侧,并与AS-1-1异常带两处较明显的异常浓集中心相吻合,在上述蚀变范围采集岩石测量样品,结果发现蚀变范围内岩石均呈现明显矿化(表7-7-9),个别样品中Pb、Zn、Ag、Mo已接近临界品位,推测蚀变范围内赋矿。

3)查证结果综述及找矿方向

综上异常查证成果认为,该异常为Mo、Pb、Zn、Ag多金属矿异常,可能的矿化带呈北西、北西西向展布。该区找矿应主要位于已发现的两条蚀变带及1:50 000水系沉积物测量异常浓集中心部位,找矿前景乐观,且由异常面积及规模推测矿化规模可达中型。

表 7-7-9 大石头洼(AS-1)异常蚀变带岩石测量元素含量

蚀变带	样号	元素含量									
		Cu	Pb	Zn	As	Sb	Bi	Ag	Cd	Mo	Au
SD1	y9	15.6	89.2	2 330	3.3	0.59	6.20	2.99	3.77	3.3	6.0
	y10	31.3	30.5	575	3.4	0.32	87.0	15.0	0.24	3.9	4.0
	y11	8 270	61.3	432	5.8	0.38	151.0	40.3	0.40	9.0	20
SD2	y1	22.5	1 832	8 515	97.7	9.20	330	12.5	3.50	600	2.0
	y2	23.1	39.6	2 720	140	22.2	83	9.40	4.50	102	0.3
	y3	188	3 040	1 052	2.9	0.57	18	18.8	10.1	2.7	1.5
	y4	9.1	8.3	5 355	14.6	0.67	44	10.2	28.2	80	2.0
	y5	1 890	6 027	2 545	74.2	52	1.07	40.1	7.8	28.0	20
	y6	157	260	6 115	29.8	1.22	0.56	3.24	6.28	14.2	2.0
	y8	5.2	23.6	200	4.0	0.46	0.09	0.16	0.59	1.7	1.5

注：Au 含量单位为 ng/g，其余元素含量单位为 ug/g

2. 兴隆潘家店钼矿靶区(13-X-V-2)

位于 13-Y-B-9 钼矿预测区内。位于兴隆县李家营子乡潘家店村。该异常为河北物探队 1∶20 万水系沉积物测量所发现，具 Cu、Pb、Zn、Ag、Au、As、Mo、W、Bi、Cd 元素组合，异常形态完整（表 7-7-10）。

表 7-7-10 潘家店异常特征登记表

元素	Cu	Pb	Zn	Au	Ag	W	Mo	Bi	As
面积	23.37	9.83	3.93	31.44	41.60	37.15	28.27	23.71	15.79
极值	71.9	10.6	21.0	5.0	0.193	2.7	4.9	1.9	30.6
均值	38.1	10.1	20.5	1.93	0.193	1.6	2.0	1.32	14.5
衬度	3.7	2.7	1.1	2.76	4.83	4.0	4.0	13.2	8.1
规模	86.1	26.5	4.3	86.8	201	149	113	313	128
下限	10.2	3.8	18.0	0.7	0.04	0.4	0.5	0.1	1.8
分带	3	3	1	3	3	4	4	4	4

注：Au 含量单位为 ng/g，其余元素含量单位为 μg/g

处于燕山褶断带北部、古北口-新杖子褶断带东段，出露蓟县系雾迷山组、洪水庄组、铁岭组、寒武系徐庄组、张夏组，侵入岩为寿王坟酸性杂岩体边缘相花岗闪长岩与富镁钙白云岩侵入接触，围岩蚀变较强烈，常见大理岩化、褐铁矿化，局部蛇纹石化。辉绿岩脉、闪长玢岩脉、正长斑岩脉严格受岩浆及构造控制。柳河逆断裂近东西向贯穿全区，倾向南，倾角 75°～80°，两盘岩石极为破碎，大理岩化、褐铁矿化强烈，伴有辉绿岩床侵入。区内已知金(含铜、银)矿点 1 处，含矿石英脉走向北西，倾角 70°～80°，宽 10～30cm，因闪长玢岩侵入，矿脉断续出现。两盘围岩多见硅化、高岭土化、碳酸盐化、黄铁矿化、黄铜矿化，局部见方铅矿化。拣块分析，Au 6 700ng/g、Ag 245μg/g、Cu 2 000μg/g、Pb 850μg/g、Zn 2 500μg/g、As 1μg/g、Sb 120μg/g。

1988年河北省地质四队对该异常进行三级查证,在花岗岩体内和元古代地层中,在沃哨沟一带见多处近南北向或北西向多金属矿化石英脉,金品位9.18~15.08g/t,银27~36g/t。多金属Ag、Bi、Mo、As、Cu、W及矿化剂元素F、B、P等,浓集中心吻合,集中于岩体及接触带附近。

从区域上看,地质条件与寿王坟中型矽卡岩型铁铜矿、三岔口中型铜矿非常相似。地表所见多处矽卡岩型铜矿化和矿化石英脉,说明为成矿有利地段。Cu、W、Mo、As、Cd异常中心位于岩体北东部突出端的外接触带中,且北侧有较强Hg异常,为今后工作重点。

水系沉积物统计,Cu、Au、Ag、W、Mo含量高于区背景值,Pb、Zn偏低,变化系数除Au、Ag外均在0.3~0.5之间(表7-7-11)。

表7-7-11 三级查证水系沉积物地球化学参数统计表

元　素	Cu	Pb	Zn	Au	Ag	W	Mo
平均值	23.5	17	56.7	3.0	0.16	2.5	0.9
标准离差	9.1	8.0	21.9	—	0.03	1.2	0.34
变异系数	0.39	0.47	0.39		0.18	0.48	0.38
异常下限	40	32	100	3.2	0.25	4.0	1.6
区域背景值	18.8	21.4	62.8	1.13	0.094	1.27	0.83

注:Au含量单位为ng/g,其余元素含量单位为μg/g

岩石测量结果表明,徐庄组、洪水庄组及花岗闪长岩为Cu、Pb、Zn、Mo高含量单元,雾迷山组为Au、Ag高含量单元。徐庄组的Cu、Pb、Zn、Mo元素,雾迷山组Au、Cu、Ag、Pb及洪水庄组Cu元素变化系数大于1,局部富集可能性较大(表7-7-12)。

表7-7-12 潘家店岩石、土壤地球化学参数表

岩　性	参　数	Cu	Pb	Zn	Au	Ag	W	Mo	样数
张夏组灰岩	平均值	9.82	8.67	41.67	4.58	0.21	1.33	1.06	33
	标准离差	7.33	5.44	23.1	1.94	0.03	0.33	0.55	
	变异系数	0.75	0.63	0.55	0.42	0.14	0.25	0.52	
徐庄组页岩	平均值	29.0	35.0	88.8	4.79	0.21	1.29	2.07	28
	标准离差	44.2	122	189	1.97	0.03	0.35	3.79	
	变异系数	1.52	3.50	2.13	0.41	0.14	0.27	1.83	
铁岭组灰岩	平均值	9.93	5.4	33.7	3.53	0.20	1.09	0.98	15
	标准离差	4.35	1.84	14.2	1.06	—	0.13	0.19	
	变异系数	0.10	0.34	0.42	0.30		0.12	0.19	
洪水庄组页岩	平均值	67.7	12.3	73.3	3.00	0.20	1.20	1.60	3
	标准离差	88.6	11.0	27.5					
	变异系数	1.31	0.89	0.38					
雾迷山组钙质白云岩	平均值	15.4	9.53	39.0	9.43	0.28	1.45	1.01	179
	标准离差	64.5	13.77	24.6	74.5	0.89	0.61	0.43	
	变异系数	4.20	1.44	0.63	7.90	3.15	0.42	0.43	
寿王坟花岗闪长岩	平均值	21.6	26.2	90.4	3.00	0.20	1.83	1.54	14
	标准离差	4.73	11.8	14.1			0.29	0.73	
	变异系数	0.22	0.45	0.16			0.16	0.48	
土壤	平均值	22.52	12.64	61.90	3.00	0.20	1.87	1.12	578
	标准离差	4.32	3.25	23.89			3.86	3.19	
	变异系数	0.19	0.26	0.39			0.21	0.28	
	异常下限	32	20	110	6	0.4	2.6	1.7	

注:Au含量单位为ng/g,其余元素含量单位为μg/g

对比1∶20万潘家店Cu、Au多金属异常与寿王坟已知Cu、Mo矿异常,有极为类似的地球化学特征及地质条件,潘家店异常极有可能找到寿王坟式铜钼矿床。

二级查证土壤测量范围控制了三级异常查证中的重点异常区,共圈定综合异常3处(图7-7-1)。

AP1号综合异常具Cu、Pb、Zn、Ag、Au、W、Mo元素组合,最高含量Cu 250μg/g,Zn 150μg/g,Ag 0.7μg/g,W 11μg/g,Mo 6.4μg/g,Cu、Mo、W异常范围较大,Pb、Zn、Ag、Au异常范围较小,且Cu、Mo、W异常与第四系吻合,认为因次生富集所致。

AP2综合异常位于测区南部,主要元素为Pb、Au、Cu、Zn、Ag、W,由多个规模不等的小异常组成。最高含量Cu 75μg/g,Pb 2 000μg/g,Zn 150μg/g,W 3.0μg/g,Ag 2.6μg/g,Au 485ng/g。区内分布有已知金(含银、铜)矿点,接触带附近闪长玢岩脉Cu 800μg/g,Pb 100μg/g,Zn 200μg/g,Ag 11.8μg/g,Mo 4.0μg/g,W 8.0μg/g,Au 3.0ng/g。初步认为因接触带矿化蚀变及已知矿点引起。

AP3综合异常位于测区西南部,面积0.65km²,主要元素为Cu、Pb、Zn、Ag、W、Mo、Au。最高值Cu 220μg/g,Pb 50μg/g,Zn 150μg/g,W 9.6μg/g,Mo 8.0μg/g,Ag 0.7μg/g,Au 13ng/g,As 500μg/g(岩石As 3 500μg/g)。东部大理岩化白云岩As大于1%,Sb 80μg/g。区内大理岩化强烈,褐铁矿化、蛇纹石化较明显,可能为寿王坟式铜钼矿异常。对比高、中、低温元素异常强度,推断该区剥蚀程度尚浅。已知寿王坟铜钼矿自地表到地下500m均具矿体存在(主要在200～300m),推断该处矿化体埋深可能在500m左右。

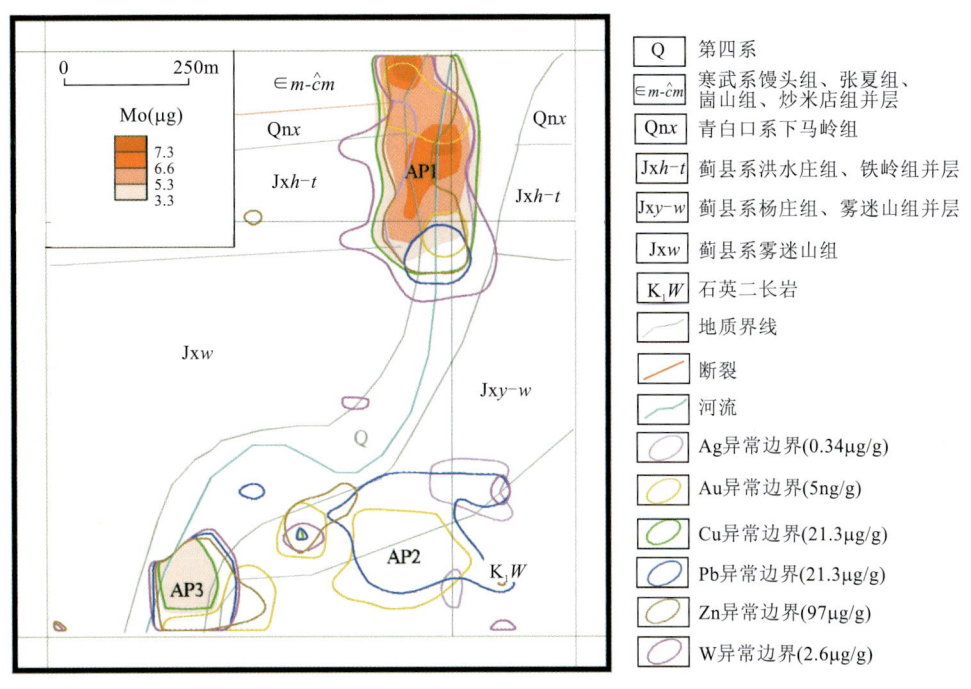

图7-7-1 兴隆潘家店土壤Mo-Cu-W-Pb-Zn-Ag-Au地球化学组合异常图

第八节 锰矿找矿预测区综合评价

一、找矿预测区评价

锰矿为河北省短缺矿种之一。目前已发现锰矿、铁锰矿产地32处,其中小型7处,矿点25处,主要分布于燕山台褶带中。有内生、外生和变质三种成因类型。

内生锰矿均为热液型,是本区的主要类型,共有矿产地15处,其中小型5处,矿点10处。累计探明储量占90%以上。集中分布在宣化、阳原、涿鹿一带,一些矿化点分布于阜平-围场岩浆岩带外侧。

长城纪高于庄期滨海相沉积型锰(硼)矿(蓟县式)和风化淋滤型锰矿矿产地22处,其中沉积型矿产地17处,风化淋滤型产地5处。集中分布于兴隆、遵化、宽城、迁西、承德及平谷、蓟县一带,怀安、怀来、易县等地也有分布。蓟县纪铁岭期滨海沉积铁锰矿(四海式)矿产地15处,其中中型1处、小型2处、矿点8处、矿化点4处,分布于平泉、怀来及延庆、密云及怀柔等地。

从岩石地球化学资料来看,区内各时代均有锰的地球化学异常层,尤其是中元古代海相地层中层位众多,含量较高,但与工业品位相比还相差较大;从趋势看,沉积岩型锰异常层倾向于 Mn-As-B-Bi-F-Li 共生,而岩浆岩型锰异常层倾向于 Mn-Mo-Ag 共生。

以锰为主的综合异常呈现北东向(燕山期岩浆岩带火山热液型成矿带)和东西向(兴隆海槽高于庄组沉积型成矿带)两组方向展布,主要集中在围场、隆化、丰宁、赤城、涿鹿和兴隆、宽城、青龙南部。全省共圈定综合异常46处,圈定找矿预测区10处。由于缺乏中大比例尺资料,暂未圈定最小预测区。

1. 围场哈里哈预测区(13-Y-C-1)

属C级,区域面积391km²。以张家口组和大北沟组为主,有燕山旋回侵入岩和次火山岩分布在东南部,北东向和北西向断裂交汇在区内,已探明小扣花营-满汉土锰银矿床,包括 Z-3丙、Z-4乙综合异常,异常组合为 Mn、Ag、Mo,找矿方向为岩浆热液型。

2. 隆化南山咀-碱房-西阿超预测区(13-Y-C-2)

属C级,区域面积1 383km²。以张家口组和义县组火山沉积岩及同期侵入岩次火山岩为主,发育北东向多组断裂,已探明北岔沟门铅锌银矿床,铁锰矿化较普遍,包括 Z-9乙、Z-12乙、Z-13乙综合异常,异常组合为 Mn、Mo、Ag,找矿方向为岩浆热液型。

3. 丰宁草原-四岔口-黄旗-选将营预测区(13-Y-C-3)

属C级,区域面积4 020km²。以张家口组、义县组和同期侵入岩、次火山岩为主,北东向和北西向构造发育,尚未发现锰矿床,包括 Z-7乙、Z-8乙、Z-10乙、Z-11乙、Z-16乙、Z-17乙、Z-18丙综合异常,异常组合为 Mn、Mo、Ag,找矿方向以岩浆热液型为主。

4. 张北白庙滩-赤城白旗预测区(13-Y-C-4)

属C级,区域面积1 105km²。在红旗营子群变质岩和海西期侵入岩基底上,堆积张家口组火山沉积岩,有燕山期中酸性岩、次火山岩侵入,在美人沟、狮子沟一带有铁锰矿化发育,包括 Z-22乙、Z-23丙、Z-27乙综合异常,异常组合为 Mn、Mo、Ag,找矿方向岩浆热液型为主。

5. 赤城白草-丰宁下庙预测区(13-Y-C-5)

属C级,区域面积1 633km²。以张家口组火山沉积岩和燕山期石英正长斑岩为主,少量次火山岩,北东向和北西向断裂发育,在白草一带铁锰矿化强烈,由 Z-25乙综合异常组成,异常组合为 Mn、Mo、Ag,找矿方向为岩浆热液型。

6. 宽城花皮溜子-郭杖子预测区(13-Y-C-6)

属C级,区域面积653km²。位于元古宙兴隆海槽东段,以长城系高于庄组为主,少量髫髻山组火山岩,在花皮溜子一带有3处锰矿化点,包括 Z-30乙、Z-32乙综合异常,异常组合为 Mn、Bi,找矿方向以外生沉积型为主。

7. 兴隆六道河-半壁山-宽城孟子岭预测区(13-Y-C-7)

属C级,区域面积1 664km²。位于元古宙兴隆海槽,主要为长城系高于庄组含锰白云岩,在兴隆六道河、南天门、半壁山一带发现多处锰矿化点,由 Z-34乙综合异常组成,异常组合为 Mn、As,找矿方向外生沉积型。

8. 宽城峪耳崖-青龙三拨子-草碾预测区(13-Y-C-8)

属C级,区域面积1 469km²。以长城系高于庄组为主,少量燕山旋回侵入岩,在铧尖、娄杖子一带有多处锰矿化点发育,包括Z-35乙、Z-37乙、Z-38乙综合异常,异常组合为Mn、Bi、As,找矿方向为沉积型。

9. 平谷靠山集-蓟县马伸桥预测区(13-Y-C-9)

属C级,区域面积670km²。对应于长城系高于庄组一、二段,产出蓟县东水厂中型锰矿床,在蓟县、兴隆交界处有2处锰矿化点,包括Z-36乙、Z-39甲综合异常,异常组合为Mn、As,找矿方向为沉积型。

10. 涿鹿辉耀-谢家堡预测区(13-Y-C-10)

属C级,区域面积1 741km²。出露长城系高于庄组、蓟县系雾迷山组、铁岭组白云岩和燕山期侵入岩,北东向和北西向构造发育,有相广中型锰银矿产出,同时有多处锰矿点。区内包括Z-43甲、Z-44甲、Z-45乙综合异常,异常组合为Mn、Ag、Mo、Bi、As,找矿方向为岩浆热液型和沉积型。

二、综合异常评价

全省共圈定以锰为主的综合异常46处,其中有28处圈于预测区内,下面对这28处异常进行综合解释评价。

1. Z-3丙 围场赛罕庙山 Mn-Mo-As-B异常

出露汉诺坝组玄武岩、侏罗系张家口组,可能为岩性引起的异常。

2. Z-4乙 围场小扣花营 Mn-Ag-Mo异常

出露侏罗系张家口组火山沉积岩、燕山期花岗岩(J_3B、J_3W)、次火山岩($\tau\alpha K_1$),发育北东、北西两组断裂构造,已知中型火山岩型锰银矿床。

3. Z-7乙 丰宁草原和顺店 Mn-Mo-Ag-As-B异常

出露侏罗系张家口组火山沉积岩及次火山岩(λJ_3),和顺店一带发现铅锌银钼矿化。

4. Z-8乙 丰宁万胜永虎棚沟-双井子 Mn-Mo-Ag-As-B异常

出露侏罗系张家口组中酸性火山沉积岩、白垩系义县组、九佛堂组安山岩及次火山岩($\tau\alpha K_1$),北东向断裂构造发育,注意寻找火山热液型锰矿床。

5. Z-9乙 围场南山咀 Mn-Ag-Mo异常

出露侏罗系张家口组中酸性火山沉积岩、白垩系义县组安山岩,七棵树一带已发现银矿床,注意寻找伴生锰资源。

6. Z-10乙 丰宁鱼儿山-四岔口 Mn-Mo-Ag-As-B异常

出露侏罗系张家口组中酸性火山沉积岩次火山岩(λJ_3)、燕山期花岗岩(J_3C),北东向断裂构造发育,注意寻找火山热液型锰银矿化。

7. Z-11乙 丰宁北韭菜梁 Mn-Ag-Mo异常

出露侏罗系张家口组中酸性火山沉积岩次火山岩(λJ_3)、海西期燕山期花岗岩(P_1D、J_3C),北东向断裂构造发育,注意寻找火山热液型锰银矿化。

8. Z-12 乙 隆化北岔沟门 Mn-Mo-Ag-As 异常

出露燕山期花岗岩（J_3B、J_2C、J_2T、J_3M）、白垩系义县组、九佛堂组页岩、砂岩和安山岩及次火山岩（$\tau\alpha K_1$），北东向断裂构造发育，已知大型铅锌银矿床，注意评价伴生锰资源。

9. Z-13 乙 隆化西阿超 Mn-Mo-Ag-As 异常

出露侏罗系张家口组中酸性火山沉积岩次火山岩（λJ_3）、白垩系义县组安山岩、燕山期花岗岩（J_2J、J_2T）及古元古代变质花岗闪长岩，为岩浆热液型多金属矿床预测区。

10. Z-16 乙 丰宁小坝子老虎沟 Mn-Mo-Ag 异常

位于窟窿山岩体东部，出露燕山期碱性花岗岩（J_3Sz、J_3Bb）及次火山岩（λJ_3），为岩浆热液型多金属矿床预测区。

11. Z-17 乙 丰宁黄旗-乐国 Mn-Ag-Mo-As 异常

出露燕山期碱性花岗岩（J_3Sz、J_3Bb）、古元古代变质二长花岗岩、侏罗系张家口组中酸性火山沉积岩及次火山岩（λJ_3），北东向断裂构造发育，为岩浆热液型多金属矿床预测区。

12. Z-18 丙 隆化漠河沟-北兆营 Mn-Mo 异常

出露白垩系义县组安山岩、侏罗系张家口组中酸性火山沉积岩及次火山岩（λJ_3、$\tau\alpha K_1$），北东向断裂构造发育，性质难以确定。

13. Z-19 乙 丰宁西官营千松沟 Mn-Ag-Mo 异常

出露侏罗系张家口组中酸性火山沉积岩、燕山期海西期花岗岩（K_1X、K_1H、K_1Sd、P_1W），北东向断裂构造发育，已知小型铅锌银钼矿床。

14. Z-22 乙 张北白庙滩大石头洼 Mn-Ag-Mo-As 异常

出露侏罗系张家口组中酸性火山沉积岩、海西期花岗岩（P_1W）、红旗营子群变质岩、古元古代变质石英闪长岩，已知小型锰矿床。

15. Z-23 丙 赤城战海 Mn-Mo 异常

出露侏罗系张家口组中酸性火山沉积岩及次火山岩（λJ_3、$\lambda\xi\pi J_3$），西部有火山机构发育，性质难以确定。

16. Z-25 乙 赤城白草-丰宁下庙 Mn-Mo-Ag-B 异常

出露侏罗系张家口组中酸性火山沉积岩次火山岩（λJ_3）、燕山期花岗岩（J_3C）、古元古代变质闪长岩，北东、北西向断裂构造发育，白草一带铁锰矿化强烈，为岩浆热液型多金属矿床预测区。

17. Z-27 乙 崇礼狮子沟 Mn-Mo 异常

出露侏罗系张家口组中酸性火山沉积岩及次火山岩（$\tau\alpha J_3$）、燕山期花岗岩（J_3M），铁锰矿化强烈，为岩浆热液型多金属矿床预测区。

18. Z-30 乙 宽城郭杖子 Mn-B 异常

出露长城系串岭沟组、大红峪组、高于庄组及少量侏罗系髫髻山组，为外生沉积型锰矿有利地区。

19. Z-32乙 宽城椴树沟-崖门子 Mn-B异常

主要为长城系高于庄组含锰岩系,少量串岭沟组、大红峪组,为外生沉积型锰矿有利地区。

20. Z-34乙 兴隆六道河-南天门-半壁山-宽城孟子岭 Mn-As-B异常

主要为长城系高于庄组含锰岩系,少量大红峪组,西部有两处小型锰矿床,为外生沉积型锰矿有利地区,注意扩大远景储量。

21. Z-35乙 宽城峪耳崖-碾子峪 Mn-B异常

主要为长城系高于庄组含锰岩系,为外生沉积型锰矿有利地区。

22. Z-36乙 平谷靠山集兴隆茅山 Mn-As-B异常

主要为长城系高于庄组含锰岩系,少量大红峪组,有两处小型锰矿床,为外生沉积型锰矿有利地区。

23. Z-37乙 迁西上营-青龙三拨子 Mn-B-As异常

主要为长城系高于庄组含锰岩系、大红峪组、蓟县系杨庄组-雾迷山组,已知小型锰矿床3处,为外生沉积型锰矿有利地区。

24. Z-38乙 青龙朱杖子-草碾 Mn-B异常

主要为长城系高于庄组含锰岩系,为外生沉积型锰矿有利地区。

25. Z-39甲 蓟县马伸桥 Mn-As-B异常

主要为长城系高于庄组含锰岩系、蓟县系杨庄组,已知东水厂中型锰矿床,为外生沉积型锰矿有利地区。

26. Z-40乙 遵化西留村-迁西城西峪 Mn-B异常

主要为长城系常州沟组、串岭沟组、大洪峪组碎屑岩和高于庄组含锰岩系,为外生沉积型锰矿有利地区。由河北省地质二队承担的迁西县秦家峪锰矿详查勘探报告表明,秦家峪锰矿属海相沉积矿床,厚度、品位均很稳定,资源量达6 866万t,规模为特大型锰矿产地。

秦家峪锰矿区西起遵化市姚家峪,东至迁西县照燕州,面积21.66km²。受河北恒基锰业有限公司委托,在2003年普查和2011年秦家峪矿段详查工作的基础上进行续作,地表用槽探、深部用钻探工程控制矿体,共施工钻孔58个,完成进尺15 476m。经过一年多的勘查,发现长约1 000m、平均厚8.16m的大规模矿体,探获锰矿资源量6 866万t,其中氧化矿平均品位13.89%,原生矿平均品位11.29%。

27. Z-43甲 涿鹿辉耀-卧佛寺(相广)Mn-Ag-Mo-As-B异常

燕山期酸性岩侵入于长城系高于庄组、蓟县系雾迷山组碳酸盐岩地层中,已知中型锰银矿床3处、小型1处,为岩浆热液型、矽卡岩型多金属矿床有利地区。

28. Z-44甲 涿鹿大堡 Mn-B-As异常

主要出露蓟县系雾迷山组、铁岭组和青白口系下马岭组,有已知中小型沉积型锰矿床1处,为沉积变质型锰矿有利地区。

涿鹿县驼园沉积型锰矿点产于青白口纪井儿峪组。锰矿体呈扁豆状赋存于井儿峪组含锰灰岩中。厚0~1.9m,最大延深30m,一般5~6m即尖灭。已查明11个矿体,以奶奶山南1号矿体最大。矿石矿物为软锰矿、硬锰矿。Mn最高51.04%,平均25.83%;TFe 2.11%~39.12%,平均5.36%;SiO_2 1.47%~42.61%,平均17.98%;P 0.01%~0.44%,平均0.064%;S平均0.505%。锰矿石品位由地表向深部有变贫趋势,硫则相反。

29. Z-45乙 涿鹿孙庄子枣沟 Mn-B-As 异常

燕山期岩浆岩侵入于蓟县系雾迷山组、洪水庄组、铁岭组、青白口系下马岭组、井儿峪组碳酸盐岩中,已知小型锰矿床1处,为岩浆热液型和接触交代型锰银多金属矿床有利地区。

第九节 铬矿找矿预测区综合评价

区内 Cr-Ni-Co 组合异常空间分布与迁西群、遵化群、崇礼群、阜平群、桑干杂岩中的基性变质岩、汉诺坝组玄武岩和基性-超基性岩体关系密切,主要集中在迁西、遵化、宣化、赤城、崇礼、怀安、张北南部及围场北部地区,在已知的承德高寺台、遵化毛家厂中小型铬铁矿床上均有异常显示。全省共圈定综合异常42处,圈定找矿预测区4处。

一、平泉柳溪-九神庙预测区(13-Y-C-1)

属C级预测区,区域面积418km^2。位于燕山坳陷带 Au-Cu-Mo-Pb-Zn-Fe-Mn-煤成矿亚带,大庙-娘娘庙东西向深断裂北侧王土房岩体范围,一系列基性-超基性岩浆岩呈东西向排列,构成著名的岩浆岩带,其中晚三叠世王土房超单元杜岱营子单元细粒辉长岩分布在七家岱一带,Z-15乙异常外围。中元古代铁马超单元上孤山单元分布于柳溪刁窝一带,岩性为辉长岩,主要矿物为透辉石、角闪石、斜长石,少量磷灰石、榍石,次生矿物阳起石、透闪石。铁马超单元高寺台单元蛇纹石化辉橄岩、纯橄岩为灰黑色粒状镶嵌结构,块状构造,橄榄石75%以上(大部分已蛇纹石化),辉石5%~20%,副矿物为铬尖晶石、磁铁矿等,有铬铁矿点。区内基性-超基性侵入岩铁族元素含量明显高于区域表壳背景值,为成矿提供了良好地球化学前提条件(表7-9-1)。包括 Z-15乙、Z-16乙两处 Cr-Ni-Co 组合异常,找矿方向为岩浆分异型。

表7-9-1 平泉王土房地区基性-超基性岩铁族元素含量

地质单元	符号	n(样品数)	Fe$_2$O$_3$	FeO	Ti	V	Cr	Ni	Co
杜岱营辉长岩	T$_3$D	18	7.04	—	7 158	189	71.1	29.8	24.6
刁窝辉长岩	Pt$_2$S	5	4.10	8.12	645	322	186	121	56.4
高寺台辉橄岩	Pt$_2$G	6	11.05	2.53	118	13.3	3 276	1 593	252
团榆树红旗营子群	Ar$_3$H	20	3.80	6.38	5 245	233	51.8	38.5	29.4
全省表壳岩石	—	—	2.33	1.57	2 605	58.9	36.8	26.8	10.1

注:氧化物含量单位为%,元素含量单位为10^{-6},杜岱营子辉长岩为水系沉积物资料

二、承德高寺台预测区(13-Y-B-2)

属B级预测区,区域面积148 km^2。位于燕山坳陷带 Au-Cu-Mo-Pb-Zn-Fe-Mn-煤成矿亚带,大庙-娘娘庙深断裂南侧与高寺台岩体对应,同属基性-超基性岩浆岩带。超基性岩体东西延长8.1km,中部最宽1.14m,面积6.52km^2,岩性以蛇纹石岩为主,属于中元古代铁马超单元高寺台单元,原岩为辉橄岩。矿化带位于岩体中段偏北地带,向北突出膨大部位靠近岩体上盘的粗粒纯橄榄岩中,大致东西向分布,长3 000m,中部最大宽度500m,向东西两端自然尖灭。

主要工业矿体是矿化带中够工业品位且在可采厚度以内的部分,其形态一般呈扁豆状、脉状、透镜状。工业矿体包括了大小数十厘米至2m之间的大量矿囊、矿团或不规则浸染状小矿体,按 Cr$_2$O$_3$>8%圈定表内矿体,6%~8%圈定表外矿体,3%~6%为难选矿。全区参加储量计算的矿体259个,其中表内矿体

112个,表外矿体33个,难用矿体169个。表内矿体最大者走向延长95m,倾向延深92m,最大厚度13.5m,最小0.5m。埋深0~200m,倾角50°~70°。

铬矿石有致密块状、同生角砾状、浸染状等构造。金属矿物主要为铬尖晶石、磁铁矿、钛铁矿、黄铁矿等。脉石矿物为橄榄石、蛇纹石、碳酸盐矿物等,尚见有细小硫化物分布于脉石矿物中。Cr_2O_3表内矿体总平均含量14.12%,一般9%~15%,少数样品最高达40%以上,表外为7.98%,难用矿为4.08%。伴生铂族元素有Ir(铱)、Os(锇),其次是Pt(铂)、Ru(钌),四元素平均品位0.2~2.5g/t,个别样品Ir达5.25g/t、Pt 3.3g/t、Os 1.21g/t。矿床类型为早期岩浆矿床和晚期岩浆矿床的混合类型。

该预测区由Z-14甲Cr-Ni-Co组合异常组成,注意在已知高寺台铬铁矿床深部和外围扩大储量。

三、赤城吕和堡-炮梁-宣化东望山预测区(13-Y-C-3)

属C级预测区,区域面积2 714km²。位于燕山坳陷带Au-Cu-Mo-Pb-Zn-Fe-Mn-煤成矿亚带,崇礼-赤城深大断裂附近,以崇礼群和张家口片麻岩套为主,同时有较多基性-超基性侵入岩发育。赤城吕和堡超基性岩体位于尚义-赤城深断裂北侧,属崇礼-承德超基性岩带,岩性为蛇纹石化橄榄岩,为中元古代铁马超单元高寺台单元,呈5个豆荚状岩株侵入于红旗营子群中。赤城小张家口超基性岩(Z-19异常北部炮梁以北)位于尚义-赤城深断裂南侧,内部相为透辉石岩,含透辉石90%~95%、磁铁矿5%~10%,少量黄铜矿,边缘相为角闪辉石岩,含普通辉石50%~60%、角闪石30%~35%、黑云母5%,属中元古代铁马超单元高寺台单元。崇礼群(Ar_3CL)分布于高家营、四台咀、龙关一带,主要由高角闪岩相基性岩系组成,夹少量角闪黑云斜长变粒岩及少量磁铁石英岩透镜体。基性岩主要由镁铁质岩(橄榄辉石岩、角闪石岩、斜长透辉角闪岩)和少量超镁铁质岩(橄榄辉石岩、角闪石岩和斜长透辉岩)所组成。超镁铁质岩呈薄层状或透镜状产于镁铁质岩中。桑干杂岩分布于宣化东望山、庞家堡一带,是一套麻粒岩相的片麻岩-麻粒岩系,主要由中酸性麻粒岩(80%以上)组成,夹少量表壳岩(石榴斜长片麻岩、含石墨黑云斜长片麻岩、矽线石榴片麻岩及条带状磁铁石英岩等)和基性麻粒岩。上述基性-超基性岩的Fe、Ti、V、Cr、Ni、Co含量远高于区域岩石丰度,对岩浆分异型铬镍钴矿床形成十分有利(表7-9-2)。

表7-9-2 赤城-宣化地区基性-超基性岩铁族元素含量

采样地点	符号	n(样品数)	Fe_2O_3	FeO	Ti	V	Cr	Ni	Co
水口山	J_1Z	3	2.02	4.71	9 134	111	11.2	16.4	12.2
吕和堡	Pt_2G	3	5.74	2.30	77	27.8	2 190	2 127	152
小张家口	Pt_2G	10	3.98	4.38	3 101	200	1 020	213	45.0
东望山	Ar_3CL	14	3.12	5.66	5 130	164	81.7	45.3	34.1
怀安	Ar_2Sg^c	5	3.60	6.72	4 951	177	105	80.6	47.1
表壳岩石	—	—	2.33	1.57	2 605	58.9	36.8	26.8	10.1

注:氧化物含量单位为%,元素含量单位为10^{-6}

预测区包括Z-11乙、Z-18乙、Z-19乙、Z-24丙4处Cr-Ni-Co组合异常,找矿方向为岩浆分异型。

四、遵化毛家厂-迁西三屯营-太平寨预测区(13-Y-B-4)

属B级预测区,区域面积2 388km²。位于马兰峪Fe-Au成矿亚带。燕山台褶带马兰峪复背斜轴部,出露岩石主要为迁西群、遵化群及同期变质深成岩,遵化毛家厂中型铬矿、闫家沟小型铬矿、兴隆挂兰峪铬矿化点、迁西汉儿庄岔沟铬矿化点产于蛇纹岩中。

含矿岩体分布于变质基底广泛出露的构造隆起部位,集中于密云平顶山、放马峪至遵化毛家厂、阎王台等地。岩体数量多,成群成带分布于遵化群中。大多规模很小,长几米、数十米到数百米。为似层状、透镜状、串珠状及椭球状。一般呈单斜楔状尖灭，岩体与围岩界限清楚，边部常见片理化和滑石化，围岩无蚀变现象。排列展布与围岩的构造线一致，围岩片理随着岩体的边界弯曲而弯曲，在岩体膨大部位出现斜交现象。浸染状铬铁矿定向排列所显示出来的原生构造则往往与围岩片理斜交，说明岩体不是简单地沿某一断裂或裂隙充填的。可能是与围岩同生的层状岩体，一起经历了极其复杂、强烈的构造挤压、拉长、拉断、错开、褶皱和变质作用的改造。在变质过程中，原来的基性围岩重结晶为片麻岩、麻粒岩，而惰性的、耐高温的超镁铁质岩则保留下来，成为超基性岩体（图7-9-1）。主要岩石类型有蛇纹岩、蛇纹石化纯橄榄岩、辉橄岩、橄榄岩、橄辉岩和辉石岩等。各类岩石之间多为相变关系，相带产状与岩体产状基本一致。

铬铁矿体大都呈平行板状异离体产于岩体的中、下部。长几米、几十米到百余米，最长250m，宽小于1～3m居多，最大30.6m，延深不超过200m。多为层状、透镜状、楔状、不规则团块状等。与围岩的界限大部分为过渡关系。矿石品位平均Cr_2O_3 6%～15%，个别可达30%～41.8%。矿物共生组合除个别尖晶石外，还有磁铁矿、黄铁矿、磁黄铁矿、橄榄石、古铜辉石、透辉石、透辉石、蛇纹石、滑石化、蛭石、透闪石、方解石、绢石、硼镁矿等。成因属早期岩浆重力分异矿床，局部属晚期岩浆压滤式矿床。

预测区由Z-33甲Cr-Ni-Co异常组成，异常区内广泛分布的基性-超基性变质岩铁族元素含量普遍较高，寻找超贫铁矿和钒钛铬镍钴等矿产具有利的地球化学前提。

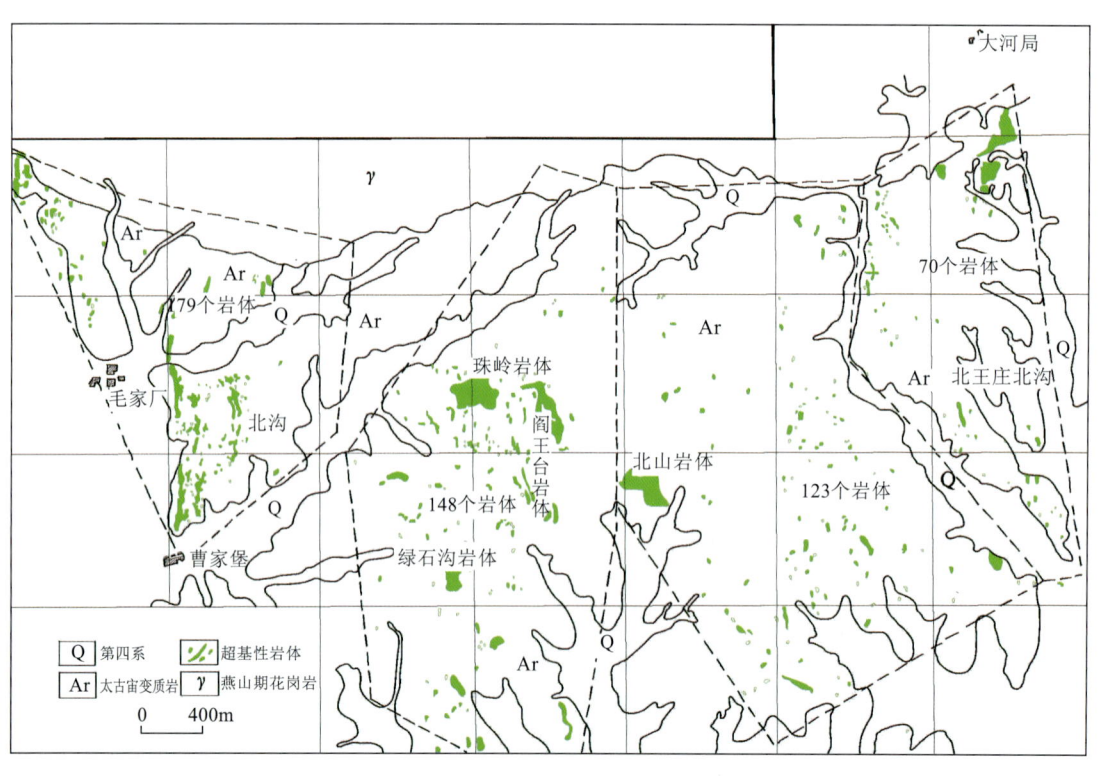

图7-9-1 遵化县毛家厂-大河局一带太古宙超基性岩分布图

(据河北省综合研究地质队，1975年)

第十节 镍矿找矿预测区综合评价

省内Ni-Cr-Co组合异常空间分布与迁西群、遵化群、崇礼群、阜平群、桑干杂岩、汉诺坝组玄武岩和基性-超基性岩体关系密切，主要集中在迁西、遵化、宣化、怀安、涞易、阜平、张北南部和围场北部。在已知的铜硐子小型铜镍矿及内丘杏树台钴镍矿上无异常反映，在高寺台、毛家厂等铬铁矿上有异常对应。

全省共圈定综合异常43处，找矿预测区3处。镍矿找矿预测区与铬矿找矿预测区范围基本一致，因此预测区的评价见本章第九节的相关部分。

一、平泉柳溪-九神庙预测区

与铬矿预测区同范围(13-Y-C-1)。包括 Z-13 乙、Z-14 乙综合异常,元素组合为 Ni-Cr-Co。找矿方向为岩浆型镍矿。

二、赤城镇宁堡-龙关-宣化东望山预测区

与铬矿预测区同范围(13-Y-C-3)。包括 Z-11 乙、Z-16 乙、Z-17 乙、Z-21 丙综合异常,元素组合为 Ni-Cr-Co。找矿方向为岩浆型镍矿。

三、遵化毛家厂-迁西三屯营-太平寨预测区

与铬矿预测区同范围(13-Y-C-4)。包括 Z-31 乙综合异常,元素组合为 Ni-Cr-Co。找矿方向为岩浆型镍矿。

第十一节 钨矿找矿预测区综合评价

依据主成矿元素和主要伴生元素异常组合范围,结合区域地质控矿规律,共圈定综合异常 42 处,找矿预测区 5 处。因该矿种不是本省优势矿种,暂未提出最小预测区。

一、丰宁西官营-隆化郭家屯-围场四合永预测区(13-Y-C-1)

属 C 级预测区,区域面积 2 527 km^2。位于内蒙隆起东段 Ag-Pb-Zn-Mo 成矿亚带,上黄旗岩浆岩亚带东部。主要出露侏罗系张家口组、白垩系易县组及同期侵入岩。包含 4 处综合异常,分别是围场西阿超 W-Mo-Ag-Cd 异常(Z-2 乙)、围场四合永 W-Mo-Ag-Cd 异常(Z-3 丙)、隆化碱房 W-Mo-Ag-Cd 异常(Z-7 乙)、丰宁西官营大坝沟门 W-Mo-Ag-Cd 异常(Z-10 乙)。中酸性侵入岩体附近,东西向与北东向构造复合部位是热液型钨矿形成的有利区域。

二、承德五道河-平泉沙坨子预测区(13-Y-C-2)

属 C 级预测区,区域面积 1 683 km^2。位于燕山坳陷带 Au-Cu-Mo-Pb-Zn-Fe-Mn-煤成矿亚带,承德拱断束与马兰峪复式背斜衔接处。以王土房岩体为中心,出露新太古代奥长花岗质片麻岩、海西期花岗岩(J_3Y)及燕山期花岗岩(K_1S,K_1W),东部主要为古生代和中生代地层。包含 4 处综合异常,分别是平泉王土房 W-Mo-Cd-Ag 异常(Z-13 乙)、承德五道河 W-Ag-Cd 异常(Z-14 乙)、平泉洼子店 W-Ag-Mo-Cd 异常(Z-15 乙)、平泉小寺沟铜矿 W-Mo-Cu-Zn 异常(Z-18 乙)。中酸性岩体与碳酸盐岩接触带,东西向与北东向断裂交汇部位是较好的找矿区域,找矿方向为热液型和矽卡岩型。

三、崇礼高家营-怀来新保安-涿鹿卧佛寺预测区(13-Y-C-3)

属 C 级预测区,区域面积 3 043 km^2。位于燕山坳陷带 Au-Cu-Mo-Pb-Zn-Fe-Mn-煤成矿亚带。以侏罗系张家口组、髫髻山组及同期侵入岩为主,其次为崇礼群及同期花岗闪长质片麻岩。包含综合异常 4 处,分别是宣化东望山-庞家堡 W-Ag-Mo-Cd 异常(Z-19 乙)、怀来二堡子 W-Ag-Mo-Cd 异常(Z-21 丙)、怀来温泉屯 W-Ag-Mo-Cd 异常(Z-28 丙)、涿鹿黑山寺 W-Mo-Zn-Cu 异常(Z-27 乙)。该区目前没有发现钨矿点,但是元素套合较好,区内岩浆活动强烈,碳酸盐岩地层分布广,断裂构造发育,是钨矿的成矿有利区域,找矿方向为热液型和矽卡岩型。

四、承德大营子-兴隆大水泉-蓟县帮均预测区(13-Y-B-4)

属 B 级预测区,区域面积 3 066 km^2。跨越燕山坳陷带 Au-Cu-Mo-Pb-Zn-Fe-Mn-煤成矿亚带

和马兰峪 Fe-Au 成矿亚带。出露长城系、蓟县系及海西期燕山期侵入岩（T_3Y、T_3S、J_1S）。包含 5 处综合异常，分别是承德寿王坟 W-Cu-Mo 异常（Z-22 乙）、兴隆大水泉 W-Mo-Cu-Zn 异常（Z-23 乙）、兴隆茅山-平顶山 W-Ag-Mo-Cd 异常（Z-30 乙）、兴隆黑锅顶 W-Mo-Ag-Cd 异常（Z-31 乙）、蓟县蟠山 W-Ag-Mo-Cd 异常（Z-34 甲）。发现兴隆大苇塘小型钨矿和大杨树钨矿点，已知矿区外围和深部，及相似地质条件地区是找矿有利区域，找矿方向为热液型和矽卡岩型。

五、宽城亮甲台-青龙安子岭-抚宁杜庄预测区（13-Y-C-5）

属 C 级预测区，区域面积 2 463km²。位于马兰峪 Fe-Au 成矿亚带。以海西期、燕山期侵入岩（T_3Y、T_3X、J_2T、J_2Y、J_3Sz）为主，少量新太古代变质深成岩。包含综合异常 4 处，分别是青龙都山 W-Mo-Cd 异常（Z-24 乙）、青龙马圈子 W-Ag-Cd 异常（Z-25 丙）、青龙三星口-安子岭 W-Ag-Mo-Cd 异常（Z-33 乙）、青龙老岭（响山）W-Mo-Zn 异常（Z-35 乙）。已知 5 个钨矿点，成矿条件较好，找矿方向为热液型和矽卡岩型。

第十二节 锡矿找矿预测区综合评价

本区锡的成矿地质条件较差，目前仅发现迁西汉儿庄矿化点一处，属高温热液锡石-硫化物石英脉型。系河北省区调队在检查重砂异常时发现。在全省 1∶20 万水系沉积物地球化学异常图上无化探异常反映。

以 Sn 为主的综合异常 32 处，主要分布于内蒙隆起区燕山期岩浆岩区，大致呈北东、北东东向展布，集中于丰宁、隆化、围场一带。全省圈定预测区 2 处。

岩石地球化学资料表明，省内 Sn 的高含量异常层主要分布于新太古代浅粒岩、中生代凝灰岩和碱性花岗岩中。这些地质单元分布区往往出现水系沉积物地球化学异常，其成矿可能性值得进一步研究。更加详尽的岩石测量资料可知，青龙老岭碱性花岗岩的 Sn 含量在全省为最高，且有一定空间分带现象，有必要立项调查。

全省共圈定综合异常 23 处，以丙类为主。圈定找矿预测区 2 处，暂未提出最小预测区。

一、围场朝阳湾-山湾-隆化郭家屯预测区（13-Y-C-1）

属 C 级预测区，区域面积 2 569km²。位于内蒙隆起东段 Ag-Pb-Zn-Mo 成矿亚带，黄旗岩浆岩带和张三营中断凹，乌龙沟-上黄旗北东向深断裂在区内分为两支，造成中生代隆起与断陷盆地相间排列，海西期（P_1T、T_3W、T_3S）和燕山期（J_1S、J_1B、J_2C、J_2J、J_3B、J_3M、J_3X、K_1S）侵入体呈串珠状分布，出露面积占 50% 以上。新太古代—古元古代基底残块普遍受到混合岩化改造，其上零星覆盖有晚侏罗世—早白垩世火山-沉积岩，并有少量粗面安山质次火山岩。北东、北西向断裂均有发育，有马鞍山、庙宫、滴水湖等多处火山机构。岩石地球化学资料表明，Sn、W、Mo、Bi、Hg、Se、Be、U、Th 等元素在碱房单元（J_2J）和寿王坟单元（K_1S）中含量有所增高，为成矿有利单元（表 7-12-1）。据河北区调队人工重砂资料表明，韩家店、干沟门、锥子山等岩体钨、锡、铌、钽和稀土、放射性副矿物种属较多，含量相对较高，且由南向北逐渐增高。预测区包括 Z-7 乙、Z-8 乙、Z-9 乙、Z-10 乙综合异常，元素组合为 Sn、W、Bi、As。该区成矿地质条件较好，找矿方向为岩浆热液型。

二、抚宁驻操营-青龙老岭-北戴河海滨预测区（13-Y-C-2）

属 C 级预测区，区域面积 1 528km²。位于马兰峪 Fe-Au 成矿亚带，山海关台拱。区内中部分布燕山期碱性花岗岩，南部产出滦县岩群，新太古代早期奥长花岗质片麻岩，新太古代晚期变质钾长花岗岩，北部产出侏罗系、寒武系地层及新太古代晚期变质花岗岩。异常浓集中心位于燕山期碱性花岗岩上，元素组合为 Sn、Pb、Zn、Mo、W、Bi、Cd、Au、Ag、As、Sb、Li、Be、F、Ba、La、Cs、Y、Rb、Nb、U 等，其形态及规模正好与响山岩体吻合。各元素浓集中心一致或相近。最高值/异常下限：Sn 27.1/0.8，Pb 61.9/4.9，Zn 87.5/20.9，Mo 1.9/0.4，Au 6.3/1.3。预测区包括 Z-22 乙综合异常。从土壤剖面测量可见，土壤中 Sn、Pb 含量比岩石中有所降低，Zn 则明显增高；在岩体的边缘相和中心相的界线附近，三种元素都发生亏损现象；含量曲线形态为不规则的锯齿状，反映矿化的分散特征；异常主要位于相带两侧，尤其内侧，远离该带含量有降低趋势。

表 7-12-1   13-Y-C-1 预测区岩浆岩元素含量($\times 10^{-6}$)

采样位置	符号	n(样品数)	Sn	W	Mo	Bi	Hg	Se	Be	U	Th
锥子山	K_1S	15	2.55	0.80	0.43	0.07	6.60	0.030	3.50	1.43	14.40
化吉营	K_1y	22	0.22	0.17	0.77	0.01	1.42	0.004	2.94	1.16	11.15
西瓜园	K_1j	31	0.48	1.19	5.76	0.09	21.0	0.129	3.02	2.52	10.49
四岔口	J_3z	37	0.64	0.41	0.68	0.05	1.39	0.009	3.54	2.90	21.18
后窝铺	J_3M	3	0.90	0.52	0.62	0.035	5.00	0.045	1.68	1.43	19.20
碱 房	J_2J	4	2.22	2.01	1.06	3.93	6.25	0.055	2.42	3.30	19.50
曹碾沟	J_2C	5	2.02	0.77	1.04	0.18	5.80	0.031	3.57	1.12	16.56
荒 地	T_3W	5	1.88	1.20	0.66	0.07	11.0	0.031	2.08	0.85	11.82
干沟门	P_2W	10	1.33	0.90	2.85	0.08	5.50	0.034	3.05	2.15	22.01
韩家店	P_1T	10	0.86	0.40	0.42	0.08	5.30	0.038	1.97	1.85	14.60
大光顶	$Pt_1\delta$	10	0.80	0.11	0.19	0.04	5.30	0.031	0.87	0.42	4.70
团榆树	Ar_3H	17	0.78	0.41	0.32	0.05	8.42	0.074	0.86	0.28	5.30

根据现代花岗岩侵位构造理论，结合实际资料，解释推断如下：燕山运动的晚期，碱性花岗质岩浆以气球膨胀底辟形式在响山一带发生快速侵入（边缘相斑状花岗岩）。当侵位的岩浆尚未完全固结之时，又发生第二次侵位（中心相碱性花岗岩）。由于二者的运动状态不同而发生韧性剪切作用，从而在接触带附近产生张性皱裂。中心相的结晶作用较为从容，岩浆从围岩中摄取的有色稀散放射性元素能够很好地从岩浆晶粥中分异出来进入岩浆期后热液。相应地，这些元素随着岩浆组分的改变，由早期的不相容转变为相容元素，进入结晶矿物（主要是副矿物）的晶格中。这些热液充入侵位时产生的张性微裂隙中，使 Be、Cd、Mo、Sn、Pb、Zn、Nb、Y、Zr、Rb、U 等元素相对富集（表 7-12-2）。

据已知矿床资料，含锡花岗岩（S 型）应具如下特征：富 $SiO_2 > 74.77\%$ 和 $K_2O\ 4.95 < 5.37\%$，贫 $CaO < 0.34\%$、$MgO < 0.09\%$、$TiO_2 < 0.06$、$Fe_2O_3 < 0.33\%$、$FeO < 6.3\%$。使用这一依据衡量响山中心相碱性花岗岩 $SiO_2\ 74.21 < 74.77\%$、$K_2O\ 4.95\% < 5.37\%$、$CaO\ 0.61\% > 0.34\%$、$MgO\ 0.17\% > 0.09\%$、$TiO_2\ 0.18\% > 0.06\%$。尽管锡含量较高，但对于锡石矿的产出区域还需做进一步的勘查工作。本区对于寻找锡石矿床较为有利，同时应注意综合评价锡、铅、锌、铍、钼、铌、钇、铀、铷等元素的工业意义。

表 7-12-2 青龙响山(老岭)岩体成矿元素含量($\times 10^{-6}$)

样号	相带	符号	Ag	Pb	Zn	Cd	Sn	W	Mo	Be	Bi
551	内部相	J_3Bb	0.20	131	189	0.24	9.90	1.30	1.60	4.47	0.30
552	↓	J_3Bb	0.44	103	123	0.13	11.4	6.80	2.94	7.38	0.36
553		J_3Bb	0.29	73.5	144	0.13	15.2	4.45	0.60	10.7	0.35
554		J_3Bb	0.22	103	269	0.57	15.0	2.28	1.36	15.0	0.41
555		J_3Bb	0.14	70.3	189	0.17	11.1	2.09	1.60	5.96	0.33
556		J_3Sz	0.21	99.5	154	0.13	11.0	2.87	0.84	12.7	0.39
557		J_3Sz	0.20	59.1	145	0.14	10.1	1.52	0.74	5.80	0.30
558		J_3Sz	0.08	20.8	82	0.081	4.98	0.90	0.60	4.41	0.24
559	边缘相	J_3Sz	0.095	18.3	103	0.12	7.02	0.51	1.10	5.31	0.07
560		J_3Sz	0.095	21.5	118	0.10	4.00	1.28	0.70	4.72	0.30
表壳岩石		—	0.057	15.9	57.8	0.077	1.30	0.53	0.74	0.058	0.11

第十三节 锑矿找矿预测区综合评价

依据主成矿元素和主要伴生元素异常组合范围,结合区域地质控矿规律,共圈定综合异常19处,找矿预测区2处。因该矿种不是本省优势矿种,暂未提出最小预测区。

一、兴隆陡子峪-宽城孟子岭预测区(13-Y-C-1)

属C级预测区,区域面积3 037km²。位于燕山坳陷带Au-Cu-Mo-Pb-Zn-Fe-Mn-煤成矿亚带东南侧。主要出露长城系、蓟县系沉积岩,少量燕山期侵入岩。包含2处综合异常,分别是兴隆六道河-陡子峪Sb-As-Ag异常(Z-13乙)和兴隆南天门-蘑菇峪-宽城孟子岭Sb-As-Ag-Hg异常(Z-14乙)。异常分布与碳酸盐岩地层较吻合,注意在该地层的有利部位寻找沉积-改造型锑矿。

二、青龙凉水河-卢龙潘庄预测区(13-Y-C-2)

属C级预测区,区域面积784km²。位于马兰峪Fe-Au成矿亚带。出露长城系、蓟县系和燕山期侵入岩。包含2处综合异常,分别是青龙娄杖子-三拨子Sb-Hg-Ag-As异常(Z-15乙)和青龙草碾-卢龙刘家营Sb-Hg-As异常(Z-17乙)。碳酸盐岩地层出露面积大、岩体发育,是找沉积-改造型锑矿的有利区域。

第十四节 稀土矿找矿预测区综合评价

依据主成矿元素和主要伴生元素异常组合范围,结合区域地质控矿规律,共圈定综合异常14处,找矿预测区5处。因该矿种不是本省优势矿种,暂未提出最小预测区。

一、围场燕格柏-丰宁森吉图预测区(13-Y-C-1)

属 C 级预测区，区域面积 2 011km²。位于内蒙隆起东段 Ag-Pb-Zn-Mo 成矿亚带。出露侏罗系张家口组、白垩系义县组及燕山期侵入岩。包含 2 处综合异常，分别是围场老窝铺 La-Nb-Y-Zr 异常(Z-2乙)和丰宁森吉图 La-Nb-Y-Zr 异常(Z-3乙)。在酸性、碱性花岗岩体附近找矿潜力大。

二、张北三号-丰宁大滩预测区(13-Y-C-2)

属 C 级预测区，区域面积 2 616km²。位于内蒙隆起东段 Ag-Pb-Zn-Mo 成矿亚带，出露侏罗系张家口组、白垩系义县组及燕山期侵入岩、次火山岩。包含沽源西辛营-小厂-长梁 La-Y-Nb-Zr 综合异常(Z-4乙)，在酸性、碱性花岗岩体附近找矿潜力大。

三、隆化郭家屯-丰宁南关-隆化蓝旗预测区(13-Y-C-3)

属 C 级预测区，区域面积 2 632km²。位于内蒙隆起东段 Ag-Pb-Zn-Mo 成矿亚带。出露白垩系义县组、古元古代斑状二长花岗岩。包含综合异常 2 处，分别是隆化郭家屯西 La-Nb-Zr 异常(Z-5乙)和丰宁南关-隆化大光顶 La-Y-Zr-Nb 异常(Z-6乙)。在酸性、碱性花岗岩体附近找矿潜力大。

四、青龙老岭-秦皇岛山海关预测区(13-Y-C-4)

属 C 级预测区，区域面积 943km²，位于马兰峪 Fe-Au 成矿亚带。以燕山期偏碱性酸性侵入岩(J_3Sz、J_3Bb)、侏罗系张家口组为主，少量新太古代变质深成岩。包含综合异常 2 处，分别是青龙老岭 Y-La-Nb-Zr 异常(Z-11乙)和抚宁后石湖 Y-La-Nb-Zr 异常(Z-12乙)。在酸性、碱性花岗岩体附近找矿潜力大。

五、唐县大石峪-平山县槐树坪预测区(13-Y-C-5)

属 C 级预测区，区域面积 943km²，处于阜平 Au-Fe 成矿亚带。位于阜平结晶基底出露区，主要出露中—新太古代变质表壳岩和变质深成岩，其次为中—上元古界及晚侏罗世中酸性岩体。辉绿岩脉发育，以北西向为主。包含综合异常 2 处，分别是阜平史家寨 La-Zr 异常(Z-13丙)和阜平东下关-平山西柏坡 La-Zr-Y-Nb 异常(Z-14乙)。晚侏罗世中酸性侵入体附近找矿潜力大。

第八章　预测工作区地球化学研究

成矿规律组根据河北省的矿产资源产出及分布特点,确定了金、铜、铅锌、钼、银、锰、镍、铬、钨、硫铁矿、萤石、菱镁矿、重晶石、石灰岩等15个矿种进行成矿规律和矿产预测研究工作。以河北省预测矿种的矿产预测类型分布区为基础,综合考虑地质、物化探异常、成矿规律和矿产特征圈定预测工作区范围。化探项目组对金、铜、铅锌、钼、银、锰、镍、铬、钨、萤石、菱镁矿、重晶石矿种的40个工作区进行了地球化学研究工作。

第一节　预测工作区工作概况

对于划定的预测工作区,按照既定的技术路线,在编制地球化学图件基础上,进一步分析其区域地球化学特征,为找矿勘探提供依据。

10个金属矿种和重晶石矿分预测区编制了单元素地球化学图、异常图、组合异常图、综合异常图和找矿预测图,编图方法与全省的系列图件相同,编图数据为1:20万区域化探数据。编图元素根据预测工作区内典型矿床的地球化学元素组合来确定,一般为4~9个主成矿及伴生元素。非金属矿种的地球化学异常与已知矿的对应关系不好,萤石矿和菱镁矿只编制了F、CaO、MgO地球化学图和地球化学异常图供成矿预测参考,而石灰石矿未编图。1:20万化探扫面未分析硫,硫铁矿也未编图。各预测工作区范围及预测类型见表8-1-1~表8-1-3。

表8-1-1　河北省金、铜、铅锌矿预测工作区一览表

矿种	矿产预测类型	工作区	坐标范围
铅锌	蔡家营式热液脉型	张北	114°15'00"~116°30'00",41°00'00"~42°00'00"
金	小营盘式变质改造型	张家口	114°30'00"~116°30'00",41°00'00"~42°00'00"
	东坪式碱性岩型		
铅锌金	姑子沟式热液脉型	围场	116°30'00"~118°15'00",41°00'00"~42°10'00"
	大营子式绿岩型		
金铜铅锌	峪耳崖式花岗岩型	遵化-宽城	117°15'00"~119°30'00",40°10'00"~41°00'00"
	金厂峪式变质改造型		
	长城式岩浆热液改造型		
	轿顶山式斑岩型		
	高板河式Sedex型		
	寿王坟式矽卡岩型		
	小寺沟式斑岩型		
铜铅锌金	镰巴岭式热液脉型	涞易	114°30'00"~115°30'00",39°00'00"~40°10'00"
	大湾式斑岩型		
	浮图峪式矽卡岩型		
	木吉村式斑岩型		
	峪耳崖式花岗岩型		
	长城式岩浆热液改造型		
金	石湖式变质改造型	阜平	113°30'00"~114°45'00",38°10'00"~39°20'00"

表 8-1-2　河北省钼、银、锰矿预测工作区一览表

矿种	矿产预测类型	工作区	范围
钼	秋树林式斑岩型	1.灵寿-阜平	①113°32′00″,38°32′00″；②113°48′00″,39°00′00″；③114°14′00″,39°00′00″；④114°14′00″,38°32′00″
	大湾式斑岩型-矽卡岩型	2.大湾-大河南	①114°18′00″,38°55′00″；②114°18′00″,39°06′00″；③115°00′00″,39°48′00″；④115°22′00″,39°48′00″；⑤114°45′00″,38°55′00″
	大湾式斑岩型-矽卡岩型	3.宣化	①115°20′00″,40°54′00″；②115°30′00″,40°54′00″；③115°30′00″,40°25′00″；④115°05′00″,40°25′00″；⑤115°05′00″,40°46′00″
	撒岱沟门式斑岩型	4.丰宁	①116°16′00″,41°30′00″；②118°20′00″,41°30′00″；③116°16′00″,41°00′00″；④118°20′00″,41°00′00″
	小寺沟式斑岩型-矽卡岩型	5.兴隆-宽城	①117°20′00″,40°30′00″；②118°20′00″,41°00′00″；③118°55′00″,41°00′00″；④119°20′00″,40°30′00″；⑤119°00′00″,40°08′00″；⑥117°20′00″,40°08′00″
银	牛圈式热液型	1.平山-阜平	①113°49′00″,38°48′00″；②114°15′00″,38°48′00″；③114°15′00″,38°24′00″；④113°31′00″,38°24′00″
	镰巴岭式热液型	2.大湾-镰巴岭	①114°55′00″,39°40′00″；②115°27′00″,39°40′00″；③115°00′00″,39°06′00″；④114°30′00″,39°06′00″
	蔡家营式热液型	3.涿鹿口前	①115°00′00″,40°20′00″；②116°00′00″,40°20′00″；③116°00′00″,40°00′00″；④115°00′00″,40°00′00″
	蔡家营式热液型	4.蔡家营-青羊沟	①115°14′00″,41°34′00″；②116°27′00″,40°47′00″；③116°27′00″,40°35′00″；④115°20′00″,40°35′00″；⑤115°00′00″,41°23′00″
	牛圈式热液型	5.丰宁营房	①116°22′00″,41°45′00″；②116°54′00″,41°45′00″；③116°54′00″,41°27′00″；④116°22′00″,41°27′00″
	小扣花营式热液型	6.围场小扣花营	①117°23′00″,42°20′00″；②117°47′00″,42°20′00″；③117°47′00″,41°50′00″；④117°23′00″,41°50′00″
	姑子沟式热液型	7.承德县	①117°00′00″,41°26′00″；②118°23′00″,41°25′00″；③118°23′00″,41°02′00″；④117°00′00″,41°02′00″
	洞子沟式沉积型	8.兴隆	①117°09′00″,40°40′00″；②117°41′00″,40°40′00″；③117°41′00″,40°04′00″；④117°09′00″,40°04′00″
	姑子沟式热液型	9.小寺沟	①118°30′00″,41°00′00″；②119°00′00″,40°59′00″；③118°59′00″,40°40′00″；④118°30′00″,40°40′00″
	姑子沟式热液型	10.青龙	①119°17′00″,40°19′00″；②119°32′00″,40°19′00″；③119°31′00″,40°04′00″；④119°17′00″,40°04′00″
锰	相广式热液型	1.阳原-涿鹿	①114°21′00″,40°25′00″；②114°44′00″,40°46′00″；③115°00′00″,40°36′00″；④115°17′00″,40°25′00″；⑤115°47′00″,40°06′00″；⑥115°30′00″,39°50′00″
	瓦房子式海相沉积型	2.赤城	①115°41′00″,40°59′00″；②115°58′00″,40°51′00″；③115°51′00″,40°37′00″；④115°17′00″,40°25′00″；⑤115°00′00″,40°36′00″
	相广式热液型	3.围场	①117°24′00″,42°20′00″；②117°24′00″,41°54′00″；③117°50′00″,41°54′00″；④117°50′00″,42°20′00″
	瓦房子式海相沉积型	4.兴隆-宽城	①117°04′00″,40°40′00″；②117°04′00″,40°20′00″；③117°37′00″,39°50′00″；④118°47′00″,39°50′00″；⑤119°33′30″,40°29′10″；⑥119°02′50″,40°40′00″

表 8-1-3 河北省铬、镍、钨、重晶石、菱镁矿、萤石矿预测工作区一览表

矿种	矿产预测类型	工作区	范围
铬	高寺台式岩浆型	1.承德县	①117°35′00″,41°20′00″；②118°07′00″,41°20′00″；③118°07′00″,41°00′00″；④117°35′00″,41°00′00″
铬	高寺台式岩浆型	2.遵化	①117°45′00″,40°23′00″；②118°11′00″,40°23′00″；③118°10′00″,40°07′00″；④117°45′00″,40°07′00″
镍	杏树台式沉积变质型	1.赞皇	①114°07′00″,37°40′00″；②114°30′00″,37°40′00″；③114°30′00″,37°14′00″；④13°51′00″,37°13′00″
钨	白石头洼式花岗岩型	1.康保	①114°19′00″,41°58′00″；②114°30′00″,41°58′00″；③114°30′00″,41°40′00″；④114°11′00″,41°40′00″；⑤114°11′00″,41°49′00″
钨	沙麦式花岗岩型	2.兴隆	①117°10′00″,40°35′00″；②117°50′00″,40°35′00″；③117°50′00″,40°08′00″；④117°10′00″,40°08′00″
钨	沙麦式花岗岩型	3.青龙	①119°00′00″,40°31′00″；②119°33′00″,40°30′00″；③119°44′00″,40°06′00″；④119°00′00″,40°06′00″
重晶石	李家庄式低温热液型	1.邢台	①113°55′00″,37°20′00″；②114°22′00″,37°20′00″；③114°22′00″,37°12′00″；④114°07′00″,37°00′00″；⑤113°45′00″,37°00′00″
重晶石	李家庄式低温热液型	2.抚宁	①119°00′00″,40°06′00″；②119°30′00″,40°06′00″；③119°30′00″,39°47′00″；④119°00′00″,39°47′00″
菱镁矿	优游山式沉积变质型	1.邢台	①113°55′00″,37°20′00″；②114°22′00″,37°20′00″；③114°22′00″,37°12′00″；④114°07′00″,37°00′00″；⑤113°45′00″,37°00′00″
萤石	孔督沟式热液充填型	1.康保	①114°56′00″,42°09′00″；②114°56′00″,41°40′00″；③114°11′00″,41°40′00″；④114°11′00″,41°47′00″；⑤117°30′00″,42°08′00″
萤石	柳扒店式热液充填型	2.张北-赤城	①115°27′00″,41°37′00″；②116°25′00″,41°08′00″；③116°25′00″,40°51′00″；④115°00′00″,41°06′00″；⑤115°00′00″,41°37′00″
萤石	柳扒店式热液充填型	3.丰宁四岔口-万胜永	①116°21′00″,42°00′00″；②116°35′00″,41°58′00″；③116°35′00″,41°25′00″；④116°03′00″,41°25′00″；⑤116°03′00″,41°50′00″
萤石	柳扒店式热液充填型	4.隆化-围场	①117°52′00″,42°36′00″；②118°20′00″,42°30′00″；③118°20′00″,41°11′00″；④117°30′00″,41°11′00″；⑤116°55′00″,41°24′00″；⑥116°55′00″,42°06′00″；⑦117°30′00″,42°24′00″；⑧117°30′00″,42°36′00″
萤石	柳扒店式热液充填型	5.兴隆-平泉	①119°00′00″,41°23′00″；②119°00′00″,40°44′00″；③118°08′00″,40°22′00″；④117°22′00″,40°22′00″；⑤117°22′00″,40°49′00″；⑥118°30′00″,40°55′00″；⑦118°30′00″,41°23′00″
萤石	柳扒店式热液充填型	6.抚宁	①119°36′00″,40°25′00″；②119°50′00″,40°02′00″；③119°50′00″,39°57′00″；④119°32′00″,39°48′00″；⑤119°20′00″,39°48′00″；⑥119°20′00″,40°25′00″

第八章 预测工作区地球化学研究

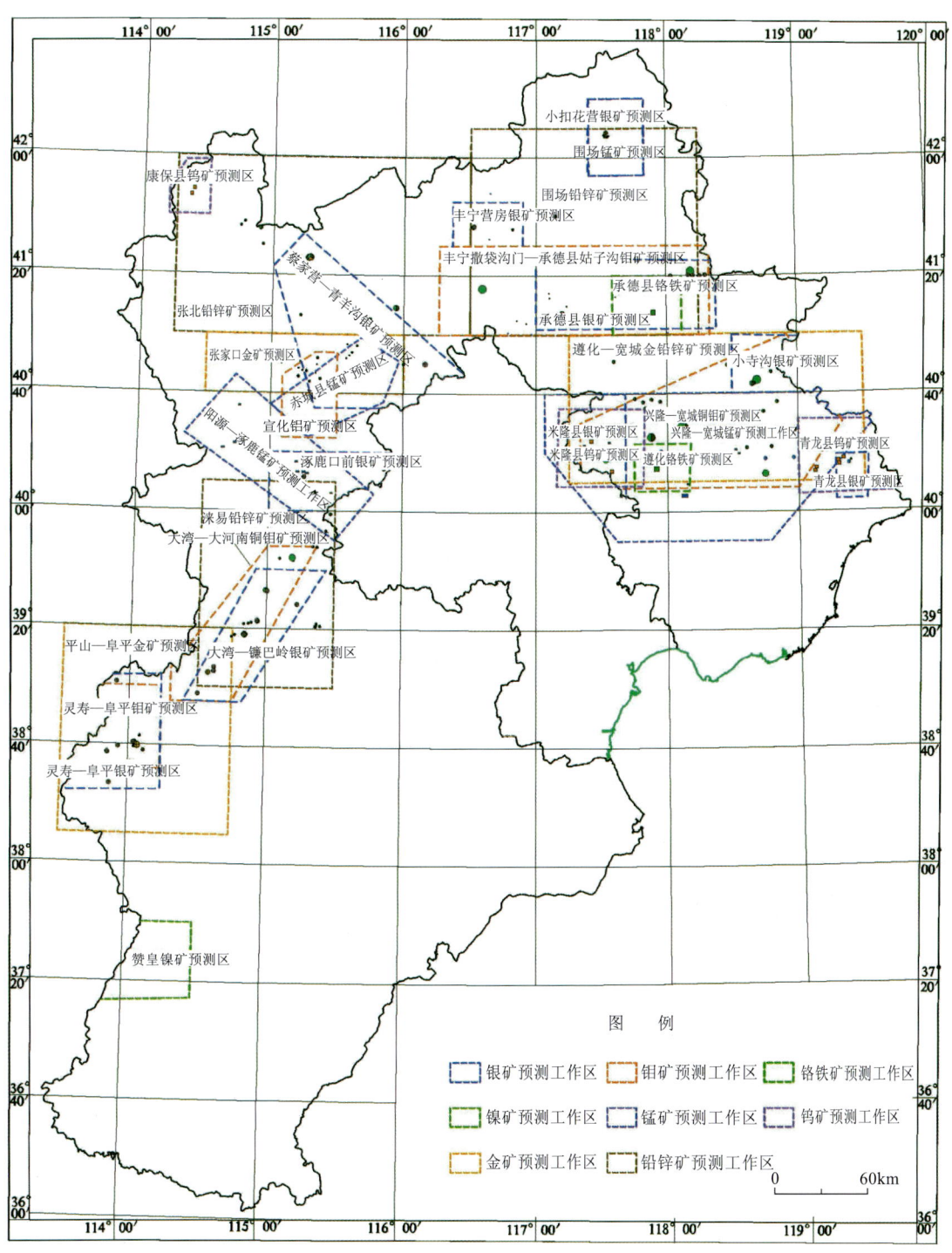

图 8-1-1 河北省预测工作区分布图

第二节 主要预测工作区地球化学特征

按照矿产预测类型划分的预测工作区地球化学系列图件具有以下特点：一是不同预测区成矿元素异常下限差异很大，与全省统一异常下限相比也有较大差别，基本反映了各预测工作区的成矿地质地球化学特点。二是与全省图件相比，划分预测工作区可以有效地压制高大异常，突出低缓异常，并圈定了一些新的异常和找矿预测区，从而提高了成矿预测的可信度。

下面选择河北省的优势矿种金、铅锌、铜、银、钼矿的各1个典型预测工作区进行详细地球化学综述，其余预测工作区将在下一节进行概略地球化学评价。

一、张家口金矿预测工作区

包括小营盘式变质改造型和东坪式碱性岩型两个预测类型。

1. 地理景观特征

该区位于河北省西北部燕山西段的张家口地区，属冀西北山间盆地景观，大陆性气候。年均气温 3.2℃，年均降水量 489mm，土壤类型以棕壤及褐土为主，自然林多为桦树，人工林以落叶松和杨树为主。

2. 地质特征

大地构造为华北地台北缘燕山台褶带之宣龙复式向斜北翼。该区以太古宙崇礼岩群表壳岩和同期深成岩为主，北部少量红旗营子岩群，东部少量侏罗—白垩系和长城—蓟县系。侵入体主要为位于工区中部的水泉沟二长杂岩体。断裂主要为尚义-赤城-平泉近东西向深大断裂及次级断裂，其次为北西向断裂。

3. 地球化学特征

本区是金矿产出集中区，Au 的全区平均值及变异系数非常高，与全省相比，Au、Ag、Pb、Mo、Bi 等主成矿和伴生元素的异常下限较高，反映了金的富集成矿特征（表 8-2-1）。

表 8-2-1 张家口金矿预测工作区九元素地球化学参数

元素	Au	Ag	Cu	Pb	Zn	Mo	As	Sb	Bi
平均值	13.34	92.67	19.3	23.9	61.2	0.867	4.92	0.401	0.17
标准差	217.5	192	11.25	18.37	23.35	0.78	2.45	1.60	0.425
变异系数	16.31	2.07	0.584	0.767	0.382	0.899	0.497	3.99	2.5
异常下限	33.71	0.21	35.36	37.87	84.87	1.56	9.15	0.64	0.34
全省异常下限	2.14	0.133	39.5	29.3	100.6	1.32	11.1	0.7	0.267

注：Au、Ag 含量单位为 ng/g，其余元素含量单位为 μg/g

Au 异常主要集中在崇礼-东望山-四台嘴及镇宁堡-炮梁一带，与小营盘、东坪等大中型金矿床相对应。东西两侧为低背景和负异常分布。Ag 异常主要集中在高家营、四台嘴一带，在炮梁、赤城、样田一带亦有零星异常分布。Cu 异常分布在中部崇礼-四台嘴-赵川-龙关-炮梁一带，呈 U 字形展布。Pb 高背景和异常主要集中在高家营、四台嘴、龙关、炮梁一带。Zn 异常主要分布于高家营、四台嘴、龙关、炮梁一带。Mo 异常主要集中在高家营、四台嘴一带，赤城-样田一带有零星低缓正异常。As 高背景和异常集中在赵川、龙关及样田一带。Sb 高背景和异常主要分布于张家口、水晶屯、四台嘴、田家窑、样田一带。Bi 高背景和异常主要分布于水晶屯、四台嘴、龙关、样田一带。

全区共圈定综合异常5处。赤城摩天岭Z-1乙,元素组合为Au-Ag-Pb;崇礼下双台Z-2甲,元素组合为Au-Ag-Pb-Bi;崇礼黄土梁-金家庄Z-3甲,元素组合为Au-Ag-Pb-As-Bi;崇礼东坪-宣化小营盘Z-4甲,元素组合为Au-Ag-Pb-Bi-As;宣化东望山Z-5乙,元素组合为Au-Ag。

圈定找矿预测区2个。Au-1 A级位于赤城摩天岭-小张家口,目前发现2处中型金矿,3处小型金矿。位于水泉沟碱性杂岩体附近,断裂构造发育,热液活动频繁,是东坪式金矿成矿有利区域。Au-2 A级位于崇礼东坪-宣化小营盘,已产出2处大型金矿,2处中型金矿,8处小型金矿及数个金矿点。区内出露水泉沟碱性杂岩体,成矿与该岩体接触带关系密切,太古宙地层出露广泛,为金矿的富集提供物源,非常具有找矿潜力。

二、张北铅锌矿预测工作区

矿产预测类型为蔡家营式热液脉型。

1. 地理景观特征

工作区位于河北省西北部的康保、沽源、张北、丰宁等县,属坝上高原区,地形大致呈南高北低,平均海拔1 200~1 500m,最高2 292m。内部地貌特征为区域差异显著,北部和南部皆以丘陵为主,舒缓低矮,谷地宽阔;南部西段为汉诺坝玄武岩台地,东段广泛分布火山岩切割而成的垄状低山;中部岗洼起伏,残丘星布,湖泊滩地点缀其间,构成典型波状高原。该区风成砂覆盖区域较大。年均气温1.2~3.0℃,年均降水量300~400mm,土壤类型以栗钙土、灰色森林土为主,少量草甸土,植被类型为羊草、草地早熟禾蒿类群落,森林为人工防护林。

2. 地质特征

跨越两个Ⅰ构造单元,以北纬42°附近的康保-围场断裂为界,以北属内蒙大兴安岭褶皱系,以南属华北地台。该区岩浆活动非常强烈,主要为海西期、燕山晚期及喜山期。出露岩性主要为张家口组火山沉积岩系,新生代汉诺坝玄武岩和第四系,其次是太古宙地层。侵入岩主要为二叠世和侏罗世中酸性岩体。区内断裂构造主要为北东向和北西向。

3. 地球化学特征

本区是铅锌矿预测工作区,与全省相比,主成矿和多数伴生元素的异常下限较高,反映了铅锌矿的富集成矿特征(表8-2-2)。

表8-2-2 张北铅锌矿预测工作区九元素地球化学参数

元 素	Pb	Zn	Ag	Au	Cu	Mo	As	Sb	Bi
平均值	26.7	65.4	104.9	0.911	12.1	1.01	7.79	0.459	0.201
标准差	149.3	285.8	847.6	8.67	11.95	1.03	32.02	1.14	3.53
变异系数	5.59	4.37	8.08	9.52	0.988	1.02	4.11	2.48	17.56
异常下限	42.23	120.38	0.19	1.23	35.62	2.09	17.34	1.49	0.29
全省异常下限	29.3	100.6	0.133	2.14	39.5	1.32	11.1	0.7	0.267

注:Au、Ag含量单位为ng/g,其余元素含量单位为μg/g

Pb于兰阎、蔡家营、青羊沟、牛圈营房等铅锌银矿区出现大面积高背景和异常,围绕这些异常外围呈现高背景到背景的镶嵌套合分布。在狮子沟、草原一带也出现面积较大的高背景低缓正异常,为重要最小预测区。张北、康保一带南北向区域为大面积低背景和负异常分布。Zn在兰阎、蔡家营、青羊沟3个铅锌银矿区出现北西向排列的高强度异常,在汉诺坝、狮子沟、白草-邓栅子及草原-和顺店一带出现大面积高背景和低缓异常。康保、公会、驿马图一带出现大范围低背景和负异常分布。Ag 地球化学分布特征与 Pb 非常相似，在闫油坊、兰阎、蔡家营、白庙滩东、狮子沟、青羊沟、牛圈营房、草原和顺店一带铅锌银矿对应区出现较大面积的异常，呈北西和北东两组方向展布，围绕这些异常外围呈现高背景到背景的镶嵌套合分布。从张北到康保一带出现大面积低背景和负异常区。Au 在兰阎、蔡家营、青羊沟、天桥沟一带出现面积较大的高强度异常，指示伴生金矿的可能位置。其他地区多有零星的小面积低缓异常存在。在康保、张北一带有大范围低背景区分布。Cu 在汉诺坝组分布区为高背景和异常，张北、康保一带为低背景和负异常，其他地区为背景区。Mo 在中东部地区以高背景和正异常为主，西部地区以低背景和负异常为主。As、Sb 在兰阎、草原一带为高背景和异常，汉诺坝一带为低背景和负异常，其他地区为背景分布。Bi 从处长地、白庙滩到马营、白草一带出现北西向线状排列的高强度串珠状异常；东部为高背景和低缓异常，西南部为低背景和负异常。

全区共圈定综合异常 12 个。丰宁草原-和顺店 Z-1 甲，元素组合为 Pb-Zn-Ag-As-Sb；丰宁万胜永 Z-2 乙，元素组合为 Pb-Zn-Ag-As-Sb；丰宁四岔口西 Z-3 乙，元素组合为 Zn-Pb-Ag-As-Sb；丰宁四岔口北 Z-4 乙，元素组合为 Zn-Pb-Ag-As-Sb；康保哈呲嘎 Z-5 甲，元素组合为 Pb-Zn-Ag-As-Sb；张北蔡家营 Z-6 甲，元素组合为 Pb-Zn-Ag-As-Sb；丰宁小坝子东 Z-7 乙，元素组合为 Pb-Zn-Ag；张北白庙滩东（大石头洼）Z-8 乙，元素组合为 Pb-Zn-Ag-As-Sb；崇礼狮子沟 Z-9 乙，元素组合为 Pb-Zn-Ag-As-Sb；赤城观山 Z-10 乙，元素组合为 Pb-Zn-Ag-As-Sb；赤城青羊沟 Z-11 甲，元素组合为 Pb-Zn-Ag-As-Sb；赤城白草 Z-12 甲，元素组合为 Zn-Pb-Ag-As。

圈定找矿预测区 4 个。Pb-Zn-1 B 级预测区位于丰宁草原-小坝子，产出 1 个中型铅锌银矿和 1 个铅矿点。岩浆活动剧烈，火山岩地层分布广泛，断裂构造发育，成矿地质条件好，注意寻找火山热液型铅矿。圈定丰宁县和顺店最小预测区。Pb-Zn-2 B 级预测区位于康保哈呲嘎-沽源九连城，产出 1 处小型铅锌矿，3 处铅锌矿点。成矿地质条件好，火山热液型铅矿找矿潜力大。圈定康保县上北京勿素最小预测区。Pb-Zn-3 A 级预测区位于张北三号-崇礼白旗，产出 1 处大型铅锌银矿，1 处中型铅锌银矿，多处铅矿点。成矿地质条件非常好，具备热液型铅矿的找矿潜力。圈定崇礼县狮子沟最小预测区。Pb-Zn-4 B 级预测区位于赤城三道川-下庙，产出 1 处中型铅锌矿。已知矿区深部及外围、有利的地质、岩浆和断裂构造部位找矿潜力大。

三、涞易铜矿预测工作区

包括木吉村式斑岩型和浮图峪式矽卡岩型 2 个预测类型。

1. 地理景观特征

工作区位于河北省西部的涞源-易县一带，属太行山地区，平均海拔 1 000m 左右，年均气温 8℃左右，年均降水量 400～600mm，土壤类型以褐土为主，植被类型为荆条、酸枣、黄背草、白羊草灌草丛、野皂荚、红柳灌丛、胡枝子群落。

2. 地质特征

该区位于太行山北段大河南-王安镇构造岩浆岩带。区内燕山期岩浆活动非常剧烈，出露大河南-王安镇岩浆杂岩体，阜平变质杂岩及中—上元古界海相碳酸盐岩及寒武—奥陶系灰岩。断裂主要为上黄旗-乌龙沟北东向深大断裂及次级断裂，其次为北西向。矿产以铅锌矿、铜矿、金为主，为以多金属为主的预测区。

3. 地球化学特征

该区 Cu、Pb、Zn、Au 主成矿及伴生元素的异常下限与全省的值较接近，变异系数也不太高（表 8-2-3），说明本区在全省范围的地球化学预测中趋于平均水平。

表 8-2-3 涞易多金属矿预测工作区九元素地球化学参数

元素	Cu	Pb	Zn	Au	Ag	Mo	As	Sb	Bi
平均值	24.8	24.3	76.4	0.977	102.5	0.698	7.64	0.462	0.193
标准差	26.2	20.64	130.3	1.23	158.2	0.569	5.36	0.181	0.391
变异系数	1.06	0.848	1.71	1.26	1.54	0.816	0.701	0.391	2.03
异常下限	39.44	35.34	107.32	2.09	0.25	1.35	11.48	0.68	0.39
全省异常下限	39.5	29.3	100.6	2.14	0.133	1.32	11.1	0.7	0.267

注：Au、Ag 含量单位为 ng/g，其余元素含量单位为 μg/g

Cu 高背景和异常主要集中在镰巴岭-乌龙沟、王安镇-杨家庄、上下台、沙岭安等地，与已知铜矿床对应较好，北东向线状展布。Au 高背景和异常主要分布在东南部蟒石口、蓬头、山羊池（镰巴岭）、杨家庄、紫荆关-柴厂、安各庄、野里店、裴山、尖稍一带，北东向趋势明显。Ag 高背景和异常主要分布在中部鲍家口、道洪寺、汤家庄、苇家峪、镰巴岭、王安镇-杨家庄一带，北东向展布，与多金属矿床对应较好。Pb 高背景和异常主要集中在鲍家口、黄土坡、刘家庄、蓬头、镰巴岭、王安镇、杨家庄、松树台等地，与多金属矿床对应较好，呈北东向展布。Zn 高背景和异常分布在中部镰巴岭、鲍家口、王安镇、杨家庄一带，北东向展布，与多金属矿床对应良好。Mo 高背景和异常主要集中在中部鲍家口-王安镇一带，呈北东和北西两组方向展布。As 负异常北东向贯穿中部，其余为高背景-背景区，异常分布于易县赵家地和涞源小南流水沟。

全区共圈定综合异常 6 个。涿鹿卧佛寺 Z-1 乙，元素组合为 Pb-Zn-Ag-Mo-Cu；涞水柏林城 Z-2 乙，元素组合为 Au-Ag-Zn-Mo-Pb；涿鹿大河南-曹坝岗 Z-3 乙，元素组合为 Au-Ag-Pb-Zn-Mo-Cu；涞源石碑口 Z-4 乙，元素组合为 Zn-Ag-Mo-Cu；涞源山羊池 Z-5 乙，元素组合为 Pb-Zn-Cu-Au-Mo-Ag；涞源王安镇-银坊 Z-6 甲，元素组合为 Zn-Cu-Pb-Ag-Mo-Au。

圈定 3 个找矿预测区。Pb-Zn-1 C 级预测区位于涿鹿得来寺-王涧，产出 1 个铅锌矿点，1 个铜矿点。出露岩体及碳酸盐岩，是热液型铅锌矿及矽卡岩型铜矿的有利产出区域。Au-2 C 级预测区位于涞源谢家堡-赵各庄，产出 1 个金矿点，3 个铅锌矿点，5 个铜矿点。位于大河南中酸性岩体上，有太古代变质岩出露，主要为岩浆热液型及变质热液型金矿的产出。Zn-Cu-Pb-3 A 级预测区位于涞源其中口-银坊，产出大、中、小型铜矿，大型锌矿，中型金矿，数个矿点。位于上黄旗-乌龙沟岩浆岩带上，岩浆活动非常强烈，断裂构造及脉岩发育，是多金属成矿有利区域。

四、丰宁营房银矿预测工作区

矿产预测类型为牛圈式热液脉型银矿。

1. 地理景观特征

研究区位于河北省北部承德市丰宁县，属燕山山脉的中高山区，群山错落，峰峦突起，海拔 800～1 800m。区内属温带大陆性季风气候，冬季寒冷干燥，夏季温热多雨，气候受地形影响变化较大，年均气温 6.1℃。区内径流大部分属滦河水系，滦河主流贯穿本区，南部分属潮河水系。土壤主要有棕色森林土和褐土，土质疏松，钾、钙等物质含量较高。植被主要是以杨、桦、柞等树木为主的天然次生林和以油松、落叶松为主的人工林。

2. 地质特征

本区变质岩分布局限，主要由新太古代红旗营子岩群、古元古代变质侵入岩组成。古元古代变质侵入岩为：①四道沟门分布变质含斑石英闪长岩；②韩家窝铺出露变质巨斑状二长花岗岩；③变质二长花岗岩主要分布在白家营、水泉沟高尖一带。

晚古生代中二叠世侵入岩呈岩株、岩瘤及岩枝状产出，规模大小不等。中生代岩浆活动频繁、强烈，岩体具密集分布和多期侵入的特点，主要呈岩基、岩株、岩瘤及岩枝产出，规模大小不等，与火山岩密切相关。以中侏罗世、早白垩世的侵入岩为主，是银矿的重要目标层。主要分布于测区中部和东南部。

区内地层为早白垩世张家口组和义县组。张家口组分布面积广，义县组仅出露于工区西北角和东南角。

研究区位于围场-康保断裂带以南，上黄旗-乌龙沟断裂带北端通过本区，区内断裂构造发育，主要展布方向为北西向、北东向和近南北向，个别断裂为近东西向。与上黄旗-乌龙沟断裂带平行相伴的次级断层为区内银金和有色金属矿的主要控矿、容矿构造。

3. 地球化学特征

由表 8-2-4 可见，本区主成矿及伴生元素与全省相比较接近或低于全省值，但变异系数较高，反映了富集成矿特征。

表 8-2-4　丰宁营房银矿预测工作区七元素地球化学参数

元素	Ag	Pb	Zn	Au	As	Cd	Sb
平均值	0.125	33.3	73.1	1.92	5.42	0.12	0.347
标准差	0.328	95.6	54.6	19.4	5.24	0.021	0.554
变异系数	2.62	2.87	0.747	10.1	0.965	0.174	1.60
异常下限	0.143	37.2	92.6	1.01	7.52	0.157	0.412
全省异常下限	0.133	29.3	100.6	2.14	11.1	0.172	0.7

注：含量单位 Au 为 ng/g，其他元素含量单位为 μg/g

Ag 异常位于营房矿区-黄旗一带，北西向带状展布，其次为北韭菜梁、测区西南缘及张木南沟银矿西有高背景分布，其余为负异常区。Pb 的分布特征与 Ag 相似，只是异常范围及强度稍大。As 异常区位于黄旗到测区西北缘以西的区域及东南缘，其余为背景-负异常区。Au 于营房矿区外围大面积分布，向东南一直延伸至黄旗，浓集中心位于天桥沟梁头。中东及中北部有小范围高背景，其余区域为低背景-负异常区。Cd 异常位于测区北缘，北西向贯穿中部及东南部，其余为背景-负异常区。Sb 异常位于营房-黄旗一带、西缘偏北、北缘、东南缘为高背景区，中东部为负异常区。Zn 异常区有黄旗到测区西北缘，北西向带状展布，北韭菜梁北及张木南沟银矿西、北缘。高背景分布于测区西缘及东南缘，其余为负异常区。

根据异常的空间分布特征，圈定 5 处综合异常。Z-1 乙位于测区西北缘，元素组合为 Ag-Zn-Cd-Pb-As。Z-2 乙位于测区北缘的北韭菜梁，元素组合为 Ag-Cd-Pb-Zn-Sb-Au。Z-3 甲位于测区中部，北西向带状展布，产出营房中型银金矿，元素组合为 Ag-Au-Cd-Pb-Zn-As-Sb。Z-4 乙位于中部，元素组合为 Ag-Cd-Zn-Pb-Au，异常东缘产出张木南沟小型银矿。Z-5 乙位于测区西南缘，元素组合为 Ag-Pb-Zn-Sb-Cd。

圈定 Ag-1 B 级预测区，包括 Z-1、Z-3、Z-5 综合异常。该区火山-侵入活动十分剧烈，具有明显多旋回性，侏罗系—白垩系火山岩遍布全区，侵入岩和次火山岩出露众多，褶皱和断裂构造发育，主要以上黄旗-乌龙沟断裂及次级断裂为主，是银矿的有利产区。目前发现 2 中型银矿，推测找到大型银矿的可能性非常大。Ag-2 C 级预测区，包括 Z-2 和 Z-4 综合异常。该区火山-侵入活动十分剧烈，具有明显多旋回性，侏罗系—白垩系火山岩遍布全区，侵入岩和次火山岩出露众多，褶皱和断裂构造发育，主要以上黄旗-乌龙沟断裂及次级断裂为主，是银矿的有利产区。目前已发现 1 小型银矿，推测找到新矿床的可能性较大。

五、丰宁钼矿预测工作区

矿产预测类型为撒岱沟门式斑岩型钼矿。

1. 地理景观特征

研究区位于河北省东北部的丰宁-隆化一带。西北部处于内蒙古高原南缘，南部和东部属燕山山脉，山峦层叠，丘陵起伏。地形总体北高南低，海拔高度500～1 000m，最高达1 852m。相对高差300～600m。

气候属温带大陆性季风气候，冬季寒冷干燥，夏季温热多雨，气候受地形影响变化较大。属滦河水系，主要支流有伊逊河、蚁蚂吐河、滦河等，从西北或北，向东南或南流贯全区。水量季节性变化明显。土壤主要有棕色森林土和褐土，钾、钙等物质含量较高。坝上植被以灌木和草类为主，坝下植被是以杨、桦、柞等树木为主的天然次生林和以油松、落叶松为主的人工林。

2. 地质特征

新太古代红旗营子岩群太平庄岩组和东井子岩组主要呈东西向条带状分布于研究区中东部。遵化岩群主要零星出露于研究区东南部。中元古代长城群串岭沟组、团山子组和大红峪组呈构造断夹块展露于丰宁-隆化断裂带中。中生代火山-沉积岩分布遍于全区，其中包括门头沟群南大岭组和下花园组，后城群九龙山组、髫髻山组和土城子组，张家口组，义县组，九佛堂组。此外，伴随火山喷发的尚有潜火山岩，如安山岩、粗安岩、石英粗安岩、粗面岩、石英粗面岩和流纹岩等的侵入或侵出，为有色金属矿产的富集提供了有利条件。

本区属燕辽岩浆岩亚带。侵入岩分布广泛，形成时代可分为中元古代、晚古生代及中生代。其中晚古生代及中生代侵入岩与有色金属成矿关系相对密切。

中元古代侵入岩主要分布在南部，呈近东西向展布，分别受到红石砬-大庙-娘娘庙、丰宁-隆化断裂带构造改造。晚古生代侵入岩主要为二叠世侵入岩，主要分布在中北部的隆化县牛圈子-韩家店-白虎沟-八达营一带，构成群居共生的复式岩体。晚二叠世侵入岩呈近于东西向带状分布，呈不规则岩基、岩株及岩枝状产出。中生代侵入活动强烈，岩体具密集分布和多期侵入的特点，侵入体规模大小不等，各期次岩体展布各有规律。以早白垩世的侵入岩最为发育。中三叠世二长花岗岩，主要分布在区内西南部的丰宁县撒岱沟门、西官营两个地区，展布趋势是北东向。晚三叠世侵入岩在中部呈近于东西向带状分布。早侏罗世侵入岩区内仅见斑状二长闪长岩侵入体，中侏罗世呈近东西、北东东、南北向的断续带状展布。

区内变质深成岩主要分布于研究区的东部。古元古代变质侵入岩广泛分布于中部和南部。

丰宁-隆化断裂带分布在中南部，由黑山咀经隆化县城-韩麻营-两家东呈近东西向横贯本区。红石砬-大庙-娘娘庙断裂带分布在本区南部，由五道沟-大庙镇-头沟-下院呈近东西向横贯本区，位于丰宁-隆化断裂带南侧并与其呈近平行展布。

3. 地球化学特征

根据该区典型钼矿——丰宁县撒岱沟门钼矿的元素组合特征，选择Mo、Cu、Li、U、W 5个成矿及伴生元素进行钼矿的地球化学预测。由表8-2-5可见，本区成矿及伴生元素的异常下限均较全省值低，但是主成矿元素Mo的变异系数高，反映了其富集成矿特征。

Mo高背景-异常区位于西南缘至北部的黄旗一带，中部的南关-凤山一带，达营以西、高寺台以北的大面积区域。此外还有一些异常分别位于撒岱沟门矿区、丰宁县城、波罗诺、小营、测区北缘。其他区域为背景-负异常区。Cu大面积异常位于测区南部的胡麻营-双峰寺一带，以及测区东部的章吉营-三沟一线，以东延伸出测区。其次分布于黄旗、撒岱沟门矿区。其他为背景-负异常区。Li异常分为两带，南带位于苏家窝铺钼矿点-南关-凤山-蓝营-尹家营。北带与南带相伴位于其北侧，即五道营北-土城镇-平顶山-选将营-隆化县厂沟门钼矿点，其次为湾钩门、测区东北缘。高背景区位于测区东南部。其他区域为背景-负异常区。U异常位于测区西部的五道营-下庙以西，西北缘的小坝子，北缘呈串珠状分布多个异常，中部的南关、南部的西沟-小营。高背景区位于测区中部和东南部。其他区域为负异常区。W高背景-异常区位于下庙-黄旗以西、南关-凤山-蓝旗-尹家营一带、荒山-高寺台-三家一带以东及以北区域、胡麻营、小营、选将营西、湾钩门。东南部为高背景-背景区。其余为负异常区。

表 8-2-5　丰宁钼矿预测工作区五元素地球化学参数(μg/g)

元　素	Mo	Cu	Li	U	W
平均值	0.881	19.2	26.6	1.55	1.23
标准差	2.47	12.7	9.17	0.694	0.90
变异系数	2.8	0.662	0.345	0.447	0.725
异常下限	1.16	27.3	32.3	2.17	1.67
全省异常下限	1.32	39.5	42.7	2.46	2.01

根据异常的空间分布特征,圈定 17 处综合异常。Z-1 乙位于测区西北部的小坝子,元素组合为 Mo-W-U-Li-Cu。Z-2 甲位于测区北缘,元素组合为 Mo-W-U-Li,产出隆化县厂沟门钼矿点。Z-3 乙位于测区北缘的湾沟门,元素组合为 Mo-U-Li-W。Z-4 乙位于测区北缘的汤头沟,元素组合为 Mo-W-U-Li-Cu。Z-5 乙位于测区北缘的荒地,元素组合为 Mo-W-U-Li-Cu。Z-6 甲位于测区西缘,元素组合为 Mo-W-U-Li,产出苏家窝铺钼矿点。Z-7 甲位于丰宁撒岱沟门钼矿区,元素组合为 Mo-Li-W-Cu-U。Z-8 乙位于南关,元素组合为 Mo-W-U-Li。Z-9 乙位于凤山,元素组合为 Mo-Li-W。Z-10 甲位于隆化县城西南,元素组合为 Mo-W-Li,产出隆化县闹海营钼矿点。Z-11 乙位于韩麻营东,元素组合为 Mo-W-Cu。Z-12 乙位于承德磴上,元素组合为 Mo-W-Cu-U,产出承德县磴上小型钼硫铁矿。Z-13 乙位于测区中南部,元素组合为 Mo-W。Z-14 乙位于波罗诺,元素组合为 Mo-Cu-W。Z-15 乙位于小营乡,元素组合为 Mo-W。Z-16 乙位于测区东部,元素组合为 Mo-Cu。Z-17 乙位于测区南缘,元素组合为 Mo-W-Cu。

圈定找矿预测区 3 处,Mo-1 B 级预测区,位于研究区西部,包括 Z-1、Z-6—Z-8 综合异常。岩浆岩及火山岩分布广泛,断裂构造发育,是火山岩型或斑岩型钼矿的有利产出区域。目前产出一个大型钼矿,推测找到新的矿产地的潜力还很大。Mo-2 B 级预测区,位于研究区中部,包括 Z-2、Z-9、Z-14 综合异常。位于凤山-隆化东西向断裂带上,太古宙红旗营子岩群,元古宙变质岩及二叠纪岩浆岩发育,是与岩浆有关的钼矿床的重点产出区域。目前只发现 1 处钼矿点,还具有非常大的找矿潜力。Mo-3 B 级预测区,位于研究区东部,包括 Z-4、Z-5、Z-10—Z-12 综合异常。位于凤山-隆化东西向断裂带上,岩浆活动非常剧烈,出露太古宙、元古宙变质深成岩,尤以侏罗纪中酸性浅成—超浅成斑岩体出露面积大,出露地层为侏罗白垩系火山沉积岩系,是与岩浆有关的钼矿的有利产出区域。目前发现 1 处小型钼矿,推测找到中型以上规模钼矿床的潜力很大。

第三节　预测工作区成果综述

本节将对金、铅锌、铜、银、钼、锰、铬、镍、钨、重晶石 10 个矿种的 28 个预测工作区的地球化学评价成果进行综述。

一、金矿预测工作区成果综述

河北省金矿成因类型,按矿脉围岩建造进行分类主要有变质岩改造型的金矿、侵入岩型金矿、沉积岩热液改造型金矿、火山岩型金矿。各类型的金矿与变质岩基底空间关系密切,与海西期和燕山期侵入岩浆活动有关。根据含矿建造、矿床地质特征及空间分布,分为 7 个矿产预测类型的 5 个预测工作区,涵盖了河北省的主要金矿区及远景区。

1. 围场大营子式绿岩型金矿预测工作区

Au 异常在测区中南部的丰宁北头营-滦平旧屯及隆化荒地-磴上一带异常面积较大、强度较高,其他区域多为零星分散的小异常。圈定 B 级找矿预测区 1 处,圈于丰宁窄岭-凤山-隆化黑山咀,含 4 个综合异常。位于丰宁-隆化深断裂带附近,沿断裂带南有新太古代红旗营子岩群,北有古元古代变质斑状二长花岗岩,金矿点星点状散布于预测区内外,具较大成矿潜力。

2. 遵化-宽城预测工作区

包括峪耳崖式花岗岩型、金厂峪式变质改造型、长城式岩浆热液改造型 3 个预测类型。Au 低背景和负异常多分布在西北部滦平-承德一带;高背景和异常分布在东南部党坝、汤道河、马圈子、峪耳崖、金厂峪、铧尖、肖营子、双山子、安子岭、陡子峪、靠山集、挂兰峪、马兰峪、西下营等地,多有已知大中型金矿产出。圈定 A 级金矿预测区 1 处,位于遵化陡子峪-青龙西镐村,产出金厂峪、峪耳崖大型金矿,牛心山、三家、马兰峪中型金矿,数十个小型金矿(点)。位于马兰峪复背斜的基地隆起区,广泛出露太古宙变质岩系及早侏罗世二长花岗岩体,其次是中—上元古界,是金矿的重点产出区域。

3. 涞易预测工作区

包括峪耳崖式花岗岩型和长城式岩浆热液改造型 2 个预测类型。Au 高背景和异常主要分布在东南部蟒石口、蓬头、山羊池(镰巴岭)、杨家庄、紫荆关-柴厂、安各庄、野里店、裴山、尖稍一带,北东向趋势明显。圈定涞源谢家堡-赵各庄 C 级找矿预测区,产出 1 处金矿点。位于大河南中酸性岩体上,有太古代变质岩出露,具一定金矿成矿潜力。

4. 阜平石湖式变质改造型预测工作区

Au 高背景和异常主要分布于中部台峪、王林口、南营-城南庄(石湖)等地,略呈北东向展布。圈定找矿预测区 5 个,分别圈于涞源下北头-阜平台峪、阜平长寿寺、阜平东下关-平山西柏坡、行唐口头镇-灵寿狗头乡、平山甘秋,其中 A 级 1 个、B 级 1 个、C 级 3 个,含 12 个综合异常。分布于阜平变质核杂岩分布区,断裂构造及脉岩发育,是石湖式金矿的有利形成区域。

二、铅锌矿预测工作区成果综述

河北省的铅锌矿床通常是共生在一起的,但多以锌为主,资源储量远大于铅。矿床成因类型以热液脉型为主,斑岩型和矽卡岩矿床少。根据含矿建造、矿床地质特征及空间分布,分为 6 个矿产预测类型的 5 个预测工作区,涵盖了河北省的主要铅锌矿区及远景区。

1. 围场姑子沟式热液脉型铅锌矿预测工作区

Pb 高背景和异常主要分布在中北部地区。Zn 高背景和异常分布在丰宁石人梁-老窝铺、围场道坝子-隆化三道营及隆化磴上-丰宁南关三个北东向带状区域。圈定 3 个 B 级和 1 个 C 级找矿预测区,分别圈于围场棋盘山、丰宁三道窝铺-马家窝铺、围场半截塔-西官营、承德姑子沟,产出 1 个大型铅锌矿、3 个中型铅锌银矿、6 个小型锌铅矿和多个铅锌矿点。该区火山活动剧烈,火山机构与断裂构造交汇部位火山热液型铅锌矿的找矿潜力大。

Pb-Zn-2 预测区内圈定丰宁县黄旗最小预测区。详见第六章第三节铅矿同名最小预测区内容。

2. 遵化-宽城预测工作区

包括高板河式 Sedex 型和轿顶山式斑岩型 2 个预测类型。Pb 低背景和负异常多与东南部变质岩分布相关,西北部火山-沉积岩区多为背景分布,燕山期花岗岩和多金属矿床上多为高背景和正异常。Zn 低背景和负异常主要分布在东北部承德-宽城一带;高背景和正异常分布在雾灵山、高板河-蘑菇峪、茅山、挂兰峪、汉儿庄-铧尖-八道河、凉水河、太平寨、东荒峪一带。圈定1个B级和1个C级找矿预测区,分别位于平泉下营房和兴隆高板河-孟子岭,含2个综合异常。产出高板河大型铅锌矿、2个中型铅锌矿、1个小型铅锌矿和数个铅锌矿点。中—上元古界碳酸盐岩出露广泛,长城系高于庄组地层成矿潜力大。

3. 涞易预测工作区

包括镰巴岭式热液脉型和大湾式斑岩型2个预测类型。Pb高背景和正异常主要集中在鲍家口、黄土坡、刘家庄、蓬头、镰巴岭、王安镇、杨家庄、松树台等地,与多金属矿床对应较好,呈北东向展布。Zn高背景和正异常分布在中部镰巴岭、鲍家口、王安镇、杨家庄一带,北东向展布,与多金属矿床对应良好。圈定1个A级和1个C级找矿预测区,位于涿鹿得来寺-王涧和涞源其中口-银坊,含4个综合异常,产出大湾大型锌钼矿、2个中型铅锌矿、数个铅锌矿点。出露岩体及碳酸盐岩,是热液型铅锌矿及矽卡岩型铜矿有利产出区域。位于上黄旗-乌龙沟岩浆岩带上,岩浆活动非常强烈,断裂构造及脉岩发育,是铅锌多金属成矿有利区域。

三、铜矿预测工作区成果综述

河北省铜矿与钼矿,在空间上往往共生。主要成因类型为斑岩型-矽卡岩型,二者又常出现在同一个矿田或矿区。

遵化-宽城预测工作区包括寿王坟式矽卡岩型和小寺沟式斑岩型2个预测类型。Cu低背景和负异常主要分布在西北部滦平、承德及东部都山、肖营子一带;高背景和异常主要分布在东南部变质岩出露区及寿王坟、小寺沟等铜矿床附近。圈定3个找矿预测区,位于平泉小寺沟、承德寿王坟、青龙安子岭,产出小寺沟和寿王坟中型铜矿、1个小型铜矿和数个铜矿点。该区岩浆发育,有多个侵入岩体出露,注意在岩体外围及深部找寻斑岩型及矽卡岩型铜矿。该区岩浆发育,出露多个中酸性岩体,并有碳酸盐地层大面积出露,斑岩型和矽卡岩型铜矿的产出潜力很大。

四、银矿预测工作区成果综述

河北省的银矿床通常与铅锌共生,个别形成独立银矿。矿床成因类型以热液脉型为主,斑岩型和矽卡岩矿床少。本次研究工作划分了6个预测类型的10个预测工作区,涵盖了河北省的主要银矿区及远景区。

1. 牛圈式热液脉型银矿预测工作区

划分了丰宁营房和平山-阜平2个预测工作区。

平山-阜平区Ag高背景和异常区主要分布于东王坡-上观音堂一线的东北部,其次是孟家庄附近,其余为低含量区。出露麻棚中酸性岩体,外围有太古代变质表壳岩及变质深成岩出露,断裂构造及脉岩发育,已知3个小型银矿床。这两个区成矿地质条件相似,圈定2个B级和1个C级预测区,推断找到中大型牛圈式银矿的潜力较大。

2. 镰巴岭式热液脉型银矿预测工作区

即大湾-镰巴岭预测工作区。Ag异常在大湾、南赵庄、镰巴岭、北铺、老刮站银矿对应区出现较大面积的异常,一直向北延伸出测区。东南部正负异常相间分布,其余为背景-负异常区。圈定B级找矿预测区1处,圈于涞源东团堡-唐县倒马关一带,含7处综合异常。位于王安镇二长杂岩体周围,断裂构造及脉岩十分发育,是多金属成矿带,具较大银矿成矿潜力。目前发现1个中型银矿和1个小型银矿,有希望找到大型银矿。

3. 蔡家营式热液脉型银矿预测工作区

划分了蔡家营-青羊沟和涿鹿口前2个预测工作区。

蔡家营-青羊沟区 Ag 异常在蔡家营、彭家沟、孙家庄、火石沟、万全寺、小白阳铅锌银矿对应区出现较大面积的正异常，呈北西向展布。其次异常区为炮梁、狮子沟-石窑子向北出测区、庞家堡、测区东南缘。围绕这些异常外围呈现背景-负异常的镶嵌套合分布。圈定 B 级预测区 3 个，C 级预测区 1 个，分别为蔡家营-莲花滩、崇礼狮子沟-宣化庞家堡、赤城炮梁、赤城东卯。该区位于冀北火山岩分布区，断裂构造较发育，岩浆活动具多期性，已知 1 个大型铅锌银矿、1 个中型和 4 个小型银矿，是与火山岩有关的银矿的有利产出区域。根据该区大比例尺土壤资料圈定赤城县中碌碡湾最小预测区，详见第六章第二节银矿同名最小预测区内容。

涿鹿口前区 Ag 的高背景-异常区位于测区中西部，北东向贯穿全区，异常位于中心的口前银矿周围，其次为东北部。其余为负异常区。圈定 2 个 C 级找矿预测区，分别位于黑山寺和瑞云观，包含 5 处综合异常。出露长城—蓟县碳酸盐岩地层和燕山期岩体，注意岩浆热液型银矿的产出。目前发现 3 个小型银矿，找矿潜力较大。

4. 小扣花营式热液脉型银矿预测工作区

即围场小扣花营预测工作区。Ag 异常位于小扣花营银矿区、棋盘山、龙头山及以南一直到测区边界、中北部的元宝栈西一带、测区西南角。测区东缘为高背景区。其余为低背景-负异常区。圈定 B 级和 C 级找矿预测区各 1 个，位于棋盘山和元宝栈西。该区岩浆活动剧烈，侏罗系火山岩遍布全区，有岩体出露，断裂构造发育，目前发现 1 个中型银矿和 1 个小型银矿，有望找到大型以上银矿。

5. 姑子沟式热液脉型银矿预测工作区

划分了承德、小寺沟和青龙 3 个预测工作区。

承德区 Ag 高背景及异常区有 3 处，最大的一处位于两家-岔沟以东地区，浓集中心位于姑子沟矿区和五道河南；其次为王营-隆化县城，南部边缘分布低缓异常。其余区域正负异常相间分布。圈定 B 级、C 级预测区 2 处，分别位于承德凤山和隆化县-五道河，包含 6 个综合异常。区内岩浆活动剧烈，侵入岩及次火山岩广泛分布，具多个旋回期次，断裂构造发育，对银及多金属矿的成矿非常有利。目前发现 1 个中型银矿，4 个小型银矿，找到大型银矿的潜力较大。

小寺沟区 Ag 异常位于郭杖子西北，北东向带状展布，具两个浓集中心，毛家沟银矿位于其中。异常还位于东南缘及西北缘。其他区域为背景-负异常区。圈定 B 级找矿预测区 1 处，位于研究区中部。主要出露侏罗系和长城系地层，侏罗系岩浆活动剧烈，出露潜火山岩及侵入岩，是岩浆型银矿的有利产出区域。目前发现 1 个中型铅锌银矿，1 个铅锌银矿点，有希望找到大型矿床。

青龙区 Ag 异常分布于测区西北部和东南部，丁家河矿区位于测区西北部异常区内。负异常沿北东向对角线贯穿测区。圈定 2 个 B 级找矿预测区，分别位于安子岭和老岭，包含 2 个综合异常。出露新太古代花岗闪长质片麻岩和燕山期岩体，是热液型银矿的有利靶区。目前发现 1 个小型银矿，有希望找到中型以上规模的银矿床。

6. 洞子沟式沉积型银矿预测工作区

即兴隆预测工作区。Ag 异常东西向横贯测区中部，区内产出洞子沟银矿。异常南北两侧为高低背景和负异常分布区。圈定 B 级找矿预测区 1 处，位于研究区中部太古界及中—上元古界地层分布区，有晚三叠岩浆岩出露，断裂构造发育，是沉积-热液改造型或与岩浆有关银矿的有利形成区域。目前产出 1 个中型银矿，有望发现大型矿床。

五、钼矿预测工作区成果综述

河北省钼矿在空间上往往与铜矿共生。主要成因类型为斑岩型-矽卡岩型，二者又常出现在同一个矿田或矿区。由斑岩体到碳酸盐岩围岩，多呈现斑岩型-矽卡岩型-热液脉型矿床的三位一体组合，成矿元素也显示钼-铜铁锌-银的分带。

本次研究工作划分了4个预测类型的5个预测工作区,涵盖了河北省的主要钼(铜)矿区及相似产出区域。

1. 灵寿-阜平秋树林式斑岩型钼矿预测工作区

Mo异常位于赤瓦屋、银铜村、秋树林3个钼矿区,呈带状,其次位于该带的东南部。测区西部合河口以北区域为高背景区,呈南北向宽带状。其他区域零星高背景与负异常相间分布。圈定B级和C级预测区各1处,位于灵寿南营和阜平龙泉关,包含2个综合异常。出露太古宙变质表壳岩和变质深成岩、麻棚岩体,北西向脉岩非常发育。已知1个小型斑岩钼矿和2个钼矿点,具有斑岩型异常元素组合,推测有较大的找矿潜力。

2. 大湾式斑岩型-矽卡岩型钼矿预测工作区

划分了大湾-大河南和宣化2个预测工作区。

大湾-大河南区Mo异常位于黄金坎、东团堡北、摩天岭-王安镇、金家井、大湾钼矿区、龙门钼矿区、测区西南缘。东南部为高背景-低背景区,其余为负异常区。圈定2处B级预测区,位于东团堡-银坊和水堡-台峪,包括6个综合异常。有太古宙基底、王安镇中酸性杂岩体及碳酸盐岩分布,脉岩发育。产出1个大型锌钼矿,1个中型钼矿,3个钼矿点。注意岩体内斑岩型钼矿、岩体接触带矽卡岩型钼矿的产出,找到大型矿的潜力很大。

宣化区Mo异常在测区北部的四台嘴、中部的贾家营钼矿区、南部的张家堡分布面积大,异常外围为高背景区,其次分布于测区东南缘。负异常相间分布于高背景区的外围。圈定B级找矿预测区1处,位于研究区中部,包括2个综合异常。出露太古宙、元古宙及侏罗系地层及同期侵入岩,断裂构造发育,是与岩浆有关的钼矿的有利产出区域。产出1个中型钼矿,推测找到大型矿的可能性很大。

3. 兴隆-宽城小寺沟式斑岩型-矽卡岩型钼矿预测工作区

Mo高背景-异常主要在测区的西部和北部大面积分布,中部位于安子岭-蘑菇峪-峪耳崖-汤道河一带。在花市、西厂沟、蘑菇峪、水连洞、大铜山、二拨子、小寺沟钼矿区、挂兰峪、平顶山西、金厂峪、铧尖有异常显示。低背景-负异常区主要位于测区南部和东部。圈定找矿预测区4处,其中1个B级、3个C级,包括13个综合异常。广泛出露中—上元古界碳酸盐及寒武奥陶系灰岩,燕山期岩浆活动强烈,零星出露侏罗系火山-沉积岩系及侏罗白垩纪侵入岩,断裂构造非常发育,钼异常多与出露岩体较吻合,有利于形成与岩浆有关的钼矿。已发现1个中型钼矿、2个小型钼矿,具有一定的找矿潜力。

圈定兴隆潘家店钼矿最小预测区,地质条件与寿王坟中型矽卡岩型铁铜矿、三岔口中型铜矿非常相似。地表所见多处矽卡岩型铜矿化和矿化石英脉,说明为成矿有利地段。进行二级查证土壤测量,圈定两处有利区域。详见第六章第三节钼矿靶区的相关内容。

六、锰矿预测工作区成果综述

河北省锰矿为短缺矿种。成因类型分为内生、外生和变质三个类型。内生矿床包括热液交代和热液充填两个类型,分布于涿鹿、阳原一带。外生矿床包括沉积型和风化残积型,主要分布在兴隆、遵化、宽城、迁西、承德等。地变质锰矿仅灵寿县龙田沟一处小型矿产地,本次工作暂不对此类型锰矿进行评价。

1. 相广式热液型锰矿预测工作区

划分了阳原-涿鹿和围场两个预测工作区。

阳原-涿鹿区Mn高背景-异常带北西向沿测区头百户-齐家庄一带以南大面积分布,其次在相广-黑山寺锰矿区大面积分布。太平庄-武家沟一带背景分布,向北缘过渡为低背景。武家沟-大堡及测区东部东小庄-矾山-孙庄子一带及黑山寺-卧佛寺以东一带分布负异常带。圈定B级找矿预测区1处,位于研究区东南部,包括5个综合异常。该区位于相广火山岩盆地内,侏罗系火山岩为成矿有利层位,燕山晚期的酸性火山活动及潜火山岩提供了成矿热液,是锰矿的有利产出区域。发现4个小型锰矿,3个锰矿点,具有找到大型锰矿的潜力。

围场区Mn高背景-异常在哈里哈以北大面积分布,在小扣花营矿区、道坝子南为异常区。广发永-棋盘山-龙头山一带为高背景带。北部的新拨和西南部、东南部为负异常区。圈定C级找矿预测区1处,位于研究区西北部,包括3个综合异常。该区火山活动剧烈,火山岩分布广泛,并有侵入岩体出露,对火山热液型锰矿成矿有利。发现两个锰矿点,推测还具有一定找矿潜力。

2. 瓦房子式沉积锰矿预测工作区

划分了赤城和兴隆-宽城2个预测工作区。

赤城区Mn高背景-异常区分布于炮梁-段家堡一线以西,浓集中心位于该区的北部,其中贾家营一带为负异常区。其他区域为背景-负异常区。圈定C级找矿预测区1处,位于研究区中部,包括1个综合异常。为长城系高于庄组含锰地层,是找锰矿的有利区域。发现1个小型锰矿,推测找到新矿产地的可能性较大。

兴隆-宽城区Mn高背景-异常大面积横贯测区中部的陡子峪-朱杖子-大石峪一带、峪耳崖-汤道河,鹰手营子、宽城县城、东莲花院、马伸桥西为异常区。测区北部和东缘为高背景-背景区。亮甲店东、上石洞为负异常区,测区南部为低背景-负异常区。圈定B级找矿预测区1处,位于测区中部,包括8个综合异常。该区广泛出露长城系高于庄组二段含锰层位,是浅海沉积锰矿的有利区。产出1个小型锰矿,数个锰矿点,具非常大的找矿潜力。

七、铬矿预测工作区成果综述

河北省铬铁矿均为岩浆早期矿床,与超基性岩体有关。预测类型为高寺台式岩浆型铬铁矿,工作区有承德县和遵化地区。

承德县预测工作区Cr异常位于高寺台铬铁矿区、小营-双峰寺-仓子一带以南。隆化县城-韩麻营-章吉营一带为高背景区。隆化县城东、两家、韩麻营-岗子-高寺台、测区西缘为负异常区,其他为背景-低背景区。圈定B级找矿预测区1处,位于研究区南部,包括3个综合异常。广泛出露太古宙变质深成岩,北部出露超基性岩体群,是铬铁矿的有利形成区域。发现1个小型铬铁矿,推测发现中型以上规模矿产地的可能性很大。

遵化预测工作区Cr异常位于西下营-遵化毛家厂铬铁矿区-黑锅顶一带、孤山子一带东西向展布、小厂东。负异常位于遵化县城-建明一带以南。其他区域为背景区。圈定B级找矿预测区1处,位于研究区中部,包括4处综合异常。该区为构造隆起区,广泛出露太古宙基性-超基性变质深成岩,发现2个小型铬铁矿,是铬铁矿的有利勘查区。

八、镍矿预测工作区成果综述

河北省镍矿,仅以伴生元素见于杏树台式硫铁矿。预测类型为杏树台式沉积变质型硫铁矿,预测工作区为赞皇地区。

Ni异常位于测区西部,东部为负异常,南北缘为背景区。圈定C级找矿预测区1处,包括2个综合异常。出露太古宙及元古宙地层,古元古代变质灰绿岩(墙)出露较多,为与超基性岩有关的镍矿的有利形成区域。

九、钨矿预测工作区成果综述

河北省钨矿分布稀少,有接触交代型和侵入岩浆热液型。前者为白钨矿,无独立矿床。后者,目前仅有兴隆大苇塘,为小型热液石英细脉矿床。另有矿点11处。河北省钨矿主要分布于康保、兴隆、青龙等地。

按照《重要矿产预测类型划分方案》,河北省钨矿预测类型归为热液型(海西期)。预测工作区有康保、兴隆、青龙3个地区。

1. 康保白头洼式花岗岩型钨矿预测工作区

W异常位于处长地北,北西向展布。芦家营-李家地和东北缘为高背景区,西北部为负异常区。圈定B级找矿预测区1处,位于研究区中部,包括2个综合异常。晚古生代二叠纪二长花岗岩及正长花岗岩侵入岩在该区内分布最为广泛,其次是中元古代二长花岗岩,具较好的成矿地质条件,已知康保县炭头山钨矿,花岗岩型钨矿找矿潜力大。

2. 沙麦式花岗岩型钨矿预测工作区

划分了兴隆和青龙2个预测工作区。

兴隆区W异常位于兴隆县大苇塘、大杨树沟钨矿(点)、挂兰峪、汤泉。六道河-茅山一带以西,西南部、寿王坟为高背景区。西北缘、鹰手营子、大水泉-南天门一带以东为背景区,其他为负异常区。圈定两个找矿预测区,分别位于大苇塘和大水泉-马兰峪,包括6个综合异常。区内有早侏罗世二长花岗岩、中侏罗世斑状二长花岗岩,具有较好的成矿地质条件,已知兴隆大苇塘小型钨矿,花岗岩型钨矿找矿潜力大。

青龙区W异常位于八拨子-王杖子钨矿区、刘杖子-樊杖子-安子岭钨矿区、凤凰山、三星口、马圈子、双山子、老岭。西南部为高背景-异常区,东缘为高背景-背景区。其他区域为负异常区。圈定C级找矿预测区1处,位于官场-三星口一带,包括3个综合异常。区内有早白垩世二长花岗岩、斑状二长花岗岩侵入体,花岗斑岩脉及正长斑岩脉发育,具有较好的成矿地质条件,已知4个钨矿点,花岗岩型钨矿找矿潜力大。

十、重晶石矿预测工作区成果综述

已知邢台李家庄、邢台冀家庄小型重晶石矿、大寨尚家庄及后南峪矿点,均为低温热液脉型矿床。预测类型:李家庄式低温热液型重晶石矿。预测工作区为邢台和抚宁两个。

邢台区Ba异常位于杨庄-西上庄、寨上、西枣园。高背景区位于前补透-柳林。折户-侯家庄、测区东南部、西北缘为负异常区。圈定找矿预测区3处,分别位于西河口、寨上-梧桐沟、禅房-龙泉寺。包括3个综合异常。太古宙变质基底出露,岩脉发育,说明有岩浆活动,同时伴有热液元素异常显示,发现2个小型重晶石矿,有利于热液型重晶石矿的产出。

抚宁区Ba异常位于测区东南部,西北部为高背景-异常区,低背景-负异常带位于北东向对角线方向贯穿测区。圈定C级找矿预测区1处,包括1个综合异常。矿化赋存于太古代花岗片麻岩之裂隙中,与硅化石英闪长岩关系密切,推测具一定找矿潜力。

第九章 成果的转化应用

河北省矿产资源潜力评价工作取得丰硕成果。完成全省地质背景、物探、化探、遥感等基础研究及全省铁、煤炭、金、铜、铅锌、磷等矿种的成矿规律研究、成矿区带划分和矿产资源预测工作。预测铁资源量210.4亿t;预测煤炭资源量558.23亿t;圈定金矿预测区114个,预测资源量481t;圈定铅锌矿预测区66个,预测铅锌资源量522万t;圈定铜矿预测区44个,预测铜资源量132万t。提出勘查工作部署建议:金9个勘查区,铅锌6个勘查区,铜2个勘查区。

在此基础上,河北省国土资源厅、发改委、科技厅和财政厅于2012年7月组织专家制定了《河北省找矿突破战略行动实施方案(2011—2020年)》。

为实现地质找矿工作的快速突破,优选找矿靶区,针对铁、金、有色金属等主要矿种,重点安排了物化探工作。其中1∶5万水系沉积物地球化学测量,主要安排在有色及贵金属成矿远景区和1∶20万化探异常显示区,共涉及123个图幅。2012—2015年,对1991年以来已完成1∶5万区域地质调查,但尚未进行过1∶5万水系沉积物测量的地区,安排1∶5万水系沉积物地球化学测量75.5幅。2016年,在有色金属、贵金属成矿远景区内1∶5万区调空白区,安排1∶5万化探及异常查证工作,共涉及20个图幅。2017—2018年,对1990年以前已进行过1∶5万区域地质调查含矿产调查的地区,进行1∶5万化探数据更新,涉及27.5幅。

全省划分了12个有色及贵金属勘查区,包括康保兰闫-张北蔡家营、崇礼-赤城一带、隆化郭家屯-围场朝阳湾、丰宁-隆化-平泉、承德寿王坟-平泉小寺沟、迁西金厂峪-宽城峪耳崖、宽城铧尖-青龙冷口、青龙县安子岭-谢杖子、阜平横岭里-涞源镰巴岭、灵寿麻棚-阜平赤瓦屋岩体及外围、赞皇虎寨口-内邱桃园、永年洪山碱性杂岩体及外围。其中灵寿麻棚-阜平赤瓦屋岩体及外围金多金属勘查区为整装勘查区。2011—2020年,预计有色及贵金属矿产勘查共投入实物工作量(未计入详查工作量):槽探19.11万m^3、硐探3.24万m、钻探78.53万m。预查、普查工作约需投入资金15亿元。

第一节 重点成矿带1∶5万水系沉积物测量成果

在矿产资源潜力评价项目成果基础上,2011年以来,河北省地球物理勘查院进行了15个图幅的1∶5万水系沉积物地球化学测量,取得了丰硕成果。

1. 承德寿王坟-平泉小寺沟一带1∶5万水系沉积物地球化学测量

工区位于承德市兴隆县、承德县、宽城县境内,1∶5万国际分幅为K50E020016(新杖子)、K50E020017(承德县)、K50E20018(上谷)、K50E021016(寿王坟)、K50E021017(大杖子)、K50E021018(宽城县)、K50E022016(半壁山)、K50E022017(蓝旗营)共8个图幅,面积2 930km^2。

实物工作量为1∶5万水系沉积物测量2 930km^2,1∶1万地质、化探剖面60km,1∶1万激电中梯剖面30km,槽探2 000m^3,水系沉积物样品16 200件、基本分析样40件。定量分析了Au、Ag、Cu、Pb、Zn、W、Mo、Mn、As、Sb、Bi、Hg等14种元素,编制了地球化学图、组合异常图和综合异常图,圈定地球化学综合异常37处,对异常逐一进行了登记,制作了异常剖析图。目前正对重点异常进行筛选,并安排野外查证工作(表9-1-1)。

表 9-1-1　兴隆-承德一带 1∶5 万水系沉积物重点异常一览表

编号	异常位置	元素组合	地质背景	找矿方向
As-5	承德县柳树底	Mo、Sb、As、Hg、W、Cd、Cu、Zn、Bi、Mn、Ag、Pb	Ch、Jx、Qb、O、J_2、J_3	热液型钼矿
As-6	承德县乌龙矾	Cu、Mo、Sb、Bi、As、Cd、Mn、Sn、Hg、Zn、W、Ag、Pb	Jx、Qb、O	沉积型铜矿、接触交代型钼矿
As-8	承德县深水河	Mo、Sb、As、Cu、Hg、Mn	Jx、Qb、J_2	接触交代型钼矿
As-18	兴隆县门子哨沟东	Mo、As、Hg、Sb、Cu、Zn、Cd、Sn、W、Ag、Bi	Jx、J_2、J_3、λJ_3	热液型钼矿
As-28	宽城县吴家场	Mo、Hg、Sb、Cd、Cu、As、Mn、Bi、Zn、Ag、W	Jx、J_3	热液型钼矿
As-29	兴隆县大高板沟	Mn、Cd、Mo、Ag、Sn、Pb、Sb、Hg、Zn、Au	Ch、Jx、J_2	沉积型锰、铅锌矿
As-32	兴隆县三道沟黄土梁子	Mn、As、Mo、Sb、Cd、Ag、Zn、Hg、Bi、Pb、W、Au、Sn	Ch、Jx、J_2、δJ_3、$\xi \pi$、ξ	沉积型锰矿、接触交代型钼矿

2. 宽城县铧尖-青龙县冷口一带 1∶5 万水系沉积物地球化学测量

工作区位于秦皇岛市青龙县、陆卢龙县内，1∶5 万国际分幅为 K50E022019（峪耳崖）、K50E022020（青龙县）、K50E023019（太平寨）、K50E023020（萧营子）、K50E024020（建昌营）共 5 个图幅，面积 1 975 km²。

实物工作量为 1∶5 万水系沉积物测量样品 9 280 件，1∶1 万地质、化探剖面 80km、1∶1 万激电中梯剖面 60km、激电测深 50 点，槽探 1 800m³，基本分析样 400 件。定量分析了 Au、Ag、Cu、Pb、Zn、W、Mo、Mn、As、Sb、Bi、Hg 等 14 种元素，编制了地球化学图、组合异常图和综合异常图，圈定地球化学综合异常 47 处，对异常逐一进行了登记，制作了异常剖析图。优选了 6 处异常进行野外查证，发现了多处矿化线索。

3. 抚宁县幅、榆关镇幅 1∶5 万水系沉积物地球化学测量

该项目包括两个 1∶5 万标准图幅（抚宁幅和榆关幅），工作区范围：东经 119°00′00″～119°30′00″，北纬 39°50′00″～40°00′00″。

实物工作量为 1∶5 万水系沉积物测量 792 km²，1∶1 万土壤（岩石）测量 10km²（网度 100×20）、1∶1 万激电中梯剖面 10km，槽探 2 000m³，水系沉积物样品 5 700 件、基本分析样 200 件、异常查证分析样 5 150件。水系沉积物分析元素为 Au、Ag、Cu、Pb、Zn、As、Sb、Bi、Hg、W、Sn、Mo、Cr、Mn；异常查证分析元素为 Au、Ag、Cu、Pb、Zn、As、Sb、Hg、Bi、Mo；基本样分析元素为 Au、Ag、Cu、Pb、Zn。

目前 1∶5 万水系沉积物测量已经完成，根据分析结果，共发现有意义的金异常 3 处，正在进行异常野外查证工作。

第二节　坝上高原区低缓异常找矿新突破

坝上高原张北、康保、沽源地区成矿地球化学条件优越，但因风成沙干扰，其地球化学异常普遍低缓，为配合探矿权设置，资源潜力评价组在该区重点进行了专题研究，取得了较好成果。

1. 张北程龙围子西丙类异常查证结果

在 1∶20 万张家口幅地球化学报告中，圈定了 AP-9 张北程龙围子西丙类异常，其面积 19km²。大部分为第四系覆盖，中心部位出露小面积海西期花岗岩，异常由 Ag、Sb、Zr、W、Hg、Mo、Bi、As 组成，产因不明,建议查证。

在河北省地球化学图上,该区 Ag、Au、Ba、Sb、Mo 等元素存在低缓的异常。其中 Ag 在张北地区 $0.031\sim0.063\mu g/g$ 低背景上出现 $0.084\sim0.133\mu g/g$ 的低缓正异常,略具三级浓度分带,长约 3.3km,宽 $0.65\sim1.3km$,呈北东走向,最高值 $0.16\mu g/g$,衬值 2.54。Au 在 $0.30\sim0.40ng/g$ 低背景上,与蔡脑包一带出现 $1.1\sim1.4ng/g$ 的低缓异常,最高值 3.40ng/g。Ba 在低于 $763\mu g/g$ 的背景之上,出现 $781\sim1106\mu g/g$ 的低缓异常,走向北西向(与海西期花岗岩分布一致),有三级浓度分带,具两处浓集中心。Sb 在 $0.10\sim0.30\mu g/g$ 低背景上,出现 $0.34\sim0.38\mu g/g$ 的局部略高区域,其形态和范围与 Ag 异常对应一致。Mo 在 $0.58\sim0.71\mu g/g$ 的低背景上出现 $0.99\sim1.08\mu g/g$ 的低缓异常,总体走向北西,局部北东。

在野外踏勘过程中,发现良好的矿化蚀变现象。在张北县对口淖西山(异常中心部位),在丘陵西部取土坑中,y1 点出露褐铁矿化高岭土化蚀变岩。钾长石化硅化角闪斜长片麻岩(y2)及褐铁矿化高岭土化蚀变角闪斜长片麻岩(y3)、绿帘石化褐铁矿化高岭土化蚀变岩(y4)的原岩均为红旗营子群(Ar_3H)。

在 y5 点出露强褐铁矿化高岭土化蚀变岩,宽度 10cm 地表呈现铁帽状,y6 点出露褐铁黄铁矿化石英脉,出露宽度 10cm,y7 点出露萤石化褐铁矿化高岭土化构造角砾岩,位于萤石矿竖井中。

在对口淖西山丘东部取土坑中,出露强褐铁矿化高岭土化硅化破碎蚀变岩 出露宽度 1m,局部见玛瑙。在 y70 点见强褐铁矿化高岭土化硅化蚀变岩。在小山头上有 1m 宽度的萤石矿洞,外围过渡为玛瑙脉体。

y69 局部出露花岗闪长岩(崇礼海流图海西期花岗岩边部),沿岩石节理裂隙中强烈褐铁矿化硅化,局部见石英细脉,角闪石局部退变为绿帘石,局部呈蜂窝状褐铁矿化,形成"火烧皮"现象。

在 D_7 点出露强褐铁矿化高岭土化硅化破碎蚀变岩,出露宽度 1m,局部见玛瑙,在 D_8 点出露 3m 宽玉髓岩脉,以西为 10m 强烈高岭土化红旗营子群斜长角闪岩。

分析结果表明(表 9-2-1),y3、y4、y7、y69、y70 的 Au、Ag、Pb、Zn、As、Hg、W、Mo、Mn 等元素均有较强的异常显示,同时激电中梯剖面测量,在南部 1000m 出现低缓($1.2\%\sim1.3\%/0.8\%\sim0.9\%$)激电异常,值得进一步工作,可望发现新的银金矿床。目前正申请探矿权。

表 9-2-1 张北程龙围子西岩石拣块样品分析结果

点号	Au	Ag	Cd	Cu	Pb	Zn	Mn	As	Hg	W	Mo
y1	1.0	0.10	0.32	8.4	252	173	4 346	46.0	92	7.2	9.4
y2	0.5	0.06	0.14	2.9	26.3	41.5	1 316	2.2	12	3.6	2.8
y3	2.5	0.20	0.17	4.6	1 882	338	1 750	240	172	5.8	7.0
y4	1.5	0.24	0.11	11.2	22.4	216	4 250	15.2	92	6.3	6.1
y5	1.0	0.09	0.19	2.0	8.5	597	3 917	29.0	220	3.5	4.0
y6	0.8	1.30	0.12	28.5	24.2	33.3	838	4.0	28	0.70	3.3
y7	100	2.60	0.11	22.5	19.9	29.2	623	211	104	3.2	190
y69	30.0	0.19	0.12	7.8	23.3	167	441	298	110	2.3	1.5
y70	8.0	0.14	0.39	12.9	32.5	323	1 807	310	72	16.6	10.6

注:Au、Hg 含量单位为 ng/g,其余元素含量单位为 $\mu g/g$,下同

2. 张北小二台乡通海店-马莲渠异常区野外查证结果

地貌景观为波状高原区,灌木为沙棘,乔木为白杨树,分布稀疏。第四系覆盖厚度 10cm 至几米不等。

y1 位于马莲渠村东山丘风电场,出露粗粒巨斑状白岗花岗岩($\eta\gamma P_2$),存在 10m 长的黑云角闪斜长片麻岩捕虏体,在白岗岩中发育石英脉,宽 $1\sim5cm$。

y2 在似斑状二长花岗岩中见 5cm 的石英脉。y3 见铁锰矿化石英脉转石,厚度 20～40cm,晶洞构造发育。对应于 1:20 万张家口幅通海店化探水系沉积物 Pb 125μg/g、Ag 0.15μg/g、Ba 1 233μg/g 异常中心。

地质观察点为地质界线点,以东为粗粒斑状二长花岗岩($\eta\gamma P_2$),以西为黑云角闪斜长片麻岩,长度约 10m。片麻岩中发育多组斜长花岗伟晶岩细脉,走向 35°,倾角 70°。

在马莲渠村东南丘陵山脊上见 3 种石英脉转石,其中 Y4 为浅褐色奶酪状褐铁矿化隐晶质石英脉岩,Y5 为浅烟灰色玻璃状纯净晶粒状石英脉岩,Y6 为浅灰褐色褐铁矿化晶粒状石英脉岩。

分析结果表明(表 9-2-2),Y3 号样的 Ag、Au、Cu、Pb、Zn、As、Sb、Bi、Mo,Y6 号样的 Au、Pb、Zn、Bi 等元素均有强烈的异常显示。已申请探矿权设置。

表 9-2-2 张北县通海店岩石样品元素含量表

样号	Au	Ag	Cu	Pb	Zn	Mo	W	Mn	Ba	As	Sb	Bi	Hg
Y1	0.5	0.060	4.2	5.4	22.5	0.84	0.50	137	23.4	1.00	0.12	0.08	8.0
Y2	1.5	0.070	6.2	13.1	25.2	0.54	0.50	278	17.2	1.40	0.22	0.10	8.0
Y3	8.0	9.430	132	328	453	13.6	5.30	432	26.0	166	10.4	20.6	10.0
Y4	1.0	0.090	3.7	5.0	24.2	1.10	1.60	442	27.0	7.20	0.20	2.32	8.0
Y5	0.6	0.050	3.1	6.16	30.0	0.56	3.10	302	39.6	1.20	0.14	0.14	6.0
Y6	252	0.140	42.6	196	51.4	1.20	1.50	697	24.2	2.20	0.30	5.04	6.0
全省	0.96	0.057	19.1	15.9	57.8	0.74	0.53	597	632	2.08	0.14	0.11	10.6

第三节 化探资料在寻找萤石矿中的应用

利用 1:20 万水系沉积物地球化学测量资料,在隆化县汤头沟地区圈定了 F 异常,其中地质背景值 684μg/g,异常下限 843.9μg/g,均值 1 565.6μg/g,极大值 10 800μg/g,具三级浓度分带。呈现南北、东西两组走向(图 9-3-1)。根据当地村民反映,该区存在大量萤石矿脉,邀请课题组人员进行了野外地质考察。

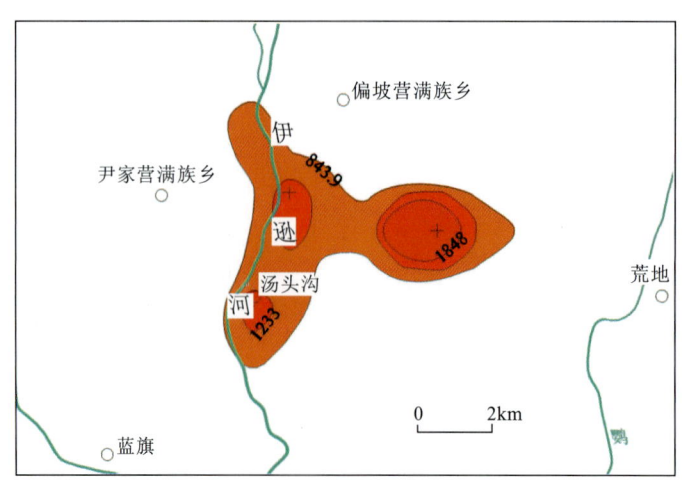

图 9-3-1 隆化县汤头沟地区氟地球化学异常图

本区位于东西向康保-围场-赤峰断裂带、尚义-丰宁-隆化断裂带、红石砬-大庙-娘娘庙断裂带与北北东向乌龙沟-上黄旗断裂带、黑山咀-张三营-银镇断裂带的交汇区域,构造复杂。不同时代的侵入岩极为发育,中生代火山-岩浆作用强烈,具有鲜明的地质特色。

中生代地层以晚侏罗世(早白垩世)张家口组火山岩最发育,是萤石矿重要的目标层之一。中生代火山-沉积岩建造为一套陆相火山沉积岩系,分布遍于全区。始于早侏罗世,高潮期在早白垩世,规模大,分布较广;多期次的火山喷发,形成一套以钙碱性系列为主的火山岩。侏罗纪张家口组(J_3z)为粗安质晶屑凝灰岩、粗面岩等,广泛分布于工区大部分地区。为萤石矿的主要围岩。

本区北部为冀北岩浆岩亚带,南部为燕辽岩浆岩亚带。侵入岩分布极为广泛,以早白垩世的侵入岩最为发育,与火山岩的关系也最为密切。早白垩世侵入岩体正长斑岩($\xi\pi_5^3$)内矿化、蚀变强烈,为成矿提供了热液、空间和矿质来源;部分潜火山岩及火山构造与有色金属、非金属成矿作用也具有成因联系,它们既是成矿母岩,又是成矿围岩和找矿标志(图9-3-2)。

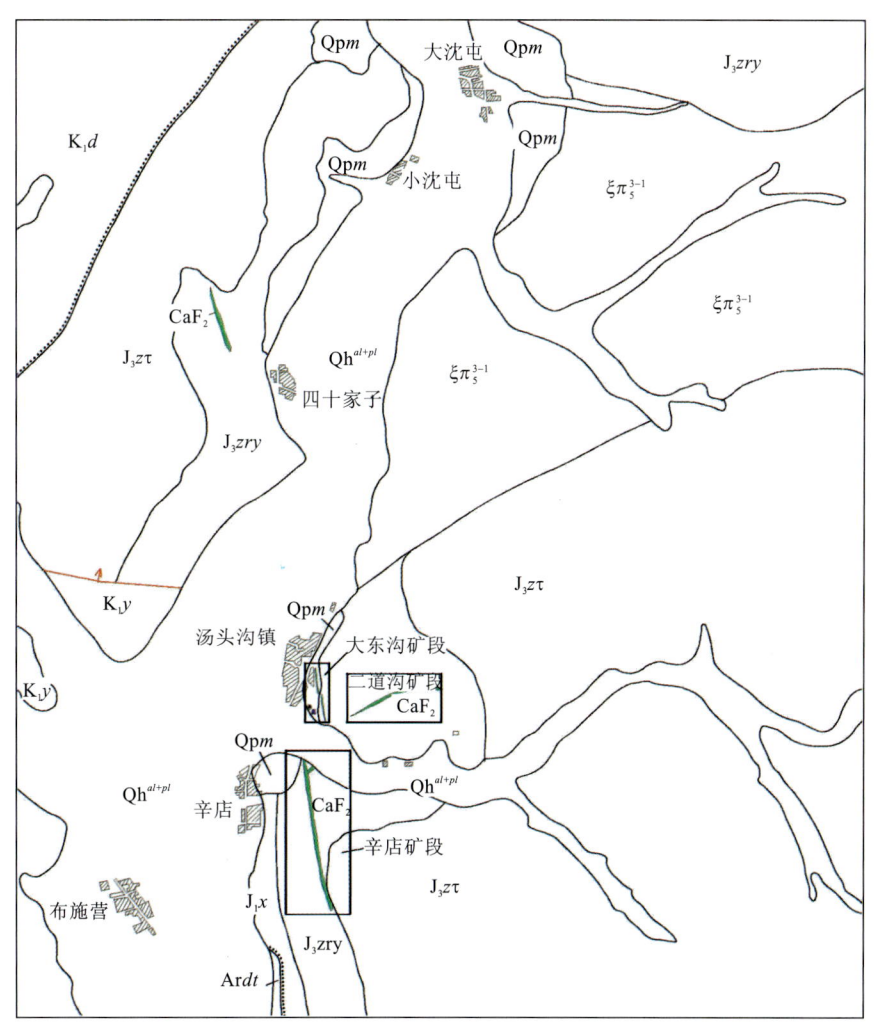

图9-3-2 隆化县汤头沟镇萤石矿区区域地质图

Qh^{al+pl}.全新统冲洪积物;Qpm.马兰组风成黄土;K_1d.白垩系大北沟组;K_1y.白垩系义县组;$J_3z\tau$.侏罗系张家口组粗面岩;J_3zry.侏罗系张家口组凝灰岩;J_1x.侏罗系下花园组煤系;$Ardt$.单塔子岩群变质岩;$\xi\pi_5^{3-1}$.燕山期正长斑岩;CaF_2.萤石矿脉

全矿区可划分为三个矿段。

1. 大东沟矿段

位于汤头沟镇村东山坡,出露长度190m+200m,中间被断层切割为两部分,地表可见宽度50~100cm,走向340°,产状255°∠70°,围岩为张家口组粗安质晶屑凝灰岩(图9-3-3)。其中南部正在开采,深部加宽至 2～3m,颜色为淡翠绿色,品质良好。

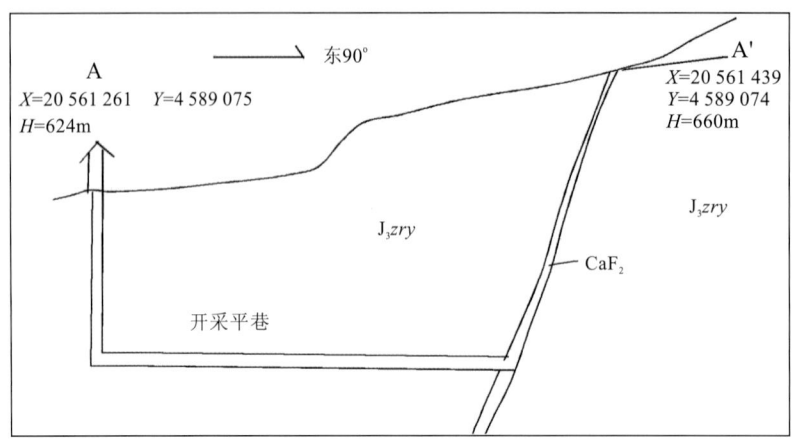

图 9-3-3　隆化县汤头沟镇大东沟萤石矿地质剖面图

2. 二道沟矿段

位于汤头沟镇村东大东沟二道沟,地表出露宽度 1～2m,走向 270°,产状 185°∠80°,围岩为张家口组粗安质晶屑凝灰岩。西部向南转折与大东沟矿段交汇。浅表断续开采 10～20m,因无证件已停止开采。推测长度约 1 000m。

3. 辛店矿段

位于辛店东山,地表出露宽度 70～80cm,走向 347°,产状 260°∠31°、270°∠46°,深部有变陡加宽趋势。围岩为张家口组粗安质晶屑凝灰岩和粗面岩。局部曾经开采。上部有日本人曾经开采的(银矿?)老硐。推断沿走向延伸长度约 1 500m。

岩石类型以石英-萤石型矿石为主,萤石型矿石次之。前者中石英为灰白色,不透明,玻璃光泽,含量 20%～30%;萤石多为灰白、奶黄、烟紫、翠绿色,半透明或不透明,玻璃光泽,多为他形晶,少数为自形-半自形晶,含量 60%～70%,与石英相互嵌生;其他次要矿物有方解石、绢云母、黄铁矿等。后者中萤石含量在 90% 以上,另有少量的石英、方解石、黄铁矿等。矿石为他形、半自形粒状结构、自形-半自形粒状结构,以块状构造为主,角砾状构造、皮壳状构造、梳状构造者次之或少见。块状构造的矿石质量较好,其次为皮壳状及梳状构造者。矿体围岩蚀变沿矿脉两侧近似对称分布,宽度几厘米到几米不等,主要有硅化、萤石矿化、碳酸盐化、绿泥石化、绢云母化及高岭土化。硅化与成矿作用关系密切,多呈细脉状、网脉状、不规则状等,主要分布在构造破碎带及萤石矿脉两侧,即萤石矿体周围;碳酸盐化在破碎带中多呈细脉状、不规则方解石脉状分布,发育程度较差。绿泥石化、绢云母化可能是原生矿物自变质作用而形成。高岭土化为后期次生蚀变。矿床属中—低温火山热液矿床。

根据初步野外地质调查结果,估算远景地质资源储量。这一发现对围场-隆化预测工作区其他氟异常寻找萤石矿床具有重要指导意义。

第四节　隆化、涿鹿地区隐伏金银钒钛磁铁矿的物化探勘查

成矿作用的分带现象是一个普遍规律,从与矿体伴生的元素组分分带和浓度分带,到不同矿种、不同类型矿床的区域成矿分带,都是分带规律的客观反映。利用成矿作用的分带特征指导隐伏矿产预测和矿床深部勘探,具有重要意义。

从不同层面和角度研究和利用分带规律,寻找分带序列中缺失的一环,是提高隐伏矿产勘查效果的重

要途径。近十多年来，人们越来越关注相关矿种和类型的矿床之间的空间分带关系，提出了一系列视野开阔、内涵新颖的成矿模型，在理论和思路上为隐伏矿产勘查拓宽了道路。例如澳大利亚的Groves(1992)太古宙脉状金矿床的地壳连续成矿模式认为，从次绿片岩相到角闪岩相、再到麻粒岩相的变质岩中都有脉状金矿产出，在不同的深度上可连续形成金矿，至少涉及15km以上的地壳剖面。产在不同变质岩中的金矿床属于一组连续的同成因的矿床组合。但这三类不同变质相中的金矿在成矿构造条件、围岩蚀变组合、矿石组合及金的赋存状态等方面均有区别。这一模式概括地反映了区域范围内一系列金矿床的分布特征。

在河北省北部，华北地台北缘，横亘着多条近东西向的深大断裂，其中尚义-赤城深大断裂与丰宁-隆化深大断裂二者实为一条，只是被燕山期乌龙沟-上黄旗构造岩浆岩带所冲断，东侧向北平移约50km。

长期以来，由于受线性思维的约束，前人错误地将尚义-赤城与承德-平泉深断裂合称尚义-平泉深断裂，如此一来，便掩盖了一条重要的区域成矿规律。实际上，尚义-赤城深断裂与丰宁-隆化深断裂，二者在地层、构造、岩浆岩方面都有着十分相似的特征，如都有太古宙变质岩及元古宙韩麻营超单元出露，它们成为全省地球物理场和地球化学场的重要分区界线，它们共同构成燕辽裂陷槽(沟-弧-盆板块体系的弧后扩张盆地)的北部边界，中元古代(1 800～1 200Ma)地层中大量的同沉积断裂、双峰式岩浆活动和相应的地震事件构成中朝板块内部裂解的重要证据。重要的成矿系列有：与中新元古代幔源基性岩有关的铜铁钒钛磷镍矿床如大岭铜矿、大庙钒钛磁铁矿和与幔源型超基性岩有关的铬铂铁钒钛磷矿床高寺台铬矿、红石砬铂矿、铁马吐沟钒钛磁铁矿以及中新元古代海相陆源碎屑岩-碳酸盐岩组合铁锰铅锌硫矿床，如庞家堡铁矿、高板河黄铁-铅锌矿。

对于矿产勘查来说，更重要的是两条深断裂附近所表现出的区域成矿空间分带规律，如断裂北侧以银、铅、锌、铀、钼矿产为主(蔡家营、青羊沟、张麻井、兰阁、彭家沟等以及北岔沟门、撒岱沟门等)，南侧则为金矿集中区(西区的东坪、小营盘、中山沟等，东区的马架子、燕窝铺、五道河及洼子店等)，再向南则为钒钛磷铁矿集中区(西区的矾山、姚家庄，东区的大庙、黑山、头沟、罗锅子沟及招兵沟等)，同时还有高寺台的铬镍铂钯矿产。这正是成矿地质过程中地球化学分带规律的体现，即从南到北，岩浆结晶温度从高到低。但是，两区所探明矿床规模又是相差悬殊的，具体说来，西区金矿规模(数百吨)远大于东区(几吨)，相反，东区钒钛磷铁规模却远大于西区。

造成这种差异的原因可归结为两区地层出露(埋藏深度)的差异，其中隆化-平泉区(角闪岩相单塔子群、红旗营子群)相对于宣化-崇礼区(麻粒岩-高角闪岩相崇礼群、桑干杂岩)为下降，而阳原-涿鹿区(中—新元古代盖层)相对于丰宁-平泉区(晚太古-早元古代变质岩)为下降，就是说，东西两盘在左旋水平运动的同时，还有差异性垂直升降运动，从而造成两区矿床保存和出露状况的差异(表9-4-1、表9-4-2)。

这就为深部隐伏矿床寻找提供了远景靶区：在丰宁-隆化-平泉区深部寻找东坪、小营盘式大型金矿；而在阳原-涿鹿区深部寻找大庙、马营、黑山式大型钒钛磷铁矿床。

表9-4-1　涿鹿-承德地区钒钛磷铁矿成矿地质条件对比

成矿地质条件	阳原-涿鹿地区	丰宁-平泉地区
基底建造	Ar_2Sg^c	Ar_3Dt
岩浆建造	Pt_2HM、Pt_2DQ	Pt_2HM、Pt_2DM、Pt_2TM、$Pt_2^?\psi$
控矿构造	尚义-赤城东西向深大断裂	丰宁-隆化东西向深大断裂
探明矿产	姚家庄、矾山大型磷矿	大庙、黑山、马营、头沟、罗锅子沟、招兵沟等大中型钒钛铁磷矿
保存条件	沉积覆盖 Ch, Jx, Qb	抬升出露 $Ar_3 - Pt_1$
地球物理场特征	东西向正磁弱异常	东西向正负紧密磁异常

表 9-4-2　隆化-宣化地区金矿成矿地质条件对比

成矿条件	丰宁-隆化-平泉区	宣化-崇礼-赤城区
变质表壳岩	Ar_3Dt(Rb-Sr 等时 2 620～2 451Ma,670～790℃ 0.7～0.856GPa)Ar_3H(U-Pb 一致线 2 408Ma)	Ar_3Cl(Rb-Sr 等时 2 790～2 470Ma,747～900℃,0.933～1.3GPa)
变质深成岩	Ar_3Hgn、Ar_3^8Zgn、$Pt_1^2\delta o$、$Pt_1^2\eta r$	Ar_3^1Hgn、$Pt_1^1\kappa r$
岩浆岩建造	Pt_2HM、Pt_2DQ、Pt_2SC、P_1GJ、J_2YZ、J_3QP、K_1Sw	Pt_2HM、Pt_2SC、P_1GJ、J_3QP、J_3NC
控矿构造	东西向、北西向	东西向、北西向、北东向
探明矿床	马架子、大营子、西沟、燕窝铺、五道河、洼子店等小型金矿	东坪、小营盘大型金矿,黄土梁、韩家沟、后沟、中山沟、张全庄等中型金矿及许多小型金矿
矿石类型	硫化物石英脉型	含金钾长石石英脉型贫硫化物石英脉及钾化蚀变岩
矿脉产状	受压剪性裂隙及岩脉控制,产状 NW270～300°,倾角60°～80°	小营盘容矿北东 46°,倾角 4°;东坪矿脉北东 0°～35°,倾角 30°～35°
矿脉保存状况	沉降掩盖	隆升剥蚀
地球化学特征	微弱零星的金异常	大面积高强度的金异常

注:Ar_2Sg^c.桑干片麻杂岩;Ar_3Dt.单塔子群;Ar_3Cl.崇礼群;Ar_3H.红旗营子群;Ar_3Hgn.汉儿庄片麻岩套;Ar_3^8Zgn.张家口片麻岩套;$Pt_1^2\delta o$.变质石英闪长岩;$Pt_1^2\eta r$.变质斑状二长花岗岩;$Pt_1^1\kappa r$.变质钾长花岗岩;Pt_2HM.麻麻营超单元;Pt_2DQ.大旗梁顶超单元;Pt_2SC.沙厂超单元;P_1GJ.郭家屯超单元;J_2YZ.燕子窝超单元;J_3QP.棋盘山超单元;J_3NC.南城子组合;K_1Sw.寿王坟超单元

另从冀东金矿分布规律看,迁西、青龙西部麻粒岩相区探明储量明显大于兴隆、遵化、青龙东部角闪岩相和绿片岩相分布区,这就意味着,后者深部应是寻找大型金矿的有利靶区。

通过对冀西北大量金、银多金属矿床的产出时空特征、同位素资料、成矿溶液成分及成矿作用等研究认为,其产出是同一期次大的构造-成矿作用形成的,时限为印支—燕山期,物质来自地球深部。由于地幔热柱的多级演化将地球深部的成矿物质带到浅部,并由于幔枝构造核部及盖层部位的差异性剥蚀,形成平面上的"金三角、银镶边"的水平分带和垂直向上的上银(铅锌)下金的分带规律。因此,在银铅锌多金属矿床深部找金具有极大可行性。

第五节　丰宁-滦平-隆化-平泉金银多金属成矿带找矿方向

承德地区北部包括承德市、承德县、丰宁县、滦平县、隆化县和围场县,面积 30 000km²,目前年产黄金达 3 万两,已成为河北省重要的产金区之一。通过对区内地层、构造、岩浆岩、地球化学背景及矿产等方面研究,认为该区存在绿岩带,且与金银多金属矿产密切相关。

本区位于阴山-天山东西向复杂构造带东段和大兴安岭-太行山、松辽-华北多字型构造带的复合部位,各种型式具一定规模的断裂 480 多条。基底太古宙变质岩系分布面积约 6 000km²,元古界、古生界面积约 2 000km²,中生界面积约 9 000km²,新生界面积约 10 000km²。变质岩系总厚 11 832～24 239m,分布在丰宁窄岭-承德-平泉一带,呈东西向展布,为一套中-低级区域变质岩系,原岩为火山-沉积岩。混合岩化主要为局部混合岩化,与金银多金属矿化较为密切。元古界为石英岩、碳质页岩、白云岩、白云质灰岩、砂岩及砾岩等,为深海、浅海相沉积,总厚 4 564～8 791m,呈东西到北东带状分布。古生界总厚 4 649～5 885m,为灰岩、砂岩,属深海-浅海及滨海相岩石组合。中生界侏罗系广泛出露,主要为中—基性、中酸性火山熔岩及碎屑岩。

太古宙—中生代岩浆侵入和喷出活动相当强烈,空间分布可分为 4 个岩浆岩带:丰宁-上黄旗-围场中酸性岩浆岩带;滦平-隆化平顶山中酸性岩浆岩带;平泉-辽宁建平中酸性岩浆岩带;丰宁-隆化-平泉基性超基性岩浆岩带。

区内金银多金属矿点347个,太古宙绿岩带中占84.2%,而角闪质岩、变质闪长岩、斑状混合岩中金矿点占71%。本区斑状混合岩、均质混合岩、混合花岗岩对金银多金属矿点具有控制作用,主要表现为绿岩带中成矿元素在混合岩化过程中重新迁移和富集。燕山期酸性侵入岩是金富集的热源提供者,它使绿岩带中的金向消减带中次一级裂隙移动而富集。绿岩带主要受东西向构造控制,而控制成矿带及矿田的构造主要是东西向、北北东向断裂及其伴生的次一级东西、北东、北西及南北向蚀变破碎带。控制矿体的构造主要是破碎带及其分支、复合、交叉、转弯、凹凸、收缩膨大、倾角平缓部位,明显受剪张裂隙控制,矿体沿走向、倾向变化极大。

在破碎蚀变带中,石英脉旁出现黄铁矿化、硅化、绢云母化及绿泥石化是金银多金属矿的主要标志。发育在中生代地层中有"锰帽"的北北东、北东、南北向断裂破碎带,很可能有铅锌银矿化,其深部则为金矿化。

一、金银多金属成矿带分布特征

(1)滦平五道营-池家沟成矿带:有100多条含金石英脉产于变质闪长岩的破碎蚀变带中,走向北西、北东、南北,次为东西向,倾角45°～50°。围岩蚀变有强绢云母化、绿泥石化、硅化、碳酸盐化、高岭土化等。蚀变带中含金0～0.9g/t,一般含量1.25～1.9g/t,最高含量3.43～4.63g/t。共生矿物有黄铜矿、闪锌矿、方铅矿、自然金、黄铁矿、辉银矿,脉石矿物有石英、方解石、绢云母、绿泥石。含矿石英脉受北东向压扭性次级构造控制,西侧有南猴顶燕山期花岗岩,东侧为变质岩,成矿条件有利。每年群采黄金1 000两以上,有望成为大中型矿产地。

(2)丰宁县矿家窝铺-长阁金银多金属成矿带:东西长约20km范围内,见10条石英脉。当地群众开采硅石过程中发现含铅,有时可见自然金,脉长70m,宽1～1.2m,向北西方向分叉。应引起重视。

(3)丰宁刘营-三家成矿带:有金多金属矿点13处,含金石英脉多呈北东或北西向。

(4)丰宁县王营-门营角砾岩型金矿带:每年群众开采黄金几十两,主要为角砾岩胶结物中的金矿,手选成富矿石,含金10～30g/t。

(5)丰宁县马架子-兰营子金矿带:兰营子东西山河床之间含金石英脉金1～3g/t,含金石英脉长1 000m,中段提交D级储量97kg。

(6)马架子-马栅子成矿带:矿点达40多处,含矿蚀变带和石英脉分布在变质岩边缘和斑状混合岩中,明显受东西向、北西向及近南北向断裂所控制。蚀变破碎带长1 000m,宽1～4m,含金石英脉呈灰黑色,已采到含金、铅、铜富矿。蚀变有硅化、绢云母化、绿泥石化、黄铁矿化、黄铜矿化。

(7)滦平县于营子金矿脉:主要分布在绢云母片岩和绿泥片岩的石英脉凸镜体中,含金1～5g/t、Cu 1%～2%,并含钼。在南台发育铁帽长300m,宽10～15m。

(8)隆化县韩麻营混染斜长岩与二长岩接触蚀变带:有星点状黄铁矿、磁铁矿且含金;伯头梁西梁处张家口组底部紫红色凝灰砂页岩中含银;应对大庙斜长岩南接触带、东西、南北、北西向断裂带以及岩体中及周围发育的蚀变破碎带含金性进行检查。

(9)隆化横道子绿泥片岩:在评价铜矿时发现金矿点,共三层,一层厚0.58m,含金5.05g/t;二层厚1.08m,含金5.65 g/t;三层厚1.51m,含金19.450 5g/t。

(10)承德高寺台含铬纯橄榄岩:已发现较好的金重砂异常,应对破碎蚀变带进行评价。

(11)承德县三道河地区:石英脉发育,与变质岩片麻理斜交,上下盘见蚀变破碎带或糜棱岩,宽0.8～1m,有高岭土化、绢云母化、叶蜡石化,深部见铅锌矿化及金银矿化,具有找矿远景。

(12)承德县烟筒山、姑子沟一带银多金属矿:在东西向及配套断裂中银矿化普遍,为银矿远景区。

(13)平泉县下营房及洼子店多金属成矿带:已取得许多地质、物化探成果,应进行综合分析研究,以便有所突破。

(14)隆化县城东:断裂发育,切穿斑状混合岩、张家口组火山岩及燕山期花岗岩,长12km,宽50～100m,石英细脉十分发育,有铜铅锌矿化。

(15)隆化平顶山地区:硅化蚀变石英正长斑岩含铜 600μg/g,北沟硅化带中铅 500μg/g,镜铁矿中铜 400μg/g、铅≥1 000μg/g、钨 500μg/g、钼 1 000μg/g,可见铜矿化。一处宽 0.5~2m、长 15m 块状浸染状矿石中铅大于 0.1%、钼 0.1%,并含钨和铜等。

(16)滦平县红旗—岗山地区:压扭性断裂与大庙-红石砬东西向断裂构成"入"字型构造,沿此断裂分布 7 处金铜矿点,为北东、北西向含金铜石英脉,在河谷中有砂金。

(17)滦平金门地区:含金褐铁矿帽中的金产于白垩系九佛堂组硅质安山角砾岩中,含矿层长度大于 1 000m,厚 2~4m,走向北东,倾向北西,倾角 15°~30°,黄铁矿化、碳酸盐化明显,含少量方铅矿、磁铁矿、锆石等。矿山局部取样分析金 0.20~3.1g/t。

承德平泉一带太古宙岩石广泛出露,是冀北近东西向构造带与冀东北东向构造带的交接部位,也是冀北金矿带与冀东金矿带的连接地段,成为太古宙地质构造研究的关键地区。

二、金矿分布特征

本区已知金矿点呈东西向展布于平泉-承德断裂北侧,自西向东有燕窝铺金矿、山神庙金矿、下五道河金矿、洼子店金矿及洛金洼子金矿等。

洛金洼子金矿位于下店-平泉-魏杖子断裂破碎带北侧,属含金银多金属硫化物型,其中硫化物主要有方铅矿、闪锌矿、黄铁矿及少量黄铜矿,矿石呈块状、脉状及浸染状等不同类型。

矿化发育于北东、北北东、北西及近东西向断裂破碎带中,但主矿体产于 NE40°~50°∠80°方向的断裂中,最宽达 1~2m,延伸达 500m。控矿断裂为压剪性,但后期有张性活动,形成构造角砾岩,矿化主要集中于构造角砾岩的胶结物中,同向矿脉达 10 余条。围岩为黑云角闪斜长片麻岩夹斜长角闪岩,破碎现象较强,普遍见绿泥石化、黄铁矿化等蚀变。

矿体附近产出有许多石英正长斑岩脉,多为近东西向及北西向,穿切其中的破裂也有明显的矿化。在北部还发育有二长花岗岩和石英正长斑岩体。

洼子店金矿产于洼子店东侧的二长花岗岩或石英正长斑岩与片麻岩的接触带内。矿石类型属含金银多金属硫化物型,其中硫化物主要有方铅矿、闪锌矿、黄铁矿及少量黄铜矿,矿石结构表现为三种类型:块状方铅矿型、方铅矿-闪锌矿脉状互相穿插型和多金属硫化物不规则状共生型。矿体受 NW270°~300°∠60°~80°断裂带控制,由 4 条同方向矿脉组成的一个矿带长 90m,厚 2~30m,单条矿脉最大厚度达 5m。围岩为二长花岗岩、石英正长斑岩和单塔子群燕窝铺组,蚀变有硅化、绢云母化、绿泥石化和黄铁矿化及黄铜矿化。

下五道河金矿位于莫营子-五道河-十道河北北东向断裂的两侧,矿石类型为含金银多金属硫化物型,矿石结构主要为块状。硫化物主要为方铅矿及少量闪锌矿和黄铁矿。矿体产于北北东向断裂带中,自西向东发育 4 条矿带:①四道河子北北东向矿带;②东杖子-下五道河子-东南沟北北东向矿带;③槐林沟近南北向矿带;④石子沟北北东向矿带。各矿带之间间距约 1km,控矿破碎蚀变带宽度均不大,其中东杖子-下五道河子-东南沟矿带延长 3km,控制断裂产状为 NW300°∠70°,破碎带宽约 4m,矿体厚度不大,最宽处 0.5m 左右。在不同标高的采矿沿脉平洞中所见的矿体厚度变化明显,反映矿体在垂向上和纵向上均呈尖灭再现式,表现出透镜状、扁豆状。矿体往往出现于断裂扭折处及断面倾角变缓处。断裂性质主要为压剪性,有多期活动,发育有 NWW350°∠60°和 NE25°∠10°的擦痕,且前者被后者破坏,说明断层在平移-逆断层运动之后发生了平移运动(图 9-5-1)。围岩均为五道河群窑上组退变质角闪斜长片麻岩夹斜长角闪岩,绿泥石化及浸染状黄铁矿化明显。出现众多石英斑岩或石英正长斑岩脉,呈近南北向及北西向,穿切其中的破碎带往往有良好的矿化。

山神庙金矿位于三沟-双庙北东向断裂西侧,矿石类型为含金银多金属硫化物型,少量为含金石英脉型。矿脉产出状态较复杂,主要发育于三组破裂构造中。近南北向一组为断裂破碎带,矿化较好。破碎带宽度约 1m,属压剪性,断面波状。矿化主要集中于 NWW 270°~300°∠55~75°产状段,矿体最厚 0.5m。

三、已知金矿区的找矿方向

洛金洼子所见北西向断裂成矿较好,应加强矿区北西向断裂构造研究。洼子店金矿石英正长斑岩体

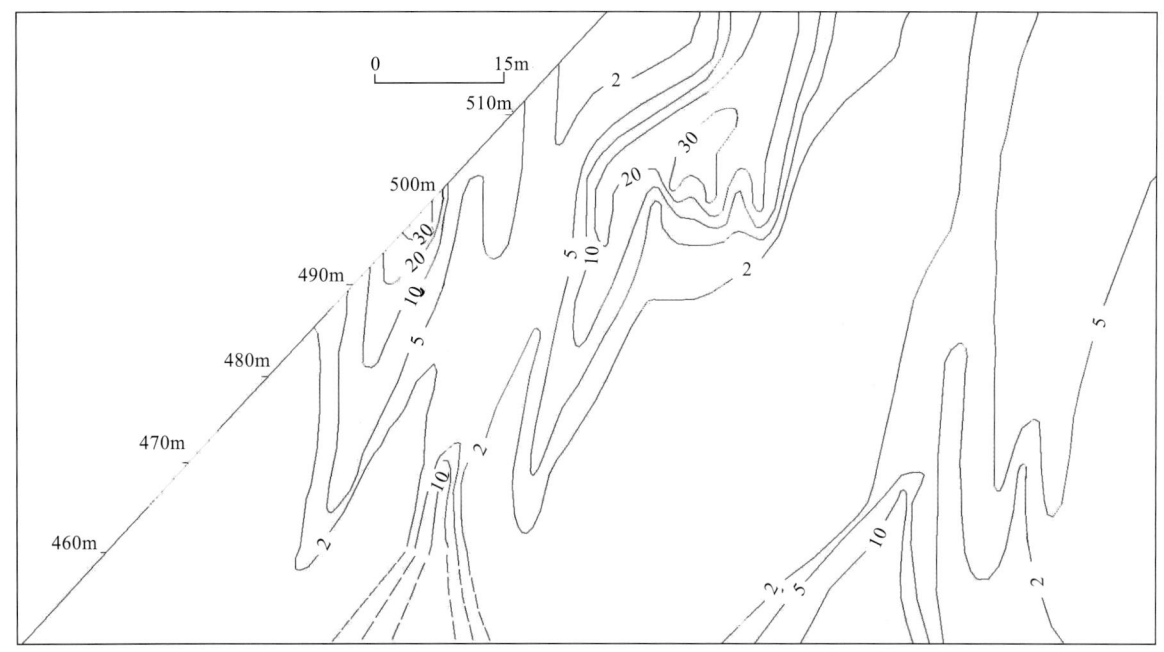

图 9-5-1 承德县下五道河矿区北东向金矿脉含金量(g/t)纵面投影等值线图

(据冶金 515 队平洞刻槽样分析结果绘制)

内部浸染状的黄铜矿化、黄铁矿化十分强烈,因此,除了外接触带,在内接触带也很可能有良好的矿化集中,应注意寻找有利构造部位。下五道河金矿的控矿构造是莫营子-五道河-十道河断裂的旁支断裂,控矿的斑岩脉顺该断裂向北延伸,因此,沿走向向北有利成矿的变质基性岩段和断裂构造可望找到良好的矿化。据含金量纵面投影等值线图,沿倾向矿化向深部有变好趋势,可能出现新的的扁豆状矿体带。

四、找矿远景预测

根据三位一体的控矿条件及围岩蚀变标志,拟提出以下几个找矿远景区。

头道沟找矿远景区:位于平泉县西部头道沟-韩家沟一带,发育北东向断裂构造,形成于单塔子主期褶皱,印支—燕山期再活动,表现为早期的挤压破裂和后期的张性破坏多次活动,形成了宽约 10m 的破碎带,发育有碎裂岩及构造角砾岩,角砾岩呈多孔状,硅化很强。头道沟西北角构造角砾岩分析有银异常显示,金含量 12~18ng/g。断裂延至韩家西沟南侧也有银异常显示。头道沟北部出露一个 $(750×450)m^2$ 的小型石英正长斑岩体,内部有明显的浸染状黄铁矿化、黄铜矿化及辉铜矿化。该区沿断层下延 1 500m 以下将切过变质基性岩,可能会有金矿体产出。

十道河找矿远景区:十道河东侧五道河群窑上组角闪斜长片麻岩样品含金 2.65g/t,处于下五道河金矿带的北东延伸方向上,石英正长斑岩脉顺莫营子-五道河-十道河断裂侵入延伸至十道河一带,取样点东部为燕山期花岗岩基底向西突出部位,侵入时的侧向压力造成片麻岩的片麻理产状变陡。见有构造破碎带,发育张性构造角砾岩。

岗子西沟—下院找矿远景区:具有良好的矿源层,主要岩性为燕窝铺组变质基性岩,岩石中星点状黄铁矿化十分普遍,捡块分析,金含量多高于 20ng/g,岗子西沟北侧角闪斜长片麻岩金含量 360ng/g。

处于东西向构造-岩浆岩带(大庙深断裂东侧)的南侧,其中发育有东西向断裂、北西向断裂和北北东向断裂。片麻理产状陡峻,显示较强的构造活动带。窑上北侧一个北倾的东西向断裂中发育有数条矿化石英脉,金含量 180ng/g,银含量 1.66g/t。围岩黄铁矿化较强。

北部为燕山期花岗岩的向南突出部分,中部发育一个北西延伸并为窑上北侧东西向断裂截限的次安山岩体,其中可见星点状黄铁矿化。因此,成矿的岩浆岩条件也较好。

天津华北地质勘查局用新思路指导找矿效果明显。在 20 年前发现的河北省隆化县(韩麻营乡)龙王庙矿点实施的银多金属矿普查取得重大突破,钻探发现金、银、铅、锌矿化层,23层矿化体自上而下呈铅锌-锌银-金银铅锌分布,浅部主要为铅锌矿化体,深部见到大尺段金矿化体,有望找到大型金矿床。

该局1989年经异常查证发现了龙王庙矿点,并通过进一步地表地质工作,圈定银、铅、锌矿化体。但因1990年施工的5个钻孔都未见工业矿体,该区勘查工作搁浅。直到2005年,该局组织专家对地质资料重新进行研究,认为深部有可能具备形成斑岩型矿床的地质条件,具有一定找矿远景。通过地质修测、地球化学剖面测量及槽探工程揭露,该局发现物探中梯剖面测量和激电测深结果与地表矿化相吻合。以此为基础设计施工的2个钻孔见矿效果良好。2009年,项目组基于对其中一矿化带受石英斑岩、隐爆角砾岩体及其接触带和与接触带产状相似的北北东向断裂构造控制的认识,以火山—潜火山热液多金属成矿系列和断裂控矿找矿模型为指导,提出了明确的找矿思路——在北北东向控矿断裂带中和角砾岩周边寻找银铅锌多金属矿体,同时在其边部和深部探索寻找斑岩型多金属矿体;布设2008年两个钻孔的后排孔,要求钻孔穿透角砾岩中部,掌握矿化爆破角砾岩的分布形态及规律,达到在深部探索寻找斑岩型多金属矿体的目的。钻孔施工果然取得突破性成果,不仅找到铅锌矿体,还在深部发现厚大的金矿体。

龙王庙找矿项目的成功,是该局模式找矿思路和打造找矿核心技术的实际体现。

第六节 矿产资源潜力评价的方法探索

在总体项目进行过程中,河北省的冀东、冀北地区被全国项目办先后指定为沉积变质铁矿和铅锌银多金属矿种先行示范区域,作为试点研究范例。经过项目组成员的勤奋工作,取得了可喜成果,专家组评审认为,其中的许多研究成果可供其他省区借鉴参考。

一、利用化探资料对沉积变质铁矿定量预测

在冀东25处典型沉积变质铁矿累计资源量(千吨矿石,2006年)与相应地点水系沉积物39种元素含量之间进行单变量相关分析,结果表明,铁矿储量与U(0.655 2)、SiO_2(0.316 3)、Sn(0.147 5)、K_2O(0.136 7)之间正相关,与Al_2O_3(0.473 6)、V(0.331 7)、MgO(0.356 2)、CaO(0.328 2)、Ni(0.318 4)、Ti(0.292 7)之间负相关,可建立如下方程:

$$\lg y = 3.943\,6 + 0.129\,2x \quad x = (U \times SiO_2)/(Al_2O_3 \times V)MgO \times (CaO) \quad \gamma = 0.699\,7 \quad n = 25$$

同时,Fe_2O_3 4.05%~12.1%,平均7.328%;SiO_2 55.26%~71.02%,平均62.73%;Al_2O_3 9.92%~15.47%;CaO 1.19%~4.17%,平均2.35%;MgO 1.12%~3.59%,平均2.31%;V 63×10^{-6}~181×10^{-6}。

其地质意义为:在较丰富的铁质供应(地球化学块体范围内)条件下,大量的SiO_2和少量的Al_2O_3、CaO、MgO、V等元素有利于形成条带状磁铁石英岩建造(若后者大量存在,将形成石榴石、角闪石、黑云母和辉石等暗色矿物,不利于成矿)。表9-6-1为铁矿的资源量统计。

运用上述公式可推测变质岩区形成沉积铁矿的能力。从冀东地区变质铁矿储量地球化学预测图(略)中可以看出冀东变质岩区沉积铁矿的成矿区域主要分布于示范区北部边缘的凤山到隆化大断裂附近,及卢龙到山海关一带,其中卢龙彭店子到油榨和山海关是成矿能力最强的区域。此外滦平七道沟、承德付营、王土房、宽城倪杖子也具有较强的成矿能力。

为研究大型铁矿床产出的地球化学条件,以变质地层群为单位(表9-6-2、表9-6-3),统计其中的磁铁石英岩元素含量与其铁矿床探明储量的相关关系,结果显示Fe_2O_3(0.612 7)、Hg(0.532 7)、Cd(0.453 7)、FeO(0.383 9)、U(0.383 4)、Mo(0.376 1)、As(0.319 7)等元素为正相关,而Al_2O_3(0.736 9)、CaO(0.676 1)、SiO_2(0.648 1)、P(0.449 5)、MgO(0.269 1)等元素为负相关。

在铁矿床储量与元素对比值之间可建立如下方程:

$$Y = 512.445X + 3.988\,6$$
$$X = (Fe_2O_3 \times Hg \times Cd \times FeO)/(Al_2O_3 \times CaO \times SiO_2 \times P)$$

$n=11$

表 9-6-1 冀东沉积变质铁矿资源量与水系沉积物元素含量

铁矿名称	U(10^{-6})	SiO_2(%)	Al_2O_3(%)	V(10^{-6})	MgO(%)	CaO(%)	x	矿石量千 t	Lgy
周台子	0.80	59.00	15.00	128	3.40	4.10	0.176 4	25 150	4.400 5
豆子沟	1.80	62.72	13.41	99.3	2.70	2.13	1.474 2	28 314	4.452 0
梓罗台	1.00	62.80	13.3	110	2.58	2.38	0.699 1	8 768	4.033 9
北大岭	1.00	52.04	15.47	158	3.28	2.85	0.227 8	28 331	4.452 3
栅栏杖子	1.90	61.48	13.58	67	1.23	1.53	6.822 1	162 300	5.210 3
郭杖子	1.30	66.40	14.84	179	2.42	2.90	0.386 3	9 117	3.959 9
白枣山	1.80	64.94	14.36	87	2.53	1.83	2.020 9	14 577	4.163 7
沙坡峪	0.90	55.74	15.49	143	3.35		0.188 3	5 136	3.710 6
惠陵	1.00	60.88	14.39	123	2.93	2.50	0.469 6	7 223	3.858 7
石人沟	1.10	60.30	13.85	127	3.28	3.13	0.367 3	11 313	4.053 6
东荒峪	2.10	55.26	15.32	192	3.46	4.17	1.140 2	4 004	3.602 5
太平寨	1.10	56.40	15.08	205	2.88	3.40	0.204 9	12 288	4.089 5
龙辛庄	1.80	59.78	14.41	181	2.65	3.0	0.518 9	1 341	3127 4
庙沟	1.90	61.12	14.37	122	2.53	2.88	0.909 1	50 581	4.704
西峡口	1.20	71.02	12.21	83	1.30	1.70	3.805 2	30 382	4.482 6
柳河峪	1.40	69.31	12.15	76.5	1.55	1.72	3.915 9	91 025	4.959 2
马兰庄	2.80	70.74	11.76	78.4	1.39	1.56	9.907 4	119 703	5.078 1
羊崖山	1.40	64.20	14.66	92	2.23	1.70	1.757 9	50 546	4.703 7
菜园	1.40	65.08	14.06	102	1.78	1.70	2.099 5	78 248	4.893 5
水厂	3.1	70.03	10.99	72.8	1.56	1.53	11.368 4	887 478	5.948 2
大石河	1.2	65.58	14.12	99	1.65	1.70	2.007 0	2 808	3.448 4
彭店子	1.58	70.60	9.92	63	1.12	1.19	13.392 0	116 748	5.067 2
朱庄子	1.74	66.20	12.70	92	1.91	1.69	3.054 2	3 308	3.519 6
杜团店	0.98	68.70	12.30	81	1.62	1.65	2.528 1	4 055	3.608 0
榆关	1.41	70.69	12.10	72	1.59	1.77	4.065 3	17 093	4.232 8

或 $Y=3.212\ln X+31.342\ 9$ $\gamma=0.822\ 2$ $n=11$

说明形成大型变质铁矿床的地球化学条件为：充足的、源源不断的铁质(Fe_2O_3、FeO)及酸性火山气液物质(Hg、Cd、U、Mo、As)供应，较少的造岩元素(Si、Al、Ca、Mg、P等)加入盆地中。

二、矿体要素-地球化学模型法资源量预测

建立矿体水平投影面积与1:20万水系沉积物地球化学异常面积、矿体最大延深与元素偶合比值、矿体最小垂向埋深与成矿元素含量(岩屑、土壤及水系沉积物)及矿体品位与水系沉积物地球化学异常含量特征(均值、极大值)之间的相关关系，具备了上述矿体要素，就可运用下列公式大致估算地质储量。

表 9-6-2　河北省变质地层产出铁矿一览表

变质地层	含铁建造类型	产出铁矿床
朱杖子群	磁铁石英岩、磁铁角闪岩	青龙栅栏杖子、迎午山、前白枣山
双山子群	角闪磁铁石英岩	青龙官场
五台群	磁铁石英岩、磁铁角闪石英岩、黄铁磁铁石英岩	五台柏枝岩、代县山羊坪、赞皇花木
单塔子群	含钛磁铁角闪岩、绿帘石化矽线石英磁铁岩	滦平周台子
滦县群	磁铁石英岩、角闪磁铁石英岩	青龙庙沟、滦县安各庄、大贾庄、司家营、马城、响嚷山、昌黎坎上、大夫庄、抚宁榆关等
阜平群	二辉磁铁石英岩、含石榴磁铁石英岩、紫苏角闪磁铁石英岩	唐县僧贯、平山下口、内丘杏树台
遵化群	石榴辉石角闪磁铁石英岩	宽城豆子沟、北大岭、遵化惠陵、石人沟、沙坡峪、兴隆烂石沟
崇礼群	含石榴磁铁石英岩	赤城近北庄、龙家沟、崇礼窑子湾
桑干杂岩		怀安王虎屯、怀来麻峪口
迁西群	磁铁石英岩、二辉磁铁石英岩	迁西龙湾、迁安菜园、北屯、大石河、孟家沟、大杨庄、水厂、羊崖山、二郎庙、马兰庄、西峡口、柳河峪、杏山
曹庄群	角闪磁铁石英岩、磁铁石英岩、贫铁石英岩、英榴易熔岩	迁安棒槌山、彭店子、磨盘山

表 9-6-3　河北省磁铁石英岩元素含量与产出铁矿床探明储量

地层单元	铁矿储量（亿 t）	Fe_2O_3	Hg	Cd	FeO	U	Mo	As	Al_2O_3	CaO	SiO_2	P	MgO
曹庄群	0.500	30.39	6.67	0.085	10.44	0.4	0.47	4.27	1.77	2.7	62.1	208	6.18
迁西群	23.296	34.92	6.67	0.085	13.46	0.4	0.47	4.27	0.37	1.83	46.89	208	2.15
桑干群	0.455 6	10.66	6.42	0.13	10.87	0.57	0.3	0.54	6.07	3.33	56.7	1 894	1.82
崇礼群	0.514 2	12.95	4.53	0.13	13.22	0.6	0.47	0.50	5.74	3.42	60.03	917	1.62
遵化群	8.708 4	27.7	6.68	0.066	16.58	0.21	0.82	0.73	2.23	2.6	46.31	208	1.53
阜平群	0.936 8	18.50	6.6	0.125	8.54	1.59	0.39	0.094	6.4	2.12	61.32	2 282	1.61
滦县群	22.708 6	30.28	7.17	0.115	14.4	1.47	0.38	0.704	1.77	1.68	47.61	577	2.14
单塔子群	0.139 5	6.97	7.55	0.14	6.61	0.65	0.23	0.64	7.01	4.14	60.82	1 743	1.76
五台群	25.885	26.64	9.00	0.38	19.64	1.58	0.58	1.52	0.51	2.42	41.88	800	1.89
双山子群	0.050	24.82	5.00	0.068	19.8	0.57	0.2	0.41	2.43	4.5	41.7	601	4.72
朱杖子群	9.748 8	14.24	5.00	0.076	25.37	0.54	0.38	2.53	3.37	3.29	46.01	675	3.14

注：Hg 元素含量单位为 10^{-9}，氧化物单元为%，其余元素单位为 10^{-6}

矿床储量＝矿体水平投影面积×矿体保存长度(最大延深－最小埋深)×矿石密度×矿石品位

对于推断的未知矿床，可根据其所处的地理景观、地质背景及地球化学特征，酌情使用上述回归方程进行估算。

另外，利用钻孔岩芯柱元素含量(或面金属量或线金属量)与进尺中段深度的统计相关关系，可以为深部矿产资源预测提供重要依据。

1. 典型矿床矿体面积与异常面积的线性拟合

收集了冀北 7 个铅锌银典型矿床的矿体要素及地球化学异常数据(表 9-6-4～表 9-6-6)，将矿体面积与异常面积进行曲线拟合，经试验发现具较好的线性拟合，拟合度大于 0.5(图 9-6-1～图 9-6-3)。

表 9-6-4　冀北典型矿床银矿体要素与 1∶20 万水系沉积物地球化学异常参数表

矿床名称	矿体面积 (km^2)	异常面积 (km^2)	Ag 平均品位 (%)	异常均值 ($\mu g/g$)	Ag 最高品位 (%)	Ag 最高含量 ($\mu g/g$)
北岔沟门	0.35	144.8	14	0.373	376.23	1.89
蔡家营	0.256	52.1	24.58	0.462	2 039.25	0.81
小扣花营	0.103	15.43	183.24	2.198		12.5
牛圈营房	0.023	72	352.26	0.733		5.12
小夹道沟	0.028	17.8	566.5	0.168		0.24

表 9-6-5　冀北典型矿床铅矿体要素与 1∶20 水系沉积物地球化学异常参数表

矿床名称	矿体面积 (km^2)	异常面积 (km^2)	Pb 平均品位 (%)	Pb 异常均值 ($\mu g/g$)	Pb 最高品位 (%)	Pb 最高含量 ($\mu g/g$)
北岔沟门	0.35	108.8	3.4	85.2	10.51	484.6
蔡家营	0.256	87.6	2.73	181.1	70.27	400.8
小扣花营	0.103	8	0.97	53.5		70.2
牛圈营房	0.023	52	4.08	255.68		1 681.3
小夹道沟	0.028	19.1	5.68	60.97		121.77
青羊沟	0.073	45.7	1.45	778.1		7 483.6

表 9-6-6　冀北典型矿床锌矿体与 1∶20 水系沉积物地球化学异常参数表

矿床名称	矿体面积 (km^2)	异常面积 (km^2)	Zn 平均品位 (%)	Zn 异常均值 ($\mu g/g$)	Zn 最高品位 (%)	Zn 最高含量 ($\mu g/g$)
北岔沟门	0.350	48.9	5.80	258	21.59	15 765
蔡家营	0.256	66.8	4.26	353.7	35.36	384
小扣花营	0.103	4.30	0.50	484		484
牛圈营房	0.023	14.9	3.36	518.9		850.9
小夹道沟	0.028	9.80	14.18	154.4		181.4
兰阁	0.088	33.1	2.32	1 339.4	18.08	6 431
青羊沟	0.073	22.3	2.54	2 807.5		15 765

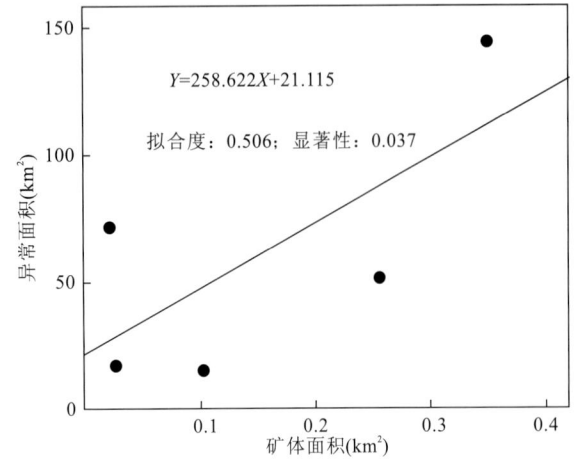
图 9-6-1 典型矿床银矿体面积与异常面积线性拟合图

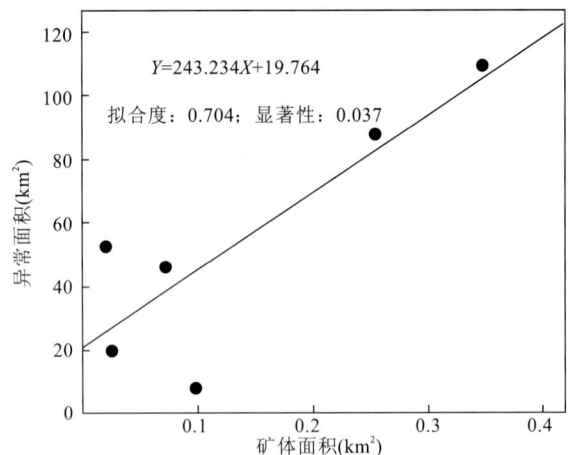
图 9-6-2 典型矿床铅矿体面积与异常面积线性拟合图

2. 隆化县北岔沟门铅锌银矿元素含量与矿体埋深曲线拟合

搜集了北岔沟门铅锌银矿区1:20万水系沉积物元素含量与矿体埋深数据(表9-6-7),将元素含量对数-矿体埋深进行曲线拟合,经试验发现具很好的线性拟合,拟合度0.789(图9-6-4)。同时收集了该矿Ⅴ矿体17线土壤剖面元素含量与矿体埋深的数据(表9-6-8),将元素含量与矿体埋深进行曲线拟合,经试验发现具很好的倒数拟合特征,拟合度大于0.75(图9-6-5~图9-6-8)。

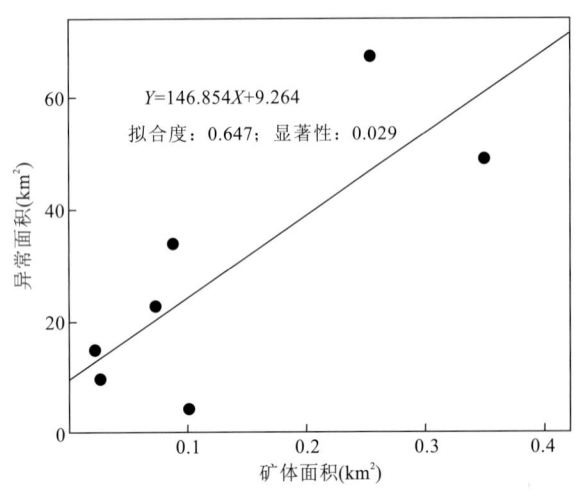
图 9-6-3 典型矿床锌矿体面积与异常面积线性拟合图

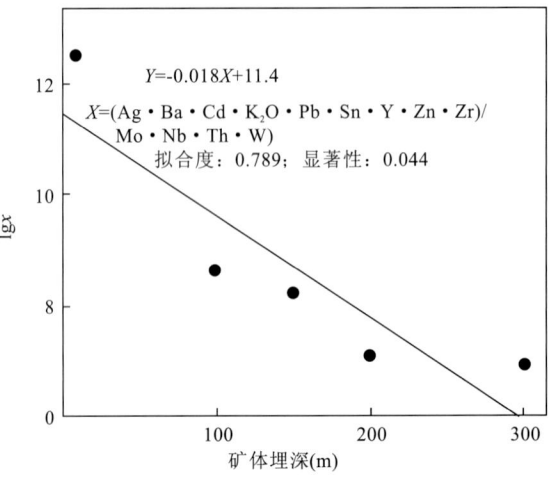
图 9-6-4 北岔沟门1:20万水系沉积物元素含量对数-矿体埋深线性拟合图

表 9-6-7 隆化北岔沟门矿区矿体埋深(m)与1:20万水系沉积物元素含量对应表

埋深	K_2O	Y	Zn	Pb	Zr	Cd	Ba	Sn	Ag	Th	Mo	Nb	W	X	$\log X$
10	3.39	29.5	1 384	485	221	6.47	591	5.88	1.89	0.8	3.49	13.2	5.42	3.155 98×10^{12}	12.5
100	3.19	26.6	190	174	257	0.48	751	3	0.53	7.76	2.1	14.2	4.2	425 175 215.2	8.6
150	3.18	27.7	245	126	243	0.79	613	2.52	0.43	9.84	3.22	14.96	4.3	170 119 984.7	8.2
200	3.23	26.8	116	134	166	0.4	480	2.28	0.56	10.7	4.47	16	5.7	12 552 960.31	7.1
300	2.98	26	98.8	143	139	0.38	416	3.48	0.96	11.9	6.87	15	6.76	9 693 556.481	7

注:氧化物单位为%;Cd、Ag单位为ng/g;其余元素单位为μg/g

表 9-6-8　北岔沟门矿区 V 矿体 17 线土壤剖面埋深与元素含量表

埋深(m)	Cu	Pb	Zn	Ag	Bi
2	130	600	250	3.2	15
4	15	120	55	0.6	4.5
15	20	75	200	0.2	1.5
50	18	100	220	0.1	1
80	18	15	85	0.1	0.5
120	18	130	300	0.3	0.5
160	15	12	70	0.1	0.5

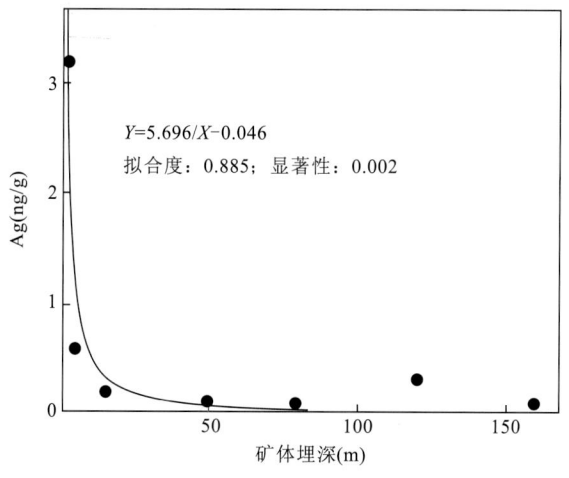

图 9-6-5　北岔沟门矿区 V 矿体 17 线土壤剖面 Ag 含量-矿体埋深拟合图

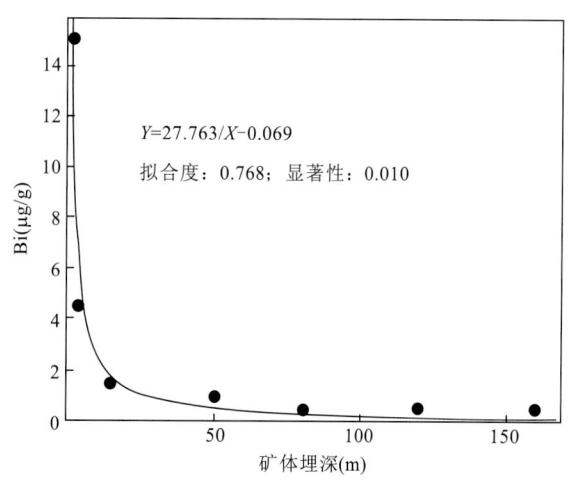

图 9-6-6　北岔沟门矿区 V 矿体 17 线土壤剖面 Bi 含量-矿体埋深拟合图

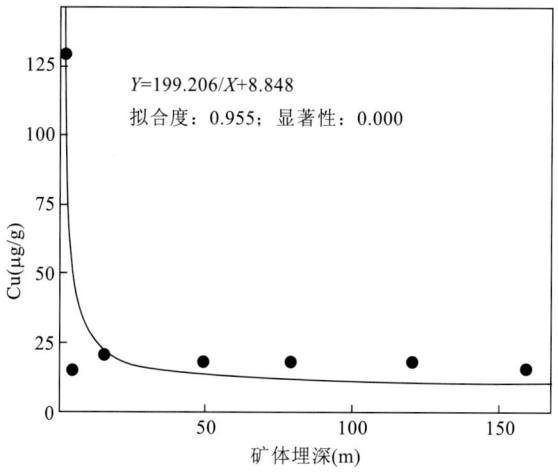

图 9-6-7　北岔沟门矿区 V 矿体 17 线土壤剖面 Cu 含量-矿体埋深拟合图

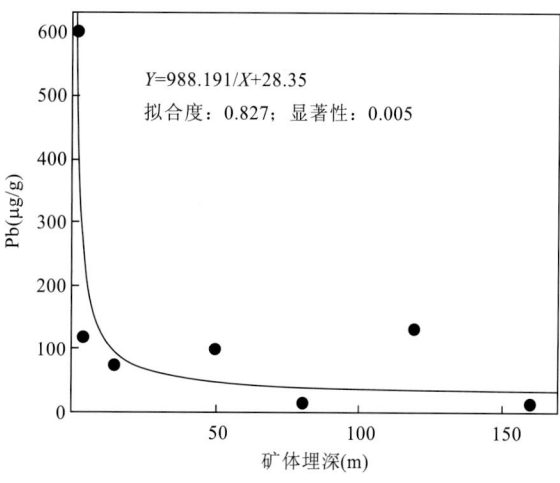

图 9-6-8　北岔沟门矿区 V 矿体 17 线土壤剖面 Pb 含量-矿体埋深拟合图

3. 丰宁和顺店铅锌银矿矿体埋深与元素含量曲线拟合

收集了该矿Ⅱ剖面岩屑元素含量与矿体埋深的数据(表9-6-9),将元素含量与矿体埋深进行曲线拟合,经试验发现具很好的倒数拟合特征,拟合度大于0.95(图9-6-9~图9-6-12)。

表 9-6-9 和顺店Ⅱ剖面岩屑元素含量

垂直埋深(m)	Pb	Zn	Mo	Mn	Ag	Hg
1	1 000	150	800	450	15	1 000
25	80	150	70	450	1.5	88
65	100	200	100	1 000	4	79
100	100	100	40	400	1	38
150	85	150	20	1 200	0.8	19
175	150	150	10	850	1	17
200	20	100	4	300	0.4	84

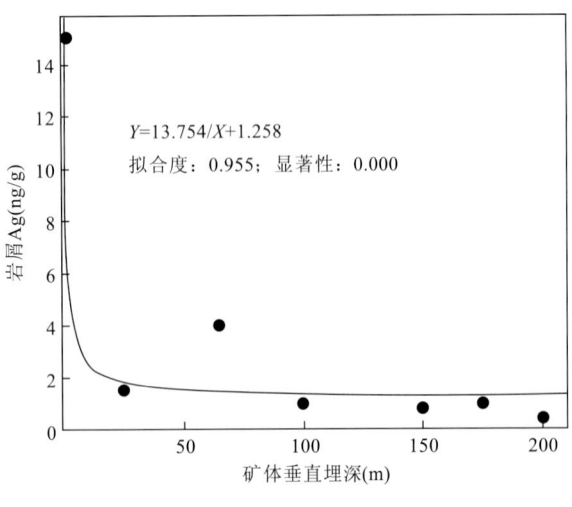

图 9-6-9 和顺店Ⅱ剖面岩屑 Ag 含量-矿体埋深拟合图

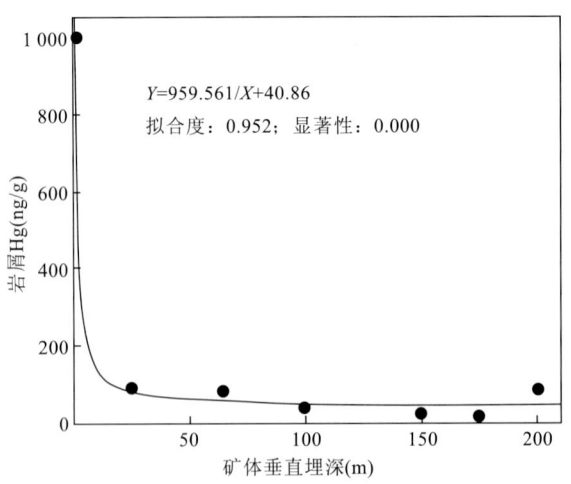

图 9-6-10 和顺店Ⅱ剖面岩屑 Hg 含量-矿体埋深拟合图

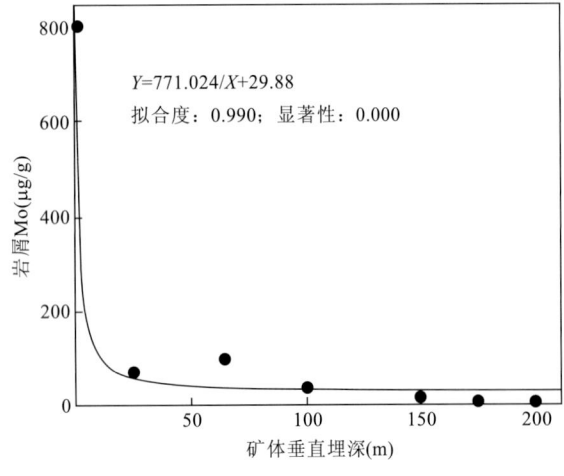

图 9-6-11 和顺店Ⅱ剖面岩屑 Mo 含量-矿体埋深拟合图

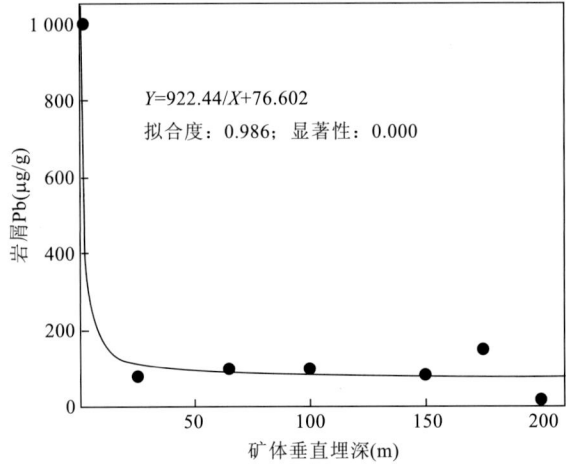

图 9-6-12 和顺店Ⅱ剖面岩屑 Pb 含量与矿体埋深拟合图

3. 崇礼小夹道沟铅锌银矿矿体埋深与元素含量曲线拟合

搜集了小夹道沟Ⅸ土壤剖面（ZK1孔）矿体不同埋深的元素含量数据（表9-6-10），将Ag、Pb、Zn元素含量-矿体埋深进行曲线拟合，以指数方程拟合较好，拟合度大于0.7（图9-6-13～图9-6-15）。

表9-6-10 小夹道沟Ⅸ土壤剖面（ZK1孔）元素含量

垂直埋深(m)	Pb	Zn	Ag	Au	Aulog	Cu	Mo	As	Hg
2	7 000	220	56	2920	3.47	300	2.6	30	55
24	1 600	500	21.4	225	2.35	180	1	10	85
45	1 000	400	9	68	1.83	35	1.2	8	58
63	1 500	180	11.7	45	1.65	50	1.2	4	58
82	80	75	0.5	3	0.48	20	1	6	37
103	55	55	0.4	3	0.48	20	1	3	34
120	45	50	0.4	3	0.48	18	1	3	39
156	30	55	0.2	3	0.48	15	1	3	43

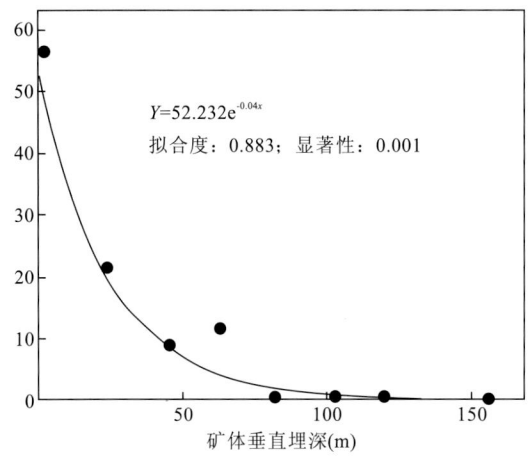

图9-6-13 小夹道沟Ⅸ土壤剖面（ZK1孔）Ag含量-矿体埋深拟合图

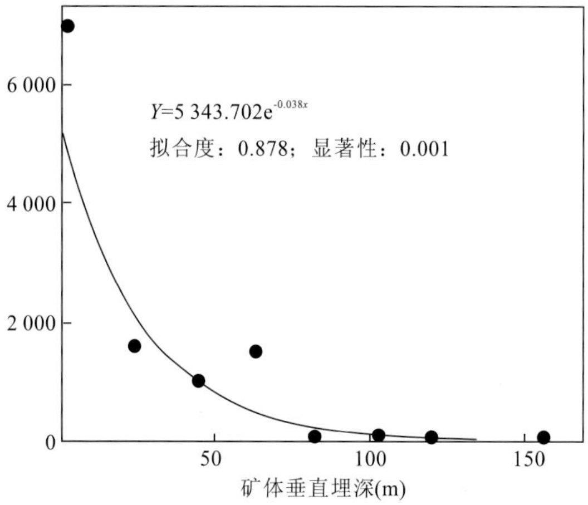

图9-6-14 小夹道沟Ⅸ土壤剖面（ZK1孔）Pb含量-矿体埋深拟合图

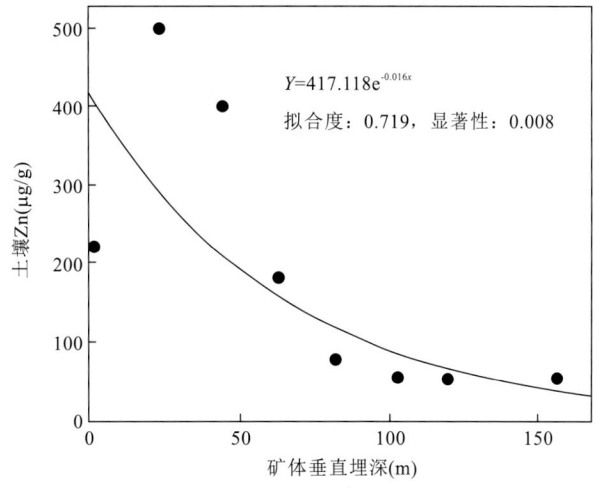

图9-6-15 小夹道沟Ⅸ土壤剖面（ZK1孔）Zn元素含量-矿体埋深拟合图

第十章　结论与建议

化探课题组充分研究河北省历年的化探资料，依据《化探资料应用技术要求》和潜力评价数据模型，对河北省的地球化学景观、地球化学工作程度、39 种元素的地球化学特征、典型矿床地球化学建模等方面进行了研究，编制了全省、成矿带及预测工作区的化探系列图件并建立相应的成果数据库。通过综合研究，建立了典型矿床的地质-地球化学找矿模型，圈定了 13 个矿种的找矿预测区及最小预测区。经过 6 年的辛勤工作，取得了丰硕的成果。

一、结论

（1）河北省自开展 1∶20 万区化扫面工作以来，取得了大量的原始数据，本次工作收集了区域化探数据及大量的中大比例尺化探数据，并进行基础数据库的建设。这些数据分析质量基本符合要求，是本次矿产资源潜力评价工作的基础数据，也可为其他地学领域提供翔实可靠的基础地球化学资料。

（2）充分研究全省的地球化学景观特征，将全省分为两个二级景观：低山丘陵区和冲积平原区，并进一步细分为 8 个三级景观，研究地理景观与元素分布特征发现，全省统一异常下限基本可以反映全省元素异常的分布特征，与地质成矿区带的划分吻合较好，能为元素成矿规律研究和矿产预测、靶区的圈定提供可靠依据。

（3）研究了河北省地球化学分区特征，分析了地质单元成矿能力、成矿控矿地质条件、元素地球化学分布特征、燕山期内生多金属矿床成矿地球化学异常时空结构等内容，从研究元素的地球化学特征入手，系统总结成矿与时代、岩性和构造等的相关关系，提出了具体的找矿方向，为河北省的地质找矿工作提供地球化学理论指导。

（4）研究了河北省的典型矿床的地球化学特征，总结各矿种不同成因类型的特征元素组合，建立地质-地球化学模型。参考典型矿床模型特征，分矿种及预测类型进行组合异常和综合异常圈定。研究预测矿种的元素成矿规律，进行综合异常的推断解释和评价工作。根据综合异常分布规律，结合主要成矿区带的矿产分布特征，圈定找矿预测区，以同类综合异常的数量和找矿意义为依据对找矿预测区进行分级，在找矿预测区内，挑选具有中大比例尺数据资料或异常查证资料的重点异常区并圈定为最小预测区。

（5）分矿产预测类型划分的预测工作区编制的地球化学系列图件基本反映了各预测工作区的成矿特点，有效的压低了高大异常，突出了低缓异常，圈定了一些新的异常和找矿预测区，提高了成矿预测的可信度。

（6）根据全省已知断裂构造及岩体中元素的分布特征，总结规律，利用全省化探基础资料进行断裂和岩体的推断工作。主要利用因子得分图同时参考地球化学图和地球化学异常图推断地质构造、岩浆岩体等地质特征。共推断线性构造 42 条、环形构造 6 条、基性-超基性岩体 15 个、中酸性岩体 47 个。

（7）资源潜力评价成果的转化应用

本研究成果对河北省地质找矿工作的新突破和优选找矿靶区等方面具有重要参考价值。目前已在河北省重点成矿带 1∶5 万水系沉积物测量、坝上高原区低缓异常银多金属找矿及隆化地区萤石矿床的选区中得到充分应用。

二、建议

在上述成果基础上，根据当前国内形势发展要求，我们认为今后应注意以下几方面的工作安排。

（1）区域化探资料的综合开发利用。海量的地球化学数据蕴含着丰富的信息，目前仅有少部分信息被

第十章 结论与建议

利用,如何开发整理这些宝贵数据、挖掘其找矿信息和解决地质问题的潜力,是今后一段时间化探工作者的重要任务。研究区域化探数据间潜在的内在联系,提取相应的变量和参数,进一步挖掘这些数据的找矿指示功能,揭示更深层次的基础地质地球化学结构信息,利用多元信息开展资源潜力地球化学预测。

(2)探索地球化学数据处理和异常定量评价方法技术的创新性研究。系统论、混沌学、非线性动力学、耗散结构、分形几何学等新理论的应用,矿产资源地球化学定量评价的正演-反演模型、原生地球化学异常成晕机理、叠加分带模式、弱小异常的识别和解释技术。

(3)加强重点成矿区带大中比例尺区域化探工作。大量经验表明,在1:20万区域化探所圈定的成矿远景区和最小预测区内开展1:5万或更大比例尺的化探工作,是取得找矿突破的必经之路。而20世纪80年代以前的大中比例尺化探资料,分析元素少,精度不高,其利用价值较低。这方面的工作显得尤其紧迫。

(4)开展深部隐伏区第二空间、已知矿床的深部及外围化探方法技术研究。首先是重视方法原理研究,其次是取样介质和分析方法,提高稳定性和实用性。加强矿床原生地球化学异常模式及形成机理研究,建立典型矿床的地球化学标志模型,开展岩石地球化学测量(尤其是脉岩和裂隙充填物)试验研究,同时结合大地电磁、瞬变电磁等物探手段的综合运用,实现重点成矿区带的多方法整装勘查。

深部找矿是指在已知矿床深部和外围寻找隐伏矿体,即矿下找矿或矿外找矿,勘探深度在500~2 000m范围内。深部找矿是为了寻找大型或超大型矿床,应以信息技术为核心,以先进的物化探及钻探技术为支撑,以新的找矿理论为指导,最终实现突破。

深穿透地球化学和三维多元地球化学是深部找矿的主要化探技术方法,其中深穿透地球化学在方法技术研究和找矿应用方面都取得了实效性进展。

地球物理勘查方法具有大探测深度、高精度和高分辨率的特点,我国在高温超导磁强计-顺变电磁、大深度高分辨率电磁、航空物探、地下物探和金属矿二维地震等方面取得了重要实质性进展。

深部流体成矿作用理论认为,地壳深部存在大规模流体活动,横向运动可达100km,纵向渗透可达9km,有大规模活动的地方就有形成矿床的可能,与流体活动相关的Au、Ag、Pb、Zn、Cu、Sb、Hg、U、W、Sn等矿床的形成关系密切。

建立区域矿床系列,运用全位和缺位理论,尝试寻找深部或隐伏矿床。

传统的物化探方法是圈定高异常靶区,这对深部找矿效果不好。通过分析和计算三维地质空间信息数据,对地质、物探、化探、遥感等海量三维信息数据进行高效集成和综合处理,提取隐含其中的地质体特征与规律,从地质背景中提取找矿信息,充分发挥物化探数据对深部以及隐伏矿床的预测能力。根据数据圈定的成矿远景区,并根据老矿区矿床特点加以修正,使数据处理的准确度和精确度不断改善和提高,从而使找矿预测和靶区圈定更加准确有效,用于指导深部找矿。

综合勘探技术是根据具体地质特点,综合利用科学合理的探测方法,最准确地解释深部地质体信息。关键是对不同数据的综合分析与解释,对深部地质体进行清晰解译,提高深部找矿工作效率。利用多种物探方法结合化探资料,进行综合解释,降低地质体多解问题,达到较好找矿效果。

深部找矿的不确定性、高风险性以及巨大潜在商业利润,需要技术与资金的高投入。随着深部找矿工作日益迫切,提前投入技术和资金不失为前瞻性策略。

深部找矿的成效与先进的勘查仪器密切相关。目前地勘单位勘查设备大多陈旧,更新换代速度明显落后,研发缺少自主创新能力。

深部是未来资源勘查的重要方向,成矿理论和找矿实践说明深部具有巨大找矿潜力,而勘查技术的进步使2 000m以内勘查成为可能,向深部要资源时机已经成熟。

主要参考文献

曹金艳,王郡. 龙王庙矿区深部发现"金娃娃"[N]. 地质勘查导报,2009-9-10.

常志民,李永才,李惠,等. 河北东坪、后沟金矿床地质-地球化学找矿模型[M]//邹光华. 中国主要金矿床找矿模型论文集. 北京:地质出版社,1996.

陈骏,王鹤年. 地球化学[M]. 北京:科学出版社,2004.

陈毓川. 中国主要成矿区带矿产资源远景评价——全国成矿远景区划综合研究[M]. 北京:地质出版社,1995.

陈志彬. 冀北北岔沟门银多金属矿的控矿因素[J]. 地质调查与研究,2008,31(1):1-5.

代军治,谢桂青,段焕春,等. 河北撒岱沟门斑岩型钼矿床成矿流体特征及其演化[J]. 岩石学报,2007,23(10):2519-2529.

邓金福,冯艳芳,刘翠,等. 太行-燕辽燕山期造山过程岩浆源区与成矿作用[J]. 中国地质,2009,36(3):623-631.

范德廉,张焘,叶杰. 中国的黑色岩系及其有关研究[M]. 北京:科学出版社,2004.

宫进忠,施兴,张亚东,等. 沽源超级环形构造与中生代成矿大爆发[J]. 矿产与地质,2009,23(5):399-405.

郭鸿军,马申坤. 河北省沽源县张麻井铀钼矿控矿因素分析及外围找矿前景探讨[J]. 地质调查与研究,2009,33(3):210-215.

郭树风,周自立. 长城系高于庄组沉积环境与矿产关系[J]. 河北地质矿产研究,1985(7):45-49.

韩子夜. 统一部署物化探,实现找矿新突破[N]. 地质勘查导报,2009-7-30.

郝太平,马国玺,韩志宏. 对河北省涞源县浮图峪矿田控矿构造的几点认识[J]. 河北地质,2006,(4):14-17.

河北省地质矿产勘查开发局. 河北省岩石地层[M]. 武汉:中国地质大学出版社,1996.

河北省地质矿产勘查开发局. 河北省北京市天津市区域地质志[M]. 北京:地质出版社,1989.

河北省地质矿产勘查开发局. 河北省地质·矿产·环境[M]. 北京:地质出版社,2006.

胡学文,张江海,刘恩华. 冀北红旗营群的重新厘定及其基本特征[J]. 河北地质情报,1995(3):8-10.

胡云中,任天祥,马振东,等. 中国地球化学场及其与成矿关系[M]. 北京:地质出版社,2006.

黄典豪,丁孝石,吴澄宇,等. 河北省蔡家营铅锌银矿床地质特征、成矿机制及外围找矿靶区选择[M]. 北京:地质出版社,1992.

李孝红,李生路,王艳辉. 小寺沟铜钼矿区及外围地质地球化学异常特征及找矿方向[J]. 物探与化探,2007,31(4):305-308.

刘崇民,徐外生. 蔡家营铅锌银矿床原生异常模式[J]. 物探与化探,1994,18(5):378-391.

刘静文. 探寻隐伏矿的地学"密码"[N]. 地质勘查导报,2009-8-15.

刘连登,姚凤良,孔庆存,等. 岩脉在热液矿床成因研究中的意义——以胶东西北部金矿床为例[J]. 吉林大学学报·地球科学版,1984(4):66-70.

刘守贵. 承德地区北部绿岩带金银多金属找矿方向探讨[J]. 河北地质情报,1986(3):39-46.

刘新宇. 丰宁县云雾沟银多金属矿地质特征及找矿标志[J]. 河北地质,2006(3):6-9.

刘英俊,曹励明,李兆麟,等. 元素地球化学[M]. 北京:科学出版社,1986.

柳永清,刘晓文,李彦. 燕山中新元古代裂陷槽构造旋回层序[J]. 地球学报,1997,18(2):142-149.

罗天伟,周继强. 甘肃李坝金矿床成矿地质特征[J]. 桂林工学院学报,2004(4):407-411.

马国玺. 河北省涞源县木吉村铜矿地质特征及成矿模式[J]. 华北地质矿产杂志,1997,12(1):52-66.

马丽艳,付建明,武式崇,等. 湘东锡田垄上锡多金属矿床 $^{40}Ar/^{39}Ar$ 同位素定年研究[J]. 中国地质,2008,35(4):706-709.

马杏垣,白瑾,索书田,等.中国前寒武纪构造格架及研究方法[M].北京:地质出版社,1987.

马振东,曾键年,刘修国,等.江西城门山-丁家山铜矿床深部外围三维多元地球化学找矿方法研究报告[R].中国地质大学(武汉),2008:97-112

毛德宝,钟长汀,武永平,等.冀北北岔沟门铅锌多金属矿床地质特征及成因[J].地质调查与研究,2005,28(4):228-239.

毛景文,胡瑞忠,陈毓川,等.大规模成矿作用与大型矿集区[M].北京:地质出版社,2006.

牛树银,陈路,许传诗,等.太行山区地壳演化及成矿规律[M].北京:地震出版社,1994.

牛树银,孙爱群,邵振国,等.地幔热柱多极演化及其成矿作用[M].北京:地震出版社,2001.

裴荣富,中国矿床模式[M].地质出版社,1995.

乔德武.河北寿王坟铜矿地区构造体系与矿液运移和铜铁矿分布的关系[D].中国地质科学院,1988,76.

任天祥,伍宗华.河北北部半干旱区1/20万区域化探异常筛选和查证方法技术研究[R].1995:55-80.

师淑娟,宫进忠,张洁.河北省铅锌矿源层与地球化学块体[J].矿床地质,2010,29(2):276-282.

师淑娟,王学求,宫进忠.河北省金的地球化学省与矿集区[J].矿物学报,2009,29(增刊):463-464.

师淑娟,王学求,宫进忠.金的地球化学异常与金矿床规模之间关系的统计学特征——以河北省为例[J].中国地质,2011,38(6):1 562-1 567.

师淑娟.地球化学异常与矿床规模的关系——以河北省为例[D].中国地质科学院,2011.

施俊法,唐金荣,周平,等.找矿模型与矿产勘查[M].北京:地质出版社,2010.

施俊法,唐金容,周平,等.隐伏矿勘查经验与启示——从《信息找矿战略与勘查百例》谈起[J].地质通报,2008,27(4):433-450.

宋瑞先,王有志,王振彭等.河北金矿地质[M].北京:地质出版社,1994.

谭应佳,李舜贤,王国灿,等.冀北平泉-承德一带太古宙地质及金矿找矿方向[M].武汉:中国地质大学出版社,1991:68-75.

王宝德,刘亚明,谢燕,等.冀西北银铅锌多金属矿深部找金的可行性[J].河北地质,2009:2-6.

王宝德,牛树银,孙爱群,等.冀北地区中生代金银多金属矿床成矿物质来源和深部过程探讨[J].地质学报,2002,77(3):383.

王昌华.冀东金厂峪、锻树沟金矿床找矿模型[M]//邹光华.中国主要金矿床找矿模型论文集.北京:地质出版社,1996.

王登红,陈毓川.加强成矿年代学研究,深化成矿规律认识,指导地质找矿[J].岩矿测试,2009(3):35-38.

王学方,王玉娟.河北东坪金矿床找矿模型[M]//邹光华.中国主要金矿床找矿模型论文集.北京:地质出版社,1996.

魏远泰,夏国礼.太行山北段找矿方向与勘查技术方法研究[R].河北省地质调查院,2005.

吴自成,刘继顺,舒国文,等.南岭燕山期构造—岩浆热事件与锡田锡钨成矿[J].地质找矿论丛,2010,25(3):202-205.

谢学锦,李善芳,吴传壁,等.二十世纪中国化探[M].北京:地质出版社,2009.

徐德兰,曾勇.景观地球化学研究现状与进展[J].江苏地质,2003,27(30)159-163.

杨敏之.冀北银矿床类型、地质地球化学、地史演化模式及找矿方向[J].地质找矿论丛,2000,15(3):201-202.

杨志宏,谢汝斌.河北省北岔沟门铅锌矿化探异常特征及找矿效果[J].中国地质,1999,(4):31-35.

姚足金.华北地台北缘金矿成矿带的构造—水文特征[J].矿床地质,1995,14(4):344.

余有强.河北省北部超低品位铁矿资源及开发建议[J].河北地质矿产信息,2004(1):19-21.

袁学诚,再论岩石圈地幔蘑菇云构造及其深部成因[J].中国地质,2007,34(5):738.

曾庆栋,孟庆丽.海沟金矿区脉岩特征及其与金矿成矿关系[J].贵金属地质,1999,8(2):72-75.

曾庆丰,脉体充填的力学机制[J].地质科学,1986(2):114.

翟裕生,邓军,李晓波.区域成矿学[M].北京:地质出版社,1999.

张长江,陈树青,王富贵,等.河北省张北县蔡家营铅锌银矿地质特征、成矿规律及成因[R].河北省地质三队,1994.

张长江.河北蔡家营铅锌银矿矿床地质特征[J].矿床地质,1990,9(4):301-308.
张飞飞.创新是找矿突破的不竭动力[N].地质勘查导报,2009-10-13.
张季牲.河北北岔沟门铅锌矿区地球化学特征[J].物探与化探,2001,25(2):129.
张旗,王焰,刘红涛,等.中国埃达克岩的时空分布及其形成背景[J].地学前缘,2003,10(4):399-405.
张秋生,杨振升,高德玉,等.冀东金厂峪地区高级变质区地质与金矿床[M].北京:地质出版社,1991.
张素兰,姚敬金,曹洛华.河北蔡家营铅锌银矿床地球物理—地球化学找矿模型[J].物探与化探,1999(3):161-169.
章百明,赵国良,马国玺,等.河北省主要成矿区带矿床成矿系列及成矿模式[M].北京:石油出版社,1996.
郑有业,多吉,张刚阳,等.西藏吉如斑岩铜矿床的发现过程及意义[J].矿床地质,2007,26(3),317-321.
郑有业,高顺宝,张大全,等.西藏朱诺斑岩铜矿床发现的重大意义及启示[J].地学前缘,2006,13(4):236.
中国地质科学院地球物理地球化学勘查研究所.中国重要金属矿勘查物探化探方法技术应用[M].北京:地质出版社,2011.
朱有光,蒋敬业,李泽九,等.试论我国重要景观区表生作用对金铜区域地球化学异常标志的影响[J].物探与化探,2001,25(6):418-424.
朱有光,蒋敬业,李泽九,等.试论中国重要景观区区域地球化学异常系统评价的量化模型[J].物探与化探,2002,26(1):16-22.
朱裕生.中国主要成矿区带成矿地质特征及矿床成矿谱系[M].北京:地质出版社,2007.
《中国矿床》编委会.中国矿床(中册)[M].北京:地质出版社,1994.

图版1

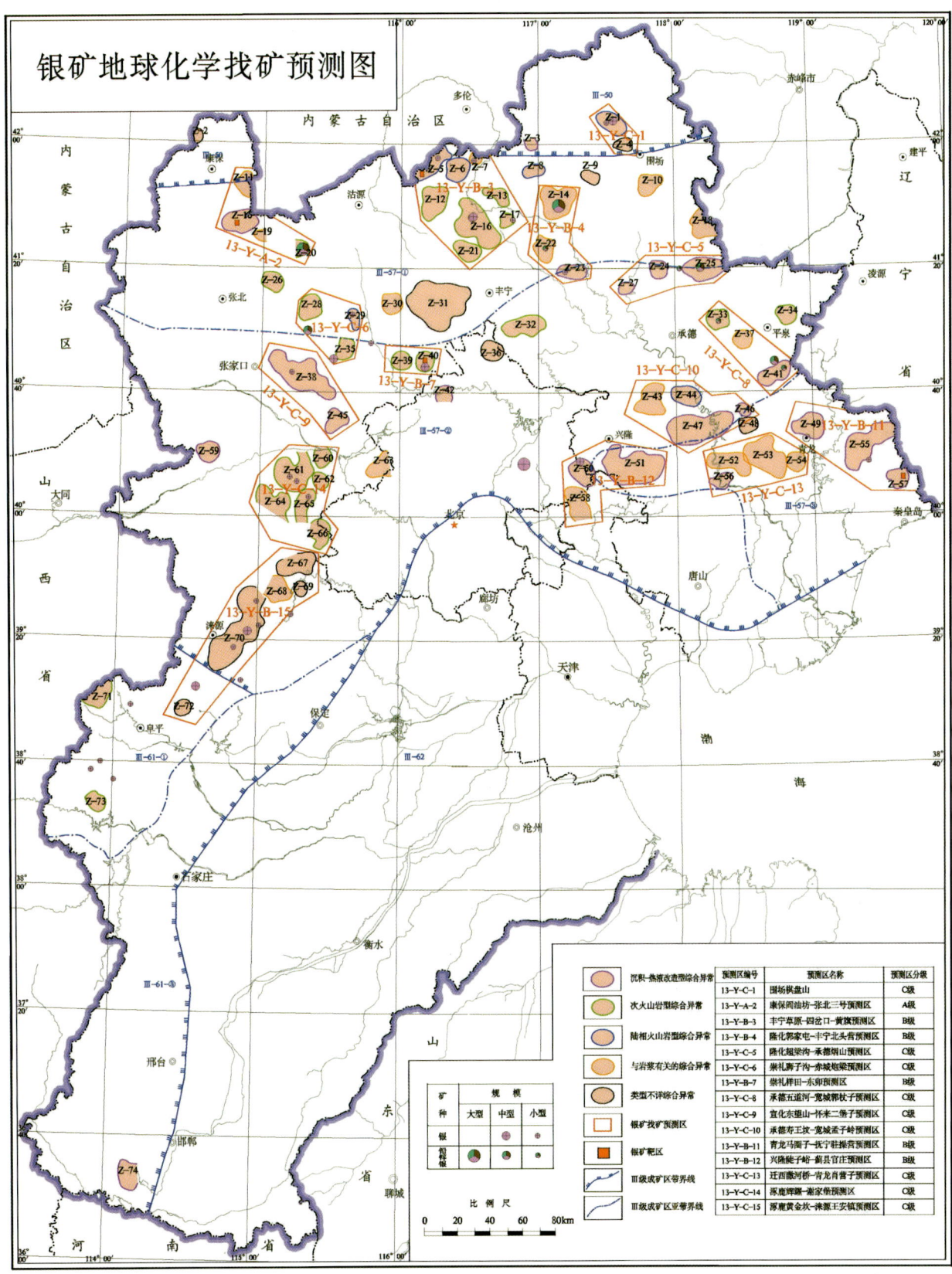

图版2

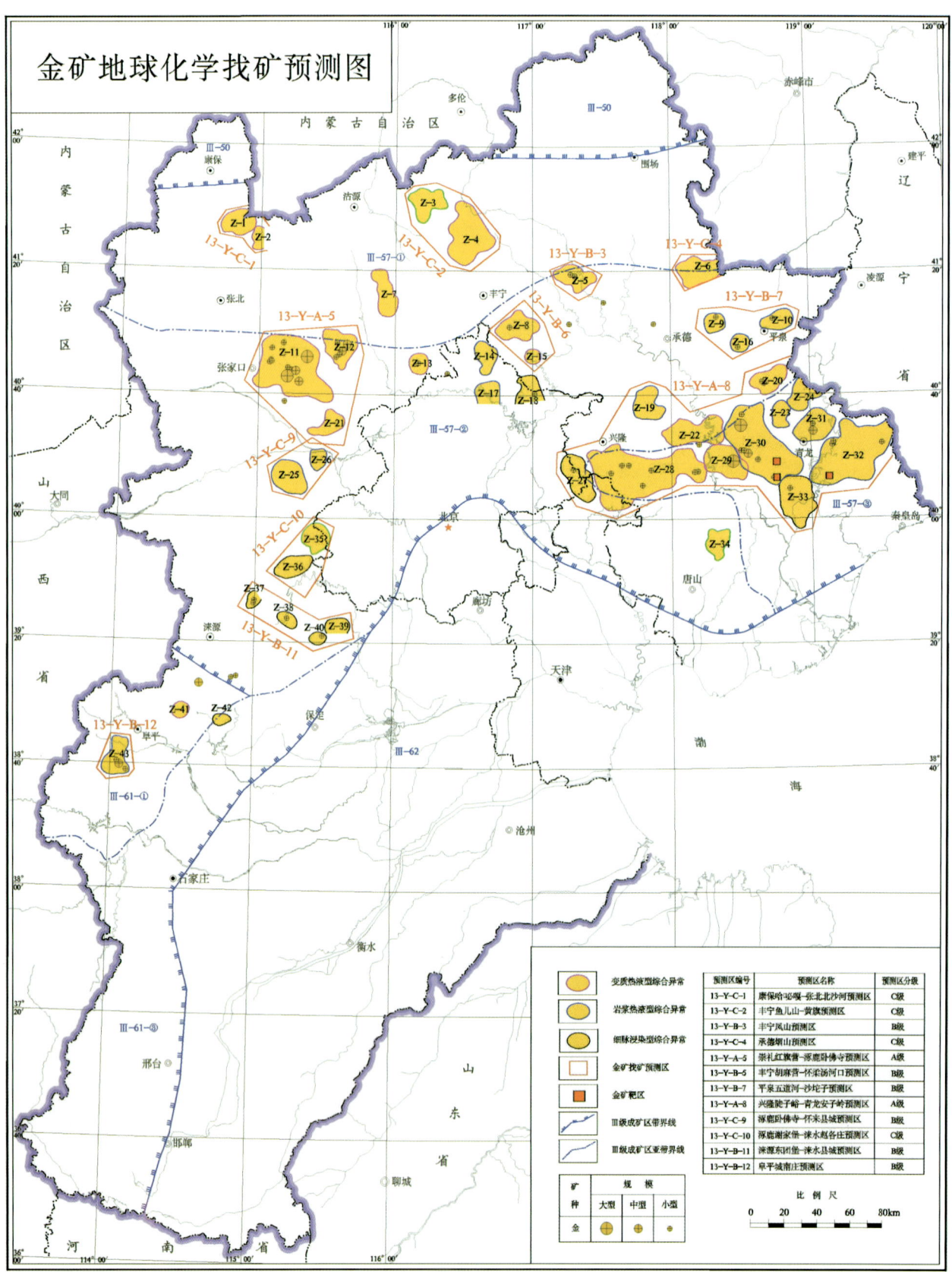

图版3

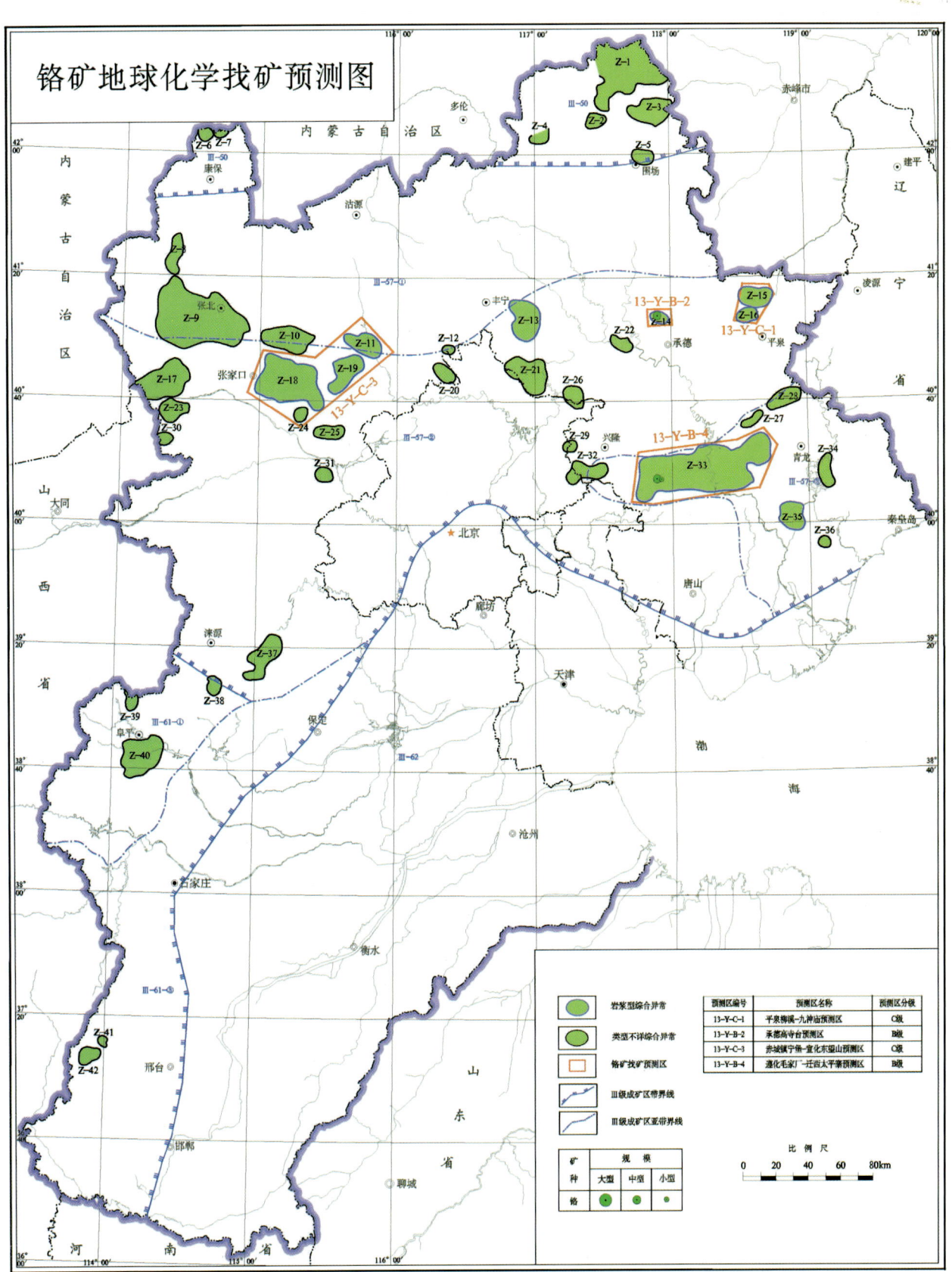

图版4

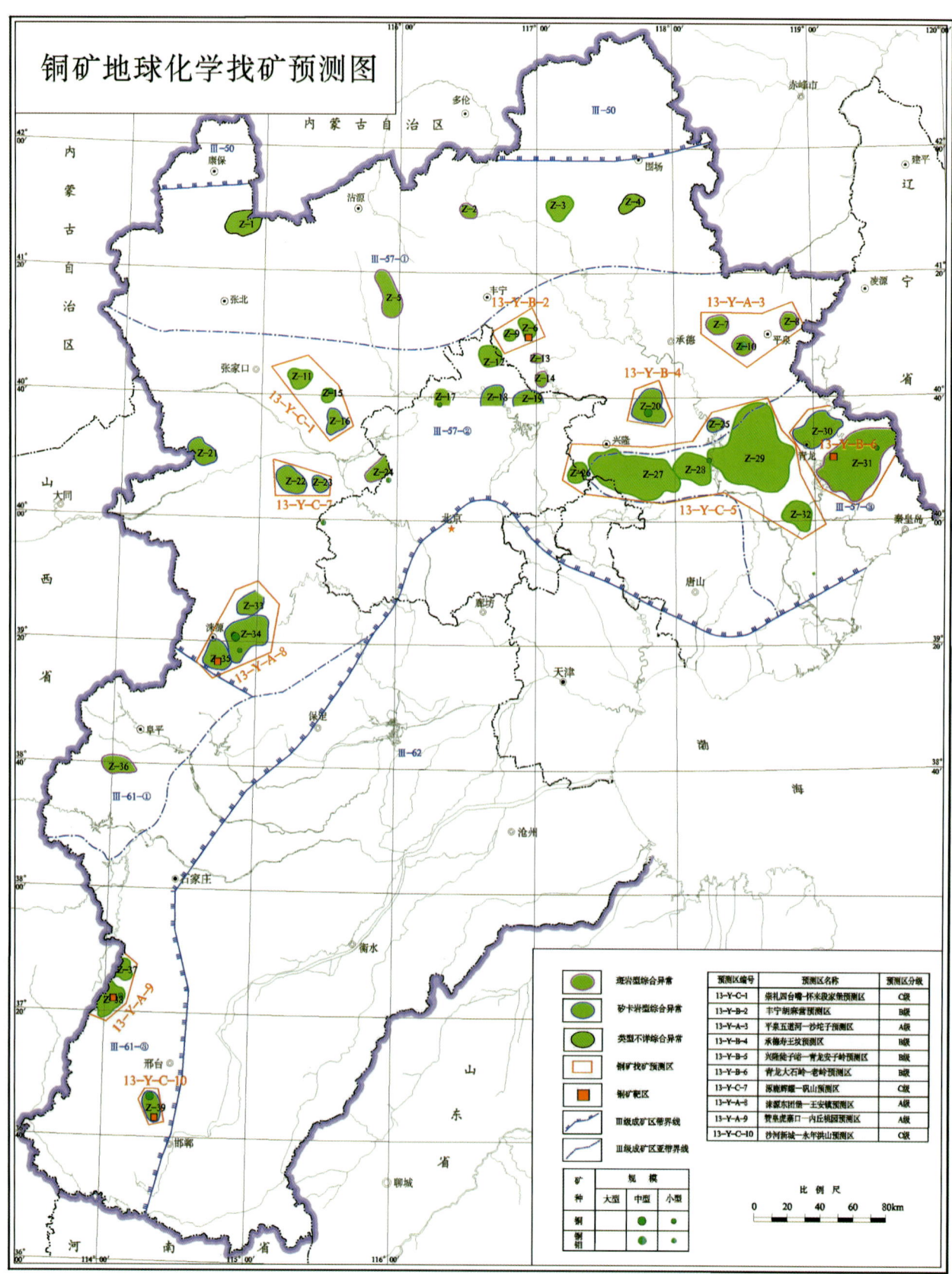

图版5

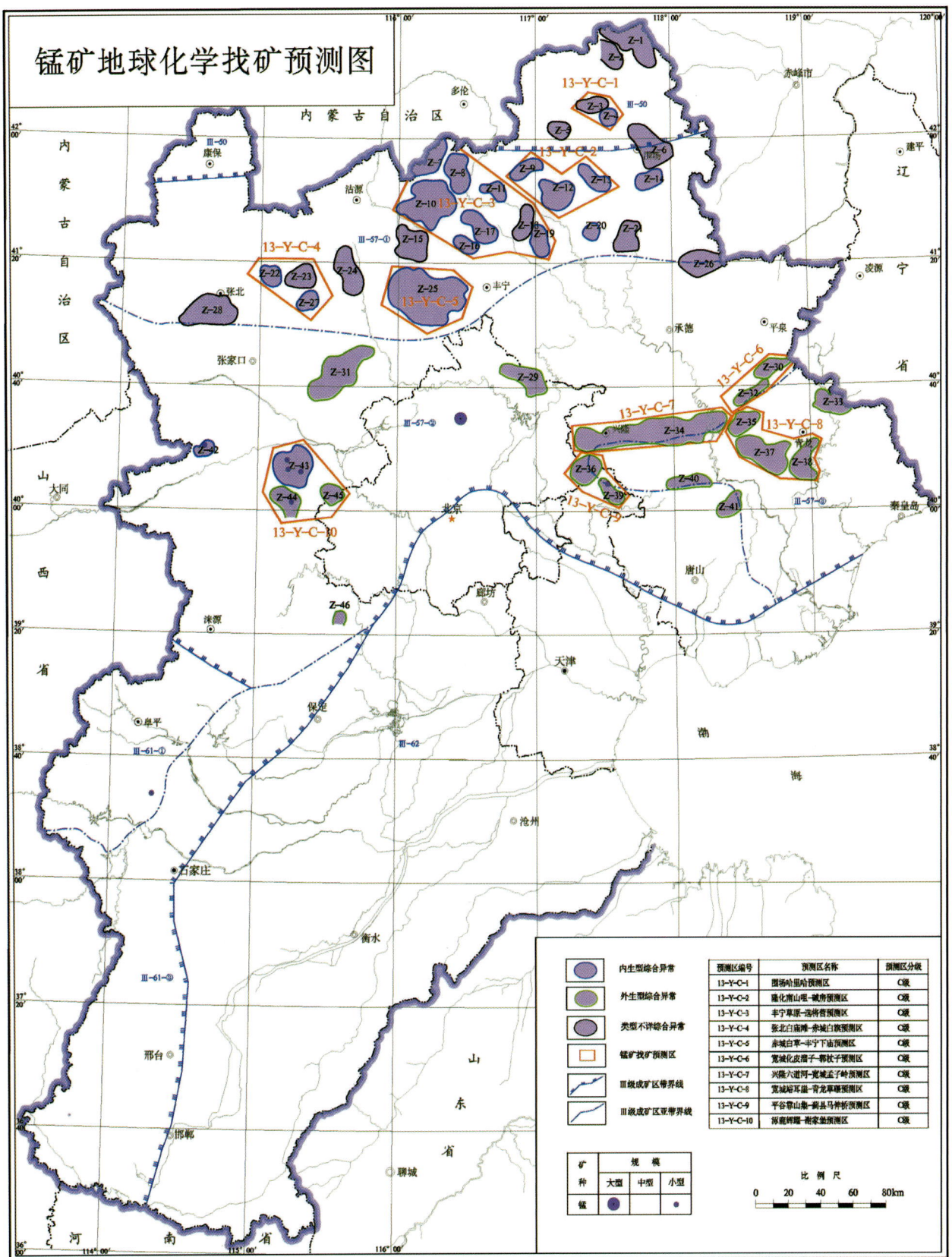

图版6

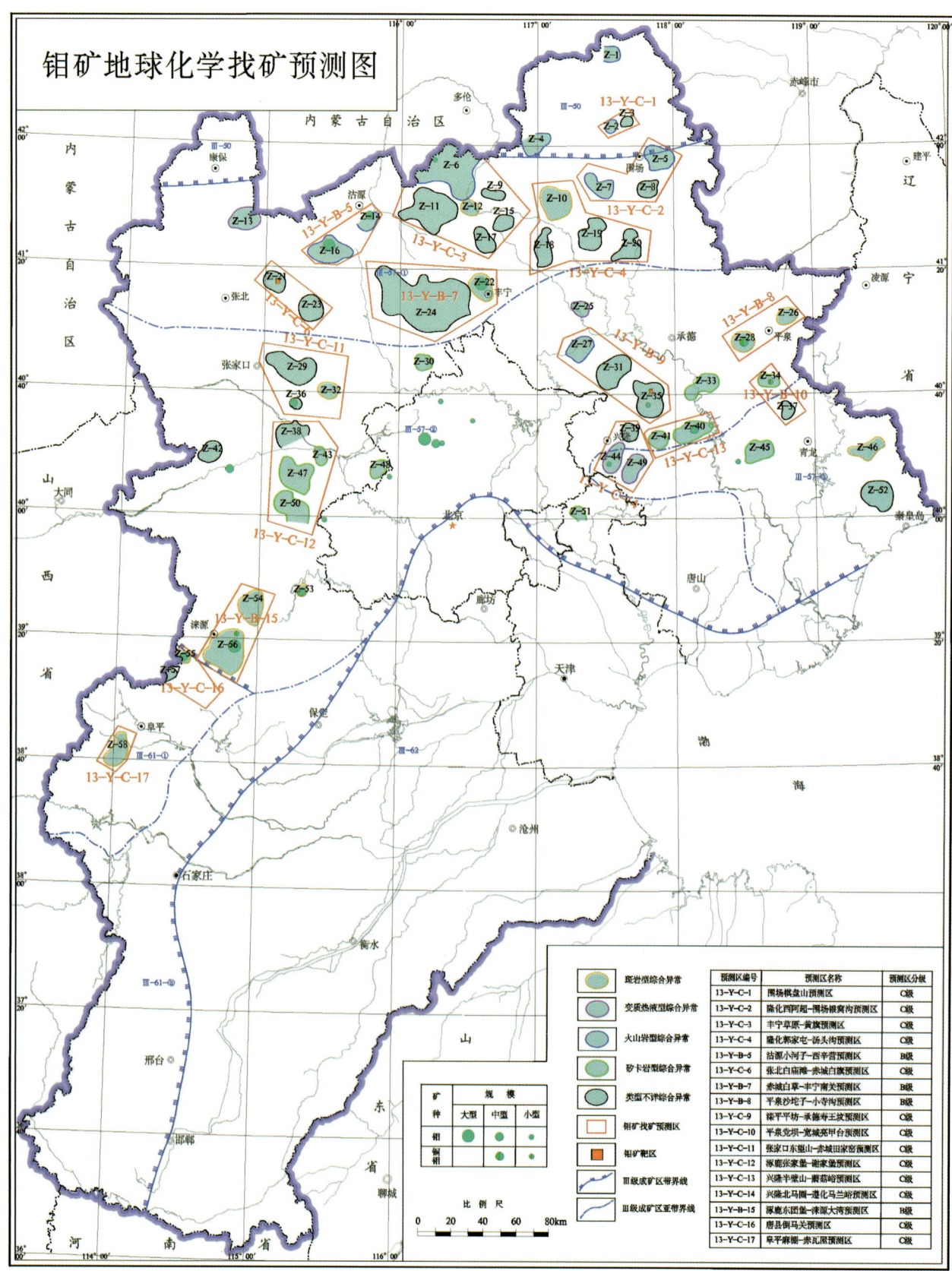

图版7

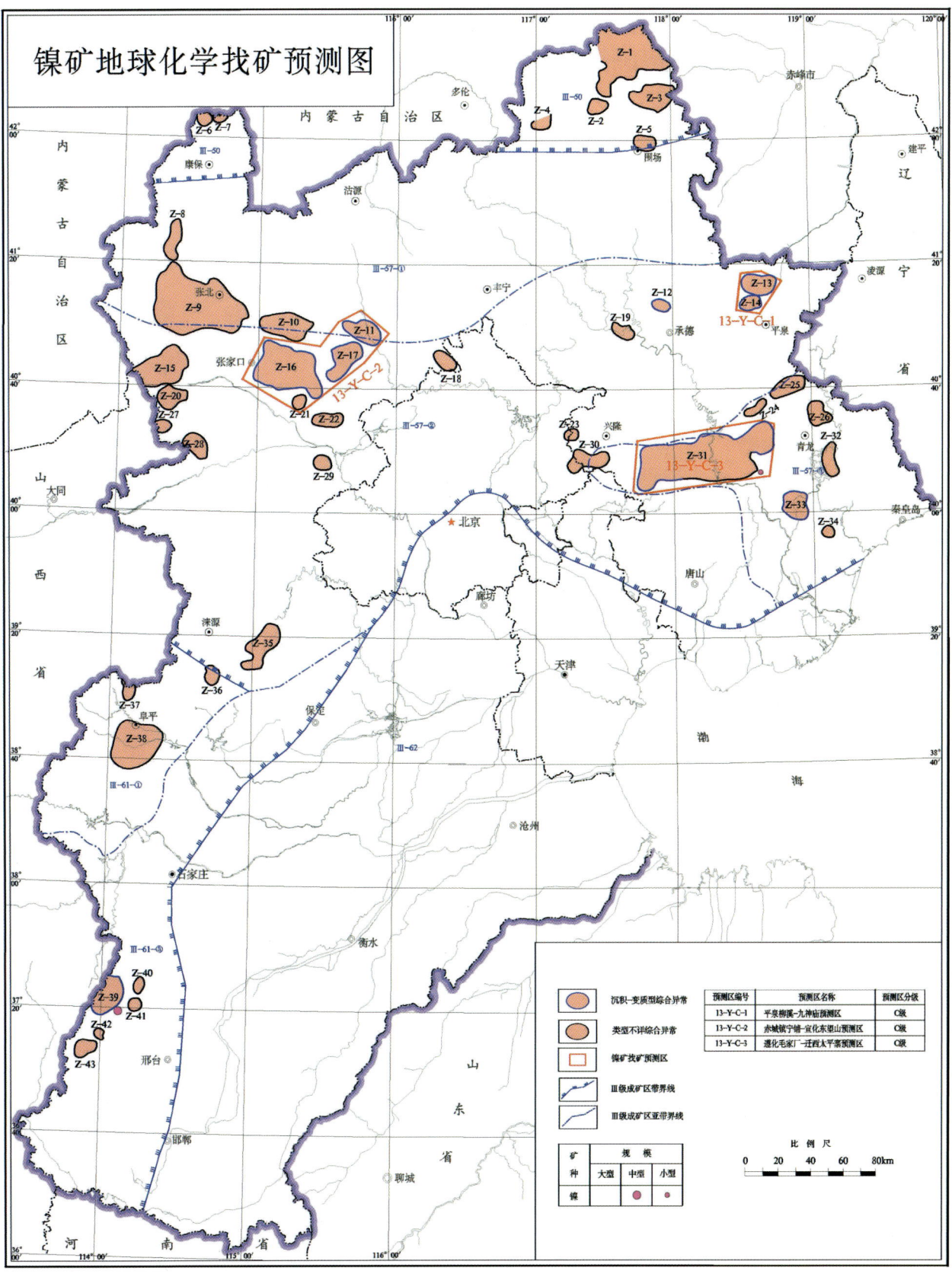

图版8

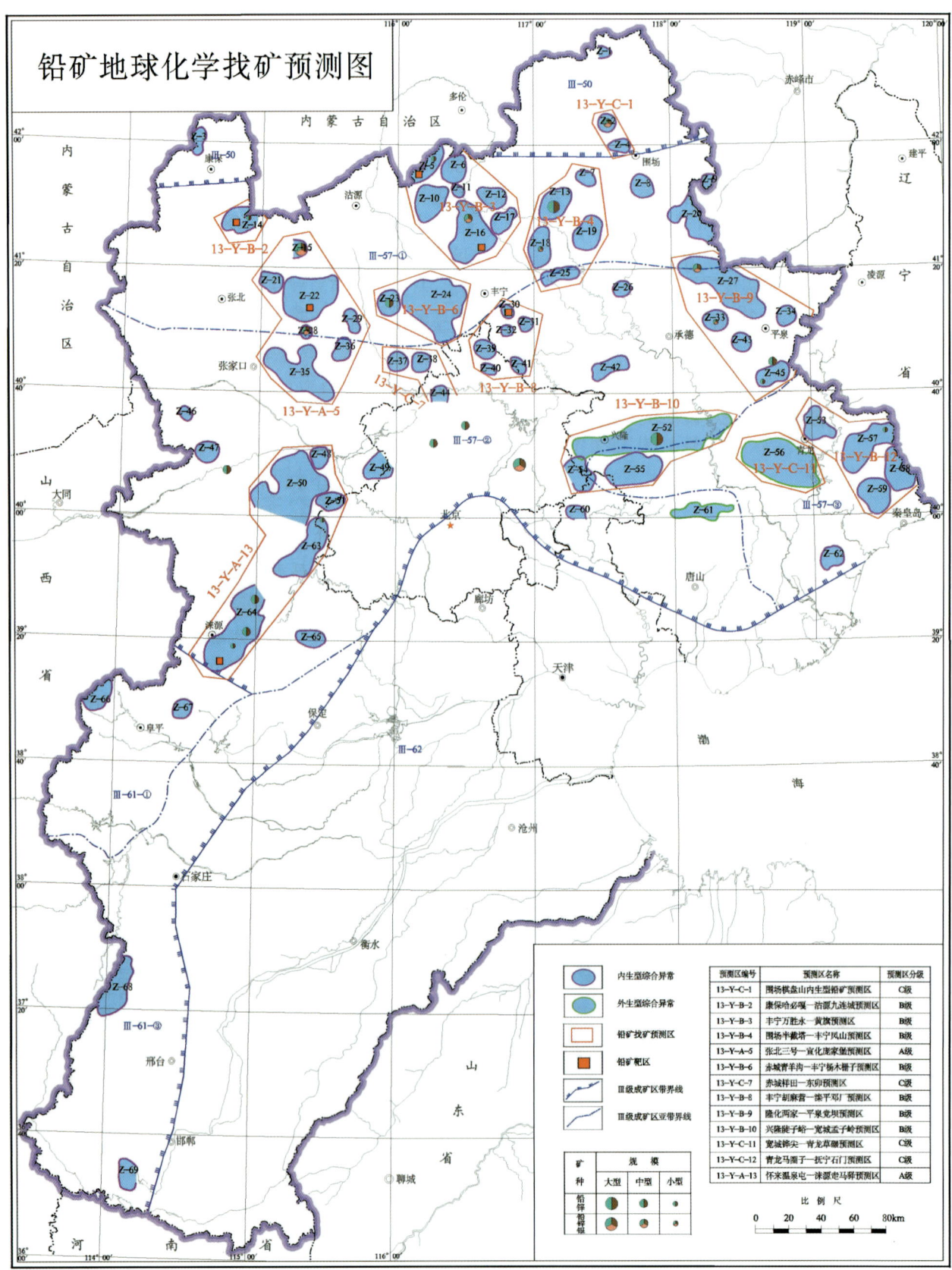

图版9

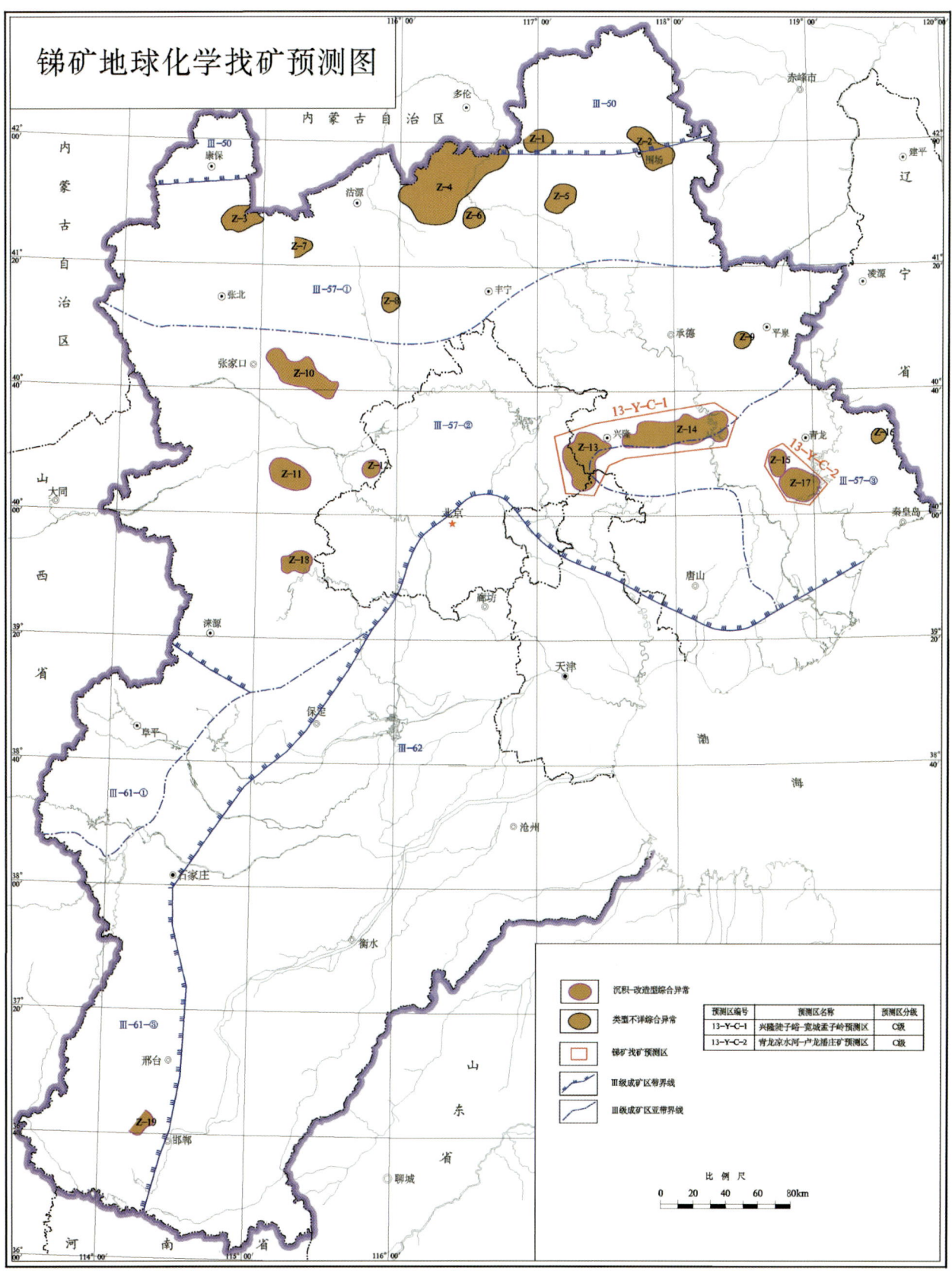

图版10

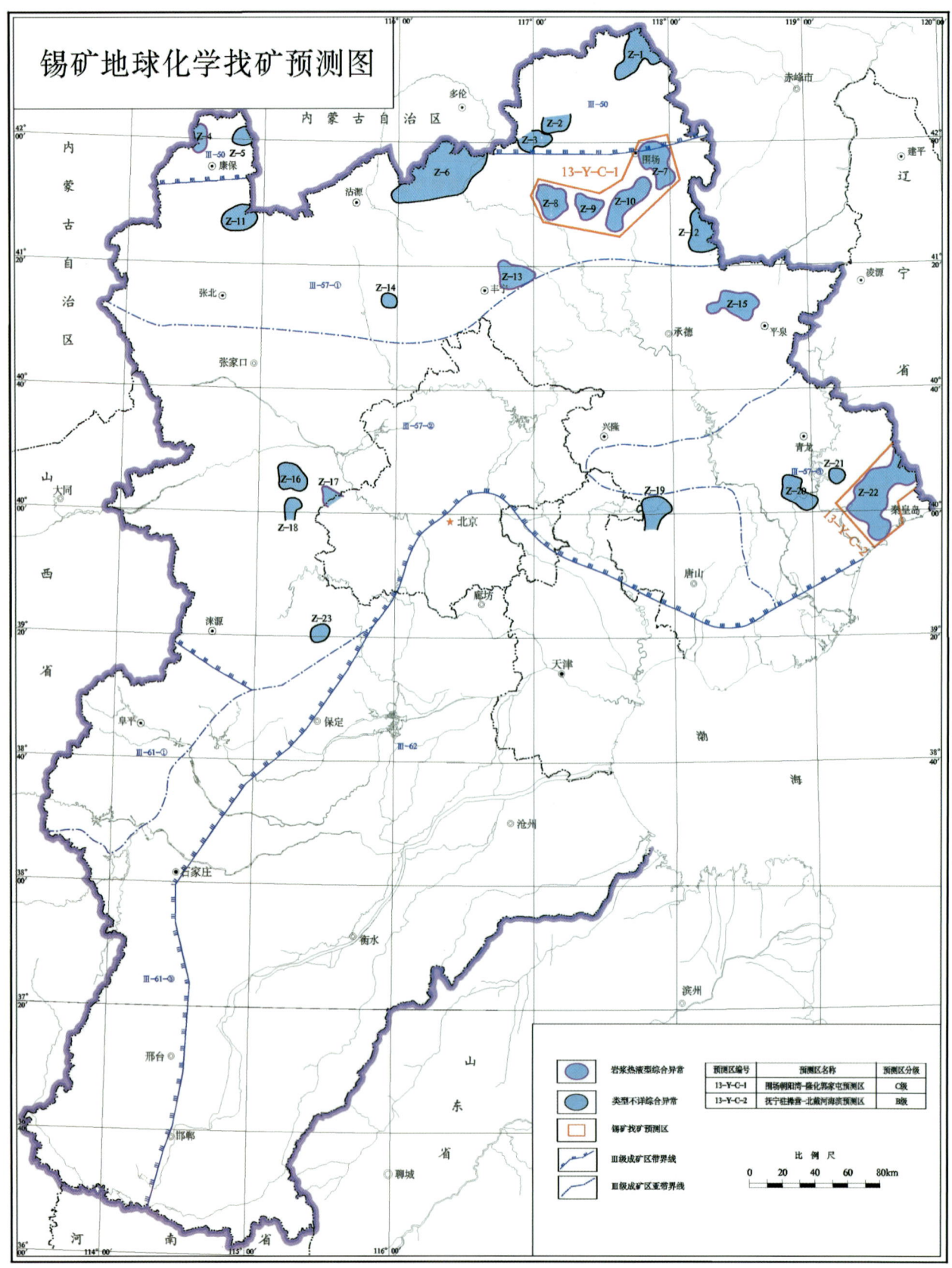

图版11

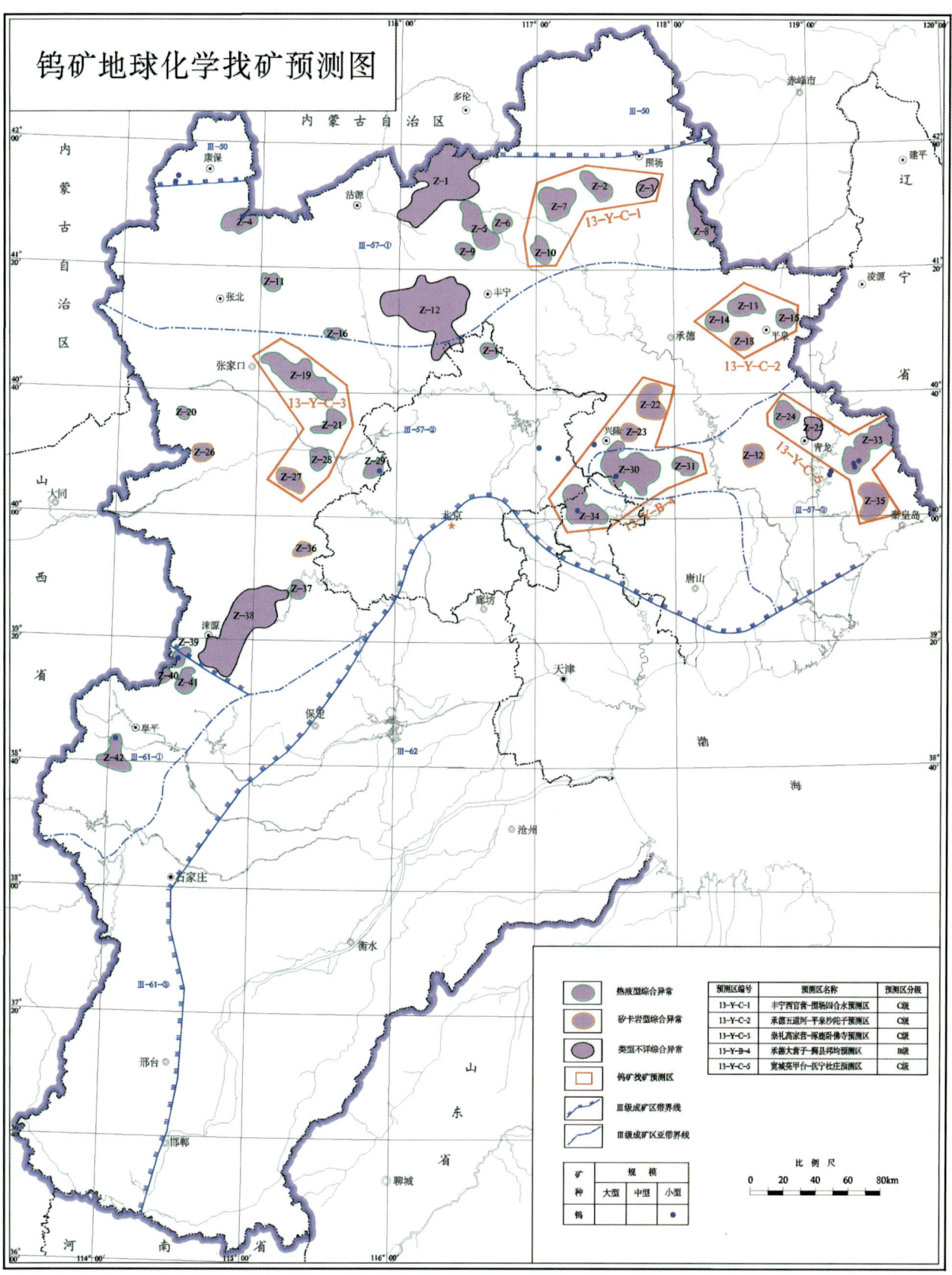

图版12

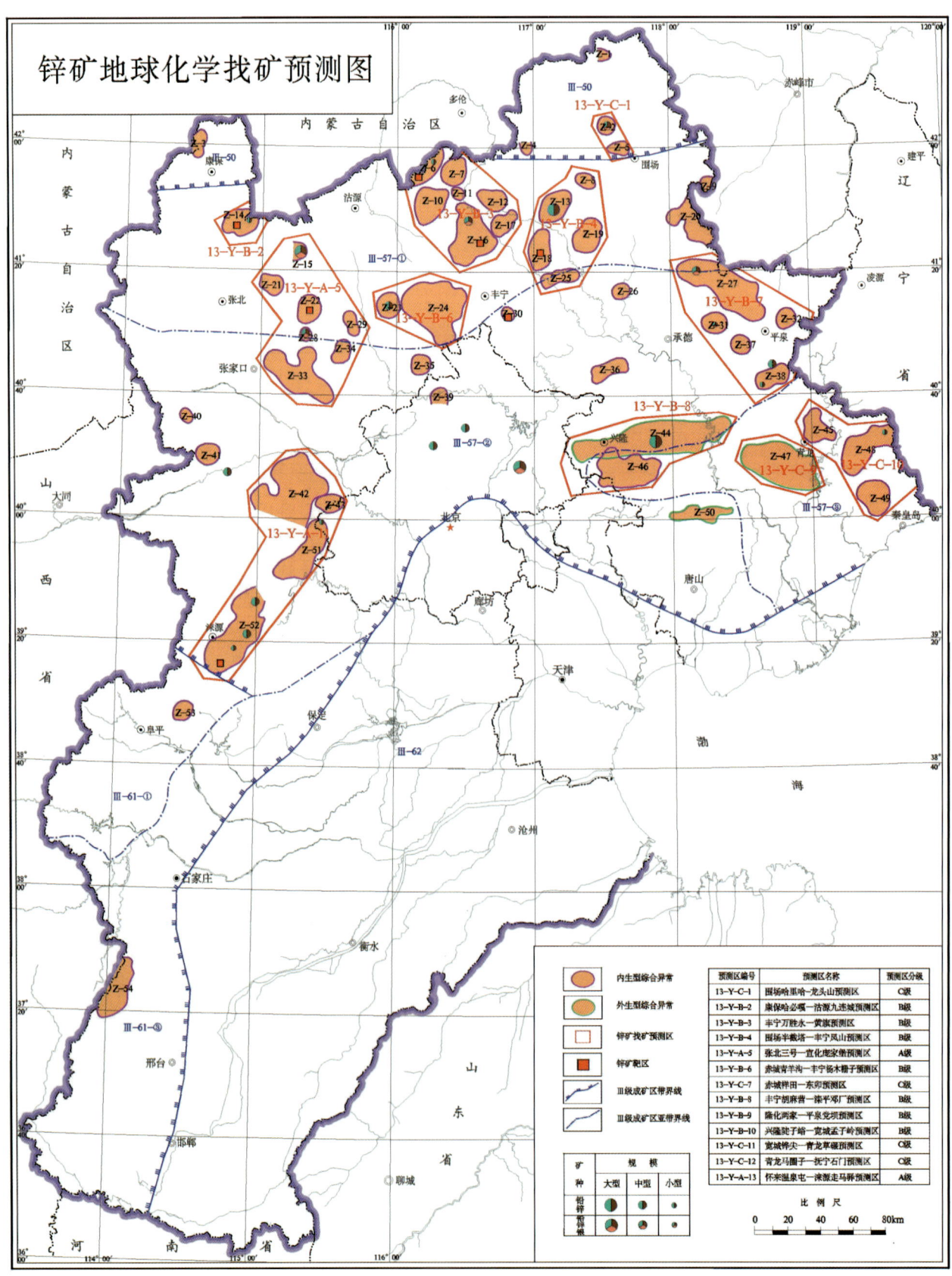

图版13

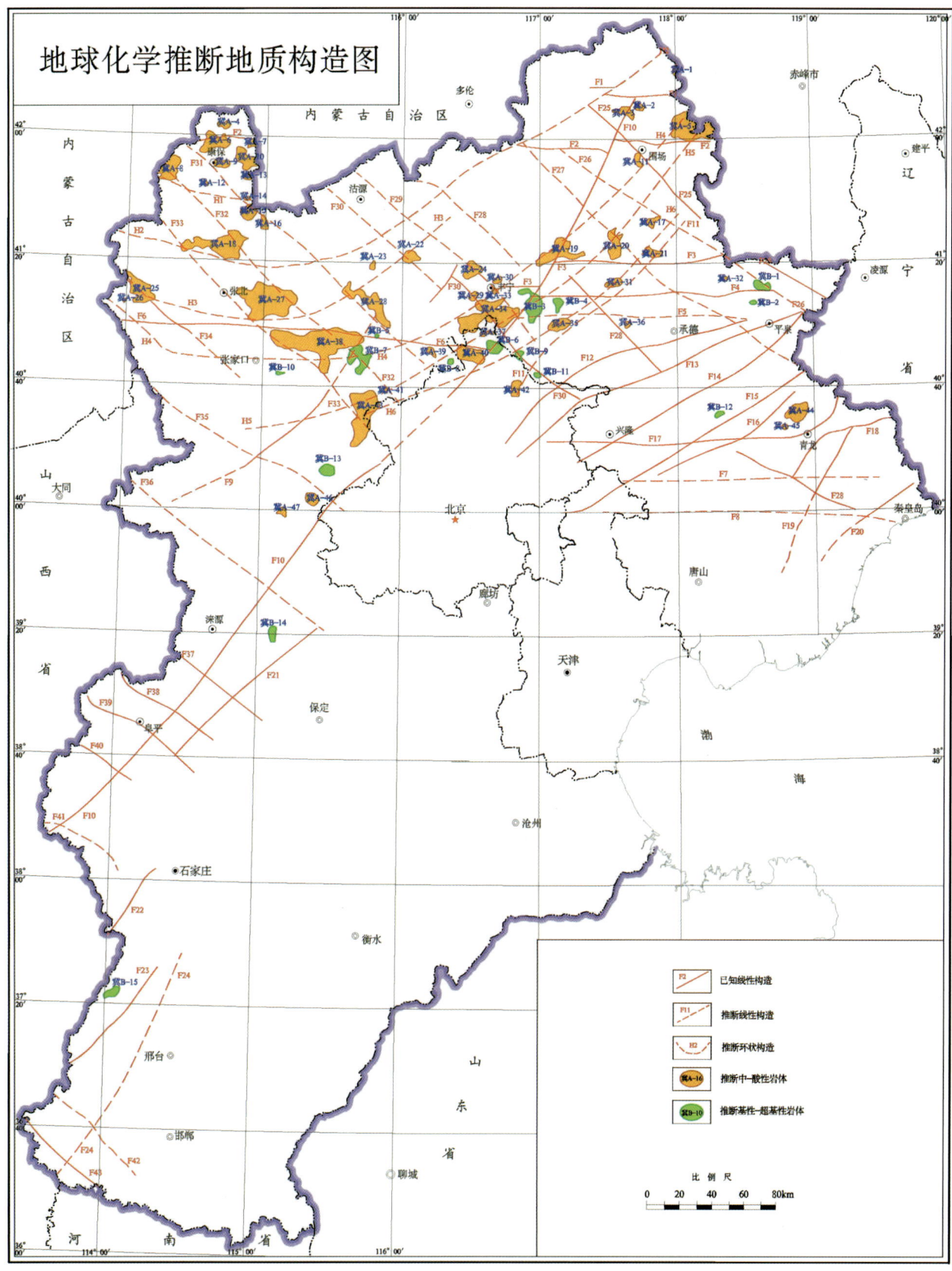

图版14

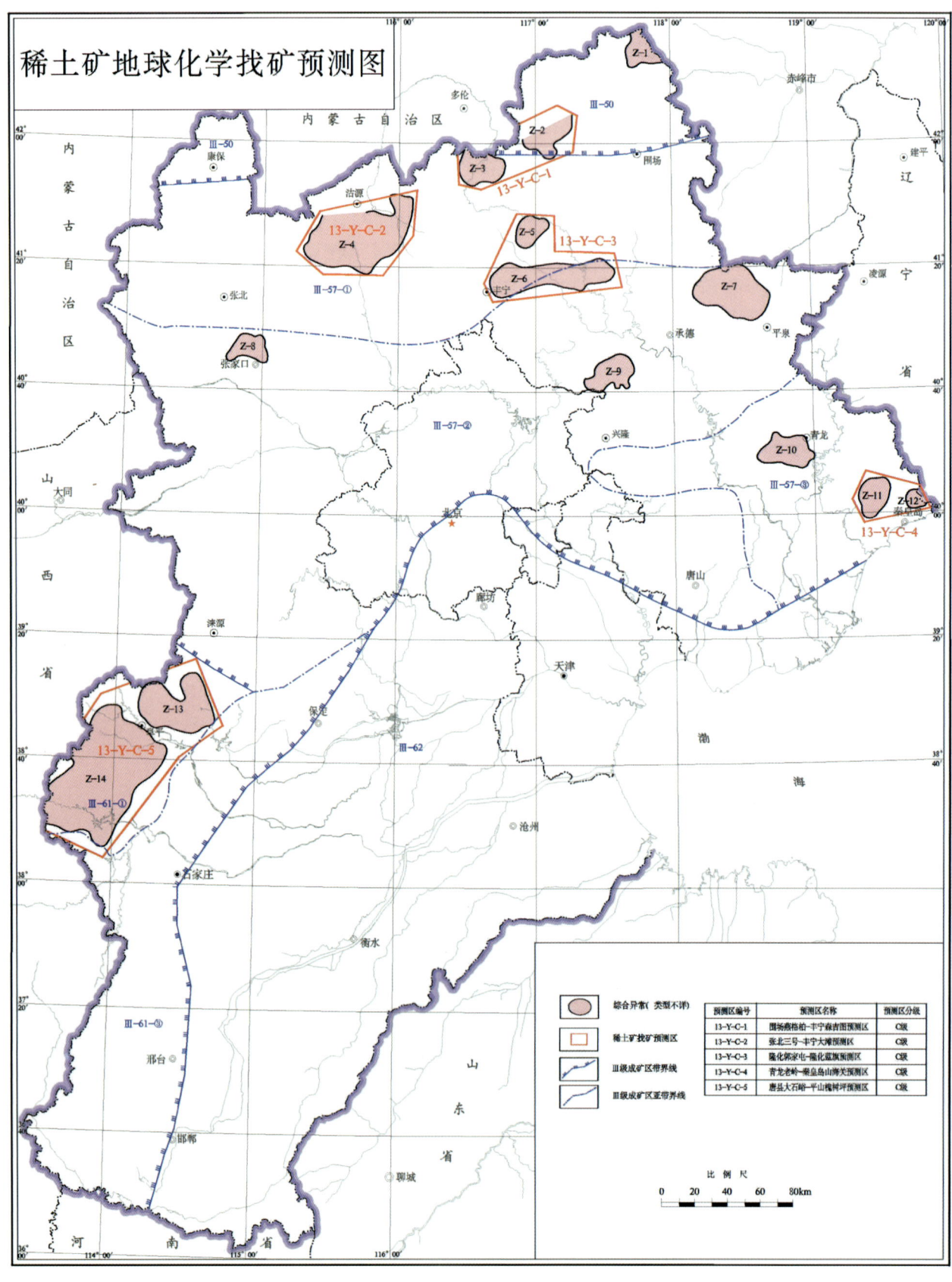